马铃薯产业与大食物观

MALINGSHU CHANYE YU DA SHIWU GUAN

（2024）

中国作物学会马铃薯专业委员会　编

黑龙江科学技术出版社

图书在版编目（CIP）数据

马铃薯产业与大食物观 / 中国作物学会马铃薯专业委员会编. —哈尔滨：黑龙江科学技术出版社，2024.
7. — ISBN 978-7-5719-2432-4

Ⅰ. F326.11

中国国家版本馆 CIP 数据核字第 2024UY8797 号

马铃薯产业与大食物观
MALINGSHU CHANYE YU DA SHIWU GUAN

中国作物学会马铃薯专业委员会　编

责任编辑	梁祥崇	
封面设计	佟　玉	
出　　版	黑龙江科学技术出版社	
	地址：哈尔滨市南岗区公安街 70-2 号　邮编：150007	
	电话：（0451）53642106　传真：（0451）53642143	
	网址：www.lkcbs.cn	
发　　行	全国新华书店	
印　　刷	哈尔滨翰翔印务有限公司	
开　　本	787 mm×1092 mm　1/16	
印　　张	34.25	
字　　数	600 千字	
版　　次	2024 年 7 月第 1 版	
印　　次	2024 年 7 月第 1 次印刷	
书　　号	ISBN 978-7-5719-2432-4	
定　　价	100.00 元	

编 委 会

序　言

马铃薯是世界上仅次于稻谷和小麦的第三大粮食作物，是全世界数十亿人的主食，约三分之二的人口的膳食组成部分。世界联合国大会于2023年12月宣布每年的5月30日为"国际马铃薯日"，这是继2008年"国际马铃薯年"之后的第十五年，全球农业粮食体系正处于十字路口的紧要关头，国际社会再次聚焦马铃薯，促进马铃薯可持续生产和消费，推动马铃薯为全人类实现更好生产、更好营养、更好环境和更好生活做出更大贡献。中国作物学会马铃薯专业委员会、国家马铃薯产业技术体系和国际马铃薯中心中国亚太中心积极响应联合国粮食及农业组织（FAO）倡议，在湖北恩施、云南大理、安徽濉溪和北京延庆分别举办了四场庆祝活动，积极向社会公众介绍了我国不同马铃薯产区的特色与优势，传播了马铃薯的丰富营养，推介了产地文化与消费产品，宣传了产业发展与创新成果，号召人们积极消费马铃薯产品，支持农业生物多样性保护。

马铃薯是我国的粮菜、加工原料兼用作物，约70%种植在脱贫地区，是近百个县的主导产业，这些地区农民收入的1/3都来自马铃薯。随着产业发展和科技进步，我国马铃薯产业布局发生了重大变化。首先，2013年后全国种植面积持续减少、单产连年增长，总产量稳中有增，总产的增加实现了从靠面积扩张到靠单产增长的转变，2022年种植467万 hm^2、总产9639万 t；其次，"重心南移"的区域布局持续演化，北方一作区面积占比从50%持续下降至34%，西南一二季混作区则由37%上升到52%，中原和南方二作区稳定且有所增加；最后，市场价格波动加剧、空档期逐渐消失，加工产能扩张、产品丰富优质原料供应偏紧、加工业发展不平衡，北方一作区集聚了全国87%的加工产能。

2015年中央农村工作会议提出"树立大农业、大食物观念"，2016年将"树立大食物观"写入中央一号文件，2023年中央一号文件中再次强调了要"树立大食物观，加快构建粮经饲统筹、农林牧渔结合、植物动物微生物并举的多元化食物供给体系"，体现了从"粮食安全"到"食物安全"理念的逐步转变。强调了农业可持续发展，保障食物供给的数量、质量和营养安全，构建以食品质量和营养需求为导向的现代食物产业体系，满足百姓日益多元化的食物消费需求，提升国民健康素养，实现居民营养与可持续发展双赢。马铃薯被誉为十全十美的全营养食物，不但含有碳水化合物，还含有优质蛋白、钾等多种矿物质和维生素，而且低脂低热、高膳食纤维，曾经催生了南美安第斯山区的农业文明、促进了世界人口增加和城市化进程，也是平民拯济灾荒的救命粮和战争动乱时期的宝贵食物，对支撑全球人口增长和经济发展发挥了重要作用，现在更具有保障世界粮食安全和健康营养食物的突出优势。

乌兰察布市位于阴山脚下，气候冷凉，是重要的马铃薯种薯、商品薯和加工原料薯生产基地，马铃薯种植面积约140万亩，产业链长、加工产品丰富，"乌兰察布马铃薯"2022年入选农业农村部农业品牌精品培育计划。2012年，乌兰察布市曾成功举办过"第十四届中国马铃薯大会"，大会主题是"马铃薯产业与水资源高效利用"。十二年后的2024年7月，"第二十五届中国马铃薯大会"将再次在乌兰察布市召开，大会的主题是"马铃薯产业与大食物观"。会议的主题与时俱进，凸显了马铃薯作物因营养全面、丰富、均衡，已成为满足多样化需求的优质食物资源。

《马铃薯产业与大食物观》是马铃薯专业委员会为本届大会编撰出版的专业论文集，围绕会议主题汇集了近年来马铃薯全产业链的部分科技研发成果与产业发展情况，收录论文(含大摘要)107篇，可为广大从业人员了解国内马铃薯产业科技现状提供参考。

中国作物学会马铃薯专业委员会会长
国家马铃薯产业技术体系首席科学家　　金黎平

2024 年 6 月

目　录

产 业 开 发

研 究 进 展

遗 传 育 种

栽 培 生 理

土 壤 肥 料

病 虫 防 治

产 业 开 发

基于大食物观视角的中国马铃薯产业发展路径

金黎平[1]*，石　瑛[2]，高明杰[3]，徐建飞[1]，罗其友[3]

（1. 中国农业科学院蔬菜花卉研究所，北京　100081；
2. 东北农业大学农学院，黑龙江　哈尔滨　150030；
3. 中国农业科学院农业资源与农业区划研究所，北京　100081）

摘　要： 马铃薯是全球三分之二人口的膳食组成部分、数十亿人的主粮，为人类社会发展提供了有力的食物保障。马铃薯助推了世界文明进程，担当过救灾救荒救急角色，既能提供优质食物，还可实现资源节约与环境友好。当下全球农业粮食体系面临新形势，中国政府推动以"大食物观"保障国家粮食安全，马铃薯作物的优势将再次凸显。介绍了马铃薯的食物保障贡献和潜力，马铃薯产业发展现状与存在问题，大食物观的科学内涵，以及践行大食物观的马铃薯产业发展路径。

关键词： 马铃薯；大食物观；产业发展

1　马铃薯的食物保障贡献和潜力

1.1　马铃薯的食物保障贡献

1.1.1　助推世界文明

马铃薯起源于南美洲的安第斯高原，古印第安人在近万年前发现了这里的野生马铃薯，经过漫长的驯化培育成可食用且高产的农作物。在驯化和栽培马铃薯的过程中，印第安人在坡地上构筑起梯田、建立了灌溉系统，创造了较高水平的农业文明，和具有丰富遗传多样性的种质资源。马铃薯为印第安人提供了充足的食物，促进了印加社会的繁荣，成就了印加帝国的辉煌，支撑起灿烂的印加古文明，被后人称为"印第安古文明之花"。

在西班牙人征服了古老的印加帝国后，马铃薯于16世纪漂洋过海来到欧洲。作为一种新的作物，马铃薯在欧洲经过进一步驯化后落地生根。到18世纪末期，来自异乡的马铃薯因较高的产量被誉为"农业的奇迹"。马铃薯的种植提高了食物的供应量，打破了土地面积的约束和供养人口的极限，实现了人口倍增。马铃薯的单产远高于小麦，大大提高了农业生产效率，为增长的人口提供了充足的食物，也增强了抵抗疾病的能力。马铃薯的种植和推广奠定了工业革命的基础，推动了城市化进程，作为支撑西方工业文明崛起的重要食物，重塑了世界格局。此后，爱尔兰人把马铃薯引入北美，很快成为美国民众餐桌上的主食和重要的经济作物；到了20世纪50年代，油炸薯条和薯片跟随着美国快餐业步入全

作者简介：金黎平（1963—），女，博士，研究员，主要从事马铃薯遗传育种研究。
基金项目：国家现代农业产业技术体系建设专项（CARS-09）。
*通信作者：金黎平，e-mail：jinliping@ caas. cn。

球，成为西方文化的一部分。传教士和商人们也把马铃薯传到亚洲和非洲，16世纪后的200多年间马铃薯传到世界各地。外表不起眼的马铃薯因营养丰富、食用方便而成为人类美食，这份"印加人的礼物"从南美洲的安第斯山出发，历经400多年成为全球食物。

1.1.2 救灾救荒救急

马铃薯是动乱战争时期的宝贵食物。历史学家威廉·麦克尼尔在《土豆如何改变世界历史》(1999年)中指出土豆在战争期间显得极为重要，"自1560年后一直到二战，欧洲的每一次战争都促进了土豆种植面积的增长"。在欧洲1756年至1763年间爆发的"七年战争"中，马铃薯做出了重要贡献并得到广泛传播。战争期间各国均面临粮食紧缺，英国、西班牙和普鲁士军队士兵，用烘烤或水煮的马铃薯恢复体力与精神，并在战争结束时把马铃薯带回家乡种植。俄国士兵也把马铃薯作为珍贵战利品种植在家乡的菜园里。

马铃薯是中国清朝以来平民百姓赈济灾荒的救命粮和赖以生存的主粮。自明朝万历年间进入中国后的百余年间，马铃薯因其环境适应性强而得到广泛传播。马铃薯的种植对季节和土壤要求均不甚严格，可以一年两熟，在干旱、少肥、栽培管理粗放的条件下也能获得一定产量，因此在华北、西北和西南的高寒冷凉山区，马铃薯的种植面积迅速扩大，由一个新作物逐渐成为贫瘠苦寒山区的救灾救命粮。马铃薯养育了中国迅速增长的人口，成为可广泛种植、提高复种指数、粮菜兼用的重要粮食作物。特别是在清朝中后期人口激增、食物匮乏的年代，马铃薯作为全营养健康食物，为促进当时的社会经济发展发挥了重要作用。

中华人民共和国成立以后，马铃薯种植面积快速扩张，增加了粮食供应，缓解了人多地少的压力。著名的农业史学家何炳棣先生认为，马铃薯的传入传播是中国粮食史上的一个长期革命，马铃薯对中国农业生产的积累影响至今仍未停止。在2020年底结束的脱贫攻坚战役中，马铃薯是诸多贫困地区产业扶贫的支柱产业，对当地百姓脱贫致富做出了重要贡献。

1.2 马铃薯的未来食物潜力

1.2.1 提供优质食物

马铃薯营养全面均衡，是满足人们多样化需求的优质食物资源和重要的粮食作物。马铃薯块茎中含有人类健康必需的营养成分，除了含有可提供人体日常所需能量的碳水化合物之外，还含有优质的蛋白质、传统主粮缺乏的赖氨酸、色氨酸等必需氨基酸、多种矿物质如高含量的钾、多种B族维生素，而且低脂低热、高膳食纤维，被誉为十全十美的食物。马铃薯中还含有传统主粮稻米和小麦所没有的维生素C和类胡萝卜素，具有抗氧化功能；高钾低钠可维持体内酸碱平衡，有助于降低人们高血压和中风的发病风险；脂肪含量仅0.1%~1.1%；蛋白质营养价值高、品质与鸡蛋相近，易被人体消化吸收，优于其他主粮作物；且蛋白质中含有18种氨基酸，其中有成年人人体不能合成或合成速度无法满足需要的，必须从食物中摄取的必需氨基酸8种。

马铃薯在中国居民膳食结构中发挥了重要作用，历经几百年的时光打磨，中国百姓餐桌上的马铃薯，已成为众多独具特色的地方美食，例如东北的烹土豆片、华北的土豆傀儡、西北的洋芋擦擦、西南的炕洋芋，舶来品"洋芋"变成土特产"土豆"。家常菜肴中也少不了马铃薯的身影，如醋溜土豆丝、地三鲜、干锅土豆片、炖土豆、洋芋饭。远道而来的马铃薯日渐融入中华饮食，诸多土豆餐食散落中华大地，形成各具特色的"土豆味道"。全球大约有三分之二的人口将马铃薯作为膳食组成部分，近50%的马铃薯用于家庭主食或蔬菜。发达国家马铃薯加工的比例平均超过40%，发展中国家马铃薯仍以鲜薯食用为主。亚洲国家的马铃薯消费增长显著，中国、印度和孟加拉国的总消费量超过全球40%。根据联合国《2019年世界人口展望》预测，到2030年全球人口将达到85亿，在其他谷类作物单产接近极限的情况下，马铃薯这个全球第三大粮食作物，将成为粮食安全保障体系中的首选作物之一。

1.2.2 资源节约与环境友好

在世界范围内，马铃薯也是一种重要的战略物资。在自然资源尤其是耕地和水资源不足地区，马铃薯具有获取便捷、富含营养的特点，可以改善人口生计。中国人多地少，作物生产上存在水资源日益紧缺与有效灌溉面积难以扩大的挑战，种植马铃薯可以缓解耕地与水资源不足的矛盾，扩大食物来源，有利于从全局提高粮食安全保证系数。马铃薯的生态适应性广，能在多种环境中生长，不与小麦、稻谷、玉米争地、争肥、争水，具有较高的种植效益。

2 马铃薯产业发展现状与存在问题

2.1 全球马铃薯产业发展态势

2.1.1 生产规模基本稳定、区域格局发生变化

联合国粮食与农业组织（FAO）统计数据显示，2022年全球153个国家和地区有马铃薯生产统计，种植面积略有降低、约1 780万 hm^2（比2021年减少33.3万 hm^2），单产有明显增长、达21.75 t/hm^2，总产量保持稳定、为3.75亿t。马铃薯在各大洲的种植分布发生较大变化，亚洲地区的马铃薯种植面积持续增加，已占全球总面积的58.45%；欧洲地区的马铃薯种植面积持续下降，约占全球面积的22.84%、减少了4.7%；其他大洲的面积占比基本稳定。

马铃薯的国际贸易主要在欧美国家间进行，主要为荷兰、美国、比利时、法国、加拿大和德国。2023年前11个月马铃薯及其制品的世界贸易总额达355亿美元，比2022年增长2.4%，冷冻薯条仍然是第一大马铃薯贸易品类，占总贸易量50%左右。美国和加拿大的马铃薯加工转化率高，分别达69%和65%，大部分鲜食马铃薯都是加工成食品后进入市场。全球马铃薯产业发展进入品种专用化、种薯规模化、生产标准化、管理制度化、种植和贮藏保鲜智能化阶段。

2.1.2 凸显在全球粮食安全系统中的重要性

每经历过一次战争，马铃薯种植就迎来一轮扩张，这是由其生育期短、适应性广、生长于地下等特征决定的。随着俄乌冲突的延续、巴以冲突的发生，以及地区冲突蔓延的风险，曾经对支撑全球人口增长发挥过重要作用的马铃薯，在保障粮食安全方面的优势将进一步凸显。

2023年12月，联合国大会宣布5月30日为"国际马铃薯日"，这是继2008年"国际马

铃薯年"之后，国际社会再次聚焦马铃薯。当下全球农业粮食体系正处于十字路口，亟需重新审视食品生产、加工和消费方式。马铃薯因具有全球供应、烹饪传统丰富、适应性广且产量潜力大等特点，可积极助力打造更环保、更盈利和更公正的生产体系，在建立更高效、更包容、更有韧性且更可持续的农业粮食体系中成为不可或缺的重要角色。

2.2 中国马铃薯产业发展态势

2.2.1 生产布局发生变化

总产增加从依靠面积扩张到单产增长的转变。2013 年以后，中国马铃薯种植面积持续减少，单产连年增长（从 2009 年后连续 14 年增长），总产量稳中有增。《中国农村统计年鉴》数据显示，2022 年全国马铃薯种植面积 467.13 万 hm²，总产量 9 639 万 t，平均单产 20.22 t/hm²。国家马铃薯产业技术体系调研数据统计，2023 年全国马铃薯种植面积和总产量分别减少 2.96% 和 1.04%，其中，中原和南方早熟菜用生产区增幅明显、北方中晚熟区减幅最大，西南混作区稳中有增。单产持续增加，增幅达 1.98%，北方一季作区的单产最高且增幅最大，但西北因严重干旱减产。

马铃薯生产"重心南移"的区域布局持续演化。自 2012 年起北方的马铃薯种植面积不断减少，南方的马铃薯种植面积持续增加；北方一季作区马铃薯种植面积由全国占比的 50% 持续下降到至今的 34%，西南一二季混作区的面积则由 37% 上升至 52%，中原二季作区和南方冬作区的面积稳定且有所增加。2023 年北方一季作区的面积继续下降，尤其是西北地区因受干旱影响种植面积下降明显；西南一二季混作区继 2022 年面积减少后，呈现恢复性增加；中原二季作区和南方冬作区的面积增加。

2.2.2 市场价格波动加剧

2023 年，马铃薯产地的田间价格走势符合"前高后低翘尾"的季节变化规律，8 月份前同比上涨幅度较大，9 月份以后大体与 2022 年同期相当。马铃薯批发市场的价格走势同样符合季节变化规律，与 2022 年相比总体涨幅明显；上半年的价格同比涨幅较大，各个月份的涨幅均超过 25%；下半年的价格同比涨幅逐渐收缩，从 10 月份开始低于 2022 年同期水平，11 月和 12 月均比 2022 年同期下降近 15%。

2.2.3 市场空档期逐渐消失

目前，全国马铃薯产销已经实现了周年生产和周年上市。北方一季作区的马铃薯上市时间为夏秋季节，从下半年的 7 月中旬开始，一直延续到第二年的 4 月份，上市早晚顺序依次为东北、华北（一季作区）和西北。中原二季作区的春马铃薯上市时间集中在 4 月初至 7 月中旬，秋马铃薯上市时间在 11 月初至 12 月中旬。西南混作区内基本实现了马铃薯周年生产，除去每年最寒冷的 12 月底至下年 2 月初，春、夏、秋、冬的其他月份均有鲜薯收获上市。南方冬作区的马铃薯上市时间为冬春季节，从每年年底的 12 月初至下年的 4 月底。

2.2.4 加工产能扩张、原料供应偏紧

随着马铃薯生产能力的提升，加工能力也快速扩张，加工产品已经涵盖了 10 余个大类。2023 年，北方一季作区集聚了全国马铃薯加工产能的 87%，内蒙古、河北和甘肃省（自治区）的马铃薯实际加工量位居前三，占全国马铃薯加工量的 74%，加工产品以淀粉、

全粉、薯条(片)和三粉(粉条、粉丝、粉皮)为主。其他产区主要以鲜切、复合或油炸薯片等休闲食品、主食产品和预制产品为主；马铃薯加工原料薯价格出现不同程度上涨，薯片薯条原料薯涨幅达71%，淀粉原料薯涨幅25%～30%；马铃薯加工制品价格整体上涨2 000~3 000 元/t。据调查，全国马铃薯加工产能已超过300万t，但实际产量仅为133万t，加工转化率不足10%。

2.2.5 种业创新成效显著

马铃薯品种创新进一步加强，2023年全国育种机构共登记马铃薯品种110个，按品种熟性分为5类，其中鲜薯食用型品种59个，鲜薯、加工兼用型品种40个，淀粉、全粉加工型品种11个。获得品种权授权品种37个，申请保护品种29个。

马铃薯种薯生产技术逐步升级，脱毒种薯覆盖率增加。微型薯生产技术多元化，包括基质和雾培微型薯繁育、试管薯繁育和露地繁育等，多种模式因地制宜、各具特点。据调查，2023年全国马铃薯原原种产量近35.3亿粒，脱毒种薯繁育面积超过37万 hm^2，各级脱毒种薯总产量约达690万t，二级种薯以内覆盖率50.7%。

2.3 中国马铃薯产业存在的问题

2.3.1 种质资源匮乏、突破性品种少且应用速度慢

马铃薯种业领域存在优异资源和育种亲本不足、育种技术滞后和突破性品种培育困难、品种专用性差等卡脖子问题，尤其是早熟和加工专用型品种对国外品种的依赖性较大，其中生产上应用早熟品种的50%、加工专用型品种的90%为国外品种。马铃薯脱毒种薯生产缺乏质量监管，脱毒种薯质量良莠不齐。

2.3.2 主产区干旱、栽培技术粗放，单产低、商品质量差

马铃薯栽培严重受立地条件限制，旱作雨养马铃薯种植面积占60%以上，主产区生长季普遍严重干旱缺水。马铃薯种植普遍存在水肥利用效率较低、病虫害多且防控难度大、山坡地机械化难以突破。

2.3.3 加工转化率低，优质加工原料薯供应缺口大

马铃薯加工比例少，企业达产率严重不足。大宗加工产品的原料缺口大、传统食品缺乏标准化生产技术及装备；马铃薯加工副产物的环保处理成本高；大型加工生产线的整套设备或关键设备以进口为主。

3 大食物观的科学内涵

仓廪实、天下安。2016年1月，"树立大食物观"的相关内容首次写入中央一号文件，体现了政府打破"以粮为纲"的认知局限，把粮食安全拓展到全品类食物为基础的"食物安全"，旨在多元化保障食物供给，满足人民对美好生活的需要，为"粮食安全"赋予了更为丰富的科学内涵。2024年6月1日，《中华人民共和国粮食安全保障法》实施，进一步明确了"保障国家粮食安全应当树立大食物观，构建多元化食物供给体系，全方位、多用途开发食物资源，满足人民群众对食物品种丰富多样、品质营养健康的消费需求"。

3.1 高质量食物安全保障

粮食安全和食品安全是人类社会发展的基本保障，当前粮食消费需求刚性增长、资源

环境约束加大，极端天气的影响和国际形势的不确定性，强烈冲击着全球粮食与农产品供应链。大食物观的提出，在保障粮食产量稳步增长的同时，拓展了食物发展新空间，丰富了食物品种，从"吃饱吃好"转向"吃的健康又营养"，以满足百姓食物消费结构升级的需求。大食物观的提出，使食物供给由"数量安全"升级为"数量、质量、营养、生态"四位一体，提升食物生产能力和食品产业集中度。倡导资源节约和永续利用的可持续发展观，坚持生态优先原则，注重资源节约和生态保育；顺应生态可持续的迫切需求，缓解农业生产与环境压力的矛盾，实现食物绿色低碳安全生产；主张节粮减损，注重从田间到餐桌全过程减少食物损失和浪费，推动绿色低碳消费理念传播。

3.2 多元化全方位促发展

大食物观致力于构建强大的农业产业链和多元化的食物供给体系。要求多用途开发食物资源，强调食物供给来源的多样性，兼顾稳定、安全、营养和可持续目标。突出农业的全产业链思维，促进产加销贯通、一二三产业融合发展；发挥农业的多功能性，促进农业增值、农民增收；强调大资源思维，全方位开发耕地、林地、草地、水面和设施农业在内的各类食物资源；面向国内和国际两大市场；重视制定全面的农业食物政策，以保障粮食安全、农民增收、营养健康和可持续发展。逐步调整食物供需结构，多渠道开发食物资源，统筹优化生产空间，优化农业支持政策，引导多元化营养健康膳食消费。

4 践行大食物观的马铃薯产业发展路径

践行大食物观助力马铃薯产业发展，要立足产区实际，以科技赋能全产业链，优化产业结构，为马铃薯产业提供强有力的科技支撑。

4.1 倡导绿色生产、提供安全食物

马铃薯产业要助推绿色发展。提供优质产品，以满足健康营养消费需求；增强病害抗，通过应用抗病品种利用其遗传性状特点，辅以农艺措施调控，减少化学农药施用；增强抗逆性，强调水、氮高效利用，实现节水、保墒，减少化肥施用；实现生态友好生产，综合利用各类资源，实现马铃薯丰产稳产；加大应用绿色投入品，包括有机肥、菌肥、生物制剂、天敌等；加快应用新技术和新装备，突出应用关键技术和设施装备，推进智慧化应用场景落地。

4.2 开发加工产品、拓宽市场领域

建立保持马铃薯营养品质、低能耗、增值和环保的加工产业，开发新型产品，加快低成本、块茎直接加工的低能耗主食产品开发。大力研发马铃薯半成品、全粉添加高档食品、淀粉衍生物和深加工产品；推动加工副产物综合利用技术应用。

4.3 培育打造品牌、引领健康消费

突出品牌引领作用，带动优势产区全产业链发展。重视健康消费引导，加大宣传和科普力度，形成社会共识，拓宽大众终端消费能力。增加产品绿色附加值，加强全产业链低耗、高效、环境友好技术应用和绿色产品研发。推进产业文化建设。

2023年中国马铃薯产销形势分析

高明杰[1]，薄沁箐[2]，李国景[1]，吴　翰[1]，罗其友[1*]

（1. 中国农业科学院农业资源与农业区划研究所，北京　100081；
2. 福建水利电力职业技术学院，福建　永安　366000）

摘　要：结合实地调研与马铃薯产业技术体系数据进行分析，结果显示，2023年中国马铃薯市场出现种植面积和产量双降、产业技术体系对较重灾害保单产有效应、销售形势总体非常乐观、贸易规模恢复性上涨等特点。综合研判，2023年受产业政策和国际局势影响中国马铃薯供需关系偏紧，2024年产业发展大概率将呈现生产规模基本稳定、品种结构加速调整、市场价格明显回落、国际贸易偏向利好等趋势。

关键词：马铃薯；产业；产销形势；发展趋势

1　生产形势总体稳定

根据国家马铃薯产业技术体系数据汇总分析，2023年中国马铃薯种植面积和产量出现双降，但下降幅度都不大。由于单产有所增加，总产量下降幅度远小于种植面积下降幅度。

1.1　马铃薯种植面积下降

马铃薯种植面积下降幅度超过3%。汇总数据的30个省份（不含上海市、港澳台地区）中，面积减少的有10个、基本持平的有10个、增加的有10个。播种面积减少超过3.33万 hm^2 的4省有甘肃、陕西、山西和河南省，其中甘肃省减少面积最大为9.8万 hm^2；面积增加绝对量较大的有重庆市和四川省，分别增加6.3万 hm^2 和4.6万 hm^2。总体来看，北方地区继续呈下降态势，尤其是西北地区下降明显；西南混作区继2022年减少之后，2023年重新恢复增加的态势；中原二作区和南方冬作区面积基本稳定。

1.2　马铃薯生产遭遇灾害偏重

气象灾害方面，中国马铃薯北方一季作区和西南混作区普遍少雨干旱，尤其是6月份以后西北地区的甘肃省和宁夏回族自治区主产区发生夏秋连续干旱少雨天气，在块茎形成期、膨大期等发育关键期间水分亏缺，造成植株早衰、块茎数量少且小，半干旱、高寒阴湿区产量较往年平均减产30%以上。病虫害方面，马铃薯晚疫病、土传病害、块茎蛾等常规病害发生面较广，各产区均有一定程度发生。针对各地突发的灾害，马铃薯产业技术体系及时开展防灾减灾措施，制定提供抗旱减灾技术、防涝减灾应急技术、冰雹后恢复技

作者简介：高明杰（1978—），男，博士，副研究员，研究方向为马铃薯产业经济、农业区域布局。
基金项目：财政部和农业农村部"国家现代农业产业技术体系"（CARS-9-P30）。
* 通信作者：罗其友，研究员，研究方向为马铃薯产业经济与农业区域发展，e-mail：gaomingjie@ caas. cn。

术、早春冷害预防技术，以及晚疫病预警防控技术、土传病害综合防控技术等应急咨询服务 640 余次，覆盖 100 多个主产县(市、区)，服务面积超 13.33 万 hm²，培训 362 次近 2 万人次，发放技术资料 4 万余份。

1.3　马铃薯总产量略有下降

虽然 2023 年马铃薯生产遭遇灾害偏重，得益于国家马铃薯产业技术体系在防灾减灾方面的贡献，马铃薯单产取得了提高 1.77% 的成绩。在播种面积下降幅度超过 3% 的情况下，全国马铃薯总产量仅下降 1.5% 左右。总产量绝对值减少量前 5 名的有甘肃、河南、陕西、海南、宁夏省(自治区)，分别减少 189 万、97 万、83 万、70 万和 40 万 t；重庆、四川、河北、吉林和内蒙古省(自治区、直辖市)总产量有较大增加，分别增加 115 万、83 万、55 万、41 万和 31 万 t。总体来看，减产较明显省份集中于西北地区。

2　销售形势总体非常乐观

进入 2023 年，马铃薯市场行情延续了 2022 年的趋势，总体来看价格行情非常好，无论是产地市场价格还是批发市场价格均再创近年最好行情。

2.1　产地田间价格

产地价格走势趋势符合"前高后低翘尾"的季节变化规律，但总体水平明显高于 2022 年，尤其是 8 月份之前同期相比上涨幅度较大，2 月和 3 月同比涨幅均接近 100%，4—6 月同比涨幅均超过 30%，到 8 月份同比涨幅仍达到 12.42%，9 月份之后大体与 2022 年同期相当(图 1)。

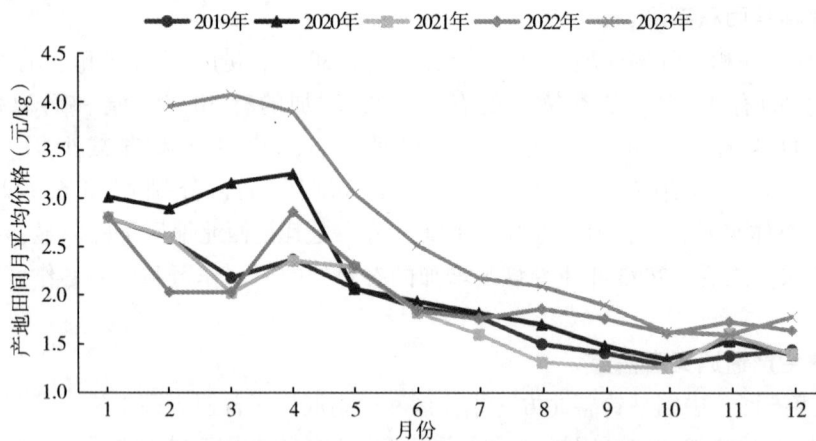

注：根据马铃薯产业技术体系上报示范县价格数据整理。

图 1　近 5 年马铃薯产地田间价格

2.2　批发市场价格

批发市场价格走势趋势符合季节变化规律，相比于 2022 年总体涨幅明显，尤其是上半年同比涨幅较大，各月涨幅均超过 25%，5 月和 6 月均达到 40% 左右。进入下半年，总体价格按照正常年份的季节变化规律有所下降，同比涨幅逐渐收窄，9 月份比 2022 年同期涨幅降到 7.54%，10 月份开始低于 2022 年同期水平，11 月和 12 月均比 2022 年同期下降将近 15%(图 2)。

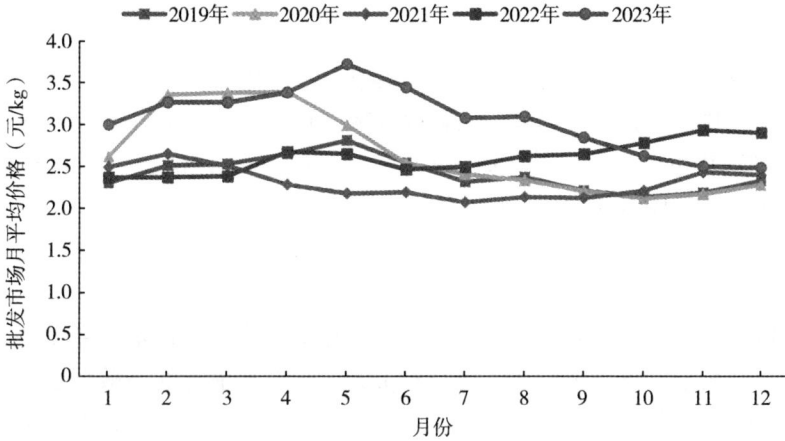

注：根据全国农产品批发市场价格信息系统数据整理。

图 2　近 5 年批发市场马铃薯价格

2.3　贸易规模恢复性上涨

2023 年，中国马铃薯制品进出口总额 6.24 亿美元，比 2022 年增加 0.83 亿美元，增幅为 11.42%，但仍未恢复到最高的 2021 年水平。其中，出口金额 4.87 亿美元，同比增长 0.63 亿美元，增长 14.46%，创历史新高；进口金额 1.37 亿美元，同比增长 0.21 亿美元，增长 6.96%。出口产品中，除鲜马铃薯持续下降 7.9% 外，其他制品均有不同程度增长，马铃薯颗粒全粉出口增长幅度达 373.54%，冷冻薯条等制品出口增长率也超过 50%。冷冻薯条等制品出口额连续几年快速增长，在中国马铃薯及其制品出口额中的占比不断提升，目前已接近 40%，逐渐成为主要的出口创汇产品，说明中国马铃薯加工制品的国际竞争力进一步提升。进口产品中，马铃薯淀粉有 15% 的下降，马铃薯雪花全粉和颗粒全粉继续快速增长，增长率分别为 107.8% 和 87.5%，冷冻薯条等制品(非醋方法制作或保藏的冷冻马铃薯)增长 15.35%(图 3)。

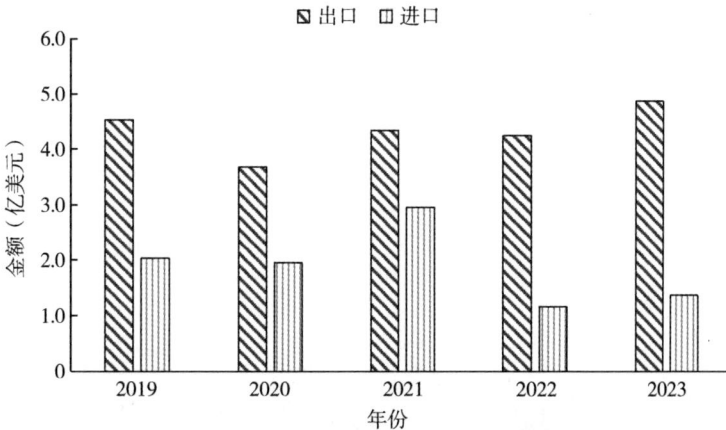

图 3　近 5 年中国马铃薯及其制品国际贸易情况

3 结论与趋势展望

3.1 基本结论

受多种因素影响，2023年中国马铃薯产业供需关系偏紧，价格行情偏热。（1）受近几年国家保粮食增油料产业政策的影响，马铃薯种薯面积部分被玉米、大豆和油料等作物替代，2023年种植面积继续减少。（2）动荡的国际局势影响全球能源供给和粮食生产与供应，造成大宗农产品供应不稳定的预期。

3.2 趋势展望

3.2.1 生产规模基本稳定

经过数年的马铃薯市场洗牌，中国马铃薯生产经营主体逐渐稳定，一类是比较成熟的以商品生产为主的长期种植主体，另一类是对市场变化不甚敏感的分散型农户。基于此特点，出于2023年市场刺激的考虑预计2024年中国不同地区不同马铃薯生产类型，会有不同程度的变化，但考虑全国的农业政策导向，整体马铃薯种植面积将稳中有降，总产量将基本持平。

3.2.2 品种结构加速调整

加工业投资的周期和刚性，决定了中短期内马铃薯加工原料薯供应的短缺将持续，加之连续几年的淀粉加工薯供应紧张，淀粉加工专用薯的种植将迎来一次难得的机会。预计2024年加工专用薯，尤其是淀粉加工专用薯的种植面积将明显增加。

3.2.3 市场价格明显回落

在全国不出现对产量有明显影响的大范围灾害的情况下，马铃薯市场价格很难维持2023年的行情，2024年国内马铃薯市场所面临的影响因素更加复杂，受突发事件刺激出现异常波动的可能性较大，但总体来看马铃薯价格将出现明显回落，大概率维持在盈亏临界点以上。

3.2.4 国际贸易偏向利好

受红海危机等事件的影响，世界马铃薯及其制品国际贸易将受阻，价格上涨。但由于中国"一带一路"倡议的不断推进，及其在动乱地区的特殊地位，对中国马铃薯及其制品出口整体表现为利好。

乌兰察布市马铃薯产业现状分析与主食化发展建议

冯鑫红[1]，李慧成[1]，王雅楠[1]，吕月清[2]，智小青[1]，王玉龙[1]，邢　杰[1]*

(1. 乌兰察布市农业技术推广中心，内蒙古　乌兰察布　012000；
2. 乌兰察布市农牧业生态资源保护中心，内蒙古　乌兰察布　012000)

摘　要：综述了马铃薯的营养与功效，通过乌兰察布市马铃薯产业发展情况、种植与消费现状、马铃薯主食产品研发与加工现状，分析汇总了乌兰察布市马铃薯产业发展现状及主食化发展过程中存在的问题。提出了相应的建议，为马铃薯产业健康持续发展、加快实现主食化进度提供参考。

关键词：乌兰察布；马铃薯；主食化；发展；建议

马铃薯被古印第安人发现、食用，然后传入欧洲、北美洲，推动了西方农业的发展和人口增长。400多年前传入中国，在很多地方，马铃薯都作为主食食用，其食用价值不言自明。马铃薯起源于冷凉高海拔瘠薄山区，其适应性非常强，也只有在这种气候条件下，才能生长出原生态、高品质的马铃薯。乌兰察布市位于阴山脚下，气候冷凉、空气清新、水土丰美，巍巍大青山形成的天然绿色屏障为马铃薯提供了绝佳的生长环境。马铃薯是乌兰察布市的主要农作物之一，种植历史悠久，乌兰察布市顺应自然和经济规律，发挥地区比较优势，重点培育马铃薯产业，使马铃薯产业得到了长足发展，乌兰察布市已成为国家重要的马铃薯种薯、商品薯和加工专用薯生产基地，被评为"中国马铃薯之都"。"乌兰察布马铃薯"品牌享誉大江南北。

自马铃薯主食战略实施以来，乌兰察布市以推动马铃薯产业"品种培优、品质提升、品牌打造和标准化生产"为抓手，以做强种薯加工薯、做精商品薯为目标，围绕稳定面积、科技创新、绿色发展、产业升级、增产增效的思路，发展马铃薯全产业链，强化基地建设、完善种薯繁育体系、优化品种结构、推广绿色增产技术、提升仓储能力、发展精深加工，打造区域品牌，强力推进马铃薯产业转型升级，产业优势进一步凸显。

1　马铃薯的营养与功效

马铃薯是全国范围内除水稻、小麦、玉米外的第四大重要粮食作物，明朝万历年间传入中国，在中国已有400多年种植历史。马铃薯营养成分非常丰富，营养结构也很合理，主要含有淀粉、蛋白质、粗纤维等，其中淀粉9%~20%，蛋白质1.5%~2.3%，粗纤维0.6%~0.8%。脂肪含量较低，100 g马铃薯仅有热量318 kJ。马铃薯还含有丰富矿物质，

作者简介：冯鑫红(1994—)，女，农艺师，主要从事马铃薯栽培技术推广工作。

基金项目：中央引导地方科技发展资金(2022ZY0103)。

* **通信作者**：邢杰，推广研究员，主要从事农业技术推广及土壤肥料工作，e-mail：wlcbsnjtgzx@163.com。

钾、磷、铁、钙、碘等，维生素类成分也比较丰富。马铃薯的蛋白质含量不高，但其品质类似于鸡蛋的蛋白质，易于消化和吸收。马铃薯含有丰富的膳食纤维和钾盐，是非常好的高钾低钠食品，很适合高血压及肥胖人群食用，食用马铃薯也能起到一定的通便和减肥作用。

2 乌兰察布市马铃薯产业发展情况

2023 年乌兰察布市粮食作物总播面积 47.31 万 hm^2，马铃薯占到全市总播面积的 18.33% 左右，占到内蒙古自治区马铃薯种植面积的 35.15%，产量达到 34.59 万 t，平均单产 3.99 t/hm^2，在快速发展的势头下，种植户栽培管理水平得到大幅提升。马铃薯良种繁育基地面积稳定在 2.67 万 hm^2，建成四子王旗、察右前旗国家级马铃薯良种繁育基地。乌兰察布市现有种薯企业 16 家，组培室面积 9.96 万 m^2，居全国第一；气雾组培面积 8.2 hm^2，居全国第一；网室面积 276.4 hm^2，居全区第一；年脱毒苗生产能力 10 亿株、微型薯生产能力 20 亿粒，脱毒种薯覆盖率达到 100%。培育引进马铃薯加工企业 32 家，薯条薯饼加工能力 44 万 t，淀粉加工能力 24 万 t，年转化鲜薯能力 200 万 t，在全国处于领先水平。特别是正在建设的乌兰察布蓝威斯顿食品有限公司 12 万 t 薯条薯饼加工项目、内蒙古福景堂马铃薯产业集团有限公司 20 万 t 马铃薯淀粉加工项目，项目投产后，乌兰察布市将成为全国最大的薯条加工基地和薯淀粉生产基地。"乌兰察布马铃薯"连续六年入选"中国品牌价值评价信息榜"，2022 年还入选了农业农村部农业品牌精品培育计划，马铃薯全产业链产值达到 63 亿元。

3 乌兰察布市马铃薯的种植与消费现状

乌兰察布市马铃薯种植范围非常广泛，目前已经形成前山地区重点发展优质鲜食薯、后山地区重点发展种薯和加工专用薯，具有明显的区域特色，受到中国饮食文化和人们生活习惯的影响，主要是以种植、食用为主。以前，中国少数地区把马铃薯作为主食，大部分地区只是把马铃薯作为一种块茎类蔬菜和配餐食品。但马铃薯作为食用产品，包括鲜食冷冻、炸条炸片、粉丝粉条粉皮、薯类膨化食品、全粉及含淀粉类食物，这本身就是主粮化的一部分，需要用大食物观思想来持续推进马铃薯主粮化发展。随着 2015 年马铃薯主粮化战略的推进，马铃薯经过精深加工后的食用比例逐渐增加，消费习惯从直接食用向加工转化方向转变。近些年，为了挖掘马铃薯产业发展潜力，乌兰察布市制定了 2022—2025 年马铃薯产业提质增效行动方案，其中重点任务是延伸加工产业链，发展精深加工，丰富加工产品，提高马铃薯加工转化率，促进马铃薯产业高质量发展。在相关政策的支持下，乌兰察布市马铃薯加工比例有所提升，但总体仍然很低。高质量发展要求下的马铃薯产业转型升级，加工业必然成为带动乌兰察布市产业发展的突破口。

4 乌兰察布市马铃薯主食产品研发与加工现状

乌兰察布市现有内蒙古薯都凯达食品有限公司、商都县蓝威斯顿有限责任公司、内蒙古德义食品有限公司、兴和县明兴农牧业开发有限公司等重点马铃薯加工企业 32 家，淀粉年加工能力 17 万 t，薯条薯片年加工能力 16.2 万 t，全粉年加工能力 2.8 万 t，全市马铃薯加工产品从最初的淀粉增加到目前的全粉、薯条、薯片、方便粉丝、马铃薯醋、薯纤维、薯蛋白等。马铃薯主粮食品有马铃薯酸奶饼、月饼、饼干、面包、馒头等。年转化鲜薯能力 200 万 t，实际转化 130 万 t，年加工转化率 39%，产品主要销往山西、陕西、重庆、四川等地，全产业链产值达到 60 亿元。

将马铃薯加工成符合中国消费者口感和食用习惯的主食产品，使其从副食转化为主食，由农产品原料转化为商业性产品，就是马铃薯主食化加工过程。虽然乌兰察布市在马铃薯加工研究方面取得了一定进展，但马铃薯整体加工利用率仍较低，多数马铃薯加工企业还停留在鲜薯粗加工、淀粉生产初级加工阶段，马铃薯在食品加工业、纺织业、造纸业、医疗业等高附加值链条上加工能力不足，产业增值效益发挥不充分。

5 乌兰察布市马铃薯主食化发展建议

5.1 强化协同推进，促进产业发展

将单产提升作为一项重大系统工程，坚持大协作、大联合，突出问题导向和目标导向，推动政策、资金、技术等各要素整合，农技推广、植保、土肥、种子、农田高标准建设等各环节同向发力，形成推动单产提升的强大合力。充分发挥全市栽培技术、植物保护、土壤肥料、农机装备、防灾减灾、信息化等各方面团队和专家力量，集成配套高产栽培技术模式，大力推行马铃薯优质绿色生产，切实提升马铃薯育种、种薯质量、种植水平、仓储能力，不断提升加工转化水平，促进产业协同发展。

5.2 提升加工能力，支撑产业发展

进入新时代，乌兰察布市因地制宜制定了马铃薯产业发展示范区建设方案，全面推进马铃薯产业提效增值。以"做强种薯、做优鲜食薯、做精加工薯"为目标，加快建设马铃薯产业发展示范区，持续强化马铃薯上中下游产业链融合，全面推进马铃薯产业提效增值。根据乌兰察布市马铃薯产业发展示范区建设方案，从马铃薯全产业链着手，建设"三个中心、三个基地、三个产业园、三个集中区、五个种植示范带"，到 2025 年，将乌兰察布市马铃薯产业发展示范区打造成为专用薯品类突出、种植标准规范、加工深度延展、流通体系完善、科研创新领先、产业链条完整，产能超百万吨、产值超百亿元的"双百级"示范区。同时积极引进先进大型马铃薯深加工企业，鼓励地方中小型加工企业兼并重组、提档升级，重点支持加工龙头企业提升精深加工能力，加工全粉、变性淀粉、淀粉糖等高附加值产品。

5.3 打造品牌建设，积极开拓市场

乌兰察布市马铃薯种植面积和总产量居全国地级市首位，约占内蒙古自治区的 45%，占到全国马铃薯年均种植面积和产量的 6%，是中国重要的种薯、商品薯生产加工基地。马铃薯产业收入占到种植业收入的一半以上，占农牧民人均纯收入的三分之一以上，马铃薯产业已成为农牧民增收致富主导产业，成为乌兰察布市经济发展的支柱产业。乌兰察布市被中国食品协会命名为"中国马铃薯之都"之后，"乌兰察布马铃薯"地理标志相继荣获

"中国百强农产品区域公用品牌"和"中国最具影响力品牌",品牌价值超过 100 亿元。充分利用广播、报纸、电视等传统媒体和手机、移动平台、抖音、快手、小红书等新媒体资源,打造"原味乌兰察布"品牌知名度,继续实施好"原味乌兰察布"区域公用品牌提升工程,夯实品牌建设基础。紧密结合乌兰察布市"原"字号产品品质,充实完善"原味乌兰察布"产品标准化技术规程,落实产品用标补贴。加大品牌宣传力度,扩大授权企业规模,拓展品牌宣传范围。拓宽品牌营销渠道,开展"五进活动",推进"原味乌兰察布"品牌体验店、冠名店建设,构建品牌营销网络。

乌兰察布市高淀粉马铃薯发展现状及对策建议

焦伟红[1]，武宝龙[1]，邢莹莹[2]，蓝秀红[1]，姜　浩[3]，今　芝[1]，

胡卫静[1]，辛　敏[1]，薛　丹[1]，安志燕[1]，魏　静[1]*

(1. 乌兰察布市农牧业生态资源保护中心，内蒙古　乌兰察布　012000；

2. 乌兰察布市农畜产品质量安全中心，内蒙古　乌兰察布　012000；

3. 乌兰察布市农牧业机械化服务中心，内蒙古　乌兰察布　012000)

摘　要：从种植、种薯生产、加工、销售方面详细介绍 2023 年乌兰察布市马铃薯产业发展现状，分析了马铃薯种植成本高、加工企业原料不足、旱地马铃薯生产水平低、科技带动能力弱等原因。提出了加快优良品种选育、重点发展淀粉薯订单、积极引进培育龙头企业等对策建议。

关键词：高淀粉；马铃薯；生产；建议

1　乌兰察布市马铃薯产业发展现状

1.1　种植情况

2023 年乌兰察布市马铃薯种植面积 9.57 万 hm^2，产量 250 万 t。鲜食薯以"希森 6 号""中加 7""沃土 5 号""V7""冀张薯"等品种为主；加工专用薯以"大西洋""麦肯 1 号""布尔班克""东农 310""晋薯 16 号""青薯 9 号"品种为主，其中，淀粉专用薯以"晋薯 16 号""中薯 18 号""东农 310""中加 11 号"为主。在龙头企业、合作社、种植大户等新型经营主体带动下，全市马铃薯规模化种植面积达到 5.33 万 hm^2 以上，规模化比例近 30%，集约化、规模化水平越来越高。

1.2　种薯生产情况

全市良种繁育基地面积稳定在 2.67 万 hm^2，现有种薯企业 16 家，组培室面积 9.96 万 m^2、网室面积 276.54 万 m^2、气雾培面积 8.2 万 m^2，年脱毒苗生产能力 10 亿株、原原种生产能力 20 亿粒，脱毒种薯覆盖率达到 100%。为了满足农业生产和市场多元化消费需求，筛选、展示、推广一批表现好、抗性强、产量高的优良马铃薯品种，从 2022 年开始，乌兰察布市连续 2 年打造 4 个"看禾选种平台"，其中 2 个马铃薯平台，平台集中展示当地主推品种和近 3 年国家登记的马铃薯新品种，乌兰察布市将"看禾选种"平台打造成农民选用良种的看台、种子企业品种比拼的擂台、农牧部门推介新品种的平台。通过平台可加快新品种更新换代步伐，提高优良品种增产增效能力，保障农作物品种安全。目前，

作者简介：焦伟红(1984—)，女，硕士，高级农艺师，主要从事马铃薯栽培技术推广和产业发展研究工作。

*通信作者：魏静，硕士，农艺师，主要从事马铃薯栽培技术推广工作，e-mail：jiaoweihong108@163.com。

乌兰察布市农林科学研究所和马铃薯首席专家工作站培育、引进马铃薯种质资源，重点培育抗旱品种和高淀粉品种，自主选育的马铃薯新品种蒙乌薯系列新品种(系)已经"走出"实验室，进入到大田生产试验阶段。内蒙古中加农业生物科技有限公司的高淀粉品种"中加11号"已经完成登记，计划在2024年大面积推广，"中加10号"正在登记，这两个品种的淀粉含量在18%~21%，成为淀粉加工企业与农户形成"订单"联结的纽带产品。

1.3 加工情况

全市马铃薯加工企业37家，其中薯条薯饼加工企业4家，淀粉全粉加工企业25家，鲜切、土豆粉、马铃薯醋、马铃薯馒头等其他加工企业8家。马铃薯产品包括淀粉、全粉、薯条、薯饼、方便粉丝、马铃薯醋、薯纤维、薯蛋白、马铃薯馒头等20多个品类130余种产品。新建马铃薯加工项目8个，分别是蓝威斯顿薯业(内蒙古)有限公司12万t薯条薯饼加工项目、内蒙古薯都凯达食品有限公司速冻薯条二厂第一条生产线20万t速冻薯条加工项目和第二条生产线20万t速冻薯条加工项目、内蒙古福景堂马铃薯产业集体有限公司20万t马铃薯淀粉加工项目、乌兰察布兴和薯丰产业发展有限公司3万t马铃薯精淀粉生产线建设项目、内蒙古蒙淀农业科技有限公司2.5万t马铃薯淀粉生产线改扩建项目、内蒙古希森马铃薯种业有限公司马铃薯馒头生产加工项目、内蒙古中加农业生物科技有限公司1万t马铃薯全粉加工项目。新建项目全部投产后，全市马铃薯薯条薯饼加工能力达到85万t、淀粉全粉加工能力达到50万t，成为全国最大的马铃薯薯条加工基地和马铃薯淀粉生产基地。

1.4 销售情况

全市成立马铃薯营销协会20多个，注册的马铃薯经济人200余人，马铃薯销售高峰期参与营销的人员达2万余人。全市建有农产品产地批发市场9个，每年约有200万t种薯和鲜食薯调往全国各地。全市马铃薯仓储能力310万t左右，其中仓储能力达到500t以上的75家企业、合作社、家庭农牧场，马铃薯仓储能力为170.4万t，其中气调库109.6万t、机械库5.1万t、储窖55.7万t。

2 乌兰察布市马铃薯产业存在问题

2.1 马铃薯种植风险大

随着土地流转费用、化肥、人工等成本的上升，马铃薯种植成本逐年攀升，水地马铃薯种植成本(土地流转费用、种子化肥农药等农资购置费用、机械及人工费用等)约3 500元/667 m²；旱地种植成本为700~800元/667 m²。但是马铃薯价格市场预期不稳定，较其他粮食作物价格跨度大(马铃薯收购价格波动在1.0~1.5元/kg)。随着南方马铃薯种植面积的扩大，马铃薯已经实现周年上市，马铃薯价格从年度波动逐步发展到季度波动、月度波动的常态起伏变化，而乌兰察布市马铃薯上市时间主要集中在每年的9—11月，是北方马铃薯集中上市的时间，没有定价优势，因价格波动造成收益不稳定，甚至有种植户因薯价暴跌而血本无归，对马铃薯产业稳定发展和种植户恢复生产影响巨大。

2.2 原料供应能力不足

2023 年新建加工项目投产后，全市马铃薯薯条薯饼加工能力达到 85 万 t、淀粉全粉加工能力达到 50 万 t，原料薯需求大幅增长，可加工消化马铃薯原料薯 520 万 t，尤其是淀粉原料薯的需求达到 350 万 t。但目前，乌兰察布市种植加工专用薯仅 1.5 万 hm²，产量约 70 万 t，远远不能满足企业需要，存在巨大缺口。淀粉薯专用品种的种植户更是寥寥无几，大部分仅限于育种单位(种薯企业)推广示范。另外，马铃薯种植户种植加工专用薯积极性不高，订单加工薯虽然收益较稳定，但收购价格不如鲜食薯。特别是加之马铃薯收购价格持续向好，加工企业原料供应得不到保障。

2.3 旱地马铃薯生产水平低

全市近 80% 的耕地是旱地，而且随着生态保护和修复工程的实施，发展旱地马铃薯是马铃薯产业的必然选择；但目前，乌兰察布市旱作马铃薯种植 4 万 hm² 左右，生产规模和生产水平都严重偏低。旱作马铃薯 95% 是零散分户经营，好年份平均单产 600 kg/667 m²，差年份平均单产不足 500 kg/667 m²，平均纯收入 200 元/667 m²，因产量低、效益差的原因，绝大多新型经营主体不愿流转承包旱地进行规模种植，从而导致旱地种植加工专用薯的面积几乎为零。

2.4 科技带动能力较弱

由于历史原因和科研经费短缺，高校、科研院所、企业马铃薯育种基本处于停滞状态。从 2010 年以来，各相关单位才陆续恢复育种工作，陆续培育推广了华颂系列、蒙乌薯系列、中加系列、希森系列等新品种，但新品种培育仍处于起步阶段。另外，全市从事育种的专业人才严重短缺，市县乡三级推广体系人员不足，科技带动能力较弱。

3 乌兰察布市马铃薯产业建议对策

3.1 加快优良品种选育

在育种方面，将重点依托种薯企业、乌兰察布市农林科学研究所和乌兰察布市马铃薯首席专家工作站等单位，加快推进适合乌兰察布市高淀粉优良品种的选育推广步伐。进一步引进青海、黑龙江、甘肃、陕西和山西省等地旱作马铃薯主产区抗旱性强、淀粉含量高的优良品种。充分利用现有的农技推广体系和"看禾选种"平台，加强淀粉含量高、抗旱强、产量高的优良品种推广。

3.2 重点发展淀粉薯订单

针对旱作马铃薯生产水平低的现状，种植淀粉专用马铃薯平均单产在 750 ~ 1 000 kg/667 m²，较普通鲜食薯增产 250 kg/667 m² 左右，种植效益能增加 100~200 元/667 m²。针对淀粉生产企业原料缺口大的问题，通过种植户和淀粉企业签订订单的形式，能稳定种植户收益，鼓励种植大户、合作社、企业等新型经营主体流转土地，实现规模化经营。订单种植既能保证加工企业的原料数量和质量，又解决了种植户"卖薯难"的问题，既保证种植户的利益，还进一步壮大了乌兰察布市马铃薯产业。

3.3　积极引进培育龙头企业

把马铃薯加工业作为延伸产业链条、提升产业发展层次和核心竞争力的着力点。

(1)支持淀粉加工企业不断提高装备水平、技术工艺，开发附加值高的精深产品，提高产品质量和市场竞争力。

(2)引进与基地联系紧密、产品效益好、辐射带动强、发展潜力大且具有托底消费实力的大型马铃薯精深加工企业，全面推进马铃薯产业水平的提升。

(3)打造优秀的马铃薯淀粉品牌，充分发挥品牌的溢价功能，提高市场占有率。

乌兰察布市旱作马铃薯生产现状及对策建议

蓝秀红[1]，武宝龙[1]，魏　静[1]，邢莹莹[2]，张丽洁[3]，冯鑫红[3]，
王玉龙[3]，辛　敏[1]，薛　丹[1]，焦伟红[1*]

(1. 乌兰察布市农牧业生态资源保护中心，内蒙古　乌兰察布　012000;
2. 乌兰察布市农畜产品质量安全中心，内蒙古　乌兰察布　012000;
3. 乌兰察布市农业技术推广中心，内蒙古　乌兰察布　012000)

摘　要：立足乌兰察布市旱作农田多、农业用水少的实际，分析了旱作马铃薯生产面积下滑、产量低、效益差等的原因。提出了加快优良品种选育、规模化发展经营、推广应用增产技术、拓宽营销渠道、积极引进培育龙头企业等对策建议。

关键词：旱作；马铃薯；生产；建议

乌兰察布市年降雨量 300 mm 左右，且降雨分布极不均匀。水资源以地表水为主，约 8.5 亿 m³，地下水 12.5 亿 m³，单位耕地面积水资源量仅 130 m³/667 m²，仅为全国平均值的 7%，是典型的雨养旱作农业区。全市现有耕地 100 万 hm²，其中旱地 66 万 hm²，占总耕地面积的 2/3。

1　乌兰察布市马铃薯生产现状

马铃薯是乌兰察布市最具特色的乡村产业，也是全市农牧业经济、农牧民增收致富和乡村振兴的主导产业。近年来，乌兰察布市聚焦聚力建设国家重要农畜产品生产基地的重大政治任务，强化基地建设、完善良繁体系建设、打造优质品种、提升仓储能力、发展精深加工，强力推进马铃薯产业转型升级，把乌兰察布市打造成国家重要的种薯、商品薯和加工专用薯生产基地。旱作马铃薯生产对于马铃薯产业发展和保障粮食安全有重要作用，2023 年，全市旱作马铃薯种植面积约 5 万 hm²，约占马铃薯总播面积的 3/5，鲜薯产量 45 万 t，约占全市马铃薯总产量的 1/4。

2　乌兰察布市马铃薯生产存在问题

2.1　播种面积下滑

相较于全国马铃薯主产地区种植面积逐年扩大，乌兰察布市马铃薯面积却连年下降，尤其是旱作马铃薯播种面积大幅下滑，造成产业发展不平衡。加之，旱作马铃薯普遍存在

作者简介：蓝秀红(1969—)，女，高级农艺师，主要从事马铃薯栽培技术推广工作。

*通信作者：焦伟红，硕士，高级农艺师，主要从事马铃薯栽培技术推广和产业发展研究工作，e-mail：jiaoweihong108@163.com。

广种薄收、靠天吃饭的现象，种植户成本投入 500 元/667 m² 左右。平均单产好的年份 600 kg/667 m²，差的年份不足 500 kg/667 m²，按照市场价 1.3~1.4 元/kg 计算，纯效益在 100~200 元/667 m²，如价格低于 1.3 元/kg，大部分种植户将面临亏损。

2.2 品种严重不足

乌兰察布市马铃薯科研基础设施建设薄弱、人才短缺、马铃薯科研成果少，具有自主知识产权的马铃薯品种少，科研实力不强。目前，全市主要种植的 40 多个品种中除"后旗红""克新 1 号""冀张薯 12 号"等极少品种外，希森、中加、V 系列等大多数品种在旱地种植发挥不出其高产优势，所以旱地马铃薯品种单一、产量不高，不能满足市场化需求。

2.3 规模化程度不高

旱作马铃薯基本都是零散的分户经营，规模小、种植密度小、人工劳力和肥料投入大，造成马铃薯投入产出比不高。因产量低、效益差，大多新型经营主体不愿流转承包旱地进行规模种植。

2.4 品牌效应差

旱地马铃薯口感好、耐贮运、干物质和淀粉含量高，但因为没有形成独特的品牌，地头销售价格与水浇地马铃薯一样，没有实现优质优价。甚至因为产量低、面积小、品种杂，导致马铃薯收购商不愿意到地头收购。

3 乌兰察布市马铃薯生产建议对策

3.1 加快优良品种选育

着力推动旱作马铃薯品种选育，依托马铃薯首席科学家专家工作站、自治区马铃薯种业创新平台、乌兰察布市农林科学研究所、乌兰察布市农牧局种子站等，集中力量选育登记淀粉含量高、适合机械化，特别是抗旱抗病毒性强的具有自主知识产权的专用新品种。鼓励内蒙古中加农业生物科技有限公司、内蒙古希森马铃薯种业有限公司、内蒙古民丰种业有限公司、内蒙古华颂农业科技有限公司等种薯企业充分利用现有组培室和网室资源，应用雾培技术、试管薯技术、容器薯技术等马铃薯繁育新技术，创建马铃薯"种子工厂"。发挥马铃薯"看禾选种"平台试验示范作用，实施好马铃薯绿色高质高效行动、优质高效增粮行动项目，不断拓展马铃薯产前、产中、产后各环节技术服务指导，逐步提升马铃薯单产水平。

3.2 规模化发展经营

乌兰察布市是典型的旱作农业地区，旱作面积广阔，发展规模化旱作马铃薯产业具有巨大潜力。通过耕地轮作、旱地高标准农田建设和旱作节水等项目，鼓励一批种植大户、合作社、企业等新型经营主体，在岱海、察汗淖尔流域"水改旱"区域和旱地集中种植区，从购种、播种、田间管理、收获，实行统一标准，进行标准化、规模化种植旱作马铃薯。尤其要发挥旱地绿色生态优势，大力发展绿色、有机鲜食马铃薯，成为乌兰察布市马铃薯提质增效新的突破点。

3.3 推广应用增产技术

(1)提高农田水肥条件。依托旱作高标准农田建设项目新建高标准旱作农田，优先用于旱作马铃薯生产，有条件的地区增施有机肥，配套抗旱保水制剂、缓释肥料、生物菌肥等新材料。

（2）提高种薯质量。旱地马铃薯种植使用脱毒种薯可增产30%左右，使用小整薯播种可增产10%~12%，继续扩大脱毒种薯应用，积极推广小整薯播种技术，争取旱地马铃薯脱毒种薯覆盖率达到100%，小整薯播种覆盖率达到50%。

（3）推广旱地起垄覆膜技术。起垄可有效提高地温，使用宽800 mm×厚0.01 mm的黑膜覆盖可降低土壤水分蒸发，提高地温抑制杂草，起垄覆膜可增产20%~30%。

（4）倡导推广增密栽培技术。推广增密栽培是提高产量的直接途径，种植密度提高到2 000~3 000株/667 m²，单产可提高10%~15%。

3.4　拓宽营销渠道

（1）加强品牌打造宣传。积极打造"乌兰察布马铃薯"区域公用品牌，并利用国家级商品展会、自治区级商品展会、京沪高铁、京津城际高铁等平台进行广泛宣传，实现品牌效益最大化。

（2）推行旱作马铃薯贴标销售。对进入全国市场的乌兰察布马铃薯统一粘贴身份标识，让乌兰察布市旱作马铃薯带着身份证上市场，使消费者更直观的认识和区别于"大水大肥"的马铃薯，从而刺激购买意愿，实现"优质优价"。

（3）拓宽销售渠道。鼓励经营主体开拓电商销售渠道开设专卖店、品牌店、旗舰店，全力拓宽旱作马铃薯销售范围，推动旱作马铃薯进行线上线下融合销售。

3.5　积极引进培育龙头企业

把马铃薯加工业作为延伸产业链条、提升产业发展层次和核心竞争力的着力点。

（1）支持企业不断提高装备水平、技术工艺，开发附加值高的精深产品，提高产品质量和市场竞争力。

（2）引进与基地联系紧密、产品效益好、辐射带动强、发展潜力大的具有托底消费实力的大型马铃薯精深加工企业，全面推进马铃薯产业水平的提升。

（3）鼓励引进净菜加工企业和中央厨房，将鲜薯清洗和初加工包装后形成不同规格的产品进入市场，延长产业链、增加附加值。

乌兰察布市马铃薯种植技术现状、问题及产量提升建议

李慧成[1]，邢　杰[1*]，冯鑫红[1]，陈瑞英[2]，王玉龙[1]，智小青[1]，

杜小平[1]，陈　智[1]，王迎宾[1]，武艳茹[1]，林团荣[3]

（1. 乌兰察布市农业技术推广中心，内蒙古　乌兰察布　012000；

2. 四子王旗农业技术服务中心，内蒙古　乌兰察布　011800；

3. 乌兰察布市农林科学研究所，内蒙古　乌兰察布　012000；）

摘　要：乌兰察布市马铃薯种植技术经过多年的发展和优化过程，逐渐向现代化、机械化、标准化、智能化方向转型。目前遇到水资源短缺、地膜污染、品种结构不合理、机械研发滞后等瓶颈问题，为了进一步提高单产及品质，需要从节水技术、品种培育、地膜回收、机械配套、技术集成、政策制定等方面进行科技突围，实现马铃薯单产和品质进一步提升，满足产业高质量发展需求。

关键词：马铃薯；种植；现状；问题；产量提升

为实现单产提升目标，要找准问题、制定目标、强化科技，明确当前制约乌兰察布市马铃薯单产提升的短板弱项，厘清轻重缓急，优先要素顺序，突出关键要素，夯实增产基础，强化配套措施，通过优化科技推广机制，强化农技部门协作攻关，促进全要素补齐短板，将科技潜力转化为现实生产力，保障产量提升。

1　乌兰察布市马铃薯产业种植现状

水资源匮乏一直是乌兰察布市的生产条件，为改变靠天吃饭的现状，2000 年以后乌兰察布市开始走节水灌溉技术路线，陆续建设推广了一批大型指针式喷灌灌溉设施，引进了欧美马铃薯种植企业和种植技术，产量较旱作提高 2~5 倍。为进一步提高生产效率，2010 年开始试验推广滴灌种植技术，以垄上滴灌、膜下滴灌技术模式为主，节水增产效果显著，较喷灌节水 30% 以上，增产幅度达到 15%~20%。近几年，随着绿色高效生产理念的普及、乌兰察布市水资源保护条例的颁布及农业水价综合改革政策试点的实施，乌兰察布市正在研究、推广更加精准、高效的滴灌技术模式和提升旱作种植技术，灌溉区主推马铃薯高垄浅埋滴灌精准高效栽培技术、马铃薯半高垄膜下滴灌双行高产高效栽培技术，较过去垄上滴灌相比产量不减，节水达到 10% 以上；旱作区主推马铃薯微垄覆膜种植技术，较

作者简介：李慧成（1982—），男，正高级农艺师，从事马铃薯节水灌溉栽培技术研究及推广。

基金项目：中央引导地方科技发展资金项目（2022ZY0103）。

*通信作者：邢杰，男，推广研究员，主要从事农业技术推广及土壤肥料工作，e-mail：lihuicheng1214@126.com。

传统旱作增产 5%～10%，如商都县作为典型示范区，近几年重点突破旱作生产技术，从旱作品种、集成技术、配套机械等多方面提升旱作生产技术效率。

2 乌兰察布市马铃薯产业存在问题

2000 年以后马铃薯种植以水地为主，新品种、新技术研究、推广以充足水肥供应为基础；对抗旱品种、限额灌溉节水技术、旱地种植技术等方面投入相对较少，近几年开始逐渐加大研究、推广力度。随着近几年薯条、薯片、全粉、淀粉、净菜等加工企业新建和产能扩大，对原料的需求大幅增加，加工原料对马铃薯品种和种植技术的要求与鲜食用品种有很大不同，亟需培育、引进适宜加工的专用品种和研究、推广配套种植技术。薯条、薯片加工品种以国外品种为主，对种薯质量和种植技术水平要求较高，普通种植户不具备种植能力；淀粉加工薯品种多从山西、甘肃、东北引进，日期偏大，不能满足生产需求，当地淀粉品种少，还未形成规模。随着农业水价综合改革政策的实施，种植技术对节水的要求非常高，今后覆膜种植技术十分有效，但目前地膜回收和降解膜应用还在摸索阶段，对覆膜技术大范围的应用不利；地下水位下降和种植户对产量效益的高要求及种植节水技术水平不足存在矛盾，继续加大宣传、引导和科技支撑力度。

3 乌兰察布市马铃薯产量提升建议

3.1 加快专用新品种选育、推广步伐

按照产业发展需求，选育推广中早熟、抗旱、抗病的专用型优质高产品种。在现有品种中推广"希森 6 号""中加 7""京张薯 3 号""露辛达（V7）"等黄皮黄肉鲜食高产品种，推广"雪川红""青薯 9 号""后期红"等红皮黄肉鲜食高产品种，推广"晋薯 16 号""青薯 9 号""克新 33""京张薯 1 号""蒙乌薯 6 号"等适合旱地种植的品种，推广"中加 10 号""中加 11 号""蒙乌薯 6 号""晋薯 16 号""大西洋""青薯 9 号"等淀粉含量高的加工型品种。大力支持乌兰察布市农林科学研究所、中加种业有限公司、希森种业有限公司公司、华颂种业有限公司等育种主体重点选育乌兰察布市短缺的抗旱、淀粉、薯片、薯条专用品种。依托"看禾选种"平台，遴选一批适合乌兰察布市种植的抗旱、抗病、高产品种，帮助农民"看禾选种"。通过项目带动，加速繁育推广蒙乌薯系列、中加系列、希森系列、华颂系列等乌兰察布市自主研发的高产新品种。

3.2 推广高质量马铃薯脱毒种薯

加强脱毒苗、原原种（微型薯）、原种、一级种薯全程质量管控，稳步提升乌兰察布市马铃薯种薯质量。要充分发挥好乌兰察布市种子管理站的作用，强制实施质量检验认证制度，建立严格的种薯生产销售许可管理制度，依托乌兰察布市国家马铃薯种薯质量检验监测中心，加强种薯质量全程监管，建立追溯制度，完善追责机制，加大检测力度，增加检测批次，实现种薯生产经营主体检测 100%，种薯入库抽检 100%，脱毒种薯生产田间检测 100%。开展市内种薯生产企业核查、清理和整顿工作，取缔非法生产企业，规范种薯生产营销行为，引导种薯企业合理有序竞争。通过良种补贴等项目带动，准确有效地推广马铃薯脱毒种薯应用，大幅度提高马铃薯脱毒种薯覆盖率。

3.3　大力推行高产高效栽培技术模式

加大科技研发经费投入，集成马铃薯高垄浅埋滴灌、膜下滴灌节水高效栽培技术模式，积极申报地方技术标准和国家、内蒙古自治区的主推技术项目，通过项目辐射带动高产高效技术示范推广。灌溉区重点推广以滴灌为主的高效节水栽培模式，突出水肥一体化技术应用；旱作区主要推耙糖镇压、抗旱品种、小整薯播种、地膜覆盖和抗旱保水剂应用等技术。技术模式中尽可能多地集成各项绿色增产措施，如增施有机肥、应用缓控施肥、提高追肥比例、应用配方水溶肥和液体肥，补施中微量元素肥，施用微生物菌剂，应用黄腐酸、氨基酸、微藻素、鱼蛋白等新型肥料，推广水肥一体化精准控制设施，应用晚疫病预警监测设备、生物源农药、物理防治等绿色措施防治病虫害，减少损失，保证单产。

3.4　配套推广新型农机具

马铃薯机械化作业是提高各项实用技术到位率的最关键、有效的措施，通过机械深松整地、高质量播种、中耕培土、飞防喷药、机械收获等全程机械化高效作业，最大限度提高马铃薯种植的机械化和标准化程度。未来几年要聚焦马铃薯高垄膜下滴灌精准高效栽培技术、马铃薯半高垄双行膜下滴灌精准高效栽培技术、旱作区马铃薯平作覆膜栽培技术的推广模式，梳理模式中各环节农机具应用情况，比较机具，分析问题，通过改造和调试，不断解决机具应用中存在的问题，甚至引进新机型，提高主推技术机械化程度。重点解决高垄膜下滴灌精准高效栽培技术覆膜机具缺乏，高垄双行膜下滴灌精准高效栽培技术播种覆膜机具行距较大和作业效率低，旱作区马铃薯平作覆膜栽培技术配套播种机具不成熟等问题。推进北斗服务驾驶系统应用，帮助农机手实现高质量作业。

3.5　扎实开展马铃薯良繁体系建设

提升国家级马铃薯制种大县建设水平，巩固和发挥好察右前旗、四子王旗国家区域性马铃薯良种繁育基地建设项目，充分利用好全市现有组培室、网室、气雾培室、智能仓储库、高标准农田、智能水肥一体化系统等设施，完善组培室、网室、高标准种薯繁育基地建设，提升企业脱毒苗、微型薯及原种生产能力。规划建立固定的高标准种薯基地，制定严格的种薯基地生产规定，并严格执行。建立种薯繁育准入制度和科学轮作制度，科学选定轮作作物，严格要求种薯基地实行4年以上轮作，有效控制土传病害，同时加强马铃薯种薯田产地检疫和质量检测，切实保障种薯质量。积极争取四子王旗、商都县、察右后旗良繁基地尽快正式立项投资，积极申请国家马铃薯良种繁育基地建设项目。

3.6　抓好绿色高产高效和优质增粮示范行动

开展马铃薯单产提升工程，推行马铃薯绿色高产高效行动建设，以示范行动辐射带动大面积均衡增产。重点开展节水增粮建设，建成节水增粮示范区。水浇地在高效节水灌溉基础上集成示范水肥一体化增粮技术模式，旱作区组装配套蓄水保墒技术，认真搞好马铃薯优质高效增粮示范行动建设，重点采取"五统四控三提两增"推进模式(五统即统一种植品种、统一肥水管理、统一病虫防控、统一技术指导、统一机械作业；四控即控肥、控药、控水、控膜；三提即提升化肥、农药、水资源利用效率；两增即增产、增效)和过去试验示范业已证明有效的马铃薯"两增五推"技术措施(两增即增加密度、增施有机肥；五推即推广脱毒种薯、滴灌设施栽培、地膜覆盖、机械化作业、测土配方专用肥）。

3.7 搞好马铃薯现代农业产业园和科创中心建设工作

发挥好乌兰察布市察右前旗国家现代农业产业园建设项目的作用，推进马铃薯脱毒种薯研发与扩繁基地建设，加强马铃薯规模化、标准化、专用化种植基地建设，建立"良种、良法、良田、良机"相互配套工作机制，促进马铃薯单产提升。借助乌兰察布市马铃薯科创中心重点任务的落实与推进，针对制约乌兰察布市马铃薯单产提升的关键问题开展研究，进行系统化开发，自主选育当地高产品种，完善和扩大脱毒种薯生产规模，满足生产用种需要，为提高乌兰察布市马铃薯科技含量和提升马铃薯单产水平做出贡献。

3.8 切实加强农田基础设施建设

开展以高效节水灌溉为主的高标准农田建设，统筹推进新建与改造提升，突出补齐农田水利基础设施短板，优化农机作业条件，提升马铃薯田基础设施和现代化水平。加强耕地地力提升攻关，综合采取工程、生物、化学等措施，增加土壤有机质含量，改良土壤结构，构建肥沃耕作层，助推马铃薯单产提升。

3.9 大力支持新型农业经营主体和社会化服务组织

重点支持制度健全、管理规范、种植规模大、技术装备适宜、带动力强的新型农业经营主体，改善生产经营条件，规范财务核算，指导应用先进技术，提高其生产能力和服务带动能力。利用农广校阵地培育一批运营管理规范和社会认可度高的社会化服务组织，积极探索构建新型农业社会化服务模式，通过代耕代种、代管代收、全程托管模式，将先进适用品种、技术、装备和组织形式等现代化生产要素有效导入小农户生产，带动和实现单产提升。

3.10 开展马铃薯价格指数和完全成本保险

积极争取将乌兰察布市马铃薯价格指数保险纳入自治区政策保险补贴范围，积极争取实施马铃薯完全成本保险补贴，尽可能实现保险全覆盖，提高赔付力度和效率，降低农民种植马铃薯的后顾之忧，有效减少自然和市场风险带来的不利影响，规避"薯贱伤农"现象发生，鼓励种植户多投入、多产出，引导农民一心一意提高单产。

3.11 全力推进产业链条发展

依托内蒙古薯都凯达食品有限公司、内蒙古蒙薯食品科技有限公司、乌兰察布蓝威斯顿食品有限公司、希森种业有限公司、内蒙古福景堂马铃薯产业集团有限公司等发展水平高和带动能力强的薯条薯片、全粉加工企业在乌兰察布市建立加工薯原料生产基地，采取"龙头企业+合作社+农户"等经营模式，把加工企业与马铃薯合作社、种植大户、广大农户等联合起来，通过订单生产、股份合作、服务协作、流转租用等方式，构建企业供种、合作生产、订单收购、价格托底、稳定增收的利益联结机制，延长产业链、保障供应链、完善利益链。充分发挥下游效益吸引的作用，引导种植户不断钻研科技和探索马铃薯种植新方法，千方百计提高单产。

乌兰察布市马铃薯生产技术推广现状及发展建议

智小青[1]，李慧成[1]，冯鑫红[1]，王　慧[2]，邢　杰[1*]，刘　丹[3]，

王玉龙[1]，李　倩[1]，武艳茹[1]，王雅楠[1]

(1. 乌兰察布市农业技术推广中心，内蒙古　乌兰察布　012000；

2. 乌兰察布市农牧业机械化服务中心，内蒙古　乌兰察布　012000；

3. 乌兰察布市植保植检站，内蒙古　乌兰察布　012000)

摘　要：详细介绍了乌兰察布市马铃薯生产技术推广现状，分析了短板与制约因素。提出了建立健全农业技术推广体系、加大人才培养力度、保障推广资金投入、加强合作加大科技创新成果转化、加强技术推广服务和培训力度、发挥农业科技社会化服务组织作用等农业技术推广工作思路与重点举措。

关键词：马铃薯；技术推广；发展现状；建议

乌兰察布市地处内蒙古自治区中部，气候冷凉，雨热同季，日照时间长，昼夜温差大，得天独厚的气候条件利于马铃薯生长、繁育。乌兰察布市种植历史悠久，是国内公认的马铃薯种植"黄金带"，是全国马铃薯种薯、商品薯、加工专用薯重要生产基地。近两年全市马铃薯种植面积在 13.33 万 hm^2 左右，产量近 300 万 t。通过马铃薯新品种、新技术、新材料创新成果转化和高效栽培技术的示范、推广，品种更新换代加快，结构优化；绿色优质高效马铃薯生产技术应用大幅提高，节水、减肥、减药绿色发展取得一定成果，技术集成、配套、熟化、推广创新机制有了重大突破，为马铃薯高质量发展提供了技术支撑，推动马铃薯生产绿色可持续发展。

1　马铃薯生产技术推广现状

1.1　品种更新换代加快，结构优化

通过马铃薯优质专用新品种试验、示范，筛选出一些适应性广、抗逆性强、丰产性能好的品种加以推广，"希森 6 号""中加 7""中加 2 号""沃土 5 号""京张薯 1 号""京张薯 3 号""V7"等作为黄皮鲜食薯进行推广；"雪川红""冀张薯 26 号""青薯 9 号""民丰红""后旗红"等作为红皮鲜食薯进行推广；"中加 10 号""中加 11 号""蒙乌薯 6 号"等作为淀粉加工薯进行推广；"麦肯 1 号""实验一号""大西洋"等作为薯条薯片加工薯进行推广；"蒙乌薯 4 号""京张薯 2 号""京张薯 3 号""京张薯 4 号""青薯 9 号"等作为抗旱品种推广。这些优良品种的示范推广，丰富优化品种结构，逐渐完善配套的栽培技术，帮助种植户根据不

作者简介：智小青(1970—)，女，正高农艺师，从事马铃薯生产技术推广。

基金项目：中央引导地方科技发展资金项目(2022ZY0103)。

* **通信作者**：邢杰，推广研究员，主要从事农业技术推广及土壤肥料工作，e-mail：wlcbsnjtgzx@163.com。

同需求和条件选择合适的品种，取得较好的经济效益。

1.2 技术集成进一步推广应用

扩大马铃薯脱毒种薯应用，全市马铃薯脱毒种薯覆盖率达到90%以上。大力推广了控水降耗、控肥增效、控药减害、控膜提效的绿色生产技术，集成智能滴灌、浅埋滴灌、低流量滴灌带、水肥一体化、增施有机肥、液体配方肥、微生物菌剂、病虫草害绿色防控和统防统治融合、马铃薯晚疫病数字化监控预警系统应用等技术措施。推广农机农艺配套措施，马铃薯机械作业率达到85%以上，推进马铃薯绿色生产。

1.3 进行技术创新研发，加快成果转化和推广

乌兰察布市马铃薯种业创新工作取得了质的飞跃。乌兰察布市农林科学研究所、马铃薯首席专家工作站培育出具有自主知识产权的蒙乌薯系列等已有登记品种并加以推广。本土种薯企业自主品种选育工作也卓有成效，内蒙古中加农业生物科技有限公司选育的中加系列、内蒙古华颂农业科技有限公司选育的华颂系列、内蒙古民丰种业有限公司选育的民丰系列等多个品种登记并已有一定的推广面积。

乌兰察布市农业技术推广中心创新研发出马铃薯浅埋滴灌精准高效栽培技术模式，集成了选用优质品种、水肥一体化、病虫害防控、农机农艺融合等浅埋滴灌综合配套技术，实现节水10%以上，水分利用效率提高20%，化肥纯量减施5%以上，农药减量10%以上。2021—2023年在乌兰察布市7个旗县累计推广马铃薯浅埋滴灌精准高效栽培技术8.33万 hm^2，平均产量3 208 kg/667 m^2，平均增产387 kg/667 m^2，增产率15.5%，平均新增纯收益464 元/667 m^2，增幅16.2%，累计新增总经济效益55 680 万元，经济、社会和生态效益显著。

2022年乌兰察布市农业技术推广中心联合内蒙古博越工业控制技术有限公司联合研发实用性强、自动化水平高的精准水肥一体化机，提升乌兰察布市节水节肥技术水平。新研发施肥机控制系统操作简便，自动化程度较高，根据用户需求集成了多项实用功能，解决了生产中电磁阀故障率高、自动系统难以运行的问题，可实现手动和自动的切换操作，可以实现灵活的灌溉施肥施药，已在乌兰察布市农业技术推广中心基地和马铃薯重大技术协同推广项目实施旗县主推技术核心示范田应用效果良好。今后将进一步加大推广应用力度，在推广应用的过程中，解决存在的问题，不断优化水肥一体机的软硬件，开发适合不同层次种植户的机型。

1.4 充分发挥项目引领示范带动作用

依托种植业良种良法、绿色优质高效和重大协同技术推广等项目，重点在马铃薯上开展新品种、新技术、新产品引进试验示范及节水、减肥、减药与机械化绿色高效栽培技术示范推广，建立主推技术示范田和机械化绿色高效栽培技术核心示范区，重点打造一批规模化经营、标准化生产、专业化管理、品牌化运营、社会化服务的绿色高质量发展重大技术示范推广试点。通过开展观摩培训和宣传报道，充分发挥项目的辐射带动作用，切实加强马铃薯种植技术集成熟化和示范推广，提高乌兰察布市马铃薯生产技术水平，提升农业技术推广人员的服务能力，全面提升质量和效益，推动绿色高质量发展。

1.5 开展培训和技术服务

每年市、县、乡级农业技术推广人员在马铃薯播种、水肥管理、病虫草害科学防控、

收获等关键环节多次深入生产一线、田间地头开展技术服务和技术指导，提高马铃薯产量，促进种植户增收。科技特派员马铃薯团队成员结合各自工作实际和专业特长，确定科技服务对象和服务地点，在马铃薯生长关键期深入田间地头，指导生产实践，着力解决生产过程中的问题和难题，推广普及新品种、新技术、新材料，并且通过典型示范达到以点带面、辐射带动的效果。

通过高素质农牧民培育项目集中授课、外出观摩、技术人员深入田间地头实训等多种形式开展技术培训，重点培育新型农民、种植能手、科技带头人，培训马铃薯优质品种选择、高效栽培、化肥减量增效、病虫害减药控害、农药合理使用等生产实用技术，提高种植大户、合作社、农户的种植与管理水平。

1.6 农技推广体系提供技术支撑

乌兰察布市农业技术推广体系由市、县、乡三级农业技术推广部门构成。2021年机构改革后，乌兰察布市级农业技术推广部门由乌兰察布市农业技术推广中心、乌兰察布市生态环境中心、乌兰察布市植保植检站、乌兰察布市种业站、乌兰察布市农牧业机械化服务中心构成。旗县级农业技术推广部门由原来的推广中心或推广站、植保站、经作站、土肥站、种子站、农广校等合并为科学技术事业发展中心。乡镇级农业技术推广站改为社会保障和农业推广中心，编制少，专技人员少，技术力量相对薄弱。较为完善的农业技术推广体系采取多种形式的技术指导与服务，在马铃薯大面积单产提升、防灾减灾、绿色生产等方面取得了一定成效，支撑服务三农中心工作作用不断增强。

2 短板与制约因素

2.1 技术集成与转化效率不高

品种方面，仍存在马铃薯品种多、乱、杂、专用加工品种缺乏等现状，品种结构仍难以适应生产、仓储、加工需求；生产方面，水肥高效利用技术、病虫害综合防控技术、农机农艺融合技术等重大集成技术推广应用到位率低；产品方面，存在马铃薯专用品种缺乏、加工利用率不高、增值幅度不大、节能减排任务繁重等问题。而且土壤退化、水资源匮乏、病害防控压力逐年加重、农药化肥用量大、劳动力成本和生产资料成本逐年提高、鲜薯市场价格波动等诸多问题不断显现。

2.2 农技推广体系不够完善

乌兰察布市农业技术推广体系主要由市、县、乡三级农业技术推广机构构成。目前，市、县两级农业技术推广体系健全，乡镇级农业技术推广站没有专职推广技术人员，多为兼职，影响农业技术推广工作的开展。

2.3 农技推广人才队伍建设薄弱

基层农业技术推广队伍存在人员老龄化、人才断档、知识断层的问题。农业技术推广人员队伍素质和知识结构与现代农业发展的要求不相适应。大多数农业技术人员缺少有效知识更新和专业培训，专业知识更新慢，知识结构陈旧，不能有效解决当前马铃薯生产中出现的新问题，缺乏能独当一面、专业技术精专的中坚技术骨干，农业技术推广部门的地位逐渐在弱化。乡镇农业技术人员大多时间和精力用在了从事行政事务性工作上，能真正从事农业技术推广的技术人员很少。

2.4 资金短缺

资金短缺是当前农业技术推广中面临的主要问题。农业技术推广工作作为基层的一项公益性事业，地方财政用于支持基层农业技术推广的经费微乎其微，国家专项资金由于地方财政资金紧张，有时不能按时拨付到位，使得基层农业技术推广工作举步维艰，阻碍了技术推广工作的有效开展。

2.5 旱作马铃薯生产技术滞后

乌兰察布市马铃薯种植面积近 13.33 万 hm^2，但水地种植面积只有 5 万 hm^2 左右，部分旗县还面临水改旱耕地调整，具备灌溉条件的马铃薯种植面积比例将继续缩小，大力发展旱作马铃薯势在必行。但由于受到品种缺乏、栽培技术的限制，加上基础设施薄弱和农民传统的种植方式，导致旱作种植产量低而不稳，效益差。

3 未来农技推广工作思路与重点举措

3.1 建立健全农业技术推广体系

建立健全市、县、乡三级农业技术推广体系，加强农业技术推广工作考核，明确岗位职责，充分调动和发挥农业技术推广人员的工作积极性。加强基层农业技术推广队伍建设，特别要充实完善基层农业技术推广技术人才，提高边远艰苦地区农业技术人员待遇，让高学历高技能人才到基层，壮大乡镇级农业技术推广队伍。

3.2 加大人才培养力度

不断优化乌兰察布市马铃薯产业人才结构，壮大人才队伍，引进马铃薯育种、病理、栽培、机械等方面的行业专家和实用人才。培育乌兰察布市相关马铃薯产业专业实用人才队伍，提高专业技术人员的知识水平，加强与高校、企业、科研院所合作，积极参与马铃薯新品种、新技术、新材料、新设备的研究试验、示范与推广，通过参加讲座学习、培训、实地观摩等方式，提高农业技术推广人员的专业素质，利用网络平台增强推广人员之间的技术交流，探讨和解决技术推广中面临的问题，进一步提升乌兰察布市马铃薯科技创新能力。

3.3 保障推广资金投入

建议相关部门出台有关政策，加大地方政府及相关部门对农业技术推广部门的财政支持力度，安排专项资金，开展马铃薯新品种、新技术、新材料的试验示范推广和成果转化利用，保障对农业技术推广工作经费的资金投入，解决农业技术推广"最后一公里"问题。

3.4 加强合作，加大科技创新成果转化

采取农科教、产学研结合的方式，协同协作攻关，解决马铃薯生产中遇到的瓶颈特别是旱作马铃薯绿色增产增效技术，加大推广力度，为乌兰察布市马铃薯绿色生产提供更多的技术成果和科技人才支撑。进一步推广先进成熟的绿色高效马铃薯生产技术，降低生产成本，提高种植效益，推动马铃薯产业可持续发展。

3.5 加强技术推广服务和培训力度

农业技术推广一直是农业发展的重要环节，通过建设马铃薯绿色优质高效种植示范基

地，农业技术人员进行现场技术指导和服务，实现马铃薯生产专业化、标准化、集约化，展示马铃薯生产技术的先进性和实用性，引导辐射带动马铃薯种植户增产增收。农业技术人员开展各种形式的培训班、讲座和座谈会，向马铃薯种植户传授技术技能，解答所关心的问题，提高专业素养和技术水平。

3.6 发挥农业科技社会化服务组织作用

充分发挥合作社、农机服务公司、农资企业等农业科技社会化服务组织作为农业技术推广重要载体作用，开展马铃薯生产社会化服务，通过"农资+服务""科技+服务"方式，推广先进马铃薯生产技术和实用技术，促进小农户和现代农业有机衔接，把小农户生产引入现代农业发展轨道，促进马铃薯高质量发展。

2023 年内蒙古自治区马铃薯产业发展现状、存在问题及发展建议

林团荣[1]，尹玉和[1*]，王　伟[1]，张志成[1]，王　真[1]，王玉凤[1]，范龙秋[1]，
王懿茜[1]，李慧成[2]，刘丽华[3]，郭海英[3]，逯海林[4]，朱小宙[5]

(1. 乌兰察布市农林科学研究所，内蒙古　乌兰察布　012000；
2. 乌兰察布市农业技术推广中心，内蒙古　乌兰察布　012000；
3. 察右中旗科学技术事业发展中心，内蒙古　察右中旗　013550；
4. 商都县科学技术事业发展中心，内蒙古　商都　013400；
5. 化德县科学技术事业发展中心，内蒙古　乌兰察布　013350)

摘　要： 从 2023 年内蒙古自治区马铃薯种植规模、种业发展、加工转化、市场与销售、技术研发方面全面分析了马铃薯产业发展现状，梳理马铃薯产业发展中存在的问题。提出了针对性的马铃薯产业发展建议。

关键词： 马铃薯；产业；现状；问题；建议

近几年内蒙古自治区马铃薯种植面积和单产基本稳定，波动不大，加工薯面积大幅增加，加工转化率稳步提高。今后要找准马铃薯产业发展短板弱项，突出关键要素，夯实产业基础，促进全要素发展，将科技潜力转化为现实生产力，保障马铃薯产业高质量发展。

1　2023 年内蒙古自治区马铃薯产业现状

1.1　种植情况

据统计，2023 年内蒙古自治区马铃薯种植面积 24.67 万 hm^2，较 2022 年增加 2.26 万 hm^2，总产 649 万 t，较 2022 年增加 99 万 t；单产 1 755 kg/667 m^2，较 2022 年增加 117.9 kg/667 m^2。2023 年千亩以上规模化经营面积 7.2 万 hm^2，较 2022 年增加 5.87 万 hm^2，增加了 22.66%。

主要产区包括乌兰察布、锡林浩特、呼伦贝尔、赤峰和呼和浩特市，这 5 个市区面积和总产占全区总量的 90% 以上。内蒙古自治区东部区域平均单产高于西部区域，主要原因为东部区域水资源较丰富。2023 年种植面积增加有以下几个原因：(1)加工企业的进驻增加了订单薯的种植面积；(2)2023 年初，马铃薯价格坚挺，吸引了大量的种植户种植马铃

作者简介： 林团荣(1982—)，女，硕士，推广研究员，主要从事马铃薯遗传育种研究。
基金项目： 国家马铃薯产业技术体系(CARS-09-ES05)；内蒙古自治区科技计划项目(2020GG0221；2021GG0357)。
＊通信作者： 尹玉和，研究员，主要从事马铃薯遗传育种与栽培技术研究，e-mail：wlcbsyyh@163.com。

薯;（3）高标准农田建设吸引了部分区外种植户进入内蒙古自治区种植马铃薯。

2023 年内蒙古自治区主要栽培品种有"希森 6 号"（约 2.8 万 hm²）、"冀张薯 12 号"（约 1.67 万 hm²）、"沃土 5 号"（约 2.07 万 hm²）、"V7"（约 1.27 万 hm²）、"中加 7"（约 0.73 万 hm²）、"麦肯 1 号"（约 0.33 万 hm²）。"沃土 5 号""中加 7""麦肯 1 号"品种种植面积快速增长。"费乌瑞它""V7""夏波帝"品种的种植面积下降。

1.2　种业发展

据统计，内蒙古自治区马铃薯脱毒种薯面积和产量均居全国第一，交易量占全国 35% 以上。现有种薯经营企业 71 家。乌兰察布市察右前旗和四子王旗、呼伦贝尔市牙克石市、锡林郭勒盟正蓝旗 4 个旗县被认定为国家区域性马铃薯良种繁育基地县，察右前旗被确定为国家级马铃薯现代产业园项目县，2023 年微型薯产能为 6.8 亿粒，较 2022 年有所增加，年制种面积 4.67 万 hm²，其中原种生产面积 0.67 万 hm²，种薯生产情况与 2022 年相比变化不大。

目前，全区主要有 9 家马铃薯育种单位，包括：内蒙古大学、内蒙古农业大学 2 个高校；内蒙古自治区农牧业技术推广中心、内蒙古农牧业科学院、乌兰察布市农林科学研究所、呼伦贝尔市农牧科学研究所 4 家科研院所；内蒙古中加农业生物科技有限公司、内蒙古华颂农业科技有限公司、内蒙古坤元太和农业科技有限公司 3 家育种企业，全区已登记品种 51 个，占全国 8%。

1.3　产业加工

内蒙古自治区马铃薯深加工产业逐年发展壮大，已经形成了一定规模的马铃薯深加工企业群，涵盖了马铃薯粉、薯片、薯条、马铃薯酒、马铃薯纤维等多个产品。目前，全国规模化马铃薯加工企业约 140 家，精加工率约 12%，其中马铃薯龙头加工企业有薯都凯达食品有限公司、华欧淀粉工业股份有限公司、蓝威斯顿薯业有限公司、内蒙古福景堂马铃薯产业集团。内蒙古自治区年加工率约 45%，产地初加工约 32%，精深加工转化率约 13%。2023 年内蒙古自治区马铃薯收获后贮藏量为 320 万 t，约占总产量的 49.31%。加工转化原料薯 153 万 t，较 2022 年有大幅提升，原因是以乌兰察布市为代表的地区政府大力引进马铃薯加工企业，并鼓励现有的马铃薯加工企业大幅度扩张产能，新建厂房。2023 年淀粉加工企业较 2022 年增加 14 个，淀粉加工设计产能增加 40.1 万 t。淀粉加工企业鲜薯收购量 93 万 t 较 2022 年增加 11 万。淀粉收购价以淀粉含量为主要指标，2023 年淀粉薯收购均价为 973 元/t，高于 2022 年的 760 元/t，薯条加工能力显著提升，2023 年薯条（饼）加工企业鲜薯收购量接近 60 万 t。

2023 年内蒙古自治区马铃薯省外销售量有所降低，为 321 万 t 较 2022 年减少了近 40 万 t。加工量大幅增加，食用、饲用、种用及消耗量无明显变化。受全国马铃薯市场的影响，北方一作区马铃薯大量上市后，供大于求，市场价格低迷，内蒙古自治区马铃薯鲜薯优势越来越弱化。另外，内蒙古自治区着力推进马铃薯产业升级，随着加工企业产能的不断增加，产地消化马铃薯会逐渐成为主流。

1.4　市场与销售

2023 年内蒙古自治区当季马铃薯从 8 月份开始上市销售，8 月份早熟马铃薯价格较高，150 g 以上地头收购价 2.1~2.5 元/kg，150 g 以下的马铃薯收购价也达到了 1.8~2.0 元/kg，高于历史同期。9 月中旬开始，随着北方一季作区的多个产区鲜薯大量上市，薯价逐步下跌，一直持续到年底，马铃薯价格徘徊 1.0~1.4 元/kg，比 2022 年同期低 0.4 元/kg 左右。100 g 以下小薯主要用于淀粉加工，收购价格 600~800 元/t。由于价格较低，市场疲软，马铃薯库存量高于 2022 年同期。"经纪人"是马铃薯鲜食薯市场的主导者，种植者获得市场信息的渠道较为狭窄，增产后未能增加收入。

1.5 技术研发

2023 年内蒙古自治区马铃薯产业研发中科技支撑项目涵盖国家级、自治区级、市级项目等多个领域，整体数量上较 2022 年有所下降，但较 2022 年相比，在马铃薯种质资源引进及鉴定筛选方面加大了支持力度，改善了当地种资资源同质化现象，在马铃薯联合攻关育种方面取得了新的突破。2023 年启动了内蒙古自治区马铃薯统一联合区域试验，为新品种(系)试验示范提供了多元化选择，加快种业攻关进程。

2 2023 年内蒙古自治区马铃薯产业存在的问题

2.1 土传病害日益严重

2023 年内蒙古自治区马铃薯主产区，锡林浩特市、乌兰察布市马铃薯粉痂病发生面积较大，可用于种薯生产的土地越来越少，尚无解决方案。马铃薯环腐病、马铃薯气生性茎腐病、马铃薯黑胫病等细菌病害发生较为严重，且有加重的趋势。主栽品种"希森 6 号""冀张薯 12 号"均不抗此类病害。一些农户选择种薯时没有经验，对此类病害重视度不高，或者切刀消毒做的不规范，或者田间管理较为粗放(大水大肥，田间通风性差)等原因，造成了该类病害大面积发生，影响产量和品质。

2.2 加工品种缺乏，加工原料薯严重不足

目前，内蒙古自治区种植的加工品种大部分来源于国外，国内自主研发加工品种和高淀粉品种严重缺乏，国外品种抗旱抗病性差，需高水、高肥精细化管理，对食用品质及生态环境产生了较大的影响。随着人民生活水平的提高和食品结构的改变，马铃薯加工食品在中国越来越受欢迎，急需选育抗旱、高产、抗病性强的加工品种，来提高内蒙古自治区品种竞争力。

2.3 生产成本越来越高

地租、农药、化肥等生产资料都在涨价。种植水地马铃薯平均投入为 3 000~4 000 元/667 m²。种植者盈利空间被进一步压缩。

2.4 劳动力匮乏

马铃薯主产区在收获期用工呈现一工难求的态势。以乌兰察布为例，马铃薯收获期，日工的价钱最高涨至 400 元/d 以上。

3 内蒙古自治区马铃薯产业发展建议

3.1 优化产业区域布局

按照做强种薯、做大专用薯、做优鲜食薯的思路，进一步优化马铃薯种植布局，稳定鲜食薯种植规模，打造马铃薯种薯生产区、有机旱作鲜食薯功能区、淀粉加工功能区、鲜食薯功能区。水浇地重点发展种薯和加工专用薯，旱作区依托绿色生态优势，发展绿色、有机鲜食马铃薯。继续大力发展马铃薯精深加工，实施马铃薯加工转化提升行动，全力推动马铃薯全产业链发展。

3.2 科学搭建科研育种攻关体系

马铃薯优质种质资源库，是培育优良品种的物质基础，建议建立内蒙古自治区马铃薯资源共享大数据平台，让各育种企业及育种的科研单位，将收集来的资源信息，资源有效评价数据在此平台上实现共享，避免资源重复、评价工作重复、数据信息重复，实现资源信息共享。构建育种创新体系、强化种质资源挖掘，充分利用好各大科研平台，做好近期、中期、远期目标的设计，重点开展种质资源引进、重要性状精准鉴定和挖掘，同时布局基础研究相关的重大科研项目，积极培育新一代自主品种，构建现代种业科技创新体系。

3.3 加大马铃薯繁育体系建设和监管工作

引入第三方监督检测机构，组成联合监督检验力量，构建检测主体。加大对制种、繁种、销售等各个环节的跟踪检查、监督、检验，确保马铃薯种薯质量大幅提升，同时充实市、县两级种子管理部门人员编制。实施监管备案，建立种薯监管网上备案平台，实施种薯繁育备案制度和种薯质量认证制度，强制企业对其繁育组培苗数量、品种名称、原原种粒数、大田种薯的种植面积、仓储吨数等数据进行备案。检测主体对备案企业种薯质量进行跟踪检测，加大种薯田间检测数量和频次，并将检测结果向社会公布。同时要做好新品种知识产权保护工作，严厉打击未审先推、套牌侵权行为，加大侵权案件查处力度。

3.4 加强政策投入保障支持

加大财政投入，制定种业发展政策支持方案，细化育种、繁育、人才、监管等各方面的具体支持政策，为种业发展打通阻塞环节，充分调动科研人员的工作积极性和主动性，引进专业性人才开展分子育种和生物工程技术育种研究，加大基础研究的支持力度，力争在关键性状农艺基因挖掘、分子育种方面取得新突破，以支撑新品种选育工作高效开展。加大成果奖励政策，对科研院所和企业选育的具有自主知识产权的优质新品种给予经济奖励，激发科研人员积极性和主动性。鼓励和扶持马铃薯企业发展，健全与完善标准化生产技术规范，强化质量监管与可追溯体系建设，加大企业基础设施和生产补贴力度，提高农民种植马铃薯积极性，降低马铃薯种植的市场风险，调动企业的生产积极性。同时加大对马铃薯淀粉薯、加工专用薯补贴政策，提高马铃薯加工订单生产比例，促进加工企业产能提升。

3.5 健全人才引进与培养机制

研究制定促进人才队伍建设的规划，创新人才培养模式，培养一批高层次专业人才，增强马铃薯产业自主创新和研发能力。同时广泛开展马铃薯育种、栽培、检测、营销等各环节技术人员培训，提高从业人员业务技能和队伍素质。将有潜质的专业人才送往国内外育种先进的地区交流学习，提高专业素质，开阔视野，激发创新能力。

2023年吉林省马铃薯产业发展分析与建议

孙　静，徐　飞，韩忠才，王中原，邱博妍，牟　彬，张胜利*

(吉林省蔬菜花卉科学研究院，吉林　长春　13000)

摘　要：从马铃薯生产、市场与贸易、加工与消费、技术研发等方面的变化分析了2023年吉林省马铃薯产业现状。对产业发展和技术推广提出了政策建议，为吉林省马铃薯产业的健康、绿色、高质量发展提供参考。

关键词：吉林省；马铃薯；变化；分析；政策建议

1　2023年马铃薯生产变化分析

1.1　种植面积及产量

2023年吉林省马铃薯种植面积约6.04万hm^2(专家调查数据)，较2022年增加6.56%，平均产量为3 100.50 kg/667 m^2，较2022年增长9.43%，鲜薯总产量281.78万t，较2022年增长17.00%。自2022年以来吉林省东南部地区马铃薯种植面积持续增加，尤以梅河口市委、市政府高度重视打造东北地区吉林省东南部"菜篮子"基地工作、实施"三年行动"较为突出，当地大力发展以马铃薯、白菜、萝卜等为主的东北绿色优质大众菜种植，增加幅度4.3%左右。

1.2　生产模式

吉林省马铃薯主产区以地膜覆盖种植模式为主[1-3]，占总种植面积的50%以上；早熟品种及配套膜下滴灌水肥一体化技术和马铃薯收获后复种白菜模式的种植面积增加，占规模化种植的70%左右。

1.3　主栽品种

早熟品种约占总种植面积的70%，品种为"尤金""实验一号""费乌瑞它""春薯10号"等。中晚熟品种种植约占30%，品种为"沃土5号""延薯13号""延薯9号"等。

1.4　生产中的问题

2023年吉林省降水略多、日照略少，年内极端天气气候事件频发，大风、沙尘、大雾偏多，暴雨、寒潮略多，白城市、松原市和延边朝鲜族自治州降水量较常年多2~4成。全省年平均日照时数为2 390 h，夏季日照明显偏少，较常年少115 h。马铃薯生长季节前期4—5月份受低温干旱的影响，出苗不利，长势偏弱、抗病性差，部分地区未覆膜种植

作者简介：孙静(1984—)，女，硕士，高级农艺师，从事马铃薯土肥栽培及综合技术推广。
基金项目：现代农业产业技术体系专项资金(CARS-09-ES07)。
*通信作者：张胜利，研究员，主要从事马铃薯遗传育种研究，e-mail：jlpotato@163.com。

地块受灾；6—7月中旬东部、东南部地区有雹灾、涝灾、早晚疫病等发生，另外，土传病害疮痂病发生较为严重；吉林省内马铃薯主产区以外的地区存在田间管理和病虫害管理不及时、不到位、不完善等情况。

2 市场与贸易变化分析

2.1 销售情况

吉林省马铃薯早熟品种主要在7月中下旬至8月上旬收获，田间收获价格1.4~2.4元/kg，较历年同期增加0.5~1.0元/kg，在收获后复种白菜、萝卜等蔬菜，2023年效益较往年有明显增加。吉林省7—8月马铃薯价格创近5年的天花板价格，9月份晚熟品种集中收获后价格下滑，田间销售价格1.0~1.4元/kg，11月至今进入贮藏期价格与历年同期接近；加工原料薯价格为650~900元/t[1-3]。

2.2 销售形势及主要销售品种

鲜食市场销售的早熟品种为"尤金""实验一号""费乌瑞它"等，7月中下旬开始收获和销售。中晚熟品种在9月中旬后收获销售，10月上旬基本完成田间销售。

3 加工与消费变化分析

2023年吉林省现有马铃薯加工生产企业3家，主要加工产品为淀粉，年加工量1.35万t，淀粉销售价格8 800元/t左右；中、小型加工企业正常开工生产，但生产加工期短，主要是原料薯价格高于历年价格造成原料薯缺乏。

吉林省鸿泰农业技术开发有限责任公司实际生产淀粉0.2万t，安图县新胜农产品加工有限公司实际生产淀粉0.15万t，吉林省天船农业产业发展有限公司实际生产淀粉0.25万t，其他小型淀粉加工厂共生产0.75万t左右[3]。

4 技术研发变化分析

（1）受2022年马铃薯价格上涨的影响，2023年吉林省马铃薯种植面积较之前有所提升，2024年度马铃薯价格持续走高，薯农的种植积极性得到缓解，但吉林省土地流转价格大幅上涨，最高达到1.8万~2.0万元/hm²，农资成本和劳动力成本也持续增加；吉林省一些非主产区存在盲目跟风现象，今后应加强科学种植观念的引导和全面的科技服务。

（2）种植户受文化程度影响，对于新品种和新技术接受度普遍较低，导致部分科研成果转化速度缓慢。且为了提高产量和盲目追求经济利益，导致在病虫草害防控时添加膨大素等外源制剂，由于使用剂量和施用时期选择不当，轻则造成部分马铃薯商品薯畸形、口感变差，重则减产减收。

（3）存在特色产业作物的种植规模化、产业化程度低的现象。吉林省目前龙头企业少，且产业组织化程度低，以分散的小户为主，没有统筹规划发展，难以形成自己的品牌，市场竞争力较弱，导致农副产品价格提升空间不大，农副产品的附加值较低。

5　未来马铃薯产业展望与政策建议

5.1　展　望

（1）近两年马铃薯销售价格上涨，吉林省内种植面积有扩大向好趋势，2024 年种植面积将比 2023 年略有增加；品种结构将有所转变，早熟及极早熟品种覆膜复种白菜、萝卜种植规模将有所增加；合作社、家庭农场规模化承包土地也会持续增加[1-3]。

（2）预计 2024 年春季马铃薯市场价格将提高，现阶段市场销售价格达 3.0～5.0 元/kg，春季销量与 2023 年春季持平。

（3）在 2022 年农业农村部发布了两个涉及到推广生物降解地膜的政策文件，全生物降解地膜逐渐在吉林省马铃薯生产中应用与推广，可降低"白色污染"，利于黑土地保护，促进马铃薯高效绿色生产的发展，为国家粮食安全做出贡献。在吉林省农业农村厅印发的《吉林省 2024 年农业主导品种和主推技术》"马铃薯膜下滴灌水肥一体化高效生产技术"中也提到，建议使用全生物降解地膜，减少环境污染。

5.2　政策建议

（1）建议加强化肥、农药安全使用知识普及推广，扩大宣传力度，扩大全生物降解地膜普及率，提高农民科学种植水平[3]。

（2）建议在主产区大力推广初加工技术，依托加工企业培育专用品种的生产基地；同时发展精深加工，给予加工企业政策扶持，依托龙头企业带动全省马铃薯加工产业发展。

（3）由于种植户文化素质的影响，对于旱作、绿色、集约化的新技术接受慢，建议加强课堂宣传报道、现场技术指导和实地培训，强化示范推广，加快体系最新科技成果转化应用，为老百姓增收致富提供助力。

[参 考 文 献]

[1]　孙静，徐飞，韩忠才，等.2021 年吉林省马铃薯产业发展趋势及政策建议 [C]//金黎平，吕文河.马铃薯产业与绿色发展.哈尔滨：黑龙江科学技术出版社，2021：45-48.

[2]　孙静，徐飞，韩忠才，等.2022 年吉林省马铃薯产业发展趋势及政策建议[C]//金黎平，吕文河.马铃薯产业与种业创新.哈尔滨：黑龙江科学技术出版社，2022：29-32.

[3]　孙静，徐飞，韩忠才，等.2022 年吉林省马铃薯产业发展现状及 2023 年发展趋势分析 [C]//中国作物学会马铃薯专业委员会.马铃薯产业与种业创新.哈尔滨：黑龙江科学技术出版社，2023：28-30.

2023年贵州省马铃薯产业发展现状、存在问题及建议

李　标[1]，陈明俊[1]，罗小波[1]，付　梅[2]，冯文豪[2]，李　飞[3*]

(1. 贵州省农业科学院生物技术研究所，贵州　贵阳　550025；
2. 贵州省农业技术推广总站，贵州　贵阳　550001；
3. 贵州省农业科学院园艺研究所，贵州　贵阳　550006)

摘　要：阐述了2023年贵州省马铃薯生产、市场销售、加工及科研情况，分析了贵州省马铃薯产业中存在自然灾害、机械化生产、种薯质量、政策扶持等方面的问题。就相应的问题分别提出了针对性的建议。

关键词：贵州；马铃薯；加工；种薯；机械化

1　2023年贵州省马铃薯产业现状

1.1　生产情况

2023年贵州省马铃薯生产面积70.7万 hm^2，比2022年减少3.6万 hm^2，下降4.9%；马铃薯总产量达1 158万 t，比2022年减少62.3万 t，下降5.1%；马铃薯平均产量为1 093 kg/667 m^2，与2022年单产基本持平[1]。马铃薯脱毒种薯应用面积为44.5万 hm^2，占总面积的63.0%，较2022年增加1.3%。主栽品种为"费乌瑞它""威芋5号""青薯9号""威芋3号""黔芋8号"等，占马铃薯总面积的70%以上，其他种植面积较大的品种如"希森6号""兴佳2号""北方001""黔芋9号"等，占比接近4%。

据行业部门统计，毕节市仍然是9个市州中马铃薯种植面积最大的地区，为27.1万 hm^2，其次是遵义市和黔东南州，分别为15.4万 hm^2 和7.2万 hm^2。2023年贵阳市、遵义市和黔东南州的马铃薯面积较2022年皆有增加，特别是黔东南州由2022年的5.6万 hm^2 增加到7.2万 hm^2，增加了28.3%，超过铜仁市上升到第2位。其余6个市州马铃薯面积均为持平或减少状态。毕节市马铃薯平均产量最高，为1 555 kg/667 m^2，其次是黔南州、安顺市和铜仁市等地区，单产最低的是黔东南州，平均产量为1 051 kg/667 m^2。

1.2　市场销售情况

2023年上半年，黔南州、黔东南州、铜仁市、贵阳市等中低海拔地区的马铃薯鲜薯销售较为顺畅，且价格较高。其鲜薯大量销售期集中于4—6月，马铃薯市场价格2.4～3.6元/kg，马铃薯种植户均可以获得一定的净利润，在1 000～2 000元/667 m^2，少部分种植户利润可达5 000元/667 m^2 以上。2023年下半年的7—10月，毕节市和六盘水市等

作者简介：李标(1982—)，男，高级实验师，主要从事马铃薯遗传育种与栽培技术研究。
基金项目：国家马铃薯产业技术体系贵阳试验站项目(CARS-09-ES24)。
＊通信作者：李飞，博士，研究员，从事马铃薯遗传育种及分子生物学研究，e-mail：gzlfei@sina.com。

地马铃薯鲜薯价格较高，平均 2.0 元/kg 以上，高于 2022 年同期价格 0.2~0.6 元/kg，而 11—12 月，马铃薯价格有一定的下降，平均价格在 1.5 元/kg 以内。

1.3 加工情况

贵州省大部分马铃薯用于鲜食和饲料，少量马铃薯用于小作坊或小微企业进行炸片加工，如麻辣洋芋片，并且使用的品种大多数是鲜食型，炸片专用品种使用少。原有的马铃薯淀粉加工企业，由于本地淀粉加工专用马铃薯品种种植面积较小、鲜薯价格较高等，导致生产成本过高，企业难以生存而相继倒闭或转型。2022 年，在威宁彝族回族苗族自治县新建了一家全粉加工厂，年产能力可达 10 万 t。总之，2023 年贵州省加工用马铃薯总量不高，大约在 5 万 t 以内，但预计未来 3 年内马铃薯加工情况将有所改善。

1.4 科研情况

2023 年贵州省拥有马铃薯专业科研机构 6 家，研发人员 56 人，其中博士 8 人，高级职称 25 人，发表马铃薯相关科研论文 42 篇，获得国家和地方项目支持约 15 项。研究内容主要集中在马铃薯种质资源收集和利用、新品种选育和推广、机械化和轻减化栽培技术研究及示范、马铃薯抗性分子机理研究等方面。

2 贵州省马铃薯产业存在的主要问题

2.1 自然灾害抵抗能力不强

贵州省各地海拔差异较大，地形复杂，气候多样，土壤水分和养分含量不一，大部分地区难以实现常年人工灌溉，且季节性干旱、低温凝冻、冰雹、暴雨等自然灾害频发，而阴雨潮湿的天气又易引起晚疫病爆发，所以贵州省大面积生产的马铃薯产量很难得到保证，因而马铃薯单产多年来变化不大。2023 年春季少雨干旱，对贵州省中低海拔地区马铃薯产量造成了较大的不利影响，部分地区产量减少三分之一甚至减半。

2.2 机械化生产程度不高

贵州省没有平原支撑，为典型的山地农业，地块面积小，形状不规则，相邻田地间海拔有落差而形成梯田，大中型机械难以使用，而小微型机械往往速度较慢、耕作效率不高，所以马铃薯生产中机械化程度较低[2]。贵州省马铃薯耕、种、收综合机械化率仅为 25.8%，远低于全国平均水平，是制约中国马铃薯全程机械化的主要地区之一[3]。在马铃薯生产中，人力成本仍占有较高的比例，如种薯切块、播种、施肥、覆膜、追肥、除草、培土、打药、收获等过程在大部分地区还是人工操作。加之近年来种薯、肥料、地膜、犁地、人工等成本不断上涨，农户种植马铃薯的积极性不高。

2.3 种薯生产能力不足

受产业部门对马铃薯种薯补贴取消的影响，贵州省马铃薯原原种等种薯生产单位数量和生产量大幅度减少。2023 年贵州省马铃薯原原种生产单位主要有中垦薯业有限责任公司、毕节市泰丰科技实业有限公司、贵阳市农业农垦投资发展集团有限公司、盘州市马铃薯脱毒中心和国家马铃薯改良中心贵州分中心等，实际原原种生产量不足 1 亿粒，扩繁的脱毒种薯至多能够满足贵州省马铃薯生产面积的 25%。除部分农户自留种薯生产外，大量的脱毒种薯需要从内蒙古、河北和甘肃省（自治区）等地调运，不仅增加了生产成本，还提高了马铃薯病虫害传播的风险，对本地马铃薯产业的健康发展带来了不利影响。

2.4 政策扶持力度不够

贵州省马铃薯生产面积和产量连续多年处于全国前三位，也是超过玉米和水稻种植面积的省内第一大农作物，在当地农业生产中占有举足轻重的地位。但是马铃薯产业所涉及的新品种选育和推广、品种配套栽培技术研究与应用、适宜农艺机械装备研发与改进、脱毒种薯繁育与销售、重大病虫害预警与防治等方面仍未得到有关部门的足够重视和政策扶持[4]。如没有设立持续的马铃薯产业发展专项资金，没有突出马铃薯作为省内第一大农作物的地位，致使马铃薯产业的高质量发展困难重重。

3 贵州省马铃薯产业发展建议

3.1 加大对马铃薯产业发展的扶持力度

作为贵州省第一大农作物的马铃薯理应得到重视和优先支持，在新品种培育和推广、机械化栽培技术研究、脱毒种薯生产、晚疫病预测预报、鲜薯销售、农副产品加工等方面给予持续的资金支持和政策引导，不断做大做强马铃薯产业，进而增加农民收入并助推乡村振兴。建议在现有种业振兴行动基础之上，设立长期的马铃薯产业发展专项，重点支持3~5家育种单位进行马铃薯新品种选育和配套栽培技术研究与推广，引导5~8家企业进行高质量的马铃薯脱毒种薯生产与销售，同时做好不良天气和晚疫病等发生的预测预报，并加强种薯及商品薯市场行情变动的信息报送与分析。

3.2 加快马铃薯新品种选育和配套栽培技术研究与推广

贵州省地形特殊，气候变化多样，高海拔地区早春干旱非常严重，生长中期晚疫病严重，低海拔地区霜冻严重。为此，在不同生产区域对品种要求并不一样。为选育出抗晚疫病、抗逆性强的马铃薯新品种应加大地方老品种的收集保护利用，同时积极引进国内外优异马铃薯种质资源，开展杂交选育和分子辅助育种工作。同时应积极开展马铃薯新品种展示与配套栽培技术示范，加大近5年内已登记品种的推广力度，研究各品种的配套高产栽培技术，进而形成适宜当地的绿色高质高效栽培技术。

3.3 提高马铃薯脱毒种薯的生产水平

贵州省威宁彝族回族苗族自治县、盘州市、水城区等高海拔地区具有气候冷凉、昼夜温差大、土地相对平整、病毒病传播媒介少等特点，是中国南方比较理想的马铃薯脱毒种薯生产地区[5]。仅威宁彝族回族苗族自治县就拥有适宜马铃薯种植土地面积17.3万 hm²，2023年该县马铃薯生产面积10余万 hm²，其中早熟品种0.2万 hm²，中晚熟品种9.8万 hm²。据规划，在威宁彝族回族苗族自治县2 200 m海拔以上适合发展种薯的乡镇建设2.7万 hm²规模的核心制种基地，每年1.3万 hm²轮作区，1.3万 hm²良种扩繁区，以确保每年生产种薯80万 t以上。今后还应开展马铃薯核心种苗的脱毒快繁技术研究，马铃薯原原种、原种、一级种等机械化制种集成技术，病虫害综合防治技术及种薯质量监控技术等研究与应用，以降低种薯生产成本、提高种薯质量，逐步提升贵州省马铃薯脱毒种薯的市场占有率。

3.4 加强马铃薯生产小型机械研发和应用

开展山地马铃薯生产小型专用机械(含播种、中耕、收获等机械)的研发和推广，有利于贵州省马铃薯产业提质增效和降本升息。贵州省山地多、地块小、坡度大、土壤粘度大，不利于中大型农机作业，而小微型农机又往往存在动力不足、效率较低、操作费力、耕种质量不高等特点，还需要进一步研究和改进，进而生产出适合当地耕作条件的农机设备。所以，适宜耐用、操作便捷、高效低耗的小型马铃薯专用农机具研制和配套机械化栽培技术集成研究与示范将是下一步贵州省农业机械化发展中的重点之一。另外，还要积极引导马铃薯农机社会化服务机构的建立与完善，解决农村劳动力不足的问题，推动马铃薯产业健康快速发展。

[参 考 文 献]

[1] 贵州统计局, 国家统计局贵州调查总队. 贵州统计年鉴(2023) [M]. 北京: 中国统计出版社, 2023.

[2] 周奇, 潘东彪, 韦云刚. 浅谈对贵州省农业机械现状与发展——以马铃薯种植机械为例 [J]. 贵州农机化, 2020(2): 12-14.

[3] 常学良, 藤美茹, 田羽, 等. 马铃薯全程机械化发展现状及展望 [J]. 中国农机装备, 2023(11): 6-11.

[4] 刘军林. 威宁自治县马铃薯产业发展现状及对策 [J]. 农技服务, 2022, 39(12): 88-90.

[5] 雷尊国. 贵州马铃薯产业技术研究与应用 [M]. 北京: 中国科学技术出版社, 2010.

2023 年河南省马铃薯产业发展现状、存在问题及建议

张晓静，吴焕章*，周建华，陈焕丽，方　娜，郑军伟

（郑州市农业科技研究院，河南　郑州　450015）

摘　要： 概述了 2023 年河南省马铃薯生产、加工及市场情况，总结了河南省马铃薯产业存在的问题。分析预测了 2024 年河南省马铃薯产业发展趋势并提出产业发展建议。

关键词： 河南；马铃薯；产业现状；问题；建议

1　2023 年河南省马铃薯生产、加工及市场情况

1.1　生产情况

1.1.1　种植面积及产量

2023 年河南省马铃薯种植面积为 5.05 万 hm^2（该数据为不完全统计。数据来源部分是当地农业部门数据，部分是当地技术人员调研数据），较 2022 年增加 0.17 万 hm^2，增幅 3.4%；总产量为 193.65 万 t，比 2022 年增产 21.79 万 t，增幅 12.7%；主产区（二季作区）单产 2 617 kg/667 m^2，较 2022 年增产 221 kg/667 m^2，增幅 9.2%。

1.1.2　生产模式

河南省马铃薯种植分为一季作区和二季作区。其中仅洛阳栾川地区为一季作区，播种面积约 0.29 万 hm^2，种植模式是马铃薯、玉米套种，玉米地膜覆盖，马铃薯露地栽培，一般在 7 月下旬至 8 月上旬收获。其他地区为二季作区，种植模式主要包括地膜+小拱棚、地膜覆盖和露地栽培。

1.1.3　主栽品种

河南省马铃薯主栽品种以早熟鲜食为主。其中，"费乌瑞它"系列约占 37.9%，"郑商薯 10 号"约占 28.5%；"沃土 5 号"由于易管理、产量高、商品性好，种植面积大幅上涨，约占 13.3%；"中薯 5 号"和"V7"面积接近，各占 6.3%；其余还有"希森 6 号""豫商薯 11 号""洛商薯 9 号"等。

1.2　加工情况

河南省内仅洛阳栾川有 3 家企业生产马铃薯粉条，初步统计生产 5 t，销售价为 38 元/kg。主要销售为栾川、伊川、嵩县、洛阳市区等地。

1.3　消费情况

河南省马铃薯主要作为鲜食菜用，大量供应经销商、市场批发、超市采购等，极少量

作者简介： 张晓静（1984—），女，硕士，助理研究员，主要从事马铃薯栽培和遗传育种研究。

基金项目： 国家马铃薯产业技术体系项目（CARS-09-ES13）。

* 通信作者：吴焕章，研究员，主要从事马铃薯栽培和遗传育种研究，e-mail：mlsh2005@126.com。

被小企业或农户加工成淀粉使用。

1.4 市场情况

1.4.1 市场价格情况

受市场供应量减少影响，特别是 2022 年北方马铃薯贮藏量减少，河南省 2023 年鲜薯销售价格较 2022 年同期上涨趋势明显，整个销售期平均价格 2.96 元/kg，较 2022 年上涨 55.8%。销售时期为 4 月上旬至 6 月底，另有少量一季作区马铃薯 8 月收获销售。

1.4.2 贸易情况

河南省内销售约 42.7%，82.75 万 t；河南省外销售约 55.2%，106.9 万 t；农户自留食用约 1.2 万 t，约 0.6%；贮藏 2.8 万 t，约 1.4%。河南省外主要销往陕西、山西、北京、山东、广东、广西、贵州、四川、北京、上海、湖北等地。

2 2023 年河南省马铃薯产业中存在的问题

2.1 重大自然灾害频发

2023 年春季有两次异常低温过程。第 1 次是 3 月 16 日前后，河南省内大部分地区降雨降雪，气温最低达 2 ℃，但持续时间短，仅驻马店地区少量幼苗遭遇低温冷害，洛阳地区双膜、三膜种植马铃薯约 10% 轻微冻伤；第 2 次是 4 月 21—25 日，持续阴雨大风，气温在 4~10 ℃，造成栾川山区约 0.027 万 hm² 双膜覆盖的马铃薯植株出现不同程度叶片冻伤，最严重达到 10%。

5 月下旬至 6 月上旬，豫西南部分地区连续降雨，降雨量 100 mm 以上；6 月 21—24 日，新野县普降暴雨，最大降雨量 150 mm。连续降雨造成约 0.073 万 hm² 马铃薯无法及时收挖上市、商品性差，严重影响销售进度和销售价格。

2.2 生产问题

(1)主栽品种增多，但类型单一，同质化严重，缺乏特色品种和早熟加工专用型品种，且脱毒马铃薯种薯质量参差不齐，品质难保障。

(2)示范推广人员缺乏，早熟高产优质新品种及配套技术的推广、应用依然不足，马铃薯病虫草害防控技术推广力度欠佳，种植户对马铃薯病虫害认识不足，辨识不清，防控意识弱，导致应对措施不理想。

(3)加工业短缺，急需科研部门和食品加工企业共同研制开发马铃薯主食化产品、休闲食品等；且淀粉加工原料薯主要以商品薯中的小薯、残次薯和畸形薯为主，生产原料淀粉含量偏低。

2.3 市场问题

(1)保鲜技术、冷链冷藏系统不完善，收获上市期集中，不能错峰销售，易出现恶意压价等现象。

(2)生产成本逐年增加，成本上升速度快于收益上升速度。

(3)缺乏信息引导，供求双方信息不对等，种植户盲目跟风现象普遍，种植规模变化大，导致市场价格波动大。

3 2024 年河南省马铃薯产业发展趋势

2023 年河南省马铃薯种植面积稳定，单产及总产量分别增长 9.2% 和 12.7%，销售价格大幅上涨 55.8%。马铃薯价格利好一定程度上会刺激种植户种植积极性，新技术、新投资引入将加快马铃薯产业发展。尤其是销售与加工方面，以及政府及媒体关注度的提升，可能引发马铃薯规模化种植的扩大化和种植户种植面积的盲目扩张，这将推动马铃薯产业逐步向农业公司、合作社、种植大户集中。

4 2024 年河南省马铃薯产业发展建议

4.1 产业政策

（1）建立河南省马铃薯产业联盟平台，将河南省内各产区联系起来，科学引导马铃薯种植品种和区域，加强信息化建设和共享，建立区域性产地批发市场，指导马铃薯有序流通。

（2）打造马铃薯品牌，提高马铃薯附加值，加大宣传力度，引导消费群体；主动加入新的销售平台，如助农 APP、电商、直播带货等，拓宽销售渠道。

4.2 生 产

（1）加大早熟高产、特色和加工专用马铃薯新品种选育、引进筛选及配套技术的示范推广力度，大力开发马铃薯加工主食产品和休闲食品，引导马铃薯产业链条延长，满足不同消费层次的需求。

（2）监测天气和病虫害变化，分析灾情发展趋势和影响，及时发布灾情预警预报，提供防灾减灾技术措施；灾害发生后，及时组成救灾工作小组，深入灾区调研指导，开展应急技术服务。

（3）加快建设马铃薯标准化生产示范基地，集成示范马铃薯绿色优质高效生产技术，努力提高马铃薯种植的良种化、机械化、规模化生产水平，将生产技术、精细加工、销售等各个环节实现标准化，以满足农业公司、合作社、种植大户等规模化、标准化种植需求。

2023 年呼伦贝尔市马铃薯产业现状及发展建议

姜　波[1*]，王景顺[1]，王贵平[1]，李　辉[1]，于晓刚[1]，

秋　萍[2]，刘秩汝[1]，敖　翔[1]，王晓丽[1]，汤存山[3]

(1. 呼伦贝尔市农牧科学研究所，内蒙古　海拉尔　021000；

2. 呼伦贝尔市农牧局，内蒙古　海拉尔　021000；

3. 呼伦贝尔市华晟绿色生态农业发展有限公司，内蒙古　鄂温克旗　021100)

摘　要：呼伦贝尔市马铃薯种植面积由历史最高的 10 万 hm^2，降至目前的不足 4 万 hm^2。产业规模极度缩减，受全国马铃薯市场和地方产业政策支持变化的双重影响，发展动力不足。目前呼伦贝尔市马铃薯产业正处在由质量增长型向价值提升型转变的关键时期，在全面摸底调查的基础上，对产业投入结构、发展中心、全产业链规划和高附加值产品开发等方面进行深度调整，是实现呼伦贝尔市马铃薯产业发展再平衡战略稳步发展的关键。

关键词：呼伦贝尔；马铃薯；产业；发展建议

呼伦贝尔市 2023 年马铃薯总播种面积 3.57 万 hm^2，其中种薯种植面积 0.83 万 hm^2，加工薯种植面积 0.33 万 hm^2，商品薯以零星种植和一二级种薯转商为主。鲜食品种占总种植面积的 90%，淀粉全粉加工品种占总播种面积的 10%。"华颂 7 号"和"兴佳 2 号"作为 2022 年的两大主栽品种，种植面积下降 50%，"实验一号""V7""沃土 5 号"等新品种的种植总面积有所增加。2023 年呼伦贝尔市马铃薯生产产值 4 800~5 600 元/667 m^2，因生长期无连续降雨天气、病害防治压力小、秋季有利于收获的天气时间长、季节性用工价格低等因素，种植成本较 2022 年下降 12%。收获时土壤湿度适宜块茎收获，储存损失小，外观品质较好。秋季马铃薯市场短期看好，收储后期至 12 月为止，商品薯价格大幅回落。

1　呼伦贝尔市马铃薯产业规模变化

1.1　马铃薯总播种面积不断缩减

受呼伦贝尔市稳粮增油农业政策及马铃薯市场因素的双重影响，2023 年马铃薯种植面积较 2022 年缩减 9%，达到近 15 年来的最低点，具体表现在马铃薯种薯企业的停产和转产、商品薯面积缩减。生产种薯的龙头企业马铃薯种植相对稳定，没有稳定市场的种薯企业和部分代繁基地规模缩减，小农户种植所剩无几，目前已经基本形成了以牙克石、海拉尔为中心的马铃薯专业化生产区。

作者简介：姜波(1966—)，男，研究员，主要从事马铃薯育种和高产栽培技术研究与开发推广。

基金项目：2023 年度呼伦贝尔市应用技术研究与开发资金项目(NC2023004)；内蒙古自治区联合育种攻关项目(YZ2023006)；呼伦贝尔市"揭榜挂帅"项目(JBGS2022003)；内蒙古自治区"揭榜挂帅"项目(2022JBGS0037)。

* 通信作者：姜波，e-mail：zltjiangbo@163.com。

1.2 马铃薯品种结构变化

极高产的鲜食马铃薯品种由于干物质含量较低、病害防治难和储存损失大等因素，种植面积占比迅速下降，部分品种淡出市场；"荷兰""华颂7号"以及一些其他食用品质优良的鲜食品种广受马铃薯种植户的欢迎，面积稳步上升。随着淀粉市场前景看好，加工薯面积在稳步提升，加工型品种以呼伦贝尔市农牧科学研究所的高淀粉品种"维拉斯"为代表，随着示范和推广力度的加大，成为加工企业的首选，并且带动了邻近盟(市)加工企业的种植。

1.3 马铃薯淀粉加工量下降

2023年，呼伦贝尔市仅有两家大型淀粉加工企业及数家中小企业进行短期加工马铃薯淀粉，均因加工薯原料不足问题导致开工率低。岭西中小型淀粉加工企业原料薯主要来自残次种薯、滞销和转商的种薯和商品薯。2023年马铃薯收获期天气条件良好，利于收获，残次品少，而收获期商品薯市场短期看好，所以原料价格较高，加工企业持观望态度，虽然后期马铃薯价格下降，多数企业也未开工。岭东阿荣旗的淀粉厂通过收购呼伦贝尔市小企业的淀粉和邻近省份的少量淀粉进行再加工提升品质，以维持客户市场。没有规模化的原料薯种植基地和加工专用品种使得中小加工企业错失了马铃薯淀粉市场红利。

全粉厂海拉尔麦福劳有限责任公司隶属于呼伦贝尔农垦集团，集团拥有国有土地40余万公顷，依靠集团分配机制，呼伦贝尔农垦集团制定每年计划加工6万t鲜薯的目标，生产马铃薯雪花全粉1万t，但由于原料薯严重不足，很难完成加工任务。呼伦贝尔农垦依托得天独厚的土地资源环境，在国有农牧场谢尔塔拉、免渡河、哈达图、浩特陶海等地建立原料薯生产基地，以保证全粉厂的原料供给。

1.4 三粉产品加工企业发展规模不断缩减

国家环保政策实施后，三粉加工企业技术设备改造后，现存三粉加工企业不足10家。由于连续几年的马铃薯种植面积下降，呼伦贝尔市马铃薯淀粉存量不足以支撑传统粉条粉丝生产企业的需求。三粉加工企业多在乡镇和农村，用于生产粉条的马铃薯淀粉由自己加工粗淀粉向外购成品精淀粉进行生产转型，现在岭东地区的马铃薯手拍粉、粉丝等传统优势产业基本完全依靠购买生淀粉进行加工生产，传统工艺正在逐渐消失，风味口感也已大不如前。马铃薯淀粉价格攀升极大提高了粉条粉丝的生产成本，也限制了企业的生产。三粉加工企业地域分布的分散性也限制了优质产品品牌的营销和推广，市场空间也备受挤压，而且三粉产品缺乏自主创新能力，没有新产品研发。市场调查显示，呼伦贝尔市马铃薯三粉产品60%以上来自外地，包含非纯马铃薯淀粉生产的各个等级产品。呼伦贝尔市海拉尔区三粉市场总体调查显示，三粉产品销售总量大幅度下降。

1.5 鲜食马铃薯市场占有率有所提升

由于2019年新冠疫情发生以来对物流的影响，鲜食马铃薯供应本地化趋势加强，鲜食马铃薯商品薯外运与乌兰察布、京津冀周边的运输成本差异较大，严重影响呼伦贝尔市马铃薯商品薯市场，导致规模缩减。加强本地化供应体系建设，外销部分商品马铃薯更注重品种、品质，但由于本地马铃薯商品薯无冷链储存系统，所以5—7月本地马铃薯断供期间外地马铃薯在本地市场有一定销量，但随着蔬菜品种多样化，人们的自由选择空间大，马铃薯消费也呈下降趋势。

2 呼伦贝尔市马铃薯产业科研动态

2.1 种质资源创新及育种领域

以呼伦贝尔市农牧科学研究所为地区马铃薯科研依托，引进和利用国内外资源，实现跨越式创新。在国际合作基地平台、内蒙古自治区种业创新平台、呼伦贝尔市马铃薯行业创新三大平台基础上开展国际合作项目，内蒙古自治区以及呼伦贝尔市各级科技项目，累计引进国际马铃薯中心马铃薯亲本资源250份，国内院所合作交流引进无性二代、三代育种中间材料5 000余份。"十三五""十四五"期间累计配制杂交组合1 000多个，并连续种质创新，积累了丰富的多世代育种材料，先后登记8个马铃薯新品种。

2.2 种薯繁育体系及应用研究

呼伦贝尔市农牧科学研究所与呼伦贝尔市华晟绿色生态农业发展有限公司、内蒙古华欧淀粉工业股份有限公司等企业进行科企联合，对种薯繁育及马铃薯淀粉加工品种种植等关键环节进行应用示范及新品种推广，逐步构建呼伦贝尔市、邻近盟市、邻近省份，以及其他省份高淀粉马铃薯品种适宜种植生态区的高淀粉马铃薯品种推广应用体系，完善马铃薯专用品种配套栽培技术、高产栽培技术、加工仓储等完备的标准体系。良种繁育体系以牙克石国家马铃薯良繁基地和呼垦薯业马铃薯区域性良繁基地为主体进行了长期规划并顺利实施。

2.3 突破性应用技术研究欠缺

在原原种繁殖技术领域，以大田网棚薯、设施栽培蛭石生产、雾培技术生产为主，应用规模依次递减，而且高效节约的雾培生产模式应用很少。随着分子生物育种技术的发展，马铃薯分子生物育种技术成为了必不可少的育种方法，可为取得突破性成果创造机遇。但呼伦贝尔市目前在育种方面，还是以传统育种方式为主，分子生物育种技术探索应用较少。

3 呼伦贝尔市马铃薯产业发展存在问题

3.1 呼伦贝尔市产业发展中心西移

以兴安岭为界，岭东包括兴安盟、扎兰屯、阿荣旗、莫力达瓦达斡尔族自治旗属于商品薯、加工薯生产区，目前以大豆玉米生产为主，存在较小规模的加工薯生产和极小规模的商品薯生产；岭西以海拉尔区、牙克石市、陈巴尔虎旗及其周边旗市为种薯生产核心区，兼有部分加工薯生产，机械化种植水平高，管理标准化，互补性较强，加工仓储设施完备，均能满足地区产业发展需要。在种植规模西移、缩减的情况下，现代马铃薯产业技术体系管理及技术的优越性对产业的整体带动作用减弱，加工薯由于岭西生育期短也未能发挥高淀粉马铃薯品种的优势。马铃薯种植发展过度失衡的状况与目前呼伦贝尔市加工企业分布不协调，限制了加工业的发展。

3.2 马铃薯产业高能耗发展

呼伦贝尔市马铃薯从粗放管理到现代化管理实现了伟大过渡，目前水肥一体化技术应用，农机、仓储现代化、病虫防治、水肥管理的精准化，均处于高投入水平，必然伴随着高能耗。呼伦贝尔市具有生态价值的马铃薯产品体系尚未形成，缺乏有机、绿色高端的马铃薯产品，多年来一直以种薯生产为驱动，且缺乏呼伦贝尔市自主育成的马铃薯鲜食品种。

3.3 整体规模缩减，产业发展动能不足

呼伦贝尔市马铃薯种植面积由历史最高的 10 万 hm²，降至目前的不足 4 万 hm²，产业规模的极度缩减实现了数量增长型向质量提高型的发展模式转变，但总规模的下降使得马铃薯产业在种植业的权重微乎其微，曾作为主粮化发展目标的马铃薯，在更大程度上回归了蔬菜作物。在种业创新政策的引导下，马铃薯方面的科研项目资金更多的流向了以种薯和育种为引导的产业链前端，加重了产业失衡，产业链无法进一步延伸，缺乏附加值较高马铃薯产品。目前呼伦贝尔市马铃薯正处在单一生产马铃薯种薯的状态，没有从品种选育到应用的全产业规划，最终导致产业发展动能不足。

3.4 种薯优势增强，商品薯优势不断弱化

呼伦贝尔市是国家第一批马铃薯区域性良种繁育基地之一。由于得天独厚的地理位置，非常适合马铃薯种薯的生产。呼伦贝尔市域内具有马铃薯种薯生产经营资质的企业 23 家，其中拥有较为完备的脱毒种薯繁育体系，设备设施规模较大的种薯繁育企业 8 家。目前，全市马铃薯原原种产量超过 2 亿粒，原种种植面积超过 0.53 万 hm²，各级别种薯产量据不完全统计超过 80 万 t，种薯生产在满足本地区需求的基础上，剩余大部分种薯供应外销其他省市，种薯质量好、品质优。呼伦贝尔市脱毒种薯应用率超过 85%，马铃薯脱毒薯生产供应能力显著提高。

商品薯生产中心从东北向西南转移，呼伦贝尔市马铃薯商品薯市场权重下降，商品薯由于运距导致的成本增加而价格优势下降，在全国范围内各产区间竞争力差异小。综上，呼伦贝尔市马铃薯商品薯市场优势正在下降，急需开发高附加值的加工产品，将商品薯的种植向加工薯种植转型，稳定呼伦贝尔市马铃薯的种植面积。

4 呼伦贝尔市马铃薯产业发展建议

4.1 调整两个结构

首先要调整马铃薯产业项目资金投入结构，在保证育种和种薯生产资金需求的前提下，适当增加对下游产业的支持力度，鼓励新产品开发，关注成果转化及后续产业发展。其次要优化品种结构，加大具有生态产品价值和区域应用优势新品种的推广力度。

4.2 实施产业再平衡战略

对呼伦贝尔市马铃薯产业进行全面的摸底调查，对呼伦贝尔市岭东岭西种薯、商品薯、加工薯种植主体、分布区、加工企业、初级产品市场占有率、加工产品占有率进行综合评估，作为调整产业发展政策的依据。以市场需求为导向，调结构扩内需为促进发展的动力、延伸产业链、拓展行业增效空间为最终目的，营造稳定的产业发展链条。

5 小 结

呼伦贝尔市马铃薯产业在商品薯产业规模缩减和发展转型的大前提下，应及时做好新市场形势下发展战略的调整，规划好外销和内需两个市场。通过调整投入结构、产业布局、品种布局增加产业发展的竞争力，在延伸产业链、开发深加工产品、提升产业发展空间等方面加大研究力度，助力呼伦贝尔市马铃薯产业健康发展。

2023 年定西市马铃薯产业现状、存在问题及发展建议

李啸云[1,2]，孔乐辉[1,2]，罗 磊[1,2]，李亚杰[1,2]，范 奕[1,2]，姚彦红[1,2]，

董爱云[1,2]，刘惠霞[1,2]，牛彩萍[1,2]，李丰先[1,2]*

（1. 甘肃省定西市农业科学研究院，甘肃 定西 743000；

2. 甘肃省马铃薯工程技术研究中心，甘肃 定西 743000）

摘 要：详细阐述了 2023 年定西市马铃薯产业发展状况，深入剖析了马铃薯产业存在的问题。对马铃薯产业技术需求进行了全面分析，从产业、技术、生产等方面提出了意见与建议，以期为定西市马铃薯产业的可持续发展提供参考。

关键词：定西市；马铃薯；产业现状；存在问题；发展建议

定西市位于中国甘肃省的中部，因薯而名、因薯而兴，是国内马铃薯最佳适种区之一，近年来，定西市紧紧围绕打造"中国薯都"战略目标，按照发展种薯产业、精深加工和标准化种植的工作思路，加快推动马铃薯全产业链高质量发展。马铃薯产业现作为定西市的特色产业和主要经济支柱，对于促进地方经济发展、提高农民收入具有举足轻重的地位。随着农业供给侧结构性改革的深入推进和国内外市场的不断变化，定西市马铃薯产业既面临难得的发展机遇，也遭遇诸多挑战。

1 2023 年定西市马铃薯产业现状

1.1 种植面积与产量

2023 年定西市马铃薯种植面积 17.56 万 hm^2，较 2022 年下降 1.9%；平均产量为 1 579 kg/667 m^2。鲜薯总产量为 415.84 万 t。

1.2 种植基地与繁育体系建设

近年来，定西市建成原种繁育基地 0.80 万 hm^2，一级种繁育基地 7.60 万 hm^2。定西市依托定西市农业科学研究院和全市 36 家种薯生产企业资源力量，产学研合作形成集"脱毒苗、原原种、原种、一级种薯"为一体的种薯繁育体系。全市马铃薯脱毒苗年生产能力达 7 亿株，原原种生产能力达 16 亿粒，原种、一级种生产量达 200 万 t，产能稳居全国地级市首位。

1.3 贮藏销售体系

近年来，定西市共建成各类贮藏窖(库)95 万多座，马铃薯贮藏能力稳定在 375 万 t 以

作者简介：李啸云(1998—)，男，硕士，研究实习员，主要从事马铃薯育种及栽培推广方面研究。

基金项目：东西协作专项(23CXNJ0008)；财政部和农业农村部国家马铃薯产业技术体系(CARS-09)。

*通信作者：李丰先，高级农艺师，主要从事马铃薯遗传育种及栽培推广工作，e-mail：1223277623@qq.com。

上。"恒温库+贮藏库+窖窖群"的多元化贮藏体系不断完善。全市建成临洮康家崖、陇西文峰、安定马铃薯综合交易中心、安定巉口、渭源会川、岷县梅川6个较大规模马铃薯专业批发市场，培育中小型市场50多个。继续推行"企业（合作社）+农户+基地"经营模式，培育发展从事马铃薯产业的农民专业合作社1 525个、家庭农场105个，引导加工企业对接合作社和种植大户落实订单生产，建立加工原料基地2.37万 hm^2，有效保障农民稳定增加收入。

1.4　精深加工产品

依托定西市、陇西县、临洮经济开发区和岷县工业园区4个省级经济开发区及通渭县、渭源县2个工业集中区，培育壮大马铃薯加工龙头企业，形成以安定区马铃薯循环经济产业园为核心，辐射带动陇西县、临洮县、通渭县、渭源县等县区的马铃薯加工产业布局。目前，全市共有马铃薯加工企业28家，年生产能力达96万 t。继续提升精深加工能力，抢抓国家马铃薯主粮化战略机遇，研发生产马铃薯馒头、面条、糕点、饼干、馕、方便粉丝等主食产品。

1.5　品牌效应

近年来，定西市紧抓培育、保护、推介和服务等工作，全力推进品牌价值效应提升。现形成有效期内马铃薯及其制品"无公害农产品、绿色食品、有机农产品、农产品地理标志"53个，注册马铃薯品牌商标117个，国家原产地地理标记注册产品5个。获得国家专利局授权"定西·薯甲天下""定西种薯"两个标志，安定区和渭源县分别被命名为"中国马铃薯之乡"和"中国马铃薯良种之乡"，"定西马铃薯"被原国家工商总局认定为中国驰名商标，获国家地理标志产品保护，荣获"全国十大魅力农产品"荣誉称号。

2　2023年定西市马铃薯产业中存在的问题

2.1　自然灾害

2023年定西市夏季气温偏高，阶段性少雨，极端性强且秋季气温低、降水偏多，降雨频繁，二次生长严重，影响种植户经济效益。

2.2　生产中存在的主要问题

2.2.1　种植技术与病虫害防治缺乏科学性

全市部分马铃薯种植户仍然采用传统的种植方式和管理方法，缺乏科学性的种植技术和设施，导致商品薯的产量不高、品质不优，难以满足市场需求。病虫害防治缺乏有效的预防和控制措施，部分种植户缺乏病虫害防治知识，难以及时发现和应对病虫害问题。同时，种植户对新技术的接受程度较低，也制约了定西市马铃薯产业的发展。

2.2.2　市场竞争力不强

马铃薯加工企业加工期短、加工率低、加工产品类型单一，缺乏品牌意识和营销策略，难以提升其产品的附加值和市场占有率。

2.2.3　产业链协同性弱

种植户、加工企业、销售商之间缺乏有效的合作和协调机制，制约了产业链的健康发展。

3 2024年定西市马铃薯产业发展建议

3.1 加大科技投入，提升种植技术水平

（1）推广先进的种植技术和管理经验，提高马铃薯的产量和品质。通过组织培训班、现场指导、示范推广等方式，帮助农民掌握新技术、新方法。

（2）加大对马铃薯科研机构的支持力度，鼓励开展品种改良、病虫害防治、新种植技术等方面的研究。同时，加强产学研合作，推动科研成果的转化和应用。

3.2 强化病虫害防治工作，保障马铃薯产量品质

（1）建立健全的病虫害防治体系，加强病虫害监测和预警工作。及时发现并控制病虫害问题，防止疫病的扩散和传播。

（2）推广生物防治、物理防治环保型防治措施，减少化学农药的使用量。同时，加强对种植户的病虫害防治知识培训和技术指导。

3.3 提升品牌效应，增强市场竞争力

（1）加强品牌建设和宣传推广，提高定西市马铃薯的知名度和影响力。通过举办马铃薯文化节、参加农产品展销会、订购会等活动，展示定西市马铃薯的优质特色。

（2）制定统一的马铃薯生产质量标准和技术规程，规范种植、加工、销售等环节的质量管理。同时，加强质量监管和检测力度，确保马铃薯种薯的质量和安全。

（3）实施品牌营销战略，加强与电商平台的合作和线上营销推广。通过线上销售、直播带货、跨境电商等新型销售模式，拓展马铃薯的销售渠道和市场占有率。

3.4 加强产业链整合，提高整体效益

（1）建立紧密的产业链合作关系，促进种植户、加工企业、销售商之间的协同发展和利益共享。通过签订长期合作协议、建立利益联结机制等方式，形成稳定的产业链合作关系。

（2）推动产业链上下游企业的合作与整合，实现资源共享和优势互补。鼓励加工企业向种植环节延伸，提供技术支持和市场指导。

（3）加强信息流通和市场监测，建立健全的信息共享机制。通过搭建信息平台、公众号、发布市场动态等方式，促进产业链各环节之间的信息交流和资源共享，提高整个产业链的响应速度和协同效率。

2023年临夏回族自治州马铃薯产业发展现状、存在问题及建议

张志伟，李建国*，冯坤蓉，李海娇，徐国平，任佐录

（临夏回族自治州农业科学院，甘肃 临夏 731100）

摘　要：马铃薯作为临夏回族自治州第二大优势农作物，其产业是农民致富和农村经济发展的支柱产业之一，为巩固脱贫攻坚与乡村振兴发挥了重要作用。阐述了临夏回族自治州马铃薯产业发展现状及优势，分析了临夏回族自治州马铃薯产业发展存在的问题，提出加强马铃薯品种和栽培技术推广、加大加工型马铃薯品种选育推广力度、加快种薯生产技术体系建设、延长产业链条、打造产业集群建议，旨在促进临夏回族自治州马铃薯产业高质量发展。

关键词：临夏州；马铃薯；现状；问题；建议

临夏回族自治州位于青藏高原与黄土高原过渡地带，海拔在1 563～4 585 m，平均海拔2 000 m。东北部属冷温带半干旱气候，西南部属冷温带半湿润气候，其特点是西南部山区高寒阴湿，东北部干旱，河谷川塬区温和。全州年平均气温5.6～9.7 ℃，年平均降水量273.7～592.7 mm。土壤类型以黄麻土和黑垆土为主，土质疏松且富含钾元素。因得天独厚的气候地理条件，临夏回族自治州生产的马铃薯表皮光滑、干物质和淀粉含量高，深受消费者和市场青睐，已逐步发展为颇具特色的甘肃省马铃薯主产区之一[1]。

1　2023年临夏回族自治州马铃薯产业发展现状

1.1　马铃薯种植情况

2023年临夏回族自治州马铃薯种植面积为4.4万hm²，年产鲜薯13.19万t。2023年度因受旱情影响，以中晚熟品种为主的旱作区单产较2022年下降150 kg/667 m²，全州马铃薯种植面积增加0.27万hm²，马铃薯总产量基本保持不变。

1.2　马铃薯产业布局

自2020年临夏回族自治州提出"打好农业产业结构调整攻坚战"的号令，马铃薯产业被列为临夏回族自治州重点打造的"牛羊菜果薯药菌花"八大特色产业之一[2]。以永靖县和东乡县为主的马铃薯种薯生产区、以积石山县和临夏县为主的主食化马铃薯生产区、以广河县和临夏市为主的加工马铃薯产品生产区、以和政县和康乐县为主的高寒阴湿特色马铃薯产区的产业布局正逐步形成，种植面积逐年增加，产值有效提升。

作者简介：张志伟（1994—），男，硕士，助理研究员，主要从事马铃薯育种及栽培技术推广。

基金项目：国家马铃薯产业技术体系临夏综合试验站（CARS-09-ES38）；甘肃省科技计划项目（22CX8NN230）。

*通信作者：李建国，高级农艺师，主要从事马铃薯遗传育种及栽培推广工作，e-mail：541752949@qq.com

1.3 科研创新能力

临夏回族自治州农业科学院马铃薯研究所作为临夏回族自治州马铃薯科研创新的核心，目前已形成马铃薯育种+脱毒种薯繁育+示范推广的三位一体科研创新模式，选育出临薯系列新品种18个。其中，2022年登记的马铃薯新品种"临薯18号"丰产性好、抗逆抗病性强、口感佳，已被列为甘肃省粮油作物主导品种示范品种，被国家马铃薯产业技术体系列为"2024年度农业主导品种"。未来，"临薯18号"将成为全州马铃薯种植的首推品种，为临夏回族自治州马铃薯产业发展提供科技支撑[3]。

1.4 马铃薯贮藏设施

目前，临夏回族自治州8县(市)都建有种薯贮藏库，特别是东乡县通过三年倍增计划的实施，全县已建成10 t以上标准的马铃薯贮藏窖2 100多座[4]，贮藏体系进一步完善，提高了商品薯质量和农户收入，为马铃薯产业绿色健康发展奠定了基础。

1.5 马铃薯加工企业及加工产品

近年来，在国家、省、州各级政府支持下，临夏回族自治州逐步建成了以甘肃方大百泉农业科技有限公司为核心，康乐县陇中淀粉厂、广河县雪峰农产品有限公司、东乡县全忠薯业商贸有限公司为骨干企业的马铃薯产业集群，生产的马铃薯加工产品以冷冻薯条、淀粉及淀粉制品为主。

2 临夏回族自治州马铃薯产业存在问题

2.1 加工专用型品种缺乏

目前，临夏回族自治州马铃薯新品种选育、引进和示范推广以晚熟和鲜食型品种为主，对加工专用型品种选育、引进、推广力度不够，导致马铃薯品种结构单一，暂无拥有自主知识产权的加工专用型马铃薯品种。缺乏适合临夏回族自治州气候条件的淀粉、全粉、炸片炸条、休闲食品等加工专用型品种，现有加工品种无法满足行业需求。

2.2 脱毒种薯利用率有待提高

马铃薯良繁基地规模小，临夏回族自治州内没有制种大县，无法保障全州马铃薯供种需求，需常年从周边马铃薯脱毒种薯产区调种。因农民种植观念落后、脱毒种薯价格较高等原因，全州散户种植优质脱毒种薯实际覆盖率不足35%，导致种植的马铃薯抗病性弱，生产的马铃薯商品薯率和产量低，缺乏市场竞争力，严重制约临夏回族自治州马铃薯产业发展。

2.3 标准化种植率低，贮藏设施简陋

临夏回族自治州地形复杂、河谷纵横、丘陵起伏，马铃薯主产区多处于山区，地形复杂、耕地零散、交通不便，无法使用大型机械化作业，小型农机数量少、农机手操作水平低，导致临夏回族自治州马铃薯机械化种植率不足10%，标准化种植普及率不足50%，马铃薯种植劳动强度高、种植收益低。临夏回族自治州马铃薯散户贮藏主要采用简易井窖、窑窖或棚窖，贮藏设施简陋、技术不规范，贮藏期间马铃薯损失率高达15%~20%，严重时可达40%。

2.4 马铃薯加工产品种类少，产业链有待完善

临夏回族自治州加工产品主要以精淀粉和全粉为主，以马铃薯为主的食品加工处于起

步阶段，用于制药、造纸、纺织和建材等领域的衍生产品尚处在空白状态，马铃薯加工产业链延长空间较大，加工能力有待进一步提升。但马铃薯淀粉加工中产生的废水、废渣等环保问题亟需彻底解决。

3 临夏回族自治州马铃薯产业发展建议

3.1 加强马铃薯品种及栽培技术推广

（1）临夏回族自治州马铃薯适宜生长区域划分为川塬灌区、干旱半干旱区、高寒阴湿区。在川塬灌区适宜种植的品种有"冀张薯12号""早大白""荷兰15""希森6号""沃土5号"等；在干旱半干旱区适宜种植的品种有"临薯18号""中薯28号""陇薯10号""冀张薯12号""青薯9号""定薯4号""晋薯16号"等；在高寒阴湿区适宜种植的品种有"中薯24号""青薯9号""临薯18号""希森6号""冀张薯12号""晋薯16号"等。

（2）适宜临夏回族自治州的主要栽培技术有黑膜覆盖垄上微沟栽培技术、高垄覆膜高产栽培技术及水肥一体化种植技术。黑膜覆盖垄上微沟栽培技术适宜区域为年平均降雨量在250~400 mm的干旱半干旱区，该技术集雨增产效果明显，同时还具有蓄水及排水双重功能，平均产量可达2 484~3 229 kg/667 m^2，适宜在临夏干旱半干旱区大面积推广应用。马铃薯高垄覆膜高产栽培技术适宜于川塬灌区、干旱半干旱区，该技术可实现自然出苗省劳力、除草节水降盐碱、保墒调温防绿薯、高垄防淹土疏松、提高肥料利用率、控制病虫害发生等优势。水肥一体化种植技术适宜有灌溉设施条件的川源灌溉区，该技术可节约水肥资源、均衡土壤养分、控制虫害等，可实现降本增效，增加种植效益。

3.2 加大加工型品种选育推广力度

根据加工型马铃薯品种的要求，采用传统育种、倍性育种结合开发分子标记的方式，加强与国家马铃薯产业体系各育种单位协作，开展育种联合攻关，尽快选育出适合临夏回族自治州不同生态区不同类型的加工专用型马铃薯新品种，适度扩大加工型马铃薯种植面积，为产后加工提供充足原料。

3.3 加快良种繁育体系建设

通过政策、资金和人才等方面的重点扶持，全面提升脱毒种薯生产的科技水平，发挥马铃薯龙头企业、大型合作社主体作用，加快马铃薯种薯繁育体系建设，逐步将永靖县、东乡县等重点县域打造成全省重要的优质种薯生产供应基地。

3.4 加快产品研发，延长产业链条

在稳步提升现有精淀粉、全粉、粉皮、粉丝和休闲食品加工能力的同时，积极开发一批市场认可度高、竞争力强、前景广阔的方便食品，积极探索马铃薯淀粉、变性淀粉用于食品、工业、生物制药等领域的衍生产品加工。

3.5 加大扶持力度，打造产业集群

遴选骨干企业，优化营商环境，强化财政、金融、科技等方面政策和资金扶持，培育壮大一批马铃薯龙头企业，打造产业集群，提升产业效能。

[**参 考 文 献**]

[1]　马成云.临夏州马铃薯产业发展现状、特点及建议 [J].农业科技与信息,2021(8):50-51.

[2]　韩斌,卢珍平.临夏州马铃薯产业发展优势分析及发展建议 [J].江西农业,2020(6):132.

[3]　王玲琼,刘小琅,李海娇,等.临夏州农科院积极投身农业产业结构调整之马铃薯种薯产业发展 [J].农业开发与装备,2022(2):46-48.

[4]　章宪霞.东乡县马铃薯产业现状及发展建议 [J].农业科技与信息,2022(17):101-103.

孟加拉国马铃薯产业考察报告

李小波[1]，张振鑫[2]，郭　梅[3]，张　君[4]，车兴壁[2]，谢建民[2*]

（1. 广东省农业科学院作物研究所/广东省农作物遗传改良重点实验室，广东　广州　510640；
2. 国际马铃薯中心亚太中心（中国），北京　延庆　102100；
3. 黑龙江省农业科学院经济作物研究所，黑龙江　哈尔滨　150086；
4. 北京汇思君达科技有限公司，北京　朝阳　100024）

摘　要： 在国际马铃薯中心亚太中心（北京）主任的带领下一行 10 人赴孟加拉国考察调研马铃薯产业，代表们参观了孟加拉国马铃薯生产基地、种业基地和贮藏冷库，并与孟加拉农业大学校长、教授代表、相关企业负责人、种植大户和农民代表进行了深入交流，总体了解了孟加拉国马铃薯产业发展现状和存在的问题。考察调研为中国马铃薯产业发展提供了部分参考，同时为下一步中–孟两国开展马铃薯科研与产业的国际合作指明了方向和奠定了基础。

关键词： 孟加拉国；马铃薯；产业；考察报告

为了进一步加强与孟加拉国马铃薯产业的交流与合作，尤其是马铃薯晚疫病防控方面的合作，应孟加拉农业大学（Bangladesh Agricultural University，BAU）的邀请，在国际马铃薯中心亚太中心（中国）（CIP-China Center for Asia and the Pacific，CCCAP）及亚洲晚疫病协作网（AsiaBlight Network）的精心组织下，马铃薯产业访问考察团一行 10 人于 2024 年 2 月 25 日至 3 月 2 日对孟加拉国马铃薯产业进行考察。通过与有关研究者、政府农业技术员、农业公司、农户以及销售人员交流，了解到孟加拉国马铃薯的生产、加工和销售情况。

1　孟加拉国马铃薯的生产情况

孟加拉国地处南亚次大陆东北部，东、西、北三面与印度接壤，东南部与缅甸毗邻，南临孟加拉湾，沿海分布有滩涂、泻湖和沼泽地带。全国大部分领土位于恒河和布拉马普特拉河下游三角洲平原之上，地势低平，平均海拔不足 10 m，是世界上最大的冲积平原之一，土壤肥沃适合农业生产。据联合国粮农组织统计，2022 年孟加拉国马铃薯种植面积 4.64×10^5 hm^2，产量 1.0×10^7 t（世界第 7、亚洲第 3），单产为 21.75 t/hm^2。生产中主要品种大多来自欧洲和国际马铃薯中心（The International Potato Center，CIP），种植面积较大的品种有 "Asterix" "Sunshine" "Prada" "Santana" "Cumbika" "Courage" "Damod" "Leonata" 等。

作者简介： 李小波（1981—），男，研究员，主要从事马铃薯遗传育种与高效栽培技术研究与推广。
基金项目： 广东省基础与应用基础研究重大项目（2021B0301030004）；广东省乡村振兴战略专项资金种业振兴项目（2022-NPY-00-020）。
*通信作者： 谢建民，主要从事亚太地区马铃薯资源保存、鉴评与创新利用及相关管理工作，e-mail：jianmin. xie @ cgiar. org.

多数的轮作模式为稻-薯轮作,类似于中国南方冬作区模式。种植方式以单垄单行居多,垄宽 70~80 cm(包沟),密度为 $5.0 \times 10^4 \sim 6.0 \times 10^4$ 株/hm²。

虽然孟加拉国的马铃薯种植面积和总产较大,但其马铃薯生产中还存在一些亟待解决的问题,晚疫病是影响其马铃薯产量和质量的主要限制因素之一。由于缺乏先进的病虫害监测与预警体系和科学规范的指导,每年由于晚疫病导致的产量损失一般为 25%,有的年份高达 30%~55%,直接经济损失高达 6 亿~12 亿美元,这与世界许多国家类似[1]。根据 Wharton 等[2]以及 BAU 教授 Rashidul 未发表数据显示,孟加拉国主要流行的晚疫病菌株基因型为 EU-13_A2(Blue 13),也是中国的主要流行基因型之一。目前,孟加拉国农业大学开始利用比利时和中国介绍的晚疫病预测预警模型,在 APEX 农场就马铃薯品种及晚疫病防控进行了对比试验。从试验效果看,模型预测防控与农户的传统防控效果相当,但传统防控的时间明显偏早(出苗 40 d 前),用药次数偏多,成本较高。

在孟加拉国,一般种植户马铃薯生长季晚疫病的防治次数为 8 次,主要使用保护剂代森锰锌,每次用药成本约合 375 元/hm²,田间商品薯收购价 1.3~1.6 元/kg,全人工收获,人工成本 6 小时不足 14 元/667 m²。在不计算地租的情况下,农户种植马铃薯成本约 12 000 元/hm²,效益约为 6 000 元/hm²。目前,孟加拉国的马铃薯种植户主要需求是优质肥料、有效农药和配套的农机。

2 孟加拉国马铃薯种薯生产情况

优质马铃薯种薯是马铃薯健康生产的根本。孟加拉国已经开始了本国种薯繁育体系的研究,建立了多个国有和私人的种薯繁育基地。他们繁育的种薯按照大小可分为三个等级,大(200 g 以上)、中(80~200 g)、小(80 g 以下),其中中等的种薯价格最高,约 3 元/kg,小薯约 2.7 元/kg,大薯既可以作为种薯也可作为商品薯出售,一般价格 1.5 元/kg。

孟加拉国农业部农业发展公司(Bangladesh agricultural development corporation, BADC)属于国有性质的农业公司,该公司主要从事马铃薯新品种培育和种薯繁育及销售业务,年生产种薯 27 000 t,拥有 200 多个品种,主推 40 多个,其中有 10 多个品种引自荷兰、德国等欧洲国家和国际马铃薯中心(CIP)。他们开展了组培苗的脱毒快繁,利用大田网棚组培苗定植生产微型薯,同时也开展了雾培技术生产微型薯研究。

APEX 公司是当地比较大的集团公司,其中一个板块是马铃薯种业和种植,拥有 280 hm² 马铃薯基地,旗下位于朗布尔专区(Rangpur division)戈伊班达县(Gaibandha)的农场几乎实现了全程机械化,机械比较先进,与周边农户形成鲜明对比。农场主要生产"Sunshine"和"Santana"的种薯。其中,"Sunshine"主要用于本地种植,而"Santana"主要向欧洲出口,用于薯条加工。他们的种薯售价一般是 3.0 元/kg,商品薯 1.3~1.4 元/kg。

在赛伊德布尔(Saidpur)附近有一个种植大户正在收获,他拥有 20 hm² 种薯繁育基地,也是和 BADC 合作。主要繁育"Sunshine",薯形漂亮,适合薯条加工。据该农户反映,尽管整个生育期降雨很少,但很多时候夜间大雾,晚疫病发生较重。为保证种薯质量,防治晚疫病用药次数多达 16 次,防治药剂以代森锰锌、霜尿氰代森锰锌复配剂、烯酰吗啉复配代森锰锌为主。种薯繁育的模式是由 BADC 提供种薯等农资,种植户先进行赊账,待种薯收获后，再卖给 BADC，BADC 将之前的农资款扣除，一般种薯繁育的效益为 7 050 元/hm²。

3 孟加拉国马铃薯贮藏情况

孟加拉国马铃薯贮藏是一个产业上的大问题。代表团参观位于朗布尔区（Rangpur division）的一个容量为 9 000 t 的马铃薯仓储库，但其设施陈旧，存取基本靠人工。在这个地区，同等规模的马铃薯仓储库有 7 个，为附近种植马铃薯的农户提供存储保障，存储的马铃薯一半是种薯，一半是商品薯。在大量收获季节，经常会出现集中入库的难题，薯农人车时常会排起长队，等待入库。孟加拉国常年高温，控温成本较高。他们的马铃薯仓储需要完备的控温系统，储存库温度控制在 3~4 ℃，用户在此存储 1 t 马铃薯 6 个月要付 40 元。

4 感想与展望

4.1 增强对孟加拉国马铃薯产业的了解

本次出访了解了孟加拉国农业生产现状，尤其是马铃薯产业发展的现状，从种植制度、品种培育、种薯繁育、生产管理、采后贮藏等多个方面对其产业有了更加深刻认识。孟加拉国马铃薯产业发展与中国马铃薯南方冬作区相类似[3]，有明显的地理区位优势，尤其是稻薯轮作的耕作制度以及利用冬天光、热条件发展马铃薯生产。但是也同样存在种薯质量监控体系的建立、完善与严格执行问题，收获农机具的研发、推广及与之配套的绿色高效新型肥料的制造技术及适宜用量范围等问题[4]。

4.2 未来工作展望

依托孟加拉农业大学（BAU）、农业部农业发展公司（BADC）、龙头企业等单位，可以联合申请国际合作项目，对孟加拉国进行马铃薯品种和绿色防控技术的输出，帮助其构建起育种、繁种和专业的病虫害监测预警体系，并在孟加拉国逐步复制推广，形成合作新模式。

可以联合中国国内企业，赴孟加拉国农业领域进行投资，参与当地种薯繁育、农资、储存等产业链环节的建设，享受廉价劳动力和广阔市场红利。同时，国内企业也可以直接向孟加拉国出口先进设备和农资产品。可以设立中孟马铃薯产业联合投资基金，优先支持在孟加拉国开展种薯繁育、马铃薯精深加工、农机服务外包等项目；中国农机、农资企业可考虑在当地设立农机租赁和服务站，满足农业机械化发展需求。

［参 考 文 献］

[1] 李洁,闫硕,张芳,等.近年来中国马铃薯晚疫病的时空演变特征及防控情况分析[J].植物保护学报,2021,48(4): 703-711.

[2] Wharton P, Dangi S, Begum M M, et al. Genotypic characterization of *Phytophthora infestans* populations in Bangladesh [J]. Plant Pathology, 2023, 72(6): 1 136-1 148.

[3] 李小波,索海翠,赖玉嫦,等.经济作物替代薯稻三熟制早稻对肥料利用、土壤养分和经济效益的影响[J].核农学报,2020,34(9): 2 080-2 087.

[4] 张新明,徐鹏举,陈洪,等.2022年广东省马铃薯产业现状、存在问题及发展建议[C]//中国作物学会马铃薯专业委员会.马铃薯产业与种业创新.哈尔滨:黑龙江科学技术出版社,2023:20-23.

黑龙江省马铃薯产业发展现状调研报告

李庆全[1,2]，盛万民[1,2]*，王 乔[1,2]，高云飞[1,2]，南相日[1,2]，牛志敏[1,2]

(1. 黑龙江省农业科学院经济作物研究所，黑龙江 哈尔滨 150086；
2. 黑龙江省马铃薯生物学与品质改良重点实验室，黑龙江 哈尔滨 150086)

摘 要：主要介绍了 2023 年黑龙江省马铃薯产业基本概况，分析了马铃薯产业发展的优势，指出了马铃薯产业发展的制约因素。最后，提出促进黑龙江省马铃薯产业发展的建议。

关键词：马铃薯；产业现状；调研；建议

为全面了解黑龙江省马铃薯产业发展情况，促进黑龙江省马铃薯产业健康发展，黑龙江省马铃薯产业技术协同创新推广体系协同国家马铃薯产业技术体系部分专家对全省马铃薯产业发展情况进行了调研。在广泛实地考察并听取了专家、龙头企业、生产主体对全省马铃薯产业发展的意见、建议基础上，形成了黑龙江省马铃薯产业发展现状调研报告。

1 黑龙江省马铃薯产业现状及发展形势

根据专家统计，2023 年全省马铃薯种植面积约 5.31 万 hm^2，其中：种薯 0.71 万 hm^2，商品薯(菜薯)4.23 万 hm^2，加工薯 0.37 万 hm^2。年产鲜薯约 215.3 万 t，以鲜食消费为主，大部分销往省内市场，一小部分用于加工，出口俄罗斯 1 000 t，剩余部分进行窖储，基本实现了四季供应，保障了城市居民常年消费。主要种植的品种有："尤金""大西洋""麦肯 1 号""克新 23""克新 13 号""龙薯 12 号""龙薯 4 号""沃土 5 号""实验一号""垦薯1 号"等。黑龙江省现有马铃薯加工企业 30 余家，主要产品包括淀粉、薯条、薯片、薯块、全粉、变性淀粉及粉条(丝、皮)等。其中规模以上加工企业 10 家：克山县云鹰农业发展有限公司、麦肯食品(哈尔滨)有限公司、上好佳食品工业有限公司、北大荒马铃薯全粉有限公司、碧雪淀粉有限公司、黑龙江薯丰马铃薯产业有限公司、绥化市庆安县誉峰淀粉制品厂、绥化市连科淀粉加工厂、绥化市北林区志国马铃薯种植专业合作社、黑龙江北安冷冻蔬菜加工有限公司。

新中国成立以来，黑龙江省一直是全国马铃薯优势产区和种薯、商品薯调出省。近年来黑龙江省马铃薯种植面积不断下滑，2014 年全省马铃薯种植面积达到 18.48 万 hm^2 的峰值，此后在波动中下滑，至 2023 年仅为 5.31 万 hm^2。

作者简介：李庆全(1984—)，男，硕士，副研究员，主要从事马铃薯遗传育种研究。
基金项目：国家马铃薯产业技术体系(CARS-09)；黑龙江省马铃薯产业技术协同创新推广体系。
*通信作者：盛万民，研究员，主要从事马铃薯遗传育种研究，e-mail：shengwanmin@163.com。

2 黑龙江省马铃薯产业发展优势

黑龙江省种植马铃薯有突出的优势：（1）生态佳。黑龙江省位于世界三大黑土带上，土质肥沃，耕层深厚，生态环境优良，化肥农药施用量少，适合发展绿色有机马铃薯种植，产品质量安全水平高。（2）气候好。黑龙江省降水量、有效积温、无霜期都比较适宜马铃薯生长要求。特别是七、八月份雨、热同季，昼夜温差大，有利于马铃薯块茎膨大和干物质积累。（3）位置适宜。黑龙江省交通便利，是东北亚地区的铁路枢纽，适宜加工企业发展。而且大中城市人口基数大，对商品薯需求较多。（4）科研实力强。黑龙江省建有黑龙江省农业科学院、东北农业大学、黑龙江大学、哈尔滨工程大学、黑龙江八一农垦大学等科研单位及国家马铃薯改良中心、国家种质克山马铃薯试管苗库、农业农村部马铃薯脱毒种薯质量监督检验测试（哈尔滨）中心、农业农村部马铃薯生物学与遗传育种重点实验室、黑龙江省马铃薯工程技术中心、黑龙江省马铃薯生物学与品质改良重点实验室等省部级马铃薯创新平台，全面开展马铃薯遗传改良、脱毒种薯生产及质量控制、丰产栽培、主要病虫害绿色防控、加工等技术研究，专业齐全，研究团队力量雄厚。收集国内外早熟抗晚疫病、早熟高淀粉、抗 3 种以上病毒等特异性种质资源 5 600 余份，丰富了国家马铃薯资源类型，育成各类专用型新品种 52 个，在全国 10 多个省区累计种植面积 66.67 余万 hm^2，有力地推动了生产上新品种的更新换代；建立了可复制规范的单产 3 000 kg/667 m^2 绿色高效生产技术体系 3 套，累计应用面积 33.33 余万 hm^2；建立了马铃薯种薯高效生产技术及种薯多种病害同步快速检测技术体系各 1 套，原原种生产效率达 600 粒/m^2，显著提高了种薯生产效率，原原种生产成本低于 0.2 元/粒；建立了黑龙江省马铃薯晚疫病精准预警预测系统，为黑龙江省及国家马铃薯产业健康发展提供了有力科技支撑。

3 黑龙江省马铃薯产业发展制约因素

近十年来，黑龙江省马铃薯种植面积不断萎缩，主要原因有：（1）黑龙江省作为国家重要的粮食生产基地，玉米、水稻、大豆等主粮作物面积扩大、单产提高、效益有所增加，尤其是近两年种植马铃薯单产不高，效益与玉米收益基本相当，因而对马铃薯种植有所替代。（2）近十年来，随着内蒙古、云南、贵州、四川和甘肃等省（自治区）马铃薯产业的迅速崛起，马铃薯市场竞争大、效益低、黑龙江省马铃薯市场受到冲击。（3）马铃薯种植属于高投入、高效益、高风险的产业，且受耕地、水、温度等自然资源的约束趋紧，劳动力成本逐年升高。马铃薯对于栽培技术要求较高，需要三年一轮作，种植大豆、玉米后的农药残留，易对马铃薯产生药害影响，因此农民种植意愿低。（4）近年黑龙江省降水较常年同期偏多，尤其是 8 月末、9 月份收获时期雨水多，对马铃薯品质、产量的影响较大，再加上黑土地土壤粘重，导致块茎腐烂风险增大。（5）黑龙江省马铃薯生产上一直对品种的选择存在着重产量轻品质的倾向，导致品种结构极其不合理，生产 90% 以上种植面积为鲜食型品种，加工专用型品种比例低于 10%。尤其是缺乏高淀粉、高干物质含量适合于加工或主粮化专用品种及早熟、高产、多抗的鲜食型品种。（6）科研、推广、生产有机结合不够，科技成果转化慢，科技链与产业链脱节。传统田间水肥管理模式导致了黑龙江省马铃薯加工品种块茎干物质含量低且在块茎中分布也不均匀，无法满足加工企业要求。先进适用大垄深松膜下滴灌绿色优质高效配套栽培技术模式还停留在少量先进典型和示范地块上，农民普遍接受程度不高，急需精准建立并推广马铃薯绿色优质科学可复制推广的精简化栽培技术模式。(7)政府对于马铃薯生产的政策少，扶持力度不够。(8)马铃薯种植与加工之间的产业链条基本处于断裂状态，一方面加工企业在本地采购不到合格的加工原料，另一方面本地农民收获的马铃薯销售难，种植户得不到产业链延伸增值的好处。马铃薯生产环节成本高(表1)也是制约马铃薯产业化发展的关键难题。

表1 马铃薯成本效益测算

项目	测算	说明
总成本(元/667 m²)	2 760~2 860	
生产资料(元/667 m²)	1 070	
化肥	400	
农药	250	7~8遍药
种子	420	
用工成本(元/667 m²)	790	
播种	100	切种加播种
浇水	200	
机械	40	
种植收获人工	450	
土地成本(元/667 m²)	900~1 000	近两年土地成本增加
产量(kg/667 m²)	3 000	
产值(元/667 m²)	3 600	单价1.2元/kg
纯收益(元/667 m²)	740~840	

4 黑龙江省马铃薯产业发展建议

马铃薯产业开发的基本原则是：政府引导与市场调节相结合、统筹规划与分步实施相协调、生产发展与整体推进相统一、产业开发与综合利用相兼顾。建议加强产业发展规划及落实，因地制宜扩大专用新品种种植比例，尤其是扩大加工专用型品种种植面积。

4.1 稳中求进，确保效益

马铃薯是比较效益较好的大宗替代粮食作物，将其作为主粮而增加种植面积，让四大粮食作物(玉米、水稻、大豆、马铃薯)合理配置、均衡发展，因此扩种马铃薯是黑龙江省种植业供给侧结构性改革可行的出路，但马铃薯产业发展不能一窝蜂而起，规模要适度，结构要合理，要以确保质量效益为前提，稳中求进。作为高效、高成本、高风险作物，马铃薯种植面积应根据市场消费需求和历年生产情况变动态势，进行科学调整。通过大数据分析，准确研判马铃薯供求，指导农民理性种植，避免出现"销售难"和"薯贱伤农"现象的发生。

4.2 丰富品种，满足市场

黑龙江省马铃薯主栽品种，商品薯食用品种面积占比较多，产量高但品质差、抗病性弱，尤其是抗土传病害品种缺乏。用于淀粉、薯条、薯片加工的专用品种比例极低。目前，规模化种植的食品加工型、全粉加工型品种基本是国外引进的品种，如"大西洋""麦肯1号"。因此加快选育口感好、品质高、抗病性强的商品薯品种以及适合薯条、薯片加工或者适合蒸煮、方便家庭制作加工薯品种迫在眉睫。从黑龙江省的气候和土壤条件出发，组织大专院校、科研院所和马铃薯企业联合开展新品种选育攻关，加大力度选育多抗、高淀粉的淀粉加工型品种，选育抗病、低还原糖、干物质含量高的薯条和薯片加工型品种，选育适宜机械化生产、优质高产多抗广适早熟鲜食新品种。

4.3 高效栽培，示范推广

马铃薯适于轮作调茬，必须深翻深松，且易发生晚疫病等马铃薯病害。因此应模式化推广大垄深松栽培、优质脱毒种薯、测土配方施肥、综合防病、滴灌水肥一体化栽培等优质高产高效的综合配套技术。同时建立完善植物保护和病虫害预测、防治技术体系。推广一批马铃薯晚疫病、早疫病、病毒病等病虫害绿色防控技术，建立一批集成应用和示范展示全程专业化、规范化、标准化防控模式的示范园区，培训一批掌握绿色防控技术的农民带头人，形成一套马铃薯病虫害专业化防治服务机制，针对马铃薯种植户的需求和痛点推广应用绿色防控技术。

4.4 全程机械，标准种植

加快推进马铃薯播种、整地、收获全程机械化。制定严格的生产技术标准和栽培技术规范，实行标准化、机械化种植。加大机械化补贴政策，增加购置马铃薯播种、中耕、收获机械，提高大机械保有量，可以依托农机合作社提供集中统一的机械服务，实现土地流转型、服务带动型等多种形式的连片种植和规模经营。

4.5 打造品牌，文化宣传

随着经济发展居民生活的改善，追求营养健康成为消费趋势。马铃薯具有营养全面、热量较低、血糖生成指数（Glycemic index，GI）较低等优点，可以加工成休闲食品、方便食品、保健食品、营养强化食品、速冻食品等多品类。以主食化为切入点，拓宽马铃薯精、深加工渠道，按照不同收入、不同口感、不同健康需求，细分消费层次，产品功能可以多样化，产品档次可以多级化，产品口味可以个性化，以满足不同区域的饮食习惯、不同层次的消费群体和日渐多元化的食物消费需求。黑龙江省农业科学院食品加工研究所已研制生产马铃薯面包、蛋糕、饼干等产品，正在与企业合作进行马铃薯主食产品开发。

4.6 开拓市场，规模经营

由于大量农户零散种植，高产栽培技术难以快速推广，与市场对接难，抗风险能力差，产量不稳定。更为突出的问题是企业与农户利益联结松散。由于企业怕吃不饱，薯农怕卖不出去、卖不上好价钱，不是农户不愿将商品薯交给企业，就是企业在收购商品薯时压级压价。有鉴于此，应该大力推广企业+基地+合作社+农户、企业+农户、基地+农户等多种产业化组织形式，龙头企业实行订单种植，建立稳固的品种专一的原料生产基地。

4.7 政府扶持，政策优惠

马铃薯即便高产高效，因有自然灾害和市场大起大落的双重风险，农民也不敢多种。马铃薯作为粮菜兼用的主粮，需要像其他主粮一样，给予强有力的政策支持，使其具备抵御自然风险和市场风险，确保稳定供应的能力。同时加大对马铃薯种薯科研、贮藏设施建设、标准化生产技术推广、市场与信息服务的公益性投入。对马铃薯加工企业给予财政补贴、股权投资、贷款贴息、减免税负等支持。鼓励乡村以集体建设用地使用权入股、联营等形式与社会资本共同兴办马铃薯加工企业。

陕西省马铃薯产业发展现状及对策

方玉川[1,2*]，张春燕[1,2]，汪　奎[1]，冯瑞瑞[1]

（1. 榆林市农业科学研究院，陕西　榆林　719000；

2. 陕西省马铃薯工程技术研究中心，陕西　榆林　719000）

摘　要：从产业规模、产业分布、种植模式、产业服务方面介绍了陕西省马铃薯产业发展现状，分析了陕西省马铃薯生产的优势条件与存在的问题。明确了陕西省马铃薯产业发展思路，提出了多目标品种选育、强化脱毒种薯生产与监管、丰产栽培技术集成、发展加工促进产业升级、制定发展规划、扶持营销组织、加强薯库建设的发展建议。

关键词：马铃薯；脱毒种薯；现状；发展对策；陕西省

马铃薯是陕西省第三大粮食作物，2023 年面积和产量分别占到全省粮食作物面积和产量的 9.28% 和 7.71%。在陕北和陕南地区，马铃薯均为第二大粮食作物，也是当地居民重要的粮菜兼用作物，在保障当地粮食安全、农业结构调整，增加农民收入、改善人民的膳食结构、提高健康水平等方面具有重要作用。

1　马铃薯产业现状

1.1　产业规模稳定发展

2022 年，陕西省马铃薯种植面积 28.05 万 hm^2，总产 509.75 万 t，平均单产 1 212 kg/667 m^2，种植面积和总产量分别排名全国第 6 位和第 8 位。与 2016 年相比，陕西省马铃薯面积虽然下降 1.14 万 hm^2，但总产、单产分别增加 141.3 万 t 和 370 kg/667 m^2。

1.2　产业分布呈现"南北多，中间少"

陕西省马铃薯主要分布在陕北与陕南地区。陕北的榆林市、延安市，播种面积占到陕西全省的 60.94%，是陕西秋薯生产以及鲜薯出口、淀粉（油炸）加工专用型马铃薯的重点区域。陕南的商洛市、安康市、汉中市，播种面积占到陕西全省的 35.75%，是陕西早春上市菜用马铃薯的生产集中区。关中马铃薯种植面积较少，仅为 3.31%。

1.3　种植模式多样

陕西省地域狭长，全省马铃薯种植分三个生态区域。陕北属北方一季作区，马铃薯均为春播，单作为主，水地种植机械化、规模化水平较高，灌溉以滴灌为主，9 月上中旬收

作者简介：方玉川（1976—），男，正高级农艺师，主要从事马铃薯育种及栽培研究工作。

基金项目：国家重点研发计划项目（2023YFD2302100）；国家现代农业产业技术体系专项资金项目（CARS-09）；陕西省马铃薯产业技术体系项目（SNTX-14）；榆林市马铃薯产业技术体系项目（YNTX-01）；榆林市马铃薯首席专家工作站项目。

*通信作者：方玉川，e-mail：nksfyc@163.com。

获，适时早播可提前到 8 月上旬收获，平均单产 3 000 kg/667 m² 以上；旱地生产仍以人畜力为主，10 月份收获，平均单产 1 000 kg/667 m² 左右，低于全省平均单产水平。陕南属西南一二季混作区，以秋冬播为主，6 月份收获，主要与玉米、蔬菜类作物套种，保护地栽培可提前至 4 月份上市，产值可达 1 万元/667 m² 以上。关中属中原二季作区，一般 1—2 月份播种，6 月份收获。

1.4 产业服务能力增强

陕西省马铃薯耕种收综合机械化率达到 70%，高效植保机械化能力超过 60%，秸秆处理机械化水平超过 80%。尤其是陕北榆林市大力发展订单农业，成为全国知名的现代马铃薯生产基地。截至 2022 年 12 月，陕北榆林市从事生产销售马铃薯的专业合作社有 60 多家，年外销鲜薯 150 万 t 以上；马铃薯加工企业 10 多家，专业加工村 20 多个，年加工转化马铃薯 40 多万 t，生产的淀粉、粉条、粉皮等产品远销国内外。

2 产业发展的优势条件

2.1 自然条件优越

陕北是全国马铃薯优生区之一，与北方内蒙古自治区、河北省坝上地区等地相比，具有生育期长、可栽培中、晚熟品种的优势；与西北甘肃省、宁夏回族自治区等地相比，具有地势平坦、机械化程度较高、适宜发展规模化马铃薯生产的优势；与南方省区市比，具有土地广阔、土质疏松、土壤富含钾素、光照充足、雨热同季、昼夜温差大、海拔高、环境无污染的优势。陕南具有近似于马铃薯原产地的生态条件，中高山区土壤质地疏松，光照、积温、降水量等完全满足马铃薯的生长需求；高海拔地区气候凉爽、病虫害发生轻，脱毒种薯繁育条件优越。

2.2 发展空间广阔

(1)陕南地处中国南北气候过渡带，冬播马铃薯 5 月上旬即可收获，春播马铃薯 6 月下旬大量上市，正好处于陕北等北方马铃薯主产区和南方马铃薯供应的空档期，具有弥补南北蔬菜市场短缺的显著特点，增值增效潜力巨大。(2)陕北榆林市土地面积广阔，有陕西"第二粮仓"之美誉，具备扩大马铃薯种植面积的耕地基础。(3)陕西省马铃薯种植广泛，广大群众在长期生产过程中积累了丰富的生产栽培经验，为马铃薯产业化开发奠定了基础。

2.3 经济效益明显

马铃薯产业在陕北、陕南农村经济的全面发展中起到了积极促进作用，就比较效益而言，在旱作条件下，马铃薯在种植作物中潜力最大，经济效益最高。据测算，在榆林市北部县区，马铃薯的光、温、生产潜力可达到 7 000 kg/667 m² 左右，受水分供应、土壤肥力水平、病虫害等综合因素的制约，实际生产潜力可以达到 5 000 kg/667 m² 以上。据榆林市农业科学研究院薯类作物研究所通过对定边县和子洲县 12 户农户进行调查发现，"十四五"期间旱地马铃薯多年平均产量 1 200 kg/667 m²，经济纯收入 860 元/667 m²，同等条件下平均纯收入分别是当地主要旱地农作物绿豆、大豆、糜子的 2 倍左右。

2.4 科技支撑显著

陕北地区有国家马铃薯产业技术体系榆林综合试验站、陕西省马铃薯产业技术体系、陕西省马铃薯工程技术研究中心、陕西省马铃薯良种繁育中心、西北农林科技大学榆林马铃薯试验示范站等多个科研平台,累计引进推广了16个优良品种,品种结构得到有效改善。通过集成创新,制定出适宜全市不同区域的栽培技术规程,发布马铃薯生产、质量地方(团体)标准15项,有11项科技成果获省部级奖励。陕南地区育成了安薯系列5个国审品种,早熟马铃薯高产高效栽培技术体系初步形成,"陕南秦巴山区马铃薯新品种及配套栽培技术集成与推广"获陕西省科技成果一等奖。

3 生产中存在的问题

3.1 品种结构单一

陕北马铃薯以冀张薯系列、V系列等品种为主,陕南马铃薯以秦芋系列、鄂马铃薯系列、荷兰薯系列等品种为主,均为鲜薯食用品种,加工专用品种缺乏,特别是低还原糖、适宜快餐食品加工的品种多以引进国外品种为主。所以,品种结构单一制约了陕西省马铃薯产业的发展。

3.2 病虫害发生较重

近年来由于轮作倒茬不合理和种薯调运监管不力,导致马铃薯黑痣病、黑胫病、疮痂病等土传、种传病害发生逐年加重。加上马铃薯晚疫病、早疫病等传统病害发生仍然较重,产量和质量受到严重影响。

3.3 机械化发展不均衡

陕西省马铃薯耕种收综合机械化率达到70%,秸秆处理机械化水平超过80%,但是多数产区马铃薯收获仍以人工捡拾装袋为主,人工成本大。由于陕南、陕北地区马铃薯生产特点差异明显,所以机械化发展程度也不同,榆林市北部地势平坦,马铃薯从种到收基本实现机械化,产量水平也较高,产量最高可达 6 000 kg/667 m² 以上;陕北南部和陕南地区多为丘陵山区,马铃薯种植地块较小,机械化程度较低,单产水平也较低。

3.4 精深加工能力不足

目前陕西省缺乏马铃薯主食化加工品种,现有马铃薯加工企业大都加工能力不足,产品粗加工多、传统消费多,精深加工少、品质消费少,缺乏从事马铃薯精淀粉、变性淀粉、全粉以及传统、特色、休闲化马铃薯主食产品研发和加工的科研单位和企业。

3.5 产后处理能力不足

陕西省马铃薯鲜薯贮藏大都以农户自贮为主,损失率达15%～30%。陕北地区鲜薯上市时间集中,市场营销体系不健全,造成"旺季滞销,淡季断货"的市场尴尬局面。陕西省马铃薯品牌培育不力,产品知名度低,使得储销压力大、价格上不去,丰产不增收。

4 产业发展思路与对策

4.1 指导思想

以中国特色社会主义思想为指导,以科技为动力、以市场为导向、以专业合作经济组织为纽带,紧紧围绕"转方式、调结构"两条主线,发挥陕西省马铃薯产业发展资源优势,大力推进农业供给侧结构性改革,加强政策扶持,夯实基地建设,依托科技创新,改善物质装备，积极构建陕西省马铃薯产业体系、生产体系、经营体系，依托"榆林马铃薯""定边马铃薯""靖边土豆""镇坪洋芋"等国家地理标志保护产品，把陕西省建设成为全国知名的马铃薯产业基地。

4.2 发展措施

4.2.1 以市场为导向，开展多目标品种选育

陕西省马铃薯品种更新换代滞后，且品种与市场销售脱节，生产中种植的品种多为鲜薯食用型品种，而且20世纪育成和引进的"克新1号""费乌瑞它"等品种仍有种植，市场上急需发展潜力较大的淀粉加工品种和低还原糖品种。因此，引进、选育和推广市场需求的马铃薯品种，做到鲜食、加工品种一起推，改善陕西省马铃薯品种结构。

4.2.2 建设脱毒种薯生产体系，强化种子监管力度

(1)健全马铃薯繁供种体系，在陕北定边、靖边、榆阳等长城沿线及以北风沙滩水地区，建设以自然隔离、大型喷灌、滴灌为主要灌溉手段、机械化作业的规模化脱毒生产基地，生产出产量高、品质好的马铃薯脱毒种薯，满足生产需求。(2)大力扶持种薯企业，重点支持脱毒原原种等高级别种薯生产环节，增加种薯企业的脱毒种薯生产供应能力。(3)严格种薯质量监督管理，建议种子监管部门出台马铃薯脱毒种薯质量管理办法，加强种薯生产的田间管理，并对种薯企业生产、贮藏、经营实行全程严格管理，同时要加强外调种薯的质量监督管理，确保全省种薯质量安全，为陕西省马铃薯高质量发展提供种薯保障。

4.2.3 集成推广丰产技术，促进产业提质增效

要积极推进农村集体产权制度改革，结合旱作节水农业工程与高标准农田建设，整合土地资源，建设一批马铃薯规模化生产示范基地；在开展试验示范基础上，集成适宜陕西省不同产区的马铃薯丰产栽培技术规程，推广以脱毒种薯、水肥一体化、机械化作业、病虫害综合防控为主的标准化生产技术，努力提高陕西省马铃薯的产量和品质，促进全省马铃薯生产实现高产高效。

4.2.4 建设加工企业，促进产业升级

(1)发展马铃薯精深加工，要建设马铃薯速冻薯条和全粉加工厂，延长马铃薯产业链条，增强全省马铃薯加工增值能力。(2)强化马铃薯企业技术改造，对原有的加工企业改造升级，促进传统"三粉"加工产业实现可持续发展。(3)加工原料基地建设和加工企业建设要有机结合，改变区域马铃薯产业加工能力低的现状。(4)加大政府对龙头企业的扶持力度，"扶大、扶优、扶强"，发展订单农业，达到企业壮大、农民增收、产业发展的目标。

4.2.5 制定发展规划，建设标准化生产基地

马铃薯产业在陕北和陕南地区已成为主导产业，对当地保障粮食安全和实施乡村振兴战略具有意义重大。因此，各主产县区市要在考察论证的基础上制定《马铃薯产业发展规划》，并结合马铃薯生产实际，在充分考虑陕西省品种布局、市场需求、发展规模的基础上，积极筹建马铃薯标准化生产基地，促进马铃薯从种到收以及加工销售全产业链发展，达到增产、提效的目标。

4.2.6 扶持营销组织，促进马铃薯产品流通

结合新型职业农民培育项目，培训一批懂经营、会管理的高素质农民，确保马铃薯能产得下、卖得出；扶持新型经营管理主体，重点是专业营销合作社、农村经纪人等中介组织，为陕西省马铃薯生产提供营销保障；完善信息网络体系建设，建设马铃薯批发销售市场，发展线上线下销售，扩大陕西省马铃薯产品销售渠道。

4.2.7 重视薯库建设，提高贮藏技术

(1)落实相关政策，引导薯农建设高质量贮藏库、重点常温库，提倡农民建设保鲜贮藏库，提高全省马铃薯鲜薯贮藏能力。(2)建设马铃薯贮藏园区，集中修建一批高质量气调贮藏库，每年秋冬季节给种植大户和经销商出租，解决种植大户无贮藏库而遭受鲜薯产品压价的问题。(3)对种植大户进行马铃薯鲜薯贮藏技术培训，提高薯农贮藏马铃薯的技术水平，延长鲜薯供应周期，提高马铃薯鲜薯产值。

提高马铃薯单产和效益，建设更高水平天府粮仓

潘海平，胡建军，沈学善*，李洪浩，屈会娟

（四川省农业科学院，四川　成都　610066）

摘　要：马铃薯是四川省第 4 大粮食作物，平均单产 21 210 kg/hm²，平均净利润 6 000 元/hm²，秋、冬季马铃薯净利润高达 15 000~75 000 元/hm²，远高于其他粮食作物。四川省马铃薯专家在全省的甘阿凉民族地区、川东北革命老区、成都平原和攀西安宁河谷均创造了千亩规模的高产记录。经测算，到 2030 年全省马铃薯单产提升潜力为 8 250 kg/hm² 以上。但人才队伍规模小，种薯产业受到省外大型种薯企业的冲击，品种转让制度制约了省内自育品种的推广等问题，限制了马铃薯产业发展。如何能将示范产量转化为万亩规模的农民产量？建议加强人才培养，建设高水平科研创新团队，加强优良品种选引育与应用和良繁体系建设，开展高产高效生产技术研发推广，加快川薯产业体系建设，大力提高马铃薯的单产和效益。

关键词：马铃薯；单产；效益；天府粮仓；对策建议

粮食安全是"国之大者"，习近平总书记高度重视粮食安全，要求把粮食安全作为发展现代农业的首要任务。2022 年 6 月 8 日，习近平总书记来川视察时强调，成都平原自古有"天府之国"的美称，要严守耕地红线，保护好这片产粮宝地，把粮食生产抓紧抓牢，在新时代打造更高水平的"天府粮仓"。2024 年中央一号文件，强调要树立大农业观、大食物观，扎实推进新一轮千亿斤粮食产能提升行动。稳定粮食播种面积，把粮食增产的重心放到大面积提高单产上。

2023 年四川省马铃薯种植面积 68.93 万 hm²、总产量 1 463 万 t、平均单产 21 210 kg/hm²，种植面积和产量常年位居全国前列。四川省马铃薯种植空间分布与贫困地区高度重合，平均净利润在 6 000 元/hm² 以上，秋、冬马铃薯净利润在 15 000~75 000 元/hm²，远高于其他粮食作物，对主粮产值贡献率为 10.3%，薯类面积产量占全国的 17% 以上，占四川粮食产量的 15% 以上。

马铃薯单产提高潜力巨大，近年来，国家马铃薯产业技术体系驻川岗站和四川薯类创新团队专家在全省不同生态区域均创造了中等面积高产高效益示范记录，单产最高已超过 80 685 kg/hm²，产值最高已超过 20.25 万元/hm²。经测算，到 2030 年全省马铃薯单产提升潜力为 8 250 kg/hm² 以上，马铃薯的粮食贡献率将从 3.48% 提升到 5.37% 以上。

如何能将示范产量转化为大田产量，专家产量转化为农民产量，大面积提高马铃薯单产和效益，大力推进四川省马铃薯生产提质增效，实现树立大农业观、大食物观、大健康

作者简介：潘海平（1963—），男，研究员，从事农业科学研究、农业科技管理及成果推广。

基金项目：四川省农业科学院科研条件平台建设专项（51000024Y000010717763）；四川省农业科学院省财政自主创新专项（2022ZZCX010）；四川省科技计划项目（2021YFYZ0005）；四川薯类创新团队建设项目（sccxtd-2023-09）。

*通信作者：沈学善，博士，研究员，从事薯类优质高效栽培研究工作，e-mail：shenxueshan@126.com。

观，夯实天府粮仓，保粮保供增收。经调查研究，提出以下建议，供参考。

1 四川省不同生态区域马铃薯的功能定位和高产创建

1.1 甘阿凉民族地区

主要是春马铃薯，种植分散、产量低、价格低，是彝族藏族主食，定位是稳口粮，促增收。四川薯类团队在凉山彝族自治州喜德县马铃薯新品种"川凉芋 17"原种扩繁创凉山彝族自治州全田实收高产记录，单产 43 110 kg/hm²。在普格县建立地方特色品种"高山乌洋芋"新品种高产栽培千亩示范区，平均产量 59 520 kg/hm²，创造了四川省地方特色品种"高山乌洋芋"高产纪录，直接增收在 30 000 元/hm² 以上。

1.2 川东北革命老区

主要是春马铃薯，种植相对集中，半主食半外销省外，定位是种薯和绿色农产品，价格高于北方，是农民增收的重点产业。四川薯类团队在达州市万源市千亩富硒春马铃薯绿色高质高效示范区平均产量 60 420 kg/hm²，纯收益 67 500 元/hm²。在宣汉县百亩春马铃薯绿色高质高效示范区，平均产量 52 455 kg/hm²，纯收益 40 740 元/hm² 以上。

1.3 成都平原和川南地区

主要是秋冬马铃薯，以鲜食菜用为主，价格在 3~4 元/kg，定位为经济作物，价格高，是农民增收的主要产业。四川薯类团队在绵阳市江油市百亩平均产量 80 685 kg/hm²，产值最高 20.25 万元/hm²，纯利润 81 000 元/hm² 以上，创成都平原冬作马铃薯高产记录。在成都市金堂县紫色马铃薯平均产量 44 880 kg/hm²，创造了丘陵区旱地冬作紫色马铃薯高产记录，川南地区马铃薯产量也超过 45 000 kg/hm²，产值超过 13 5000 元/hm²。

1.4 攀西安宁河谷冬马铃薯区

单产达 60 000 kg/hm² 以上，品质好价格在 2 元/kg，主要销往成都市场。四川薯类团队在凉山彝族自治州会理市建立万亩冬作菜用马铃薯高产优质生产示范区，平均产量 72 870 kg/hm²，创造了大面积规范化生产高产纪录。马铃薯机械化水肥一体化高效生产技术，与传统的人工生产节省用工成本 7 500 元/hm²，总成本降低 24.6%，产值最高达到 15 万元/hm² 以上。

2 限制大面积马铃薯单产提高的关键因素

2.1 稳定的科研投入不足限制了人才队伍建设和科技创新

地方政府和部门对马铃薯产业发展的作用、潜力和增收保粮保供地位认识还不到位，造成科研和推广投入严重不足，目前省内稳定性支持马铃薯育种和栽培的项目，仅有农业农村厅薯类创新团队、科技厅育种攻关和科研院所少量经费，不到主要粮油作物团队人均经费的 20%~30%。各单位马铃薯课题组人数少、待遇低，研究手段也落后，难以引进有编制人员，也难以招募长期聘用人员。人才匮乏严重限制了马铃薯新品种的选育和推广。

2.2 省内种薯企业受到省外大型种薯企业的严重冲击

由于扶持政策和产业发展投入支持力度不足，稍具规模的省内种薯企业只有 5~10 家，没有国内知名的大型种薯企业，在省内种薯企业繁育的种薯市场占有率不足 20%。省内种薯企业大量繁育"费乌瑞它""大西洋""米拉"等没有知识产权保护的国外品种，成都平原及川南地区主要种植北方大种薯企业的繁育种薯。

2.3 品种转让制度限制了省内自育品种的推广

种薯企业购买品种后一般会给品种改名，科研育种单位为保护知识产权和提高收益，一般不允许种薯家贱卖品种。但种薯企业又不愿意高价购买品种，转而去繁育免费的"费乌瑞它""大西洋""米拉"等国外品种。目前，省内育种家育成品种后，通常转让给种薯企业的价格在3万~10万元，且转让成功案例极少，四川省自育品种市场占有率不足20%。

2.4 机械化生产能力弱

四川省丘陵山区为主，山地自然环境和交通条件制约了马铃薯规模化发展，运销设施滞后导致农产品损耗严重，抵御自然风险、市场风险、社会风险能力弱。科技推广水平不平衡，生产技术相对落后。马铃薯种植群体老龄化严重，整体文化素质偏低，马铃薯生产主要依靠经验，对新品种、新技术、新机具、新模式、新机制的接受能力不强。全面全程机械化程度低，生产成本较高。山区马铃薯种植地不具备大规模集约化机械作业的条件，主产区凉山彝族自治州马铃薯机种机收仅3%左右，且机械手段单一，平原和平坝地区发展马铃薯的潜力挖掘不够，人工成本高成为制约马铃薯产业规模化发展的重要因素。

3 大力提高马铃薯单产和效益的建议

3.1 加强人才培养，建设高水平科研创新团队

(1)高度重视马铃薯科研和推广队伍建设，加强四川薯类创新团队和市州科研团队建设，培养高素质的中青年科技人才队伍和地方推广队伍。(2)将薯类产业人才培养与青年创新创业紧密结合。(3)加大科研投入力度，持续安排一批高产攻关、丰产栽培示范基地建设项目，辐射带动大面积生产水平提高。

3.2 加强优良品种选引育与应用

加大马铃薯品种选育投入，以市场需求为导向，选育和引进适合四川省生态区域种植的各类优质高效马铃薯新品种，重点选引育加工专用型和特色马铃薯新品种，加大优良品种的推广和应用力度，淘汰劣质品种，完成四川省马铃薯品种更新换代，提高马铃薯品质和营养价值，不断提高单位面积经济效益。

3.3 加强良繁体系建设

加大良种繁育体系建设投入力度，建立对四川省育成新品种种薯繁育的支持专项，加快新品种种薯的繁育推广应用，同时注重地方特色品种提纯复壮与种薯生产。加强种薯质量监管，发展扶持种薯生产龙头企业，加快种薯基地建设。针对脱贫地区建立稳定、完善的购买脱毒一级种薯的补贴制度，解决当前脱毒一级种利用率不高的现状，提升四川省脱毒种薯质量和良种供应能力，促进马铃薯脱毒种薯推广应用。

3.4 加强高产高效生产技术研发推广

加大马铃薯绿色高产高效标准化生产技术研发与规模化、标准化示范基地建设。组织山地适用耕、种、收机具研究攻关，研发适宜四川省马铃薯主产区地块小、坡度较大、土壤黏重等地形地貌特点的马铃薯耕、种、收机具，加强农机农艺融合研究与全面全程机械

化示范推广，提高马铃薯机械化应用率。

3.5　加快川薯产业体系建设

　　树立大农业观、大食物观、大健康观，加快建设四川省马铃薯产业体系、生产体系、经营体系，擦亮"川字号"优势薯类产业金字招牌，大力推动川薯产业转型升级，提高生产能力和综合效益，把薯类产业作为夯实"天府粮仓"的重要产业，作为乡村振兴、农业高质量发展、保粮保供、富民增收的支柱产业。

推进鄂西北十堰市山区马铃薯产业高质量发展的思考

王 印*

（湖北省十堰市种子管理局，湖北 十堰 442000）

摘 要：概述了鄂西北十堰市山区马铃薯产业发展的现状，分析了发展马铃薯产业的比较优势，指出了马铃薯产业发展面临的问题。提出推进马铃薯产业高质量发展的思考和建议，旨在践行大食物观、保障粮食安全、助力乡村振兴。

关键词：鄂西北；十堰山区；马铃薯；品种；产业

十堰市位于湖北省西北部、秦巴山区腹地、汉江中上游，地处北纬32°左右的中国南北气候分届带，森林覆盖率达73.86%。这里既是国家重点生态功能区，也是国家南水北调工程核心水源区、纯调水区，还是全国两山实践创新基地，既肩负着确保"一库净水永续北送"的政治使命，也肩负着建设绿色低碳示范区、推进乡村振兴的发展使命。马铃薯在物资短缺的条件下，为解决山区人民温饱问题做出了特殊的贡献；在精准扶贫时期，马铃薯为山区贫困群众脱贫致富奔小康发挥了重要作用；在新的历史时期，马铃薯作为中国第四大主粮作物，在保障国家粮食安全和重要农产品有效供给，助力乡村振兴方面具有十分重要的地位和作用。十堰市发展马铃薯产业具备基础，前景广阔。

1 十堰市山区马铃薯产业发展现状

1.1 种植面积稳步扩大

马铃薯是十堰市传统优势作物，种植历史悠久，种植区域广泛，常年面积稳定在2 000 hm²。近年来，随着马铃薯效益的稳步提高，马铃薯逐渐由高山地区向低山平坝延伸。截止2023年底，全市马铃薯种植面积2 733 hm²，占全省种植面积10%左右，占恩施土家族苗族自治州种植面积的18.8%，占宜昌市种植面积的52%，在全省居第三位。竹溪、竹山和郧西县是十堰市传统的马铃薯产区，面积分别为800、465和400 hm²，分别占全市种植面积的37.5%、21.8%和18.7%；其他县市区为468 hm²，占全市种植面积22.0%。

1.2 新优品种加快应用

近年来，十堰市与华中农业大学马铃薯研究中心、中国南方马铃薯研究中心等科研院校进行合作，品种更新步伐不断加快。十堰市种子管理局积极开展马铃薯新品种展示示

作者简介：王印（1985—），男，高级农艺师，主要从事农作物新品种引进、示范、推广等种业管理和农业产业化研究。

*通信作者：王印，e-mail：wyhandsome2006@126.com。

范,十堰市科技学校积极开展马铃薯高产栽培技术研究,竹溪县承办了全省马铃薯产业发展交流会,竹山县多年承担省级马铃薯区域试验,郧西县、丹江口市、房县、郧阳区积极开展新品种引进试验。2018 年全市马铃薯种植主导品种为"中薯 5 号""鄂马铃薯系列""费乌瑞它",分别占种植总面积的 35.6%、29.3% 和 20.3%;其他品种种植面积 14.8%。2023 年,全市马铃薯种植主导品种为中薯系列品种、鄂马铃薯系列品种、华薯系列品种和"费乌瑞它",分别占种植总面积的 28.1%、21.8%、18.7% 和 11.5%,其他品种种植面积19.9%。一些相对较老的主导品种种植面积大幅下降,一些新优品种加快转化应用,种植面积不断扩大。

1.3 种薯繁育开始起步

种薯是马铃薯产业发展的"芯片"。随着种业振兴工作的深入推进,马铃薯种薯繁育工作得到重视并加快发展。竹溪县泉溪镇曾作为全省马铃薯研究示范点 16 年,选育大量优良品种。近年来,竹溪县依托华中农业大学种源和技术,在泉溪镇建设高山马铃薯良种繁育基地 15.7 hm²,对"华薯 1 号""华渝 5 号""华彩 3 号""马尔科""中薯 5 号""华薯 2 号""华薯 3 号""华薯 4 号""华薯 9 号""华薯 12 号""华薯 13 号""华薯 16 号""华恩 1 号"13个品种进行原原种繁育,筛选保留 5 个优质原种,建立其他大田用种繁育基地 98.6 hm²,种子主要销往十堰市南三县和与竹溪县相邻的陕西省镇平县和平利县。湖北坎子山种业有限公司在郧西县湖北口乡等地建立大田用种繁育基地 66.67 hm²,种薯主要用于县内使用。

1.4 种植技术不断提高

随着各级马铃薯农业主推技术和技术规程的推广,马铃薯地膜覆膜、间作套种、轮作换茬、深沟高垄、病虫害绿色防控等高产高效种植技术得到了加快应用。十堰市以前春马铃薯—叶菜类—油菜和春玉米—马铃薯栽培模式为主,目前转向冬马铃薯—春玉米—甘薯、冬马铃薯-春玉米—夏大豆、设施果树—冬马铃薯等复合套种模式,科学有效利用资源,提高农作物复种指数,使土地收益最大化。2023 年种子管理部门探索开展的"薯玉豆"符合模式,马铃薯平均产量 2 600 kg/667 m²,玉米平均产量 500 kg/667 m²,大豆平均产量 56 kg/667 m²,均增收达到 3000 元/667 m² 以上。

2 十堰市山区发展马铃薯产业的比较优势

2.1 政策优势

2024 年国务院印发了《新一轮千亿斤粮食产能提升行动方案(2024—2030 年)》,明确提出按照"巩固提升口粮、助攻玉米大豆、薯类杂粮"的思路,因地制宜发展马铃薯等品种,根据市场需求优产稳供。2021 年十堰市政府出台了《关于加快推进现代农业种业产业化的实施意见》,明确要求加大三农投入力度和资金整合,建立稳定的农业产业种业财政投入机制。2022 十堰市市发改委印发了《十堰市粮食流通发展"十四五"规划》,明确要求重点发展杂粮(杂豆、红薯、马铃薯、玉米等)加工。2023 年十堰市政府出台了《十堰市突破性发展绿色食品饮料产业三年行动方案》,明确提出要加快新品种、特色种研发步伐,分产业分区域建设种子(种苗)繁育基地。十堰市委农村工作领导小组印发的《十堰市全面促进农林牧渔业稳产保供 2023 年行动方案》，明确提出，要大力推广高产、优质、多抗的脱毒马铃薯良种，提高良种普及率。十四五以来，市级现代农业资金加大了对马铃薯生产经营主体的支持力度。

2.2 科技优势

2022 年《马铃薯种薯大田用种繁育技术规程》作为十堰市地方标准发布。2023 年《马铃薯良种繁育与高产高效配套栽培技术》入选十堰市农业主推技术指南。"华薯 1 号""华渝 5 号"纳入十堰市农业主导品种。郧西县承担了湖北省农业农村领域重点研发项目"马铃薯种薯高山繁育与生态高产种植示范项目"。《设施果园冬季间作马铃薯生产技术规程》已作为市级地方标准立项。十堰市初步成立了以二级岗专家领衔的马铃薯产业专家团队，网络了种子管理、绿色食品管理、蔬菜研究推广等科技特派员，为马铃薯产业发展提供科技服务。

2.3 市场优势

竹溪蒸盆是湖北老字号、省级非物质文化遗产、中国名菜，曾随国家科考队走进南极的楚菜，其中一种重要的食材就马铃薯。随着竹溪蒸盆预制菜产业化发展，优质本土的马铃薯食材及相关加工食品市场需求量将会不断增加。竹溪县马铃薯主题初步建立了高山土豆"产—加—销"全产业链展销中心，包括马铃薯美食体验区、马铃薯由来及发展展示区、电商直播区；竹溪生产的五彩马铃薯（"黄美人""白美人""红美人""黑美人""紫美人"）曾多次登上央视频道。郧西县十九大党代表曾将坎子山马铃薯等农产品带到全国两会推介。十堰市和北京市是对口协作城市，蕴含着巨大的消费市场，这些市场将有助于十堰市山区马铃薯产品飞上"云端"，走出大山，走上全国人民的餐桌。

3 存在的问题

3.1 生产方式较为粗放，集约化水平不高

十堰市山区马铃薯种植以一家一户生产为主，企业、合作社、家庭农场、种植大户成规模种植的比重不足 20%，且多集中在马铃薯主产区的专业村镇。一家一户种植，生产管理比较粗放，自留自用或高山小土豆作种薯的情况仍然占有较大比重。农村主要劳力外出打工，在家务农人员年龄偏大，文化素质参差不齐，接受能力差别大，部分农户投入不足，晚疫病等病害统防统治难度大，良种良法配套应用水平还有待提高。

3.2 贮藏方式较为滞后，销售渠道不宽

马铃薯收获后必须及时销售或贮藏，一旦产品出现销售不畅时，就必须入窖贮藏或进行深加工，否则会导致马铃薯表皮变绿、失水、受冻、霉烂、变质，从而降低了其食用性和商品性，造成极大的损失。十堰市马铃薯集中在 6 月份左右上市，主要以鲜薯为主，虽然有部分主体开通线上销售，但所在市场比重较小。大多农户一般多采用分散贮藏，贮藏设施条件较差，贮藏能力较弱，不能满足错开销售高峰，实现均衡上市的需要。

3.3 产业链条较短，产品附加值不高

目前，全市没有一家市级以上专门从事马铃薯生产加工龙头企业。竹溪县、郧西县有

少数的马铃薯加工主体，加工产品以马铃薯干、马铃薯薯粉、马铃薯粉条等初加工为主，马铃薯产业的精深加工还处于空白，附加值低。全市个别马铃薯种植大镇虽然举办了马铃薯文化节，探索马铃薯饮食文化与乡村旅游对接，但一二三产业有机融合、产加销一体化的产业链还处于起步探索阶段，链条不长，农户依托产业链增收的渠道不多。

4 推进十堰市山区马铃薯产业高质量发展的对策和建议

4.1 明确指导思想，推进马铃薯全产业链发展

以建设绿色低碳示范区为统领，坚持"政府引领、市场导向，科学支撑，龙头带动"的发展思路。以农民增收、产业增效、环境增绿为中心；以践行大食物观、推进马铃薯产业化发展为主线；以推进布局区域化、种薯脱毒化、种植规模化、生产标准化、贮运专业化、经营产业化为重点，加快马铃薯产业开发力度，促进一二三产业融合，以优良品种为龙头，示范引领马铃薯产业品质提升、品牌打造、标准化生产，科技赋能马铃薯产业高质高效发展。

4.2 科学布局，推进马铃薯产业集约化水平

（1）在竹溪、郧西、竹山和房县等高山、二高山马铃薯传统种植区，这一区域一般海拔较高，风速大、气候凉，昼夜温差较大，病毒传播媒介少，主要作为种薯繁育基地，有利于生产出产量高、病害少、品质好的种薯。（2）在竹房城镇带、汉江经济带公路沿线发展马铃薯早熟品种，提早上市，提升市场价格。（3）在城郊经济发达，交通便利，以供应城镇市场为主，进行设施栽培、集约经营，可以保持鲜薯周年上市。（4）因地制宜培植一批马铃薯一村一批示范村镇、专业种植经营主体，大力发展订单农业，引导农民与企业签订购销合同，开发利用冬闲田和撂荒地，稳步扩大种植规模，不断提升科技水平。

4.3 加强组织领导，争取政策和项目扶持力度

（1）高位推动。马铃薯主产县市区政府成立以分管农业领导为组长，农业、科技、财政等有关部门为成员的领导小组，制定马铃薯高质量发展行动方案，统筹推进马铃薯产业发展。农业农村部门要成立马铃薯生产技术指导小组，负责马铃薯的生产组织和技术指导工作。各主产乡镇要组建马铃薯工作专班，加强发展马铃薯生产的组织领导和技术指导，建立和完善工作机制，为马铃薯产业高效发展提供技术支撑。（2）争取资金。积极争取产业发展资金，重点支持优质高产、专用马铃薯品种的引进、试验、推广和示范；马铃薯脱毒快繁工厂体系化建设；马铃薯产业标准化基地的建设；龙头企业的扶持。（3）加大扶持。鼓励有条件的县市区对马铃薯生产加工企业实行用地、电、水、气等价格优惠。对马铃薯贮藏设施建设、电商直播团队建设、品牌展示店建设给予项目支持。

4.4 内引外联，做好加工和推介力度

（1）推进精深加工。推动山区马铃薯产业化必须将精深加工、系列产品开发作为主攻方向，尽快实现由副食消费向主粮消费转变，由原料产品向产业化系列制成品转变。利用

对口协作和定点帮扶等契机，招商引资马铃薯加工龙头企业，开发马铃薯预制菜、冷饮食品、方便食品、膨化食品及休闲食品。(2)打造特色品牌。依托武当、神农、汉水都文化资源，打造一批马铃薯地标品牌、产品品牌、企业品牌，支持引导农业经营主体开展绿色、有机食品的认证；不断扩大马铃薯市场竞争力。(3)推进农文旅融合。加快建设马铃薯良种繁育基地，常态化开展马铃薯文化旅游节，开展马铃薯从生产到加工的研学体验，推进"小土豆"做成大产业。

浅谈制约宣威市马铃薯机械化生产的问题及建议

徐文江[1]，杨　娇[1]，邱亚男[1]，蔡铁琴[2]，缪应省[3]*

(1. 宣威市格宜镇农业农村综合服务中心，云南　宣威　655404；
2. 宣威市龙场镇农业农村综合服务中心，云南　宣威　655403；
3. 宣威市农机化技术推广服务站，云南　宣威　655400)

摘　要：马铃薯是宣威市重要的粮食兼经济作物，在脱贫攻坚和乡村振兴有效衔接阶段，对促进农民增收起了关键作用。对宣威市马铃薯产业、机具装备、机械化现状进行了阐述，从气候因素、自然条件、机具适宜性、农机社会化服务能力和扶持政策等方面对制约马铃薯生产机械化水平的因素进行了深入分析，并提出了相应的建议。

关键词：宣威市；马铃薯；全程机械化；现状；问题；建议

马铃薯产业对云南省经济与社会发展具有较高的战略地位，全省马铃薯种植面积稳定在66.67万 hm²[1]，在全国具备一定的竞争力，主要体现在全年都有鲜薯上市。马铃薯产业覆盖了整个云南省，是农民经济收入的重要来源，宣威市是云南省马铃薯主产地之一，常年种植面积5.33万 hm²，兼具云贵高原气候特点，主产区气候冷凉，病毒病及传毒介体昆虫发生危害较轻[2]，是滇东北极具代表性的春作马铃薯主产区[3]，同时拥有非常健全的马铃薯全产业链。受制于"冬春干旱、夏秋多雨"气候特点[4]、自然条件等因素，以及本地缺乏马铃薯农机具研发、制造的企业，加之引进的播、收机具无法全面配套当地农艺措施，不能完全适宜宣威市丘陵山区作业，机具推广一直较慢，综合机械化率处于较低水平，机械化、专业化的现代生产管理方式难以被农民接受[5]，制约了马铃薯产业的持续健康发展[6]。

1　现　状

1.1　产业现状

宣威市土地面积6 069.88 km²，其中耕地面积18.49万 hm²，共有8个土类、19个亚类、36个土属、75个土种。全市红壤面积最多，占土壤有效面积的80.58%。马铃薯在宣威市已有上百年的种植历史，具有"总量大、品质优、常年均有鲜薯上市"的特点，马铃薯产业已成为当地保障粮食安全、促进农民增收和农村经济发展的重要支柱产业。常年种植面积5.33万 hm²(表1)，种植面积达0.33万 hm²以上的有东山、龙场、宝山、乐丰、热

作者简介：徐文江(1974—)，男，高级农艺师，从事基层马铃薯良种繁育、农业技术推广、农业机械化技术推广等工作。

基金项目：云南省乡村振兴科技专项(202304BT090026)。

*通信作者：缪应省，高级农艺师，主要从事农业机械化技术的研究与应用推广，e - mail：13187456885@163.com。

水、倘塘、板桥7个乡(镇)，0.2万 hm² 以上的有10个乡(镇、街道)；0.13~0.2万 hm² 的有9个乡(镇、街道)，0.067万 hm² 以下的有4个街道。种植区域主要分布在海拔 1 900~2 300 m 的山区和半山区。

表1　近五年宣威市马铃薯种植规模与单产水平

年份	面积(万 hm²)	单产(t/hm²)	总产(万 t)
2019	5.92	18.40	108.86
2020	5.86	19.23	112.70
2021	5.88	19.24	113.05
2022	5.74	19.73	113.27
2023	5.74	19.61	112.64

1.2　马铃薯生产机械装备现状

截至2023年底，全市有各类农业机械30.37万台(套)机械总动力83.98万 kW，全市拖拉机保有量2 124台，其中大中型拖拉机有1 830台，占86.16%；马铃薯播种机具123台(套)，中耕机械94台(套)，作业效率大于2 hm²/h 的高效植保机械72台(套)，马铃薯收获机177台(套)(图1)。经过多年购机补贴实施，动力机械与耕整地机具基本能满足宣威市主粮作物生产需要，耕整地机械化率已经达到了97%，但是马铃薯播收机具保有量仍然处于较低水平，严重制约了马铃薯全程机械化水平的提升。

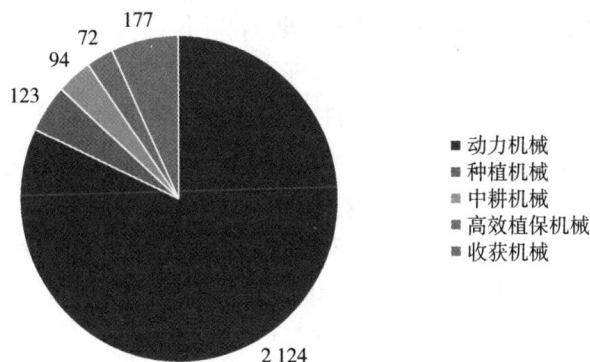

图1　截止2023年年底宣威市动力机械与马铃薯生产机具保有量

2　存在的主要问题

2.1　自然条件

宣威市"冬春干旱、夏秋多雨"的气候特点比较突出，播种时干旱，出苗较差；收获季节雨水过多，制约机械收获，作业质量差。马铃薯种植区域土壤多为红壤，土质黏重，土壤通透性差、颗粒细小、透气透水不良的特点，土壤的黏性、可塑性、湿胀性强，耕作阻力大，易起土垡。在作业过程中容易堵塞机具，作业质量差，塬不平，沟不直，机具容易损坏，影响作业效率。

2.2 机具适宜性问题

本地缺乏播收机具研发和生产能力，市场上销售的大多数机型无法与本地农艺措施全面配套，不能完全适宜宣威市丘陵山区作业，影响作业质量，"无好机可用"问题突出。如起垄刀式扶垄器起垄高度过高，导致不覆膜种植模式蒸发面积加大，抗旱效果较差，出苗慢；覆膜种植模式由于起垄过高，膜上覆土作业困难，导致作业质量差；收获作业时筛土不完全，明薯率偏低，表皮磨损较高，影响商品率等问题。

2.3 扶持政策力度较弱

国家购机补贴政策实施多年，但省、市、县在马铃薯播收机具补短板方面缺少相应的配套政策和资金支持，补贴额度不高。如购置一台(套)单垄双行马铃薯播种机仅享受国家补贴1 600元/台；购置一台(套)工作幅宽1 100 mm锄铲式的马铃薯收获机仅享受国家补贴2 000元/台，播收机具补贴均不到零售价的20%。

2.4 社会化服务能力不强

全市从事农业机械销售、维修、检修一体化的大型个体工商户、企业、合作社等仅5家，大型农机社会化服务组织仅3家。农业机械化技术示范、教育培训、服务组织建设等方面的投入不足，由于购机投入大，回报率低，成本回收慢，农机社会化服务组织发展较慢，数量少、规模小、实力弱，服务能力有限。

3 对策与建议

3.1 加大丘陵山区地块"宜机化"改造力度

推动农田地块小并大、短并长、陡变平、弯变直和互联互通，满足中小型机械化作业，并努力为大中型农机运用创造条件。

3.2 加快土地规模化经营速度

引导农户在稳定土地承包经营权的基础上，依法以转包、出租、互换、转让、入股、托管等多种方式，向专业大户、家庭农场、农民合作社、农业企业、都市农庄、农业园区等新型农业经营主体流转承包地，发展适度规模经营，提升农村土地集约化、规模化经营水平，建立公平合理的土地流转利益分配机制，确保农民获得合理的产业链增值收益同时，也有利于农业机械大规模服务于农业生产。

3.3 加快全程机械化生产所需机具薄弱环节研发速度

聚焦马铃薯全程机械化生产所需机具薄弱环节，加强农机农艺融合，集中力量在种、收环节下功夫，补齐短板弱项，逐步解决这些环节"无好机可用"问题。

3.4 加大农机社会化服务组织的扶持力度

针对宣威市丘陵山区农业机械化发展中社会化服务组织不完善和政策支持引导不够的问题，应加大财政投入，增加支持丘陵山区农业机械化发展的项目和资金，推动标准化合作社的建设力度、区域性社会化服务组织、基地熟化建设。同时，加强农机化技术示范、教育培训和服务组织建设，培养年轻的农机化技术与管理人才，推动农机社会化服务组织的发展，提升其服务能力。此外，还应加强政策引导，鼓励农民采用机械化作业方式，提高农机化技术推广应用效果。

3.5 加快培养一批农机优秀人才

农机人才是加快推进农业机械化、机械装备补短板和农机装备产业转型升级的第一资源。应积极加大农机人才的培养力度，加大研发型人才的资金支持力度，提升农机装备操作人员的素质和技能水平、培训检修维修人员，提高他们的技能，力争培养一批优秀、务实的"土专家"、农机手。

[参 考 文 献]

[1] 李亚红,李庆红,丁家盛,等.云南省马铃薯种薯检疫监管情况分析与对策建议 [J].中国植保导刊,2023,48(8): 99-103.

[2] 杜霞,吴阔,刘霞,等.云南省病毒及蓟马优势种发生趋势 [J].中国农业科学,2020,53(3):551-562.

[3] 缪应省,代艳琼,宁彩虹,等.西南丘陵山区马铃薯全程机械化生产技术模式探析 [J].现代农业科技,2021(13): 91-94.

[4] 梁淑敏,李燕山,王云华,等.云南省马铃薯抗旱栽培技术研究集成与应用 [C]//陈伊里,屈冬玉.马铃薯产业与中国式主食.哈尔滨:哈尔滨地图出版社,2016:362-368.

[5] 展康,代艳琼,王朋军,等.曲靖市马铃薯产业发展现状、存在问题及建议 [C]//陈伊里,屈冬玉.马铃薯产业与精准扶贫.哈尔滨:哈尔滨地图出版社,2017:166-169.

[6] 沈学善,刘小谭,王平,等.西南地区马铃薯机械化种植现状、问题与建议 [J].耕作与栽培,2018(1):41-43.

凉山彝族自治州马铃薯产业发展现状、存在问题及建议

夏江文[1]，王宗洪[2]，张　敏[1]，余显荣[1]，王岭波[1]，杨绍江[1*]，杨央娟卓玛[1]

（1. 凉山彝族自治州农业科学研究院，四川　西昌　615000；

2. 凉山彝族自治州农业农村局，四川　西昌　615000）

摘　要：凉山彝族自治州地域广阔，土地总面积 604.56 万 hm²，其中耕地 57.07 万 hm²，目前全州适宜生产马铃薯土地在 26.67 万 hm² 以上。海拔 2 000 m 以上地区耕地面积较大，气候冷凉，光照充足，隔离条件优越，适宜建设马铃薯种薯、商品薯生产基地。对 2023 年凉山彝族自治州马铃薯取得的主要成效、马铃薯发展优势进行简要概述，分析凉山彝族自治州马铃薯生产中存在的主要问题，针对存在的问题提出马铃薯产业发展的建议。

关键词：凉山州；马铃薯；现状；问题；建议

1　凉山彝族自治州马铃薯产业发展现状

1.1　凉山彝族自治州马铃薯产业取得的主要成效

近年来，凉山彝族自治州州委、州政府高度重视马铃薯产业发展，以特色资源为依托，把发展壮大马铃薯产业作为推动现代农业发展的突破口、促进山区农民增收的切入点来抓。采取"政府引导、龙头带动、规模种植、集约发展"的产业升级模式，切实加强领导，强化宣传发动，加大扶持力度，统筹捆绑投入，着力种薯良种化、种植规模化、生产标准化、经营产业化、产品品牌化"五化"推动，使得马铃薯产业持续健康发展。目前，凉山州马铃薯面积、产量、商品量、经济效益指标居全省首位。

1.1.1　规模效益连创新高

2023 年全州马铃薯种植面积 15.46 万 hm²，占全州粮食作物总面积的 28.98%，是种植面积第二大的粮食作物；鲜薯产量 355.3 万 t，占全州粮食作物总产量的 28.13%；平均产量 22 980 kg/hm²，比 2022 年增加 405 kg/hm²；总产值 60.9 亿元，比 2022 年增加 0.3 亿元；薯农现金收入 39.59 亿元，比 2022 年增加 0.2 亿元。实现了规模效益同步增长，为农民增收做出了较大贡献。

1.1.2　加工营销稳步发展

优化加工营销结构，重点培育了 12 家龙头企业，分别为冕宁县金泰农业开发有限公司、西昌市科兴薯业、凉山州良圆马铃薯种业有限责任公司、昭觉良圆马铃薯种业有限公

作者简介：夏江文（1974—），男，正高级农艺师，主要从事马铃薯栽培技术研究。

基金项目：四川薯类创新团队项目（川农业函〔2014〕91 号）。

*通信作者：杨绍江，高级农艺师，主要从事马铃薯育种研究，e-mail：925170818@qq.com。

司、越西县丰年农业科技有限公司、越西县润鑫薯业有限责任公司、凉山州火把圣地生态农业发展有限公司、四川福特农业科技开发有限公司、四川喜玛高科农业生物工程有限公司、甘洛县安和农业科技开发有限公司、布拖县布江蜀丰农业投资公司、布拖县布江蜀丰生态农业有限公司；建成规模以上加工企业 14 个，年鲜薯加工能力达 130 万 t 以上。马铃薯营销大户 41 户，农民经纪人队伍壮大到 1 000 多人。2023 年全州马铃薯商品量 231 万 t，商品率 65%。商品薯除满足本州食用和种用及加工外，每年鲜薯外销成都市、攀枝花市、昆明市、重庆市、广州市等 30 多个城市。

1.1.3 马铃薯良种繁育工作成效显著

全州已杂交选育并登记的马铃薯优良品种 26 个，占四川省登记马铃薯新品种一半以上；引进品种 15 个，筛选出了一批专用型、突破性品种在生产中大面积推广，优化了品种结构。全州组培室 4 000 m²，可生产合格试管苗 5 000 万苗；原原种生产网室面积 81 000 m²，可生产原原种 4 000 万粒以上。2023 年全州马铃薯原原种生产 2 971 万粒，比 2022 年增加 474 万粒；原种、一级种、二级种生产基地 1.57 万 hm²，生产优质种薯 59 万 t，除满足全州使用外，净调出种薯 10 万 t 以上。

1.2 凉山彝族自治州马铃薯产业的发展优势

1.2.1 温光水资源充沛

凉山彝族自治州属高海拔、低纬度地区，以川西南山地亚热带为基带的立体气候特征明显，素有"一山有四季、十里不同天"之说。境内日照充足，热量丰富，雨量充沛，年温差小，日温差大，是理想的优质特色绿色农产品生产地。二半山以上地区是马铃薯主产区，光照充足、昼夜温差大、气候温凉，雨水充沛、水质纯净，空气清新、无工业污染，有利于马铃薯的生长发育、块茎膨大、干物质积累和保持良好的品种特性，同一品种在凉山彝族自治州种植淀粉含量比其他地区高 1~2 个百分点。在凉山彝族自治州不同的区域一年四季均可种植马铃薯，主要为春、秋、冬作，周年生产、周年供应。

1.2.2 土地资源潜力巨大

凉山彝族自治州地域广阔，土地总面积 604.56 万 hm²，其中耕地 57.07 万 hm²，"安宁河谷平原"幅员约 1 800 km²，被誉为四川第二大平原，是仅次于成都平原的四川农业综合生产基地。目前全州适宜生产马铃薯土地在 26.67 万 hm² 以上。海拔 2 000 m 以上地区耕地面积较大，气候冷凉，光照充足，隔离条件优越，适宜建设马铃薯种薯、商品薯生产基地。

1.2.3 品种资源丰富多样

凉山彝族自治州生物资源种类丰富，农业和生物资源极具特色，被誉为各类动植物的基因库。有南北兼有的生物资源 5 000 多种，可供开发利用的农林牧资源 3 000 余种。农作物品种资源富集，有 50 多个科、120 多个种、1 200 多个品系；茄科 68 个品种，其中马铃薯 45 个品种。

1.2.4 马铃薯单产提高空间巨大

近年马铃薯绿色高质高效创建千亩示范产量达到 34 500 kg/hm² 以上，最高产量达 83 625 kg/hm²，2023 年全州马铃薯平均产量仅 22 980 kg/hm²，随着马铃薯高产栽培技术的深入研究集成，凉山彝族自治州马铃薯增产潜力巨大，马铃薯单产提高空间巨大。

2 凉山彝族自治州马铃薯产业发展的主要问题

（1）凉山彝族自治州马铃薯种植面积大，单位面积产量偏低，商品薯率偏低，面临提高马铃薯产量及商品薯率的挑战。

（2）生产上使用的马铃薯品种比较单一、退化严重，缺乏适宜凉山彝族自治州种植的突破性优质高产马铃薯新品种。

（3）凉山彝族自治州一般以农户种植为主，种粮效益低和生产成本高（种薯、肥料、农药、人工费用增加），抵消了马铃薯涨价和国家政策补贴给农民的利益，双重挤压在一定程度上挫伤农民种粮积极性。家庭农场、专业合作社、龙头企业等新型经营主体的示范带动力不强。

（4）凉山彝族自治州部分地区马铃薯种植模式还比较落后，"满天星"种植模式、"平作"种植模式、"堆作"种植模式仍然存在。

（5）新型马铃薯栽培模式示范推广困难，由于农户思想守旧，不容易接受新品种、新技术、新栽培模式。

（6）马铃薯产业链条不完整。果蔬产后预冷保鲜等初加工设施不足，采后商品化处理能力弱，导致部分特色马铃薯产品未经包装进入市场，影响"大凉山"农产品品牌形象。目前只有冕宁县金泰农业开发有限公司1家企业在加工马铃薯，马铃薯加工制品主要是粗淀粉、精淀粉、粉条、粉丝等低端产品，以精淀粉为原料加工生产下游产品的技术薄弱，产业链条短，产品附加值低，抵御市场风险能力弱，龙头企业的带动作用不明显。

（7）凉山彝族自治州马铃薯品牌知名度低，产品质量虽好，但宣传力度不够，市场认可度低，缺乏市场竞争力。

3 凉山彝族自治州马铃薯产业发展建议

3.1 加大引种示范力度

凉山彝族自治州目前缺乏适应性广、产量高、商品薯率高的马铃薯品种。加大马铃薯新品种引进力度，根据凉山彝族自治州地域多样性，立体气候特点引进适宜凉山彝族自治州种植的产量高且商品薯率高的优质马铃薯新品种，进行试验示范，并大力推广。

3.2 加大马铃薯育种进度，大力推进种薯良种化

加快培育高产、优质、抗逆、适宜主食加工的突破性新品种。加快脱毒种薯和良种更新换代步伐。抓好种薯生产，引进支持企业建设原原种、原种、生产种基地，推进种薯市场化，大幅提高良种覆盖率。加强种薯繁育、良种推广、质量控制等关键环节的创新与管理。

3.3 推进马铃薯种植规模化

推进土地经营权有序规范流转，培育专业大户、家庭农场、农民合作社、龙头企业等新型经营主体，实行适度规模经营和相对集中连片开发，提高规模效益。采取龙头企业和农民合作社建基地、大园区小业主建基地、专业大户和家庭农场建基地等多种形式，建设

马铃薯现代农业园区。

3.4 推进马铃薯生产标准化

以马铃薯绿色高质高效创建为载体，坚持技术集成创新，全面落实"脱毒良种、适时早播，增施磷钾、平衡施肥，深松整地、双行垄作，合理密植、垄土三次，综防病虫、科学管理"40字技术要领，突出垄作栽培、病虫害绿色防控、机械化生产等关键技术，使标准化生产面积占种植面积的70%以上。

3.5 强化栽培模式探索

推动安宁河谷粮经复合种植模式"秋薯春豆""冬薯夏豆"，高二半山地区"春薯秋菜"模式和果园间作马铃薯模式探索，形成成熟的技术规范。在有水源条件的地区适度推进节水灌溉水肥一体化全程机械化马铃薯生产示范，大力提高马铃薯单位面积的产量及品质，为稳粮增收作贡献。

3.6 推进经营产业化

加快建设马铃薯专业批发市场，培育产地市场，狠抓鲜薯分级、定量、包装销售。引导支持龙头企业、农民合作社、家庭农场、种植大户建立种薯、专用商品薯生产基地，加大培育销售龙头企业和销售大户，壮大农民经纪人队伍，加强"互联网＋马铃薯"的产销衔接模式，开拓冬作马铃薯的销售市场，实现鲜薯随收快销和高效销售。引进支持深加工龙头企业开发生产马铃薯主食化产品。加强马铃薯贮藏设施研发、建设，改进马铃薯贮藏现状，减少马铃薯贮藏损失。

3.7 推进营销品牌化

加强全国绿色食品原料马铃薯标准化生产基地监管和"凉山马铃薯"地理标志、证明商标管理使用，引导马铃薯加工企业申报绿色、有机食品认证。积极参加或举办有关马铃薯产业发展的大型活动，着力推介、打造"大凉山马铃薯""中国绿色食品马铃薯之都"品牌。

恩施土家族苗族自治州马铃薯产业与机械化生产现状

杨国才[1]，范珠君[2]，吴丽坤[3]，刘　军[3]，高剑华[1*]

（1. 恩施土家族苗族自治州农业科学院，湖北　恩施　445000；

2. 来凤县生态能源服务中心，湖北　恩施　445000；

3. 来凤县农业技术推广中心，湖北　恩施　445000）

摘　要：以恩施土家族苗族自治州马铃薯产业现状与机械化应用情况为切入点，结合走访与调研数据，从马铃薯产业情况、种植情况、地形情况、农机经销企业、生产企业对农机的应用情况进行剖析，指出马铃薯高效生产面临地形复杂、机型小、农机操作手老龄化、市场主体弱等问题。针对核心问题，建议从农田宜机化改造、改进农艺措施、培养本土农机技术人才等方面重点发力，以期为当地马铃薯产业高质量发展提供参考。

关键词：马铃薯；农机；现状；发展方向

1　恩施土家族苗族自治州马铃薯产业特点

1.1　马铃薯发展迎来新机遇

2023 年全州马铃薯种植面积约为 11.27 万 hm^2，占全国总种植规模 2.43%，占全省总种植规模 48.6%，居湖北省第一位，全州马铃薯总产量 169.72 万 t，占全州夏粮总产的 95%、全年粮食总产的 21% 左右，产值超 80 亿元。其中低海拔早熟马铃薯种植面积占 20% 左右，二高山、高山区域分别占 45%、35%。种植以"米拉""鄂马铃薯 5 号""鄂马铃薯 10 号"等中晚熟品种为主，"鄂马铃薯 4 号""中薯 5 号""华薯 16 号""费乌瑞它"等早熟品种少量种植。自 2015 年国家实施马铃薯主粮化战略以来，恩施土家族苗族自治州委、州政府率先在恩施土家族苗族自治州组织实施马铃薯主粮化试点建设，出台了系列利民政策，投入马铃薯产业发展资金 4.2 亿元，使马铃薯产业得到"井喷式"壮大，市场主体迅速扩大了 150 余家，"恩施土豆"广告先后数次在央视、湖北卫视、天津卫视、浙江卫视等主流媒体及铁路 12306、"扶贫 832"等平台投放，电商平台、抖音、快手、网络直播等宣传更是呈现"密集式轰炸"效应，2023 年中国品牌建设促进会地理标志区域品牌"恩施土豆"的品牌强度为 820，品牌价值为 18.06 亿元。种植户马铃薯收益平均增收 1 500.00 元/667 m^2，其收入占农民可支配收入的 15%。

目前，在恩施土家族苗族自治州农业部门、科研单位与市场主体联合努力下，出台了

作者简介：杨国才（1986—），男，助理研究员，主要从事马铃薯新品种引进及高效栽培技术研究。

基金项目：财政部和农业农村部：国家现代农业产业技术体系资助（CARS-09）；恩施州科技计划项目（恩州科函［2021］5 号）。

*通信作者：高剑华，高级农艺师，主要从事马铃薯脱毒、新品种选育研究与示范推广，e-mail：80538373@qq. com。

系列种植技术规程，建成全国一流的马铃薯晚疫病监测预警及远程视频监控系统，种植技术趋于成熟，市场主体采用恩施土豆种植技术规程与晚疫病防控技术，均产稳定在2 000 kg/667 m² 左右。在恩施土家族苗族自治州，突破均产、获取更高产量，需投入更多的农资及劳力，单产提升难度加大，在保障单产前提下，通过实施马铃薯机械化，用机械代替人力，减少劳力投入降本增效是增收的另一突破口。

1.2 马铃薯种植方式多样

通过到基地走访、询问及资料查询等方式发现北四县种植面积较大，即恩施市、利川市、建始县、巴东县。平均每个县生产面积2 万 hm²，是马铃薯生产大县，生产面积占全州的73.36%；生产品种以"米拉""鄂马铃薯10 号"为主，占78.69%。目前全州马铃薯单作面积5.33 万 hm² 左右、套作面积5.73 万 hm² 左右，单作与套作面积相当，套作方式主要与粮食作物玉米，少部分与果树、茶叶、烟叶套。套作深受长期居住在家中的老年人欢迎，多数与玉米套作，采用传统耕作方式，通过套作可以兼顾饲料与平时生活饮食，主要满足日常需求，收成好的可适当售卖。随着农村务工人员减少，土地逐渐流转到企业，单作面积有增加趋势，单作最大的优势是管理方便、耕作收获高效、利于机械化。

从种植海拔上看，低海拔早熟马铃薯种植面积约占20%，二高山、高山区域分别占45%、35%，低山地区在4—5 月份收获后，还可种植一季鲜食玉米、大豆、甘薯或秋马铃薯；高山区域主要种植种薯或夏播商品薯。从垄作模式上看，起垄播种占90%以上，其中大垄双行以占60%，单垄单行约40%，种植密度4 000～10 000 株/667 m²。从覆膜方式上看，多数企业采用黑白膜、黑膜覆盖方式，黑膜具有增温、抑草作用，但对于幼苗破膜操作中，由于黑色，对即将破膜的幼苗分辨难度较大，增加破膜用工成本，白膜在低山早熟区域受企业青睐，如柳池。从摆种方式看，开沟摆种法，技术要点为，开沟→摆种→撒肥→起垄覆土种植，垄距110～120 cm，沟宽25 cm，但土壤质地较硬地块不适用，起垄机内侧刀片需卸掉2 组防止打碎种薯，机械压包太低，易刮种子(犁式开沟机可解决)；膜上打孔法，技术要点为，撒肥→起垄→覆膜→打孔丢种。目前膜上打孔法采用的企业较多。

1.3 地形条件复杂

恩施土家族苗族自治州地处武陵山区，地形地貌呈西北、东南两翼高、逐渐向中南倾斜、沟壑纵横，土壤以黄棕壤、红壤、黄壤、棕壤、暗棕壤为主，其中黄棕壤面积占全州土地总面积的55.12%。地貌多元复杂、耕地分布零散、细碎、地块小、地块间联系不紧密、地势起伏大、坡度陡、耕地多呈条状、块状分布特点，且很多耕地都是由梯级地块组成。大都是按照家庭分离土地的所有权和使用权，导致土地分配得过于零碎，全州70%以上耕地由一家一户的农户进行分散种植，集中连片的商品马铃薯生产基地少，组织化程度低，不利于现代化机械化的推广，同时也限制了农业机械化的发展。据多年走访发现，0.33 hm² 以上连片地块占比较少，约占5%，0.13～0.33 hm² 连片地块约占35%，坡度30°以下地块占60%；适宜机耕作业面积62.38%，机播作业面积0.24%，机械植保面积41.47%，机收作业面积3.31%；在咸丰县、建始县、利川市、巴东县机耕作业面积较高，恩施市、利川市、鹤峰县机收作业面积较高；山地特色导致农业生产活动机械化水平低，农业标准化、规模化发展相对滞后。

1.4 农机经销企业多且小，以经营微耕机为主

全州马铃薯农机经销商 113 家，恩施市 15 家、利川市 23 家、巴东县 20 家、鹤峰县 10 家、建始县 17 家、宣恩县 9 家、来凤县 13 家、咸丰县 6 家。经营机械主要以小型的旋耕机、起垄机、中耕除草机等微型机为主，销量占 80% 以上，机型作业幅度在 60~90 cm，可根据需求适当调整。通过与经销企业沟通，该小型机械热卖原因为：(一)恩施土家族苗族自治州地形限制，小型机械下地容易、方便调头；(二)操作手以 50 岁以上老人为主，机型小在搬动时劳力损耗小；(三)小型机械可以采用农用三轮车与其他物资一并运输至田间，便捷。较大的机械在运输上较为笨重，耕作小田块，劳务成本及时间成本较大，销售量不大。在恩施市、利川市、巴东县有少量经销商售卖 50 匹马力的大型拖拉机，购买对象主要是生产面积在 33.33 hm² 以上的马铃薯生产企业，且有购机项目支持企业购买意愿较高。

机械生产厂商大部分集中在重庆市，如重庆鑫源农机股份有限公司、重庆威马农机股份有限公司、重庆宗申动力机械股份有限公司；少部分在江苏省、山东省，如无锡华源凯马发动机有限公司、江苏省无锡开普动力有限公司、青岛洪珠农业机械有限公司。随着网购的发达，部分消费者选择网购方式增配农机，根据自身经验自己维护、保养。

机械使用过程中遇到问题，大部分由购买本人维修保养，目前暂没有专门做农机维修的商家，一般都是销售、维修以及售后均在同一经销商内完成，机械操作培训也是在经销商店内或请本地熟练的机械操作手进行培训。在恩施土家族苗族自治州内设备齐全具有社会化服务的企业目前仅有一家，湖北湘农农业机械设备有限公司，该公司于 2023 年成立，成立初期以社会化服务为主，新设备展示与销售为辅的经营方式。由于恩施土家族苗族自治州地形原因，需要大面积社会化服务的市场主体少，导致统一作业的地块分散，设备的装卸与运输，时间成本耗费较大，耗费的成本必将加到服务的企业上，导致收费太高，马铃薯生产企业又无法承担，基于该矛盾，原本进行社会化服务的公司改变了经营方式，采取以销售为主，服务为辅来经营。

1.5 市场主体零星应用农机进行生产

恩施土家族苗族自治州每个马铃薯生产县均有代表性企业，在马铃薯机械化生产中具有引领带动作用，如恩施市的三岔惠生马铃薯专业合作社、湖北尚农种业公司、恩施农博生态农业发展有限公司、恩施市连线生态农业农民专业合作社、恩施市兴敏种植专业合作社、恩施州丰旺生态农业开发有限公司；巴东县的海宇紫玉淮山专业合作社、巴东县农丰农业科技有限公司；鹤峰县的湖北百顺农业开发有限公司；建始县的金堰马铃薯专业合作社、湖北恩施黎伯农业有限公司；利川市的恩施硒源农业科技股份有限公司；咸丰县的农之源生态农业专业合作社；宣恩县的湖北省宣恩县明礼生态农业有限公司；来凤县的马鬃岭志祥有机果业专业合作社。

在耕整地阶段，已全部采用机械化完成，在 0.33 hm² 以上连片缓坡地块，实现 404 以上中型拖拉机耕地。在开沟起垄阶段，60% 企业采用开沟/起垄机械完成，动力一般为 6~10 马力。播种时，对于开沟摆种，用小型开沟机开沟后再摆种，很少用到播种机，一般人工摆种较为方便；对于垄上打孔播种，一般先用打孔机打孔、人工丢种、人工盖种方

式。田间管理阶段，5%企业采用中耕除草机松土、除草，覆膜种植时，使用中耕除草机易将膜绞破；控旺、病害防控时99%采用电动喷雾器，打药机使用率1%左右。收获阶段，恩施土家族苗族自治州收获机械大都以单垄收获机为主，套作方式机械收获占15%左右；机械收获过程中，收获机械存在调头难、走偏问题，易将套作的玉米损害，目前通过加大玉米与马铃薯的间距种植，以利于机械化收获；单作方式在 0.33 hm² 以上连片缓坡地块，采用动力 504 以上拖拉机带振动式挖掘机收获分离；其他较小缓坡地块，采用手扶拖拉机挖掘；约20%企业采用机械收获。

2 存在的问题

2.1 地形复杂，机械化推进缓慢

恩施土家族苗族自治州地貌多元复杂、耕地分布零散、细碎、地块小、地块间联系不紧密、坡度陡、耕地多呈条状、块状分布，且很多耕地都是由梯级地块组成。这导致农业生产活动机械化水平低，农业标准化、规模化发展相对滞后。

2.2 机型小，功能有限

恩施土家族苗族自治州多以小型微耕机为主，该类机械是大型机械的缩小版，缩小后的机械是以牺牲机械功能为代价的，去除了驾驶装置，需要人工操作；相比大型机械，工作效率低，耕层深度在 10 cm 以下，年限长了，地块越种越板结，深层土壤中的养分无法充分利用，影响地面上马铃薯生长。

2.3 青壮劳力缺失，农机操作手老龄化

由于城市化进程加快，劳动力的不断转移，大量的青壮年外出务工，致使留守农村的劳动力整体素质下降，现代化农业的建设缺乏充足的人力资源，一些农机的使用，对操作手的整体素质是有要求的，留守在村里的老年人，难于规范操作机械，机械使用时具有一定的危险性。由于人员素质差，规范操作农机需要考取相应的职业资格证书，对于很多年龄大的农民，在理论考试方面，就望而却步。同时农村高素质人才匮乏更是让现代化农业的建设缺乏具有创新性、创造性的人力资本。要想实现农业现代化，必须保证农村劳动数量与劳动者素质。

2.4 市场主体弱，机械配备不足

农业机械化的实施需要大量的资金投入，而山区农业效益相对较低，农民自筹资金开展机械化存在较大困难，农机购置补贴支持力度小，目前恩施土家族苗族自治州补贴力度约15%。多数市场主体难于有一套从耕地、播种、田间管理到收获齐全的农机装备，少数市场主体有乡村振兴项目支持的，能购买大型的拖拉机，但基地面积有限，机械使用率不高。马铃薯新型经营主体还停留在承包土地、雇佣农户耕作种植、出售生鲜马铃薯产品等初级模式，农机新技术推广、研发自主性不强，市场竞争力、创新力弱。

3 对策措施建议

3.1 加大农田宜机化改造力度

劳动力外出，客观上使土地具备了流转的条件，将流转的土地进行宜机化改造，将土

地间的石块、地坎整平，减少机械作业阻力，推动地块小并大、短并长、弯变直和互联互通，扩大连片地块，力争将分散地块改成 0.33 hm² 以上连片地块，便于拖拉机在田间作业。机耕道建设和地块整合是丘陵地区农业机械化的先决条件之一，再通过新技术、新农机发展规模经营，可以获得较高的经济效益。

3.2　改进农艺措施，利于机械化操作

加强适宜机械化操作的栽培模式研究，以市场广泛适用的机械为基础，开展相匹配的高产种植研究，尽最大限度减少农机研发时间，制定机械作业农机农艺融合的技术规程；加强农机材料的研发，新材料应符合坚硬、耐磨、轻便、主要配件宜组装等特点，解决农机下田难，对于难于下田的机械，应达到可将零部件分批运输到田间快速组装，且播种机、田间管理机、收获机应使用统一架构，便于零部件间切换，减少购机成本。根据恩施土家族苗族自治州地形特点，对于平整面积 0.67 hm² 以上地块，努力配套基础设施，机械设备向平原地区机械靠拢；坡度 20° 以下地块，山地小型机械以分段式机械作业为主；坡度 20° 以上地块，农田整治难度大的地方，应以微耕机为主甚至改种果树、茶叶、中药材等作物。

3.3　培养社会化服务组织，提高农机人员素质

整合市场主体的农机资源及农机销售、售后、维修等环节，构建机械化生产与服务体系，更好地优化农业生产要素耦合关系，有效改革传统生产模式，提升农业综合实力，并进一步在提升农业生产水平的基础上改善农业生产面貌，构建新型农村生态文明循环体系。同时加强专业人才工程建设，引进高素质人才，充实山地机械研发人才队伍；培养一批本土农机操作手，懂驾驶、会维护；增加农机维修与售后网点。

围场满族蒙古族自治县马铃薯产业发展现状、存在问题及对策

汪　磊[1]，丁明亚[1]，林柏松[1]，刘晓静[2]，孙　靖[3]，刘芳明[2]，

孙　朔[2]，贾国忠[1]，王艳红[1]，陈啸天[1*]

(1. 围场满族蒙古族自治县马铃薯研究院/河北省脱毒马铃薯繁育技术创新中心/
河北省(承德)马铃薯种薯产业技术研究院，河北　承德　068450；
2. 围场满族蒙古族自治县马铃薯产业技术服务中心，河北　承德　068450；
3. 围场满族蒙古族自治县农业农村局，河北　承德　068450)

摘　要：对河北省围场满族蒙古族自治县马铃薯产业发展现状和存在问题进行了简要概述。结合县域马铃薯产业发展实际需求与迫切需要解决的问题，从强化科技支撑、强化政策引导、提升科研团队、延伸产业链条、健全服务体系五个方面提出了相应对策，以期为围场满族蒙古族自治县马铃薯产业发展提供参考。

关键词：马铃薯；产业；现状；问题；对策

1　围场满族蒙古族自治县马铃薯产业概况

围场满族蒙古族自治县(简称围场)是马铃薯产业大县，马铃薯产业是县域农业主导产业之一，1979 年农业部确定围场为"国家马铃薯种薯繁育基地"，1999 年被命名为"中国马铃薯之乡""全国马铃薯种薯和商品薯基地县"，2008 年被国家农业部认定为"绿色食品马铃薯原料供应基地"，2009 年"围场马铃薯"被命名为中国地理标志保护产品，2015 年被评为"全国马铃薯绿色食品原料标准化生产基地"，2018 年命名为"全国十大马铃薯主食化基地县"。

马铃薯产业作为围场农业重点打造的主导产业，已形成规模化生产、组织化管理、产业化经营的格局，构建起了集技术研发、种薯繁育、标准化种植、仓储保鲜、精深加工、产品销售、产业服务于一体的马铃薯全产业链条。

近年来，全县马铃薯种植面积在 3.67 万～4.67 万 hm^2，平均产量稳定在 2.5～3.0 t/667 m^2，总产量 165 万～200 万 t，总产值 23 亿～25 亿元。马铃薯播种面积约占河北省播种面积的 20%，约占全国播种面积的 1%，全产业链产值约 35 亿元(种薯、种植、加工、仓储等)。

作者简介：汪磊(1987—)，男，农艺师，主要从事马铃薯育种与脱毒微型薯繁育技术研究工作。
基金项目：河北(承德)马铃薯种薯产业技术研究院创新能力提升(202206F013)；承德市国家可持续发展议程创新示范区建设科技专项(20221308)。
*通信作者：陈啸天，高级农艺师，主要从事马铃薯育种、栽培工作，e-mail：xiaotian0301@163.com。

2 围场满族蒙古族自治县马铃薯生产区位优势

围场是国家重点生态功能区，京津冀水源涵养功能区，地处 E 116°32′~118°14′，N 41°35′~42°40′，是马铃薯生产优势"黄金带"。地处内蒙古自治区高原和冀北山地的过渡带，为阴山山脉、大兴安岭山脉与燕山山脉的结合部，地势西北高东南低，海拔 700~1 900 m，属北(寒)温带-中温带、半湿润-半干旱，大陆性季风型高原-山地气候，全年平均日照时数为 2 577~2 832 h，年均气温-0.50-6.00 ℃；年降水量为 300~560 mm，无霜期 102~128 d；年平均地面温度为 7.90 ℃，造就了围场具有四季分明、气候冷凉、雨热同季、昼夜温差大等气候特点，与优质马铃薯生产所需自然条件完全吻合。种植马铃薯川平地约 2.67 万 hm²，山地约 1.33 万 hm²，围场县域内马铃薯播种期 4 月初至 5 月中旬，生长期 5 月上旬至 8 月下旬，收获期 7 月下旬至 9 月下旬，并同期上市，贮存期 9 月下旬至次年 4 月中旬，呈现马铃薯生产周期长，上市时间早，贮存时间长的优势，适宜早、中、中晚熟马铃薯品种种植，围场马铃薯种植多以壤土、沙壤土为主，生产的马铃薯品质较好。

3 围场满族蒙古族自治县马铃薯产业基础

3.1 科研基础

围场满族蒙古族自治县马铃薯研究院承担国家、省(部)、市级以上项目 21 项，获得省部级奖励 10 项，市级奖励 15 项。研究院总占地 8.47 hm²，试验基地 20 hm²，包括综合科研楼 6 000 m²、组培中心 3 000 m²、棚室 30 000 m²、储存库 2 000 m²、农机库 500 m²，共享组培中心 10 000 m²。围场满族蒙古族自治县马铃薯研究院现有工作人员 8 人，其中科研人员 6 人，拥有高级职称人员 3 人，硕士研究生 2 人，主要开展马铃薯新品种引进及评价、马铃薯新品种选育、马铃薯病虫草害综合防控技术、马铃薯绿色高效栽培技术、马铃薯种薯脱毒繁育技术研发应用，现存种质资源 300 份，登记马铃薯新品种 5 个。

3.2 种薯研发企业

全县目前有 8 家自有组培室，其中 6 家组培在县内，县内组培室总面积 8 500 m²；14 家繁育公司投入微型薯生产，其中年生产能力 1.5 亿~1.8 亿粒；21 家从事马铃薯原种生产，原种基地总面积约 2 万 hm²，年生产面积 0.67 万 hm²，原种基地多在域外内蒙古自治区和张家口市地区。种薯企业科研能力较弱，只有少数企业开展科研，大部分企业不开展科研工作，企业已登记品种的品种来源均为变异株，没有成体系地开展杂交育种。

3.3 标准化种植

3.3.1 种植品种

马铃薯种植品种主要为鲜食菜用品种和少量马铃薯全粉、薯条、薯片加工品种。鲜食薯分布于全县马铃薯主产区，主要品种为"V7""希森6""沃土5号""雪川红""实验一号"。加工薯主要分布于牌楼、城子、御道口等乡镇，主要品种为"麦肯1号"和"大西洋"。

3.3.2 脱毒种薯应用

脱毒种薯应用实现全覆盖，种薯等级原种应用率达 70%，一级种薯为 30%。

3.3.3 地膜种植

全县马铃薯覆地膜种植 2 万 hm²，有效提早马铃薯上市时间，延长销售期。

3.3.4 机械化种植

马铃薯机械化栽培实现播种、施肥、覆膜、中耕、灌溉、植保、收获等环节全程机械化，主要机械有旋耕机、播种机、撒肥机、打药机、中耕机、杀秧机、收获机，机械化种植覆盖率达 95%。

3.3.5 病虫草害防控

病虫草害防控技术采用农艺防治与化学药剂防治相结合，主要农艺有中耕除草、秋季深翻冻杀地下害虫，增施有机肥抑制土传病害等。

3.3.6 水肥一体化种植

马铃薯水肥一体化种植面积 2.33 万 hm² 左右，模式全部为滴灌或膜下滴灌，相较传统灌溉模式，水资源利用率提高 50% 左右，旱作雨养种植 1.33 万 hm²。

3.4 仓储保鲜

全县储量 500 t 以上产地仓 329 个，5 000~10 000 t 产地仓 48 个，10 000 t 以上产地仓 50 个，仓储能力 220 万 t，年集散马铃薯 300 多万 t，居于华北地区首位，储库收入 1.8 亿元。通过马铃薯入库、分拣、出库三个环节，可带动工资性收入规模达 3 亿元，可带动 3 万人，人均增收 1 万元。

3.5 精深加工

精深加工主要是马铃薯淀粉及其制品和马铃薯全粉，现有淀粉企业 7 家，淀粉制品企业 5 家，其中省级龙头企业 2 家，市级龙头企业 5 家。全县淀粉产能 5.3 万 t，粉丝、粉条、粉皮年生产量 1 万 t。全粉企业 2 家，其中省级龙头企业 1 家，全粉产能 1.4 万 t。

3.6 产品销售

2009 年"围场马铃薯"批准为中国地理标志保护产品，注册了"围场马铃薯"地理标志证明商标，县域马铃薯销售多为鲜薯销售。其中，约 250 万 t 鲜薯直接分级销售，占总产的 76%，价格 1 000~1 600 元/t，约 5 万 t 用于全粉加工，占总产的 3%，销售额约 1.3 亿元，35 万 t 用于淀粉加工，占总产的 18%，销售额约 3 亿元，产品出口企业 1 家，长宏淀粉有限公司年出口淀粉约 600 t，主要销往俄罗斯、韩国、泰国。

3.7 技术服务

依托围场满族蒙古族自治县农业农村局专技人员，组建县级技术专家服务团，成立马铃薯产业协会，协会成员包括技术人员、企业、合作社、种植大户，服务县域马铃薯产业发展。拥有村级产业技术指导员 254 人，社会化服务组织 300 多家，基本实现全产业链服务。引入马铃薯自然灾害和价格保险，年投入保险约 3 000 万元，有效降低马铃薯种植户种植风险。

4 围场满族蒙古族自治县马铃薯产业存在问题

4.1 科研能力薄弱

全县种质资源保存量低，鉴定、利用水平不高，种质资源应用效率低，育种手段较为单一，未能建立起种质资源综合开发与应用的可持续体系。新品种选育工作起步晚，育种目标狭隘，目标清晰度差；种薯企业登记品种均以变异株登记，"育繁推"体系发挥作用不足。围场满族蒙古族自治县马铃薯研究院专职科研人才不足，现有高级职称3人，初中级职称3人，硕士研究生2人。专业性不强，没有建立分专业科研团队，科研目标不明确，科研手段简单。

4.2　标准化种植存在瓶颈

品种布局以鲜食菜用型为主，存在结构单一，品种专用性不强，抗逆、抗病性差。缺乏淀粉加工、全粉加工、薯条、薯片专用型品种。围场农民马铃薯种植技术与机械化应用程度相对较高，马铃薯均收益在1 000元/667 m² 左右，由于其他主栽作物难以达到马铃薯的收益水平，导致农民不愿意按照科学、标准的栽培技术要求进行轮作，加之农户一味追求产量，加大化肥使用量，导致土壤修复能力急剧下降，土传病害频繁发生。马铃薯部分机械研发滞后，尚无高精度切芽机械、收获联合体机械。农机农艺综合配套有待提升，高垄宽行地膜覆盖机械化栽培、小型马铃薯切芽机械、马铃薯机械收获联合体配套等机械市场需求强烈。马铃薯主要病害专业化统防统治不系统、不规范，预测预报滞后。为了单纯追求单产的提升，肥料、农药投入量多，造成了浪费，提升了土壤可持续应用风险。

4.3　仓储保鲜助力产业能力开发不足

围场现拥有华北居首的仓储能力，但并没有依托该能力建立起与之配套的交易平台，尚无快速、精准的数据采集与预测系统，不能很好地为产业政策的研究与制定提供数据支撑，没有依托仓储库存能力开发出政、企、银、保等多方面融合的惠农、支农政策。马铃薯储存多为自然通风贮藏，技术水平低，缺乏配套智能化贮存技术，贮存风险较高，依托储库开展初加工分级销售能力不足。

4.4　精深加工规模小、产品少

县域马铃薯产业没有国家级农业产业龙头企业，现有企业年加工能力与联农带农能力有限，加工企业存在多且小的情况，全县共有9家加工企业，其中，7家为淀粉及粉制品企业，产品类型单一。存在同质化竞争，现有加工产品绝大多数是淀粉、淀粉制品和全粉，淀粉和全粉在加工产品链条里也是作为原材料供应，暂无精深加工产品，产业链条短，产品单一，附加值不高，企业对精深加工产品研发投入不足。

4.5　产品销售路径相对单一

没有实现"围场马铃薯"品牌化销售，产品优势没有挖掘，销售方式粗放。鲜薯多数没有实现分级包装、加工销售，市场营销体系相对简单，主要以马铃薯批发市场为主，缺乏有效的渠道和网络宣传，无法有效地将优质马铃薯直接推销到市场，这导致了马铃薯的销售受到一定的限制。马铃薯种植户与市场之间缺乏有效的信息沟通渠道，无法及时了解市场需求和价格变化，从而难以做出科学的种植决策。

4.6　服务能力不足

现在制定的政策多为年度发展目标与扶持政策，欠缺政府出台的中长期发展规划。马铃薯社会化服务发展只依靠上级项目扶持，社会化服务也没能达到全环节服务，资金整合扶持产业发展能力不足，支持环节不精准，只是在机械起薯、补助滴灌带、补助有机肥等环节进行服务，未能形成高集成服务。技术服务、气象服务、病虫害预测、市场信息服务相对滞后，服务不及时，缺乏信息服务平台。马铃薯保险体系建设有待完善，现阶段只有自然灾害保险、价格指数保险，保险基数较低，保障能力有限，对种植户保障力度有待加强。

5 围场满族蒙古族自治县马铃薯产业发展对策

5.1 强化科技支撑

科技创新是推动马铃薯产业高质量发展的核心动力，也是破解产业发展瓶颈问题的主要手段。鼓励、扶持科研单位与从业企业不断加大科研投入，要在充分认识自身基础与能力的前提下，合理采取牵头攻关、人才培养、联合研发、委托服务、直接购买等方法强化科技创新力度，特别是在新品种选育、病虫草害统防统治、农机具研发、智能种植技术、产业数字化提升等领域取得突破，为马铃薯产业的持续健康发展提供技术支撑。

5.2 强化政策引导

为推动马铃薯产业的稳步发展，县政府应出台马铃薯产业中长期发展规划，优化产业布局。规划基础上制定具有针对性的支持政策，包括但不限于科研成果奖励、绿色农业发展、高新技术推广、高端人才引进、产品品牌创建、加工技改扩能、强化市场监督、智能装备升级、产业标准化等，发挥政策引领与扶持作用，引导更多的企业和社会资本积极投入到马铃薯产业中，共同推动其健康、可持续发展。

5.3 提升科研团队

加强与产业技术体系、高校、科研院所、高新企业的协作，整合县内马铃薯产业专业技术人才资源，共同建立马铃薯产业的专业科研团队，包括种植专家、育种专家、加工技术专家、市场营销品牌专家等，为产业内从业人员提供专业培训，以提高其技能水平。团队依据科研任务组建专业性强的课题研发组，保障科研团队的稳定，保障科研任务顺利完成，取得预期成效。

5.4 延伸产业链条

产业链的完善与否直接关系到马铃薯产业的整体竞争力。因此，政府部门应着力加强马铃薯产业链的上下游衔接，促进产业链的完善和升级。优化上游环节，提高农资供应的质量和效率，为马铃薯种植提供更好的基础条件。拓展中下游环节，开发更多种类的产品，如马铃薯主食产品、马铃薯变性淀粉及其衍生物。注重马铃薯产品的品牌建设和市场推广，提高品牌知名度和产品价值。加强上下游企业之间的联动，形成紧密的利益链机制，实现优势互补，提高整个产业链的竞争力。

5.5 健全服务体系

加强同产业内相关主体的产学研合作，搭建一个马铃薯产业的综合交流服务平台，为产业提供互相学习、交流经验、分享资源、洽谈合作、预警信息等。在现有自然灾害和价格险的基础上，优化马铃薯保险体系，提升对种植户的保障力度。发展高质量社会化服务，营造良好的产业发展氛围，同时也要注重保护知识产权，为创新成果提供法律保障。

论大食物观下马铃薯生态链对构建人类健康共同体的意义

马达飞*

(中薯粮(北京)农业科技有限公司, 北京　100010)

摘　要：探讨了在倡导大食物观背景下，如何完善中国社会膳食结构，并结合中国养生文化与天人合一的健康理念，凸显马铃薯的文化多样性和物种多样性，共同构建人类健康共同体。通过对大食物观、马铃薯作物的特点与产业价值、养生文化与健康理念的分析，阐述马铃薯在构建健康共同体中的重要作用，并提出了相关建议。

关键词：大食物观；膳食结构；马铃薯；健康共同体

什么是"大食物观"？就是在确保粮食供给的同时，保障肉类、蔬菜、水果、水产品等各类食物有效供给，缺了哪样也不行。随着人们对健康和营养的关注度不断提高，大食物观的理念被人民群众逐渐受到重视。大食物观强调了食物的多样性和营养均衡，而马铃薯作为一种重要的农作物，具有丰富的营养价值和文化内涵。本文旨在探讨如何以马铃薯为典型作物，构建人类健康共同体，促进人们健康发展。

1　大食物观与膳食结构的完善

大食物观主张人们应广泛摄取各种食物，以满足身体的营养需求。这意味着人们需要从传统的主食结构向更加多元化的膳食结构转变。马铃薯作为一种适应性强、产量高的农作物，为膳食结构的完善提供了重要的选择。他不仅富含碳水化合物，还有丰富的维生素、矿物质和膳食纤维，对人体健康具有重要意义。

马铃薯在构建健康共同体中具有重要作用：

(1)丰富膳食结构：马铃薯是一种营养丰富的食物，富含碳水化合物、膳食纤维、维生素、矿物质等。将其纳入膳食结构中，可以增加食物的多样性，提供均衡的营养。

(2)保障粮食安全：马铃薯具有较高的产量和适应性，在不同地区均能生长。他可以作为一种重要的粮食作物，为全球人口提供可靠的食物来源，有助于保障粮食安全。

(3)促进可持续农业：马铃薯的种植相对较为容易，对水资源和土地的要求相对较低。因此，在可持续农业发展方面具有较大潜力，可以减少对环境的压力。

(4)促进文化交流与融合：马铃薯在不同国家和地区都有其独特的文化意义和烹饪方式。通过马铃薯的文化交流，可以促进不同文化之间的相互了解和融合，增强社会凝聚力

作者简介：马达飞(1971—)，男，客座教授，研究方向为马铃薯文化及食品研发、文创。

*通信作者：马达飞，e-mail: Madafei@126.com。

和认同感。

(5)促进经济发展和创造就业机会：马铃薯的种植、加工和销售涉及到众多产业环节，可以创造就业机会，促进经济发展。

(6)提升健康意识：通过宣传马铃薯的营养价值和健康益处，可以提高公众对健康饮食的意识，促进健康生活方式的形成。

总之，马铃薯在构建健康共同体中发挥着多重作用，不仅关乎个体的健康，也与社会、经济和环境的可持续发展密切相关。

2　马铃薯的文化多样性与物种多样性

马铃薯在全球各地广泛种植和消费，不同地区形成了丰富多样的马铃薯文化。同时，马铃薯本身也具有多种品种和亚种，体现了物种多样性。这种文化和物种多样性为构建人类健康共同体提供了丰富的资源和潜力。

2.1　马铃薯的营养价值

马铃薯是一种营养丰富的食物，具有较多营养价值和健康益处。

(1)碳水化合物：马铃薯是优质的碳水化合物来源，为身体提供能量。

(2)膳食纤维：马铃薯富含膳食纤维，帮助消化，促进肠道健康，预防便秘。

(3)维生素：马铃薯含有维生素 B 和维生素 C，对免疫系统、神经系统和新陈代谢都有重要作用。

(4)矿物质：马铃薯含有钾、镁、铁等，有助于维持正常的生理功能，如血压调节、骨骼健康、能量代谢等。

(5)抗氧化物质：马铃薯含有多种抗氧化物质，如多酚类化合物和花青素，有助于抵抗自由基损伤，减少慢性疾病的风险。

(6)饱腹感：由于其高纤维和低脂肪含量，马铃薯可以提供饱腹感，有助于控制体重。

(7)血糖控制：相比其他精制谷物，马铃薯的升糖指数较低，对血糖的影响相对较小。

(8)心脏健康：一些研究表明，马铃薯中的某些成分可能对心脏健康有益，如降低胆固醇水平。

(9)营养丰富且多样化：马铃薯可与其他食物搭配，提供更全面的营养。

需要注意的是，烹饪方法和搭配的其他食物也会影响马铃薯的营养价值。如过度加工或添加大量油脂可能会降低马铃薯的健康益处。因此，建议选择适当的烹饪方式，如蒸煮或烤制，并与其他蔬菜、蛋白质食物等搭配，以获得更均衡的营养。

2.2　马铃薯的文化多样性

从文化多样性的角度，全球马铃薯从种植、加工到食用和多种生活场景的运用，都积累了丰富的文化形式，因而为人类文明互鉴、一带一路提供了可供交流的、鲜活的文化场景，也是人类发展过程中宝贵的精神财富。

马铃薯在全球范围内形成了多种多样的文化内容。

(1)饮食文化：在不同地区，人们以各种方式烹饪和食用马铃薯，形成了丰富多样的马铃薯美食文化，提供了丰富精神生活的多元文化物质基础。

（2）传统习俗：某些地区的传统习俗中，马铃薯可能具有特殊的象征意义或在特定节日中扮演重要角色。

（3）农业文化：马铃薯作为重要的农作物，在不同地区形成了独特的种植、收获和储存方式。

（4）经济文化：马铃薯的种植和贸易在一些地区会对经济产生重要影响，形成了相关的经济文化。

（5）文学艺术：在文学、艺术作品中出现，成为创作的主题或元素，如吕梁的山药蛋派。

（6）地域特色：不同地域的人们对马铃薯的认知和利用方式各有特色，形成了特色的地域文化。

（7）社交文化：马铃薯可在社交活动中扮演一定角色，如聚会、庆祝等。

（8）文化交流：马铃薯的传播促进了不同地区之间的文化交流与融合。

（9）历史文化：马铃薯在不同国家和地区的历史发展中具有一定的地位和作用。

（10）民俗文化：马铃薯可与当地的民俗风情相结合，形成独特的马铃薯相关民俗文化。

3 中国的健康理念与人类健康共同体的建议

中国养生文化强调人与自然的和谐统一，注重通过饮食、生活方式等来维护健康。天人合一主动健康的理念则更加强调人们在健康维护中的主动性和自我管理。马铃薯作为一种天然、营养丰富的食物，与中国养生文化和天人合一的理念相契合。因此，构建以马铃薯为特点的人类健康共同体，提出几点建议。

（1）加强中国马铃薯的种植和生产，保障其质量和安全，并国际输出农业管理系统。

（2）加大对马铃薯营养价值和健康益处的宣传，提高公众对其认知度。

（3）开展马铃薯文化的传承和创新，促进不同地区间的文化交流。

（4）加强国际合作，共同推动马铃薯在全球范围内文明互鉴与深度发展和利用。

4 结 论

追溯传统农耕文明，倡导大食物观，以马铃薯为典型作物，结合中国养生文化与天人合一主动健康的理念，对于构建人类健康共同体具有重要意义。通过完善膳食结构、弘扬马铃薯文化多样性、秉持健康理念，可以共同迈向一个更加健康和可持续的未来。这不仅有利于个人的健康，也有助于实现全球范围内的粮食安全和可持续发展，最终实现所倡导的"人类健康共同体"的伟大目标。

南非马铃薯产业发展概况

王　甄[1,2]，肖春芳[1,2]，张等宏[1,2]，高剑华[1,2]，叶兴枝[1,2]，
宋威武[1,2]，闫　雷[1,2]，沈艳芬[1,2]*

(1. 湖北恩施中国南方马铃薯研究中心，湖北　恩施　445000；
2. 恩施土家族苗族自治州农业科学院，湖北　恩施　445000)

马铃薯生产系统是投入密集型，2022 年底到 2023 年初全球燃料和化肥价格的下降，缓解了全球马铃薯种植者的成本压力，使其能够进一步扩大种植面积。近 3 年，世界马铃薯产量增长了 1.3%，产量达到 3.76 亿 t，其中，中国是最大的马铃薯生产国，占世界产量的 25%，其次为印度(14.4%)、乌克兰(5.6%)、美国(4.9%)和俄罗斯(4.8%)(FAOSTAT，2023)。

由于马铃薯收获后不易储存，其限制了国际贸易和仓储。南非也不例外，但当地出口平均只占产量的 7.5%，这意味着南非马铃薯市场对国内供需状况很敏感，受全球市场变化的影响较小。过去几年，由于天气、供应相关因素、消费者受新冠肺炎疫情的影响、经济增长疲软以及持续战争期间的高通胀，导致马铃薯需求大幅波动，南非马铃薯市场表现出异常情况。

马铃薯是南非最大的新鲜蔬菜作物，占新鲜农产品市场营业额的 30% 以上。南非马铃薯种植面积相对稳定，平均为 52 500 hm²。由于投入成本较高，马铃薯生产者对种植成本增加较敏感，2022 年底，国际能源价格(天然气和布伦特原油)大幅下降，导致全球化肥和燃料成本降低，到 2023 年 4 月，国内化肥价格比 2022 年 11 月下降了 21%，因此，2022 年底投入成本的降低使 2023 年的种植面积增加了近 1%，这将继续影响下一季的种植决策，2024 年南非国内种植面积预计将进一步扩大 2.5%。

在过去 10 年中，南非的马铃薯产量增长将保持相对线性的趋势，可实现每年 1.2% 的生产率增长，预计到 2032 年平均达到 54.5 t/hm²。2023 年马铃薯产量预计将增长 1.7%，达到 257 万 t。产量的增加被认为是由新品种选育、高产栽培技术、更好的农药产品等因素推动。除了玉米和小麦谷物外，马铃薯是南非消费者的主要食物来源之一。由于 2023 年 GDP 增长率预计仅为 0.2%，加上当前的高通胀，消费者的消费能力在短期内受到严重限制，导致经济收入受影响的消费者通常会选择更实惠的主食，2023 年马铃薯消费量将增长 2%。2023 年，市场价格平均为 19.41 元/10 kg，从长期来看，预计每年平均增长

作者简介：王甄(1988—)，女，硕士，助理研究员，主要从事马铃薯病虫害防治与遗传育种研究。
基金项目：国家现代农业产业技术体系资助(CARS-09)；湖北省农业科技创新中心创新团队项目。
＊通信作者：沈艳芬，研究员，从事马铃薯遗传育种及病虫害防治研究，e-mail：13872728746@ 163.com。

1.4%，这意味着价格涨幅低于通货膨胀率，马铃薯种植者需要不断提高生产率才能保持盈利。综上所述，在全球局势稳定前提下，提升育种、栽培、植保科研水平，提高单产，降低成本，南非马铃薯产业会持续稳定的发展。

关键词：南非；马铃薯；产业发展；种植成本

研究进展

2023 年马铃薯遗传育种研究进展

何　铭，徐建飞，金黎平*

（中国农业科学院蔬菜花卉研究所/蔬菜生物育种全国重点实验室/
农业农村部薯类作物生物学与遗传育种重点实验室，北京　100081）

摘　要：2023 年马铃薯遗传育种研究领域在基因组组装和注释，种质资源演化，块茎形成
调控机制，晚疫病受体鉴定和调控机制，青枯病、孢囊线虫病调控机制，病毒病检测等方面取
得了重要研究进展。该文简要介绍了 31 项具有代表性的重要进展，以期为马铃薯遗传育种科研
人员提供参考。

关键词：马铃薯；遗传育种；研究进展；2023 年

为了帮助读者更好的了解马铃薯遗传育种研究领域的前言和热点，本文将 2023 年发
表的马铃薯遗传育种相关论文分为基因组学与功能基因组学、农艺和品质性状、生物和非
生物胁迫以及育种方法 4 部分进行简要概述。

1　基因组学与功能基因组学

1.1　马铃薯 gap-free 参考基因组组装与注释

高质量参考基因组是遗传育种与基础研究的重要基础。双单倍体 DM1-3516 R44
（DM）基因组是马铃薯研究中最常用的参考基因组，DM6.1 版本基因组存在 161 个 gap，
并且端粒和着丝粒结构不完整。Yang 等[1]利用 Nanopore ONT Ultra-long reads 和 Hi-C 挂
载，并结合多种技术方法，获得了包含 24 个端粒和 12 个着丝粒完整序列的基因组序列
（DM8.1）。

1.2　光果龙葵基因组组装与注释

光果龙葵（*Solanum americanum*）是马铃薯（*S. tuberosum*）和番茄（*S. lycopersicum*）的野生
近缘种，大多数光果龙葵种质对晚疫病具有抗性。为了利用光果龙葵挖掘抗晚疫病相关基
因，Lin 等[2]从世界范围内搜集了 54 份光果龙葵材料，开展了晚疫病抗性评价和全基因组
重测序，同时组装注释了 4 份代表性材料的基因组。基于效应子组学筛选技术建立了光果
龙葵-致病疫霉的效应物触发免疫互作网络图，并通过全基因组关联分析、BSA 测序、抗
病基因富集分析等技术联合分析，克隆了 3 个新的晚疫病免疫受体 *Rpi-amr4*、*R02860* 和
R04373。该研究为晚疫病调控机理研究和抗晚疫病分子育种提供了重要的基因资源。

作者简介：何铭（1990—），女，博士，副研究员，主要从事马铃薯分子育种研究。
基金项目：国家现代农业产业技术体系建设专项（CARS-09）。
＊**通信作者**：金黎平，博士，研究员，主要从事马铃薯遗传育种研究，e-mail：jinliping@ caas. cn。

1.3 泛基因组揭示马铃薯物种进化

在茄属的 *Petota* 组中有 100 多个野生近缘种，既有有性生殖也有无性生殖，其倍性水平也不同。Bozan 等[3]构建了 296 份 Petota 种质的泛基因组图谱，通过比较野生资源与驯化种质的插入缺失变异（Presence/absence variation，PAV），将这些种质分为 4 个不同的分支。分支 1 和分支 2 主要来自北美洲和南美洲种质材料，与其他分支存在生殖隔离。进一步分析发现，每个分支的转座子含量不同，具有无性繁殖历史种质的转座子含量较高。该研究表明，转座子在马铃薯适应新环境方面发挥重要作用。

1.4 系统基因组学发现有害突变有助于杂交马铃薯育种

Wu 等[4]搜集了 92 个茄科物种的 100 份种质材料，通过对 100 个茄科基因组进行比较分析绘制了有害突变二维图谱。利用图谱信息，提出反直觉的马铃薯自交系培育方法，并开发全基因组预测新模型，将有害突变信息整合到全基因组预测新模型来预测产量等重要的农艺性状。与缺少有害突变信息模型和随机有害突变信息模型相比，该模型的预测准确度分别提高了 45% 和 25%。

1.5 二倍体马铃薯减数分裂杂交的基因组特征

减数分裂过程中，细胞经历两轮染色体分离，形成四个子细胞。在第一次减数分裂时发生同源染色体联会和非姐妹染色单体交叉互换。马铃薯中关于减数分裂重组的研究十分有限。Jiang 等[5]对二倍体马铃薯减数分裂重组的基因组特征进行了系统分析。通过对 5 个不同遗传背景的 F_2 群体进行全基因组重测序分析，在基因组水平鉴定到了 5 个群体共有的重组热点，并发现重组率与基因密度、SNP 密度、II 类转座子数量呈正相关，与 GC 密度，重复序列密度和 I 类转座子数量呈负相关。

1.6 薯形和芽眼深度的全基因组关联分析

薯形是马铃薯加工品种选育过程中重点关注的重要性状之一，芽眼深度是重要的块茎外观品质性状。但是，关于薯形和芽眼深度的调控位点尚不清楚。Zhao 等[6]对 370 个国内外四倍体主栽种进行了全基因组重测序，开展了薯形和芽眼深度的性状鉴定与评价，以四倍体"青薯 9 号"四套单体型基因组为参考基因组，在第一套单体型基因组的 1 号染色体 34.44-35.25 Mb 和二号染色体 28.35-28.54 Mb 定位到薯形相关遗传区间，在第二套单体型基因组的 5 号染色体 49.644-50.146 Mb 和 6 号染色体 25.866-26.384 Mb 定位到芽眼深度遗传区间。该研究为深入研究薯形和芽眼深度的遗传基础与调控机制奠定了基础。

1.7 晚疫病和孢囊线虫抗性的全基因组关联分析

晚疫病和孢囊线虫严重影响马铃薯生产，但是已知的抗性基因非常有限。为了挖掘抗性基因，Sood 等[7]连续多年对 222 份马铃薯种质资源开展了抗晚疫病和孢囊线虫鉴定与评价，并利用 GBLUP 基因组选择模型进行了基因组预测，共鉴定到抗晚疫病相关位点 7 个、抗孢囊线虫 *Globodera pallida* 位点 9 个以及抗孢囊线虫 *G. rostochiensis* 位点 11 个，其中大部分位点位于 5 号、10 号和 11 号染色体。

1.8 晚疫病、早疫病和黄萎病 QTL 定位

Park 等[8]构建了四倍体晚疫病抗性品种"Palisade Russet"与易感品种"ND028673B-2Russ"的杂交分离群体，连续两年进行了晚疫病、早疫病和黄萎病检测以及地上植株成熟

度鉴定，在 5 号染色体定位到植株成熟 QTL 1 个，在 1 号染色体定位到与黄萎病和植株成熟相关的 QTL 1 个，在 2 号染色体定位到早疫病 QTL 1 个。

2 农艺和品质性状

2.1 *Stu-miR482c-StRGA4-siRD29*（-）*-StGA3ox3* 模块调控块茎形成的分子机制

块茎发育是一个非常复杂的过程，受到外部环境信号和植物体内部信号（激素、遗传等）的共同调控。块茎形成初期，赤霉素含量降低，赤霉素合成基因 *StGA3ox2* 的表达水平降低。特异的阶段性短干扰 RNAs（phasiRNAs）*siRD29* 可以靶向 *StGA3ox2*，但是 phasiRNAs 是否参与调控块茎发育并不清楚。Malankar 等[9]发现 *Stu-microRNA482c* 靶向 *StRGA4* 生成 phasiRNAs，包括 *siRD29*。在 *StRGA4* 过量表达株系中 *siRD29* 的水平升高，*StGA3ox2* 表达水平降低。*StGA3ox3* 反义系的块茎产量显著高于野生型。该研究揭示了 *Stu-miR482c-StRGA4-siRD29*（-）*-StGA3ox3* 模块调控匍匐茎到块茎的转变过程。

2.2 长距离运输信号 StSP3D 和 StFTL1 调控块茎形成的分子机制

马铃薯中 FLOWERING LOCUS T(FT) 同源蛋白 StSP3D 和 StSP6A 分别作为可移动信号调控开花与结薯，但是是否存在其他长距离运输信号可以调控块茎形成并不清楚。Jing 等[10]在马铃薯参考基因组中鉴定到 2 个新的 FT 同源基因 *StSP5G-B* 和 *StFTL1*，其中 *StFTL1* 与 *StSP3D* 和 *StSP6A* 的表达模式相似。研究表明，StSP3D 和 StFTL1 具有可移动的特点，参与调控匍匐茎顶端 StSP6A 表达。在短日照结薯材料 E109 中过量表达 *StFTL1* 或者 *StSP3D* 都可以促进长日照结薯。将不结薯材料 S. etuberosum(StSP6A 功能缺失) 作为接穗与 E109 进行嫁接，发现嫁接嵌合体在长日照下结薯，过量表达 *StSP3D* 可以促进嫁接嵌合体短日照结薯。该研究表明 StSP3D 和 StFTL1 是新的长距离运输结薯信号。

2.3 *StbHLH93* 通过调控造粉体分化参与块茎形成的分子机制

块茎发育过程伴随着造粉体发育和淀粉积累，但造淀粉体发育是否与块茎发育相关并不清楚。Yang 等[11]构建了块茎不同发育时期的高分辨率转录组图谱，从中筛选出在块茎特异表达的转录因子 *StbHLH93*。降低 *StbHLH93* 的表达水平会抑制匍匐茎膨大，导致块茎数量和大小显著减少。进一步研究发现 StbHLH93 可以激活质体 TOC-TIC 蛋白转运复合体成员 *TIC56*。TOC-TIC 复合体是质体分化过程中转移核编码蛋白的重要组分。*TIC56* 突变会抑制匍匐茎原质体分化为造粉体，进而抑制匍匐茎膨大。因此，StbHLH93 通过激活 *TIC56* 促进原质体分化为造粉体，从而参与调控块茎形成。

2.4 *StDL1* 调控叶片形态发育的分子机制

叶片形态与株型、光合效率和产量相关。关于马铃薯叶片形态的遗传机制并不清楚。Li 等[12]鉴定到一个调控马铃薯深裂叶形成的 R2R3 型 MYB 转录因子 *StDL1*。在二倍体中敲除 *StDL1*，可以使叶片深裂变浅。通过分析 373 份种质材料 *Stdl1/Stdl1* 的基因型频率，发现栽培种显著增加。该研究为马铃薯叶片形态发育提供了新的见解。

2.5 双单倍体加倍减轻低温糖化

多倍体植物的生物量、生命活力以及耐逆性通常优于二倍体。但是，关于染色体倍性增加导致性状发生改变的原因并不清楚。Guo 等[13]利用双单倍体 DM 1-3 创制了两个纯合的四倍体材料。与双单倍体相比，纯合四倍体块茎数增加，低温诱导还原糖积累减少，这主要与相关基因在两种倍性间的表达差异有关。

2.6 液泡糖转运蛋白 StTST 调控淀粉积累的分子机制

块茎收获后通常保存在低温环境中，但是低温诱导淀粉降解和还原糖积累。高温油炸加工过程中，还原糖与游离氨基酸发生美拉德反应，导致产品颜色加深，口感变差，并产生潜在的致癌物质丙烯酰胺。Liu 等[14]发现低温诱导液泡糖转运蛋白 StTST1 表达水平升高，抑制 StTST1 表达可以显著减少低温贮藏块茎中还原糖积累，促进蔗糖在细胞质中积累。干扰 StTST3.1 表达会诱导叶绿素降解途径非黄色素类蛋白 StNOL 表达上调，淀粉合成酶 StSS2、StSS6 以及葡聚糖水双激酶 StGWD 表达下降，导致植株生长缓慢，叶绿素含量降低，光合作用减弱，淀粉合成和降解受到抑制，麦芽糖含量增加[15]。该研究揭示了 StTST 响应低温、淀粉转化以及叶绿素降解过程中的调控作用。

3 生物和非生物胁迫

3.1 晚疫病菌免疫受体 PERU 鉴定

晚疫病严重影响马铃薯的产量，甚至造成绝产，给马铃薯的种植及相关产业带来严重的危害。晚疫病菌(*Phytophthora infestans*)细胞壁糖蛋白可以产生一种保守的微生物免疫原性小肽 Pep-13，Torres Ascurra 等[16]在马铃薯中成功鉴定出 Pep-13 的细胞表面受体 PERU。PERU 属于富含亮氨酸重复的受体激酶(LRR-RK)家族，结合 Pep-13 后增强植株对晚疫病菌感染的免疫力。进一步研究表明，野生种具有不同配体特异性的 PRR，如 PERUDM 和 PERULPH。主栽品种的 PERU 等位基因与 PERUDM 类似。该研究是抗晚疫病研究中的重大突破，不仅为抗病种质创制提供了关键靶点，而且为深入解析晚疫病的抗病机制奠定了重要基础。

3.2 StMKK1 通过激活 StPTP1a 促进晚疫病发生的分子机制

Li 等[17]发现 StMKK1 可以磷酸化酪氨酸磷酸酶 StPTP1a，并增强其稳定性和活性。而 StPTP1a 可以去磷酸化 StMKK1 的下游靶基因 StMPK4 和 StMPK7，抑制水杨酸相关的抗病途径。

3.3 晚疫病菌效应子 Pi06432 抑制免疫响应的分子机制

泛素蛋白酶降解系统在植物免疫反应过程中起到重要作用。Wang 等[18]发现 StUDP 是晚疫病菌 RXLR 效应子 Pi06432 的靶点，通过抑制蛋白酶体活性和破坏水杨酸合成途径中关键转录因子 *StSARD1* 稳定性，从而抑制水杨酸信号通路相关的免疫途径，最终负调控植株的晚疫病抗性。

3.4 晚疫病菌效应子 AVR8 抑制免疫响应的分子机制

Jiang 等[19]发现过量表达晚疫病广谱持久抗性基因 *R8* 效应因子 AVR8 会促进晚疫病菌侵染。通过蛋白互作，筛选出 AVR8 互作蛋白 SUMO 化异态酶(StDeSI2)。过量表达 *StDeSI2* 可以增强植株的晚疫病抗性。此外，AVR8 可以通过 26S 蛋白酶体降解 StDeSI2，进而削弱对晚疫病菌的抗性。该研究为抗晚疫病分子育种提供了新的靶标。

3.5 StPM1 调控晚疫病抗性的分子机制

PM1 是一种小分子蛋白，在植物非生物胁迫过程中发挥重要作用，但其是否参与植物的抗病过程并不清楚。Bi 等[20]发现晚疫病侵染后 *StPM1* 的表达水平下调，该基因可以与免疫组分 StRbohC 相互作用，并通过液泡介导的蛋白质降解途径影响了 StRbohC 稳定性。通过 CRISPR/Cas9 基因编辑技术获得 *stpm1* 突变体。突变体可以稳定抵抗晚疫病菌侵染，且植株生长正常。

3.6 Kunitz 胰蛋白酶抑制因子 StMLP1 增强青枯病抗性

青枯病是世界性的细菌性土传病害，分布范围广，难控制。由于缺乏青枯病抗性的种质资源，半个多世纪来传统抗病育种进程缓慢。青枯病是一种维管束病害，通过根部开口或伤口进入根系，然后移动到维管系统并在木质部导管中进行繁殖，以削弱营养物质和水分的运输，最终导致植株枯萎和死亡。Wang 等[21]发现，马铃薯胰蛋白酶抑制因子 *StMLP1* 的启动子既是青枯病菌侵染诱导型，又是维管束特异表达的组织特异型，该基因在青枯病菌侵染过程中表达水平逐渐升高。过量表达 *StMLP1* 可以显著增强植株对青枯病菌的抗性。

3.7 蛋白磷酸酶 StTOPP6 促进青枯病侵染的分子机制

青枯病菌(*Ralstonia solanacearum*)通过分泌Ⅲ型分泌效应物抑制植物免疫系统，诱导青枯病发生。蛋白磷酸酶是植物免疫过程中重要的调控因子，病原菌通过调节蛋白磷酸酶(Type one protein phosphatase，TOPP)来改变植物的免疫过程。*StTOPP6* 通过抑制丝裂原活化蛋白激酶 StMAPK3 表达来降低植株对青枯病菌的抗性。*StTOPP6* 功能缺失可以提高植株的青枯病抗性[22]。此外，Ⅲ型效应因子 RipAS 可以减少 StTOPP6 在核仁中积累促进青枯病发生。*StTOPP6* 过表达增强了野生株 UW551 的感病性，而 ripAS 缺失突变株的致病症状没有发生改变。此外，其他蛋白磷酸酶与 RipAS 也存在相关性[23]。由此表明，TOPP 是马铃薯中重要的青枯病抗性负调控因子。

3.8 新型孢囊线虫孵化因子 Solanoeclepin B

孢囊线虫幼虫可在孢囊中存活超过 20 年，在感知到寄主植物分泌的孵化因子化合物后，开启下一阶段的发育。已知孵化因子包括线虫孵化信息素 Glycinoeclepin A、B、C 和三萜类天然活性产物 Solanoeclepin A（SEA）等。Shimizu 等[24]使用合成的孵化因子吸附剂鉴定出一种新的孵化因子活性物质，结构与 SEA 类似，命名为 Solanoeclepin B（SEB）。通过表达水平鉴定和构建 CRISPR/cas9 基因敲除突变体确定了与 SEB 合成相关基因 *SOLA1*、*SOLA2*、*SOLA3*、*SOLA4* 以及 *SOLA5*。该研究为生产过程中的线虫防治提供了新的策略。

3.9 抗病基因筛选新方法 SMRT-AgRenSeq

Wang 等[25]在四倍体中建立了 SMRT-AgRenSeq 方法来筛选抗病基因。该方法结合了 dRenSeq，在关联分析后通过在抗病和感病品种之间建立抗性基因存在/缺失矩阵来过滤候选品种。利用此方法鉴定到抗晚疫病基因 *Rpi-R1*、*Rpi-R2-like*、*Rpi-R3a* 和 *Rpi-R3b* 以及抗囊包线虫基因 *Gpa5*。此外，该研究提出 SMRT-AgRenSeq 方法可以应用于多种作物的抗病基因筛选。

3.10 科学组合不同表位的单克隆抗体实现 PVY 全覆盖检测

马铃薯 Y 病毒(Potato virus Y，PVY)是典型的 RNA 病毒，会对茄科作物生产造成巨大的经济损失。马铃薯 PVY 分为 N、O 以及 C 三大类。酶联免疫吸附检测、免疫斑点检测以及蛋白印记分析是植物病毒检测最常用的技术手段。但是，多克隆抗体会与非靶标病毒发生交叉反应，导致错检。目前国际上广泛使用的 PVY 多克隆抗体有三种，MAb1128、MAb1129 和 MAb1130，但是有 20.10%、48.57% 和 12.73% 的 PVY 不含有这三种抗体的抗原识别位点。为了建立特异有效的 PVY 抗体检测系统，Zhao 等[26] 从 54 种单克隆抗体中筛选出 4 个识别不同表位的抗体 N1、M1、M2 和 C1，通过构建删除突变体和丙氨酸扫描分析，确定了这 4 个抗体的最小识别表位与 MAb1128、MAb1129 和 MAb1130 的识别表位不同。根据已知的 PVY 外壳蛋白序列，将检测范围较广的 M1、M2 和 C1 分别进行两两组合，发现 M1 和 M2 组合可以检测所有已知的 PVY 外壳蛋白，另外两种组合的检测覆盖度达 99% 以上。该研究实现了 PVY 分离物的全覆盖检测。

3.11 Vinv 调控马铃薯耐寒性的分子机制

液泡酸转化酶（Vacuolar acid invertase，Vlnv）在低温糖化过程中将蔗糖裂解为己糖以增加渗透保护作用。Teper-Bamnolker 等[27] 对"Désireé"和"Brooke"中的 VInv 进行了编辑，发现敲除株系在低温贮藏期间糖化现象减轻，并保持较低的酸性转化酶活性。野生型植株在低温下表现出萎蔫现象，而敲除株系植株在低温胁迫下表现出正常的生长活力。转录组分析结果显示，低温胁迫下敲除株系中渗透保护途径和乙烯信号途径相关基因表达水平上调。此外，该研究还发现 VInv 功能缺失后，棉子糖途径逐渐升高，成为耐寒反应的替代途径。

3.12 ScAREB4 增强马铃薯耐寒性的分子机制

脱落酸可以增强植物的耐寒性，但其中的调控机制不明确。Liu 等[28] 发现进行低温和脱落酸处理后，脱落酸信号途径成员中仅 ScAREB4 的表达水平升高。ScAREB4 过量表达株系的耐寒性增强，海藻糖含量增加，H_2O_2 积累减少。该研究表明，ScAREB4 可以提高马铃薯耐寒性，这与海藻糖积累和抗氧化能力有关。

3.13 StHAB1 调控马铃薯抗旱性的分子机制

蛋白磷酸酶 PP2C 是脱落酸信号通路中重要的负调控因子。Liu 等[29] 发现抑制 PP2C 成员 StHAB1 表达可以增强植株对脱落酸的敏感性和耐旱性。StHAB1 显性突变的过量表达株系分枝增加，腋芽中生长素外排蛋白 StPIN3、StPIN5 和 StPIN8 的表达水平升高，生长素含量降低。

4 育种方法

4.1 野生种 S. malmeanum 2n 配子的形成方式

野生资源中具有优异的农艺、品质及抗性基因资源，是育种改良的优异种质材料。但是，野生种与栽培种之间存在严重的生殖障碍，限制了野生资源利用。2n 配子可以有效降低胚乳败育，是一种重要的育种技术。Dong 等[30] 发现二倍体野生种 S. malmeanum Bitter 与其他茄属进行杂交时，只有当其作为母本时才可以产生正常的种子。利用荧光原位杂交和基因组测序技术证明了 S. malmeanum Bitter 中 2n 配子的形成主要归因于二次分裂恢复过程中伴随发生的交换事件。该研究成功实现了野生种与栽培种之间的基因流动，为野生资源利用提供了重要参考。

4.2 四倍体花药诱导产生单倍体的系统建立

利用花药诱导产生单倍体可以快速获得纯系育种材料，有效缩短育种周期。但是，现有四倍体栽培种的花药培养体系不成熟。为此，Zhang 等[31]以 16 个栽培品种或品系为研究对象，系统分析了花药诱导愈伤过程中重要成分的配比，明确了 0.5 mg/L 萘乙酸、1.0 mg/L 2,4-二氯苯氧乙酸以及 1.0 mg/L 激动素是花药产生愈伤组织理想的激素配比，40 g/L 蔗糖、30 mg/L 硝酸银、3 g/L 活性炭、200 g/L 马铃薯提取物可以促进花药分化为愈伤组织，1 mg/L 玉米素可以有效促进愈伤组织分化。该研究对马铃薯倍性育种奠定了重要的技术基础。

［参　考　文　献］

[1] Yang X, Zhang L, Guo X, et al. The gap-free potato genome assembly reveals large tandem gene clusters of agronomical importance in highly repeated genomic regions [J]. Molecular Plant, 2023, 16(2): 314-317.

[2] Lin X, Jia Y, Heal R, et al. *Solanum americanum* genome-assisted discovery of immune receptors that detect potato late blight pathogen effectors [J]. Nature Genetics, 2023, 55(9): 1 579-1 588.

[3] Bozan I, Achakkagari S R, Anglin N L, et al. Pangenome analyses reveal impact of transposable elements and ploidy on the evolution of potato species [J]. Proceeding of the National Academy of Sciences of the United States of America, 2023, 120 (31): e2211117120.

[4] Wu Y, Li D, Hu Y, et al. Phylogenomic discovery of deleterious mutations facilitates hybrid potato breeding [J]. Cell, 2023, 186(11): 2 313-2 328.

[5] Jiang X, Li D, Du H, et al. Genomic features of meiotic crossovers in diploid potato [J]. Horticulture Research, 2023, 10(6): uhad079.

[6] Zhao L, Zou M, Deng K, et al. Insights into the genetic determination of tuber shape and eye depth in potato natural population based on autotetraploid potato genome [J]. Frontiers in Plant Science, 2023, 14: 1080666.

[7] Sood S, Bhardwaj V, Bairwa A, et al. Genome-wide association mapping and genomic prediction for late blight and potato cyst nematode resistance in potato (*Solanum tuberosum* L.) [J]. Frontiers in Plant Science, 2023, 14: 1211472.

[8] Park J, Sathuvalli V, Yilma S, et al. Identification of QTL associated with plant vine characteristics and infection response to late blight, early blight, and *Verticillium* wilt in a tetraploid potato population derived from late blight-resistant Palisade Russet [J]. Frontiers in Plant Science, 2023, 14: 1222596.

[9] Malankar N N, Kondhare K R, Saha K, et al. The phased short-interfering RNA *siRD29*(-) regulates GIBBERELLIN 3-OXIDASE 3 during stolon-to-tuber transitions in potato [J]. Plant Physiology, 2023, 193(4): 2 555-2 572.

[10] Jing S, Jiang P, Sun X, et al. Long-distance control of potato storage organ formation by SELF PRUNING 3D and FLOWERING LOCUS T-like 1 [J]. Plant Communications, 2023, 4(3): 100547.

[11] Yang R, Sun Y, Zhu X, et al. The tuber-specific *StbHLH93* gene regulates proplastid-to-amyloplast development during stolon swelling in potato [J]. New Phytologist, 2024, 241(4): 1 676-1 689.

[12] Li D, Lu X, Qian D, et al. *Dissected Leaf 1* encodes an MYB transcription factor that controls leaf morphology in potato[J]. Theoretical and Applied Genetics, 2023, 136(9): 183.

[13] Guo H, Zhou M, Zhang G, et al. Development of homozygous tetraploid potato and whole genome doubling-induced the enrichment of H3K27ac and potentially enhanced resistance to cold-induced sweetening in tubers [J]. Horticulture Research, 2023, 10(3): uhad017.

[14] Liu T, Kawochar M A, Begum S, et al. Potato tonoplast sugar transporter 1 controls tuber sugar accumulation during

postharvest cold storage[J]. Horticulture Research, 2023, 10(4): uhad035.

[15] Liu T, Kawochar M A, Liu S, et al. Suppression of the tonoplast sugar transporter, StTST3. 1, affects transitory starch turnover and plant growth in potato [J]. Plant Journal, 2023, 113(2): 342−356.

[16] Torres Ascurra Y C, Zhang L, Toghani A, et al. Functional diversification of a wild potato immune receptor at its center of origin [J]. Science, 2023, 381(6660): 891−897.

[17] Li F, Chen X, Yang R, et al. Potato protein tyrosine phosphatase StPTP1a is activated by StMKK1 to negatively regulate plant immunity [J]. Plant Biotechnology Journal, 2023, 21(3): 646−661.

[18] Wang Z, Li T, Zhang X, et al. A *Phytophthora infestans* RXLR effector targets a potato ubiquitin−like domain−containing protein to inhibit the proteasome activity and hamper plant immunity [J]. New Phytologist, 2023, 238(2): 781−797.

[19] Jiang R, He Q, Song J, et al. A *Phytophthora infestans* RXLR effector AVR8 suppresses plant immunity by targeting a desumoylating isopeptidase DeSI2 [J]. Plant Journal, 2023, 115(2): 398−413.

[20] Bi W, Liu J, Li Y, et al. CRISPR/Cas9−guided editing of a novel susceptibility gene in potato improves *Phytophthora* resistance without growth penalty [J]. Plant Biotechnology Journal, 2024, 22(1): 4−6.

[21] Wang B, Wang Y, He W, et al. StMLP1, as a Kunitz trypsin inhibitor, enhances potato resistance and specifically expresses in vascular bundles during *Ralstonia solanacearum* infection [J]. Plant Journal, 2023, 116(5): 1 342−1 354.

[22] Wang B, Huang M, He W, et al. Protein phosphatase StTOPP6 negatively regulates potato bacterial wilt resistance by modulating MAPK signaling [J]. Journal of Experimental Botany, 2023, 74(14): 4 208−4 224.

[23] Wang B, He W, Huang M, et al. *Ralstonia solanacearum* type III effector RipAS associates with potato type one protein phosphatase *StTOPP6* to promote bacterial wilt [J]. Horticulture Research, 2023, 10(6): uhad087.

[24] Shimizu K, Akiyama R, Okamura Y, et al. Solanoeclepin B, a hatching factor for potato cyst nematode [J]. Science Advances, 2023, 9(11): eadf4166.

[25] Wang Y, Brown L H, Adams T M, et al. SMRT−AgRenSeq−d in potato (*Solanum tuberosum*) as a method to identify candidates for the nematode resistance Gpa5 [J]. Horticulture Research, 2023, 10(11): uhad211.

[26] Zhao C L, Zhu Q, Mu X Q, et al. Epitope mapping and a cocktail of monoclonal antibodies to achieve full detection coverage of potato virus Y [J]. Plant Biotechnology Journal, 2023, 21(9): 1 725−1 727.

[27] Teper−Bamnolker P, Roitman M, Katar O, et al. An alternative pathway to plant cold tolerance in the absence of vacuolar invertase activity [J]. Plant Journal, 2023, 113(2): 327−341.

[28] Liu T, Wang J, Chen L, et al. ScAREB4 promotes potato constitutive and acclimated freezing tolerance associated with enhancing trehalose synthesis and oxidative stress tolerance [J]. Plant Cell and Environment, 2023, 46(12): 3 839−3 857.

[29] Liu T, Dong L, Wang E, et al. *StHAB1*, a negative regulatory factor in abscisic acid signaling, plays crucial roles in potato drought tolerance and shoot branching [J]. Journal of Experimental Botany, 2023, 74(21): 6 708−6 721.

[30] Dong J, Tu W, Wang H, et al. Genome sequence analysis provides insights into the mode of 2n egg formation in *Solanum malmeanum* [J]. Theoretical and Applied Genetics, 2023, 136(7): 157.

[31] Zhang L, Nie F J, Gong L, et al. Regenerative plantlets with improved agronomic characteristics caused by anther culture of tetraploid potato (*Solanum tuberosum* L.) [J]. PeerJ, 2023, 11: e14984.

马铃薯加工技术与多元化食品开发

杨云任[1,2]，张梦瑶[1,2]，张　克[1,3]，吕黄珍[1,3]*

(1. 中国农业机械化科学研究院集团有限公司，北京　100083；
2. 农业农村部农产品加工装备重点实验室，北京　100083；
3. 中国包装和食品机械有限公司，北京　100083)

摘　要：马铃薯营养丰富，生产效率高，菜粮两用，是进行食品加工的优良原料。综述介绍了马铃薯原料加工与应用的 3 种主要形式，即马铃薯全粉、马铃薯泥、鲜马铃薯浆的特点和开发应用情况，全粉型原料加工便利，应用广泛，但成本较高，薯泥型原料在加工便利性和成本上相对均衡，鲜薯浆加工性能最佳，但加工便利性较差。分析了马铃薯多元化食品开发现状，介绍了以马铃薯发酵食品、马铃薯方便食品、马铃薯 3D 打印食品为主的马铃薯新型加工技术与食品类型的开发与应用现状。分析了目前马铃薯食品研发面临的问题与机遇，对马铃薯加工产业发展进行了展望。

关键词：新型马铃薯原料；新加工技术；产品；开发

1　中国马铃薯食品加工发展现状

马铃薯是中国第四大主粮作物，种植面积与总产量均多年稳居世界第一，根据农业农村部公布的相关信息，2023 年中国马铃薯产量占全球约 25%。中国马铃薯生产与消费规模庞大，消费者多以鲜薯蔬菜、马铃薯主食和休闲食品等类型进行消费，马铃薯精深加工食品原料及食品产品消费潜力巨大。推进马铃薯精深加工，延长马铃薯生产加工产业链，将带动马铃薯种植、经营、加工等相关产业的发展，综合改善马铃薯产业中种植管理水平低、产销地域不均衡、加工工艺设备发展落后等问题[1]，推进全产业链的智能化和自动化，结合 2023 年及 2024 年中央一号文件提出的涉及中央厨房食品及农产品精深加工产业的战略，马铃薯加工技术与食品产品研发将进一步带动马铃薯产业的现代化、标准化、规模化。

2　马铃薯原料新型加工技术与应用

作为食品加工原料，一般会根据产品类型和工艺要求，对马铃薯原料进行一定程度的加工，再应用于食品产品生产。目前在试验和生产中常用的马铃薯原料包括马铃薯全粉、

作者简介：杨云任(1999—)，男，硕士研究生，主要从事农产品及贮藏工程研究。
基金项目：国家马铃薯产业技术体系项目(CARS-09-P28)；国有资本经营预算项目(GZ202007)。
通信作者：吕黄珍，研究员，博士生导师，主要从事农产品加工机械及关键技术研究，e-mail：lvhz@caams.org.cn

马铃薯泥、生马铃薯浆等。

2.1　全粉型原料应用

马铃薯全粉是目前马铃薯食品开发相关研究与生产中广泛使用的马铃薯原料之一，按照熟化程度可分为生全粉和熟化全粉，按照粉体颗粒形态可分为颗粒粉和雪花粉，中国目前主要生产与应用的马铃薯全粉为熟化雪花全粉[2]。

马铃薯全粉的生产工艺流程一般包括原料去皮修整、漂烫护色、搅拌破碎、干燥、粉碎筛粉等，能基本保存马铃薯的营养与风味[3]，制得的全粉在保存运输及后续加工的便利性上得到显著提升。

当前主要商业化应用的雪花全粉熟化程度较高，其凝胶化特性被破坏，损伤淀粉含量升高，作为原料制作的主食产品加工性能较差，如面条、米粉类产品的蒸煮损伤升高、断条率升高[4]。Li 等[5]通过应用闪干技术干燥马铃薯全粉，制得的马铃薯全粉糊化程度为14.52%，远低于商业雪花粉约95%熟化度，在50%低糊化度全粉添加量下，面条产品的蒸煮损失及断条率都优于高熟化度全粉产品；许佳林等[6]采用超微粉碎制取紫色马铃薯生全粉，与粗粉对比，经超微粉碎水结合能力变差，油结合能力增强，花色苷含量、糊化回生特性无显著变化；刘越等[7]通过研究添加不同熟化度马铃薯雪花全粉的面团发现，相较于全生粉及高熟化度全粉，低熟化度全粉有助于增强重组面团的面筋网络结构、增加其弹性。

马铃薯全粉加工便利性好且具有商业化生产能力，但其使用成本仍非常高昂，面粉原料价格一般在 4 000 元/t，而马铃薯全粉原料价格则高达 10 000 元/t 以上。低熟化度全粉、生全粉、改性粉、酶解粉等相关先进的加工技术与装备尚未全面推广，限制了马铃薯原料的多元化应用。

2.2　薯泥型原料应用

与马铃薯全粉类似，目前商业化应用的薯泥类型原料也以高熟化程度产品或复水使用产品为主。马铃薯泥生产工艺复杂度及成本显著低于马铃薯全粉，是极具潜力的马铃薯主食化加工原料之一。杨延辰等[8]对不脱水型马铃薯泥的加工工艺进行了工业化整合和装备选型，设计了加工能力达到 100 kg/h 的马铃薯泥生产线，产品既可直接食用，也可用于进一步的食品加工；方秀利等[9]在馒头原料中添加了 30% 马铃薯泥，原料持气、产气能力正常，具有较好的发酵性能；蒲华寅等[10]在面条原料中添加 50% 熟化马铃薯泥，通过控制面团醒发条件及补充添加品质改良剂，制得了烹饪性能及感官品质均较好的面条产品。

目前马铃薯泥商业化产品大部分为熟化产品，也存在加工性能不佳的问题，此外马铃薯泥高水分含量、高粘度的特性，导致其分散混合能力较弱，影响整体原料的均匀性，进而影响发酵性能、延展性能等原料加工性能[11]。对马铃薯泥进行适当酶解，如使用风味酶进行水解，能够改善马铃薯泥原料的流变特性，提高原料的混合性能和淀粉–蛋白网络重建能力，改善面包、面条类型产品的品质[12]。

2.3　生薯浆型原料应用

生薯型原料目前包括生鲜马铃薯块粒、生马铃薯浆、生马铃薯泥等非熟化的马铃薯原料，其中生薯浆是研究与应用较多的生薯原料。相较于熟化马铃薯泥、马铃薯全粉产品，生马铃薯浆在加工主食时有着较优的产品品质和加工性能[13]，生鲜马铃薯原料对营养、风味以及活性物质的保存也是最佳的。Gumul 等[14]以生彩色马铃薯冻干浆作为原料加工马铃薯曲奇，产品的多酚、花青素、类黄酮等活性成分的留存量是对照组 2 至 4 倍；刘国敏等[15]以广西特色马铃薯品种"桂彩薯 1 号"作为主要原料，以薯泥和薯浆作为添加形式，制备了 40%马铃薯添加量的米粉样品，感官品质、营养成分、花青素含量均达到最优。

生鲜薯原料在成本和加工性能上具有显著优势，但鲜薯原料含水量较高，马铃薯淀粉及蛋白质形成凝胶网络或面筋网络能力较差，直接添加大量鲜薯原料会显著破坏原料加工性能[16,17]。生鲜马铃薯不同批次原料含水量、干物质含量波动较大，对维持产品品质稳定性提出了挑战，同时使用生鲜薯作为原料，需要对原料进行防褐变处理，此环节与后续加工环节衔接要求较高，对生产单位的加工条件也提出了更高的要求。

3   多元化马铃薯食品开发现状

马铃薯食品加工品类中，目前薯条、薯片、薯泥是生产与消费的主导类型，随着消费者消费需求的多元化拓展和相关生产加工技术与设备的改进，开发品类更多元、更健康、风味及营养更丰富的马铃薯食品，成为了马铃薯食品开发的新趋势。

3.1   马铃薯发酵加工食品

马铃薯淀粉、蛋白质及微量元素含量丰富，发酵性能良好，且发酵食品及采用发酵工艺加工食品，在风味和营养利用效率上都有显著提升。目前马铃薯发酵加工食品主要包括如馒头、面包、饼干类型的固体食品及马铃薯酒、马铃薯醋、马铃薯酸奶、马铃薯乳酸菌饮品等液体食品。

3.1.1   马铃薯固体发酵类食品

馒头是中国传统主食之一，加工工艺相对简单且消费者接受度高。曹庚等[18]在蒸馍中添加了 50%马铃薯泥，在实现丰富蒸馍营养与风味的同时降低了马铃薯蒸馍的生产成本；曹燕飞等[19]以马铃薯生浆为马铃薯原料添加方式，改良马铃薯馒头的加工工艺，在马铃薯生浆添加量为 30%的条件下，提升了马铃薯馒头的比容。

面包作为主食或辅食在中国消费者中也具有极高的接受度。文瑜等[20]在吐司面包中添加了 20%马铃薯全粉，改善了面包的营养、持水量和贮藏性能；罗慧等[21]通过添加谷朊粉及谷氨酰胺转氨酶作为改良剂，强化面筋网络，改善了添加马铃薯雪花粉面包的综合品质；郝素颖和杨晓清[22]通过添加 4%组合蛋白粉及 3%菊粉作为功能添加物，强化面团的凝胶结构和面筋蛋白结构，改善了 40%马铃薯全粉含量的复合型马铃薯面包的质构和感官品质。

发酵饼干作为消费量可观的休闲食品，也是开发马铃薯食品的重要载体。高琦等[23]以马铃薯全粉为原料制备酥性饼干，全粉的添加降低了面团的内聚性、黏性和弹性，增加了面团的硬度及可塑性，进一步导致饼干的硬度降低，脆性增加，显著提升了饼干的酥脆性；李梦等[24]以马铃薯全粉取代部分低筋小麦粉，添加粗粮，用乳酸菌和酵母菌协同发酵，添加后饼干的酥脆性明显增强，马铃薯粉的添加能明显丰富粗粮发酵饼干的风味。

3.1.2   马铃薯液体发酵类食品

马铃薯的特色醇香风味及彩色马铃薯中含量丰富的花青素、多酚、类黄酮等活性物质使之成为了优良的液体发酵食品原料。马铃薯液体发酵食品一般以鲜马铃薯制浆并适度酶解后作为原料，根据产品类型接种发酵后制成。

Ahmad 等[25]在酸奶原料中添加酶解马铃薯粉，原料发酵性能比纯脱脂乳粉更好，发酵菌种总活力良好，贮藏期持水性提高；张露等[26]研究了紫马铃薯发酵酒原料汁的工艺优化，使用高温 α-淀粉酶 0.2%、果胶酶 0.3% 和纤维素酶 0.5% 进行酶解处理，增加了可溶性固形物，强化了发酵性能；俞嫒瑞等[27]以熟化并糖化的马铃薯、黄精为主要原料，以谷糠和麸皮为辅料，利用红茶菌进行马铃薯黄精复合醋发酵，制得的复合醋透明琥珀色、酸甜可口、色香味俱佳；刘新雨等[28]以酶解鲜马铃浆、牛奶为主要原料，马铃薯浆与牛奶配比为 6∶4，利用乳酸菌发酵研制出马铃薯发酵乳饮料，发酵效果和风味良好。

3.2 马铃薯方便食品

方便食品及预制食品已经成为当前社会生产生活节奏下，消费者食品选择重要组成部分，开发马铃薯方便食品，能够为消费者提供在营养和风味上更丰富的方便食品选择。

面条是方便食品最大品类，也是马铃薯方便食品的研发重点。王远辉和赵靖雯[29]研究了马铃薯全粉添加量对挂面品质的影响，马铃薯全粉添加量为 15% 时挂面蒸煮损失最小，质构及感官指标均处于中等偏上水平，综合品质较好；邹育等[30]研究发现适量添加马铃薯全粉可以在一定程度上提高方便面的食用品质，随着马铃薯全粉添加量的增加，方便面的冲泡特性、质构特性、感官品质及糊化度呈现先增加后降低的趋势；Javaid 等[31]在非油炸方便面原料中添加约 37.5% 鲜马铃薯，黄原胶作为改良剂，制备了复水性、蒸煮损失、感官评价均较好的非油炸方便面产品。

米粉及米线类产品也是方便食品的重要品类。卫萍等[32]研究了添加马铃薯全粉的挤出型鲜湿米粉产品，发现马铃薯全粉的添加会导致米粉凝胶结构质量与质构指标降低；邹光友等[33]探讨了马铃薯薯泥对方便米粉品质的影响，适当添加马铃薯薯泥(10%~30%)，可以改善方便米粉的冲泡品质、感官品质、质构品质，提高挤出方便米粉的糊化度，综合考虑米粉质量及产品成本，马铃薯薯泥最佳添加量为 10%~25%。

除上述方便食品外，马铃薯重组米(方便米饭)[34]、马铃薯膨化方便粥[35]、马铃薯方便粉丝等其他品类的马铃薯方便食品也得到了关注与研究，为马铃薯方便食品品类拓展提供了研发参考。

3.3 马铃薯 3D 打印食品

以 3D 打印为代表的重建食品是目前食物加工的重要类型，此类食品具有在形态、组分、营养及食用场景的高度可定制化，是个性化食品定制、特种食品开发的重要途径，主要应用的原料类型包括凝胶材料、多糖材料、蛋白材料等[36]。马铃薯营养丰富，其淀粉糊化性能良好，是理想的挤出凝胶型打印材料。

Ge 等[37]对马铃薯全粉的流变性能、微观组织与印刷性能的关系进行了研究，发现当打印材料中全粉含量 20% 时打印材料流动性、机械强度达到最佳，成型材料网格致密，空隙均匀；Lv 等[38]以杏鲍菇蛋白及马铃薯全粉作为原料打印烘焙食品，认为马铃薯全粉作为打印材料具有良好的成型性、流动性和粘性，适用于具有一定厚度的高填充率打印食品，打印烘焙食品的质量和体积损伤比模具烘焙食品更低；魏林林[39]针对马铃薯泥原料，黄原胶为改良剂，进行了马铃薯食品 3D 打印设备设计，在设备、材料性能分析、控制系统、成型工艺方面对高精度马铃薯泥打印食品开发提供了参考。

4 展 望

马铃薯食品的加工与开发主要以拓展马铃薯原料应用品类范围，及应用新食品加工技术，如非热加工、低损热加工、活性成分提取等手段，提高马铃薯食品品质及附加值，以满足消费者对食品品质和营养的更高要求，随着马铃薯育种技术、加工工艺及设备的发展，马铃薯食品的开发潜力也将被进一步发掘。

中国马铃薯食品加工，特别是品类拓展和工艺开发的相关研究，经过积累取得了一定的进展，但仍缺少成熟商业化的产品。从消费习惯角度而言，在已有品类的食品产品中，如主食、饮料、方便食品等，马铃薯食品的感官特性与传统原料相比有一定差异，消费者接受度有限；从马铃薯主食化加工技术与工艺分析，马铃薯原料存在加工适应性差、原料成本高、风味营养物质损失大等问题，以马铃薯为主要原料的产品感官与质构指标与传统产品存在差距，影响产品的市场推广。

马铃薯食品开发是前景与挑战并存的领域，持续进行市场推广与消费者认知提升，加强产业链协同，形成完整的马铃薯加工产业链，针对马铃薯配方、工艺及生产设备进行研发与改进，提高产品品质，降低研发生产成本，提高企业的研发生产积极性，是推动中国马铃薯食品加工产业快速、可持续发展的重要保证。

[参 考 文 献]

[1] 黄爱珍. 马铃薯产业发展现状及对策 [J]. 农业开发与装备, 2021(8): 42-43.

[2] 王世光, 吕黄珍, 卢天齐, 等. 我国马铃薯加工业发展现状及建议 [J]. 农业工程, 2022, 12(3): 76-79.

[3] 陶银, 文韵漫. 马铃薯全粉加工制品及营养价值研究进展 [J]. 粮食与油脂, 2020, 33(4): 10-13.

[4] Wang L, Guo J, Wang R, et al. Studies on quality of potato flour blends with rice flour for making extruded noodles [J]. Cereal Chemistry, 2016, 93(6): 593-598.

[5] Li J, Shen C, Ge B, et al. Preparation and application of potato flour with low gelatinization degree using flash drying [J]. Drying Technology, 2018, 36(3): 374-382.

[6] 许佳林, 温靖, 任国谱, 等. 基于不同粉碎程度的紫色马铃薯生全粉理化及粉体特性 [J/OL]. 食品与发酵工业, 2023. DOI: 10.13995/j.cnki.11-1802/ts.036795.

[7] 刘越, 谢勇, 刘琳, 等. 马铃薯全粉熟化度对马铃薯-小麦重组面团性质的影响 [J]. 食品与发酵工业, 2020, 46(22): 48-54.

[8] 杨延辰, 何江涛, 宋健宇, 等. 马铃薯泥工业化加工方法探讨 [J]. 中国马铃薯, 2019, 33(2): 110-113.

[9] 方秀利, 陈瑶, 张炜, 等. 马铃薯对面团及馒头品质的影响 [J]. 粮油食品科技, 2017, 25(4): 5-9.

[10] 蒲华寅, 牛伟, 孙玉利, 等. 马铃薯泥面条制作工艺优化及品质分析 [J]. 食品工业科技, 2019, 40(2): 170-174.

[11] 刘倩楠, 石晓芳, 李冲, 等. 马铃薯泥吐司面包的工艺优化 [J]. 食品与发酵科技, 2019, 55(2): 22-26.

[12] Chen G, Zhao R, Zhang Y, et al. Rheological properties and microstructure of wheat flour dough systems with enzyme-hydrolyzed mashed potatoes [J]. Journal of Food Science, 2024, 89(2): 941-953.

[13] Shi C, Wei Z, Zhang Y, et al. Effect of various pretreatments of potato on the cooking and texture properties of the developed potato-rice noodle [J]. Journal of Food Science, 2023, 88(7): 3 063-3 074.

[14] Gumul D, Ziobro R, Korus J, et al. Pulp from colored potatoes (*Solanum tuberosum* L.) as an ingredient enriching dessert cookies [J]. Foods, 2023, 12(20): 3 735.

[15] 刘国敏, 覃维治, 郑虚, 等. 添加鲜薯制作的马铃薯米粉品质比较 [J]. 食品科技, 2019, 44(11): 174-179.

[16] 岳苗. 马铃薯浆-小麦面粉复配面团特性及面条品质研究 [D]. 西安: 陕西科技大学, 2021.

[17] 李明泽, 李国锋, 黄玉龙, 等. 马铃薯主食及休闲食品研究进展 [J]. 农产品加工, 2023(19): 78-80, 83.

[18] 曹赓, 温成荣, 陈学亭. 马铃薯蒸馍的配方优化 [J]. 食品工业科技, 2022, 43(14): 178-184.

[19] 曹燕飞, 李思齐, 郝鑫, 等. 马铃薯生浆馒头的加工工艺研究 [J]. 粮油食品科技, 2023, 31(1): 77-83.

[20] 文瑜, 彭凌, 杨华进, 等. 马铃薯吐司面包的配方研究 [J]. 食品研究与开发, 2020, 41(23): 137-142.

[21] 罗慧, 张佳佳, 姬燕, 等. 马铃薯雪花全粉-小麦复合粉面包的烘焙品质优化 [J]. 食品与发酵工业, 2019, 45(8): 136-141.

[22] 郝素颖, 杨晓清. 功能性添加物对复合型马铃薯全粉面包品质的影响 [J]. 食品研究与开发, 2023, 44(13): 106-112.

[23] 高琦, 曹丹, 王迪, 等. 马铃薯全粉对酥性饼干理化性质和结构的影响 [J]. 食品研究与开发, 2024, 45(4): 40-48.

[24] 李梦, 席婉婷, 胡竞月, 等. 马铃薯全粉在粗粮发酵饼干中的应用 [J]. 农产品加工, 2023(10): 6-11.

[25] Ahmad I, Xiong Z, Hanguo X, et al. Combination of enzymatically hydrolyzed potato powder with skimmed milk powder on the quality improvements of yogurt during refrigeration storage [J]. Journal of Food Science and Technology, 2023, 60(7): 2 031-2 041.

[26] 张露, 王新惠, 冉凌云, 等. 富含花青素紫马铃薯汁护色研究及酶解工艺优化 [J]. 中国酿造, 2024, 43(2): 238-242.

[27] 俞媛瑞, 冯那, 谢华秀, 等. 马铃薯黄精复合醋的工艺研究 [J]. 农产品加工, 2023(15): 42-45.

[28] 刘新雨, 张岚, 王红梅, 等. 马铃薯发酵乳饮料的研制 [J]. 中国食品添加剂, 2023, 34(3): 196-204.

[29] 王远辉, 赵靖雯. 马铃薯全粉添加量对挂面品质的影响 [J]. 粮食与油脂, 2019, 32(8): 24-29.

[30] 邹育, 张星灿, 杨建, 等. 马铃薯全粉对非油炸挤出方便面品质影响的研究 [J]. 食品与发酵科技, 2019, 55(3): 57-63, 78.

[31] Javaid A B, Xiong H, Xiong Z, et al. Effects of xanthan gum on cooking qualities, texture and microstructures of fresh potato instant noodles [J]. Journal of food measurement and characterization, 2018, 12(4): 2 453-2 460.

[32] 卫萍, 张雅媛, 游向荣, 等. 马铃薯-籼米粉特性及其挤压成型品质 [J]. 中国粮油学报, 2020, 35(4): 113-120.

[33] 邹光友, 华苗苗, 张盛署, 等. 马铃薯薯泥对方便米粉综合品质影响的相关性研究 [J]. 食品与发酵科技, 2020, 56(5): 48-54.

[34] 张克, 朱子博, 毕荃, 等. 二次挤压制备重组米的响应面优化及品质研究 [J]. 食品工业科技, 2019, 40(16): 133-139.

[35] 白洁, 蒋华彬, 张小飞, 等. 基于变异系数法对气流膨化处理马铃薯方便粥品质的评价[J]. 食品科学, 2021, 42(15): 81-88.

[36] Shi H, Zhang M, Mujumdar A S. 3D/4D printed super reconstructed foods: Characteristics, research progress, and prospects[J]. Comprehensive Reviews in Food Science and Food Safety, 2024, 23(2): e13310.

[37] Ge Z, Liu L, Wang N, et al. Research on printing performance of full potato powder: The relationship between rheological properties, microstructure, and printing performance [J]. Journal of Food Process Engineering, 2024, 47(1): 14 502.

[38] Lv S, Li H, Liu Z, et al. Preparation of *Pleurotus eryngii* protein baked food by 3D printing [J]. Journal of Food Engineering, 2024, 365: 111 845.

[39] 魏林林. 马铃薯食品 3D 打印设备的设计与试验研究 [D]. 西安: 陕西科技大学, 2022.

滴灌管埋深效应及其在马铃薯种植上的应用

周娇娇，樊明寿，贾立国*

（内蒙古农业大学农学院，内蒙古 呼和浩特 010019）

摘 要：马铃薯作为第四大粮食作物，在保证国家粮食安全和社会经济发展中发挥着重要作用。内蒙古自治区是全国马铃薯的主产区和优势产区，但水资源匮乏严重阻碍了该地区马铃薯产业的可持续发展。浅埋滴灌作为一种高效节水方式在马铃薯种植业中应用前景广阔，滴灌管埋深是浅埋滴灌系统中的一个重要参数。对浅埋滴灌技术及其滴灌管埋深在作物上的国内外研究进展进行了综述，探讨了不同滴灌管埋深对土壤水分运移特性、作物根系发育及产质量的影响，并对滴灌管埋深下一步的研究应用进行了展望，为马铃薯浅埋滴灌节水技术的发展提供一定的参考。

关键词：马铃薯；浅埋滴灌；埋深；节水技术

马铃薯是茄科植物的块茎，属一年生草本植物，因酷似马铃铛而得名[1]。中国是世界马铃薯最大生产国和消费国[2]，马铃薯产业的健康发展对保障中国粮食安全具有重要意义[3]。内蒙古自治区独特的气候和土壤条件非常适宜马铃薯的生长发育，是中国马铃薯的主产区[4]。但近年来该地区马铃薯产业出现停滞不前的局面，水资源短缺、灌溉技术落后是限制该区域马铃薯生产的主要因素[5]。马铃薯根系较浅，对水分亏缺敏感[6]，生产过程中遭遇水分胁迫会对产量和品质造成严重影响。传统的大水漫灌和沟灌方式浪费水资源且水分利用效率不高很难满足马铃薯集约化生产需要[7]。张志伟等[8]研究表明，马铃薯滴灌可节水 37.0%，节肥 55.0%，有效提高马铃薯的产量和水肥效率。但地表滴灌土壤水分易蒸发，膜下滴灌农膜残留易造成环境污染[9]，在生产上均存在一定弊端。所以，将滴灌管浅埋在地下的灌溉方式（浅埋滴灌）应运而生，且逐渐被广泛采用。

刘慧军等[10]在大豆上的研究发现，无膜浅埋滴灌可以节水省肥。已有研究证明，滴灌管的埋深直接影响水分、养分在土壤中的运移，进而影响根系和植株的发育，适宜埋深的浅埋滴灌可显著降低土壤的水分蒸发[11]。因此，明确地下滴灌管不同埋深下土壤水分运移规律及马铃薯生长状况的各项指标，是解决内蒙古自治区水资源匮乏与马铃薯对水分大量需求间矛盾的主要途径。

1 浅埋滴灌技术及其发展历史

浅埋滴灌作为地下滴灌技术的一种，其灌溉方式是将滴灌带均匀铺设在地表以下

作者简介：周娇娇（1999—），女，硕士研究生，从事植物水分管理研究。
基金项目：内蒙古自治区科技计划项目（2023YFHH0013）；国家自然科学基金（32160511）；中央引导地方科技发展基金项目（2022ZY0202）资助。
* **通信作者**：贾立国，副教授，主要从事马铃薯水分及营养生理的研究，e-mail：nndjialiguo@163.com。

2～30 cm 土层，平面布置与常规滴灌相似，即滴灌管与主单管连接，水流通过聚乙烯内嵌式滴灌管输送至作物根系土层附近[12]。该技术可有效避免地表滴灌中因大风天气对滴灌带布置的干扰，又可避免膜下滴灌中产生的白色污染，具有减少地表水分蒸发，提高灌溉水利用效率的潜势，在多风干旱地区种植的作物生产上应用前景广阔。

浅埋滴灌主要通过重力作用以及毛细管作用，使水或水肥混合液从埋设的地下滴灌管滴头处缓慢入渗进作物的整个根系部分[13]。作为仅湿润作物根区土壤的局部灌溉方式，具有显著的节水效果，且在灌水过程中能够同时施入肥料，从而显著提高肥料利用率，减少因施肥导致的土壤污染问题。

浅埋滴灌的雏形最初是美国的 Charle 于 1920 年以陶罐为模型在其四周打孔进行灌溉[14]。二十年后，塑料制品的发展为该技术带来了新的转机。20 世纪 60 年代，以聚乙烯（Polyet hylene，PE）和聚氯乙烯（Polyvinyl chloride，PVC）为材料制成的多孔管道被应用于该技术上。中国自 1974 年开始逐步引入滴灌技术并迅速发展。"九五"期间，中国水利水电科学研究院对自行研制的浅埋滴灌系统进行了大田试验，取得了良好的节水效果[15]。目前，中国的浅埋滴灌技术在番茄、苜蓿、无膜棉等作物上应用并且成果显著。

2 滴灌管埋深对浅埋滴灌效果的影响

浅埋滴灌作为目前作物种植中最节水的灌溉方式，滴灌管埋深是其系统中一个重要的参数。地下滴灌的滴灌管埋于地面以下，其土壤水分分布和运移与地表滴灌显著不同[16]。而水分、养分在土壤中的分布情况严重影响植株根系的形态及分布，进而影响植株的生长发育，最终影响产量。

确定滴灌管埋深需考虑当地气候条件、土壤条件、耕作深度、作物的需水情况等因素。Devitt 和 Miller[17]、Lamm 和 Stone[18] 和 Camp[19] 研究认为，滴灌管埋深需与土壤理化性质、作物根系分布和田间耕作要求等相适应。根据大量试验结果，滴灌管埋深总的来说应满足两个条件：足够深，以避免耕作或其他设备破坏；足够浅，能够湿润根区，但又避免表土湿润[20]。滴灌管埋的较浅不仅增加了耕作时管道的损坏率，还降低了浅埋滴灌本身的优势。若滴灌管埋的过深，滴灌后水分向上运移受到限制导致表层土壤无法得到充分灌溉，严重影响作物的生长发育，且增大了水分深层渗漏造成地下水的污染。

作物种类是确定滴灌管埋深的主要因素，根系越深，滴灌管埋设需越深，如草地埋深以 20 cm 为宜[21]，玉米、番茄和豌豆毛管埋深以 30 cm 为宜[22]。张娜等[23]通过研究发现，滴灌管埋置在地下 20 cm 处，番茄的生长发育、经济产量、水分利用效率等方面都优于地表处理。吴文奇等[24]在对紫花苜蓿采用浅埋滴灌灌溉方式后发现，随着苜蓿植株生长特别是根系的伸长，滴灌管埋设深的作用开始显现。当苜蓿根深超过 30 cm 后埋设深度30 cm 的滴灌会发挥较好的作用。土壤类型对地下滴灌管埋深同样影响显著，层状土壤增加了土壤水分的横向扩散[25]，沙质土地下灌水器流量对土壤容重和土壤含水率变化敏感[26]。而目前在地下滴灌技术应用时，不同类型土壤的滴灌管适宜埋深缺乏参考依据。

3 滴灌管埋深对土壤水分运移的影响

作物对滴灌管主要技术参数的响应是灌溉结果的外在体现，而滴灌条件下土壤水分运移和分布规律则是影响滴灌灌溉效果的内因。研究表明,不同滴灌管埋深下土壤水分在中下部土层均呈连续的层状聚集分布,但多次滴灌后,埋深越浅层状聚集分布范围和表层土壤含水量越大[27]。随滴灌管埋深减小,水分入渗宽度和深度分别增加和减小[28]。庄千燕等[21]研究表明,灌溉后,滴头垂直方向上土壤含水量最高,然后向湿润体四周逐渐降低,土壤水分呈抛物线状分布。在灌溉时间及灌水流量一定的情况下,滴灌管埋设越深,滴头周围含水量越高。水平方向,滴头横向相同距离土壤含水量呈对称分布,且由于土壤重力势作用,垂直方向,相同距离下滴头下方的含水率高于上方。

Patel[29]发现,马铃薯种植中滴灌管埋深 5 cm 水分向上运动,埋深 10 cm 水分由于毛细作用向上运移不明显,埋深 15、20 cm 土壤表面干燥,土层 30 cm 处含水量增加,且水分向垄外移动。杨明达等[30]通过室内模拟试验并结合 HYDRUS-2D 模型探究不同滴灌管埋深土壤水分及湿润峰的运移规律得出,滴灌管埋深为 20 cm 时,土壤水分垂直运移范围为 0~60 cm,土壤水分能侧渗到 30 cm 处;滴灌带埋深为 30 cm 时,较湿润土体在 5~55 cm,土壤水分侧渗到 30 cm 处;滴灌带埋深为 40 cm 时,较湿润土体在 30~75 cm,土壤水分侧渗 30 cm 处。土壤中水分运移情况受多因素影响,如土壤类型、作物根系[31]。所以,优化滴灌系统参数需要大量的试验验证。

4 滴灌管埋深对作物根系发育的影响

根系是作物吸收养分的重要器官,对于作物的生长发育和产量形成起着至关重要的作用[32]。作物对灌溉方式的反应不同,由于土壤水分的差异,灌溉对作物根系的影响也因灌溉技术而异。地下滴灌能够显著促进作物根系生长[33]。但水分供应位置较浅对于深根系作物来说水分会随表层土壤蒸发无法满足其对水分的吸收;水分供应位置较深,浅根系作物吸水困难,且极易将养分淋溶至根层以下对土壤造成污染。Phene 和 Davis[34]发现玉米植株离滴头越近,作物根部生长得越好,根部表现出向水性。滴灌条件下土壤湿润体特性及水分运移规律表明,作物根系从土壤中吸收水分,其土壤湿润体分布情况直接影响作物的根系形态和生长发育。同一灌水量不同滴灌管埋深下,会引起根层中土壤含水量和土壤水分分布变化,进而影响土壤理化性质及根系吸水。王京伟等[35]在地下滴灌下对番茄根系影响的研究中得出,地下滴灌条件下,不同埋深(土壤水分供应部位)会引起根际土壤水热分布、土壤孔隙度变化,影响根际区氮循环微生物的组成,从而影响"根-土壤-微生物"之间的互作关系。阎红丽等[36]在不同深度滴灌下苹果幼苗生长特性中指出,深层灌水(14 cm)由于重力作用水分向下运移中上部根系受水分胁迫,根系活力下降;中层(7 cm)的灌水集中在根系分布区,水分充足能够满足植株生长需求,灌水利用效率高。有报道说明,深层供水灌溉模式能提高春小麦水分利用效率,其原因除减少表层蒸发外,对根系分布特征和根信号也有影响[37]。马铃薯是对水分条件敏感的作物,干旱或淹水胁迫均会影响马铃薯叶片、根系、块茎的生长和发育[38]。水分胁迫下,根系是第一个应对胁迫的器官,其形态和生长均表现出显著的损伤和变化[39,40]。因而,在马铃薯的实际生产中,适时的水分调控(如调整灌溉定额以及滴灌管埋深的灌溉措施)可抵御水分胁迫,起到抗旱、节水及稳产的作用。

5 滴灌管埋深对作物产量和品质的影响

地下滴灌能确保灌水的有效性，避免土壤水分蒸发过快。与地表滴灌相比，地下滴灌能通过促进作物深层根系发育，对作物生育进程、产量及品质有一定影响[41]。何华和康绍忠[42]的研究发现，在生长初期，随着滴灌管埋深的增大，夏玉米、冬小麦、棉花受到不同程度的水分胁迫，促使其根系下扎，使根系能更好的从土壤中汲取水分和养分，进而改善中后期的水分条件，促进生殖生长，达到增产增效的目的。滴灌管埋深对水分养分分布的影响作用于作物根系对水肥的吸收，从而影响到作物生长和产量等，如滴灌管适宜埋深有利于增加春玉米籽粒和鲜穗产量提高[26]；提高番茄品质、产量和水分利用效率[43]；增加马铃薯产量、块茎质量和水分利用效率等[44]。不同作物其生长特性、根系形态不同，因此不同作物适宜的滴灌管埋设深度也应不同。

6 展　望

浅埋滴灌作为一种高效节水的灌溉方式，已经在作物种植中得到广泛应用。滴灌管作为滴灌系统的重要组成部分，其埋深对于作物生长发育的影响也越来越受到关注。滴灌管埋深是浅埋滴灌系统中一个重要参数。因此，研究滴灌管埋深对马铃薯生长发育的影响，对于提高马铃薯产量和品质具有重要意义。基于马铃薯的特性和相关研究，未来滴灌管埋深对马铃薯影响研究的方向为：

（1）深入研究滴灌管埋深对马铃薯生长发育的影响。不同作物对水分和养分的吸收方式和吸收速率存在差异，马铃薯具有需水量大且根系对水分亏缺敏感的特性。因此，深入研究滴灌管埋深对马铃薯生长发育的影响，对于实现水肥一体化、提高马铃薯水分利用效率具有重要意义。

（2）关于滴灌管埋深下土壤水分运移的研究较多，但在马铃薯种植中土壤水分运移以及与根系发育的匹配还需要更深入的研究，为合理利用水资源和提高马铃薯产量提供科学依据。

（3）深入研究滴灌管埋深对环境的影响。除了对马铃薯生长和水分利用效率的影响外，滴灌管埋深还可能对土壤环境、地下水、土壤微生物系统等产生影响。研究滴灌管埋深对环境的影响，对于实现农业可持续发展具有重要意义。

马铃薯作为重要的粮食、蔬菜和经济作物，滴灌管埋深在马铃薯种植应用上的研究具有重要意义。通过深入研究滴灌管埋深对马铃薯生长发育、土壤水分运移、环境等方面的影响，可以为马铃薯生产提供更加科学、合理的灌溉方式，进而促进产业的可持续发展。

[参　考　文　献]

[1] 张卫娜. 马铃薯响应逆境信号的类受体激酶基因的筛选及功能验证 [D]. 兰州: 甘肃农业大学, 2021.
[2] 刘溢健, 任建宏, 殷俐娜, 等. 马铃薯块茎膨大期不同程度干旱后复水的源库补偿效应[J]. 应用生态学报, 2019, 30 (11): 3 777-3 786.
[3] 张颢城, 李中慧, 王秀丽. 中国马铃薯主要品种特征与产业布局分析 [J]. 中国马铃薯, 2022, 36(1): 78-85.

[4] 罗善军,何英彬,罗其友,等.中国马铃薯生产区域比较优势及其影响因素分析 [J].中国农业资源与区划,2018,39 (5):137-144.

[5] 关婷,乌兰,贾立国,等.浅埋式滴灌在内蒙古自治区马铃薯种植中的应用分析 [J].中国马铃薯,2020,34(3): 187-190.

[6] 乔焕焕,李红兵,郑太波,等.干旱与复水对马铃薯块茎膨大期碳氮转运的影响 [J].干旱地区农业研究,2019,37(4): 154-162.

[7] 黄少辉,李俊良,王继芳,等.残留地膜对马铃薯生长及产量的影响 [J].中国马铃薯,2019,33(1):28-33.

[8] 张志伟,梁斌,李俊良,等.不同灌溉施肥方式对马铃薯产量和养分吸收的影响 [J].中国农学通报,2013,29(36): 268-272.

[9] 詹保成,梁熠,郭文忠,等.马铃薯节水技术研究进展及发展趋势 [J].农业与技术,2021,41(16):73-77.

[10] 刘慧军,王桂杰,李海东.大豆无膜浅埋滴灌栽培技术 [J].中国农技推广,2019,35(8):45-46.

[11] 孙三民,安巧霞,杨培岭,等.间接地下滴灌灌溉深度对枣树根系和水分的影响 [J].农业机械学报,2016,47(8): 81-90.

[12] 马铁成.北疆浅埋式滴灌苜蓿水肥管理分析 [J].水利建设与管理,2020,40(8):58-60,74.

[13] 殷艳.地下滴灌灌溉深度对枣树根系和水分的影响 [J].吉林农业,2018(11):59.

[14] 黄兴法,李光永.地下滴灌技术的研究现状与发展 [J].农业工程学报,2002(2):176-181.

[15] 程先军,许迪,张昊.地下滴灌技术发展及应用现状综述 [J].节水灌溉,1999(4):13-15,42.

[16] Bardr A E, Abuarab M E. Soil moisture distribution patterns under surface and subsurface drip irrigation systems in sandy soil using neutron scattering technique [J]. Irrigation Science, 2013, 31(3): 317-332.

[17] Devitt D A, Miller W W. Subsurface drip irrigation of bermudagrass with saline water [J]. Applied Agricultural Resources, 1988, 3(3): 133-143.

[18] Lamm F R, Stone L R. Optimum lateral spacing for subsurface drip irrigation corn [J]. Trans of the ASAE, 1997, 89(3): 375-379.

[19] Camp C R. Subsurface drip irrigation lateral spacing and management for cotton in the southeastern coastal plain [J]. Trans of the ASAE, 1997, 40(4): 993-999.

[20] 任杰,温新明,王振华,等.地下滴灌毛管适宜埋深及间距研究进展 [J].水资源与水工程学报,2007(6):48-51.

[21] 庄千苗,苏德荣,宋雪枫,等.滴头埋设深度对土壤水分运移及草坪草生长的影响 [J].草地学报,2010,18(3): 435-440.

[22] 姜志水,吴普特,汪有科.香花豌豆地下滴灌毛管埋设深度试验研究 [J].人民黄河,2008(6):60-61.

[23] 张娜,郑雅莲,赵艳.不同渗灌埋深对温室黄瓜、番茄水分生产效率及土壤氮素的影响 [J].北京农业,2011(30):31-34.

[24] 吴文奇,夏玉慧,张志芬,等.地下滴灌技术在紫花苜蓿种植上的应用研究 [J].节水灌溉,2009(4):14-17.

[25] 李久生,杨风艳,栗岩峰.层状土壤质地对地下滴灌水氮分布的影响 [J].农业工程学报,2009,25(7):25-31.

[26] 李刚,王晓愚,白丹.土壤物理特性对地下滴灌毛管灌水质量的影响 [J].农业工程学报,2010,26(9):14-19.

[27] 李蓓,李久生.滴灌带埋深对田间土壤水氮分布及春玉米产量的影响 [J].中国水利水电科学研究院学报,2009,7(3):222-226.

[28] 马孝义,康绍忠,王凤翔,等.果树地下滴灌灌水技术田间试验研究 [J].西北农业大学学报,2000(1):62-66.

[29] Patel N. Effect of drip tape placement depth and irrigation level on yield of potato [J]. Agricultural Ricultural Water Management, 2006, 88(1): 209-223.

[30] 杨明达,张素瑜,杨慎骄,等.砂壤土夏玉米地下滴灌土壤水分和湿润峰运移模拟及设计参数优选 [J].河南农业科学,2022,51(5):148-161.

[31] 袁江杰,李光永,袁子程.膜下滴灌和地下滴灌条件下玉米耗水、生长和产量对比 [J].灌溉排水学报,2015,34(12):93-98.

[32] 马兆惠,车仁君,王海英,等.种植密度和种植方式对超高产大豆根系形态和活力的影响 [J].中国农业科学,2015,48

(6): 1 084-1 094.

[33] Jhas K, Gao Y, Liu H, et al. Root development and water uptake in winter wheat under different irrigation methods and scheduling for North China [J]. Agricultural Ricultural Water Management, 2017, 182: 139-150.

[34] Phene C J, Davis K R. Effect of high frequency surface and subsurface drip irrigation on root distribution of sweet corn [J]. Irrigation Science, 1991, 12: 135-140.

[35] 王京伟, 李元, 牛文全. 地下滴灌对番茄根际微区氮循环微生物量及土壤 N_2O 排放的调控机制 [J]. 环境科学研究, 2021, 34(6): 1 425-1 433.

[36] 阎红丽, 邹养军, 马锋旺, 等. 不同深度滴灌对苹果幼苗生长及生理特性的影响 [J]. 节水灌溉, 2012(3): 29-32.

[37] 李捷, 冯建军, 吴慎杰. 分层供水对春小麦非水根信号及水分利用效率的影响 [J]. 湖北农业科学, 2002(4): 27-28, 36.

[38] Ramirez D A, Yactayo W, Rens L R, et al. Defining biological thresholds associated to plant water status for monitoring water restriction effects: Stomatal conductance and photosynthesis recovery as key indicators in potato [J]. Agricultural Water Management, 2016, 177: 369-378.

[39] Eysholdt-Derzso E, Sauter M. Hypoxia and the group VII ethylene response transcription factor HRE2 promote adventitious root elongation in *Arabidopsis* [J]. Plant Biology, 2019, 21(s1): 103-108.

[40] Panozzo A, Cortivo C D, Ferrari M, et al. Morphological changes and expressions of AOX1A, CYP81D8, and putative *PFP* genes in a large set of commercial maize hybrids under extreme waterlogging [J]. Frontiers in Plant Science, 2019, 10: 62.

[41] Chen W L, Jin M G, Ferré Ty P A, et al. Soil conditions affect cotton root distribution and cotton yield under mulched drip irrigation [J]. Field Crops Research, 2020, 249: 107 743.

[42] 何华, 康绍忠. 灌溉施肥深度对玉米同化物分配和水分利用效率的影响 [J]. 植物生态学报, 2002(4): 454-458.

[43] 蒋树芳, 万书勤, 冯棣, 等. 地下滴灌不同埋深对番茄产量和灌溉水利用效率的影响 [J]. 节水灌溉, 2015(8): 26-28.

[44] 刘晓菲, 万书勤, 冯棣, 等. 地下滴灌带不同埋深对马铃薯产量和灌溉水利用效率的影响 [J]. 灌溉排水学报, 2015, 34(5): 63-66.

无人机遥感对马铃薯田间性状的监测

李广鑫，曹忠地，冯艺菲，于苗苗，刘骑郡，姜丽丽*

（黑龙江八一农垦大学农学院，黑龙江 大庆 163319）

摘 要：在当今大农业背景下，对作物更加精细化的管理是必然要求，而对作物田间性状精准掌握又是对作物精细化管理的前提。以无人机遥感为基础，系统地阐述无人机遥感技术在对马铃薯形态指标、生理生化指标、生物胁迫与非生物胁迫以及产量上的整体应用情况，指出现阶段存在的问题并进行了展望，以期为农业工作者的科学管理提供更多的理论支撑与参考依据。

关键词：马铃薯；无人机；遥感；性状分析；胁迫

马铃薯作为中国第四大粮食作物，在保障国家粮食安全方面意义重大[1]。随着 2015 年中国马铃薯主粮化战略的推进，2023 年中国马铃薯播种面积达到了 466.67 万 hm² 左右，产量将近 9 000 万 t 且多年稳居世界第一[2]。为进一步推动中国马铃薯产业在种植管理、加工生产、田间预警等方面的技术革新，从而减轻中国粮食在进出口、供给与需求方面的压力，无人机遥感技术的应用为上述问题的解决开辟了新的道路。无人机遥感作为一种高效、便捷且成本较低的近地遥感表型工具，凭借其高度的灵活性、广泛的空间覆盖能力、较强的应用拓展能力等优势[3]，被广泛应用于马铃薯等作物的性状监测中，在提高作物生长监测效率和准确性的同时，也为农业可持续发展注入了新的动力。

1 无人机遥感对作物性状的研究

近年来，有许多学者基于无人机遥感来对马铃薯等作物的形态指标、生理生化指标、生物胁迫与非生物胁迫等多种田间性状信息进行科学研究，并且一定程度上验证了无人机遥感在对作物性状监测、病害诊断、产量估算等方面上的可行性，然而在实际应用中同样也暴露出了一些问题。

1.1 形态指标

作物的形态指标主要包括株高、叶色、倒伏、冠层覆盖度等[4]，对植株形态信息快速、准确的获取，可为农业工作者后续的管理与决策提供方向。利用无人机遥感图像处理技术，融合建立各预测模型，来处理植株的光谱信息数据，使得大规模、快速实时的获取作物各形态指标成为可能。

作者简介：李广鑫（1995—），男，硕士研究生，从事马铃薯栽培研究。
基金项目：黑龙江八一农垦大学三横三纵支持计划（ZRCPY201801）。
*通信作者：姜丽丽，博士，助理研究员，主要从事马铃薯栽培研究，e-mail：judy8225@163.com。

1.1.1 株　高

株高是作物重要的表型性状，科学合理的植株高度是保证作物最后高产、稳产的关键。传统的株高测量通常由人工使用刻度尺来完成，该方法存在测量效率低、对被测作物产生损害负面影响，同时受人为主观影响，测量结果也易产生误差[5]。为了更好的解决该问题，可通过选择使用测量精度高、无主观性误差，适用于大面积测量作物高度的间接方法。随着遥感技术的飞速发展，其对作物株高的测量也变得愈加准确，相关研究也越来越多。

樊意广等[6]利用无人机数码影像对马铃薯株高进行估测，结合地面控制点（Ground control point，GCP）生成数字表面模型（Digital surface model，DSM），得出基于DSM所获取的马铃薯株高与实测株高的拟合性较高，决定系数（Coefficient of determination），R^2 为0.860。随着无人机所搭载传感器的更新，多光谱传感器、高光谱传感器在该方面的应用也越来越广泛。刘杨等[7]选用高光谱影像来估算马铃薯株高，同样对在不同生育期马铃薯的DSM与裸土的DSM作差后得到估测结果，并与实测株高进行线性拟合度分析 R^2 为0.840，表明无人机在马铃薯株高的测量方面表现良好。但需注意的是，无人机遥感技术在作物株高的测量方面其实也并不完美。梁永检等[8]利用无人机的RGB遥感平台对甘蔗株高进行测量估算时，在甘蔗的成熟期，由于台风的影响导致甘蔗倒伏现象发生，严重影响了无人机的测量精度。与之类似，张宏鸣等[9]在提取玉米株高时也发现不利的天气情况，如有风会改变株高的真实高度，阴天则会影响无人机遥感影像的拼接，最终都会导致结果存在较大偏差。

1.1.2　植被覆盖度

植被覆盖度是指观测区域植被冠层的垂直投影面积与土壤总面积的比值，即植土比[10]，有利于衡量地表作物的生长发育情况。目前，植被覆盖度的获取方法主要分为目估法、采样法、仪器法以及照相法[11]，但在准确性、效率、应用范围等方面仍存在一些缺陷，遥感技术的应用为大面积的植被覆盖度监测提供了新方法。

以遥感技术来提取植被覆盖指数的方法有很多，主要可分为物理模型法、经验模型法、混合像元分解法以及植被指数阈值法等[12]。物理模型法需要大量数据，而现有遥感数据在应用时往往存在数据不足等问题；经验模型法的应用具有局限性，只能应用在特定的区域与指定的植株上；混合像元分解法在测量精度上存在缺陷；植被指数阈值法在该方面的应用较为普遍。牛亚晓等[13]基于无人机多光谱遥感，采用监督分类与植被指数统计直方图相结合的方法对冬小麦的植被覆盖度分析研究后得出，归一化植被指数（Normalized difference vegetation index，NDVI）分类阈值植被覆盖度与实测数据最为接近。吴智超等[14]利用无人机数码影像来提取马铃薯的覆盖度，通过植被指数提取法和最大似然监督分类法来获取各小区的马铃薯覆盖度，并采用不同的计算方法进行精度的分析比较，得出无论是在分类效果图、精度、还是拟合性上，颜色转换空间算法在马铃薯覆盖度的提取上表现最为良好。

1.2　生理生化指标

作物的生理生化指标主要包括作物的叶绿素含量、叶面积指数、地上生物量等，可对作物的生长发育、营养健康状况进行直观表达[15]。随着无人机遥感技术的发展以及在农业上的深入应用，其逐渐成为了农田信息化监测、管理的重要手段。

1.2.1 叶面积指数

叶面积指数(Leaf area index，LAI)是指单位地表面积上单面绿叶面积的总和[16]，LAI是反映作物群体冠层叶片空间分布的重要指标，与作物冠层叶子对光线的拦截和光合作用密切相关，是评价作物长势和预测产量的重要依据。由此可知，对作物叶面积指数精准测量则变得尤为重要。直接测量法，如方格计算法、称纸法，虽然测量结果较为精准，但一般都为点状数据，耗时耗力，效率较低，只适用于单株或小范围上的叶面积指数测量，不适用于大田的调查分析。间接测定方法是借助一些测量参数或光学仪器得到叶面积指数的方法，如点接触法、消光系数法、光学仪器法，虽测量结果较准确、减少了对植株的破坏，但仍难以对作物的叶面积指数进行大范围上的测定[17]。1970年以来，卫星遥感在对作物大规模产量估测方面表现良好，但其在数据获取方面具有局限性，测量结果易受自然环境影响，新兴的无人机遥感一定程度弥补了以上不足。

当前，无人机遥感在作物叶面积的测量方面已较为成熟。刘涛等[18]利用无人机多光谱遥感来估算小麦叶面积指数，得出LAI的最优预测结果是在高度30 m条件下，利用偏最小二乘回归模型取得较好效果。王亚杰[19]同样通过多光谱无人机来对玉米的LAI进行测量，然后对一元回归模型、多元回归模型、支持项量模型等进行比较分析后得出，支持项量模型对玉米叶面积指数的测量较为准确。王瑛[20]在运用多光谱无人机对小麦的叶面积指数估测后同样得出，支持项量模型效果较好，决定系数为0.828，均方根误差为0.411 cm。以上研究试验证明了无人机遥感技术在对植株叶面积指数测定方面优越性以及偏最小二乘回归模型、支持项量模型在算法上的精准性。

1.2.2 叶绿素含量

叶绿素在绿色植物的光合作用中扮演着重要角色，是不可缺少的光合色素，是植物能够与外界环境之间进行物质交换、能量转换的必要条件，对作物生长、生理损伤状况、光合作用能力等都具有良好指示作用，为作物最终的长势评估与农事决策提供有力的参考依据[21]。随着对叶绿素的深入研究，与之相关的测量方法也变的更加多样化。具体可分为理化测量、接触式测量和非接触性测量[22]。理化测量虽能较为准确的测量叶绿素含量，但是测量周期长、测量成本高，很难实时测量叶绿素含量。接触式测量主要通过各种便携式的测量仪来对叶绿素进行测量，可实时测量其含量，但耗时耗力，不适用于大规模的测量。因此，非接触性测量在叶绿素的测量方面大有可为。

目前，通过无人机遥感技术来对叶绿素含量进行测量已较为普遍。史博太[23]在测量冬小麦的叶绿素含量时发现，无论是在其拔节期、抽穗期、还是其他生育期，多元线性方程的估测结果的精度都要高于一元线性模型，其中偏最小二回归模型表现的最好。相同情况，陈鹏等[24]运用无人机多光谱遥感来对马铃薯的各生长发育期的叶绿素含量进行估算后得出，无论是在马铃薯的现蕾期、块茎形成期、块茎膨大期等，综合指标模型 R^2 相较于单类型变量估算模型、多光谱植被指数模型均有提高，表明了综合指标估算模型的优越性。为进一步提高无人机对叶绿素含量估测的精准性，尹航等[25]利用无人机高光谱影像对马铃薯叶绿素含量进行测量，通过对光谱指数的优化，得出精确度和可靠性要高于已有光谱指数，决定系数分别为 0.83 和 0.82，证明采用光谱优化的方法在对马铃薯叶绿素含量估测的精确度方面具有一定帮助。Guo 等[26]将无人机遥感技术与深度学习技术相结合，利用超分辨率对抗网络来提高卷心菜图像的分辨率，以此来确保卷心菜叶绿素含量的准确性。通过以上研究表明，经过对数据、影像的多元分析、处理和优化，使得无人机遥感在估测马铃薯等作物的叶绿素含量上愈发精确，为无人机遥感在该方面的应用提供了有力支撑。

1.2.3 地上生物量

地上生物量(Above ground biomass，AGB)是反映作物长势的重要指标，对作物初级生产力与产量有重要影响[27]。传统的测量方法往往采用破坏性方法，人工收割作物后进行称重、记录，导致该方法难以大面积对作物监测。

伴随着无人机搭载传感器的多样化以及影像分辨率的清晰化，无人机遥感技术在大规模的估测作物 AGB 方面，成为了主要的技术手段。陶惠林等[28]基于无人机高光谱影像，将植被指数、红边参数作为建模因子，采用多元线性回归的方法来估算不同生育期冬小麦的生物量，最后表明估算效果良好。刘杨等[7]使用无人机多光谱影像，将多光谱植被指数与红边波段高频信息、马铃薯株高相结合，并采用偏最小二乘回归模型得出，该方法可提高 AGB 的估算精度。同样，杨福芹等[29]基于高光谱遥感，采用经验回归分析法来构建马铃薯生物量的估算模型，经模型精度验证后，表明该模型可为无损诊断马铃薯的地上干物质量提供新的波段选择方法。

1.3 生物胁迫与非生物胁迫

自然界中对植物生长不利的各种环境因素称为逆境胁迫[30]。根据对作物胁迫产生的原因，又可分为生物胁迫与非生物胁迫。传统对作物受胁迫情况进行监测时，常采用田间调查的方法，虽操作简单但存在工作效率低、主观性强问题。而利用理化手段监测时，虽然在监测的精确度上得到一定保证，但易损坏植株且操作复杂，难以大面积应用。随着无人机遥感技术不断的成熟，其在作物胁迫监测中表现良好。

在作物生物胁迫中，病虫害、杂草害是主要的胁迫，易造成作物产量和品质的严重下降[31]。因此，许多学者基于无人机遥感来对作物的病虫害胁迫等级进行监测。刘帅兵等[32]基于多光谱影像对玉米 LAI 受病害胁迫等级进行遥感反演，得出在玉米病情严重时，病害等级分类较准，而在受侵害早期，无人机遥感的的等级分类精度不高。雷定湘[33]利用多光谱无人机来对棉田蚜虫做危害等级分类，将实地调查棉田蚜虫危害程度输入到预测模型中，得出该方法的分类精度较准，可为棉田害虫防治提供参考。

非生物胁迫包括物理和化学两方面的胁迫。物理胁迫中主要包括温度、水分、光照等，化学胁迫中主要包括化学污染、土壤污染、空气污染等。石涛等[34]建立水稻高温胁迫反演识别模型，通过无人机遥感监测分析后得到水稻受高温胁迫面积与田间调查所获的高温胁迫数据相符。杨菲菲[35]基于高光谱遥感来对冬小麦的涝渍胁迫程度进行分析，以光谱识别指标和叶片含水量反演模型协同进行监测，监测结果能够较为准确反应冬小麦的涝渍胁迫程度。

2　产　量

马铃薯产量精准估测，有利于农业生产者更好的规划生产和销售策略，抵御市场风险。遥感估产相较于传统估产在效率、价格、范围上优势都较为明显。早在1981年，中国便以冬小麦作为研究对象进行粮食作物的估产测量，经过遥感技术的发展，估产作物已由最早的冬小麦扩展到了玉米、水稻、马铃薯等作物中[36]。阿茹娜[37]基于遥感技术，以马铃薯实测样点产量数据和不同生育期的植被指数建立回归模型，结果表明，预测产量与实测的产量误差在允许范围内。段丁丁[38]利用复合型混合优化算法对马铃薯的遥感和生长模型数据进行同化，最终数据表明，相较于未同化的遥感数据，该方法精度更高，平均相对误差（Mean relative error，MRE）为6.17%，对区域内马铃薯产量能够较好的进行估测。

3　存在的问题与展望

经过众多学者的试验研究表明，无人机遥感在马铃薯田间性状的监测与产量估测方面具有重要的应用价值与现实意义。但仍存在一些问题：（1）研究对象较为局限，基于无人机遥感技术对作物性状进行监测时，主要集中在玉米、水稻、小麦等粮食作物上，对于马铃薯表型的研究较少。（2）性状研究不够全面，对于马铃薯的形态指标、产量估测相关研究较多，但在生物胁迫与非生物胁迫问题上鲜有研究。（3）无人机传感器不够稳定，续航时间较短。在大田作物中，用无人机遥感对作物性状监测时，续航压力较大，传感器易受外界环境干扰，影响监测精度。（4）遥感反演模型不具有普遍性，针对不同作物、不同生长发育期需建立特定的反演模型。

未来无人机遥感在作物田间性状的监测方面前景广阔。随着无人机遥感技术的更新，模型算法的优化，以及与人工智能的有益融合，无人机遥感在对马铃薯等田间作物性状的研究深度和广度方面将进入新的阶段，对农业工作者效率的提高、成本的降低、农产品品质的改善等都将大有裨益，对提升农业生产的智能化、精准化水平，促进农业产业的升级与发展意义重大。

[参 考 文 献]

[1]　徐宁，张洪亮，张荣华，等.中国马铃薯种植业现状与展望［J］.中国马铃薯，2021，35（1）：81-96.

[2]　颉亚珍.我国马铃薯产量多年稳居世界第一［N］.北京日报，2023-09-09（4）.

[3]　郑福兴.基于多光谱无人机水旱条件下小麦叶绿素含量全基因组关联分析［D］.乌鲁木齐：新疆农业大学，2021.

[4]　徐云飞.基于无人机多光谱遥感的冬小麦参数反演及综合长势监测［D］.淮南：安徽理工大学，2022.

[5]　张建，谢田晋，杨万能，等.近地遥感技术在大田作物株高测量中的研究现状与展望［J］.智慧农业，2021，3（1）：1-15.

[6] 樊意广, 冯海宽, 刘杨, 等. 基于冠层光谱特征和株高的马铃薯植株氮含量估算 [J]. 农业机械学报, 2022, 53(6): 202-208, 294.

[7] 刘杨, 冯海宽, 黄珏, 等. 基于无人机高光谱影像的马铃薯株高和地上生物量估算 [J]. 农业机械学报, 2021, 52(2): 188-198.

[8] 梁永检, 吴文志, 施泽升, 等. 基于无人机 RGB 遥感的甘蔗株高估测 [J]. 作物杂志, 2023(1): 226-232.

[9] 张宏鸣, 谭紫薇, 韩文霆, 等. 基于无人机遥感的玉米株高提取方法 [J]. 农业机械学报, 2019, 50(5): 241-250.

[10] 马志勇, 沈涛, 张军海, 等. 基于植被覆盖度的植被变化分析 [J]. 测绘通报, 2007(3): 45-48.

[11] 张云霞, 李晓兵, 陈云浩. 草地植被盖度的多尺度遥感与实地测量方法综述 [J]. 地球科学进展, 2003(1): 85-93.

[12] 陈向东, 邓江洪. 基于可见光影像的夏季玉米植被覆盖度提取方法研究 [J]. 实验技术与管理, 2019, 36(12): 131-136.

[13] 牛亚晓, 张立元, 韩文霆, 等. 基于无人机遥感与植被指数的冬小麦覆盖提取方法 [J]. 农业机械学报, 2018, 49(4): 212-221.

[14] 吴智超, 李长春, 冯海宽, 等. 基于无人机数码影像的马铃薯覆盖度提取方法 [J]. 农业机械学报, 2020, 51(3): 164-170.

[15] 张春兰. 基于综合长势参数指标的冬小麦长势遥感监测 [D]. 西安: 西安科技大学, 2019.

[16] 梁栋, 管青松, 黄文江, 等. 基于支持向量机回归的冬小麦叶面积指数遥感反演 [J]. 农业工程学报, 2013, 29(7): 117-123.

[17] 张刚华. 不同类型毛竹林结构特征与植物物种多样性研究 [D]. 北京: 中国林业科学研究院, 2006.

[18] 刘涛, 张寰, 王志业, 等. 利用无人机多光谱估算小麦叶面积指数和叶绿素含量 [J]. 农业工程学报, 2021, 37(19): 65-72.

[19] 王亚杰. 基于无人机多光谱遥感的玉米叶面积指数监测方法研究 [D]. 咸阳: 西北农林科技大学, 2018.

[20] 王瑛. 基于无人机遥感的小麦叶面积指数反演方法研究 [D]. 咸阳: 西北农林科技大学, 2018.

[21] 周琦, 王建军, 霍中洋, 等. 不同生育期小麦冠层 SPAD 值无人机多光谱遥感估算 [J]. 光谱学与光谱分析, 2023, 43(6): 1 912-1 920.

[22] 张伏, 张亚坤, 毛鹏军, 等. 植物叶绿素测量方法研究现状及发展 [J]. 农机化研究, 2014, 36(4): 238-241.

[23] 史博太. 关中地区冬小麦叶绿素含量遥感反演研究 [D]. 杨凌: 西北农林科技大学, 2021.

[24] 陈鹏, 冯海宽, 李长春. 无人机影像光谱和纹理融合信息估算马铃薯叶片叶绿素含量 [J]. 农业工程学报, 2019, 35(11): 63-74.

[25] 尹航, 李斐, 杨海波, 等. 基于无人机高光谱影像的马铃薯叶绿素含量估测 [J]. 植物营养与肥料学报, 2021, 27(12): 2 184-2 195.

[26] Guo Y, Wang H, Wu Z, et al. Modified red blue vegetation index for chlorophyll estimation and yield prediction of maize from visible images captured by UAV [J]. Sensors (Basel), 2020, 20(18): 50-55.

[27] 张晓艳, 胡玉昆, 李凯辉, 等. 围封条件下紫花针茅群落主要结构特征和地上生物量变化 [J]. 干旱区资源与环境, 2009, 23(1): 197-200.

[28] 陶惠林, 冯海宽, 徐良骥, 等. 基于无人机高光谱遥感数据的冬小麦生物量估算 [J]. 江苏农业学报, 2020, 36(5): 1 154-1 162.

[29] 杨福芹, 冯海宽, 刘小强, 等. 马铃薯地上部干生物量光谱指数的建立及模型构建 [J]. 东北农业科学, 2022, 47(5): 107-110, 115.

[30] 吴亚芳, 李晓艳, 郭金丽, 等. 欧李适应非生物胁迫的研究进展及应用前景 [J]. 特产研究, 2022, 44(1): 104-110.

[31] 李传旭. 多抗转基因水稻的培育及不同病虫害抗性基因聚合后抗性评价研究 [D]. 武汉: 华中农业大学, 2021.

[32] 刘帅兵, 金秀良, 冯海宽, 等. 病害胁迫下玉米 LAI 遥感反演研究 [J]. 农业机械学报, 2023, 54(3): 246-258.

[33] 雷定湘. 无人机多光谱的棉蚜危害等级分类研究 [D]. 阿拉尔: 塔里木大学, 2022.

[34] 石涛, 杨太明, 黄勇, 等. 无人机多光谱遥感监测水稻高温胁迫的关键技术 [J]. 中国农业气象, 2020, 41(9): 597-604.

[35] 杨菲菲. 冬小麦涝渍胁迫程度高光谱遥感监测研究 [D]. 北京: 中国农业科学院, 2020.

[36] 范磊, 程永政, 王来刚, 等. 基于多尺度分割的面向对象分类方法提取冬小麦种植面积 [J]. 中国农业资源与区划, 2010, 31(6): 44-51.

[37] 阿茹娜. 基于多源遥感数据的马铃薯估产与精度评估 [D]. 呼和浩特: 内蒙古师范大学, 2014.

[38] 段丁丁. 基于遥感信息和 DSSAT-SUBSTOR 模型数据同化的区域马铃薯产量估算 [D]. 北京: 中国农业科学院, 2019.

植物毛状体功能与马铃薯毛状体研究

方小婷[1]，李佩华[2]，兰建彬[2]，赵　飞[2]，王　芳[2]，郑顺林[1,3]*

（1. 四川农业大学西南作物基因资源发掘与利用国家重点实验室/
作物生理生态及栽培四川省重点实验室，四川　成都　611130；
2. 西昌学院农业科学学院，四川　西昌　615013；
3. 农业农村部薯类作物遗传育种重点实验室/
成都久森农业科技有限公司，四川　新都　610500）

摘　要：由于植物毛状体稳定的性状表达，常被用作植物属和种分类的主要依据。近年来关于毛状体的功能研究逐渐增加，综述从其发育调控入手，对植物毛状体特殊代谢功能、防御病虫害侵染和进行物质运输等功能进行了分析，并对马铃薯毛状体功能研究进行展望。

关键词：毛状体；腺毛；非腺毛；马铃薯；功能研究

大多数陆生植物表面都覆盖着表皮毛，即毛状体（Trichome），在植物的生长发育过程中发挥重要作用。由于植物毛状体类别的特定性，以往又被作为某些植物科的重要标志，也是进行某些植物的属、种的分类和分析种间杂种的主要依据[1]。关于植物怎么调控普通细胞分化成为毛状体细胞已有一定研究，但除了 Xin 等[2]描述潜在基因调控网络的结构和功能外，人们对植物表皮毛的起源和进化知之甚少。同时，表皮毛发育基因参与胁迫（如生物胁迫、干旱、盐胁迫）响应途径的机制在很大程度上仍然是未知的[3]。因此，需要更多的研究来解析关键基因在应激反应信号通路中的作用以及在调节其他表皮结构发育中的作用。

1　植物毛状体研究进展

1.1　毛状体研究文献统计

大多数植物都具有特殊的毛发状表皮结构，当他们出现在地上部分时，通常被称为毛状体，源于希腊语单词"Trichos"，意思是头发。早在 1978 年，植物学家们对植物表面的各种毛状体类型进行了统计，并进行了分类学上的术语规范[4]。在 Web of Science 文献数据库中使用术语"Trichome 毛状体"进行搜索（图 1A），共检索到 1 765 篇相关文献，且近年来关于毛状体的出版论文数量激增。由于对于毛状体的研究主要分为表型和代谢两个方

作者简介：方小婷（1998 —），女，硕士研究生，从事马铃薯高产栽培生理研究。

基金项目：攀西特色作物研究与利用四川省重点实验室开放基金项目（SZKF202308）；四川省科技计划育种攻关项目（2021YFYZ0005；2021YFYZ0019）；国家现代农业产业技术体系四川薯类创新团队项目（sccxtd-2023-09）；四川省自然基金（2022NSFSC0014）。

* **通信作者**：郑顺林，博士，教授，主要从事薯类高产栽培生理及栽培技术研究，e-mail：248977311@qq.com。

面，所以，当2005年Croteau团队对薄荷腺毛中代谢物合成通路的参与基因首次鉴定后[5]，将毛状体研究推向高潮。随着被调查物种的增加和各种新型分子技术手段的引入，转录组数据前所未有的丰富，关于表皮毛的研究进一步深入。在2009年Dai等[6]搜集前人关于植物毛状体的研究建立"TrichOME"毛状体组学数据库，标志着毛状体研究进入分子时代。而以"Potato trichomes 马铃薯毛状体"为关键词进行搜索(图1B)，在1982年才出现相关论文发表，且近几年的出版物每年都仅有1篇左右。

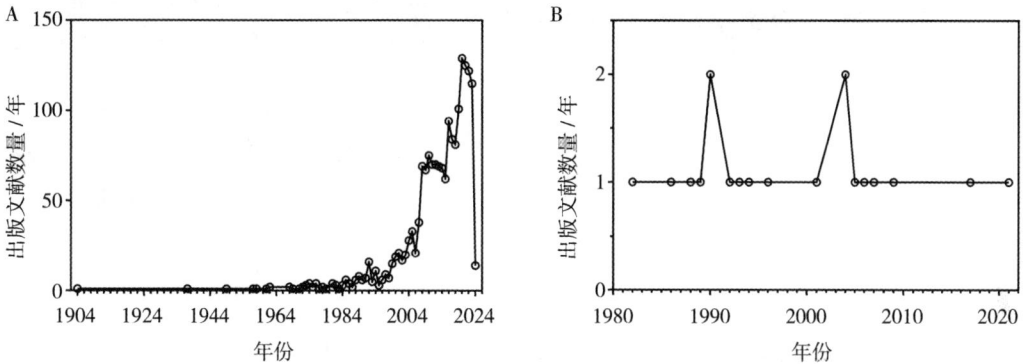

A. 以"Trichome 毛状体"为关键词进行搜索，B. 以"Potato trichomes 马铃薯毛状体"为关键词进行搜索。

图1　在 Web of science 对毛状体进行搜索所查询到的出版文献数量

1.2　毛状体分类

毛状体是表皮的延伸，起源于表皮细胞，常用于分类的标准是他们是非腺性的(Non-Glandular trichomes)还是腺性的(Glandular trichomes)。茄属(*Solanum*)植物是茄科中最大的属，在对14个茄属植物表皮毛类型进行统计，共观察到了57种不同形态的毛状体[7]。对于马铃薯植株表面覆盖的毛状体类型分类，最初只有简单的腺毛(Type-A)和非腺毛(Type-B)两种，但在栽培种和野生种番茄的表皮毛根据腺头、柄长和细胞数以及基细胞数的特征可分为7种类型(图2A)，不同于模式植物拟南芥单细胞毛状体(图2B)，马铃薯中主要有类型Ⅱ、Ⅴ、Ⅵ和Ⅶ四种，其中Ⅱ型和Ⅴ型是非腺毛，Ⅵ行和Ⅶ型为腺毛(图2C)。通常毛状体的结构主要包括三个部分：腺细胞、柄细胞、基细胞[8]，非腺状毛状体不具备腺头，也分单细胞与多细胞，发育始于垂直于表皮平面的前体细胞的扩张，随后细胞沿面分裂形成由一些矩形细胞和一个尖头细胞组成的柄[9]。腺毛由头细胞、柄细胞和基细胞三部分构成(图2D)。头细胞外覆盖着角质膜，从头细胞中释放出的分泌物质最初积累在细胞壁与角质膜之间，角质膜破裂释放出分泌物[14]。腺细胞的发育通常有几个阶段：包括从表皮表面突起的毛前体细胞起始和扩展，随后通过细胞分裂沿纵向分裂成两个细胞(顶部和底部)，这两个细胞后来分别形成头部区域和柄部[15]。由于腺头的存在决定了腺毛具有优越的物质合成能力。

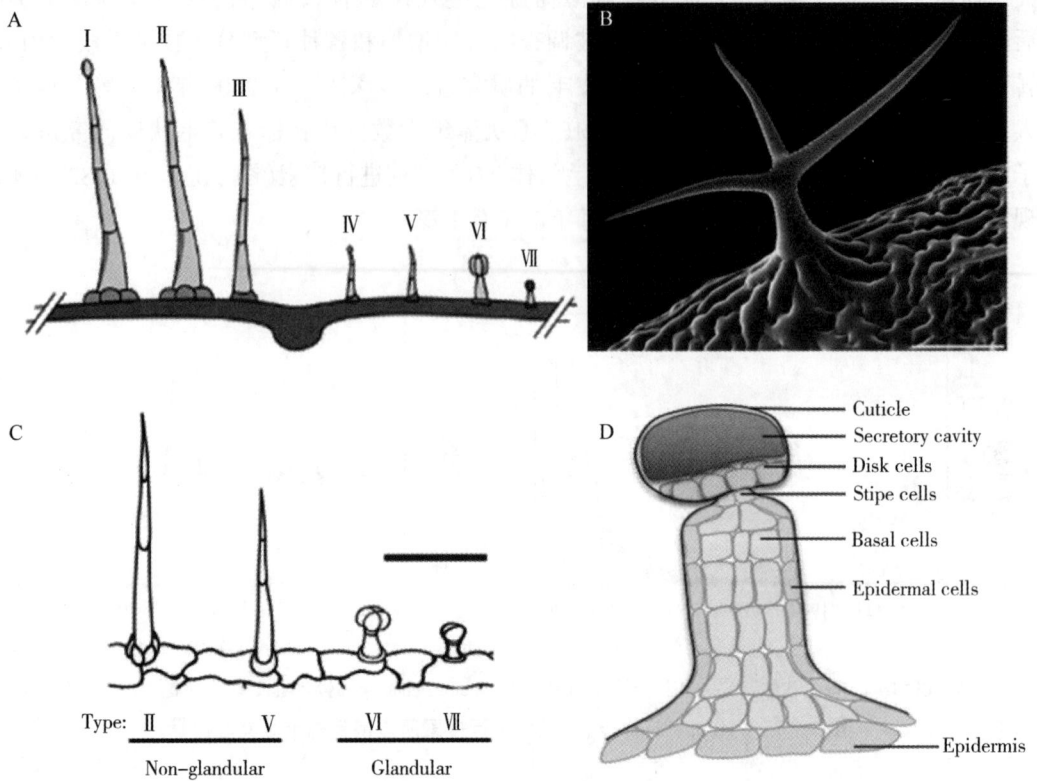

注：A. 番茄中毛状体类型[10]。B. 拟南芥单细胞三分叉毛状体[11]。C. 马铃薯毛状体分类，Type Ⅱ和Ⅴ为非腺毛(左)，Type Ⅵ和Ⅶ为腺毛(右)[12]。D. 烟草腺毛体结构示意图[13]。

图2　不同植物毛状体结构

1.3　毛状体发育与调控

目前毛状体的发育模型在模式植物拟南芥的三分叉型毛状体中阐述较为清楚(图2B)。多细胞毛状体的发育主要分为三个不同的阶段：细胞命运决定、核内复制和核外复制的有丝分裂。在发育过程中，毛状体的表皮细胞首先扩大，然后再垂直于表皮表面进行分裂，多个细胞垂直分裂即形成突起毛状体[16]。拟南芥表皮毛相关调控因子主要可分为两类：一类是对表皮毛形成起正向调控作用的 *R2R3-MYB GLABROUS1* (*GL1*)[17,18]、bHLH(Basic helix-loop-helix)类转录因子 *GLABRA3* (*GL3*)[19] 和 *ENHANCER OF GLABRA3* (*EGL3*)[20]、WD40 重复蛋白(WD40-repeat)TRANSPARENT TESTA GLABRA1 (TTG1)以及 HD-ZIP 转录因子 *GLABRA2* (*GL2*)[21] 等；另一类是对表皮毛形成起负向调控作用的 R3-MYB 类转录因子，包括 *CAPRICE* (*CPC*)、*TRIPTYCHON* (*TRY*)、*MYB MIXTA-like 8*[22] 和 *ENHANCER OF TRYANDCPC1 & 2* (*ETC1&2*)[23] 等。MYB/bHLH/WD-repeat 复合体(MBW)[24] 是毛状体初始形成调控的关键元件。毛状体的调控模式有两种模型：激活剂-抑制剂模型和激活剂-耗竭模型[11,25]，核心概念为 TTG1-GL3/EGL3-GL1 复合体(MBW 复合体的一类)在即将发育成表皮毛的细胞中促进表皮毛激活因子 GL2 和 TTG2 的表达，进而促进表皮毛的分化；此时，表皮毛抑制因子 CPC 和 ETC1 的表达也得到促进，他们转移到邻近细胞并和邻近细胞中自身表达的抑制因子共同取代 GL1 结合 EGL3，形成没有转录激活活性的 TTG1-GL3/EGL3-CPC/ETC1 复合体，导致邻近表皮细胞中有转录激活活性的 TTG1-GL3/EGL3-GL1 复合体含量减少，不足以激活下游基因 *GL2* 和 *TTG2* 的表达，从而抑制表皮毛的形成[26]。MBW 复合体被多种激素调控，目前研究最多的调控激素为赤霉素（Gibberellin，GA）和茉莉酸（Jasmonic acid，JA）。JA 介导核内复制周期的进展，通过降解 JAZ 释放 MBW 复合体并启动表皮毛，以增加多细胞表皮毛的数量或表皮毛的大小[27]。GA 增强 MYB23、GL1、GL3 和 EGL3 的表达水平，但抑制 TRY、ETC1 和 ETC2 的表达水平，正调控表皮毛的数量和分支[28]。同时，生长素、脱落酸、乙烯和油菜素内酯也被证明参与着调控毛状体的发育[29]。

2 毛状体功能研究

2.1 代谢物合成工厂

毛状体能够产生大量的专化代谢产物，并对植物适应环境和抵御逆境伤害有重要意义。在表皮毛中发现了种类繁多的特殊代谢物，包括脂类、蜡质、苯丙素类、黄酮类、甲基酮类、萜类等[13]。已有研究证明，腺毛和非腺毛中所能合成的代谢物具有区别[14]，这为不同类型毛状体执行不同功能奠定了基础。腺毛中的分泌物主要有脂类、萜类和各种植物粘液，其产生的挥发性物质（Volatile organic compounds，VOCs）是植物芳香的主要来源[30]。代谢物除了能在腺头中合成，也可以从别的部位运输至毛状体中，如尼古丁从根系运输到表皮毛[31]。在某些情况下，除了亲脂性物质外，还发现参与植物防御的蛋白质和多糖。例如，在烟草叶面发现的叶绿体素（Phylloplanins）是由表皮毛产生的糖蛋白，具有抗真菌特性[32]，主要在新的组织和腺毛中表达[33]。而在番茄中发现的酰基糖具有食草动物毒性，此外他们是优秀的表面活性剂，可能会粘附在昆虫角质层上，导致固定化或窒息[34,35]。同时，Kowalski 等[36]从野生马铃薯（*Solanum berthaultii* Hawkes）腺毛中中成功分离了一种多酚氧化酶（Polymerization oxidase，PPO），被证明可以迅速驱动氧化聚合从而起到防虫效果。综上，植物表面毛状体合成的多种生物活性物质赋予了其各种生理功能。

2.2 物质运输通道

进一步研究发现，毛状体还在水分吸收和金属解毒中扮演重要角色，这对农业生态学具有重要意义。研究者对不同植物毛状体功能进行统计，结果发现，14 个植物家族中 37 种植物毛状体参与了水分吸收，而 13 个家族的 33 种植物能够在其表皮毛中积累金属，以进行金属解毒[37]。毛状体吸收水分的能力来源于其与叶片其他部分相比较低的疏水性，以及特殊的收集和吸收水分的结构[38]。而毛状体金属解毒功能不仅源于其基底细胞与下层维管组织的良好连接，也来自于自身内部存在的金属螯合配体和转运蛋白。在大白菜中发现新叶和老叶对镉、砷的富集能力均较强，说明表皮毛对镉砷的区隔化是大白菜解毒的作用机制之一[39]。而在拟南芥中发现，通过机械触碰，可以使重金属富集在非腺毛中[40]，同时毛状体还是大豆叶面镍吸收的重要途径[41]。除此之外，毛状体中的代谢物还参与着调节营养素吸收。例如，他们有助于植物从环境中吸收氮[42]、磷[43]必需元素和矿质营养素，这对于生长在营养贫瘠土壤的植物尤为重要。

2.3 植物抗逆场所

叶片表面突起的毛状体结构为叶片提供了一道天然光反射屏障，调节叶片的热平衡和光子截获。研究表明，密集的柔毛一般会增加可见光、近红外和红外辐射的反射率，并减少紫外线的伤害[44,45]。除此之外，植物毛状体中的代谢物具有显著的防御功，通过生产和积累特定的化学物质，如挥发性有机化合物和苦味物质，来抵御食草动物和病原微生物的侵害[46]。这些代谢物可以直接对敌害生物产生毒性作用，或者通过吸引天敌来间接防御[47]。在番茄中通过培育腺毛体富含高酰基糖的品种，以提高植株的食草性害虫抗性[48]。毛状体不仅是化学物质的合成场所，也是植物内部信号传递的关键节点。他们能够感应外部环境变化，并通过合成特定的信号分子，如胞内第一信使（Ca^{2+}）和第二信使（JA），调节植物对逆境的响应，从而增强植物的抗逆性[49,50]。植物毛状体的这些功能使其成为植物抗逆反应中的重要场所，帮助植物通过多种机制增强对逆境的适应和抵抗能力。

3 马铃薯毛状体功能研究

马铃薯（*Solanum tuberosum* L.）作为茄科植物同样具有丰富的毛状体资源，主要包含了两类腺毛和两类非腺毛，其中腺毛被认为具有优秀的抗虫特性[51]，可以通过分泌代谢物来影响叶婵的取食喜好[52]，但是关于毛状体对于病原微生物的影响报道较少。然而，越来越多的证据表明，毛状体的存在可能会对植物造成有害的后果。例如，植物致病菌可以通过被破坏的毛状体的开放基部或断柄进入宿主[53]。同样，毛状体被认为是真菌感染的首选部位，除了寄生的相互作用，毛状体也形成了一个宿主与真菌的内生关系，从而成为一个不同寻常的真菌生态位[54]。植物在受到病原微生物侵染时释放出大量的挥发性有机化合物，包括萜烯类、芳香族、含氮化合物、脂肪酸衍生物，以及挥发性植物激素茉莉酸甲酯和水杨酸甲酯[55]。而毛状体中优秀的物质合成能力，为其抗菌能力提供了基础。在马铃薯中发现，倍半萜类是腺毛分泌物的主要挥发性成分，非腺毛分泌物的挥发性成分较少[56]。有试验发现腺毛对防止马铃薯 Y 病毒（Potato virus Y，PVY）感染和传播有一定作用[57]，同时腺毛状体的存在也赋予了对致病疫霉的抗性[58]。但是，目前关于马铃薯毛状体与病原微生物之间的互作研究较少，虽然各种证据指向腺毛具有一定抗菌活性，但是没有确切的防御通路被报道。

4 展 望

目前关于毛状体的研究已经从表型进入到发育调控阶段。表皮毛因其突出的表皮并且容易从中分离和收获，使得其所含的 mRNAs、蛋白质和小分子物质容易分析。对于毛状体中的蛋白组和代谢组测序已有成熟的分离手段[59,60]，这预示着毛状体研究成功进入分子时代。但是不同植物表面毛状体的形状、大小和数量差异较大，要在马铃薯中成功分开腺毛与非腺毛并进行下游组学测序还未见报道，所以在马铃薯毛状体研究中还存在一定的技术手段空白。同时，同为茄科作物的番茄中，毛状体研究已经具有一定的规模和数量，在毛状体生长发育[61]、调控[62]和功能[63]各个领域都有报道，但在马铃薯上研究较少，未来关于马铃薯毛状体的研究也可以参照其他研究较为成熟的作物的试验模式，逐步解析马铃薯毛状体功能构建过程。Schuurink 和 Tissier[64] 提出未来关于毛状体的主要研究方向可能集中在：（1）代谢物运输及其相应的储存；（2）腺毛的代谢网络及其如何支持高代谢生产力；（3）毛状体发育与分化，包括表皮毛在密度、分布和多样性方面的控制因素。但是由于马铃薯多倍体育种的原因，通过基因编辑调控栽培四倍体马铃薯毛状体特性较难实现，从表观入手解析马铃薯毛状体发育功能是目前较为普遍的研究思路。关于毛状体抗生物与非生物胁迫在其他作物中已有较多研究，而在马铃薯中报道较少，尤其是毛状体在面对病原菌侵染时所承担的角色。所以，对于马铃薯毛状体研究也可以从其抗逆作用入手，以生产实践相关问题作为切入点，再基于现代分子技术进一步深入解析抗逆调控途径。

[参 考 文 献]

[1] 毛学文. 植物的毛状体 [J]. 生物学教学, 2002(11): 38-39.

[2] Xin Y, Pan W, Chen X, et al. Transcriptome profiling reveals key genes in regulation of the tepal trichome development in Lilium pumilum D C [J]. Plant Cell Reports, 2021, 40(10): 1 889-1 906.

[3] Zhang H, Liu P, Wang B, et al. The roles of trichome development genes in stress resistance [J]. Plant Growth Regulation, 2021, 95(2): 137-148.

[4] Payne W W. A glossary of plant hair terminology [J]. Brittonia, 1978, 30(2): 239.

[5] Croteau R B, Davis E M, Ringer K L, et al. (−)−Menthol biosynthesis and molecular genetics [J]. Naturwissenschaften, 2005, 92(12): 562.

[6] Dai X, Wang G, Yang D S, et al. TrichOME: A comparative omics database for plant trichomes [J]. Plant Physiology, 2009, 152(1): 44-54.

[7] Watts S, Kariyat R. Morphological characterization of trichomes shows enormous variation in shape, density and dimensions across the leaves of 14 Solanum species [J]. AoB PLANTS, 2021, 13(6): plab071.

[8] Unzelman J M, Healey P L. Development, structure, and occurrence of secretory trichomes of pharbitis [J]. Protoplasma, 1974, 80(4): 285-303.

[9] Xue S, Dong M, Liu X, et al. Classification of fruit trichomes in cucumber and effects of plant hormones on type II fruit trichome development [J]. Planta, 2019, 249(2): 407-416.

[10] Vendemiatti E, Therezan R, Vicente M H, et al. The genetic complexity of Type−IV trichome development reveals the steps towards an insect−resistant tomato [J]. Plants, 2022, 11(10): 1 309.

[11] Schellmann S, Hulskamp M. Epidermal differentiation: trichomes in Arabidopsis as a model system [J]. International Journal of Developmental Biology, 2004, 49(5-6): 579-584.

[12] Cho K S, Kwon M, Cho J H, et al. Characterization of trichome morphology and aphid resistance in cultivated and wild species of potato [J]. Horticulture, Environment, and Biotechnology, 2017, 58(5): 450-457.

[13] Tanney C A S, Backer R, Geitmann A, et al. Cannabis glandular trichomes: A cellular metabolite factory [J]. Frontiers in Plant Science, 2021, 12: 721 986.

[14] Meyberg M, Krohn S, BrÜmmer B, et al. Ultrastructure and secretion of glandular trichomes of tobacco leaves [J]. Flora, 1991, 185(5): 357-363.

[15] Dong M, Xue S, Bartholomew E S, et al. Transcriptomic and functional analysis provides molecular insights into multicellular trichome development [J]. Plant Physiology, 2022, 189(1): 301-314.

[16] Yang C, Ye Z. Trichomes as models for studying plant cell differentiation [J]. Cellular and Molecular Life Sciences, 2013, 70 (11): 1 937-1 948.

[17] Qin W, Xie L, Li Y, et al. An *R2R3-MYB* transcription factor positively regulates the glandular secretory trichome initiation in artemisia annua L [J]. Frontiers in Plant Science, 2021, 12: 657 156.

[18] Wu Y, Wen J, Xia Y, et al. Evolution and functional diversification of R2R3-MYB transcription factors in plants [J]. Horticulture Research, 2022, 9: uhac058.

[19] Zhao M, Morohashi K, Hatlestad G, et al. The TTG1-bHLH-MYB complex controls trichome cell fate and patterning through direct targeting of regulatory loci [J]. Development (Cambridge, England), 2008, 135(11): 1 991-1 999.

[20] Bernhardt C, Lee M M, Gonzalez A, et al. The bHLH genes *GLABRA3* (*GL3*) and ENHANCER OF *GLABRA3* (*EGL3*) specify epidermal cell fate in the *Arabidopsis* root [J]. Development (Cambridge, England), 2003, 130(26): 6 431-6 439.

[21] Subedi B, Schrick K. EYFP fusions to *HD-Zip IV* transcription factors enhance their stability and lead to phenotypic changes in *Arabidopsis* [J]. Plant Signaling and Behavior, 2022, 17(1): 2 119 013.

[22] Scoville A G, Barnett L L, Bodbyl-Roels S, et al. Differential regulation of a *MYB* transcription factor is correlated with transgenerational epigenetic inheritance of trichome density in *Mimulus guttatus* [J]. New Phytologist, 2011, 191 (1): 251-263.

[23] Kirik V, Simon M, Huelskamp M, et al. The *ENHANCER OF TRY AND CPC*1 gene acts redundantly with *TRIPTYCHON* and *CAPRICE* in trichome and root hair cell patterning in *Arabidopsis* [J]. Developmental Biology, 2004, 268(2): 506-513.

[24] Qi T, Song S, Ren Q, et al. The Jasmonate-ZIM-Domain proteins interact with the WD-Repeat/bHLH/MYB complexes to regulate jasmonate-mediated anthocyanin accumulation and trichome initiation in *Arabidopsis thaliana* [J]. The Plant Cell, 2011, 23(5): 1 795-1 814.

[25] Fambrini M, Pugliesi C. The dynamic genetic-hormonal regulatory network controlling the trichome development in leaves [J]. Plants, 2019, 8(8): 253.

[26] 马骁, 李魁, 王志敏, 等. 植物不同类型表皮毛调控模型研究进展 [J]. 生物工程学报, 2020, 36(10): 2 051-2 065.

[27] Li J, Wang X, Jiang R, et al. Phytohormone-based regulation of trichome development [J/OL]. Frontiers in Plant Science, 2021, 12[2023-03-09]. https://www.frontiersin.org/articles/10.3389/fpls.2021.734776.

[28] Qi T, Huang H, Wu D, et al. *Arabidopsis* DELLA and JAZ proteins bind the WD-Repeat/bHLH/MYB complex to modulate gibberellin and jasmonate signaling synergy [J]. The Plant Cell, 2014, 26(3): 1 118-1 133.

[29] Wang X, Shen C, Meng P, et al. Analysis and review of trichomes in plants [J]. BMC Plant Biology, 2021, 21(1): 70.

[30] Giuliani C, Ascrizzi R, Lupi D, et al. Salvia verticillata: Linking glandular trichomes, volatiles and pollinators [J]. Phytochemistry, 2018, 155: 53-60.

[31] Laue G, Preston C A, Baldwin I T. Fast track to the trichome: induction of N-acyl nornicotines precedes nicotine induction in Nicotiana repanda [J]. Planta, 2000, 210(3): 510-514.

[32] Shepherd R W, Bass W T, Houtz R L, et al. Phylloplanins of tobacco are defensive proteins deployed on aerial surfaces by short glandular trichomes [J]. The Plant Cell, 2005, 17(6): 1 851-1 861.

[33] Freire L, Santana J O, Oliveira De Sousa A, et al. Tc PHYLL, a cacao phylloplanin expressed in young tissues and glandular trichomes [J]. Physiological and Molecular Plant Pathology, 2017, 100: 126-135.

[34] De Lima Filho R B, Resende J T V, De Oliveira J R F, et al. Relationship between acylsugars and leaf trichomes: Mediators of pest resistance in tomato [J]. Insects, 2022, 13(8): 738.

[35] Fan P, Leong B J, Last R L. Tip of the trichome: evolution of acylsugar metabolic diversity in Solanaceae [J]. Current Opinion in Plant Biology, 2019, 49: 8-16.

[36] Kowalski S P, Eannetta N T, Hirzel A T, et al. Purification and characterization of polyphenol oxidase from glandular trichomes of *Solanum berthaultii* [J]. Plant Physiology, 1992, 100(2): 677-684.

[37] Li C, Mo Y, Wang N, et al. The overlooked functions of trichomes: Water absorption and metal detoxication [J]. Plant, Cell and Environment, 2023, 46(3): 669-687.

[38] Vitarelli N C, Riina R, Cassino M F, et al. Trichome-like emergences in croton of brazilian highland rock outcrops: Evidences for atmospheric water uptake [J]. Perspectives in Plant Ecology, Evolution and Systematics, 2016, 22: 23-35.

[39] 高培培, 郭佳, 孙洪欣, 等. 大白菜叶片表皮毛特征及重金属镉砷的累积特性 [J]. 河北农业大学学报, 2022, 45(1): 39-47.

[40] Guo C, Hu J, Gao W, et al. Mechanosensation triggers enhanced heavy metal ion uptake by non-glandular trichomes [J]. Journal of Hazardous Materials, 2022, 426: 127 983.

[41] De Oliveira J B, Lavres J, Kopittke P M, et al. Unravelling the fate of foliar-applied nickel in soybean: a comprehensive investigation [J/OL]. Plant and Soil, 2024[2024-04-06]. https://link.springer.com/10.1007/s11104-024-06567-0.

[42] Gomes L D L, Ferreira M L, Kanashiro S, et al. Nitrogen uptake by ornamental bromeliad: leaf and root efficiency [J]. Plant and Soil, 2021, 466(1-2): 293-302.

[43] Arsic M, Persson D P, Schjoerring J K, et al. Foliar-applied manganese and phosphorus in deficient barley: Linking absorption pathways and leaf nutrient status [J]. Physiologia Plantarum, 2022, 174(4): e13761.

[44] Karabourniotis G, Liakopoulos G, Bresta P, et al. The optical properties of leaf structural elements and their contribution to photosynthetic performance and photoprotection [J]. Plants, 2021, 10(7): 1 455.

[45] Karabourniotis G, Papadopoulos K, Papamarkou M, et al. Ultraviolet-B radiation absorbing capacity of leaf hairs [J]. Physiologia Plantarum, 1992, 86(3): 414-418.

[46] Pelletier Y, Dutheil J. Behavioural responses of the Colorado potato beetle to trichomes and leaf surface chemicals of *Solanum tarijense* [J]. Entomologia Experimentalis et Applicata, 2006, 120(2): 125-130.

[47] Ryan J D, Gregory P, Tingey W M. Phenolic oxidase activities in glandular trichomes of *Solanum berthaultii* [J]. Phytochemistry, 1982, 21(8): 1 885-1 887.

[48] De Resende J T V, Dias D M, Erpen-Dalla Corte L, et al. The introgression of resistance to tuta absoluta in tomato based on glandular trichomes [J]. Arthropod-Plant Interactions, 2022, 16(1): 87-99.

[49] Markovic D, Nikolic N, Glinwood R, et al. Plant responses to brief touching: A mechanism for early neighbour detection? [J]. PLOS ONE, 2016, 11(11): e0165742.

[50] Weigend M, Mustafa A, Ensikat H J. Calcium phosphate in plant trichomes: the overlooked biomineral [J]. Planta, 2018, 247(1): 277-285.

[51] Pelletier Y, Smilowitz Z. Effect of trichome B exudate of *Solanum berthaultii* Hawkes on consumption by the colorado potato beetle, *Leptinotarsa decemlineata* (Say) [J]. Journal of Chemical Ecology, 1990, 16(5): 1 547-1 555.

[52] Tingey W M, Laubengayer J E. Glandular trichomes of a resistant hybrid potato alter feeding behavior of the potato leafhopper (Homoptera: Cicadellidae) [J]. Journal of Economic Entomology, 1986, 79(5): 1 230-1 234.

[53] Park J, An H, Kim K W. Visualization of fungal hyphae in the trichomes of sawtooth oak leaves [J]. European Journal of Plant Pathology, 2020, 156(4): 1 119-1 133.

[54] Kim K W. Plant trichomes as microbial habitats and infection sites [J]. European Journal of Plant Pathology, 2019, 154(2): 157-169.

[55] Hammerbacher A, Coutinho T A, Gershenzon J. Roles of plant volatiles in defence against microbial pathogens and microbial exploitation of volatiles [J]. Plant, Cell and Environment, 2019, 42(10): 2 827-2 843.

[56] AVÉ D A, Gregory P, Tingey W M. Aphid repellent sesquiterpenes in glandular trichomes of *Solanum berthaultii* and *S. tuberosum* [J]. Entomologia Experimentalis et Applicata, 1987, 44(2): 131-138.

[57] Gunenc Y, Gibson R W. Effects of glandular foliar hairs on the spread of potato virus Y [J]. Potato Research, 1980, 23(3): 345-351.

[58] Lai A, Cianciolo V, Chiavarini S, et al. Effects of glandular trichomes on the development of *Phytophthora infestans* infection in potato (*S. tuberosum*) [J]. Euphytica, 2000, 114(3): 165-174.

[59] Conneely L J, Mauleon R, Mieog J, et al. Characterization of the Cannabis sativa glandular trichome proteome [J]. PLOS ONE, 2021, 16(4): e0242633.

[60] Yerger E H, Grazzini R A, Hesk D, et al. A rapid method for isolating glandular trichomes [J]. Plant Physiology, 1992, 99(1): 1-7.

[61] Hong W K, Chun J I, Jeong N R, et al. Tomato hairless on stems mutant affects trichome development [J]. Horticulture, Environment, and Biotechnology, 2021, 62(1): 77-85.

[62] Chun J I, Kim S M, Jeong N R, et al. Tomato ARPC1 regulates trichome morphology and density and terpene biosynthesis [J]. Planta, 2022, 256(2): 38.

[63] Fich E A, Fisher J, Zamir D, et al. Transpiration from tomato fruit occurs primarily via trichome-associated transcuticular polar pores [J]. Plant Physiology, 2020, 184(4): 1 840-1 852.

[64] Schuurink R, Tissier A. Glandular trichomes: micro-organs with model status? [J]. New Phytologist, 2020, 225(6): 2 251-2 266.

光周期对马铃薯匍匐茎和块茎形成的影响

孙曾辉，姜丽丽，王海泽*

（黑龙江八一农垦大学农学院，黑龙江　大庆　163319）

摘　要： 马铃薯是一种重要的农作物，其生长发育特性受光周期的影响较大。综述对光周期对马铃薯匍匐茎和块茎的影响进行了总结，并对光周期调控马铃薯产量和品质的生理机制进行了探讨。适宜的光周期可以促进马铃薯的匍匐茎和块茎生长发育，从而提高产量和品质。此外，还对光周期调控马铃薯栽培的应用前景进行了展望，指出光周期调控在马铃薯生产中的潜在意义。这些研究成果对于马铃薯生产具有重要的理论和实践指导作用，在广泛应用和推广方面具备巨大潜力。

关键词： 马铃薯；光周期；匍匐茎；块茎；调控

马铃薯作为世界上仅次于玉米、小麦和水稻的第四大粮食农作物品种，得到了广泛栽培，遍布全球各处。同时，也是中国粮菜兼用的主要农作物[1]，据统计，2022年中国马铃薯种植面积572.34万 hm^2，产量9 557万 t，占据了全世界的四分之一左右，并且连续数年位列世界首位[2]。因此，中国的马铃薯生产量变动对于全球粮食供应安全有着关键的影响。其地下块茎是马铃薯收获和重要的繁殖器官。对块茎生长与发展机制的研究对于提高种薯培育的新颖性、提升产出潜力及单株结薯数量具有重要意义，同时也有助于优化马铃薯的栽培方式。块茎是由地下匍匐茎亚顶端膨大而成的储存组织器官[3]，当匍匐茎转变为块茎时，意味着马铃薯组织的可塑性得到了体现。光周期、强度、光谱等光变量是调节植物生长发育的关键信号。马铃薯生长的光周期、匍匐茎的形成以及块茎的生长发育过程是马铃薯生长发育特性的重要组成部分。

1　马铃薯的生长发育特性

光周期对马铃薯的生长有着显著影响，在不同的光周期处理下，马铃薯的叶绿素含量和光合作用特性会有所不同。这种光周期变动会对马铃薯的生长发育以及产量形成较大影响[4]。所以，光周期是马铃薯生长的重要环境因素之一。

马铃薯地下匍匐茎由地下腋生分生组织发育而成，在有利条件下经历了连续的发育转变，最终形成成熟的块茎。块茎的发育受到匍匐茎的形态和生化变化的调控，这一过程涉及多种环境因素、分子信号、植物激素的整合，以及结核中的氮供应[5]。马铃薯发育可塑性在不同光周期下表现出不同的生长响应，有关马铃薯块茎形成的研究已经取得了重要进

作者简介： 孙曾辉（1998—），女，硕士研究生，从事作物栽培研究。

基金项目： 黑龙江八一农垦大学三横三纵支持计划（ZRCPY201801）。

＊**通信作者：** 王海泽，博士，副教授，主要从事作物栽培研究，e-mail：290832536@qq.com。

展。光照是马铃薯进行光合作用所需的能源，对于其生长、成熟、形态塑造以及物质转化都有着极为重要的影响[6]。光合作用是植物生长发育的重要生理过程之一，而光周期对马铃薯的光合作用过程产生显著影响。适当的光照周期可以刺激叶绿素的生成和光合酶系统的活化，进而提升光合作用的效能，增加光合产物的生成和积累[7]。此外，光周期还影响着马铃薯根系的养分吸收和转运，调节植株对水分、氮、磷等养分的吸收和利用效率，进而影响着马铃薯的生长和发育进程。

对马铃薯的生长特性进行深入研究，有助于我们更好地掌握其生长规律。这将为调节光周期对马铃薯产量和品质的影响提供理论依据，并为马铃薯的种植和生产提供重要的理论指导和实践参考。

2　光周期对马铃薯匍匐茎形成的影响

光合作用是95%有机物质积累来源，其强弱和效率直接影响着农作物产量，因此，需要重点研究作物的光合作用[8]。在不同光周期条件下，马铃薯植株的生长形态、叶片展开和匍匐茎形成都会受到显著影响。研究表明，适宜的光照周期能够推动马铃薯匍匐茎的生长和发展，进而对马铃薯产量和质量产生正面影响。

决定马铃薯植株生成块茎数量的关键因素包括地下茎上的匍匐茎数量及其生成块茎的环境条件[9-11]。关于外界因素如何影响匍匐茎形成块茎的研究很多[12]，如高氮肥含量、过度高温、高赤霉素和日照过长都可能阻碍匍匐茎形成块茎的过程，相反，强光照射、高蔗糖浓度和短日照可以有效促使匍匐茎趋向于向地下生长并形成块茎。在长日照环境下，匍匐茎更倾向于生长成芽；但在短日照环境下，则会往下延伸并且变成块茎。所有主茎的节位都有能力生产匍匐茎，而且他们的形成受到叶片数量和光合面积的影响。一些研究表明，具备一定程度的光合面积是形成匍匐茎的物质基础，幼苗期建立大的叶面积有利于形成匍匐茎[13]。匍匐茎的发生与地上茎叶的发育同步，形成过程中与地上茎叶竞争光合产物。随着叶数增多，匍匐茎数量减少，叶片光合产物分配及有机物积累直接影响匍匐茎数量及匍匐茎向块茎发育速度[14]。

3　光周期对马铃薯块茎形成的影响

光周期是由地球旋转所引发的昼夜交替过程。许多马铃薯的野生品种及种植种类显示，短光照时间能够显著地刺激其块茎的发展。相较于长时间的光照或较高的温度环境，短日光照和较低的气温更有利于马铃薯块茎的生成[15]。

马铃薯利用其叶片接收光周期信号，所以一旦出苗，就会被光周期所影响。不同种类的基因型及其各发育阶段下，马铃薯对于光周期的反应强度有所差异。光周期对某些早熟品种影响较小，而对那些中晚熟品种则有较大作用[16]。一项研究指出，大部分马铃薯品种在形成块茎的过程中需依赖于短日照的刺激[17]。短日照可以阻止马铃薯匍匐茎继续伸展，从而导致其顶端膨大，最后生成块茎，使得马铃薯提前步入块茎形成期[18]。此外，短日照还能适度抑制早期茎的发展，让植株变得矮壮，降低块茎生长的时长，并且有助于将干物质运输到块茎上，缩短整个马铃薯生育期，进而提升块茎产量[19]。相比之下，长日照能明显延迟马铃薯块茎的开始形成与增长速度，增加侧枝的出现和成长，过长的日照导致马铃薯的茎叶过于徒长，难以形成有效的块茎，且匍匐茎将继续延伸直至变成地面上的分枝[20]。综上所述，光周期主要是在出苗到块茎膨大的过程中对马铃薯发育产生重要影响。

据已有的研究成果显示，当环境条件为 8 h/16 h 和 12 h/12 h 时，马铃薯会产生块茎；然而，在 16 h/8 h 的环境条件下，没有观察到任何块茎的生长情况，这说明 16 h/8 h 的长日照时间会影响马铃薯的结薯过程。此外，还注意到，在长日照下，马铃薯"合作 88 号"不会出现块茎的发育现象，而"米拉"则能在各种不同的光照条件下成功地结出块茎[21]。另外，唐道彬等[22]研究也证实，中日照对于雾培马铃薯中的块茎增大是有益的。柳俊和谢从华[23]进一步指出，短日照更有利于促进试管薯的块茎成长和膨大。因此可以看出，各类马铃薯品种对光周期的响应程度存在着明显的差别。各类型马铃薯品种对光周期的偏好影响其结薯能力和块茎的大小，进而决定了他们各自在特定地区的种植适应度[4]。不同品种对光周期的敏感程度和对光照条件的适应性存在差异，进而影响着马铃薯块茎的形成和品质。因此，针对不同品种的马铃薯，需要深入研究其对光周期的生理响应机制，以实现针对性的光周期调控马铃薯块茎形成和品质的目的。

3.1 光周期信号调控马铃薯块茎形成

光周期还通过影响植物体内信号传导和激素合成来调控马铃薯的生理代谢。光周期对植物激素的合成和信号传导有着重要的影响，包括赤霉素、生长素、乙烯等植物激素在植物的生长发育中扮演着关键的调节角色[4]。光周期调控植物激素的合成和信号传导，进而影响着植物的生长、开花、结果、抗逆性等重要生理过程。

通过叶片，马铃薯能够检测到光周期的变化。在叶片内部，光接收器对光信号做出反应，随后这些信号通过昼夜节律钟和调控基因传递，进一步向下游组件传送[24]。光受体如光敏色素 A（StPHYA）和光敏色素 B（StPHYB）在马铃薯叶中最初捕捉到光信号，这一信号随后被传递到昼夜节律的关键复合调控器 StFKF1/StGI。StGI 能够影响转录因子 StCDF1 的水平，从而间接抑制了 StCO 基因的活性。此外，StPHYA、StPHYB 以及 StPHYF 也能直接影响 StCO 基因的表达水平[24-27]。StCO 能够影响 StSP6A 和 StBEL5 的表达水平。同时，StSP5G 通过对 StSP6A 的负面调节，进一步阻碍了块茎的形成[28,29]。StBEL5-POTH1 复合体通过调节匍匐茎顶端的激素浓度，间接促使块茎发育[30]。miR172 同样受到 StGI 调节，进而作用于 StBEL5 的表达[31]。miR156 通过调控转录因子 StSPL9 来影响 miR172 的活性，从而间接参与块茎的形成过程[32]。

3.2 植物激素信号调控马铃薯块茎形成

马铃薯块茎的形成受环境和内部激素水平共同作用的影响。其中，赤霉素（Gibberellins，GA）在阻止块茎启动及其初期发展中发挥着重要角色，同时光周期、气温、氮素等外界条件也通过影响 GA 浓度间接作用于块茎的生长[33]。长日照（Long days，LDs）环境下仅降低 GA 含量并不能减少对块茎生长的阻碍，表明还有其他机制在起作用。光敏色素 B（StPHYB）在 LDs 环境中阻断由光周期引发的块茎生长，阻断了 StPHYB 合成的转基因植株无论在哪种光周期条件下都能迅速产生大量块茎[34]。同时，脱落酸（Abscisic acid，

ABA)与茉莉酸(Jasmonic acid，JA)及其衍生化合物能够通过调节 GA 信号，直接或间接促进块茎的形成[33]。因此，块茎发育是一个由多种激素相互作用和环境条件共同调控的复杂过程。尽管对于激素相互作用和环境调控机制的详细了解仍有限，但这一领域的进一步研究将有助于揭示块茎形成的调控。

3.3 糖信号调控马铃薯块茎形成

蔗糖作为植物光合作用的关键产物之一，不仅向细胞输送了必要的能源，也扮演着信号分子的角色，深刻影响植物的生长、发展、细胞周期进程以及基因的激活与表达[35,36]。马铃薯的块茎作为一个主要的营养储存器官，其形成过程与蔗糖的生成、转运和代谢过程紧密相连。

糖可以通过间接调节 CONSTANS(CO)蛋白来调控马铃薯开花和形成块茎。CO 是一个关键的光周期响应蛋白，其稳定性和活性受到光周期和糖水平的共同调控，进而影响 *FLOWERING LOCUS T*(FT)基因的表达，在块茎形成初期，蔗糖的运输模式发生变化，通过 StSP6A 和 StSWEET11 之间的相互作用来调节，促进蔗糖在植物体内的正确分配和利用。糖信号还可以通过调节植物激素水平来间接影响光周期。例如，糖能够影响赤霉素(GA)和蔗糖的合成与信号传递，这些激素在调节光周期引起的生理反应中起着重要作用。因此，糖信号和光周期通路之间存在交互作用，这对马铃薯块茎形成至关重要。

4 光周期在马铃薯生产中的发展前景与展望

光周期技术在马铃薯产量和品质改良中具有重要的应用前景和潜在的经济效益。通过光周期调控马铃薯生长发育，可以有效促进马铃薯植株的光合作用和养分积累，从而提高植株的光能利用效率和产量。同时，光周期调控还可以影响马铃薯块茎的形成和积累，对块茎品质的改良具有积极作用。

具体来说，光周期技术可以通过调整马铃薯的生长期和生育期，使其适应不同的光照条件，从而提高产量和品质。在生产实践中，通过合理控制光周期，调整马铃薯植株的生长速度和养分分配，进而提高块茎的质量和抗逆性。此外，光周期技术还可以影响马铃薯植株的光合产物积累和转运，对块茎的营养物质积累和品质形成起到重要作用。

因此，光周期技术在马铃薯产量和品质改良中的应用具有重要的意义和巨大的潜力。未来，可以通过进一步研究光周期调控马铃薯生长发育的机制和规律，优化光周期技术在马铃薯产量和品质改良中的应用策略，为马铃薯的优质生产和高效栽培提供更多的技术支撑。

光周期在马铃薯栽培中的发展前景十分广阔，具有重要的应用前景和推广价值。首先，通过深入研究光周期调控马铃薯生长发育的机制，能够为马铃薯的高效栽培和优质生产提供更多的技术支持。其次，光周期在马铃薯栽培中的应用还可以为农业生产提供新的增产增效途径，为缓解粮食安全和农业可持续发展问题提供新的解决方案。

未来，可以通过进一步研究光周期调控马铃薯栽培技术，优化马铃薯的生长发育模式，提高产量和品质。同时，可以加强光周期技术在不同地区、不同环境条件下的适用性和稳定性研究，为光周期调控马铃薯栽培技术的推广应用提供更多技术支持。所以，光周期在马铃薯种植中的发展潜力极其巨大，具有深远的理论和实践价值。

[参 考 文 献]

[1] 肖欢欢, 陈小虎, 邓海, 等. 马铃薯施肥技术参数及推荐施肥量研究 [J]. 中国马铃薯, 2023, 37(6): 514-526.

[2] FAO. FAOSTATDatabase [DB/OL]. [2024-03-25]. https://www.fao.org/faostat/en/#data/QC.

[3] 景晟林. 马铃薯成花素基因调控块茎形成的功能与机制研究 [D]. 武汉: 华中农业大学, 2023.

[4] 杨浥露, 王芳. 光周期对马铃薯产量与光合作用的影响 [J]. 江苏农业科学, 2021, 49(10): 64-71.

[5] Kondhare K R, Kumar A, Patil N S. Development of aerial and belowground tubers in potato is governed by photoperiod and epigenetic mechanism [J]. Plant Physiology, 2021, 187(3): 1 071-1 086.

[6] 周俊. 马铃薯(Solanum tuberosum L.)试管块茎形成的 QTL 定位及遗传分析 [D]. 武汉: 华中农业大学, 2014.

[7] Kondhare K R, Malankar N N, Devani R S, et al. Genome-wide transcriptome analysis reveals small RNA profiles involved in early stages of stolon-to-tuber transitions in potato under photoperiodic conditions [J]. BMC Plant Biology, 2018, 18 (1): 284.

[8] 张耀文, 赵小光, 关周博, 等. 作物高光效种质筛选的研究进展 [J]. 中国农学通报, 2019, 35(18): 1-11.

[9] Duncan D A, Ewing E E. Initial anatomical changesassociated with tuber formation on single node potato (Solanum tuberosumn L) cuttings [J]. Annals of Botany, 1984, 53: 607-610.

[10] Bouth A. The role of growth substances in the development of stolons [A]. Ivans J D, Mihhorpe F L. In the Growth of the Potato [C]. London: Butterworths, 1963.

[11] Vreugdenhil D, Struik P C. An integrated view of the hormonal regulation of tuber formation in potato (Solanum tuberosum) [J]. Physiologia Plantarum, 1989, 75(4): tb05619.

[12] Stephen D, Jackson. Multiple signaling pathways control tuber induction in potato [J]. Plant Physiology, 1999, 119: 1-8.

[13] 敖孟奇, 秦永林, 陈杨, 等. 农田土壤 Nmin 对马铃薯块茎形成的影响 [J]. 中国马铃薯, 2013, 27(5): 302-305.

[14] 张桂芝. 马铃薯糖代谢对匍匐茎发生与块茎形成的影响 [D]. 大庆: 黑龙江八一农垦大学, 2016.

[15] 艾炎军. 光周期调控马铃薯块茎形成的全基因组甲基化分析及甲基化修饰的差异基因筛选 [D]. 武汉: 华中农业大学, 2021.

[16] 肖芝. 温光对马铃薯植株生长及块茎形成发育影响的研究 [D]. 呼和浩特: 内蒙古农业大学, 2014.

[17] Allemann J, Hammes P S. Effect of photoperiod on tuberization in the Livingstone potato (Plectranthus esculentus N. E. Br. Lamiaceae) [J]. Field Crops Research, 2006, 98: 76-81.

[18] Rodríguez-Falcón M, Bou J, Prat S. Seasonal control of tuberization in potato: conserved elements with the flowering response [J]. Annual Review of Plant Biology, 2006, 57: 151-180.

[19] Van Dam J, Kooman P L, Struik P C. Effects of temperature and photoperiod on early growth and final number of tubers in potato (Solanum tuberosum L.) [J]. Potato Research, 1996, 39: 51-62.

[20] Demagante A L, Vander Zaag P. The response of potato (Solanum spp.) to photoperiod and light intensity under high temperatures[J]. Potato Research, 1988, 31: 73-83.

[21] 肖关丽, 郭华春. 马铃薯温光反应及其与内源激素关系的研究 [J]. 中国农业科学, 2010, 43(7): 1 500-1 507.

[22] 唐道彬, 高旭, 吕长文, 等. 雾培马铃薯结薯的光响应机理研究 [J]. 西南大学学报: 自然科学版, 2012, 34(2): 23-28.

[23] 柳俊, 谢从华. 马铃薯块茎发育机理及其基因表达 [J]. 植物学通报, 2001(5): 531-539.

[24] 谢婷婷, 柳俊. 光周期诱导马铃薯块茎形成的分子机理研究进展 [J]. 中国农业科学, 2013, 46(22): 4 657-4 664.

[25] Zhou T, Song B, Liu T, et al. Phytochrome F plays critical roles in potato photoperiodic tuberization [J]. Plant Journal, 2019, 98(1): 42-54.

[26] Kloosterman B, Abelenda J A, Gomez Mdel M, et al. Naturally occurring allele diversity allows potato cultivation in northern latitudes [J]. Nature, 2013, 495(7440): 246-250.

[27] Navarro C, Abelenda J A, Cruz-Oró E, et al. Control of flowering and storage organ formation in potato by *FLOWERING LOCUS T* [J]. Nature, 2011, 478(7367): 119-122.

[28] Abelenda J A, Cruz-Oró E, Franco-Zorrilla J M, et al. Potato *StCONSTANS-like1* suppresses storage organ formation by directly activating the FT-like *StSP5G* repressor [J]. Current Biology, 2016, 26(7): 872-881.

[29] González-Schain N D, Díaz-Mendoza M, Zurczak M, et al. Potato CONSTANS is involved in photoperiodic tuberization in a grafttransmissible manner [J]. Plant Journal, 2012, 70(4): 678-690.

[30] Chen H, Banerjee A K, Hannapel D Jet, et al. The tandem complex of *BEL* and *KNOX* partners is required for transcriptional repression of ga20ox1 [J]. Plant Journal, 2004, 38(2): 276-284.

[31] Martin A, Adam H, Díaz-Mendoza M, et al. Graft-transmissible induction of potato tuberization by the microRNA *miR172* [J]. Development, 2009, 136(17): 2 873-2 881.

[32] Bhogale S, Mahajan A S, Natarajan B, et al. *MicroRNA156*: a potential graft-transmissible *MicroRNA* that modulates plant Architecture and Tuberization in *Solanum tuberosum* ssp. Andigena [J]. Plant Physiology, 2014, 164(2): 1 011-1 027.

[33] Aksenova N P, Konstantinova T N, Golyanovskaya S A, et al. Hormonal regulation of tuber formation in potato plants [J]. Plant Physiology, 2012, 59: 451-466.

[34] 雷春霞, 李灿辉, 陈永坤, 等. 马铃薯块茎形成的生理生化基础和分子机制 [J]. 生物技术通报, 2022, 38(4): 44-57.

[35] Raíces M, Ulloa R M, MacIntosh G C, et al. *StCDPK1* is expressed in potato stolon tips and is induced by high sucrose concentration [J]. Journal of Experimental Botany, 2003, 54(392): 2 589-2 591.

[36] 房经贵, 朱旭东, 贾海锋, 等. 植物蔗糖合酶生理功能研究进展 [J]. 南京农业大学学报, 2017, 40(5): 759-768.

马铃薯节肥增效的相关制剂

周　鑫[1]，石鑫鑫[1]，方小婷[1]，马海艳[1]，吴　超[1]，罗　超[1]，郑顺林[1,2]*

(1. 四川农业大学西南作物基因资源发掘与利用国家重点实验室/
作物生理生态及栽培四川省重点实验室，四川　成都　611130；
2. 农业农村部薯类作物遗传育种重点实验室/
成都久森农业科技有限公司，四川　新都　610500)

摘　要：马铃薯在中国种植面积广且需肥量高，面对农田面源污染、肥料利用率低、耕地退化等问题，实现节肥增效有利于提高马铃薯生产效率、减轻环境污染，对中国马铃薯产业的发展具有重要作用。综述总结了当前研究领域新兴的节肥增效制剂在马铃薯上的应用现状，并对其未来发展方向做出了展望，以期为马铃薯生产实践提供一定的参考。

关键词：马铃薯；节肥增效；肥料增效剂；植物根际促生菌；应用现状

马铃薯(*Solanum tuberosum* L.)为茄科一年生草本块茎植物[1]，可兼做粮食、蔬菜及饲料[2]，据联合国粮食及农业组织(FAO)报告显示，当前马铃薯已超越玉米，成为了继水稻、小麦之后世界第三大粮食作物[3]。自2015年以来，中国马铃薯生产呈高速发展态势，目前总产量已超越美国、荷兰等传统马铃薯种植国家而跃居世界第一[4]。中国作为马铃薯种植、加工、消费大国，在马铃薯主粮化战略下，面对人口持续增长、耕地退化、肥料利用率低等现实问题，如何在保证产量品质的同时实现节肥环保成为了当前马铃薯栽培领域亟需解决的问题。

1　中国化肥投入现状及节肥增效制剂类型

中国作为化肥生产及使用大国，据统计，仅20世纪化肥就已贡献了中国粮食单产的1/2和总产的1/3[5]。从整体看，近年来中国化肥的总施用量虽呈现先增后减的趋势，但多数研究表明，中国化肥使用量仍远远超过经济意义上的最优值[6]，处于过饱和状态。从施肥结构看，2010—2020年，虽然中国传统氮肥、磷肥和钾肥的投入均表现为先增后减，但复合肥的施用量及其占比仍持续呈迅猛上升态势[7]。

孔庆祥和闵继胜[6]认为，规避减产风险和从业者技术水平低是中国农业经营主体过量施用化肥的主要原因。现实中，多数农户为获得高产，往往倾向于投入更多化肥，肥料投入量大、结构不合理、利用率低等现象在中国农业生产中普遍存在，但这些现象却是引发

作者简介：周鑫(1998—)，女，硕士研究生，研究方向为马铃薯高产栽培。
基金项目：四川省科技计划育种攻关项目(2021YFYZ0005；2021YFYZ0019)；国家现代农业产业技术体系四川薯类创新团队项目(sccxtd-2023-09)；四川省自然基金(2022NSFSC0014)。
***通信作者**：郑顺林，博士，教授，主要从事薯类高产栽培生理及栽培技术研究，e-mail：248977311@qq.com。

诸如土壤退化、耕地肥力下降、农田面源污染等生态环境及食品安全方面问题的首要原因[8]。马铃薯作为单产高且需肥量大的作物,为通过环保手段获得更高产量,不同种类的节肥增效制剂逐渐进入了人们的视野。

肥料增效剂、植物根际促生菌(Plant growth promoting rhizobacteria,PGPR)及其相关菌肥菌剂均是当前农业领域新兴的节肥增效手段。肥料增效剂能够增加肥效、改善土壤理化性质,从而有效促进作物增产[9],主要包括纳米材料[10]、多聚氨酸类化合物[11]以及由微量元素、生产促进剂等复配而成的复合制剂这几大类型。PGPR则是指生活在土壤或定殖于植物根系的一类可促进植物生长及对矿质营养的吸收利用、并能抑制有害生物的有益细菌[12],具有固氮、溶磷、解钾、抑制植物病害等多种功能[13];近年来其相关制剂因成本低廉、具有环境友好性特点而大量投入于商品化生产当中。

2 肥料增效剂在马铃薯栽培中的应用现状

2.1 纳米材料类肥料增效剂

纳米材料是指三维空间尺度中至少有一维处于纳米量级(1~100 nm)的材料,主要包括 TiO_2、ZnO、CeO_2 等金属及金属氧化物类纳米和 Si、S、碳基纳米等非金属类纳米[14]。这些纳米材料由于其独特的结构和理化性质而被广泛应用于材料科学、制药、环境工程等领域[15],在农业上,其相关研究主要集中于增产节肥和对作物生理、毒理的影响等方面[16],且效果目前已在小麦[17]、水稻[18]、黄瓜[19]、玉米[20]等多种作物上得到证实。

已有多项研究显示,纳米肥料增效剂能够有效提升马铃薯的产量和品质,并具有显著的节肥效应。薛照文[21]研究发现,增施纳米碳肥料增效剂,与对照组相比,秋马铃薯增产达到0.76%~3.31%;范立春等[22]将纳米碳与不同施肥量、施肥方式结合,其试验结果表明,添加纳米碳的处理组马铃薯株高、主茎粗、产量、叶片叶绿素含量、块茎淀粉与蛋白质含量、钾肥利用率等指标均优于不添加对照,且纳米碳配合70%常规施肥的处理组在保证产量和品质的同时钾肥利用率最高。胡万行等[23]通过叶面喷施的方式施用纳米硒,结果表明,100倍的纳米硒能够显著促进紫色马铃薯的光合作用和生长发育,从而改善其经济性状。

在马铃薯生产中,种薯出芽缓慢是导致其产量降低的重要原因,而纳米肥料增效剂兼具一定的催芽效果,如疏水纳米二氧化硅($H-SiO_2$)以巢状亲水凹凸棒装载可以制成马铃薯促芽剂,其能够调整马铃薯表面水和空气的占比,进而有效加速马铃薯出芽[24]。另外,种薯及商品薯的贮藏也是马铃薯生产中的主要问题。马铃薯贮藏需要抑制其发芽,除沟埋藏、窖藏、通风库藏等传统贮藏方法外,抑芽剂的使用也是有效保藏的重要手段之一。研究显示,$H-SiO_2$ 还能作马铃薯抑芽剂[24],由于 $H-SiO_2$ 本身具有疏水特性,因此喷施在马铃薯表面后能够将块茎与空气中的水分隔开,延缓芽眼的形成。除此外,由于 $H-SiO_2$ 无法渗透进块茎表皮,仅用流水便可冲洗干净,因此其作为抑芽剂不仅对种薯播种几乎无影响,在商品薯贮藏方面也可以保证马铃薯的食用安全。

晚疫病也是导致马铃薯减产的主要原因之一,研究表明,部分纳米肥料增效剂还兼具抗菌作用。陈赛黎[25]研究了3种不同形态的纳米二氧化硅颗粒对马铃薯致病疫霉菌的影响，结果表明，介孔状纳米二氧化硅能够诱发病原菌菌丝与孢子囊的畸形，并使该菌提前进入生殖生长，具有显著的抗菌效果。

综合来看，纳米材料类肥料增效剂的配施在马铃薯出芽抑芽、抗病抑菌、提高肥料利用率等方面均有显著作用。在减少化肥施用量的情况下，马铃薯生长发育的相关指标以及种植的经济效益均能够得到一定程度的提升。

2.2 多聚氨酸化合物类肥料增效剂

多聚氨酸类肥料增效剂包括聚天冬氨酸(Polyaspartic acid，PASP)及其盐类、γ-聚谷氨酸(Poly-γ-glutamic acid，γ-PGA)等。其中有关 PASP 的研究以美国、德国、日本等国家最为活跃，中国目前也已实现了相关制剂的工业化量产[26]，而 γ-PGA 则于 2001 年首先由华中农业大学农业微生物国家重点实验室展开其在农业领域方面的研究及应用[27]。这些多聚氨酸类化合物往往含有便于改性的氨基、羧基、肽键或酰胺键，因此具有水溶性、缓释性、生物降解性、吸湿性等特点，在农业领域具有广阔的应用前景。

多聚氨酸类肥料增效剂的作用机制总得来说可以概括为物理、化学及生物效应三个方面。物理效应层面，其能够显著改善土壤结构，并且与复合肥混施能够在一定程度上提高肥料的崩解速度与肥料颗粒的强度。雷全奎等[28]发现，PASP 与基肥混合后一次性施用，土壤容重较对照组(不施 PASP)下降了约 3.73 个百分点，而土壤物理性黏粒成分则提高了 1.725 个百分点；郭武松等[29]研究表明，PASP 提高了复混肥料的崩解速率及颗粒强度，且将 PASP 与复混肥料配施后，叶菜类地上部的生物量得到了明显提高。化学效应层面，多聚氨酸类肥料增效剂能够螯合土壤中的无机盐，提高植物根际碱解氮、速效磷、速效钾等的含量，如 PASP 可增加土壤中能被吸收利用的水解性氮、有效磷以及水溶性钙、镁、铁等元素[30]；γ-PGA 能够提高植物对氮、磷、钾及其他营养物质的吸收，改善植物根部的生物量，并可以持久保持肥力，进而提高农作物的产量[31,32]。生物效应层面，施用 PASP 等多聚氨酸化合物有利于植物根际招募微生物定殖。王娜等[33]发现，将聚天冬氨酸钙(PASP-Ca)与尿素配施，稻田土壤的细菌群落多样性得到了显著改变，施肥后第 3 d，亚硝化单胞菌(Nitrosomonadales)、硝化螺旋菌(Nitrospiraceae)成为了 PASP-Ca 与尿素配施处理土壤中的优势菌群，而单施尿素处理的土壤在施肥后第 5~10 d 这两种细菌的丰度才有明显提高，这样的结果可能与 PASP-Ca 调控参与氮素硝化的土壤细菌丰度、从而影响了土壤中氮素的硝化过程有关。

已有研究表明，施用 PASP 及其相关盐类能够有效提升马铃薯组培苗、盆栽苗的生物量、产量及品质。根据李晨曦[34]的试验结果，PASP 功能肥能够显著影响马铃薯的形态构建和物质积累，并且对地下部的促进效果大于地上部。胡圣[35]的研级结果显示，PASP-Ca 能够显著促进马铃薯组培苗的生长，施用 PASP-Ca 的处理组马铃薯植株根系生物量、可溶性蛋白含量和过氧化物酶(Peroxidase，POD)值均有明显提高，且植株对 K^+、Mg^{2+}、Fe^{3+} 等矿质元素的吸收量也有所增加。在其田间应用试验中，喷施 10 mg/L PASP-Ca 能够显著促进马铃薯植株的生长发育、提高块茎产量，且植株的叶绿素含量、块茎维生素 C 含量、商品薯率等指标也有一定提升。

3 植物根际促生菌及其制剂在马铃薯栽培中的应用现状

PGPR 这一概念最早由 Kloepper 和 Schroth[36] 于 1978 年提出，他们将植物根系附近对其生长具有促进作用的微生物命名为 PGPR。关于 PGPR 现已鉴定出 20 多个种属，包括固氮螺菌属(*Azospirillum*)、固氮菌属(*Azotobacter*)、假单胞菌属(*Pseudomonas*)、芽孢杆菌属(*Bacillus*)、沙雷氏菌属(*Serratia*)、农杆菌属(*Agrobacterium*)等[37-39]，其功能多样、相关菌剂菌肥制剂成本低廉且对环境友好，因此广泛应用于当前的农业生产。研究表明，多种 PGPR 的联合使用能够最大限度地提升肥效，与化肥投入相比，微生物菌剂的施用能够节省 7% 左右的成本[40]。

马铃薯是一类喜钾作物，同时也对氮肥、磷肥和土壤中的有机质尤为敏感[41,42]，因此在实际生产中，马铃薯产量往往受限于植株对土壤中营养元素的利用程度，而这些营养元素又以磷含量对其限制最为明显[43]。研究表明，PGPR 及其菌肥菌剂能够为土壤环境提供更多有效的氮、磷、钾等元素，从而促进马铃薯产量及品质的提升，如 Dawwam 等[44] 研究显示，木糖氧化无色杆菌(*Pseudomonas putida*)菌株 P35 能够促进马铃薯根周土壤氮含量升高 50.5%、钾含量升高 48.3%，施用蜡样芽孢杆菌(*Bacillus cereus*)菌株 P31 能够促进土壤中磷含量升高 43.1%；Malboobi 等[45] 研究认为，马铃薯单独或复合使用假单胞菌属、泛菌属(*Pantoea*)、微杆菌属(*Microbacterium*)等解磷菌，其植株根干重、茎干重、产量等指标均有所提升，其中效果最明显的是成团泛菌(*Pantoea agglomerans*)菌株 P5，其在与恶臭假单胞菌(*Pseudomonas putida*)菌株 P13 组合施用的情况下，马铃薯产量较产果聚糖微杆菌(*Microbacterium laevaniformans*)菌株 P7 + P13、P7 + P13 + P5 的其他处理组能增加 20% ~ 25%。

4 节肥增效相关制剂未来发展方向

4.1 纳米类肥料增效剂应用展望

纳米肥现已在农业领域得到了广泛应用，但其施用后在植物体内保持活性的时长、其与生长调节剂、肥料增效剂、微生物菌剂等其他植物促生制剂的相容性与配施效果尚不清楚。由于不同前体在不同制备方式下所得到的纳米肥性状和功能均具有一定差异，因此，在马铃薯栽培研究中，每一类型的纳米肥都可以进行相应的盆栽试验及田间测试，来确定其实现最佳促生效果的施用浓度。

纳米材料相关制剂的生物相容性与生物毒性一直是实际应用中备受关注的热点，对马铃薯有效的纳米肥剂量是否会对人体产生不良影响、是否会对农田环境造成污染目前还鲜有报道。此外，大部分纳米类肥料增效剂目前仍处于实验室应用阶段，尚未得到统一的工业化量产，因此，其制备方式如何完善、制备成本如何控制、工业化生产的有效剂量如何确定等均是其投入商品化生产过程中亟待解决的问题。

4.2 多聚氨酸类肥料增效剂应用展望

目前，多聚氨酸类肥料增效剂在马铃薯上的应用实例仍然较少，且案例多集中在关于 PASP 的研究上。李晨曦[34] 的试验表明，240 kg/hm² 的 PASP 功能肥制剂配合

1 500 kg/hm² 的复合肥作基肥能够有效提高马铃薯地下部的生物量及产量。此外，与玉米生产相关的研究结果表明，使用质量浓度 0.3%~0.5% PASP 浸种处理玉米种子可以显著促进玉米的生长，使其根系长度、根数及植株干重增加[46]。虽然目前其他类型多聚氨酸化合物对马铃薯影响的研究仍处于空白状态，但有关 PASP 在马铃薯及其他作物上的施用方式和施用量试验结果均可以给未来研究提供一定的参考价值。除此之外，不同类型的多聚氨酸化合物在马铃薯上的作用方向会有何种不同、复合使用能否起到叠加效果、其促生机制又是否存在差异等问题也尚不清楚，未来同样有待科研人员继续探索和研究。

4.3 微生物菌肥菌剂应用展望

早在 20 世纪 70 年代末，中国就已开始了 PGPR 相关菌肥菌剂的研发工作，历经 30 多年的发展，中国微生物菌肥产业现已步入良性循环[43]。目前市面上最常见的 PGPR 制剂包括 PGPR 活体制剂和 PGPR 代谢产物制剂两种，其中活体制剂的功能主要包括减少化肥及农药的使用、提高作物产量、改善土壤生态环境等，而代谢产物制剂的功能主要集中在通过 PGPR 生产的抗菌素、溶菌酶、有机酸等物质来抑制作物病虫害、定向招募有益微生物改善根际微环境、提高作物抗病性等[47]。

由于 PGPR 在不同种属、乃至不同菌株之间功能都具有一定异质性，且其发挥作用的效果往往由"植物-微生物-土壤环境"构成的根际系统共同决定，因此，关于 PGPR 及其制剂在马铃薯上的应用仍存在广阔的探索空间。且 PGPR 发挥作用需要经历在目标植物根际定殖的过程，这之中，植物招募 PGPR 的根系分泌物及挥发性有机化合物(Volatile organic compounds，VOCs)会对 PGPR 的趋化行为产生何种影响、植物根系的土著菌群是否会影响外源 PGPR 的定殖、PGPR 的具体趋化机制如何等问题也尚不明确。利用分子手段研究 PGPR 定殖过程相关的生理机制，未来也许能够通过控制植物根系分泌物或 VOCs 来实现对 PGPR 定殖的控制，在一定程度上解决生产中微生物菌剂应用效果不佳问题。

[参 考 文 献]

[1] 雷春霞,李灿辉,陈永坤,等.马铃薯块茎形成的生理生化基础和分子机制 [J].生物技术通报,2022,38(4):44-57.

[2] 高春燕,秦军红,段绍光,等.二倍体马铃薯抗旱相关指标筛选 [J].中国蔬菜,2022(1):58-66.

[3] 石瑛.优化产业价值链推动"龙江薯"高质量发展 [J].奋斗,2022(1):44-46.

[4] 罗其友,高明杰,张烁,等.中国马铃薯产业国际比较分析 [J].中国农业资源与区划,2021,42(7):1-8.

[5] 赵秉强,张福锁,廖宗文,等.我国新型肥料发展战略研究 [J].植物营养与肥料学报,2004(5):536-45.

[6] 孔庆洋,闵继胜.风险、技术与中国新型农业经营主体化肥使用量 [J].安徽师范大学学报:人文社会科学版,2020,48(6):87-97.

[7] 李志江,王宇航,向涛,等.近10年中国化肥投入格局演变及展望 [J].农业展望,2022,18(5):46-53.

[8] 仲乃琴,刘宁,赵盼,等.中国马铃薯化肥农药减施的现状与挑战 [J].科学通报,2018,63(17):1 693-1 702.

[9] 张文军,熊橙梁,张庆富,等.肥料增效剂对烤烟生长发育及上部烟叶产质量的影响 [J].浙江农业科学,2024,65(2):314-319.

[10] 刘少泉,刘智,迟永伟.纳米肥料助剂与氮肥配施对白菜生长、产量、品质及土壤酶活性的影响 [J].河南农业大学学报,2020,54(4):589-596,603.

[11] 曾路生,石元亮,卢宗云,等.新型聚氨酸增效剂对蔬菜生长和产量的影响 [J].中国农学通报,2013,29(31):

168-173.

[12] 崔薇薇. 植物根际促生菌的研究进展 [J]. 辽宁农业科学, 2010(2): 35-39.

[13] Backer R, Rokem J S, Ilangumaran G, et al. Plant growth-promoting rhizobacteria: context, mechanisms of action, and roadmap to commercialization of biostimulants for sustainable agriculture [J]. Frontiers in Plant Science, 2018, 9: 1 473.

[14] 汪玉洁, 陈日远, 刘厚诚, 等. 纳米材料在农业上的应用及其对植物生长和发育的影响 [J]. 植物生理学报, 2017, 53 (6): 933-942.

[15] 陈娟妮, 蔡璘, 李石力, 等. 纳米技术在植物病害防控中应用的研究进展 [J]. 植物保护学报, 2019, 46(1): 142-150.

[16] Piccimlo F, Gottschalk F, Seeger S, et al. Industrial production quantities and uses of ten engineered nanomaterials in Europe and the world [J]. Journal of Nanoparticle Research, 2012, 14(9): 1 109-1 119.

[17] 刘娅, 陈金全, 杨子月, 等. 纳米二氧化钛缓解镉胁迫下小麦幼苗生长及生理变化 [J]. 环境工程, 2021, 39(5): 184-189, 195.

[18] 朱宝德, 刘亚婷, 曹桂萍, 等. 纳米二氧化锆对水稻种子萌发及幼苗生长生理的影响 [J]. 湘南学院学报, 2023, 44(5): 10-14.

[19] 罗洁. 叶面喷施纳米硅对干旱胁迫下黄瓜幼苗生长及生理的影响 [J]. 农业技术与装备, 2023(9): 12-15.

[20] 赵威, 陈先良, 王长进. 纳米氧化锌对玉米幼苗生长及酶活性的影响 [J]. 安徽农学通报, 2021, 27(9): 22-26.

[21] 薛照文. 纳米碳肥料增效剂在秋马铃薯上的应用试验 [J]. 农业科技通讯, 2015(9): 104-106.

[22] 范立春, 孙磊, 王丽华, 等. 不同施肥量配合纳米碳肥料增效剂对马铃薯产量和品质的影响 [J]. 中国土壤与肥料, 2021(4): 208-212.

[23] 胡万行, 赵博思, 石玉, 等. 生态纳米硒对紫色马铃薯生长及光合特性的影响 [J]. 北方农业学报, 2019, 47(3): 64-69.

[24] 张丽红. 新型纳米农药和马铃薯生长调节剂的制备及作用机理 [D]. 合肥: 中国科学技术大学, 2021.

[25] 陈赛黎. 纳米二氧化硅对马铃薯晚疫病菌的抗菌机制 [D]. 福州: 福建农林大学, 2020.

[26] 刘红卫. 聚天冬氨酸和多肽肥料应用展望 [J]. 黑龙江农业科学, 2010(7): 162-164.

[27] 汪家铭. 聚-γ-谷氨酸增效复合肥的发展与应用 [J]. 化工管理, 2010(2): 47-52.

[28] 雷全奎, 杨小兰, 马雪勇, 等. 聚天门冬氨酸对土壤理化性状的影响 [J]. 陕西农业科学, 2007(3): 75-76.

[29] 郭武松, 王刚, 房福力, 等. 聚天门冬氨酸对复混肥料理化性质及应用效果的影响分析 [J]. 磷肥与复肥, 2020, 35(1): 19-20.

[30] 佚名. 聚天冬氨酸作为土壤养分增效剂 [Z]. 上海市, 华东理工大学, 2011-01-01.

[31] Zhang L, Yang X, Gao D, et al. Effects of poly-γ-glutamic acid (γ-PGA) on plant growth and its distribution in a controlled plant-soil system [J]. Scientific Reports, 2017, 7: 6 090.

[32] Guo Z, Yang N, Zhu C, et al. Exogenously applied poly-γ-glutamic acid alleviates salt stress in wheat seedlings by modulating ion balance and the antioxidant system [J]. Environmental Science and Pollution Research, 2017, 24: 6 592-6 598.

[33] 王娜, 徐嘉翼, 叶鑫, 等. 聚天门冬氨酸尿素对稻田土壤细菌多样性的影响 [J]. 西南农业学报, 2021, 34(9): 1 914-1 922.

[34] 李晨曦. 聚天冬氨酸与肥料配施对马铃薯生长发育及产量的影响 [D]. 成都: 四川农业大学, 2023.

[35] 胡圣. 聚天冬氨酸钙对马铃薯生长及产量的影响 [D]. 成都: 四川农业大学, 2020.

[36] Kloepper J W, Schroth M N. Plant growth-promoting rhizobacteria on radishes [C]//Proceedings of the 4th International Conference on Plant Pathogenic Bacteria. France: Angers, 1979: 879-882.

[37] Tabassum B, Khan A, Tariq M, et al. Bottlenecks in commercialisation and future prospects of PGPR [J]. Applied Soil Ecology, 2017, 121: 102-117.

[38] Gray E J, Smith D L. Intracellular and extracellular PGPR: commonalities and distinctions in the plant-bacterium signaling processes [J]. Soil Biology and Biochemistry, 2005, 37(3): 395-412.

[39] Fadiji A E, Babalola O O, Santoyo G, et al. The potential role of microbial biostimulants in the amelioration of climate change-

associated abiotic stresses on crops [J]. Frontiers in Microbiology, 2022, 12: 829 099.

[40] Almas Z, Ees A, Mohammad S K, et al. Role of plant growth promoting rhizobacteria in sustainable production of vegetables: Current perspective [J]. Scientia Horticulturae, 2015, 193: 231−239.

[41] 段志龙. 马铃薯高产高效施肥技术 [J]. 作物杂志, 2009(4): 100−102.

[42] 王耀. 复合肥配施不同生物有机肥对土壤肥力及马铃薯产量和品质的影响 [J]. 中国马铃薯, 2018, 32(2): 96−100.

[43] Igual J M, Valverde A, Cervantes E, et al. Phosphate−solubilizing bacteria as inoculants for agriculture: Use of updated molecular techniques in their study [J]. Agronomie, 2001, 21(6−7): 561−568.

[44] Dawwam G E, Elbeltagy A, Elbeltagy E, et al. Beneficial effect of plant growth promoting bacteria isolated from the roots of potato plant [J]. Annals of Agricultural Sciences, 2013, 58(2): 195−201.

[45] Malboobi M A, Behbahani M, Madani H, et al. Performance evaluation of potent phosphate solubilizing bacteria in potato rhizosphere [J]. World Journal of Microbiology and Biotechnology, 2009, 25(8): 1 479−1 484.

[46] 郭景丽, 梁元振, 杨清俊, 等. 聚天冬氨酸用量对玉米发芽的影响 [J]. 肥料与健康, 2020, 47(4): 21−22.

[47] 李辉, 杨海霞, 孙燚, 等. 中国农用微生物菌肥登记情况及在草莓中的应用进展 [J]. 农业工程技术, 2022, 42(19): 90−94.

马铃薯及其制品加工的传统和新兴创新技术

张莉莉*

(黑龙江省农业科学院乡村振兴科技研究所，黑龙江　哈尔滨　150023)

摘　要：综述了超声处理、脉冲电场处理、微波和射频处理等新兴马铃薯加工技术对马铃薯产品品质特性的影响，并强调了为不同马铃薯产品选择合适的加工技术以实现所需品质特性的重要性。采用新兴技术将推动、创新和提高马铃薯加工的效率和可持续性。该综述为马铃薯加工技术当前趋势和进展提供了有价值的理论参考。

关键词：马铃薯；加工技术；超声处理；脉冲电场处理；微波和射频

马铃薯是一种被广泛消费的农作物，也是许多食品如炸薯条、薯片、土豆泥和各种零食的原材料[1]。马铃薯产品的质量在很大程度上受到生产过程中所采用的加工方法的影响。多年来传统的技术，如热烫、油炸和干燥已被广泛应用在马铃薯加工业[2]。但应用这些技术在加工过程中会引起一些必需营养素的损失以及质地、颜色、风味等感官特性的变化。近年来，新兴技术已经开发出来，在提高马铃薯加工效率和产品质量的同时保持马铃薯产品的营养和感官特性。这些技术包括超声处理、脉冲电场处理、微波和射频处理[3]。

21世纪马铃薯生产变得更加专业化、产量更高。目前，在欧洲国家，50%~60%的新鲜马铃薯被商业加工成冷冻薯条和薯条产品，然后是脱水马铃薯产品（包括面粉、干马铃薯、颗粒、薄片和膳食），罐装马铃薯和冷却去皮马铃薯[4]。涉及热的加工技术，如煮沸、烘焙、微波（Microwave，MW）和油炸，利于淀粉分解，从而使马铃薯更容易消化[5]。但他们会导致马铃薯营养素的损失，并破坏产品的结构完整性。这些方法还有其他局限性，如高吸油率、非酶促褐变、丙烯酰胺含量高和致癌物产生[6]。最近，许多研究集中于克服马铃薯产品中这些缺点的新兴加工技术，例如初步热烫和对流热空气干燥、过热蒸汽干燥、冷冻、微波（MW）技术、渗透脱水、脉冲电场（Pulsed electric fields，PEF）和超声[7]。对流空气干燥和PEF处理可以显著减少油吸收，减少油炸马铃薯的油炸时间。此外，微波加工下油炸薯片具有比常规油炸薯片更低的丙烯酰胺含量[8]。因此，该综述将为食品加工者选择适当的加工方法，以保存和增值马铃薯提供理论基础。

1　马铃薯及其副产品的加工技术

1.1　烫漂

烫漂是马铃薯加工业中重要的预处理步骤，主要是对马铃薯进行短时间温热处理

作者简介：张莉莉(1982—)，女，硕士，助理研究员，主要研究方向为农产品加工。

基金项目：黑龙江农业科技创新跨越工程科技创新专项(CX23ZH01)。

*通信作者：张莉莉，e-mail：m13836004565@163.com。

（60~80 ℃，2~3 min）[9]。这种热处理可以通过破坏酶蛋白的二级或三级结构来消除负责马铃薯中酶促褐变的内源多酚氧化酶（Polyphenol oxidase，PPO），从而在油炸过程中实现质地（例如硬度和脆度）的控制。传统马铃薯加工常采用的漂烫方法有热水、蒸汽、化学烫漂。热水烫漂处理可显著降低马铃薯糖和丙烯酰胺的含量[10]。蒸汽热烫则会显著降低PPO活性，这些热技术的主要缺点是引起营养物质特别是水溶性营养素如维生素的过度损失[11]。化学漂烫中常见化学试剂包括亚硫酸盐和酰氯。这些化学处理通常在低温下应用以防止马铃薯褐变，但残留的化学试剂对人体健康构成威胁[12]。随着消费者对美味、健康和新鲜产品的需求不断增加，微波、脉冲电场、射频等逐步加入到马铃薯产品预处理技术中。微波预处理能显著降低马铃薯油炸产品的吸油率[13]，但微波作为热烫替代品的主要缺点是渗透率较低，而射频（RF）预处理则有效解决这一缺点，具有更深的穿透力。与传统的马铃薯加工技术相比，脉冲电场技术具有潜在的优势。因其具有温和的保鲜效果，传统的预热（60 ℃/30 min）技术相比表现出更好的效果，在保持产品质量和经济可行性的同时提高了食品安全性[14]。脉冲电场主要应用于油炸薯条的生产过程和马铃薯中活性物质的提取[15]。近年来，一种新的概念组合技术将新兴技术与传统加工方法相结合，取得了更好的效果。例如，通过组合预处理（微波和脉冲）获得的炸薯条具有更好的品质，较低的菌落计数、较低的丙烯酰胺含量、更好的颜色、更低的硬度、更高的弹性和咀嚼性。因此，新兴技术与传统方法相结合不仅可以作为一种更好的烫漂方法，还可以减少丙烯酰胺的形成同时，亦可防止块茎发芽，今后的研究重点应是优化这些技术的工艺参数，以获得最佳效果。

1.2 干燥脱水

食品干燥是大规模食品保存和稳定化的古老、重要的技术之一。由于新鲜马铃薯的水分含量高，易变质且保质期短，通常通过干燥来保存[16]。马铃薯的传统热风干燥是生产增值产品或作为马铃薯油炸的初步步骤的最简单有效的方法，但缺点是加工速率低和能量消耗高[17]。生产商对提高产品质量和改进能量使用方面的需求促使食品干燥技术的快速进步，出现了新的干燥技术，例如滚筒干燥、冷冻干燥、微波干燥、超声波干燥、真空干燥、射频干燥及组合干燥技术。滚筒干燥主要用于马铃薯加工业中生产马铃薯片，滚筒干燥工艺产生的干燥产品比其他脱水方法具有更好的功能和流变特性，但与冷冻干燥相比滚筒干燥由于其高温而导致热敏性营养物质的显著损失[18]。冷冻干燥可以实现高质量的形状、小的颜色变化，并减少热敏营养素的损失。研究表明，冻干马铃薯的颜色与新鲜组织的颜色相似，而传统烘干法通常会导致较深的颜色。但传统冷冻干燥的主要缺点是干燥时间长、能耗高、成本高。低温真空干燥温度高于冷冻干燥中使用的温度，因此更容易去除水分，并且该过程能耗更低。此外，低温真空干燥可以保持马铃薯淀粉颗粒的椭圆形状。近年来的微波真空干燥和热风辅助射频干燥系统更是成为马铃薯产品主要干燥技术，比冷冻干燥过程相对更快，与冷冻干燥和热风干燥相比，微波真空干燥时间明显缩短了70%，干燥速率明显提高，所获得的淀粉也具有更好的颜色和微观结构。多频超声辅助冷冻对马铃薯冷冻速率、微观结构和品质（滴水损失和硬度）有较大的影响。研究表明，多频超声可以提高冷冻速度，并能更好地保持冷冻样品的质量，随着超声波频率的增加，冷冻效果更加显著，冰晶分布均匀，对冷冻马铃薯样品的损伤较小。干燥在马铃薯加工中不仅是主要的加工工序，而且是前处理工序，今后的工作方向为应用混合干燥技术加工马铃薯。此外，应努力开发对产品质量影响较小且能源效率高的干燥技术。

1.3 油 炸

油炸因为快速、方便，且具有独特和美味的感官特性，是受欢迎的食品制备方法之一。常见的油炸制品为薯片、部分油炸马铃薯和炸薯条等[19]。油炸过程是将产品浸入热的植物油中，从而使水分从食品表面蒸发，这种扩散过程会产生细孔，从而油渗透到表面[20]。吸油率是马铃薯油炸食品重要的质量参数之一，但这与消费者对健康食品和低脂产品的趋势并不一致。因此食品工业一直在不断地寻找创新的油炸技术，该技术提供美味、可口和有益健康的油炸马铃薯产品。真空油炸技术满足了这一需求，成功替代了传统常压油炸技术。真空油炸是一种允许在低温下油炸的重要技术，其特点是油炸过程是在明显低于大气水平的压力下进行，替代常压油炸，可提高油炸马铃薯产品的质量。由于真空油炸这种低压有助于降低食物中存在的油和水分的沸点，可以降低产品的油含量、更好地保持天然颜色和味道。这种方式也减少了脂质氧化和酶促褐变。

1.4 挤压膨化

挤压是一种制作各种零食产品的技术，其易于操作且能够生产各种尺寸、形状和质地的产品，是一种非常重要的马铃薯产品加工技术。这种热机械处理的主要原理是破坏天然晶体，使淀粉颗粒结构变形。挤压过程通过对淀粉的明胶化，蛋白质的变性和抗营养因子（如胰蛋白酶抑制剂）的失活来提高产品消化率。当颗粒浸没在煎炸油中、在 MW 中加热或在热空气中烘烤时，经常发生膨胀。为了防止淀粉材料过热和颗粒直接膨胀，专门为马铃薯原料设计了挤出螺杆轮廓具有几何尺寸短和转速低的特点。主要缺点是在恒定温度下的强剪切力和较高压力下导致生物活性化合物的减少。可以通过将富含花青素苷的马铃薯与富含芦丁的荞麦、增塑剂（维生素 E 粉末）混合来配制混合挤出物，从而防止活性物质的损失。

2 结 论

马铃薯可以作为原料来制作各种食品，包括煮熟的、烘焙的、油炸的和脱水的食品。马铃薯加工产品的质地、含油量、水分含量、颜色、风味、食品安全性和质地都是影响其整体质量的重要因素。新兴技术大大提高了酶的失活率，减少了有毒化合物的产生量，并通过减少加工时间和能量消耗简化了马铃薯产品加工工艺，从而降低了制造成本，提高了质量、均匀性和产量，提升了马铃薯加工效率。当新兴技术应用于各种类型的马铃薯加工时，所应用的加工技术的顺序可能会显著影响食品的最终质量。新兴工艺的经济影响以及在这些工艺的各个阶段马铃薯产品中发生化学修饰的原因还需要进一步探索。

[参 考 文 献]

[1]　程超,王海波,李伟,等.马铃薯加工产品丙烯酰胺控制的研究进展 [J].华中农业大学学报,2021,40(4):44-53.

[2]　冯明. 浅谈马铃薯主食化产品加工与发展 [J]. 广东蚕业, 2020, 54(10): 80-81.

[3]　刘宇航, 朱永, 张敏, 等. 不同品种马铃薯加工鲜湿面条的适宜性比较研究 [J]. 食品科学技术学报, 2021, 39(4): 131-138.

[4]　杨妍, 白建明, 姚春光, 等. 马铃薯薯条加工品质影响因素概述 [J]. 作物研究, 2020, 34(1): 91-96.

[5]　曾凡逵, 程锦春, 唐思宇, 等. 商品马铃薯加工产品中丙烯酰胺含量的测定 [J]. 中国马铃薯, 2018, 32(5): 303-307.

[6]　郝智勇. 马铃薯加工产业存在问题及发展建议 [J]. 黑龙江农业科学, 2017(7): 89-91.

[7]　程小航. 薄层干燥对马铃薯加工品质的影响 [D]. 长春: 吉林农业大学, 2016.

[8]　何贤用, 杨松. 马铃薯主粮化与马铃薯全粉及其生产线 [J]. 食品工业科技, 2015, 36(24): 378-379, 384.

[9]　李锦华. 马铃薯加工业现状透析 [J]. 农村工作通讯, 2015(16): 30-32.

[10]　张淑梅. 马铃薯加工业的现状及发展前景 [J]. 中国农业信息, 2013(15): 151.

[11]　曾凡逵, 刘刚. 马铃薯加工技术及加工业发展 [C]//陈伊里, 屈冬玉. 马铃薯产业与农村区域发展. 哈尔滨: 哈尔滨地图出版社, 2013.

[12]　张小燕. 马铃薯多组分近红外预测及加工油炸薯片适宜性研究 [D]. 北京: 中国农业机械化科学研究院, 2013.

[13]　欧阳海洪. 中国马铃薯加工业发展与展望 [J]. 农产品加工, 2013(4): 4-5.

[14]　林亚玲, 杨炳南, 杨延辰. 马铃薯加工现状与展望 [J]. 农业工程技术: 农产品加工业, 2012(11): 18-21.

[15]　Abduh S B M, Leong S Y, Agyei D, et al. Understanding the properties of starch in potatoes (*Solanum tuberosum* var. Agria) after being treated with pulsed electric ffeld processing [J]. Foods, 2019, 8(5): 159.

[16]　Abraha B, Admassu H, Mahmud A, et al. Effect of processing methods on nutritional and physico-chemical composition of ffsh: A review [J]. MOJ Food Processing and Technology, 2018, 6(4): 376-382.

[17]　Ali S, Singh B, Sharma S. Impact of feed moisture on microstructure, crystallinity, pasting, physico-functional properties and *in vitro* digestibility of twinscrew extruded corn and potato starches [J]. Plant Foods for Human Nutrition, 2019, 74(4): 474-480.

[18]　Ali S, Singh B, Sharma S. Effect of processing temperature on morphology, crystallinity, functional properties, and *in vitro* digestibility of extruded corn and potato starches [J]. Journal of Food Processing and Preservation, 2020, 44(7): 1-8.

[19]　Antunes-Rohling A, Ciudad-Hidalgo S, Mir-Bel J, et al. Ultrasound as a pretreatment to reduce acrylamide formation in fried potatoes [J]. Innovative Food Science and Emerging Technologies, 2018, 49: 158-169.

[20]　Azimi-Nejadian H, Hoseini S S. Study the effect of microwave power and slices thickness on drying characteristics of potato [J]. Heat and Mass Transfer, 2019, 55: 2 921-2 930.

马铃薯排薯器技术现状及展望

赵治明，马海钦，吕金庆*

（东北农业大学工程学院，黑龙江 哈尔滨 150030）

摘 要：马铃薯是中国第四大粮食作物，其具有环境适应性强、种植区域广、营养物质丰富、加工链条长、市场潜力大等特点。马铃薯不仅是保障国家粮食安全的重要补充，也是促进农民增收的重要产业。目前有多种排薯技术应用于马铃薯机械化种植，包括链勺式排种器、勺盘式排薯器、针刺式排薯器、气力式排薯器。通过对各类排薯器进行探究，为马铃薯播种技术的发展提供理论参考。

关键词：马铃薯；排薯器；播种技术；展望

马铃薯属于中耕作物，其本身生长过程要求宽行距、大株距的播种方式。马铃薯排薯器的基本农艺要求是单薯或单块点种或穴种[1]。无论是整薯还是切块种植都要求单颗点种，切块种植是为了节约单位面积的用种量。在种植过程中，漏播与重播都是要避免出现的问题。排薯器是现代马铃薯精密种植机的核心工作部件，是种植机工作质量、效能和特征的主要载体和体现者，要达到排薯过程的稳定性、旋转一周或数周排薯的数量应一定的要求。排薯器的排薯量应相等，各行排薯量应一致。具有较强的适应性和通用性，不但能排播一般种薯，而且能排播春化种薯、特大和特小种薯；能适应不同分级种薯的要求。频率应能调整，误差不应超过额定量的 8% ~ 10%。漏播率、重播率和伤薯率不应超过现行农业技术要求。

1 链勺式排薯器

链勺式排薯器最初应用于德国 Gramer 马铃薯种植机上，是目前世界上较为流行的全自动化种植机。链勺式排薯器(图 1)，其排薯工艺过程为：排薯勺与升运链一起由下向上运动，经由薯箱底孔进入薯箱的喂薯区，穿过薯层，舀取一颗或数颗种薯。被托勺舀取的种薯最初可能以长轴方向竖立于托勺内，以宽轴方向"侧卧"于托勺内，或以厚轴"平躺"于托勺内。在升运过程中，由于链条的抖动、机器的振动。托勺内的多余种薯即被筛出托勺，重新返回薯箱。剩下的单颗种薯在重心力矩的作用下逐渐采取以厚轴平置的方式稳躺在托勺内。当托勺携薯块绕过被动链轮的顶端后，即改变方向朝下，薯块被抛向前行的托勺背上，随着链勺的继续下移，薯块沿着投薯管壁摩擦碰撞，采取运动阻力最小最稳定的

作者简介：赵治明(2000—)，男，硕士研究生，主要研究方向为马铃薯机械化精密播种。
基金项目：国家马铃薯产业技术体系岗位科学家专项(CARS-09-P23)。
*通信作者：吕金庆，教授，博士生导师，主要从事机械设计理论及马铃薯机械化技术装备研究，e-mail：ljq8888866666@163.com。

薯块厚轴与地面平行的状态移到下端的投薯口。当托薯勺通过出口时，薯块投落到开沟器开出的种植沟内，随后覆土，完成种植过程[2]。

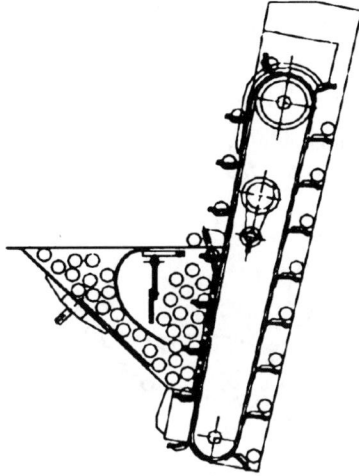

图1　链勺式排薯器

　　链勺式排薯器具有紧凑的结构设计和轻便的重量，同时易于调整和维护，排薯性能可靠，故障率较低，从而保证了较好的播种质量，但其效率相对较低[3]。

2　勺盘式排薯器

　　勺盘式排薯器(图2)，因具有结构简单和通用性好的优点，最先应用于前苏联CH-4A马铃薯播种机上。勺盘式排种器是利用固定在勺盘上的取种凹勺进行取种，从排薯器上方进行投种。根据种子的形状尺寸来确定取种凹勺的大小，为了便于更换，一台马铃薯播种机配备有多组勺盘。但该排薯器存在播种均匀性不稳定、播种质量低、可靠性低等问题，勺盘式排薯器的排薯精度要远远低于链勺式排薯器[4]。

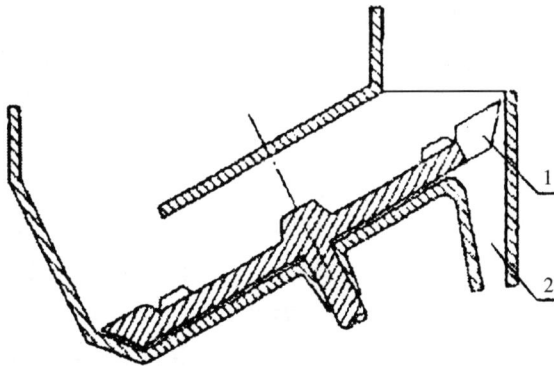

1. 勺盘，2. 投种口。

图2　勺盘式排薯器

3 针刺式排薯器

20世纪末美国对针刺式排种器的研究应用较多。针刺式排薯器(图3)工作原理为在排薯盘外缘上固定多个刺针取薯器,每个取薯器装有两枚刺针,工作时,刺针圆盘旋转,当刺针进入取种薯区时,取薯部件刺针伸出刺扎取种薯,当取薯刺针旋转到投薯区时,刺针拔出薯块,薯块被推入投种滑道而落入种沟内,完成投薯过程,再进行覆土。其具有种薯适应性强的特点,但故障率高、播种质量差、效率低(速度<6 km/h)、株距合格指数低,并且在播种过程中会传播病毒病菌[5]。

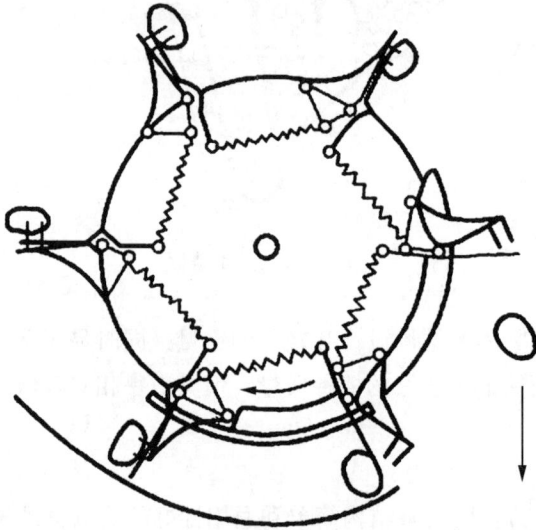

图3 针刺式排薯器

4 气力式排薯器

气力式排薯器以其卓越的排薯性能在全球范围内得到广泛应用,其利用负压吸薯,正压清薯的工作原理,相较于传统的机械式排薯器,有效减少了薯块间的相对运动,大大降低了薯块损伤的风险。同时,气力式排薯器的排薯性能出色,更易实现单粒精准播种。如今,气力式排薯器已经开始应用于马铃薯的种植中,并且在实现马铃薯单粒精准播种方面也表现出良好的效果。然而,由于马铃薯的特殊性,其块茎形状不规则,不论是切片还是微型马铃薯,都存在质量不均匀和形状不规则的情况。因此,气力式排薯器在马铃薯种植中面临着几个主要问题:一是难以与马铃薯形状不规则的特点完美契合,造成漏气现象;二是由于马铃薯质量较大,需要较高的负压来吸薯,增加了风机成本。与此同时,气力式排薯器的制造精度高,结构复杂,因此生产成本相对较高。尽管气力式排薯器的研究相对较晚,但已经取得了许多成果。鉴于其出色的排薯性能,气力式马铃薯排薯器将在未来成为马铃薯种植领域的研究热点[6]。

美国 Crary 公司研制的 Lockwood604 型气吸式排薯器(图 4)。该排薯器采用气吸的方式，在取种轮的两侧分别设计 10 个取种臂，取种臂内有一定的负压，通过取种臂内的负压将马铃薯种薯或者切块薯吸附，以气力的方式实现取种。该排薯器相较其他机械式排薯器而言，对种薯的破坏小，取种效率更高。

图 4 Lockwood 604 型气吸式排薯器

5 存在问题

(1)机械式马铃薯排薯器研究较多，主要形式为舀勺式和转盘式，适用于常规种薯播种，对种薯的外形尺寸要求较严格。

(2)机械式马铃薯排薯器作业速度低，配套动力较大。受排薯器种勺间距及种薯块茎较大等充种因素的限制，作业速度偏低(≤5 km/h)。因种薯块茎质量较大，个体密度较大，容积密度较小，整机结构尺寸和种箱均较大，配套动力较大。

(3)播种质量较差。中国现阶段均为机械式马铃薯排薯器，受机械式排薯器工作原理和供种、充种、清种、限种及排种等多因素影响存在重漏播率较高、株距合格指数偏低、株距横向和纵向变异系数较大问题[7]。

6 展 望

针对目前各种马铃薯排薯器存在的问题，提出几点对马铃薯播种技术的建议与展望。

(1)加强各种排薯机构理论分析研究，改变取种勺大小以确保至少取种一粒种薯，从而有效降低马铃薯漏播率。在传送链传输过程中，利用图像识别技术将多余的种薯击落，以进一步确保播种的准确性。

(2)研究不同的排薯机构，可以增加机械电子与液压装置，以实现精密播种。在设计整机时，注重紧凑性，以减少功率消耗并提高播种效率。

(3)针对种薯大小、形状不一的情况，利用芽点识别技术与定向种植技术，确保种薯出芽点朝上，从而提高出芽率和定向种植效果。

（4）加强自动化、智能化发展，优化自动补偿装置，实现多位漏播时的自动补种。同时，使用智能遥控操作整机前进，以降低劳动强度，提高播种效率和准确性。

[参 考 文 献]

[1] 宋智超, 彭粒. 关于马铃薯机械化种植技术要点探讨 [J]. 南方农机, 2017, 48(23): 24-25.

[2] 李佩文, 田斌, 孙伟, 等. 马铃薯精量排种技术发展现状与展望 [J]. 农业装备与车辆工程, 2024, 62(1): 29-33.

[3] 雷小龙, 邹洪宇, 杨正颖, 等. 马铃薯播种机漏播检测与补种系统的设计与试验 [J]. 中国农业大学学报, 2022, 27(12): 234-244.

[4] 陈贰浩, 石林榕, 孙步功. 马铃薯播种机及其排种器的研究现状及发展趋势 [J]. 林业机械与木工设备, 2021, 49(7): 4-8.

[5] 乔停. 马铃薯整薯播种机的设计与试验 [D]. 杨凌: 西北农林科技大学, 2023.

[6] 张涛. 气力勺带组合式微型马铃薯精量排种器的设计与试验 [D]. 泰安: 山东农业大学, 2022.

[7] 吕金庆. 气力式马铃薯精量播种关键装置作用机理与参数优化 [D]. 大庆: 黑龙江八一农垦大学, 2020.

马铃薯中耕机研究现状及展望

赵治明，刘金妮，齐　钰，吕金庆*

（东北农业大学工程学院，黑龙江　哈尔滨　150030）

摘　要：马铃薯是中国主要的根茎类粮食作物，根部的旺盛是确保马铃薯产量和品质的基础。马铃薯中耕作业包括培土、除草、施肥、喷药等，是马铃薯生产过程中关键环节。对中耕过程的农艺要求以及国内外中耕机的研究现状进行了介绍，通过对比分析指明了现阶段马铃薯中耕机的特点和不足之处，并阐述了未来几年中国马铃薯中耕机的发展趋势。

关键词：马铃薯；中耕机；现状；发展趋势

马铃薯作为全国第四大粮食作物，是中国食品安全的重要保障[1]。由于其具有营养成分全、高产稳产、种植适应性强、食品加工产业链长等特点，受到全世界的高度重视。近年来，马铃薯种植面积略有下降，马铃薯产量稳步增加，马铃薯单产大幅提升[2]。马铃薯生产过程包括耕整地、播种、中耕、喷药、灌溉、收获和转运。围绕马铃薯生产机械化，应推进适用机具研发，提高机具适应性、可靠性。马铃薯中耕培土是指在马铃薯出苗前及出苗后进行培土筑垄、松土碎土、破除板结等作业，能有效改善土壤透气性，增加培土高度，避免马铃薯暴露于空气导致青皮现象及有毒物质产生，从而影响马铃薯产量及农户收益[3-5]。中国马铃薯中耕机械化水平远低于欧美发达国家，国外马铃薯中耕机种类繁多，机械化水平高，近年来还出现火焰除草、微波除草、超声波除草等新兴技术。中国应当积极学习国外先进技术，吸收转化利用，研制更适合中国中耕作业的机械设备，推动中国马铃薯机械化发展进程[6]。

1　马铃薯中耕的方式和农艺要求

国内马铃薯中耕机起步较晚，但发展十分迅速，目前，市面常见的马铃薯中耕机多为锄铲式、圆盘式及旋转刀组式[7]。马铃薯中耕机试验方法与指标包括碎土率、培土高度、耕深稳定性、回土量、土垄垄型一致性、土壤扰动性等。国家标准所规定的回土量、垄型一致性大于90%，土壤扰动系数大于50%，碎土率大于85%。

马铃薯中耕作业应为2次，第一次中耕作业应选为播种后，幼芽距离土2~3 cm，第二次中耕作业应选在现蕾前，苗高10~15 cm。中耕松土、除草、施肥深度应达到农艺要

作者简介：赵治明（2000—），男，硕士研究生，主要研究方向为马铃薯机械化精密播种。
基金项目：国家马铃薯产业技术体系岗位科学家专项（CARS-09-P23）。
*通信作者：吕金庆，教授，博士生导师，主要从事机械设计理论及马铃薯机械化技术装备研究，e-mail：ljq8888866666@163.com。

求，误差小于 2 cm。中耕作业后杀草率应大于 70%。不埋苗、不压苗，伤苗率应小于 3%。施肥断条率应小于 4%。不错行，不漏耕，地头整齐。中耕时间的选择对马铃薯生长十分重要，中耕时间选取过早会降低马铃薯出苗率，中耕时间选取过迟马铃薯苗生长过高，后续覆土容易出现捂苗现象，降低产量[8]。

2 国外马铃薯中耕机发展趋势

2.1 国外马铃薯中耕机研究现状及特点

国外中耕作业机械化程度较高，在欧美一些发达国家大力发展大功率、高效率的中耕机具。国外的火焰除草、微波除草、超声波除草等新兴技术，成为近年来发展的热点。相关资料记载，国外首批马铃薯中耕机出现于二十世纪七十年代，提高效率的同时减少人力消耗。发展至今，国外马铃薯中耕机功能逐渐丰富，机型日渐繁多，且逐渐向着大田化、智能化、联合化方向发展[9]。比较先进且有代表性的有意大利 Mecanica Ceahlau 公司、比利时 AVR BVBA 公司、德国格立莫（Grimme）公司和荷兰 Struik 公司。根据不同的作业条件和需求发展研制了不同型号的中耕机，作业效果好，作业质量高。

德国格立莫公司研制的 GF400 型马铃薯中耕机（图 1 左），为驱动式马铃薯中耕机，主要碎土装置采用驱动式 S 型加强版旋耕刀辊（图 1 右），工作幅宽为 3 600 mm，作业行数为 4 行，发动机最小功率为 100 kW。S 型加强版旋耕刀片在有石或无石土壤中都可以轻松粉碎土块，中性或粘性土壤皆适用。相比普通的旋耕齿刀，其耐用性更强，土壤适用性也更广[10]。S 型刀片通常是水平方向上磨损，因此作业深度可以始终保持一致。

图 1　德国 Grimme GF400 型马铃薯中耕机及其 S 型加强版旋耕刀辊

荷兰 Struik 公司的 2WR480 型马铃薯中耕机（图 2），为驱动式马铃薯中耕机，与不同工作需求可配置 3 到 12 行不同中耕行距。不同的碎土部件配备独立的动力输出，可根据不同的地块条件，选取不同的输出效率，适用于多种作物不同生长环境及作业要求[11]。

比利时 AVR BVBA 环保马铃薯中耕机（图 3），为牵引式马铃薯中耕机，工作幅宽为 3 600 mm，作业行数为 4 行，液压控制配备有松土弹齿、砂土弹齿、培土犁铧。该机具工作时，铲土机铲去一层薄土及垄侧的任何杂草。用松土的土壤掩埋杂草。接下来，高速起垄元件再压实土壤以确保垄侧变得坚实。几乎不借助于任何工具即可通过螺纹连接轴快速组装环保中耕机，极具人性化[12]。

图2　荷兰 Struik 2WR480 型马铃薯中耕机

图3　比利时 AVR BVBA 环保马铃薯中耕机

2.2　国外马铃薯中耕机发展趋势

国外大功率、高效率的中耕机具已趋于成熟，为减少化肥、农药对土壤的损害，火焰除草、微波除草、超声波除草等新兴技术已成为近年来发展新趋势。火焰除草中，燃料为天然气，方便贮存，燃烧不会产生有毒气体，能够增加地温、促进苗的生长、高产增效，并可与机械中耕结合作业。微波除草，设备主要由微波发生器和发电机组成，微波能量通过波导引导到喇叭天线中，单个喇叭天线辐射出微波消灭杂草。超声波除草，利用超声波的高频振动作用，可以使植物细胞的结构发生变化，细胞壁破裂，细胞质溢出，导致植物死亡。

3　国内马铃薯中耕机发展趋势

随着农业现代化进程的不断推进，农业机械化水平也在不断提高。在农业生产中，马铃薯作为重要的经济作物之一，其种植面积逐年增加，对于马铃薯中耕机的需求也日益增长。技术水平的提升是马铃薯中耕机发展的重要推动力量。近年来，随着科技的不断进步，马铃薯中耕机在结构设计、作业效率、节能减排等方面都取得了显著进步，使得马铃薯中耕机能够更加精准地进行作业，提高了作业效率和质量，减少了劳动强度，同时也降低了能源消耗，促进了农业生产的可持续发展。

3.1　国内马铃薯中耕机研究现状及特点

中机美诺 1304 马铃薯中耕机(图4)，为牵引式马铃薯中耕机，作业速度 4~6 km/h，配套动力 90~120 hp。适用于马铃薯出苗前或苗期的中耕追肥作业。具有破土、除草、筑垄、追肥等作用，同时兼有提高地温、保墒作用。施肥采用地轮驱动。培土宽度和深度可调；松土深度可调。

泰安万烨 142A 型马铃薯中耕机(图5)，为牵引式马铃薯中耕机，作业行数为 2 行，耕深为 50~150 mm，生产率为 0.40~0.53 hm²/h。该机主要由机架、肥箱、深松铲、碎土刀组、覆土圆盘等组成，结构明晰，实用性强，用于培土追肥。

图4 中机美诺1304马铃薯中耕机

图5 泰安万烨142A型马铃薯中耕机

东北农业大学1ZL5型驱动式马铃薯中耕机(图6),为驱动式马铃薯中耕机,该机具采用三点悬挂方式连接在拖拉机后方,主要由地轮、肥箱、排肥系统、开沟铲、传动系统和覆土铧组成,能够一次性完成松土、除草、筑垄、施肥等多项作业。开度支板连接到不同的定位孔组合,可以改变覆土铧两翼板之间的角度,从而适应不同的垄形;调节V型卡子在横梁上的位置,可以调节覆土铧之间的距离,从而使中耕机适应不同行距的马铃薯中耕作业[13]。采用凿型刀等间距排列形成旋耕刀组作为碎土部件,黏重土壤条件下也能保证良好的作业效果。

图6 东北农业大学1ZL5型驱动式马铃薯中耕机

五征3ZM-4型马铃薯中耕机(图7),为牵引式马铃薯中耕机,引进国外技术,结构新颖、功能实用,与拖拉机连接方式采用三点悬挂连接。主要应用于薯类作物较松土地上的起垄工作和高培土作业,可靠性高。一次作业即可完成松土、碎土、起垄等工作,作业质量好,效率高。

图 7   五征 3ZM-4 型马铃薯中耕机

3.2   国内马铃薯中耕机存在的不足及展望

然而，目前中国马铃薯中耕机仍存在一些不足之处。技术水平相对滞后是中国马铃薯中耕机存在的主要问题。尽管近年来中国农业机械化水平不断提高，但与国际先进水平相比，中国马铃薯中耕机在智能化、自动化、作业精度等方面仍存在差距。例如，在作业精度、智能化控制系统以及对不同地形适应能力等方面需要进一步改进和提升，以满足不同地区、不同规模农田的实际需求。

产品品质和稳定性有待提高。一些中国马铃薯中耕机存在零部件质量不稳定、使用寿命较短、易损件多等问题，这些问题直接影响着设备的使用效果和经济效益。特别是一些偏远农村地区，由于缺乏及时有效的售后服务，一旦设备出现故障，维修困难，给农民带来了不小的困扰。

产品多样性和定制化程度不足也是当前中国马铃薯中耕机的一个短板。随着不同地区、不同种植户对马铃薯种植方式的不同，对中耕机的需求也不尽相同，然而市场上的产品种类相对单一，无法满足不同用户的需求，导致了资源浪费和效率降低。

中国马铃薯中耕机的发展呈现出的主要趋势为：

(1)智能化技术将成为发展的重要方向。随着信息技术的飞速发展，智能化技术已经逐渐渗透到农业机械领域。未来，马铃薯中耕机将更加智能化，采用先进的传感技术、自动控制系统和数据分析算法，实现作业路径规划、作业参数自动调节、实时监控等功能，提高作业效率和精度，减轻农民劳动强度，推动农业生产向高效、智能方向发展。

(2)节能环保将成为技术创新的重点。随着全球气候变化问题日益严重，绿色环保已成为社会关注的焦点。

(3)多功能化和定制化产品将得到推广。随着农业生产方式的多样化和地区特点的差异化，马铃薯中耕机需求呈现出多样化和个性化的趋势。未来，马铃薯中耕机将更加注重产品的多功能性和定制化程度，根据不同地区、不同种植户的实际需求，推出符合其特点和要求的产品，提供更加全面、个性化的解决方案，满足市场需求。

中国马铃薯中耕机未来的发展趋势是智能化、节能环保、多功能化和定制化，同时需要加强产业链整合和服务升级，以满足不断变化的市场需求，提升中国农业机械化水平，为农业现代化进程做出更大的贡献。

4 总 结

随着马铃薯产量的不断增长和人们对马铃薯机械需求的不断扩大，中国马铃薯机械研发向着智能化、大功率、高效率、节能环保的趋势发展。吸纳国外先进技术，结合中国具体需求，研制出更适合中国国情的马铃薯中耕机械是重中之重。因此，应当进一步发展马铃薯中耕机，助力马铃薯全程机械化生产。

[参 考 文 献]

[1] 卢肖平. 马铃薯主粮化战略的意义、瓶颈与政策建议 [J]. 华中农业大学学报: 社会科学版, 2015(3): 1-7.

[2] 黄凤玲, 张琳, 李先德, 等. 中国马铃薯产业发展现状及对策 [J]. 农业展望, 2017, 13(1): 25-31.

[3] 冯雪. 中机美诺: 坚持以技术驱动, 持续推动马铃薯装备向高质量方向迈进 [J]. 农业机械, 2022(1): 17-18.

[4] 王英博. 驱动式马铃薯中耕机关键部件设计与碎土效果试验研究 [D]. 哈尔滨: 东北农业大学, 2018.

[5] 吕金庆, 杨晓涵, 温信宇. 马铃薯中耕机的研究现状与发展趋势 [C]//屈冬玉, 金黎平, 陈伊里. 马铃薯产业与健康消费. 哈尔滨: 黑龙江科学技术出版社, 2019: 144-148.

[6] 魏蓓娜. 马铃薯在全球粮食安全中的作用 [J]. 农产品市场周刊, 2015(29): 28.

[7] 吴明越, 刘莲莲, 王俊美, 等. 新冠肺炎疫情对马铃薯价格的影响研究 [J]. 农村经济与科技, 2021, 32(14): 88-91.

[8] 刘鹏凌, 周云, 张文娟. 主粮化背景下中国马铃薯主产区生产效率及其影响因素研究 [J]. 延边大学农学学报, 2021, 43(3): 93-100.

[9] 庞文渌. 马铃薯主粮化战略的意义与实施 [J]. 粮食加工, 2019, 44(2): 59-61.

[10] 衣淑娟, 孙志江, 李衣菲, 等. 马铃薯中耕前期圆盘式中耕机设计与试验 [J]. 农业机械学报, 2020, 51(8): 98-108.

[11] 郭红萍. 马铃薯高产栽培技术 [J]. 安徽农学通报 (下半月刊), 2010, 16(12): 220-221.

[12] 魏忠彩, 李学强, 张宇帆, 等. 马铃薯全程机械化生产技术与装备研究进展 [J]. 农机化研究, 2017, 39(9): 1-6.

[13] 任利芳. 马铃薯田间管理技术要点 [J]. 河北农机, 2020(11): 32, 34.

马铃薯收获机研究现状及展望

刘金妮，赵治明，齐　钰，吕金庆*

（东北农业大学工程学院，黑龙江　哈尔滨　150030）

摘　要：马铃薯已成为中国四大作物之一，被誉为21世纪受欢迎的十大健康营养食品之一。马铃薯收获作业包括除秧、挖掘、土薯分离、收集、提升装运等过程，是影响马铃薯产量的重要因素。介绍了马铃薯收获的方式和马铃薯生长农艺条件，还介绍了国外马铃薯收获机现状和国内马铃薯收获机新突破，指明了中国马铃薯收获机的不足之处，阐述中国马铃薯收获机械的发展方向。

关键词：马铃薯；收获机；现状；发展趋势

近年来，马铃薯产业在现代育种技术、技术集成创新、病虫草害防治技术、加工技术、新机具研发方面均取得了新突破[1-3]。"十四五"明确到2025年农作物耕种收综合机械化率达到75%，马铃薯种植、收获机械化率均达到45%。马铃薯收获机械与马铃薯播种机械相比发展较慢，中国马铃薯收获作业多采用分段收获的收获方式，分段式机械收获即由拖拉机牵引收获机具，完成除秧、挖掘、土薯分离、放铺等作业，再由人工捡拾。应当广泛学习并引进国外先进技术，研制更加高效率、高质量的马铃薯收获机，推动马铃薯收获机械化的快速发展[4]。

1　马铃薯收获的方式和农艺要求

马铃薯的收获方式和农艺要求会受到种植地区、品种、土壤条件以及种植目的等因素的影响。马铃薯收获方式主要分为分段收获和联合收获两种，都是通过挖掘的方式进行收获。通常在马铃薯生长季结束后，地面部分枯黄后，使用联合收获机、挖掘机或者人工工具(如铲子)将马铃薯块茎挖出土壤。收获时间通常在马铃薯地上部分开始枯黄、凋落后，地下块茎成熟的时候进行[5]，这样可以保证马铃薯块茎的质地和口感。

马铃薯生长主要与土壤、温度、水分和施肥相关，在肥沃、排水良好、松软的壤土生长最好。虽然马铃薯对土壤的适应能力较强，但对于酸性土壤的要求较高。马铃薯喜欢充足的阳光，在光照充足的地区生长更好。温度方面，马铃薯适宜的生长温度在15~25 ℃，过高或过低的温度都会影响其生长。马铃薯对水分的需求较大，但同时也需要排水良好的土壤，避免水涝导致块茎腐烂。适当的灌溉是确保马铃薯生长的关键之一[6]。马铃薯在生

作者简介：刘金妮(2000—)，女，硕士研究生，主要从事马铃薯机械化技术装备研究。

基金项目：国家马铃薯产业技术体系岗位科学家专项(CARS-09-P23)。

*通信作者：吕金庆，教授，博士生导师，主要从事机械设计理论及马铃薯机械化技术装备研究，e-mail：ljq8888866666@163.com。

长过程中需要充足的营养供给，在种植前应根据土壤情况施入适当的有机或无机肥料，也可在生长期间进行追肥，以确保马铃薯块茎的发育。合理的种植管理措施和良好的环境条件是确保马铃薯产量和质量的关键，农艺的选择和管理对马铃薯产量和质量有重要作用。

2 国外马铃薯收获机发展趋势

2.1 国外马铃薯收获机研究现状及特点

国外对马铃薯收获机的研究已经成熟，随着科技的发展，国外的马铃薯收获机逐渐实现了高度的自动化，包括自动驾驶、智能控制、高精度等技术的应用。这些技术使得马铃薯的收获过程更加高效、精确，并减少了人力成本和劳动强度。现代的马铃薯收获机不仅可以完成马铃薯的挖掘和收集，还具有多种功能，如除杂草、除石头、清洗等，从而提高整个生产过程的效率和质量。国外的马铃薯收获机能够适应不同地区的种植条件和马铃薯品种，具有一定的灵活性和适应性[7]。

荷兰 AVR 集团研制的 PUMA3 自走式马铃薯收获机(图1)，搭载了一台沃尔沃 12.8 L 6 缸柴油发动机，最大输出功率高达 469 马力。可满足四行马铃薯收获，存储仓容量高达 8 t。收获机前端配备去叶机，去叶机后方是马铃薯挖取器，通过两个圆盘将马铃薯从土壤中翻出来。再通过后方的拾取器捡进机器中，经过机器内部的振动筛网等多道工序，去除马铃薯的泥土和杂质，最终将马铃薯装载到料仓中，侧面传送带直接卸载到跟随的运输车中。该收获机具有全电脑控制自动化程序高、超高的收获效率、高机动性及卓越的性能。

图1 荷兰 AVR 集团研制的 PUMA3 自走式马铃薯收获机及其俯视图

Grimme(格立莫)GT170 马铃薯装车提升臂式联合收获机(图2)，适应多种不同的收获条件，可选配不同的分离单元。星型轮与多级除杂器可分别与多种分段辊再次排列组合，适应各种收获条件，灵活度高。在粘重土壤条件下，活动的侧面箱板、灵活的装车提升臂能够在高效率装车同时加强作物保护，减少马铃薯损坏。该设备耐磨损，使用寿命长。

多宝路美国 Double-L 马铃薯收获机(图3)，和起收聚拢机联合作业时，一次可收 12 行，收获量可达 350~400 t/h。牵引架轻，整机重量分布均衡；二级清土链长，清土干净，不伤薯。加长牵引架，适配各种拖拉机，切缨刀盘不会碰击履带或轮胎，在二级清土系统中不需用防倒滚链。该设备采用新的电子自动回中转向系统、自动挖掘复深系统、左右边掘深独立控制系统。

图2　Grimme(格立莫)GT170马铃薯装车提升臂式联合收获机

图3　多宝路美国Double-L马铃薯收获机

2.2　国外马铃薯收获机发展趋势

随着技术的不断进步，国外马铃薯收获机将更加自动化和智能化。未来探索具备更多的自主性和智能功能，能够更有效地感知环境并做出相应的决策，提高收获效率和质量。将向着更高的收获速度、更低的损失率以及更广泛的适用范围方向发展[8]。随着环保意识的增强，国外马铃薯收获机将越来越注重节能和环保，这意味着将会采用更加节能的动力系统、减少化学品使用量、降低废弃物排放等，以降低对环境的影响。

3　国内马铃薯收获机发展趋势

随着国内马铃薯生产需求的逐渐增加，马铃薯收获机将会不断进行技术升级和创新，包括机械结构设计、动力系统优化、智能化控制等方面。中国地域广阔，不同气候条件、土壤情况，需种植不同的马铃薯种类、配备不同的马铃薯收获装置[9]。

3.1　国内马铃薯收获机研究现状及特点

马铃薯联合收获包括杀秧技术、挖掘技术、防堵技术、输送分离技术等多技术集成。

国内学者针对不同技术都做了一定的理论研究与探索，为马铃薯机械化收获的发展做出巨大贡献。

中机美诺1804型马铃薯杀秧机（图4），应用在马铃薯挖掘之前，对马铃薯秧茎进行粉碎作业，为后续收获创造更好条件。甩刀按双螺旋线排列在刀辊轴上，组合运动轨迹与薯垄形状和宽度一致，高速运转，在机具壳体内形成负压，使倒伏茎秆也能被切，打碎的茎秆铺放在地面，作业效率高，粉碎效果好。

图4　中机美诺1804型马铃薯杀秧机

图5　洪珠4U-83薯类收获机

洪珠4U-83薯类收获机（图5），是中国自主研发的一种悬挂式升运链式马铃薯收获机，配备动力在25.7~36.8 kW，传动形式采取中央齿轮传动和链传动组合的方式。挖掘铲类型采取平铲式挖掘铲，挖掘深度在15~25 cm，作业效率可达0.17 hm²/h。该设备具有收获效率高、不伤皮、可带秧收获、运转轻快无震动、不堵草、漏土快、结构简洁、使用寿命长等特点。

亚泰机械4UZD-900型马铃薯联合收获机（图6），是一种牵引式人工分级自动装袋马铃薯联合收获机，该机具需要配备40~50马力拖拉机配套使用，挖掘深度在20~25 cm，不堵草，漏土顺畅，操作简单，能做到挖掘、输送、集中、人工分拣、自动装袋等作业。该机具省时省力效率高，人工分拣作业时需4~6人。

图6　亚泰机械4UZD-900型马铃薯联合收获机

红日机械4UL-2型马铃薯联合收获机(图7),收获宽度为1.68 m,配套在120马力以上拖拉机,作业效率在0.2~0.33 hm²/h,适用于垄距在80~90 cm马铃薯收获。采用振动式挖掘刀,挖掘深度在15~30 cm。采用两级输送装置,输送装置采用机械加液压无极调速和电动无极调速驱动方式,二级输送链采用强制偏心式无极调速振动器,除杂采用人工分选和机械分离方式,装包方式采用机械式输送喂入和渐降式防摔落接,可以实现收起的作物自动入包和装满后液压平台自卸,装包载重量1 650 kg。

图7 红日机械4UL-2型马铃薯联合收获机

3.2 国内马铃薯收获机存在的不足及展望

与国外相比,国内马铃薯收获机技术还有一定的差距,主要表现在机械结构设计、智能化控制、节能环保等方面[10]。目前,国内马铃薯收获机在适应不同地区和规模的农场需求方面还存在一定的不足,无法完全满足农民的需求。部分国内马铃薯收获机存在耐久性和稳定性不足的问题,容易出现故障和损坏,影响使用效果和使用寿命[11]。

未来国内马铃薯收获机将会不断进行技术升级和创新,加强机械结构设计、智能化控制、节能环保等方面的研发,提高产品的竞争力和市场占有率。同时,会更加注重适应不同地区和规模的农场需求,向着更加多样化、更加灵活的方向发展[12]。

4 总 结

随着"十四五"全国农业机械化发展规划的不断推进,马铃薯产量和单产的不断提高,马铃薯收获机械的研发需进一步推进,马铃薯收获机的研究对提高马铃薯产量、降低种植户劳动强度、增加经济效益等有巨大影响。因此,需更多学者和研发机构加入到马铃薯联合收获机的研发中,助力中国马铃薯产业的不断发展。

[参 考 文 献]

[1] 邓伟刚,王春光.马铃薯收获机挖掘铲牵引阻力分析与测试 [J].农机化研究,2020,42(3):35-41.

[2] 汪昕,杨德秋,刘萌萌,等.自走式马铃薯捡拾机捡拾装置参数优化与试验 [J].农业机械学报,2023,54(s2):20-29.

[3] 杨小平, 魏宏安, 赵武云, 等.4U1600 型集堆式马铃薯挖掘机设计与试验 [J].农业机械学报, 2020, 51(6): 83-92.

[4] 肖平.马铃薯主粮化战略的意义、瓶颈与政策建议 [J].华中农业大学学报: 社会科学版, 2015(3): 1-7.

[5] 魏蓓娜.马铃薯在全球粮食安全中的作用 [J].农产品市场周刊, 2015(29): 28.

[6] 吕金庆, 田忠恩, 杨颖, 等.4U2A 型双行马铃薯挖掘机的设计与试验 [J].农业工程学报, 2015, 31(6): 17-24.

[7] 刘鹏凌, 周云, 张文娟.主粮化背景下中国马铃薯主产区生产效率及其影响因素研究 [J].延边大学农学学报, 2021, 43(3): 93-100.

[8] 庞文渌.马铃薯主粮化战略的意义与实施 [J].粮食加工, 2019, 44(2): 59-61.

[9] 王凤花, 熊海辉, 赖庆辉, 等.马铃薯收获机挖掘装置智能设计系统与评价方法研究 [J].农业机械学报, 2021, 52(8): 86-97.

[10] 吕金庆, 田忠恩, 吴金娥, 等.4U1Z 型振动式马铃薯挖掘机的设计与试验 [J].农业工程学报, 2015, 31(12): 39-47.

[11] 魏忠彩, 李学强, 张宇帆, 等.马铃薯全程机械化生产技术与装备研究进展 [J].农机化研究, 2017, 39(9): 1-6.

[12] 杨然兵, 田光博, 尚书旗, 等.马铃薯收获机辊组式薯土分离装置设计与试验 [J].农业机械学报, 2023, 54(2): 107-118, 34.

中国有机马铃薯生产认证现状及展望

郝　苗[1,2,3]，杨国才[1,2,3]，邹　莹[1,2,3]，高剑华[1,2,3]*

(1. 湖北恩施中国南方马铃薯研究中心，湖北　恩施　445000；
2. 恩施土家族苗族自治州农业科学院，湖北　恩施　445000；
3. 湖北省农业科技创新中心鄂西综合试验站，湖北　恩施　445000)

摘　要：为探究中国有机马铃薯生产现状与区域差异，依托全国认证认可信息公共服务平台和地方标准信息服务平台分析了中国当前有机马铃薯生产认证现状。总结了制约中国有机马铃薯生产认证的关键因素，思考探讨促进有机马铃薯生产认证发展的策略，为进一步推进马铃薯产业可持续发展提供思路。

关键词：马铃薯；有机生产；现状；展望

有机生产能够有效提升产品质量、促进环境友好、提高经济效益、扩大就业范围和保障粮食安全，开展有机生产对种植业健康可持续发展具有重要作用。据《2023 年世界有机农业统计和新趋势》报道[1]，截止 2021 年全球共有 191 个国家和地区进行了有机农业生产，有机农业用地面积、有机生产从业人数和有机市场销售额进一步增加，分别达到7 640 万 hm²、370 万人和 1 248 亿欧元。然而中国有机农业的发展较为滞后，有机农地面积和有机市场销售额排名均为全球第四，分别为 275 万 hm² 和 113 亿欧元，分别仅占世界总额 3.6% 和 9.1%。马铃薯作为中国第四大主粮化作物，种植面积 666.67 万 hm² 左右[2]，具有抗性强、易栽培、面积广等特点[3]，有机马铃薯生产认证拥有广阔的发展空间。

1　中国有机马铃薯生产认证现状

通过全国认证认可信息公共服务平台(http：//www.cx.cnca.cn/)，选择食品农产品认证，"有机产品(OGA)"认证项目，以"马铃薯"为产品名称检索词，对中国境内证书有效的有机马铃薯认证信息进行收集整理。截止到 2024 年 4 月 10 日共收集到有效期内认证证书 335 张，其中生产类证书 321 个(245 个具有 CNAS 认可标识，其中从事马铃薯种植的具 CNAS 认可标识证书 239 个)，涉及认证组织 265 家。中国 34 个省级行政区域中，甘肃省马铃薯有效期内认证证书数量最多，高达 47 个；其次为北京、云南、内蒙古、四川、河北、山东、广东、黑龙江和浙江省(自治区，市)，有效证书数分别为 37、27、27、26、24、23、17、11 和 10 个；其余省份的有效证书数低于 10 个，其中江西、广西、海南、台

作者简介：郝苗(1989—)，女，硕士，农艺师，主要从事栽培技术研究与示范推广。
基金项目：现代农业产业技术体系建设专项资金资助(CARS-09)。
*通信作者：高剑华，硕士，高级农艺师，主要从事马铃薯脱毒、新品种选育研究与示范推广，e-mail：80538373@qq.com。

湾和澳门特别行政区(省、自治区)的有效证书数为0。

中国马铃薯有机生产认证呈现占比小、总量低、由北向南逐渐减少的特点,认证面积和产量按北方一作区、西南混作区、中原二作区和南方冬作区的顺序依次降低,这和李扬等[4]报道的马铃薯总种植面积和产量的分布趋势一致。全国从事马铃薯种植的具备CNAS认可标识证书239个,占生产类具有机产品CNAS认可标识证书总数的1.52%。马铃薯有机认证总面积9 690.73 hm²,约占总生产面积的0.21%,认证总产量264 148.31 t,约占总生产量的0.29%。北方一作区具有效期内认证证书141个,有机认证总面积、总产量和单产分别为5 772.92 hm²、176 257.78 t和30.53 t/hm²;西南混作区具有效期内认证证书44个,有机认证总面积、总产量和单产分别为3 643.65 hm²、78 573.92 t和21.56 t/hm²;中原二作区具有效期内认证证书43个,有机认证总面积、总产量和单产分别为217.10 hm²、7 386.63 t和34.02 t/hm²;南方冬作区具有效期内认证证书11个,有机认证总面积、总产量和单产分别为57.06 hm²、1 929.98 t和33.82 t/hm²。

2 有机马铃薯生产认证面临的挑战

2.1 成本高且产值低,扶持不足

中国马铃薯分布区同精准扶贫重点区域的重合度高达92.74%[5],这些区域也是乡村振兴取得成效的关键突破点。该区域气候条件恶劣且青壮劳动力缺乏,导致马铃薯生产具有人力不足、农资投入粗放、机械设备简陋、单产低、损耗高、销售难等特点,人力物力成本较农业发达区域高出20%以上,而产值低出40%以上。有机马铃薯生产进一步提高了成本并降低了产值,这在很大程度上影响了部分生产者的积极性。首先,根据《有机产品生产、加工、标识与管理体系要求》(GB/T 19630—2019)[6],常规马铃薯生产基地转换为有机马铃薯生产基地,除了环境条件符合相关要求外,还需要经历24个月转换期,期间有机马铃薯生产要求不使用人工合成的农药和化肥,病虫草害防控难度增大,但马铃薯不能当作有机商品出售,导致投入和滞后效益难以对等。其次,有机马铃薯经营者在认证有机马铃薯过程中需支付大量认证费用,包括申请费、检测费、报告编写费、颁证费、标志使用费等,这增加了有机马铃薯生产认证的运行成本。最后,有机马铃薯发展的时间不长及有机马铃薯种植技术相关知识普及度不高,且有机马铃薯与普通马铃薯在外形和口感上差别不大,一颗马铃薯从产地到市场经历了多个中间商,消费者不能亲自感受有机马铃薯的生产环境和过程,也无法理解"高价"有机马铃薯的优点所在,再加上宣传不足,有机品牌辨识度不高,这些因素进一步造成了有机马铃薯市场狭窄,销售量低下,产值下滑。

长远来看,马铃薯有机栽培同传统种植相比具有更高的经济效益、社会效益和环境效益,投资有机马铃薯对于乡村振兴重点区域而言是一项意义深远的公益性投入,应得到大力扶持。然而目前中国部分地区明确出台的马铃薯产业扶持政策主要针对马铃薯增产,针对有机马铃薯生产认证的相关扶持政策严重缺乏,这也在一定程度上影响了有机马铃薯产业的发展。

2.2 行政和质量监管不够

尽管相关部门采取了大量措施不断完善马铃薯等有机产品的认证和监管,但行政监管

和质量监管方面仍然存在一些问题，比如有机产品行政监管滞后、信息公开度低、监管对象敷衍执法工作、公众参与监管有机产品程度低、有机产品认证行为不规范、有机产品质量监管力量分散且缺乏长效机制[7,8]。马铃薯有机生产要求逐渐变化，且认证和监管机构人员素质良莠不齐，无法确保所有的有机马铃薯种植基地都得到专业的检测与认证，且一些机构和经营者为了追求更高的利益，不按照相关规定进行实产认证与抽检，导致市场上有机马铃薯的质量参差不齐，极大降低了有机马铃薯产品在国内外市场的信誉度。消费者缺乏有机马铃薯产品辨识知识，缺少有机品验证渠道，市场打假困难。

3 有机马铃薯生产认证发展的策略

3.1 加大扶持力度，优化品牌结构

有机马铃薯产业的发展壮大离不开先进的科学技术支撑和品牌打造。一方面应增加科研投入支撑力度，推进同"产学研"模式相融合的系列政策，与高校、科研院所合作，通过为有机马铃薯从业人员普及专业知识、补贴转换期、补贴认证费、扶持有机农业合作部门、打造有机马铃薯信息追踪平台、公益科普宣传等形式进一步降低有机马铃薯生产认证成本并提高其产品公信力。另一方面应当结合当地生产特色，优化品牌结构，鼓励开展有机马铃薯种植并进行有机生产认证，帮助通过认证的有机马铃薯生产经营者进行科学宣传，建立影响力深远的有机马铃薯品牌并提升品牌知名度，同时大力扶持有机地标马铃薯农产品的精深加工，推出各种具有地方特色的有机马铃薯衍生产品，提高商品薯附加值。

3.2 加强过程监管，确保有机马铃薯产品质量

行政监管方面，国家认证认可监督管理委员会和地方各级质量技术监督部门应加大对有机产品认证机构从业过程的监督力度，通过第三方机构随机非定点抽查、吸引大众参与、严格质量监管等方式，及时发现并处理认证组织机构或个人的违法违规行为，从源头上净化有机马铃薯认证市场。如，通过加强有机马铃薯产品特点的宣传，普及有机马铃薯质量问题的识别方法并告知投诉举报渠道，增加大众的有机马铃薯生产认证质量监管参与度，从而进一步提高有机马铃薯生产认证监管的综合力量。质量监管方面，应建立有效的持续性管理监督机制，对有机马铃薯的种植、管理、收获、贮藏、运输、销售等环节建立有详细的质量监管标准，并按照监管标准建立完善的质量跟踪审查体系。利用"互联网+"技术，实时记录有机马铃薯从种到售的全过程并授权给消费者，提升消费者对有机马铃薯产品认证监管的参与度，进而提高其对有机马铃薯产品质量的信任度。

4 结 语

中国有机马铃薯生产认证拥有广阔的发展空间，呈现占比小、总量低、由北向南逐渐减少的特点，认证面积和产量同马铃薯总种植面积和产量的分布趋势一致，按北方一作区、西南混作区、中原二作区和南方冬作区的顺序依次降低。有机马铃薯生产认证存在成本高、产值低、政府扶持不足、监管不够等问题，需要政府、企业、认证机构、消费者等全方位发力，进一步降低有机马铃薯生产认证成本并提高其产品公信力，促进马铃薯产业健康可持续发展。

[参 考 文 献]

[1] Willer H, Schlatter B, Trávníček J. The world of organic agriculture statistics and emerging trends 2023 [M]. Frick: Research Institute of Organic Agriculture FiBL, 2023.

[2] 国家统计局. 中国农村统计年鉴 [M]. 北京: 中国统计出版社, 2023.

[3] 庞泽, 田国奎, 王海艳, 等. 我国马铃薯产业发展现状及展望 [J]. 中国瓜菜, 2023, 36(7): 148-154.

[4] 李扬, 王靖, 唐建昭, 等. 中国马铃薯主产区生产特点、限制因子和对策分析 [J]. 中国马铃薯, 2020, 34(6): 374-382.

[5] 罗其友, 刘洋, 高明杰, 等. 马铃薯产业可持续发展战略思考 [C]//屈冬玉, 陈伊里. 马铃薯产业与小康社会建设. 哈尔滨: 哈尔滨工程大学出版社, 2014.

[6] 国家市场监督管理总局, 中国国家标准化管理委员会. GB/T 19630—2019 有机产品生产、加工、标识与管理体系要求 [S]. 北京: 中国标准出版社, 2019.

[7] 王丹. 有机产品的行政监管问题与对策研究 [D]. 绵阳: 西南科技大学, 2024.

[8] 孙泽禹. 有机产品质量监管问题及对策探析 [J]. 食品安全导刊, 2023(5): 43-45.

遗 传 育 种

2006—2020 年中国马铃薯品种创新情况

徐建飞，金黎平*

（中国农业科学院蔬菜花卉研究所/蔬菜生物育种全国重点实验室/
农业农村部薯类作物生物学与遗传育种重点实验室，北京　100081）

摘　要： 2006—2020 年，中国马铃薯品种创新进一步加强，有力推动了马铃薯主产区脱贫攻坚胜利收官。期间，审定/登记马铃薯新品种 484 个，以鲜食专用品种为主，兼用品种显著增加，加工专用品种依然不足；育种单位以科研单位为主，企业育成品种大幅增加，科企合作育种不断加强；品种抗病性和品质提升明显；植物新品种权申请 254 件、授权 112 件，企业品种权申请占比增幅明显；生产上应用品种近 300 个，主栽品种更加丰富；发生了二轮品种更新换代，国外引进品种"费乌瑞它"种植面积达到历史高峰；种薯繁育和质量控制成效显著，开展了4 年的种薯质量认证试点示范，全国二级种薯以内覆盖率达到 45.9%。

关键词： 马铃薯；审定/登记；植物新品种权；种植面积；主栽品种；种薯繁育和质量控制

2006—2020 年，中国马铃薯品种审定数量和质量持续提升，植物新品种权申请和授权不断增加，为保障国家粮食安全和推动脱贫攻坚胜利收官做出了突出贡献。

1　育成新品种数量和质量

1.1　育成新品种数量显著增加

2006—2020 年，中国累计审定/登记马铃薯新品种 484 个，年际间育成新品种数量呈不断增加趋势，其中 2006—2016 年间年均审定品种 28 个左右，2018—2020 年间年均登记品种 59 个，育成品种数量有了大幅增加（图 1）。

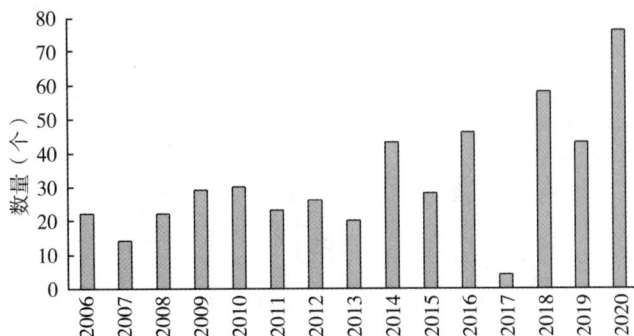

注：审定和登记品种引用数据来源于中国种业大数据平台（http：//202. 127. 42. 145/bigdataNew/home/ManageOrg）。下同。

图 1　2006—2020 年审定/登记马铃薯品种数量

作者简介： 徐建飞(1979—)，男，博士，研究员，主要从事马铃薯遗传育种研究。
基金项目： 国家现代农业产业技术体系建设专项(CARS-09)。
***通信作者：** 金黎平，博士，研究员，主要从事马铃薯遗传育种研究，e-mail：jinliping@ caas. cn。

1.2　品种类型日益丰富

2006—2020 年，中国马铃薯品种类型日益丰富，但仍以鲜食品种为主。鲜食专用品种占比在年度间变化为 50%~92%，淀粉、全粉、炸片炸条等加工专用品种年度间变化为 0~25%，彩色、珍珠薯等特色品种年度间变化为 0~14%，鲜食和加工兼用或鲜食和特色兼用品种年度间变化为 0~38%（图 2）。总体上，兼用品种显著增加、鲜食品种减少，但加工专用品种依然不足。

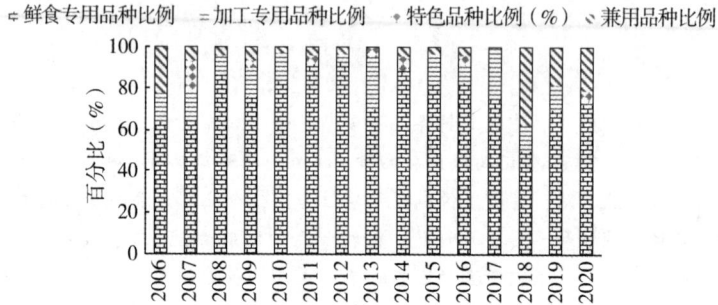

图 2　2006—2020 年中国马铃薯品种类型变化

1.3　品种育成单位仍以科研单位为主

在育成的 484 个品种中，科研单位（含农业推广部门）育成 377 个新品种，企业育成 78 个新品种，科企合作育成 29 个品种。整体上看，科研单位依然是育种主体，育成品种数量占比 78%；企业育成品种较 2006 年之前大幅增加，育成品总数量占比 16%；科企合作不断加强，联合育成品种数量占比 6%。

1.4　品种抗病性增强与品质提升

抗晚疫病、抗轻花叶病毒（Potato virus X，PVX）和重花叶病毒（Potato virus Y，PVY）品种数量保持稳定增长（图 3），其中抗病品种占育成品种比例在"十二五"期间最高。

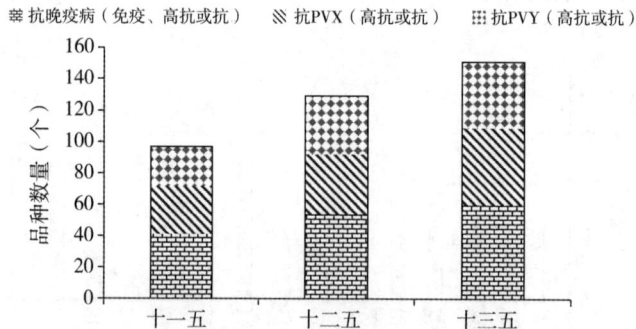

图 3　马铃薯审定（登记）新品种抗病性变化

高干物质、高淀粉、高维生素 C、低还原糖和高蛋白含量品种数量均保持增长（图 4），"十三五"较"十一五"期间育成品种品质指标显著改善。

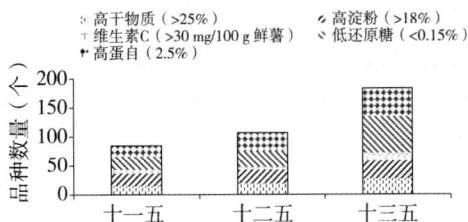

图4 马铃薯审定(登记)品种品质指标变化

审定(登记)品种的主要品质指标显著改善。育成了高干物质品种(干物质含量≥25%)61个、高淀粉品种(淀粉含量≥18%)78个、高维生素C品种(维生素C含量≥30 mg/100 g鲜薯)20个、低还原糖品种(还原糖含量≤0.15%)112个和高蛋白品种(粗蛋白含量≥2.5%)100个。

2 植物新品种权申请和授权量

2006—2020年,马铃薯植物新品种权申请量累计达到254件,授权量112件。2017年后植物新品种权申请量呈快速上升趋势(图5)。品种授权数量从2015年开始稳步提升(图6)。一方面与农业农村部全面加快植物新品种权保护体系建设、系统性加强全国范围内DUS鉴定能力和分子检测能力布局等直接相关,另一方面育种单位逐渐认识到知识产权保护的重要性,这两方面有力支撑了马铃薯植物新品种保护进入快车道。

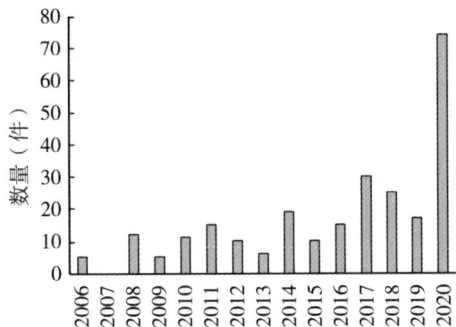

图5 2006—2020年马铃薯植物新品种权申请量

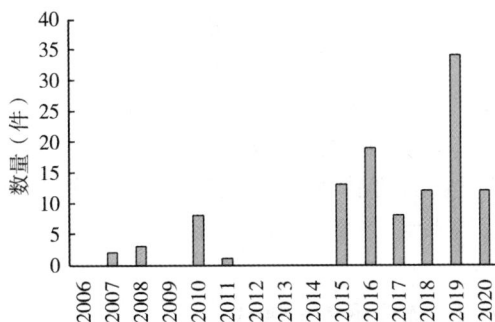

图6 2006—2020年马铃薯植物新品种权授权量

从新品种权申请主体看，国内科研单位申请 110 件，占比 43%；国内企业申请 79 件，占比 32%；国外科研单位或政府机构申请 7 件。总体上看，企业更加重视新品种权申请，值得注意的是国外企业申请品种权占比较大。植物新品种权申请主体结构充分表明，马铃薯企业知识产权意识在持续增强。

3 品种推广情况

3.1 主栽品种面积变化

据统计，中国生产上应用的马铃薯品种近 300 个。根据全国农业技术推广服务中心统计(品种推广面积数据来源于全国农业技术推广服务中心编写的《全国农作物主要品种推广情况统计》，部分数据来自于专家调研数据。)，2020 年中国种植面积超过 0.33 万 hm² 的有 107 个，超过 3.33 万 hm² 的有 16 个，超过 6.67 万 hm² 的有 15 个。超过 6.67 万 hm² 的以鲜食品种类型为主，加工品种仅 1 个，早熟品种 2 个，国外引进品种"费乌瑞它"(Favorita)、"Unica""Tacna"等面积较大。种植面积最大的是从荷兰引进的"费乌瑞它"，早熟、块茎商品性好，但抗病耐逆性差、种植成本高。

全国种植面积前 10 名的品种总面积占全国总面积比例逐年增加，到 2014 年达到顶峰(86%)，之后逐渐回落，2019 年下降到 67%(图 7)，在全国总种植面积相对平稳的情况下，其说明主栽品种更加丰富。

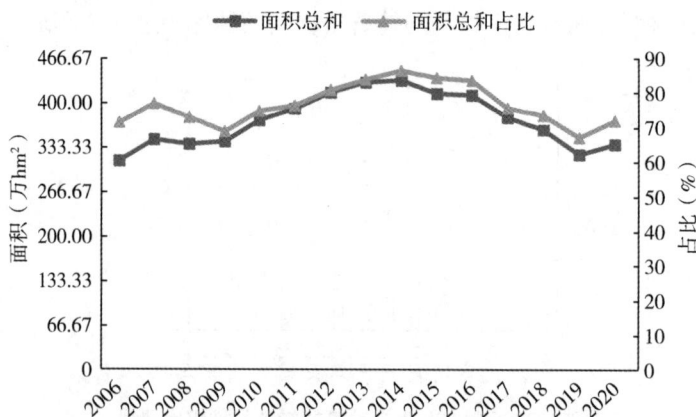

图 7　2006—2020 年面积前 10 名品种面积总和及占比变化

3.2 品种更替变化

2016—2020 年全国种植面积前 10 名的品种中，20 世纪 60 年代育成的品种"克新 1号"和 50 年代引进的品种"米拉"，虽然抗病耐逆性好，适应性广，但由于其外观品质欠佳，种植面积逐年下降。而早熟鲜食品种"费乌瑞它"虽然抗病耐逆性差，但由于其外观品质和食用品质好，随着栽培技术水平的提高和市场需求增加，其种植面积逐年扩大。

3.3 标志性品种变化

2006—2020 年间，发生了二轮品种更新换代。

第一阶段(2006—2016 年)："克新 1 号"种植面积达到顶峰，年均面积达到

78.33 万 hm²。"费乌瑞它"和"米拉"面积紧随其后，年均面积分别为 32.6 万 hm² 和 31.13 万 hm²。"陇薯 3 号""威芋 3 号""会–2"和"鄂马铃薯 5 号"等品种年均面积均超过 10 万 hm²。优质高产品种不足。

第二阶段(2017—2020 年)：以"费乌瑞它"取代"克新 1 号"成为最大种植面积品种为标志，面积迅速上升。"费乌瑞它"年均种植面积 2018 年到达顶峰为 65.27 万 hm²，年均种植面积 55.53 万 hm²。同时"克新 1 号"种植面积明显下降，"青薯 9 号"和"冀张薯 12 号"种植面积迅速上升，早熟高产品种"中薯 5 号"迅速推广，在 2019 年种植面积达到 7.4 万 hm²。

3.4　种薯繁育和质量控制成效显著

用椰糠替换蛭石的基质栽培原原种生产效率和生产力显现优势，雾培生产原原种的规模逐渐扩大，与基质栽培相比，节省组培苗的用量和人工，但也存在基础设施投资大，微型薯的皮孔较大、不耐贮藏和易感病害的缺点。建立了多种马铃薯病毒病的 RT–LAMP 分子检测和 PCR 检测技术，不断完善其他重要病原菌的早期分子检测技术。

2006 年左右，马铃薯主产区的各省区基本均建有脱毒快繁中心，财政投资繁种基地建设和原原种扩繁基地近百个。2008 年开始农业综合开发设立了原种繁育和良种基地建设专项，2009 年以后国家出台马铃薯种薯补贴政策，连续支持 5 年。"十三五"期间，农业农村部已先后认定 30 来个国家区域性马铃薯良繁基地，其中 10 个基地县得到国家制种大县奖励资金，推动了马铃薯良繁基地建设，改善基础设施，优化生产秩序，打造基地产地品牌，有力保障种薯供应。据调查，2020 年全国规模以上种薯企业 360 多家，生产原原种近 31 亿粒，全国繁种面积 15.33 万 hm² 以上，生产各级种薯 400 万 t 左右，二级种薯以内覆盖率 45.9%，较 2006 年增加了一倍。同时，开展了 4 年的种薯质量认证试点示范。

乌兰察布市希森系列马铃薯种质资源比较试验

杨 芸[1,2]，孙莎莎[1,2]，崔长磊[1,2]，王 越[1,2]，王珍珍[1,2]，王 悦[1,2]，

龚丽娟[1,2]，吕 健[1,2]，李学洋[1,2]，胡柏耿[1,2]*

(1. 国家马铃薯工程技术研究中心，山东 乐陵 253600；

2. 乐陵希森马铃薯产业集团有限公司，山东 乐陵 253600)

摘 要：为筛选推广适合乌兰察布市种植的高产、优质的中早熟马铃薯品种，以"希森3号"为对照，以自主选育的10个马铃薯资源为试验材料，对生育特性、形态特征、块茎性状及产量性状等指标进行对比分析。10个参试资源均为中早熟马铃薯资源，"Z1245""Z1246""Z1286""Z1299"较对照品种"希森3号"分别增产34.32%、25.13%、21.44%、21.16%，这4个资源块茎大，黄皮黄肉，芽眼浅，商品薯率均达到93.88%以上，淀粉及干物质含量高，适宜在乌兰察布市推广。

关键词：马铃薯；种质资源；比较；乌兰察布

马铃薯原产于南美洲，人工栽培历史最早可追溯到公元前，后经欧洲传入中国，在中国已有400余年的栽培历史[1]。因其具有分布广、适应性强、产量高等特点，现已成为中国主要粮菜兼用作物及第四大粮食作物，是乌兰察布市主要农作物之一。近年来，乌兰察布市立足马铃薯主粮化战略，努力把"小土豆"做成"大产业"，形成了一条从研发、种植、加工到物流营销的马铃薯全产业链，强力推进马铃薯产业转型升级[2]。但其产业生产中的品种多为鲜食品种，主食化加工品种缺乏，种植的品种混杂、退化，严重制约了当地马铃薯产业的发展[3]。为优化乌兰察布市马铃薯资源结构，丰富本地区的马铃薯资源，进一步提高马铃薯产量，增加农民收入，加快马铃薯新资源应用推广步伐[4]，以中早熟品种"希森3号"为对照，对自主选育的10个马铃薯资源进行品比试验，通过对参试资源的生育特性、形态特征、块茎性状及产量性状等多方面进行对比分析，以期筛选出适宜乌兰察布市种植的马铃薯新品种，为品种登记、大田示范、推广种植提供试验依据。

1 材料与方法

1.1 试验材料

参试资源"Z1233""Z1245""Z1246""Z1286""Z1287""Z1299""Z1326""Z1328""Z1356""Z1363"是2023年经过一年评价鉴定，筛选出的表现较好的资源，均为希森马铃薯产业集团有限公司自主选育资源。

作者简介：杨芸(1994—)，女，硕士，助理农艺师，主要从事马铃薯育种研究工作。

基金项目：山东省重点研发计划项目(2022CXGC010604)。

*通信作者：胡柏耿，博士，高级工程师，从事马铃薯育种及新品种推广工作，e-mail：hubaigeng@163.com。

1.2 试验地概况

乌兰察布市深居内地，远离海洋，属中温带半干旱大陆性季风气候[5]。年平均降水250~350 mm，降水量集中在6月下旬至9月中旬，全年平均气温3.4 ℃，无霜期110 d。全年日照时数在2 850~3 250 h，年日照百分率63%~72%，属中国光能资源高值区。该地区土壤主要类型为栗钙土，多呈沙性，有机质含量29 g/kg，全氮含量1.79 g/kg，速效磷含量5.1 mg/kg，速效钾含量143 mg/kg。

1.3 试验方法及田间管理

采取随机区组设计。试验地点在内蒙古自治区乌兰察布市商都县，以不同资源为处理，3次重复，共33个小区，小区面积14.4 m²，4行区，每行种植20株，共计80株。采用露地栽培种植方式，株距20 cm，行距90 cm。

试验于4月22日播种，9月3日收获、测产。整地后撒复合肥(N∶P_2O_5∶K_2O=12∶19∶16)900 kg/hm²；幼苗期共3次追肥尿素(N 46%)，现蕾期、花期及块茎膨大期分3~5次追施硝酸钙镁(MgO 6%，CaO 15%，N 14%)和硝酸钾(K_2O 46%，N 13.5%)；现蕾后开始防治病害，每隔7~10 d喷施1次，共计喷施9次；整地、旋耕、中耕、灌溉、溶肥等均采用机械化管理。

1.4 调查项目与数据处理

在马铃薯生育期调查各资源的出苗期、现蕾期、开花期、成熟期、株高、茎色、主茎数、叶色、花冠色、花冠形状、开花繁茂性指标，收获后调查各品(种)系的薯形、皮色、肉色、芽眼深浅、淀粉含量、干物质含量、单株块茎数、单株块茎重、商品薯率及小区产量指标[6]。所有试验数据调查记录均按照《农作物种质资源鉴定技术规程 马铃薯》执行[7]，相关数据使用MicrosoftExcel 2003和DPS 7.05数据分析系统软件进行数据统计和分析。

2 结果与分析

2.1 马铃薯不同资源生育特性比较

参试资源均于4月22日播种，9月3日收获(表1)。所有参试资源出苗期接近，播种43~49 d后出苗率达50%以上，出苗15~23 d现蕾("Z1363"除外)，与对照"希森3号"相差1~4 d；"Z1363"的现蕾期较晚，较对照晚10 d，但开花期与对照一致。"Z1286"开花期较对照晚2 d，其他资源的开花期均早于或等于对照。成熟期方面，所有参试资源均为中早熟，其中"Z1233""Z1328"成熟较早，与对照"希森3号"相比提前15 d左右，其余资源与"希森3号"成熟期接近，均适宜在乌兰察布市种植。

表1 马铃薯不同优良资源生育特性比较

资源号	播种期 (D/M)	出苗期 (D/M)	现蕾期 (D/M)	开花期 (D/M)	熟性	收获期 (D/M)
Z1233	22/04	09/06	24/06	05/07	E	03/09

资源号	播种期 (D/M)	出苗期 (D/M)	现蕾期 (D/M)	开花期 (D/M)	熟性	收获期 (D/M)
Z1245	22/04	09/06	23/06	01/07	ME	03/09
Z1246	22/04	04/06	25/06	08/07	ME	03/09
Z1286	22/04	04/06	27/06	13/07	M	03/09
Z1287	22/04	04/06	25/06	03/07	M	03/09
Z1299	22/04	04/06	24/06	05/07	M	03/09
Z1326	22/04	08/06	22/06	01/07	ME	03/09
Z1328	22/04	10/06	27/06	03/07	E	03/09
Z1356	22/04	06/06	21/06	03/07	M	03/09
Z1363	22/04	06/06	03/07	11/07	M	03/09
希森 3 号(CK)	22/04	06/06	23/06	11/07	ME	03/09

2.2　马铃薯不同资源形态特征比较

马铃薯不同资源的形态特征存在一定差异(表 2)。在株高方面,"Z1328"株高最低,为 49 cm,"Z1245""Z1286""Z1299""Z1356"较"希森 3 号"高出 14～23 cm,其中"Z1286"最高为 93 cm,其他参试资源与"希森 3 号"株高差异不大。各参试资源在茎色、叶色方面无明显差异,主茎数均低于"希森 3 号",其中"Z1326"主茎数最低,为 1.5 个。在花冠色方面,"Z1328"的花冠色为浅蓝紫色,除"Z1233""Z1246""Z1286"花冠色与对照相同为紫色,其余参试资源花冠颜色均为白色。花冠形状方面,除"Z1233""Z1363"为星形外,其余参试资源均与对照相同。在花繁茂性方面,"Z1245""Z1328"花繁茂性与对照相同为强,其余参试资源花繁茂性均低于对照,为中等。

表 2　马铃薯不同优良资源形态特性比较

资源号	株高 (cm)	茎色	主茎数 (个)	叶色	花冠色	花冠形状	花繁茂性
Z1233	64	绿	2.1	绿	浅紫	星形	++
Z1245	84	绿	1.9	绿	白	近五边型	+++
Z1246	77	绿	2.2	绿	浅紫	近五边型	++
Z1286	93	绿	2.3	绿	浅紫	近五边型	++
Z1287	74	绿	2.0	绿	白	近五边型	++
Z1299	90	绿	1.7	绿	白	近五边型	++
Z1326	64	绿	1.5	浅绿	白	近五边型	++
Z1328	49	绿	1.7	浅绿	浅蓝紫	近五边型	+++
Z1356	86	绿	1.6	浅绿	白	近五边型	++
Z1363	66	绿	1.6	绿	白	星形	++
希森 3 号(CK)	70	褐	2.5	绿	浅紫	近五边型	+++

2.3 马铃薯不同资源块茎性状比较

"Z1245""Z1246""Z1286""Z1299""Z1356""Z1363"这 6 个资源薯形椭圆，黄皮黄肉，芽眼浅，淀粉及干物质含量高，符合当下马铃薯市场需求（表3）。在薯形方面，除"Z1233""Z1287"薯形为长椭圆，其他参试资源均与对照薯形相同为椭圆形。在皮色方面，除"Z1233""Z1328"皮色为浅黄色，其他参试资源皮色与对照相同为黄色。芽眼方面，除"Z1326""Z1328"芽眼较深，其他参试资源芽眼均为浅。淀粉含量方面，除"Z1233"与对照淀粉含量相同外，其余参试资源淀粉含量均高于对照，其中"Z1363"淀粉含量最高，为16%。干物质含量方面，除"Z1233""Z1245"与对照干物质含量相同外，其余参试资源干物质含量均高于对照，其中"Z1363"干物质含量最高，为22%。

表3 马铃薯不同优良资源块茎性状比较

资源号	薯形	皮色	肉色	芽眼深浅	淀粉含量（%）	干物质含量（%）
Z1233	长椭圆	浅黄	白	浅	9	15
Z1245	椭圆	黄	黄	浅	10	15
Z1246	椭圆	黄	黄	浅	10	16
Z1286	椭圆	黄	黄	浅	11	16
Z1287	长椭圆	黄	浅黄	浅	12	18
Z1299	椭圆	黄	黄	浅	13	18
Z1326	椭圆	黄	乳白	深	13	19
Z1328	椭圆	浅黄	乳白	深	12	18
Z1356	椭圆	黄	黄	浅	13	19
Z1363	椭圆	黄	黄	浅	16	22
希森3号(CK)	椭圆	黄	黄	浅	9	15

2.4 马铃薯不同资源产量性状比较

"Z1245""Z1246""Z1286""Z1287""Z1299"这 5 个资源块茎大、产量及商品薯率高，适宜在乌兰察布市种植（表4）。所有参试资源在单株块茎数、单株块茎重方面均低于对照"希森3号"，其中"Z1326"单株块茎数最少，为3.5 个，"Z1328"单株块茎重最低，为0.582 4 kg。在商品薯率方面，除"Z1233"商品薯率低于对照，其余参试资源商品薯率均高于对照，其中"Z1299"商品薯率达到97.75%。从产量来看，"Z1245""Z1246""Z1286""Z1299"较对照"希森 3 号"分别增产 34.32%、25.13%、21.44%、21.16%，其中，"Z1245"产量最高，为 4 844 kg/667 m²，"Z1287""Z1326""Z1356""Z1363"与对照产量相当，"Z1233""Z1328"较对照分别减产 11.17%、40.16%。

表 4 马铃薯不同优良资源产量性状比较

资源号	单株块茎数 （个）	单株块茎重 （kg）	折合产量 （kg/667 m²）	商品薯率 （%）	较 CK （%）
Z1233	5.1	0.864 6	3 204	92.03	-11.17
Z1245	5.0	1.307 3	4 844	97.20	34.32
Z1246	6.4	1.218 0	4 513	93.88	25.13
Z1286	5.0	1.182 0	4 380	96.17	21.44
Z1287	5.1	1.008 9	3 739	94.24	3.66
Z1299	4.6	1.179 3	4 370	97.75	21.16
Z1326	3.5	0.929 3	3 443	97.12	-4.53
Z1328	3.8	0.582 4	2 158	93.89	-40.16
Z1356	3.8	0.914 4	3 388	96.93	-6.05
Z1363	3.7	0.808 7	3 425	95.98	-5.03
希森 3 号（CK）	8.2	1.443 3	3 607	93.80	0

3 讨 论

通过资源比较试验，可以较早的发现优良的苗头资源，以便在今后工作中重点对待，对加快育种进程具有重要意义[8-10]。该试验通过对 10 个参试资源的生育特性、形态特征、块茎性状以及产量性状进行比较，以商品薯率和产量性状为主要考核指标，其他特征为参考指标进行优良资源筛选。结果表明，所有参试资源均能在乌兰察布市正常生长。在商品薯率方面，"Z1299"商品薯率最高，为 97.75%，"Z1245""Z1326""Z1356"的商品薯率分别为 97.20%、97.12%、96.03%；从产量来看，"Z1245""Z1246""Z1286""Z1287""Z1299"，较对照"希森 3 号"分别增产 34.32%、25.13%、21.44%、3.66%、21.16%，其中，"Z1245"产量最高，为 4 844 kg/667 m²。

综合分析，"Z1245""Z1246""Z1286""Z1299"表现较好，产量和商品薯率高，块茎性状为黄皮黄肉，芽眼浅，淀粉及干物质含量高，适宜在乌兰察布市推广，但要做好病虫害防治；"Z1287""Z1356""Z1363"与对照品种"希森 3 号"接近，为黄皮黄肉，符合当前马铃薯市场需求，可以作为潜在资源继续观察试验。

[参 考 文 献]

[1] 房磊.中晚熟马铃薯资源比较试验 [J].黑龙江农业科学,2022(4):34-38.

[2] 林团荣,尹玉和,张志成,等.2022 年乌兰察布市马铃薯产业发展情况及 2023 年产业发展建议 [C]//中国作物学会马铃薯专业委员会.马铃薯产业与种业创新.哈尔滨:黑龙江科学技术出版社,2023.

[3] 姚兰,李德明,罗磊,等.西北旱区马铃薯新品种引进及筛选试验 [J].中国马铃薯,2017,31(5):263-267.

[4] 曹祐涛.灵台县马铃薯资源比较试验初报 [J].农业科技与信息,2023(4):57-60.

[5] 王珍珍, 孙莎莎, 张志凯, 等.内蒙古乌兰察布市马铃薯优良品种引进比较试验 [J].安徽农业科学, 2022, 50(24): 33-
     37, 85.

[6] 黄永, 金龙, 彭江龙, 等.马铃薯资源材料比较试验 [J].农技服务, 2023, 40(10): 13-15.

[7] 中华人民共和国农业部.NY/T 1303—2007 农作物种质资源鉴定技术规程 马铃薯 [S].北京: 中国农业出版
     社, 2007.

[8] 樊建英, 张淑青, 胡金雪, 等.彩色马铃薯新资源 SH-8 多点区域比较试验 [J].蔬菜, 2023(12): 52-55.

[9] 解国庆, 董清山, 范书华, 等.牡丹江地区马铃薯新资源比较试验 [J].中国马铃薯, 2012, 26(3): 140-143.

[10] 岳新丽, 王春珍, 陈云, 等.晋北高寒地区马铃薯资源比较试验 [J].农业技术与装备, 2021(2): 9-11.

内蒙古自治区马铃薯种质资源保存及利用探索

王　静[1]，赵玉平[1]，黄修梅[2]，刘富贵[3]，牛俊美[1]，戎素平[1*]

(1. 乌兰察布市种业工作站，内蒙古　乌兰察布　012000；

2. 内蒙古农业大学职业技术学院，内蒙古　包头　014017；

3. 包头市九原区农业技术推广中心，内蒙古　包头　014017)

摘　要： 马铃薯种质资源是马铃薯育种的物质基础。对内蒙古自治区马铃薯种质资源的现状进行了概述，论述了开展马铃薯种质资源收集、整理、鉴定评价、国外资源引进、提供利用、保存的现状、方法及未来发展方向，以期为内蒙古自治区马铃薯育种可持续发展提供参考。

关键词： 马铃薯；种质资源；保存；利用

马铃薯种质资源是马铃薯育种的物质基础。搞好区域种质资源的收集、整理、鉴定评价、国外资源引进、提供利用、保存，及时掌握区域种质资源的存量、特征特性、应用状况和发展进程，对于搞好种质资源的保护和利用、促进新品种选育具有重要意义。内蒙古自治区属大陆性季风气候，日照充足，光热资源丰富。土层深厚，质地疏松，地形复杂，小气候多，自然生态条件多样，适于种质资源的优生优护，具备为马铃薯育种提供宝贵的种质资源条件。

1　内蒙古自治区马铃薯种质资源现状

目前，内蒙古自治区对现有马铃薯种质资源品种特性不太清楚，资源未得到高效利用。马铃薯育种工作起步晚，基础薄弱，亲本材料比较单一，育种技术比较落后。在第三次全国农作物种质资源普查与收集中，全区仅征集到30份左右马铃薯资源。如今位于偏远山区、环境条件恶劣的地区往往老品种资源丰富，有零星种植，而越是种植条件好的地区往往被育成引进的品种代替，而马铃薯产业中老品种资源丰富，但缺乏进一步的开发利用。马铃薯优质种质资源不足，优良品种的培育和推广不足。随着中国农业产业化的发展，劳动力的快速减少，能够机械化收获、高产、优质的新品种和配套种植模式是未来发展的主要方向，这也必定会加快大量种质资源的丢失。在这种形势下，对于这些资源仍需开展收集、保存、鉴定、评价和创新利用。

2　内蒙古自治区马铃薯种质资源保存存在的问题

马铃薯种质资源收集保存数据库的信息化程度不高，缺乏种质资源利益分享机制，种

作者简介： 王静(1988—)，女，农艺师，研究方向为农业种植技术、品种展示示范、种子质量检验技术。

基金项目： 内蒙古自治区育种联合攻关项目(YZ2023006)；内蒙古自治区科技计划项目(2021GG0011)；国家重点研发计划项目(2023YFD2302100)。

*通信作者： 戎素平，高级农艺师，研究方向为农业种植技术、品种展示示范、种子质量检验技术。

质资源仍以独立收集、各自保存、内部评价、自己使用为主[1]，无法实现信息数据共享。

随着农业现代化发展，新品种、新技术的使用，加快了马铃薯原有地方品种的更新换代，从而使得马铃薯原始种质资源的流失严重。

3 内蒙古自治区马铃薯种质资源的保存

针对内蒙古自治区马铃薯种质资源匮乏、品种创新能力不足、自主育成的抗旱和加工专用品种几近空白等产业发展问题，开展马铃薯种质资源引进、筛选、创制、评价。规范种质资源收集与引进渠道，建立内蒙古自治区马铃薯种质资源共享平台，开展内蒙古自治区马铃薯种质资源普查，整理、引进资源所有的信息，提高资源管理与利用效率。

3.1 建立马铃薯种质资源原始档案

马铃薯种质资源档案包括收集、整理、国外资源引进等。对收集的马铃薯种质资源建立档案，详细记载名称、材料类型(薯苗、块茎、试管苗等)、基本特征特性、采集地点和时间、采集数量等。研究种质资源是以利用为前提的，为了保证数据的正确性和可追朔性，按照有关规定认真仔细的做好档案记录。

3.2 马铃薯种质资源信息的收集整理工作

收集整理内蒙古自治区各马铃薯企业、科研院所、高校等单位的马铃薯种质资源信息，对全区马铃薯种质资源建立原始档案，对收集资源进行统一编号，详细记载资源名称、资源类型(块茎、薯苗、试管苗等)、种质类型(野生资源、地方品种、选育品种、品系、遗传材料、其他等)、种质来源、基本特征特性、采集时间和地点、采集数量、采集人以及资源保存单位以及保存数量等。

3.3 规范种质资源收集与引进渠道

收集、引进各地不同的马铃薯品种资源，对马铃薯的产量、品质、抗性等方面特性进行评价和鉴定，可以促进马铃薯品种的优化和多样性，推动马铃薯产业更好的发展。

目前，马铃薯种质资源保存方式分为种子、块茎和试管苗保存以及田间种植保存等，绝大多数的近缘种和野生种是以种子方式保存，由各个"种"分离出来的单系或种质资源则以块茎或试管苗进行保存。试管苗保存表现出明显的退化时需要进行田间种植以重新获得试管苗保存，在马铃薯种质资源保存过程中，田间种植和试管苗保存是相互结合、密不可分的，是一个循环往复过程。可以多点保存，也可以分期分批保存。种质资源的应用往往是在脱毒处理的基础上，转换试管苗，然后纳入保存库中对相关种质资源进行保存[2]。在资源保存方面，将所收集、引进的马铃薯资源全部转育成试管苗，实现田间与室内离体双轨保存方式，保证了资源的绝对安全，同时对试管苗进行病毒、类病毒检测与脱毒，初步筛选出无病毒资源，解决育种上的急需。对新收集资源入圃前先隔离种植以检测其是否带有检疫性病虫害，对经过隔离鉴定的种质资源整理入圃，根据马铃薯种质资源鉴定评价标准对其进行评价。建立马铃薯种质资源库，每份种质资源都按编目与试管苗一一对应。

在标准化整理过程中，对原有数据对照新的规范标准，可用数据保留，数据的整理严格按照规范和标准执行。比如对于资源的抗病鉴定数据就可以保留。对于变动较大的描述符，原有数据已不可用，重新采集。

3.4 马铃薯种质资源鉴定评价

鉴定评价主要内容包括一般性状记载和特定性状评价，一般性状记载指对农艺性状和植物形态学性状如形态特征、生育期及产量性状的描述；特定性状评价是针对育种需要对某种抗性或品质进行系统鉴定和基因分析，二者均是为种质利用提供科学依据。将马铃薯种质资源所采集的信息进行分类，按照类别建立档案保存。基本数据主要包括马铃薯的种质编号、品种名称、资源类型等。形态特征和生物学特性数据主要包括马铃薯种质的幼芽特征、株形、花色、薯形、皮色、肉色等。品质鉴定数据主要包括块茎干物质含量、淀粉含量、蛋白质含量等。抗病虫、抗逆性鉴定数据主要包括马铃薯普通花叶病毒病抗性、马铃薯卷叶病毒病抗性、晚疫病抗性、早疫病抗性、环腐病抗性等。抗逆性鉴定数据主要包括马铃薯耐旱性和耐寒性。

数据采集做好采集原始档案记录，注明采集人、整理人、审核人及保存人档案。新采集的数据经过汇总、整理、分析，将每年采集的数据按照类别归档保存。另外已建立数据库，将采集数据录入到数据库中，对需要永久保存的档案，采取纸质档案、电子版或移动硬盘备份保存。

4 马铃薯种质资源利用研究

目前，内蒙古自治区种质资源利用情况：马铃薯种质资源已登记品种共有 61 份，正在登记品种 7 个。其中：内蒙古中加农业生物科技有限公司已登记品种 12 个；内蒙古华颂种业科技有限公司已登记品种 11 个；内蒙古民丰种业有限公司已登记品种 1 个，正在登记品种 2 个；内蒙古鑫雨种业有限公司正在登记品种 1 个；乌兰察布市农林科学研究所正在登记品种 1 个；呼伦贝尔市农牧科学研究所已登记品种 25 个，正在登记品种 2 个；内蒙古自治区农牧业科学院已登记品种 12 个，正在登记品种 1 个。

种质资源的最终目的是为了更好地利用资源，要合理利用引进的马铃薯种质资源，积极挖掘本地马铃薯种质资源，对引种资源进行针对性研究、评价与鉴定，筛选出优质资源。资源提供利用需填写引种登记证明，内容包括引种单位、引种人、引进品种名称、份数以及引种目的等。另外记录引种人的通信方式，追踪资源的利用效果，对引进资源利用取得的成果记录备案。同时建立种薯种苗销售记录，内容包括销售对象的单位或乡村名、购买者姓名、购买量以及主要用途等。所有的纸质档案卷内目录都输入计算机管理系统，实现计算机管理和检索档案。这样既可以从文号、年度、责任者的角度查询档案，又可以实现题名、主题词查询，使档案利用更方便、更快捷。

5 马铃薯种质资源数据库平台建设

马铃薯是无性繁殖作物，为加快中国多年生和无性繁殖作物种质资源的收集、整理、鉴定评价和创新利用，加强种质资源规范化管理，促进资源信息交流，提高资源数据库管理水平，每年将采集的马铃薯种质资源数据输入该系统，实现马铃薯种质资源数据库的共建、信息共享。

利用数据库管理系统和应用软件开发系统，结合内蒙古自治区马铃薯种质资源保存实际情况，建立由数据管理、数据检索和互联网信息发布等模块构成的种质资源数据库系统，实现对保存的种质资源进行信息检索查询和应用。依托大数据建设数据库，选取基础数据进行收集，将马铃薯资源信息通过后台管理人员录入资源信息，将马铃薯基本信息、引种信息、鉴定信息等分类记录，并确保数据库与各个数据表之间相互衔接，以便于在系统界面就能实现对数据库信息的更新与调整。建立马铃薯核心种质资源数据库，将筛选出的优异马铃薯资源进行入库登记。

实现马铃薯种质资源数据网络共享，各科研院所、学校、企业可以通过网络数据平台实现马铃薯种质资源信息数据共享[3]，搜索到所需的特定的马铃薯资源信息，并联系到相关所属单位，实现互利共享。

在内蒙古自治区开展马铃薯种质资源保存及利用探索研究工作，是马铃薯生产和种子产业发展的迫切需要，符合产业发展政策和规划要求，对保证内蒙古自治区境内珍稀、名优、濒危种质资源多样性，促进内蒙古自治区现代农业发展和培育马铃薯新品种具有重要意义。

[参 考 文 献]

[1] 古丽米拉·热合木土拉, 徐琳黎, 刘易, 等. 马铃薯种质资源保存现状及改进策略 [J]. 现代农业科技, 2021, 50(12): 91-92.

[2] 刘喜才, 张丽娟, 孙邦升, 等. 马铃薯种质资源研究现状及发展对策 [J]. 中国马铃薯, 2007, 21(1): 39-41.

[3] 邓禄军, 黄萍, 夏锦慧, 等. 贵州马铃薯种质资源数据库的设计与实现 [J]. 种子, 2013, 33(8): 59-61, 64.

无外源基因马铃薯编辑材料的获得

肖建会，曹光宇，卢思园，杜静雅，黄梦月，宋桂宣，李相敢*

(禾生创源(北京)生物技术有限公司，北京　102200)

摘　要：马铃薯是重要的块茎类作物，根癌农杆菌介导的遗传转化方法是马铃薯基因工程育种的重要技术，研究其遗传转化体系将助力于品种改良。以"大西洋"茎段和叶片为受体材料的试验结果表明，茎段是一种优于叶片的受体材料；以多个品种不同筛选剂的比较试验结果表明，咪唑啉酮类除草剂的筛选效率最高，多品种平均的编辑阳性率可达88.4%，其次是氯磺隆，编辑阳性率为23.4%，卡那霉素的阳性率仅为13.6%。侵染前对马铃薯茎段进行23、32和37 ℃的温度处理结果表明，温度处理对于提高茎段的再生率和编辑率无效。以咪唑啉酮类除草剂为筛选剂测试多个品种的再生率及编辑率的试验表明，品种之间有差别，"大西洋"的再生率和编辑率最高，其次为"费乌瑞它""陇薯3号"，"NC16"和"冀张薯12号"相当，"青薯9号"的再生率和编辑率最低。试验共获得二百多株编辑苗，平均再生率为5.13%，编辑率为4.69%，编辑阳性为91.5%。试验证实无外源片段插入是一个低频事件，成功获得3个品种的无外源片段插入的马铃薯编辑苗。通过试验可知，筛选剂种类、外植体类型、不同马铃薯品种均对农杆菌介导基因编辑效率产生影响。

关键词：马铃薯；外源基因；编辑；遗传转化；农杆菌介导

马铃薯目前的遗传转化方法有基因枪法、超声波法、原生质体法及农杆菌介导的遗传物质递送方法等。农杆菌介导的遗传转化法有许多优点，如高效外源基因插入、插入外源DNA的片段较简单、外源基因的拷贝数低并且广泛成功地应用于商业化开发。鉴于农杆菌介导的遗产转化法的诸多优势，对于该方法的进一步优化，提高转化效率，具有重要意义。迄今，马铃薯茎段、叶片、试管薯均有用作转化受体的报道[1-3]。但农杆菌介导的转化方法，马铃薯品种之间也存在差异[4-6]。

乙酰乳酸合成酶(Acetolactate synthase，ALS)是植物和微生物中催化支链氨基酸(缬氨酸、亮氨酸和异亮氨酸)生物合成途径中的关键酶之一，ALS抑制剂类除草剂具有除草谱广、选择性强、低毒高效、土壤残留活性低等优点。目前已商业化的ALS抑制剂类除草剂可分为5大类50余种[7]，主要类型包括磺酰脲类(Sulfonylureas，SU)、咪唑啉酮类(Imidazolinones，IMI)、三唑嘧啶类(Triazolopyrimidines，TP)、嘧啶氧苯甲酸类(Pyrimidinyl - thiobenzoates，PTB，又称嘧啶水杨酸类)和三唑并嘧啶磺酰胺类(Sulfonylamino-carbonyl-triazolinone，SCT)。其作用机制是通过抑制乙酰乳酸合成酶的活性，从而影响支链氨基酸的合成，进而影响蛋白质的合成，最终导致植物生长停止而死

作者简介：肖建会(1975—)，女，博士，从事马铃薯遗传转化方面的研究。

*通信作者：李相敢，从事遗传转化、基因编辑及分子育种方面的研究，e-mail：shon.lee@novocrop.com。

亡。ALS 基因中存在一些保守氨基酸，以拟南芥为例分别是第 122 和 205 位的 Ala，第 197、376、377、574、653 和 654 位的 Pro、Asp、Arg、Trp、Ser 和 Gly，这些氨基酸的改变可导致其对 ALS 抑制剂类除草剂产生抗性[8]。

本试验中所使用的质粒为基因编辑工具中引导编辑，可使马铃薯 ALS 基因 563 位点和 642 位点发生碱基替换编辑从而产生的编辑苗具有氯磺隆或咪唑啉酮类除草剂的抗性。同时该质粒在构建时也携带了抗卡那霉素的 NPTII 筛选标记基因，因此本试验可以通过卡那霉素、氯磺隆和咪唑啉酮类除草剂对再生芽进行筛选。基因遗传转化中因不同筛选剂其作用机理和植物对其敏感性不同，筛选效率存在差异。因此研究不同外植体类型、筛选剂和品种之间的差异，对于提高马铃薯基因工程育种具有重要意义。本试验以 7 个马铃薯品种为材料，对转化体系进行筛选和优化，以期更好的指导后期研究。

1 材料与方法

1.1 材　料

马铃薯普通栽培品种"费乌瑞它""青薯 9 号""冀张薯 12 号""陇薯 3 号""大西洋""NC16"，均由马铃薯脱毒苗公司采购。试管苗的培养条件为(23 ± 1)℃，4 000 Lux，光周期为 16 h/8 h。取苗龄 21～35 d 的马铃薯脱毒试管苗用于试验。农杆菌为根癌农杆菌 (*Agrobacterium tumefaciens*) LBA4404，含有质粒，质粒携带可编辑马铃薯 *ALS1* 基因的序列元件，发生编辑的不定芽可以在含有氯磺隆和咪唑啉酮类除草剂的筛选培养基上生长，同时 T-DNA 上含有卡那霉素的筛选标记，因此本试验中选用的筛选剂有卡那霉素、氯磺隆和咪唑啉酮类除草剂。

1.2 培养基

培养基中因不同阶段外植体对成分的需求不同而含有萘乙酸(NAA)、2,4-二氯苯氧乙酸(2,4-D)、赤霉素(GA$_3$)、6-苄基腺嘌呤(6-BA)、反式-玉米素、卡那霉素、氯磺隆和咪唑啉酮类除草剂。马铃薯组培苗繁苗培养基为：1.2×MS 粉末+30 g/L 蔗糖+5.5 g/L 植物凝胶，pH 5.8，分装于 350 mL 玻璃培养瓶中高压灭菌备用。马铃薯茎段转化步骤参考康霞等[9]，卡那霉素、氯磺隆和咪唑啉酮类除草剂的使用浓度参照 Florian 等[10] 和 Zong 等[11]。

1.3 马铃薯试管苗茎段为受体材料的转化方法

将试管苗剪成 5～10 mm 无腋芽小段，平放于 MS 培养基上，23 ℃，2 000 Lux，16 h/8 h 光周期条件下培养 2～4 d。侵染前一天将农杆菌用接种环均匀涂满含有利福平和壮观霉素的 YEP 固体平板，置于 28 ℃培养箱过夜培养。取无菌的 50 mL 离心管加入 20 mL 侵染培养基(Infection media)，用一次性接种环将培养好的菌板收集于 50 mL 离心管制成分散均匀的菌液，将菌液稀释为 OD 值 0.3 左右，备用。将预培养 2～3 d 的茎段收集于一次性培养皿中，倒入稀释好的菌液，侵染 15 min，吸弃菌液，用无菌滤纸将残留的菌液吸干，将茎段平放于准备好的培养皿中，该培养皿加有 2 mL 侵染培养基和 2 层滤纸，3M 透气胶带封口，放于 23 ℃培养箱中暗培养 2 d。然后茎段转入无筛选剂的愈伤诱导培养基中进行恢复培养，(23 ± 1)℃，2 000 Lux，16 h/8 h，光下培养 7 d；恢复培养 7 d 后将茎段转入抗性愈伤诱导培养基上培养 14 d 和抗性芽诱导培养基上培养 21 d，抗性芽诱导大约需要 63 d。待再生的不定芽伸长至 2 cm，将其转入繁苗培养基中使其长大，取样进行检测。

1.4 马铃薯试管苗叶片为受体材料的转化方法

取试管苗顶部 3~4 个叶片，用手术刀横切叶片至主脉 2~3 刀，将叶片平放于 MS 培养基上进行预培养，后续转化步骤同茎段。不同之处在于叶片恢复培养结束后直接转入抗性芽诱导培养基上进行抗性芽诱导。

1.5 侵染前对茎段进行不同温度预处理

有文献[12]报道对外植体进行适当的高温处理，可以提高其编辑效率。本试验以"大西洋"和"陇薯 3 号"的茎段为试材进行转化，咪唑啉酮类除草剂 260 μg/L 为筛选剂，在农杆菌侵染前对茎段进行不同的温度处理 1 h 后再进行农杆菌侵染，研究温度处理对再生率和编辑率的影响。

1.6 靶位点处的测序验证

分化再生的抗性芽长至 2 cm 时切下来，转入繁苗培养基上，为防止有农杆菌再次生长，可在繁苗培养基上加入头孢霉素(250 mg/L)，待植株长至有 3 片叶片时在无菌条件下取叶片 2 片进行检测。用植物 DNA 提取试剂盒提取再生苗的基因组 DNA，未编辑苗为阴性对照，ALS 基因编辑载体质粒为阳性对照。2 个目标靶位点及突变为：W563R（TGG to AGA）和 S642T（AGC to ACT）。扩增靶位点片段的引物分别为：ALS－mutF1（5′－GATGTTCTTGTGGAGGCACTTG－3′），ALS－mutR1（5′－TTCTTCGACTCCGAAATCAGC－3′），片段长度为 602 bp；ALS_mutF2（5′－GGTTGACATTGATGGTGAC－3′），ALS_mutR2（5′－GCCTAGAACTAGTTATGTAG－3′），片段长度为 448 bp。使用高保真酶按照 PCR 扩增试剂盒的条件对马铃薯基因组 DNA 进行扩增。PCR 反应结束后采用 1%琼脂糖凝胶电泳进行检测，大小正确的 PCR 产物送测序机构进行一代测序。

1.7 基因编辑载体片段检测

通过设计可扩增载体元件的引物对载体元件进行扩增，以检测发生编辑的再生苗是否存在外源载体片段的插入。设计载体元件引物两对，分别扩增 692 和 1 467 bp。PCR 产物进行琼脂糖凝胶电泳，如出现片段大小与目的条带一致的条带则说明该编辑苗中存在外源载体片段，如无条带，则说明该编辑植株中无外源载体片段。

1.8 数据分析

通过对每株再生苗的测序结果进行分析，分别计算出两种转化体系和不同处理的编辑效率。通过比较再生率、编辑率和编辑阳性率指标对试验结果进行评价。

$$再生率(\%) = \frac{再生苗数目}{外植体数目} \times 100$$

$$编辑率(\%) = \frac{编辑苗数目}{外植体数目} \times 100$$

$$编辑阳性率(\%) = \frac{编辑苗数目}{再生苗数目} \times 100$$

2 结果与分析

2.1 两种不同转化体系的再生率及编辑率

在马铃薯转化中，就取材的便捷性而言，叶片和茎段均可以作为农杆菌转化的试材。

本试验以"大西洋"茎段和叶片为试材进行 2 次转化试验，咪唑啉酮类除草剂 260 μg/L 为筛选剂对愈伤和再生芽进行筛选，对比二者的再生效率及编辑率(表 1)。以叶片为试材的试验 1 和试验 2 的再生率分别为 4.62% 和 13.64%，平均再生率为 9.13%，茎段为试材的试验 1 和试验 2 分别为 22.76% 和 24.57%，平均再生率为 23.67%，是叶片再生率的 2.5 倍。通过分析发现二者再生苗的编辑阳性率无差别，均在 95% 以上。此试验说明与叶片相比，茎段是一种更合适的外植体。

表 1 不同转化体系茎段和叶片再生率和编辑率

编号	试材	外植体数目 (个)	再生苗数目 (个)	编辑苗数目 (个)	再生率 (%)	编辑率 (%)	编辑阳性率 (%)
试验 1	茎段	536	122	117	22.76	21.73	95.4
	叶片	65	3	3	4.62	4.62	100
试验 2	茎段	232	57	55	24.57	23.75	96.7
	叶片	110	15	14	13.64	13.18	96.7

2.2 侵染前对茎段进行不同温度预处理的结果

由表 2 可以看出，在侵染前对茎段进行 23、32 和 37 ℃处理 1 h，不同处理间其再生率和编辑率几乎无差别。说明在农杆菌侵染前对外植体进行温度处理不能提高其编辑率。

表 2 不同温度处理茎段的再生率和编辑率

品种	处理	外植体数目 (个)	再生苗数目 (个)	编辑苗数目 (个)	再生率 (%)	编辑率 (%)	编辑阳性率 (%)
大西洋	23 ℃	203	6	6	2.96	2.96	100
	32 ℃	193	3	3	1.55	1.55	100
	37 ℃	192	5	5	2.60	2.60	100
陇薯 3 号	23 ℃	164	7	7	4.27	4.27	100
	32 ℃	161	5	5	3.11	3.11	100
	37 ℃	164	4	4	2.44	2.44	100

2.3 不同筛选剂的再生率及编辑率的结果

卡那霉素是马铃薯以农杆菌介导的遗传转化体系中常用的筛选剂，本试验所转化的载体上携带了抗卡那霉素的 NPTII 基因，同时编辑元件可以对内源的 *ALS1* 基因进行编辑，产生目标编辑的再生植株会具有氯磺隆或咪唑啉酮类除草剂的抗性。本试验分别采用了卡那霉素、氯磺隆和咪唑啉酮类除草剂为筛选剂进行测试，对转化试验的检测苗进行统计以比较不同筛选剂的筛选效率。由结果(表 3)可以看出，3 种不同筛选剂的编辑苗阳性率由低到高分别为卡那霉素(13.6%)、氯磺隆(23.4%)和咪唑啉酮类除草剂(88.4%)。因此在后续的转化试验中均以咪唑啉酮类除草剂为筛选剂。

表 3　3 种不同筛选剂的筛选结果

品种	筛选剂	检测苗数目 (个)	编辑苗数目 (个)	编辑阳性率 (%)
Desiree	氯磺隆	47	11	23.4
Desiree	卡那霉素	65	9	13.6
费乌瑞它	咪唑啉酮类除草剂	54	51	94.4
冀张薯 12 号	咪唑啉酮类除草剂	9	6	66.7
青薯 9 号	咪唑啉酮类除草剂	22	16	72.7
大西洋	咪唑啉酮类除草剂	142	137	96.5
NC16	咪唑啉酮类除草剂	23	23	100
陇薯 3 号	咪唑啉酮类除草剂	16	16	100

2.4　不同品种再生率及编辑率的比较

马铃薯不同品种感染农杆菌的难易程度不同。本试验统计并总结多次试验结果进行平均，比较了不同品种侵染含有编辑 *ALS* 基因元件的农杆菌后，咪唑啉酮类除草剂为筛选剂，不同品种间的再生率存在差异，进而影响编辑率。从结果(表 4)可以看出，"大西洋"的平均再生率最高可达到 10.11%，其次为"费乌瑞它""陇薯 3 号"，"NC16"和"冀张薯 12 号"相当，再生率最低的为"青薯 9 号"。编辑阳性率品种之间也存在差别，"NC16""陇薯 3 号"和"大西洋"均超过 90%，而"青薯 9 号""费乌瑞它"和"冀张薯 12 号"的编辑阳性率相对稍低，在 60%~80%。试验共获得二百多株编辑苗，平均再生率为 5.13%，编辑率为 4.69%，编辑阳性率为 91.5%。

表 4　不同品种编辑效率对比结果

品种	茎段数 (个)	再生苗数目 (个)	编辑苗数目 (个)	再生率 (%)	编辑率 (%)	编辑阳性率 (%)	T-DNA free 苗数目(个)
冀张薯 12 号	404	8	5	1.98	1.24	62.5	0
费乌瑞它	982	62	48	4.64	3.66	78.8	1
青薯 9 号	1 388	7	5	0.50	0.36	71.4	2
NC16	823	13	12	1.58	1.46	92.3	0
陇薯 3 号	489	16	16	3.27	3.27	100	0
大西洋	2 078	210	203	10.11	9.75	96.5	4

2.5　再生编辑苗的 PCR 检测

本试验对再生苗进行 PCR 检测的目的有两个，一个是扩增编辑基因的片段并对其进行测序以鉴定再生苗是否发生碱基编辑(图 1)，另一个目的则是检测发生编辑的再生苗是否含有外源片段。以"青薯 9 号"的编辑苗含外源片段和 T-DNA free 的样本为例进行说明。

在众多的编辑苗中发现了 T-DNA free 的编辑苗，含有外源片段的植株 2 个载体元件均有条带且条带大小与目标条带一致(图 2,"青薯 9 号"1、2)，无外源片段插入的植株载体元件扩增无条带(图 2,"青薯 9 号"3)。在本试验中以农杆菌介导的基因编辑方法可以较易获得编辑苗但 T-DNA free 的概率较低，具体统计结果见表 4。所测试的 6 个品种中仅"费乌瑞它""青薯 9 号"和"大西洋"此 3 个品种意外获得无外源片段插入的马铃薯编辑苗，本试验中获得无外源片段插入的编辑苗是低频事件，因此对于如何高频获得无外源片段插入的编辑苗是今后研究的目标。

本试验中对 254 株马铃薯编辑苗中的编辑位点进行统计，3 株苗 W563 位点发生编辑(1.18%)，209 株 S642 位点发生编辑(82.28%)，42 株 W563 和 S642 位点均发生编辑(16.53%)。马铃薯 ALS 基因 563 位点和 642 位点发生编辑的频率存在差异，产生此差异的原因尚不清楚。

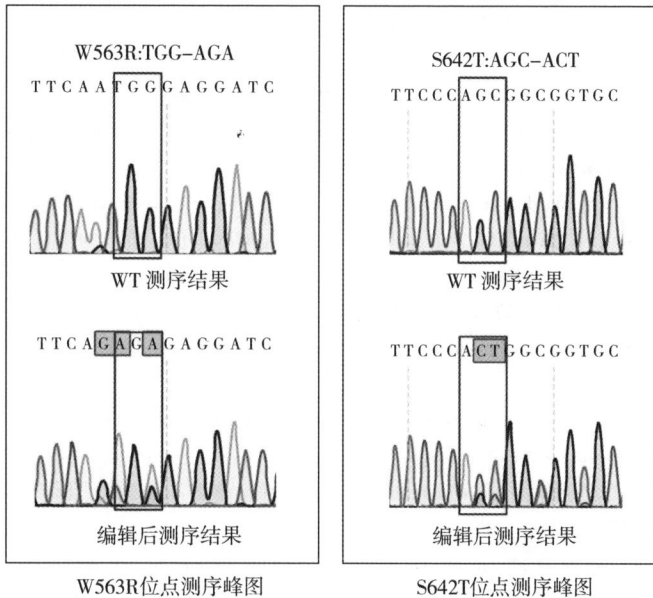

图 1　马铃薯 *ALS1* 基因 563 位点和 642 位点测序结果

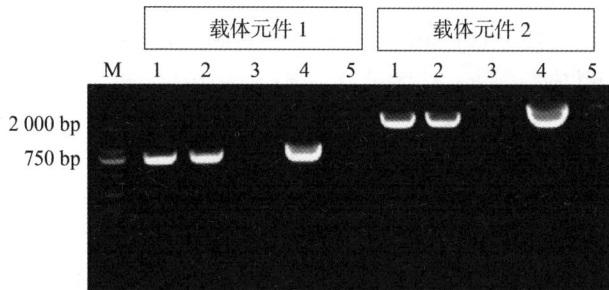

注：1. 青薯 9 号，2. 青薯 9 号，3. 青薯 9 号，4. 阳性对照(质粒)，5. WT。

图 2　载体元件有无插入的电泳图

3 小 结

本试验以咪唑啉酮类除草剂为筛选剂转化6个马铃薯品种的结果可以看出，不同品种其再生率、编辑率、编辑阳性率均存在差别。这种基因型之间的差别对马铃薯的编辑率高低产生重要影响。因此针对不同品种，可以在基础愈伤诱导培养基、分化培养基和筛选剂的使用浓度方面进行摸索和改良，以期获得更好的试验结果。

[参 考 文 献]

[1] Dale P J, Hampson K K. An assessment of morphogenic and transformation efficiency in a range of varietites of potato (*Solanums tuberosum* L.) [J]. Enphytica, 1995, 85(1/3): 101–108.

[2] Sharma K K, Bhatnagar–Mathur P, Thorpe T A. Genetic transformation technology: status and problems [J]. *In vitro* Cellular and Developmental Biology Plant, 2005, 41(2): 102–112.

[3] Trujillo C, Rodriguez–Arango E, Jaramillo S, et al. One–step transformation of two Andean potato varieties (*Solanum tumberosum* L. subsp. *andigena*) [J]. Plant Cell Report, 2001, 20(7): 637–641.

[4] Imai T, Aida R, Ishige T. High frequency of tetraploidy in *Agrobacterium*–mediated transformants regenerated from tuber discs of diploid potato lines [J]. Plant Cell Reports, 1993, 12(6): 299–302.

[5] Gustafson V, Mallubhotla S, Macdonnell J, et al. Transformation and plant regeneration from leaf explants of *Solanum tuberosum* L. cv. Shepody [J]. Plant Cell Tissue and Organ Culture, 2006, 85(3): 361–366.

[6] Yee S, Stevens B, Coleman S, et al. High efficiency regeneration *in vitro* from potato petioles with intact leaflets [J]. American Jounal of Potato Research, 2001, 78(2): 151–157.

[7] Thierry L, Mario D G, Yu S L, et al. Herbicides that inhibit acetolactate synthase [J]. Frontiners of Agricultural Science and Engineering, 2022, 9(1): 155–160.

[8] Tranel P J , Wright T R, Heap I M. Mutations in herbicide–resistant weeds to inhibition of acetolactate synthase [EB/OL]. [2024–04–11]. http://www. weedscience. com.

[9] 康霞, 徐刚, 王玉萍. 根癌农杆菌(*Agrobacterium tumefaciens*)介导的马铃薯高效遗传转化体系筛选剂优化 [J]. 中国沙漠, 2016, 36(1): 225–231.

[10] Veillet F, Perrot L, Chauvin L, et al. Transgene–free genome editing in tomato and potato plants using *Agrobacterium*–mediated delivery of a CRISPR/Cas9 cytidine base editor [J]. International Journal of Molecular Sciences, 2019, 20(2): 402–412.

[11] Zong Y, Liu Y, Xue C, et al. An engineered prime editor with enhanced editing efficiency in plants [J]. Nature Biotechnology, 2022, 40(9): 1 394–1 402.

[12] Xiang G, Zhang X, An C, et al. Temperature effect on CRISPR–Cas9 mediated genome editing [J]. Journal of Genetics and Genomics, 2017, 44(4): 199–205.

2023 年内蒙古自治区马铃薯"看禾选种"区域性平台新品种筛选与跟踪评价试验

刘智慧[1]，赵玉平[1*]，崔　健[1]，田艳花[2]，董其冰[1]，牛俊美[1]，刘广晶[2]，吕文霞[2]

(1. 乌兰察布市种业工作站，内蒙古　乌兰察布　012000；

2. 内蒙古中加农业生物科技有限公司，内蒙古　乌兰察布　012000)

摘　要：利用内蒙古自治区种业振兴专项资金，根据内蒙古阴山沿麓核心种植区土壤类型、气候特点和产业现状，2023 年在乌兰察布市四子王旗打造 1 个自治区级马铃薯"看禾选种"平台，通过对 30 个已登记品种开展新品种筛选和跟踪评价试验，研究不同品种的物候期、病害发生情况、块茎性状和产量表现等，筛选出适宜于内蒙古自治区中部推广的优质专用新品种。鲜食品种推荐"中加 7 号""希森 6 号""华颂 7 号""京张薯 1 号""京张薯 3 号"，产量分别为 3 598、3 421、3 394、3 356 和 3 335 kg/667 m²，商品率分别为 79.07%、74.63%、73.82%、82.51% 和 79.60%，产量和商品率均高于"中加 2 号"(CK)，且鲜食品种均为黄皮黄肉，薯皮光滑，芽眼浅，商品性也符合市场需求的品种，适合大面积推广。淀粉加工专用薯表现最好的品种为"中加 11"和"垦薯 2 号"，折合产量分别为 2 867 和 2 636 kg/667 m²，淀粉含量分别为 20.83% 和 22.19%，折合淀粉产出量分别为 597.13 和 584.88 kg/667 m²。薯条薯片加工型品种推荐"京张薯 2 号"和"甘农薯 7 号"，产量分别为 2 406 和 2 566 kg/667 m²，商品率分别为 74.61% 和 68.70%，产量和商品率均高于国外品种"布尔班克"和"大西洋"，可作为薯条薯片主推加工品种。

关键词：马铃薯；品种；"看禾选种"；筛选评价；阴山沿麓

种业安全是国家粮食安全的核心，种业振兴是保障国家重要农产品有效供给的前提。马铃薯产业作为内蒙古自治区优势产业，是建设国家重要农畜产品生产基地的重要组成部分。内蒙古自治区是全国重要的马铃薯种薯、商品薯和加工专用薯生产基地，马铃薯种植规模在全国保持前列，2022 年全区马铃薯种植面积 22.3 万 hm²，产量 50 亿 kg，分别居全国第 8 位和第 6 位；单产 1 637 kg/667 m²，高于全国平均水平。近年来，内蒙古自治区积极调整优化马铃薯产业区域布局，打造以包头市、呼和浩特市、乌兰察布市、锡林郭勒盟、赤峰市为重点的阴山沿麓和以呼伦贝尔市、兴安盟为重点的大兴安岭沿麓马铃薯产业带，提高优势区域集中度，大力推行马铃薯优质绿色生产，切实提升马铃薯加工转化水平，因此，育种、种薯质量与种植水平不断提升。

优良品种的应用是马铃薯产业增效的首要因素，但总体来看，内蒙古自治区马铃薯品

作者简介：刘智慧(1990—)，男，硕士，农艺师，主要从事新品种评价与推广工作。

基金项目：内蒙古自治区育种联合攻关项目(YZ2023006)；内蒙古自治区科技计划项目(2021GG0011)。

* **通信作者：**赵玉平，正高级农艺师，从事种业推广研究，e-mail：jnszyp@163.com。

种更新缓慢、专用品种缺乏，市场竞争力不强，严重制约着全区马铃薯产业持续稳定发展。同时品种结构趋向多元化和专用化，专用品种的需求逐年增加，针对以上情况，内蒙古自治区人民政府办公厅《关于支持种业振兴政策措施的通知》(内政办发〔2023〕68号)指出：加快优良品种推广应用步伐，在全区建立农作物高产、优质、绿色新品种"看禾选种"平台60个，重点打造玉米、大豆、马铃薯、向日葵、杂粮杂豆5个自治区级区域性平台，集中开展新品种展示评价和安全性监测，编制发布优良品种推荐名录，加强用种供种宣传培训，为农民生产选种用种提供科学依据。

为深入贯彻落实自治区种业振兴行动，加快优良品种推广应用，利用内蒙古自治区种业振兴专项资金，立足内蒙古自治区中西部地区生态环境、种植习惯、产业结构，乌兰察布市开展2023年度马铃薯"看禾选种"区域性平台建设工作，打造1个主要针对鲜食品种结合加工专用品种集新品种筛选、优良品种示范综合推广平台，开展新品种筛选评价试验，筛选展示出一批适宜于阴山沿麓马铃薯核心种植区种植的不同用途的马铃薯新品种。

1 材料与方法

1.1 试验品种

试验品种共计30个，包括"中加2号""希森6号""中加7""中加16""京张薯1号""京张薯3号""京张薯4号""北方001""北方013""华颂7号""内繁18号""内繁24号""蒙黄2号""克新1号""克新23""克新33""晋薯16号""维拉斯""垦薯1号""垦薯2号""中加11""京张薯2号""甘农薯7号""大西洋""布尔班克""中加N3""中加N5""华颂66""华颂88""蒙花2号"。

试验品种均为通过国家登记的品种，且多数为高校、科研院所和种薯企业近年育成的新品种，种薯级别均为原种，以"中加2号"为对照品种，品种详细情况见表1。

表1 参试品种信息

品种	品种来源	登记编号	提供单位
中加2号(CK)	ZJ-2011-226×YJ-2011	GPD马铃薯(2018)150057	内蒙古中加农业生物科技有限公司
希森6号	Shepody×XS9304	GPD马铃薯(2017)370005	内蒙古希森马铃薯种业有限公司
中加7	费乌瑞它×BQ-46	GPD马铃薯(2021)150003	内蒙古中加农业生物科技有限公司
中加16	费乌瑞它系选单株	GPD马铃薯(2021)150004	内蒙古中加农业生物科技有限公司
京张薯1号	90-2-10×冀张薯5号	GPD马铃薯(2018)130075	张家口市农业科学院
京张薯3号	844×Saturna	GPD马铃薯(2021)130076	张家口市农业科学院
京张薯4号	Saturna×BD7-1	GPD马铃薯(2021)130077	张家口市农业科学院
北方001	荷十五×A40	GPD马铃薯(2020)130053	河北北方学院
北方013	90-2-10×Manet	GPD马铃薯(2022)130076	河北北方学院
华颂7号	金冠×尤金	GPD马铃薯(2018)150010	内蒙古华颂农业科技有限公司

品种	品种来源	登记编号	提供单位
内繁 18 号	Y4×LT1533	GPD 马铃薯(2023)150033	内蒙古自治区农牧业技术推广中心
内繁 24 号	晋薯 15 号×冀张薯 5 号	GPD 马铃薯(2022)150047	内蒙古自治区农牧业技术推广中心
蒙黄 2 号	大西洋×铃田 301	GPD 马铃薯(2022)150064	内蒙古自治区农牧业科学院
克新 1 号	374-128×EPOKA	国审薯 05009-1984	黑龙江省农业科学院马铃薯研究所
克新 23	克新 4 号×AuLa	GPD 马铃薯(2017)230010	黑龙江省农业科学院克山分院
克新 33	坝 90-2-6×兹列巴	GPD 马铃薯(2020)230128	黑龙江省农业科学院克山分院
晋薯 16 号	NL94014×9333-11	GPD 马铃薯(2018)140082	山西省农业科学院高寒区作物研究所
维拉斯	435-137×4222-1	GPD 马铃薯(2019)150046	呼伦贝尔市农牧科学研究所
垦薯 1 号	杂交128-6×布良斯基 надежный	GPD 马铃薯(2020)230049	黑龙江八一农垦大学
垦薯 2 号	杂交82×Журавинка	GPD 马铃薯(2022)230059	黑龙江八一农垦大学
中加 11	大西洋×BQ-36	GPD 马铃薯(2023)150058	内蒙古中加农业生物科技有限公司
京张薯 2 号	冀张薯 8 号×ELLES	GPD 马铃薯(2018)130076	张家口市农业科学院
甘农薯 7 号	大西洋×陇薯 7 号	GPD 马铃薯(2020)620083	甘肃农业大学
大西洋	Wauseon×B-5141-6	GPD 马铃薯(2018)130016	张家口市农业科学院
布尔班克	–	GPD 马铃薯(2018)130032	雪川农业发展股份有限公司
中加 N3	ZJ-LLN3×BQ-106	GPD 马铃薯(2022)150061	内蒙古中加农业生物科技有限公司
中加 N5	ZJ-LLN3×BQ-106	GPD 马铃薯(2022)150050	内蒙古中加农业生物科技有限公司
华颂 66	HS016×HS025	GPD 马铃薯(2018)110089	内蒙古华颂农业科技有限公司
华颂 88	red40-2×y-26	GPD 马铃薯(2018)150118	内蒙古华颂农业科技有限公司
蒙花 2 号	万紫千红×0299-8	GPD 马铃薯(2022)150043	内蒙古自治区农牧业科学院

1.2 试验地概况

马铃薯"看禾选种"区域性平台选择乌兰察布市四子王旗,位于内蒙古自治区中部,大青山北麓。该地区马铃薯种植历史悠久,耕地面积 12.64 万 hm^2,其中马铃薯种植面积稳定在 2.67 万 hm^2,该地区能够代表内蒙古自治区中西部地区阴山沿麓马铃薯核心种植区生态环境、种植习惯、产业结构等条件。

具体地块位于乌兰察布市四子王旗大黑河乡四十顷地中加农业种植基地(N 41°42′41″,E 111°32′20″)。该地块前茬为玉米,地势开阔、排灌条件良好,地力均匀、土层深厚、土壤疏松的沙壤土,土壤类型为栗钙土,年有效积温(≥10 ℃)2 000~2 100 ℃,年均降雨量310 mm 左右。

1.3 试验设计和田间管理

试验采取随机排列,不设置重复,行距 90 cm,株距 20~22 cm。每个品种为一个小区,面积为 0.13 hm^2,不设重复,采用水肥一体化浅埋滴灌种植模式,栽培、植保、水肥等管理方式一致。

5月2日深翻，5月6日撒基肥，施马铃薯专用复合肥（N∶P∶K＝12∶18∶15）70 kg/667 m²，磷酸一铵 10 kg/667 m²，5月8日旋耕，不施种肥。5月7日开始切种，每150~200 kg 的种薯使用 70%甲基硫菌灵（WP）150 g+6%春雷霉素（WP）30 g+滑石粉 3 kg 拌种。5月12日播种，播种时沟施 70%噻虫嗪（WG）40 g/667 m²+250 g/L 嘧菌酯（SC）80 mL/667 m²。

6月5日—6月7日中耕除草，6月27日喷施 23.2%砜·喹·嗪草酮（OD）50 mL/667 m²，进行药剂除草。

6月16日开始追肥，前期以液氮、多马道、复合肥（N∶P∶K＝14∶5∶27）为主，每次分别追施 2 kg/667 m²、5 L/667 m² 和 3~5 kg/667 m²，并在6月16日追施硫酸锌、硫酸锰，用量 1.0 和 0.5 kg/667 m²，6月19日追施硝酸钙镁 7 kg/667 m²。7月3日开始以尿素（N 46%）、复合肥（N∶P∶K＝14∶5∶27）、硫酸钾为主，每隔 3~8 d 施用 1 次，每次分别追施 2、4(或 5)和 2 kg/667 m²，8月13日停止追肥。

采用智能水肥一体化滴灌，出苗前进行 2 次灌溉，每次 2 h；苗期和块茎形成期每隔 4 d 进行 1 次灌溉，每次 3 h；块茎膨大期每隔 3 d 进行 1 次灌溉，每次 4 h；淀粉积累期每隔 4 d 进行 1 次灌溉，每次 3 h。保证田间持水量在苗期为 65%、块茎形成期为 70%~75%、块茎膨大期为 75%~80%、淀粉积累期为 60%。

6月20日开始进行病虫草害防治，主要预防早疫病、晚疫病、炭疽病和蚜虫等，选用 80%代森锰锌（WP）、72%霜脲锰锌（WP）、10%氟噻唑吡乙酮（OD）、22%氟啶虫胺腈（SC）、5%吡虫啉（EC）等药剂轮换和搭配施用，每隔 6~7 d 防治 1 次，直到收获。

9月25日收获测产。

1.4 调查指标和数据分析

1.4.1 生育期调查

试验期间全程记录各品种出苗期、现蕾期、开花期、成熟期，计算各品种的生育期[1]。从出苗到成熟将生育期划分为：极早熟(生育期<60 d)、早熟(生育期 61~70 d)、中早熟(生育期 71~85 d)、中熟(生育期 86~105 d)、中晚熟(生育期 106~120 d)、晚熟(生育期>120 d)[2]。

1.4.2 病害调查

根据各品种病害发生情况，每个品种随机选取 3 个样点，每个样点调查 100 株，调查马铃薯重花叶病毒病和早疫病的发病率和病情指数[3,4]。收获期调查测产小区所有块茎疮痂病的发病率和病情指数[5]。

发病率(%)＝(发病株数/调查总株数)×100

病情指数＝∑(病级株数×代表值)/(调查总株数×最高级代表值)×100

1.4.3 产量和块茎性状调查

在收获期，邀请马铃薯行业专家和市县两级专业技术人员进行了田间测产。各品种随机选取 3 个样点，每个样点 3.6 m²，人工挖出全部块茎，记录各样点穴数，对各品种薯形、薯皮颜色、薯皮光滑度、薯肉色、裂薯、空心薯等块茎典型性状进行调查，并测定各样点大薯(150 g 以上)重量和小薯重量(150 g 以下),计算商品率、产量等指标,并采用淀粉测定仪对各品种淀粉含量进行测定。

商品薯率(%)=(块茎大于 150 g(含)的马铃薯重量/马铃薯总重量)×100

裂薯率(%):收获测产时统计测产点内块茎数和裂薯数,调查后记百分数。

空心薯率(%):每个样点取大块茎 30 个,切开块茎后调查空心薯个数,记百分数。

2 结果与分析

2.1 物候期

各品种的出苗时间存在一定的差异,从 6 月 9 日开始陆续出苗,多数品种在 6 月 15 日前完成出苗,"甘农薯 7 号"和"华颂 66"出苗时间最晚,直至 6 月 20 日出苗。所有品种自播种到约 50%幼苗出苗的时间需要 28~39 d,这一时间差异主要与品种特性有关,同时也与 2023 年较为特殊的气候条件(干旱)和种植管理水平有关。

各品种从 6 月 26 日至 7 月 14 日陆续现蕾,从 7 月 6 日至 7 月 30 日陆续开花。

8 月 24 日开始陆续成熟,截止到收获期,共有 26 个品种完成生育期。其中 6 个品种属于中早熟品种,16 个属于中熟品种,4 个属于中晚熟品种。成熟品种生育期基本与内蒙古自治区中西部种植积温条件吻合。

4 个品种未能完成全生育期,根据田间植株状态及各地引种试验结果推测,这几个品种生育期在 110 d 左右,均属于中晚熟品种(表 2)。

表 2 参试马铃薯品种生育期

品种	播种期 (D/M)	出苗期 (D/M)	现蕾期 (D/M)	开花期 (D/M)	成熟期 (D/M)	生育期 (d)	生育期 分类
中加 2 号(CK)	12/05	10/06	07/07	16/07	10/09	92	中熟
希森 6 号	12/05	09/06	26/06	06/07	05/09	88	中熟
中加 7	12/05	10/06	09/07	15/07	11/09	93	中熟
中加 16	12/05	09/06	06/07	14/07	04/09	87	中熟
京张薯 1 号	12/05	13/06	07/07	16/07	17/09	96	中熟
京张薯 3 号	12/05	12/06	02/07	14/07	14/09	94	中熟
京张薯 4 号	12/05	12/06	29/06	07/07	13/09	93	中熟
北方 001	12/05	12/06	27/06	09/07	27/08	85	中早熟
北方 013	12/05	14/06	09/07	16/07	14/09	92	中熟
华颂 7 号	12/05	13/06	08/07	17/07	17/09	96	中熟
内繁 18 号	12/05	14/06	03/07	12/07	24/09	102	中熟
内繁 24 号	12/05	17/06	11/07	16/07	–	>100	–
蒙黄 2 号	12/05	13/06	02/07	12/07	05/09	84	中早熟

品种	播种期（D/M）	出苗期（D/M）	现蕾期（D/M）	开花期（D/M）	成熟期（D/M）	生育期（d）	生育期分类
克新 1 号	12/05	12/06	03/07	15/07	13/09	93	中熟
克新 23	12/05	13/06	03/07	12/07	24/08	72	中早熟
克新 33	12/05	17/06	12/07	23/07	20/09	95	中熟
晋薯 16 号	12/05	10/06	10/07	25/07	–	>107	–
维拉斯	12/05	09/06	26/06	08/07	–	>108	
垦薯 1 号	12/05	11/06	09/07	17/07	25/09	106	中晚熟
垦薯 2 号	12/05	10/06	29/06	07/07	25/09	107	中晚熟
中加 11	12/05	09/06	30/06	07/07	23/09	106	中晚熟
京张薯 2 号	12/05	13/06	03/07	14/07	20/09	99	中熟
甘农薯 7 号	12/05	20/06	07/07	17/07	–	>97	–
大西洋	12/05	12/06	29/06	08/07	08/09	88	中熟
布尔班克	12/05	11/06	12/07	30/07	25/09	106	中晚熟
中加 N3	12/05	11/06	08/07	15/07	02/09	83	中早熟
中加 N5	12/05	18/06	09/07	17/07	07/09	81	中早熟
华颂 66	12/05	20/06	14/07	18/07	21/09	93	中熟
华颂 88	12/05	18/06	04/07	16/07	01/09	75	中早熟
蒙花 2 号	12/05	14/06	10/07	22/07	17/09	95	中熟

2.2 病害发生情况

从参试品种的病害发生情况可以看出（表 3），地上部分主要是重花叶病毒病和早疫病发生，块茎主要是疮痂病发生。

"中加 N3""中加 N5"重花叶病毒病发生最为严重，病株率分别为 42.30% 和 55.70%，病情指数分别为 23.50 和 29.40；"大西洋"重花叶病毒病发生次之，病株率为 22.10%，病情指数为 9.95；"中加 2 号""京张薯 3 号""京张薯 4 号""北方 001""内繁 18 号""内繁 24 号""维拉斯""甘农薯 7 号""华颂 66""华颂 88"10 个品种重花叶病毒病轻度发生，其余 17 个品种未发生重花叶病毒病。

"北方 001""中加 N5"和"华颂 66"早疫病发生最为严重，病株率分别为 27.35%、20.21% 和 20.31%，病情指数分别为 17.78、15.43 和 15.63；"内繁 24 号""克新 23""大西洋""中加 N3""华颂 88"5 个品种早疫病中度发生，病株率在 10%～16%，病情指数在 8～13；"京张薯 4 号""华颂 7 号""内繁 18 号""蒙黄 2 号""维拉斯""布尔班克"6 个品种早疫病发生程度较轻，其余 16 个品种未发生早疫病。

"蒙黄 2 号"和"克新 23"疮痂病发生最为严重，发病率分别为 32.90% 和 23.69%，病情指数分别为 20.39 和 17.11；"大西洋"疮痂病发生次之，发病率为 9.45%，病情指数为 5.16；"京张薯 1 号""京张薯 4 号""北方 013""内繁 18 号""克新 33""晋薯 16 号""垦薯 1 号""垦薯 2 号""甘农薯 7 号""中加 N5"10 个品种疮痂病轻度发生；其余 17 个品种经过调查未发现疮痂病。

总体来说，中早熟或中熟品种对病毒病和早疫病的抗性较差。"希森 6 号""中加 7""中加 16""克新 1 号""中加 11""京张薯 2 号""蒙花 2 号"7 个品种未发生 3 种病害，"中加 2 号""京张薯 1 号""京张薯 3 号""北方 013""华颂 7 号""克新 33""晋薯 16 号""垦薯 1 号""垦薯 2 号""布尔班克"10 个品种发生 1 种病害；"北方 001""内繁 24 号""蒙黄 2 号""克新 23""维拉斯""甘农薯 7 号""中加 N3""华颂 66""华颂 88"9 个品种发生 2 种病害，"京张薯 4 号""内繁 18 号""大西洋""中加 N5"4 个品种发生 3 种病害。从品种病害发生情况考虑，推荐未发生病害品种或轻度发生病害的品种。病害发生情况与品种抗性是否存在相关性，有待进一步验证。

表 3　参试品种主要病害情况

品种	重花叶病毒病		早疫病		疮痂病	
	发病率（%）	病情指数	发病率（%）	病情指数	发病率（%）	病情指数
中加 2 号（CK）	1.37	0.69	0	0	0	0
希森 6 号	0	0	0	0	0	0
中加 7	0	0	0	0	0	0
中加 16	0	0	0	0	0	0
京张薯 1 号	0	0	0	0	4.35	2.63
京张薯 3 号	2.13	0.85	0	0	0	0
京张薯 4 号	5.60	3.20	4.41	2.35	1.98	1.98
北方 001	4.46	3.27	27.35	17.78	0	0
北方 013	0	0	0	0	2.50	2.50
华颂 7 号	0	0	2.30	1.15	0	0
内繁 18 号	3.22	1.16	4.54	3.17	2.30	2.30
内繁 24 号	2.23	2.23	10.16	8.79	0	0
蒙黄 2 号	0	0	5.70	4.38	32.90	20.39
克新 1 号	0	0	0	0	0	0
克新 23	0	0	15.37	10.25	23.69	17.11
克新 33	0	0	0	0	0.80	0.80
晋薯 16 号	0	0	0	0	1.08	1.08
维拉斯	2.23	1.16	2.30	1.61	0	0

品种	重花叶病毒病		早疫病		疮痂病	
	发病率(%)	病情指数	发病率(%)	病情指数	发病率(%)	病情指数
垦薯1号	0	0	0	0	2.63	2.63
垦薯2号	0	0	0	0	0.74	0.74
中加11	0	0	0	0	0	0
京张薯2号	0	0	0	0	0	0
甘农薯7号	1.37	0.41	0	0	1.90	1.90
大西洋	22.10	9.95	13.22	10.47	9.45	5.16
布尔班克	0	0	2.13	0.94	0	0
中加N3	42.30	23.50	15.03	8.72	0	0
中加N5	55.70	29.40	20.21	15.43	1.01	1.01
华颂66	7.31	5.66	20.31	15.63	0	0
华颂88	8.76	4.55	15.77	12.22	0	0
蒙花2号	0	0	0	0	0	0

2.3 块茎性状

从薯形来看(表4),以卵圆形和椭圆形为主,"中加7号""京张薯1号""京张薯3号""蒙黄2号""克新1号""垦薯2号""蒙花2号"7个品种为卵圆形,"中加16""京张薯4号""内繁24号""京张薯2号""甘农薯7号""华颂66"6个品种为长卵圆形,"克新23""中加11""中加N3""中加N5"4个品种为短卵圆形。"希森6号""北方001""北方013"3个品种为长椭圆形,"中加2号""华颂7号""维拉斯""垦薯1号"4个品种为椭圆形,"内繁18号""克新33"和"大西洋"为圆形,"布尔班克"和"华颂88"薯形表现为极长,"晋薯16号"为长扁圆形。

从芽眼数量来看,多数品种的芽眼数量集中在6~9个,"北方001""晋薯16号""中加N3""中加N5"芽眼数量较多,分别为9~11、9~11、10~13、9~11个;"中加16""布尔班克"和"华颂88"芽眼数量最多,分别为13~15、12~14和13~15个。

从芽眼深度来看,"垦薯2号""中加11"和"布尔班克"3个品种芽眼深度表现为"中",主要是薯条薯片加工薯和高淀粉加工薯品种;"克新1号""晋薯16号"和"蒙花2号"3个品种芽眼深度表现为"深";其余24个品种芽眼深度均为"浅"。

从薯皮光滑度来看,"京张薯1号""内繁18号""内繁24号""克新23""克新33""甘农薯7号""中加N3"7个品种表现为"略麻皮";"维拉斯""垦薯2号""中加11""大西洋""布尔班克"5个品种表现为"麻皮","麻皮"品种均为薯条薯片型加工品种或者高淀粉加工品种;其余18个品种均表现为"光滑",以鲜食品种为主。

从薯皮颜色和薯肉颜色来看,"中加2号""希森6号""中加7号""中加16""京张薯1号""京张薯3号""京张薯4号""北方001""华颂7号""内繁18号""蒙黄2号""晋薯16

号""维拉斯""垦薯2号""中加11"15个品种是黄皮黄肉品种，主要是鲜食品种；少数为加工品种；"北方013""克新1号""克新33""京张薯2号""甘农薯7号""大西洋"6个品种是黄皮白肉品种，主要以加工型品种为主；"内繁24号"和"克新23"为红皮黄肉；"垦薯1号"和"中加N5"为红皮白肉品种；"中加N3""华颂66""华颂88""蒙花2号"4个品种属于彩薯品种，薯皮颜色为红色或深紫色或部分紫色，薯肉颜色分别为浅部分红色、紫色、部分红色和黄色，"布尔班克"薯皮为褐色，薯肉为白色。

表4　参试马铃薯品种块茎性状

品种	薯形	芽眼数量	芽眼深度	薯皮光滑度	皮色	肉色	裂薯率（%）	空心薯率（%）
中加2号（CK）	椭圆	7~9	浅	光滑	黄	浅黄	3.69	0
希森6号	长椭圆	7~9	浅	光滑	黄	中黄	0	0
中加7	卵圆	6~8	浅	光滑	浅黄	浅黄	0	0
中加16	长卵圆	13~15	浅	光滑	黄	浅黄	4.81	0
京张薯1号	卵圆	7	浅	略麻皮	黄	中黄	0	0
京张薯3号	卵圆	6~7	浅	光滑	黄	中黄	0	0
京张薯4号	长卵圆	7	浅	光滑	黄	中黄	0	0
北方001	长椭圆	9~11	浅	光滑	浅黄	浅黄	0	0
北方013	长椭圆	7~8	浅	光滑	浅黄	白	0	0
华颂7号	椭圆	7~9	浅	光滑	中黄	中黄	0	0
内繁18号	圆	7~9	浅	略麻皮	黄	中黄	0	0
内繁24号	长卵圆	6~7	浅	略麻皮	红	浅黄	0	0
蒙黄2号	卵圆	7~9	浅	光滑	黄	中黄	0	0
克新1号	卵圆	7~9	深	光滑	黄	白	0	0
克新23	短卵圆	7~9	浅	略麻皮	浅红	深黄	0	0
克新33	圆	7~9	浅	略麻皮	黄	白	0	0
晋薯16号	长扁圆	9~11	深	光滑	浅黄	浅黄	0	0
维拉斯	椭圆	6~7	浅	麻皮	浅黄	浅黄	0	0
垦薯1号	椭圆	7~8	浅	光滑	浅红	白	0	0
垦薯2号	卵圆	10	中	麻皮	黄	浅黄	0	0
中加11	短卵圆	6~8	中	麻皮	黄	浅黄	0	0
京张薯2号	长卵圆	7~9	浅	光滑	浅黄	白	0	0
甘农薯7号	长卵圆	6~7	浅	略麻皮	浅黄	白	0	0
大西洋	圆	7~8	浅	麻皮	黄	白	0	0
布尔班克	极长	12~14	中	麻皮	褐	白	0	0
中加N3	短卵圆	10~13	浅	略麻皮	红	部分红色	0	0
中加N5	短卵圆	9~11	浅	光滑	红	白	0	0

品种	薯形	芽眼数量	芽眼深度	薯皮光滑度	皮色	肉色	裂薯率（%）	空心薯率（%）
华颂66	长卵圆	9~10	浅	光滑	深紫	紫	0	0
华颂88	极长	13~15	浅	光滑	红	部分红色	0	0
蒙花2号	卵圆	9	深	光滑	部分紫色	中黄	0	0

从裂薯率和空心薯率来看，"中加2号"和"中加16"有裂薯情况的发生，裂薯率分别为3.69%和4.81%；裂薯情况是否为品种本身缺陷，还待进一步验证；未发现有空心薯情况发生。

总体来看，鲜食品种薯形以椭圆形或卵圆形、薯皮光滑、黄皮黄肉、芽眼浅、无空心和裂薯情况的品种为主，该类品种容易受到市场欢迎与认可。符合上述块茎性状的鲜食品种有："希森6号""中加7""华颂7号""蒙黄2号""京张薯3号""京张薯1号""京张薯4号""北方001""内繁18号"。

2.4 产量情况

从产量情况来看（表5），有8个品种较"中加2号"（CK）产量高，从高到低顺序依次为"中加16""中加7""希森6号""华颂7号""京张薯1号""京张薯3号""蒙黄2号"和"北方001"，产量分别为：3 675、3 598、3 421、3 394、3 356、3 335、3 216和3 202 kg/667 m²，增产率分别达到21.65%、19.07%、13.23%、12.34%、11.08%、10.39%、6.46%和5.97%。除了"北方001"外，其余7个品种的商品率均高于"中加2号"（CK），其中"京张薯1号"的商品率最高，为82.51%，"中加16"商品率最低，为72.19%。

表5 参试品种产量和产量性状

品种	折合产量（kg/667 m²）	商品率（%）	淀粉含量（%）	增产率（%）	淀粉产出量（kg/667m²）
中加2号（CK）	3 021	71.42	10.94	—	330.53
希森6号	3 421	74.63	12.93	13.23	442.33
中加7	3 598	79.07	11.68	19.07	420.20
中加16	3 675	72.19	11.68	21.65	429.28
京张薯1号	3 356	82.51	12.91	11.08	433.27
京张薯3号	3 335	79.60	12.13	10.39	404.55
京张薯4号	2 420	41.44	15.65	-19.90	378.73
北方001	3 202	70.70	14.39	5.97	460.71
北方013	2 182	60.74	16.17	-27.77	352.87
华颂7号	3 394	73.82	14.15	12.34	480.26
内繁薯18号	2 637	66.44	16.17	-12.71	426.46

品种	折合产量 （kg/667 m²）	商品率 （%）	淀粉含量 （%）	增产率 （%）	淀粉产出量 （kg/667m²）
内繁薯24号	2 366	56.18	12.66	-21.68	299.57
蒙黄2号	3 216	77.26	15.65	6.46	503.38
克新1号	2 873	73.69	14.39	-4.91	413.41
克新23	1 355	47.49	12.63	-55.14	171.19
克新33	2 062	71.03	14.65	-31.76	302.06
晋薯16号	2 438	79.51	15.91	-19.31	387.87
维拉斯	2 070	24.93	17.96	-31.47	371.86
垦薯1号	2 135	38.65	19.28	-29.32	411.69
垦薯2号	2 636	19.17	22.19	-12.76	584.88
中加11	2 867	59.94	20.83	-5.12	597.13
京张薯2号	2 406	74.61	14.90	-20.35	358.55
甘农薯7号	2 566	68.70	17.71	-15.07	454.43
大西洋	2 145	57.95	19.53	-29.00	418.96
布尔班克	2 356	58.20	14.65	-22.02	345.17
中加N3	3 010	72.31	12.42	-0.38	373.80
中加N5	2 881	80.41	11.68	-4.66	336.46
华颂66	833	31.36	13.41	-72.43	111.71
华颂88	1 190	53.09	14.90	-60.64	177.21
蒙花2号	1 462	19.29	18.22	-51.60	266.42

淀粉含量≥17%的品种共有7个，综合考虑淀粉含量和产量，淀粉专用薯表现最好的品种为"中加11"和"垦薯2号"，淀粉含量分别为：20.83%和22.19%，折合产量分别为：2 867和2 636 kg/667 m²，折合淀粉产出量分别为597.13和584.88 kg/667 m²。其余5个品种的淀粉含量较高，但是产量均较低。

薯条薯片加工型专用品种"京张薯2号""甘农薯7号""大西洋"和"布尔班克"产量分别为：2 406、2 566、2 145和2 356 kg/667 m²，商品率分别为：74.61%、68.70%、57.95%和58.20%。新育品种"京张薯2号"和"甘农薯7号"产量和商品率均高于国外加工品种"布尔班克"和"大西洋"。

3 讨 论

结合田间调查、鉴定评价、考种测产结果，综合考虑品种生育期、产量，商品性、淀粉含量、病害发生情况、块茎性状等因素，鲜食品种推荐"中加7""希森6号""京张薯1号""华颂7号""京张薯3号"，鲜食品种都是黄皮黄肉，薯皮光滑，芽眼浅，商品性也符合市场需求，适合大面积推广。"中加16"的产量最高，但是综合考虑该品种裂薯率较高，

"蒙黄 2 号"产量和商品率高于对照品种，但由于疮痂病发病较为严重，故不作推荐，需后续做出安全性评价或配套相应栽培技术。高淀粉品种推荐"中加 11"和"垦薯 2 号"。薯条薯片型加工型品种推荐"京张薯 2 号"和"甘农薯 7 号"。

通过"看禾选种"区域性平台建设，优选出一批适应于内蒙古自治区阴山沿麓马铃薯核心种植区优质专用新品种，同时于马铃薯植株生长盛花期和收获期组织农技人员、种植大户、农业新型经营主体共开展 3 次技术培训与现场观摩，包括 2 次自治区级别的现场观摩会，1 次市县级别现场观摩会，总观摩人数 250 余人次，帮助种植户根据不同需求和条件选择合适品种，以取得相对好的经济效益。下一步，针对优良品种的特征特性逐渐集成完善配套的栽培技术，进行示范推广，优化品种布局，指导农民科学选种，为内蒙古自治区马铃薯产业化高质量发展提供支撑。

值得一提的是，2023 年度试验品种整体产量较往年偏低，主要原因是四子王旗大黑河乡往年降雨量维持在 310 mm 左右，2023 年降雨量仅为 220 mm 左右，是近年来降雨量最少的年份，极度干旱气候对各品种产量造成一定影响，同时也给马铃薯产业的健康发展提出新的挑战。因此，选育出适合本地区推广的旱作品种已成为亟待解决的问题。

[参 考 文 献]

[1] 中华人民共和国农业部. NY/T 1489—2007 农作物品种试验技术规程 马铃薯 [S]. 北京: 中国标准出版社, 2008.
[2] 内蒙古自治区市场监督管理局. DB15/T 1721—2019 "乌兰察布马铃薯"品种选择标准 [S]. 北京: 中国标准出版社, 2020.
[3] 李芳弟, 王鹏, 郭天顺, 等. 60 份马铃薯种质资源评价 [J]. 甘肃农业科技, 2016(10): 17-23.
[4] 郭继云, 牛丽娟, 郦海龙. 不同用药时期对马铃薯早疫病发病情况的影响 [C]//中国作物学会马铃薯专业委员会. 马铃薯产业与种业创新. 哈尔滨: 黑龙江科学技术出版社, 2023: 368-371.
[5] 张琰, 陈宇飞, 柳迎杰, 等. 种薯不同处理方式对马铃薯疮痂病的影响 [J]. 中国马铃薯, 2023, 37(4): 338-346.

乌兰察布市马铃薯"看禾选种"平台品种展示示范试验评价

戎素平[1]，王　静[1]，刘富贵[2]，赵玉平[1*]，牛俊美[1]

(1. 乌兰察布市种业工作站，内蒙古　乌兰察布　012000；
2. 包头市九原区农业技术推广中心，内蒙古　包头　014060)

摘　要：为筛选出适合乌兰察布市种植的马铃薯新品种，2023 年对 20 个马铃薯新品种进行田间展示示范试验，对不同马铃薯品种的田间物候期、农艺性状、产量及品质含量进行测定和分析。"希森 6 号""冀张薯 12 号""京张薯 2 号"和"北方 001"的产量较高，分别为 59、56、52、49 t/hm²；"京张薯 2 号"商品薯率最高，为 98.72%，显著高于部分品种。"东农 310"干物质含量最高，达到 30.09%，显著高于其余品种；"东农 310"的淀粉含量也最高，其次是"垦薯 2 号""陇薯 14 号""庄薯 3 号"淀粉含量，均达到 20%以上，处于最高水平。综上所述，选取田间表现好、商品薯率高、外观品质好、适应性好的品种，分别为"希森 6 号""冀张薯 12 号""京张薯 2 号"和"北方 001"，较适合乌兰察布市种植，可进行配套栽培试验和扩大生产试验。

关键词：马铃薯；展示示范试验；农艺性状；产量；品质

马铃薯(*Solanum tuberosum* L.)是中国乃至世界第四大粮食作物，具有较高的产量潜力和营养价值，既是粮食又是蔬菜，也是重要的经济作物[1-4]，也是惟一的块茎类粮食作物[5]，在保障国家粮食安全、改善膳食结构、缓解资源环境压力、实现农业可持续发展方面发挥着重要作用[6,7]。近年来随着马铃薯主食产业化战略的实施和政府政策的有力支持，中国马铃薯生产发展迅速[8]。随着人民生活水平的日益提高，人们对马铃薯的消费需求发生了根本转变，对马铃薯的营养品质要求逐步提高[9]。大多数研究表明[10-12]，不同品种的马铃薯营养品质差异较大，同一品种不同种植区域的马铃薯营养品质构成也有差异，筛选适宜当地种植的品质优良的马铃薯品种尤为关键。

乌兰察布市地处内蒙古自治区中部，属于干旱半干旱农牧交错带，气候冷凉、昼夜温差大、雨热同期、海拔高、光照强、土质多为沙壤土、质地疏松，是国内公认的马铃薯种植"黄金带"，马铃薯种植历史悠久，是全国马铃薯种薯、商品薯、加工专用薯重要生产基地[13]。近年来，以推动马铃薯产业"品种培优、品质提升、品牌打造和标准化生产"为抓手，以做强种薯、加工薯，做精商品薯为目标，围绕稳定面积、科技创新、绿色发展、产业升级、增产增效的思路，发展马铃薯全产业链、强化基地建设、完善种薯繁育体系、优

作者简介：戎素平(1973—)，女，高级农艺师，研究方向为农业种植技术、品种展示示范、种子质量检验技术等。

基金项目：内蒙古自治区育种联合攻关项目(YZ2023006)；内蒙古自治区科技计划项目(2021GG0011)；国家重点研发计划项目(2023YFD2302100)。

*通信作者：赵玉平，正高级农艺师，研究方向为农业种植技术、种子质量管理、品种展示示范等，e-mail：15024941915@ 163. com。

化品种结构、推广绿色增产技术、提升仓储能力、发展精深加工，打造区域品牌，强力推进马铃薯产业转型升级，产业优势进一步凸显。为了加快乌兰察布市马铃薯新品种更新换代步伐，优化品种布局，立足乌兰察布市马铃薯产业结构现状与气候特点，指导农民科学选种，2023 年对 20 个马铃薯品种进行田间展示示范试验，对其物候期性状、产量、品质等进行调查与比较，考察马铃薯新品种对当地自然条件的适应性，筛选出适合乌兰察布市种植的马铃薯新品种，为乌兰察布市的马铃薯生产应用提供科学依据。

1 材料与方法

1.1 试验材料

马铃薯选用"晋薯 16 号""冀张薯 12 号""定薯 4 号""定薯 3 号""东农 310""大西洋""北方 001""北方 013""垦薯 1 号""垦薯 2 号""陇薯 3 号""陇薯 14 号""陇薯 15 号""京张薯 1 号""京张薯 2 号""京张薯 3 号""京张薯 4 号""庄薯 3 号""青薯 9 号""希森 6 号"共 20 个品种。

1.2 试验地概况

试验地位于乌兰察布市商都县三大顷乡，地处内蒙古自治区中部，乌兰察布市东北部，介于 N 41°18′~42°09′、E 113°08′~114°15′，属中温带大陆性季风气候，年均气温 3.1 ℃，夏季平均气温 18 ℃，≥10 ℃的积温 2 075 ℃，无霜期 105 d 左右，年均降水量 350 mm，主要集中在 7—9 月，约占全年降水量的 70%，昼夜温差大、光照充足。

1.3 试验设计

试验采用大区设计，不设重复，在示范田两侧设置保护行，保护行设置 4 垄以上，高垄栽培，大行距 96 cm，小行距 24 cm，株距 30 cm，每小区种植 0.13 hm²，品种与品种之间观察通道 5 m。统一田间管理，田间管理略高于当地生产水平，采用高垄栽培水肥一体化生产技术。2023 年 5 月 8 日播种，播种前机械深翻旋耕起垄，结合播种施足底肥，在播种后 20 d 左右进行浅埋滴灌中耕 1 次，顶部培土厚度 5 cm，必须在出苗前完成。中耕起梯形大宽垄更，上垄面宽 30~35 cm，垄高 25~28 cm，按照马铃薯不同生育期需水规律进行灌溉，整个生育期灌水 13 次；9 月 18 日测产，9 月 20 日收获。

1.4 测定指标及方法

马铃薯物候期按照《内蒙古自治区看禾选种平台展示品种调查记载手册（马铃薯）》执行。

马铃薯收获期，进行产量与商品薯率的测定，商品薯率(%) = >150 g 块茎/总重量×100。并选择薯形比较一致，生长健康的马铃薯块茎带回实验室进行相关指标测定。马铃薯干物质与淀粉含量分别采用 GB 5009.3—2016[14]、GB 5009.9—2016[15]。

2 结果与分析

2.1 不同马铃薯品种物候期

20 个马铃薯品种的出苗期、现蕾期、开花期、成熟期和生育期、株高有一定差异（表 1）。出苗以京张薯系列、陇薯系列、"希森 6 号"最早，"东农 310"出苗最晚；现蕾期较多在 6 月 25 日，有"希森 6 号""青薯 9 号""京张薯 2 号""京张薯 4 号""陇薯 3 号""陇薯 15 号""北方 001""冀张薯 12 号"，最晚"垦薯 1 号""大西洋"在 7 月 6 日；开花以"垦薯 2 号"最早，"晋薯 16 号"开花最晚；"大西洋"成熟最早，"京张薯 1 号""垦薯 2 号"成熟较晚，"青薯 9 号""庄薯 3 号""陇薯 15 号""东农 310"收获时尚未成熟。生育期以"大西洋"最短为 80 d，"陇薯 14 号"最长。马铃薯株高波动范围较大，"京张薯 2 号"的株高处于最高水平，为 103.0 cm，"定薯 4 号"的株高处于最低水平，为 66.3 cm。"陇薯 15 号""定薯 3 号""陇薯 14 号""青薯 9 号"的株高维持在 91.9～98.5 cm，"北方 013""冀张薯 12 号""庄薯 3 号""晋薯 16 号""陇薯 3 号""京张薯 1 号""大西洋""垦薯 2 号""东农 310"维持在 80.5～89.1 cm，"京张薯 4 号""垦薯 1 号""希森 6 号""北方 001""京张薯 3 号"维持在 73.5～77.5 cm。

表 1　20 个马铃薯品种物候期

品种	出苗期 (D/M)	现蕾期 (D/M)	开花期 (D/M)	成熟期 (D/M)	株高 (cm)	收获期 (D/M)	生育期 (d)
希森 6 号	05/06	25/06	17/07	08/09	76.3	20/09	93
青薯 9 号	06/06	25/06	06/07	未成熟	91.9	–	–
京张薯 1 号	07/06	29/06	05/07	20/09	83.0	20/09	104
京张薯 2 号	05/06	25/06	03/07	13/09	103.0	20/09	98
京张薯 3 号	05/06	29/06	10/07	03/09	73.5	20/09	88
京张薯 4 号	05/06	25/06	02/07	08/09	77.5	20/09	93
庄薯 3 号	05/06	29/06	09/07	未成熟	87.0	–	–
陇薯 3 号	05/06	25/06	20/07	18/09	83.5	20/09	103
陇薯 14 号	05/06	03/07	01/08	03/10	94.8	20/09	118
陇薯 15 号	05/06	25/06	10/07	未成熟	98.5	–	–
垦薯 2 号	07/06	20/06	25/06	20/09	81.7	20/09	103
北方 001	07/06	25/06	29/06	29/08	74.5	20/09	82
北方 013	07/06	26/06	20/07	13/09	89.1	20/09	96
垦薯 1 号	07/06	06/07	15/07	14/09	77.2	20/09	97
大西洋	07/06	06/07	17/07	27/08	82.0	20/09	80
东农 310	12/06	03/07	13/07	未成熟	80.5	–	–
定薯 3 号	07/06	26/06	03/07	13/09	95.0	20/09	96
定薯 4 号	08/06	03/07	15/07	16/09	66.3	20/09	98
冀张薯 12 号	07/06	25/06	03/07	16/09	88.0	20/09	99
晋薯 16 号	05/06	03/07	09/08	07/09	84.0	20/09	92

2.2　不同马铃薯品种平均产量

20 个马铃薯品种在乌兰察布市平均产量呈显著差异（图 1），维持在 25～59 t/hm²，平均为 40 t/hm²。依据产量分布，将 20 个品种依据平均产量分为三个等级，高产、中产和较低产量，分别为 45 t/hm² 以上、35~45 t/hm²、35 t/hm² 以下。"希森 6 号"产量最高，为 59 t/hm²，但与"冀张薯 12 号""京张薯 2 号""北方 001""大西洋"和"北方 013"差异不显著，"京张薯 1 号"产量为 48 t/hm²，因此高产品种有以上 7 个品种，平均产量为 52 t/hm²；"青薯 9 号"产量最低，为 23 t/hm²，但与"陇薯 15 号""垦薯 1 号""庄薯 3 号""陇薯 14 号""定薯 3 号"和"东农 310"差异不显著，产量维持均在 33 t/hm² 以下，平均产量为 29 t/hm²；其余 7 个品种产量维持在 35~45 t/hm²，平均产量为 40 t/hm²，处于中产水平。

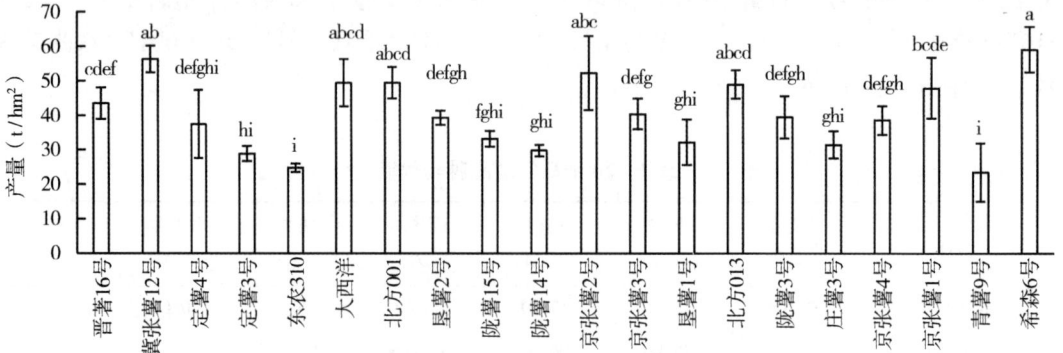

注：不同小写字母表示 0.05 水平差异显著。下同。

图 1　20 个马铃薯品种平均产量

2.3　不同马铃薯品种商品薯率

20 个马铃薯品种在乌兰察布市商品率呈显著差异（图 2），维持在 4.04%~98.72%，平均为 82.90%。依据商品率分布，将 20 个品种依据平均商品率分为三个等级，高、中、较低，分别为 85% 以上、65%~85%、65% 以下。"京张薯 2 号"商品薯率最高，为 98.72%，但与"冀张薯 12 号""北方 001""京张薯 1 号""京张薯 3 号""京张薯 4 号""北方 013""大西洋""希森 6 号"未形成显著差异，共同维持在显著最高水平，因此高商品率品种有以上 9 个品种；"东农 310"收获时未成熟，商品率最低为 4.04%，与其他品种差异显著。其余 10 个品种商品率维持在 65%~85%，处于中等水平。

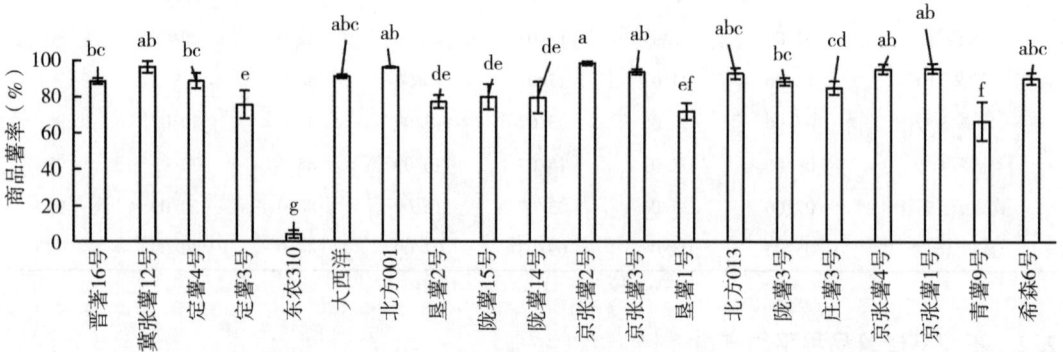

图 2　20 个马铃薯品种商品薯率

2.4 不同马铃薯品种营养品质分析

2.4.1 不同马铃薯品种干物质含量分析

20个马铃薯品种在乌兰察布市干物质含量呈显著差异(图3),维持在17.69%~30.09%,平均为23.55%。依据干物质含量分布,将20个品种依据平均干物质含量分为三个等级,高、中、较低,分别为27%以上、20%~27%、20%以下。"东农310"干物质含量最高,达到30.09%,与其他品种形成显著差异,维持在显著最高水平;其次"垦薯2号""庄薯3号"未形成显著差异,但与其他品种形成显著差异,维持在27%~29%,因此高干物质含量品种有以上3个品种;"大西洋"干物质含量最低为17.69%,与"希森6号"差异不显著;其余15个品种干物质含量均在20%~27%,处于中等水平。

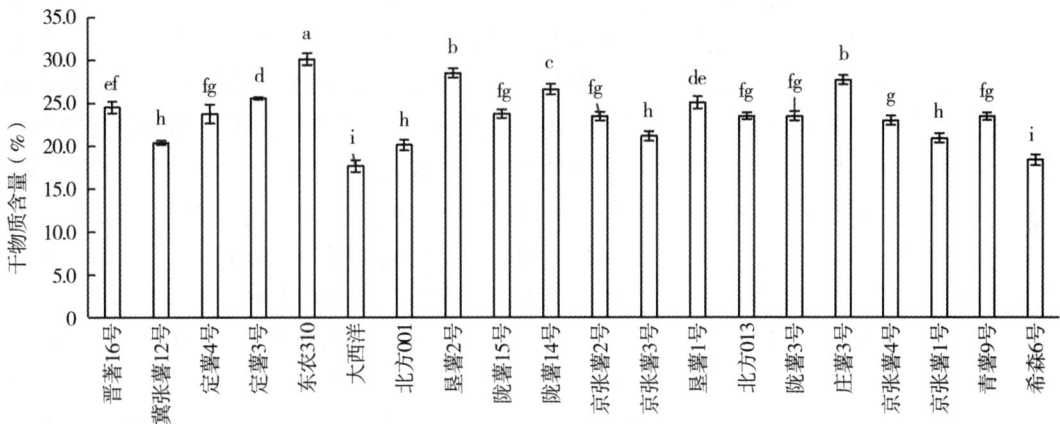

图3 20个马铃薯品种干物质含量

2.4.2 不同马铃薯品种淀粉含量分析

20个马铃薯品种淀粉含量呈显著差异(图4),维持在12.66%~24.33%,平均为18.07%。将20个品种依据平均淀粉含量分为三个等级,高、中、较低,分别为20%以上、14%~20%、14%以下。"东农310"淀粉含量最高,达到24.33%,与其他品种形成显

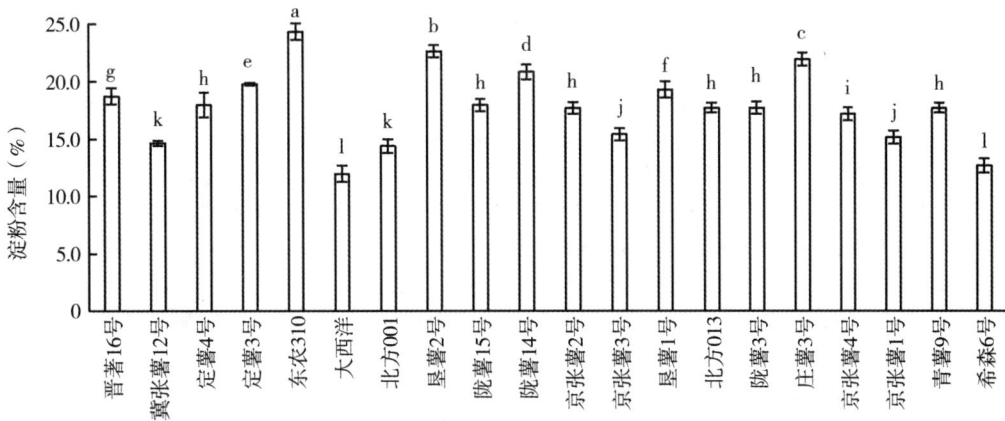

图4 20个马铃薯品种淀粉含量

著差异，"垦薯2号""陇薯14号""庄薯3号"淀粉含量达到20%以上，与其他品种形成显著差异，维持在显著最高水平；其次是"定薯3号""垦薯1号""晋薯16号""定薯4号""陇薯15号""陇薯3号""青薯9号""京张薯2号""北方013""京张薯4号""京张薯3号""京张薯1号"；"冀张薯12号""北方001"淀粉含量均维持在14%~20%，处于中等水平；"大西洋"淀粉含量最低为12.66%，与"希森6号"差异不显著，故这两个品种淀粉含量较低。

3 讨 论

近年来随着产业结构调整与马铃薯主粮化，"麦、菜、薯、牛、羊、乳"成为乌兰察布市支柱产业，马铃薯种植面积不断加大，各地加强马铃薯育种、展示示范工作，加快马铃薯新品种的推广应用，促进马铃薯品种的更新换代[16]。结合当地生产和市场需求，筛选出适宜乌兰察布市后山地区种植的马铃薯新品种。由于马铃薯生长的气候条件、栽培措施、施肥技术等不同程度的影响其产量和品质，通过20个马铃薯品种在相同条件下开展品种展示示范试验可知，试验品种的生育期在80~118 d，其中以"大西洋"生育期最短，"陇薯14号"生育期最长。不同马铃薯品种株高维持在66.3~103 cm，"京张薯2号"的株高为103.0 cm，处于最高水平。产量性状方面，产量最高的是"希森6号"，为59 t/hm²，商品薯率最高的是"京张薯2号"，为98.72%。虽然"东农310"干物质与淀粉含量较高，但由于生育期太长，在当地成熟不了，不建议在同等气候区种植"东农310""青薯9号""庄薯3号""陇薯15号"4个品种。通过综合比较各品种的田间表现、产量、商品性、适宜性、用途等，推荐"希森6号""京张薯2号""北方001""冀张薯12号"扩大种植规模。

[参 考 文 献]

[1] Koch M, Naumann M, Pawelzik E, et al. The importance of nutrient management for potato production part I: Plant nutrition and yield [J]. Potato Research, 2020, 63(1): 97-119.

[2] 吴琪滢, 李德明, 郭志乾, 等. 西北地区不同马铃薯种质资源产量和营养品质综合分析与评价 [J]. 中国马铃薯, 2021, 35(6): 489-499.

[3] 李彦军, 耿伟, 史超, 等. 马铃薯种质资源现状及发展对策 [J]. 中国果菜, 2019, 39(8): 61-63.

[4] 黎礼谦, 罗英舰, 郑元利, 等. 6个紫色马铃薯品种在遵义地区综合品质分析与评价 [J]. 种子, 2021, 40(3): 136-140

[5] Jeddou K B, Kammoun M, HellstrmJ, et al. Profiling beneficial phytochemicals in a potato somatic hybrid for tuber peels processing: Phenolic acids and anthocyanins composition[J]. Food Science and Nutrition, 2021, 9(3): 1 388-1 398.

[6] 罗其友, 高明杰, 张烁, 等. 中国马铃薯产业国际比较分析 [J]. 中国农业资源与区划, 2021, 42(7): 1-8.

[7] 刘巧彦, 张艳荣. 产业结构变迁视角下马铃薯产业减贫效应研究 [J]. 中国马铃薯, 2021, 35(4): 371-377.

[8] FAO. Food and Agriculture Organization of the United Nations [EB/OL]. [2023-12-07]. http://www.fao.org/faostat/en/#data/QC.

[9] 朱杰, 温海霞, 方治国, 等. 不同马铃薯品种产量及营养品质分析与评价 [J]. 湖北农业科学, 2023, 62(12): 33-37, 68.

[10] 刘爽, 王滢颖, 郭爱良, 等. 不同品种马铃薯全粉品质特性分析 [J]. 食品工业科技, 2022, 43(7): 59-66.

[11] 张佳莹, 李扬, 王靖, 等. 品种和气象因子对马铃薯主要品质的影响 [J]. 中国生态农业学报(中英文), 2022, 30(2): 216-225.

[12] 邵国莉, 谭占明, 程云霞, 等. 12种马铃薯营养品质测定及综合评价 [J]. 食品与机械, 2023, 39(10): 146-149, 174.

[13] 李倩, 弓钦, 李慧成, 等. 乌兰察布市马铃薯新品种展示对比试验 [C]//金黎平, 吕文河. 马铃薯产业与种业创新. 哈尔滨: 黑龙江科学技术出版社, 2022: 177-181.

[14] 中华人民共和国国家卫生和计划生育委员会. GB 5009.3—2016 食品安全国家标准 食品中水分的测定 [S]. 北京: 中国标准出版社, 2016.

[15] 中华人民共和国国家卫生和计划生育委员会, 国家食品药品监督管理总局. GB 5009.9—2016 食品安全国家标准 食品中淀粉的测定 [S]. 北京: 中国标准出版社, 2016.

[16] 位绍文, 王海龙, 吴兰荣, 等. 青岛市农作物品种示范推广的经验和启示 [J]. 中国农技推广, 2023, 39(11): 6-8.

陕西省北部沙地马铃薯新品种引进及比较试验

方玉川[1,2]*，吕　军[1]，张春燕[1,2]，冯瑞瑞[1,2]，汪　奎[1]

(1. 榆林市农业科学研究院，陕西　榆林　719000；
2. 陕西省马铃薯工程技术研究中心，陕西　榆林　719000)

摘　要： 陕西省北部地处毛乌素沙漠南缘，是全国马铃薯优生区与高产区，种植面积和产量分别占到陕西省粮食作物产量的 9.28% 和 7.71%。但陕西省沙地马铃薯生产中存在品种结构不合理、产量品质不高和综合性状较差等问题，制约着当地马铃薯产业的健康发展。为了筛选出适宜该区域种植的马铃薯高产、优质、抗病新品种，2020—2021 年引进了 7 个马铃薯新品种，以当地主栽品种"冀张薯 12 号"为对照，在榆林市农业科学研究院实验区开展品种比较试验。"V7""京张薯 1 号""榆薯 3 号""中薯 32 号"商品率分别达到 78.1%、81.3%、74.3% 和 68.3%，并与"冀张薯 12 号"(CK)的产量存在极显著差异，2020 年分别增产 63.90%、42.34%、33.56%、30.79%，2021 年分别增产 57.68%、29.02%、35.17%、20.93%。综合考虑芽眼和薯肉颜色等性状，"V7"和"京张薯 1 号"可作为主推品种，"榆薯 3 号"和"中薯 32 号"可作为搭配品种在陕西省沙地进行推广种植。

关键词： 陕西北部；沙地；马铃薯；品种；试验

　　马铃薯是中国第四大粮食作物，也是重要的粮、菜、饲、加工兼用作物，在全国各地广泛种植，尤其是西南、西北地区巩固脱贫攻坚成果的重要支柱产业[1]。陕西省是全国马铃薯种植大省，2023 年种植面积和鲜薯产量分别达到 28.05 万 hm^2 和 509.75 万 t，分别占到全省粮食作物面积和产量的 9.28% 和 7.71%，对保障当地粮食安全和实施乡村振兴战略意义重大[2]。陕西省北部地处毛乌素沙漠南缘，境内地势开阔、土质疏松，适宜发展规模化、机械化马铃薯生产种植的品种多为鲜食菜用型品种，生产的商品薯个头大、色泽鲜、品质优，被业内称为中国"鲜食马铃薯的黄金产业带"，平均单产达到 50 000 kg/hm^2 以上，是全国马铃薯的高产区之一[3]。但是陕西省沙地马铃薯生产中存在品种结构不合理、产量品质不高和综合性状较差等问题，制约当地马铃薯产业发展。为促进陕西省沙地马铃薯产业的健康、持续发展，最大限度发挥马铃薯品种的优良特性，开展适宜沙地马铃薯品种引进与筛选工作尤为迫切。

　　为此，榆林市农业科学研究院在开展自主品种选育的基础上，从国内从事马铃薯育种的科研单位与企业引进马铃薯新品种(系)在陕西省榆林市农业科学研究院试验基地进行品

作者简介：方玉川(1976—)，男，正高级农艺师，主要从事马铃薯育种及栽培研究工作。
基金项目：国家重点研发计划项目(2023YFD2302100)；国家现代农业产业技术体系专项资金项目(CARS-09)；陕西省马铃薯产业技术体系项目(SNTX-14)；榆林市马铃薯产业技术体系项目(YNTX-01)；榆林市马铃薯首席专家工作站项目。
*通信作者：方玉川，e-mail：nksfyc@163.com。

种适应性鉴定和产量比较试验，旨在检验所选育与引进的马铃薯新品种在陕西省沙地的植物学特性、生育期、丰产性等综合性状，客观评价品种特性，为马铃薯新品种在陕西省沙地的推广提供理论依据。

1 材料与方法

1.1 试验地概况

试验于 2020—2021 年在榆林市农业科学研究院实验区进行，该实验区位于陕西省榆林市榆阳区牛家梁镇现代农业园区内（E 109°45′37″，N 38°22′35″），土壤类型新积土（改良风沙土），地块平整，灌溉为滴灌，前茬作物玉米和谷子，海拔 1 091 m。土壤 pH 8.3、有机质 5.55 g/kg、碱解氮 16.68 mg/kg、有效磷 14.82 mg/kg、速效钾 84.12 mg/kg，土壤肥力处于偏低水平。

1.2 参试品种

参试品种总计 8 个，从中国农业科学院蔬菜花卉研究所、黑龙江省农业科学院、张家口市农业科学院、张家口雪川农业发展有限公司、河北北方学院、榆林市农业科学研究院和甘肃农业大学引进 7 个品种，分别是"中薯 32 号""龙薯 14 号""京张薯 1 号""V7""北方 005""榆薯 3 号"和"甘农薯 13 号"。对照为"冀张薯 12 号"，该品种在陕北地区连续种植多年，是陕西省沙地马铃薯种植的主栽品种[4]。

1.3 试验设计

试验采用随机区组排列，3 次重复，小区面积 20 m²，每小区 5 行，垄宽 90 cm，每垄 20 株，共 100 株。设立保护行 2 垄，小区之间不设走道，重复之间及四周设走道宽 2 m[5]。

1.4 栽培管理

1.4.1 播 种

机械深翻、平整土壤，2020 年 5 月 7 日播种，2021 年 5 月 4 日播种，机械起垄，人工穴播。

1.4.2 中耕除草

播种后 20 d 左右进行中耕，7 月上旬植株封垄前再进行人工除草 1 次。

1.4.3 施 肥

底肥：施腐熟羊肥 15 000 kg/hm²、复合肥（N：P_2O_5：K_2O = 12：19：16）750 kg/hm²、磷酸二铵（N：P_2O_5：K_2O = 18：46：0）450 kg/hm²。

培土追肥：机械培土时，先施复合肥（N：P_2O_5：K_2O = 12：19：16）300 kg/hm²，再机械培土。

滴灌追肥：出苗到现蕾期追肥 3 次，每次施尿素（N≥46.4%）90 kg/hm²；开花期追肥 3 次，每次施农用硝酸钾（N≥13.5%，K_2O≥46%）75 kg/hm²；结薯至收获期追肥 2 次，每次施肥硫酸钾（K_2O≥50%）75 kg/hm²。

1.4.4　灌排水情况

整个生育期灌水 11 次。

1.4.5　病虫草害防治

生育期间喷施防治马铃薯早疫病、晚疫病、蚜虫等病虫害药剂 3 次，前期选择 25 g/L 高效氯氟氰菊酯、14% 氯虫·高氯氟、代森锰锌、25% 嘧菌酯、325 g/L 苯甲嘧菌酯等药剂；后期选择 23.4% 双炔酰菌胺、500 g/L 氟啶胺、687.5 g/L 氟菌·霜霉威等药剂[6]。

1.4.6　收获日期

2020 年 10 月 15 日收获，2021 年 9 月 30 日收获。

1.5　调查记载和分析

根据农作物品种试验技术规程和马铃薯种质资源描述规范和数据标准，调查供试品种的物候期、植株性状、块茎性状、小区马铃薯产量。利用 WPS Office（11.1.0.11369）和 DPS（V18.10）软件完成相关数据录入和分析[7]。

2　结果与分析

2.1　物候期

2020 年，各品种出苗期在 5 月 25 日至 5 月 29 日，最早的是"龙薯 14 号"和"V7"，为 5 月 25 日，最晚的为"中薯 32 号"，为 5 月 29 日，最早最晚相差 4 d。现蕾期在 6 月 6 日至 6 月 15 日，最早的是"龙薯 14 号"，为 6 月 6 日，最晚的为"中薯 32 号"和"甘农薯 13 号"，为 6 月 15 日，最早最晚相差 9 d。开花期在 6 月 15 日至 6 月 26 日，最早的是"龙薯 14 号"，为 6 月 15 日，最晚的为"甘农薯 13 号"，为 6 月 26 日，最早最晚相差 11 d。成熟期在 8 月 25 日至 9 月 29 日，最早的是"龙薯 14 号"，为 8 月 25 日，最晚的是"中薯 32 号"，为 9 月 29 日，最早最晚相差 35 d。生育期在 92~123 d，最短的是"龙薯 14 号"，为 92 d；最长的是"中薯 32 号"，为 123 d，最短最长相差 31 d。2021 年与 2020 年试验结果基本一致，各品种生育期在 94~124 d，最短的是"龙薯 14 号"，为 94；最长的是"中薯 32 号"，为 124 d，最短最长相差 30 d（表 1）。

表 1　不同品种的物候期

年份	品种	出苗期（D/M）	现蕾期（D/M）	开花期（D/M）	成熟期（D/M）	生育期（d）
2020	中薯 32 号	29/05	15/06	25/06	29/09	123
	龙薯 14 号	25/05	06/06	15/06	25/08	92
	京张薯 1 号	26/05	11/06	23/06	13/09	110
	V7	25/05	09/06	18/06	26/08	94
	北方 005	26/05	13/06	20/06	30/08	97
	榆薯 3 号	27/05	14/06	25/06	07/09	103
	甘农薯 13 号	28/05	15/06	26/06	19/09	114
	冀张薯 12 号（CK）	27/05	13/06	22/06	03/09	98

年份	品种	出苗期(D/M)	现蕾期(D/M)	开花期(D/M)	成熟期(D/M)	生育期(d)
2021	中薯 32 号	26/05	13/06	23/06	27/09	124
	龙薯 14 号	25/05	12/06	22/06	27/08	94
	京张薯 1 号	24/05	12/06	25/06	16/09	115
	V7	23/05	06/06	18/06	30/08	96
	北方 005	22/05	09/06	17/06	27/08	98
	榆薯 3 号	22/05	12/06	24/06	06/09	105
	甘农薯 13 号	24/05	12/06	22/06	17/09	112
	冀张薯 12 号(CK)	24/05	12/06	20/06	01/09	99

2.2 田间性状

在花冠色方面(表 2),"京张薯 1 号"为紫色,"龙薯 14 号"为淡紫色,其余品种为白色。出苗率在 90%~98%,其中"冀张薯 12 号"(CK)出苗率最低,为 90%,"榆薯 3 号"和"京张薯 1 号"出苗率最高,为 98%,最高最低相差 8 个百分点。株高在 45.0~78.0 cm,最低是"中薯 32 号",为 45.0 cm,最高是"V7",为 78.0 cm,最低最高相差 33.0 cm。单株块茎数在 6.8~11.6 个,最少的是"京张薯 1 号",为 6.8 个,最多的是"北方 005",为 11.6 个,最少最多相差 4.8 个。单株块茎重在 682.7~1 601.5 g,最轻的是"龙薯 14 号",为 682.7 g,最重的是"V7",为 1 601.5 g,最轻最重相差 918.8 g。块茎平均重在 78.1~195.3 g,最轻的是"北方 005",为 78.1 g;最重的是"V7",为 195.3 g,最轻最重相差 117.2 g。

表 2 不同品种的形态特征

品种	花冠色	出苗率(%)	株高(cm)	单株块茎数(个)	单株块茎重(g)	块茎平均重(g)
中薯 32 号	白	95	45.0	9.0	1 175.7	130.6
龙薯 14 号	淡紫	92	56.0	7.0	682.7	97.5
京张薯 1 号	紫	98	76.0	6.8	1 250.5	183.9
V7	白	97	78.0	8.2	1 601.5	195.3
北方 005	白	96	59.0	11.6	906.3	78.1
榆薯 3 号	白	98	75.0	7.6	1 315.2	173.1
甘农薯 13 号	白	97	54.0	10.0	1 095.7	109.6
冀张薯 12 号(CK)	白	90	68.0	7.2	972.8	135.1

注:试验结果为 2020 和 2021 年平均数。

2.3 块茎性状

在薯形方面,"龙薯14号""V7""北方005""榆薯3号"和"冀张薯12号"为椭圆形,"京张薯1号"为圆形,"中薯32号"和"甘农薯13号"为扁圆形。在皮色方面,"V7"为黄色,"榆薯3号"为紫红色,"京张薯1号""北方005"和"冀张薯12号"为淡黄色,其余品种为白色。在肉色方面,"V7"为黄色,"京张薯1号"为淡黄色,其余品种为白色。在表皮光滑方面,"龙薯14号"为麻皮,"中薯32号""京张薯1号""北方005"和"甘农薯13号"为略麻皮,其余品种为光滑。在芽眼深浅方面,"榆薯3号"和"甘农薯13号"芽眼深,其余品种芽眼浅。商品薯率在54.2%~81.3%,商品薯率最低的是"北方005",为54.2%;最高的是"京张薯1号",为81.3%,最低最高相差27.1个百分点(表3)。

表3 不同品种块茎性状

品种	薯形	皮色	肉色	表皮	芽眼深浅	商品薯率(%)
中薯32号	扁圆	白	白	略麻	浅	68.3
龙薯14号	椭圆	白	白	麻	浅	65.2
京张薯1号	圆形	淡黄	淡黄	略麻	浅	81.3
V7	椭圆	黄	黄	光滑	浅	78.1
北方005	椭圆	淡黄	白	略麻	浅	54.2
榆薯3号	椭圆	紫红	白	光滑	深	74.3
甘农薯13号	扁圆	白	白	略麻	深	70.2
冀张薯12号(CK)	椭圆	淡黄	白	光滑	浅	69.5

注:试验结果为两年平均数,商品薯标准为75 g/个以上。

2.4 不同品种产量比较

由表4可知,2020年有5个品种比"冀张薯12号"(CK)产量高,从高到低顺序依次为"V7""京张薯1号""榆薯3号""中薯32号"和"甘农薯13号",产量分别为57 583、50 008、46 925、45 950和37 333 kg/hm²,比"冀张薯12号"(CK)(35 133 kg/hm²)分别高出22 450、14 875、11 792、10 817和2 200 kg/hm²,增产率分别达到63.90%、42.34%、33.56%、30.79%和6.26%。在方差分析中,产量前4位品种与"冀张薯12号"(CK)差异达到极显著水平,"甘农薯13号"与"冀张薯12号"(CK)差异在同一水平。2021年有6个品种比"冀张薯12号"(CK)产量高,从高到低顺序依次为"V7""榆薯3号""京张薯1号""中薯32号""甘农薯13号"和"北方005",产量分别为67 567、57 923、55 288、51 820、47 848和43 917 kg/hm²,比"冀张薯12号"(CK)相比,增产率分别达到57.68%、35.17%、29.02%、20.93%、11.66%和2.49%。在方差分析中,"冀张薯12号"(CK)差异与产量前5位品种达到极显著水平,与"北方005"差异在同一水平。

表4 不同品种产量比较

年份	品种	小区产量（kg/20 m²）				折合产量（kg/hm²）	较对照增产（kg/hm²）	增产率（%）
		I	II	III	平均			
2020	中薯32号	93.70	99.85	82.15	91.90 cBC	45 950	10 817	30.79
	龙薯14号	52.45	60.35	55.85	56.22 eE	28 108	-7 025	-20.00
	京张薯1号	107.35	94.25	98.45	100.02 bB	50 008	14 875	42.34
	V7	105.65	126.25	113.60	115.17 aA	57 583	22 450	63.90
	北方005	63.50	58.35	72.85	64.90 dD	32 450	-2 683	-7.64
	榆薯3号	101.55	95.40	84.60	93.85 bcB	46 925	11 792	33.56
	甘农薯13号	76.35	78.20	69.45	74.67 dCD	37 333	2 200	6.26
	冀张薯12号（CK）	69.50	75.95	65.35	70.27 dD	35 133	–	–
2021	中薯32号	102.83	108.67	99.42	103.64 cCD	51 820	8 968	20.93
	龙薯14号	58.25	62.67	64.08	61.67 fG	30 833	-12 019	-28.05
	京张薯1号	110.35	115.23	106.15	110.58 bBC	55 288	12 436	29.02
	V7	130.75	139.10	135.55	135.13 aA	67 567	24 715	57.68
	北方005	84.67	87.25	91.58	87.83 eEF	43 917	1 065	2.49
	榆薯3号	116.12	121.58	109.84	115.85 bB	57 923	15 071	35.17
	甘农薯13号	90.67	94.25	102.17	95.70 dDE	47 848	4 996	11.66
	冀张薯12号（CK）	85.73	90.12	81.26	85.70 eF	42 852	–	–

注：同列数据后标有不同小写字母为0.05水平上的差异显著，不同大写字母为0.01水平上的差异显著。产量数据采用LSD法分析。

3 讨 论

陕西省北部位于毛乌素沙漠南缘，地势平坦，土质疏松，光照充足，海拔较高，昼夜温差大，非常适宜生产菜用商品薯，年降水量虽然只有400 mm左右，但地下水资源较为丰富，大量开垦的沙地非常适宜种植鲜食菜用马铃薯[8]。所以，近年来陕西省沙地马铃薯种植面积不断增加，尤其是鲜食型品种的种植面积逐年增加，鲜食菜用马铃薯已成为该区域收入较高的农作物之一，为促进陕西省北部地区现代农业发展和实施乡村振兴战略意义重大。但是，由于生产中存在马铃薯品种数量少，脱毒种薯应用率低，轮作倒茬不合理等问题，马铃薯病虫害发生频率增加，制约当地马铃薯产业健康发展[9]，需要引进筛选出高产、优质、抗病性好的鲜食型菜用品种。本地种植的马铃薯品种有"费乌瑞它""早大白""克新1号""庄薯3号""冀张薯8号""冀张薯12号""陇薯7号""陇薯10号""青薯9号"等，缺乏专用的鲜食菜用型品种[10,11]。这些品种在陕西省北部推广种植期间表现不同，有的品种虽然被大面积推广应用，但在生产中有的表现出产量较低，不抗晚疫病，如"费乌瑞它""早大白"；有的虽然产量较高，但商品性状差，如"克新1号""庄薯3号"；有的品种抗病性差，如"冀张薯12号"容易感染黑胫病；有的品种淀粉含量较高，不适宜炒丝菜用,如"青薯9号"。本试验中参试品种是从国内从事马铃薯育种的高校、科研院所、企业等单位引进,并经榆林市农业科学研究院进行试种表现较好的品种,通过对马铃薯生育期、植株形态特征、块茎性状、经济性状、产量等方面进行比较,以产量和商品薯率作为主要考核指标进行考察,其他特征作为参考进行综合评价筛选。

通过2020—2021年试验表明,有4个品种的产量与"冀张薯12号"(CK)存在极显著差异;其中"V7"的产量最高,两年产量分别达到57 583和67 567 kg/hm²,较"冀张薯12号"(CK)增产幅度分别为63.90%和57.68%;"京张薯1号""榆薯3号""中薯32号"与"冀张薯12号"(CK)相比,增产幅度也均在20%以上,2020年分别增产42.34%、33.56%、30.79%,2021年分别增产29.02%、35.17%、20.93%。在商品薯率方面,"京张薯1号""V7""榆薯3号"的商品薯率比对照"冀张薯12号"(69.5%)高,分别达到81.3%、78.1%和74.3%,"中薯32号"商品率(68.3%)比对照"冀张薯12号"(69.5%)低。薯肉颜色方面,"V7"为黄色,"京张薯1号"为淡黄色,"中薯32号"和"榆薯3号"为白色,鲜食菜用型品种主要销售区域为南方,黄肉品种较为畅销。这4个品种中,只有"榆薯3号"芽眼深,其余品种均芽眼浅。从以上的主要性状比较,"V7"和"京张薯1号"可以作为陕西省沙地马铃薯的主推品种,"榆薯3号"和"中薯32号"可作为搭配品种进行推广。对于引进的其他品种,将进一步进行试验筛选,观察田间的产量表现与病害发生情况,以利于筛选出更多的高产、优质、抗病新品种。

[参 考 文 献]

[1] 杨雅伦,郭燕枝,孙君茂.我国马铃薯产业发展现状及未来展望 [J].中国农业科技导报,2017,19(1):29-36.

[2] 陈占飞,常勇,任亚梅,等.陕西马铃薯 [M].北京:中国农业科学技术出版社,2018.

[3] 叶庆隆,杨辉,陈占飞,等.榆林马铃薯 [M].北京:中国农业出版社,2021.

[4] 吴清亮,方玉川,李增伟.冀张薯12号马铃薯在榆林市的引种表现及高产栽培技术研究 [J].现代农业科技,2018(17):69-70.

[5] 高青青,方玉川,汪奎,等.陕西榆林市马铃薯优良品种引进比较试验 [J].安徽农业科学,2019,47(17):52-54.

[6] 封海梅.陕西榆林马铃薯高产栽培技术及病虫害防治 [J].农业工程技术,2019,39(20):68.

[7] 汪奎,韩强,方玉川,等.榆林南部旱地马铃薯新品种比较试验[J].中国马铃薯,2022,36(1):20-26.

[8] 常勇,李增伟,方玉川.榆林市北部风沙滩区冀张薯12号机械化高产栽培技术 [J].现代农业科技,2016(7):84,87.

[9] 张春燕,刘王叶,方玉川,等.陕北地区薯类作物生产现状及发展对策 [J].农业科技通讯,2022(4):11-13.

[10] 常勇,汪奎,方玉川,等.陕西省榆林市马铃薯新品种比较 [J].安徽农业科学,2016,44(13):27-28,30.

[11] 张慧慧,曹娟云,王秀康,等.几个马铃薯品种块茎品质在榆林地区的综合评价 [J].陕西农业科学,2019,65(12):72-75.

鲜食马铃薯新品种引进与筛选

杨国才[1]，吴丽坤[2]，刘 军[2]，范珠君[3]，高剑华[1]*

(1. 恩施土家族苗族自治州农业科学院，湖北 恩施 445000；
2. 来凤县农业技术推广中心，湖北 恩施 445000；
3. 来凤县生态能源服务中心，湖北 恩施 445000)

摘 要：恩施土家族苗族自治州马铃薯种植面积约 11.27 万 hm^2，占全国总种植规模 2.43%，占全省总种植规模 48.6%，当地主要以"米拉"及鄂马铃薯系列品种种植为主。为丰富本地区优质马铃薯品种资源，从育种单位引进 8 个优良马铃薯品种进行筛选鉴定。结果表明，"中蔬 WN7-3""云薯 902"产量超 2 000 kg/667 m^2，比对照"鄂马铃薯 10 号"增产 10% 以上，综合性状表现良好，为本地区配套栽培技术和品种示范奠定基础。

关键词：恩施；品种；引进；筛选

恩施土家族苗族自治州地处武陵山区腹地，气候条件适宜马铃薯生长，鉴于特殊的地理环境[1]，使得生产出的马铃薯具有品质优，食味软糯香绵，倍受广大消费者青睐，在本地，马铃薯已成为餐桌上必不可少的食物[2,3]。多年来在政府推动、市场拉动、科技支撑，长期的新品种更新和新技术推广，使得恩施土家族苗族自治州马铃薯种植面积稳定在 11.27 万 hm^2 以上，恩施土家族苗族自治州逐渐发展成为西南山区的马铃薯育种中心、脱毒种薯繁育中心和科技服务中心[4]。主栽品种以"米拉"与"鄂马铃薯 10 号"为主，选育的新品种在市场占有率较小。为补充当地优质品种资源，做好品种储备，从育种单位、企业引进 8 个马铃薯品种进行对比筛选试验，为本地区配套栽培技术和品种示范奠定基础。

1 材料与方法

共引进 8 个马铃薯品种，以"鄂马铃薯 10 号"为对照(表 1)。试验地位于恩施土家族苗族自治州恩施市三岔镇天池山试验基地(N 30°20′27″，E 109°39′13″)，海拔 1 200 m。土壤类型为黄棕壤，pH 6.2，前茬大豆。随机区组设计，3 次重复。每小区播种 100 穴，面积 13.29 m^2(3 m×4.43 m)，马铃薯整薯播种，播种时开 5~8 cm 深、40 cm 宽沟播种，种薯以"之"字形均匀分布于宽沟两侧。以硫酸钾复合肥(N：P_2O_5：K_2O=16：5：23)(湖北凯龙楚兴化工集团有限公司公司)1 kg/13.29 m^2(50 kg/667 m^2)作底肥，肥料条施，以不粘马铃薯种薯为宜，然后起 50 cm 宽、10~15 cm 高垄即可。试验地四周设保护行，小区

作者简介：杨国才(1986—)，男，助理研究员，主要从事马铃薯新品种引进及高效栽培技术研究。
基金项目：财政部和农业农村部：国家现代农业产业技术体系资助(CARS-09)。
*通信作者：高剑华，高级农艺师，主要从事马铃薯脱毒、新品种选育研究与示范推广，e-mail：80538373@qq.com。

四周留出 25 cm 观测记载走道。

表1　参试品种及来源

育种单位	参试品种	品种编号
中国农业科学院蔬菜花卉研究所	中蔬 WN7-3	
中国农业科学院蔬菜花卉研究所	中蔬 WN9	
中国农业科学院蔬菜花卉研究所	中蔬 WN11	
中国农业科学院蔬菜花卉研究所	中薯 28	
乐陵希森马铃薯产业集团有限公司	希森 6 号	GPD 马铃薯（2017）370005
湖北恩施中国南方马铃薯研究中心	鄂马铃薯 16	GPD 马铃薯（2018）420144
云南省农业科学院经济作物研究所	云薯 902	GPD 马铃薯（2018）530027
华中农业大学 西南大学	华渝 5 号	GPD 马铃薯（2018）420036
湖北恩施中国南方马铃薯研究中心	鄂马铃薯 10 号	鄂审薯 2012004

试验于 2023 年 1 月 12 日播种，4 月 1 日除草、中耕培土，同时追施尿素（N 46%）10 kg/667 m²。4 月 26 日第一次晚疫病防控，72%霜脲氰·锰锌 100 g/667 m²+磷酸二氢钾（KH₂PO₄≥98%）40 g/667 m²；5 月 24 日第二次晚疫病防控，68.75%氟吡菌胺·霜霉威 60 mL/667 m²；5 月 30 日第三次晚疫病防控，31%噁酮·氟噻唑 20 g/667 m²+72%霜脲氰·锰锌 100 g/667 m²。

2　结果与分析

2.1　各品种生育期与生长情况

各品种生育期特性表明(表2)，出苗期在 4 月中上旬完成，其中"华渝 5 号"出苗期最早，"中薯 28"出苗期比"华渝 5 号"晚近 30 d，所有参试品种中出苗最晚。各品种出苗率在 90%以上，"中蔬 WN11""希森 6 号"出苗率稍差；出苗 40 d 后进入开花期，大多数品种花期集中在 5 月份。分析各品种生育期发现，平均生育期 89 d，"希森 6 号""中薯 28""华渝 5 号""中蔬 WN9"生育期早于对照，"鄂马铃薯 16""中蔬 WN7-3""中蔬 WN11""云薯 902"生育期晚于对照；整个生育期中"中蔬 WN11""希森 6 号"未见封行。

表2　各马铃薯生育期

品种	播种期 (D/M)	出苗期 (D/M)	出苗率 (%)	现蕾期 (D/M)	开花期 (D/M)	封行期 (D/M)	成熟期 (D/M)	收获期 (D/M)	生育期 (d)
中蔬 WN7-3	12/01	28/03	97.85			15/05	03/07	16/07	98
中蔬 WN9	12/01	27/03	96.24	21/04	05/05	15/05	29/06	16/07	95
中蔬 WN11	12/01	05/04	95.97	12/05	22/05		16/07	16/07	103
中薯 28	12/01	19/04	96.24	08/05	21/05	22/05	29/06	16/07	72

品种	播种期 (D/M)	出苗期 (D/M)	出苗率 (%)	现蕾期 (D/M)	开花期 (D/M)	封行期 (D/M)	成熟期 (D/M)	收获期 (D/M)	生育期 (d)
希森 6 号	12/01	07/04	94.84				01/06	16/07	56
鄂马铃薯 16	12/01	20/03	100	19/04	05/05	08/05	24/06	16/07	97
云薯 902	12/01	26/03	100	17/04	27/04	15/05	16/07	16/07	113
华渝 5 号	12/01	18/03	99.46			20/05	30/05	16/07	74
鄂马铃薯 10 号（CK）	12/01	26/03	100	18/04	04/05	03/05	29/06	16/07	96

参试品种植株生长情况（表 3）看出，不同马铃薯品种之间的苗势、植株覆盖度、叶色、茎色、花色、株形、主茎数、花繁茂性等植株性状存在差异。其中"中蔬 WN11""中薯 28""希森 6 号"苗势稍弱，"中蔬 WN9""鄂马铃薯 16""云薯 902"苗势中等，"鄂马铃薯 10 号"苗势中等稍强，"华渝 5 号"苗势强。"中蔬 WN9""华渝 5 号"叶色淡绿，"鄂马铃薯 16"叶色深绿色，其余品种叶色绿色；"中薯 28"茎色褐色带绿色网纹，"鄂马铃薯 16""中蔬 WN11"茎色绿色带紫色网纹，其余品种茎色绿色。花色大部分品种白色，"中薯 28"花深紫色、"中蔬 WN9"花浅紫色，"华渝 5 号""希森 6 号"2023 年未见开花。株型以直立、半直立为主；平均主茎数"中蔬 WN11"最少，"希森 6 号"次之，"鄂马铃薯 10 号""中薯 28"最多，达 5 根，其余品种主茎数在 3~4 根；各品种植株覆盖度在 40%~100%，"中蔬 WN11""希森 6 号"最低，"华渝 5 号""中蔬 WN9""中薯 28"稍差，其余品种与对照相差不大；"云薯 902"花繁茂；2023 年度未观察到天然结实性。

表 3　各马铃薯植株性状

品种	苗势	叶色	茎色	花色	株形	主茎数 (个)	植株覆盖度 (%)	花繁茂性	天然结实性
中蔬 WN7-3	中等偏弱	绿	绿	白	直立	3	95	极少花	无
中蔬 WN9	中等	淡绿	绿	浅紫	半直立	4	80	落蕾	无
中蔬 WN11	极差	绿	绿带紫	白	直立	1	40	中等-繁茂	无
中薯 28	差	绿	褐带绿	深紫	半直立	5	85	中等-繁茂	无
希森 6 号	差	绿	绿	无	直立	2	45	无	无
鄂马铃薯 16	中等	深绿	绿带紫	白	半直立	4	90	少花	无
云薯 902	中等	绿	绿	白	直立	3	100	繁茂	无
华渝 5 号	强	淡绿	绿	无	半直立	3	70	无	无
鄂马铃薯 10 号（CK）	中等稍强	绿	绿	白	半扩散	5	90	中等	无

植株高度、茎粗是从小区中随机选取 5 株测定的，分析平均株高表明，"希森 6 号"

"华渝 5 号"低矮，"中蔬 WN7-3""云薯 902"与对照相当。茎粗"希森 6 号""中蔬 WN11"
"中蔬 WN9"相比对照细，"云薯 902"相比对照粗(表 4)。

表 4　各马铃薯株高和茎粗

品种	株高(cm)						茎粗(mm)					
	随机 5 株					平均	随机 5 株					平均
中蔬 WN7-3	62	66	61	62	72	64.60	12.30	10.03	9.96	11.34	7.34	10.19
中蔬 WN9	56	53	47	53	46	51.00	9.61	7.91	6.17	9.75	5.90	7.87
中蔬 WN11	37	26	56	65	50	46.80	8.62	4.60	8.40	7.20	9.22	7.61
中薯 28	47	54	68	76	57	60.40	8.15	11.85	11.00	11.45	8.19	10.13
希森 6 号	16	17	28	20	21	20.40	7.73	6.91	6.17	7.34	5.52	6.73
鄂马铃薯 16	48	57	65	54	55	55.80	12.36	9.81	9.28	7.81	5.86	9.02
云薯 902	70	65	64	79	70	69.60	11.44	10.46	9.92	9.08	13.00	10.78
华渝 5 号	28	29	30	28	30	29.00	8.48	7.96	7.49	8.64	9.62	8.44
鄂马铃薯 10 号(CK)	53	70	59	75	65	64.40	9.58	11.51	10.09	9.87	9.87	10.18

2.2　病害调查

2023 年度晚疫病防控效果较好，最高级控制在 4 级。表 5 中晚疫病调查中可看出中蔬
WN 系列，整个生育期感病 3 级，其中"中蔬 WN7-3"病情指数最低，晚疫病抗性最强；
其余品种感病 4 级，"云薯 902""华渝 5 号""鄂马铃薯 10 号"(CK)病情指数 30 以上，感
染较高。从表 6 其他病害调查结果中发现仅"中蔬 WN9"中感花叶病毒病外，其余品种未
发现其他病害。

表 5　各品种晚疫病调查

品种	1 级株数	2 级株数	3 级株数	4 级株数	5 级株数	6 级株数	7 级株数	8 级株数	9 级株数	病情指数
中蔬 WN7-3	36	49	15	0	0	0	0	0	0	19.89
中蔬 WN9	35	50	15	0	0	0	0	0	0	20.00
中蔬 WN11	32	49	19	0	0	0	0	0	0	20.78
中薯 28	20	33	44	3	0	0	0	0	0	25.56
希森 6 号	33	30	35	2	0	0	0	0	0	22.89
鄂马铃薯 16	20	52	13	15	0	0	0	0	0	24.87
云薯 902	15	27	28	30	0	0	0	0	0	30.33
华渝 5 号	10	15	36	39	0	0	0	0	0	33.78
鄂马铃薯 10 号(CK)	12	13	27	48	0	0	0	0	0	34.56

表6 各品种其他病害调查

品种	病害名称	感病级别	感病株数	发病率（%）	病情指数
中蔬 WN7-3	无	无	无	无	无
中蔬 WN9	花叶病	4	80	100	31.78
中蔬 WN11	无	无	无	无	无
中薯 28	无	无	无	无	无
希森 6 号	无	无	无	无	无
鄂马铃薯 16	无	无	无	无	无
云薯 902	无	无	无	无	无
华渝 5 号	无	无	无	无	无
鄂马铃薯 10 号（CK）	无	无	无	无	无

2.3 马铃薯块茎性状分析

从马铃薯块茎性状调查（表7～8）可以看出，各参试品种薯形以扁圆、椭圆形为主，"希森 6 号"与对照"鄂马铃薯 10 号"一致，"中蔬 WN7-3""中蔬 WN11"薯形圆形，"云薯902"倒卵形。皮色"中薯 28"为红色，其余品种为黄色；薯皮类型均为光滑；多数品种芽眼浅。"中蔬 WN7-3""华渝 5 号""中蔬 WN11"有空心；"中蔬 WN7-3"存在裂薯现象。各品种匍匐茎长度以中等为主，"中蔬 WN7-3"极短；"中薯 28""华渝 5 号""中蔬 WN9"块茎整齐度稍差。

"中薯 28""中蔬 WN11"肉色为白肉，其余品种均为黄肉；"云薯 902"块茎数最多，而单株结薯数以"云薯 902"最高；"中薯 28"平均单薯重较高。

表7 各品种块茎表型性状调查

品种	薯形	皮色	薯皮类型	芽眼深浅	田间烂薯率（%）	二次生长率（%）	裂薯率（%）	匍匐茎	块茎整齐度
中蔬 WN7-3	圆	黄	光	浅	0	0	5	极短	整
中蔬 WN9	椭圆	黄	光	浅	0	0	0	短	不整齐
中蔬 WN11	圆	黄	光	浅	0	0	0	中等	中等
中薯 28	长椭圆形	红	光	浅	0	0	0	中等	不整齐
希森 6 号	长筒	黄	光	浅	0	0	0	短	中等
鄂马铃薯 16	扁圆	黄	光	中等	0	0	0	中等	中等
云薯 902	倒卵	黄	光	浅	0	0	0	中等	中等
华渝 5 号	扁圆	黄	光	浅	0	0	0	中等	不整齐
鄂马铃薯 10 号（CK）	长筒	黄	光	中等	0	0	0	短	中等

表 8　各品种块茎性状调查

品种	肉色	大薯空心率 （%）	大中薯重 （kg/24.81 m²）	块茎数 （个/24.81 m²）	单株结薯数 （个/株）	平均单薯重 （g）
中蔬 WN7-3	黄	20	76.45	868	5	99
中蔬 WN9	浅黄	0	42.35	928	5	62
中蔬 WN11	白	40	14.99	344	2	60
中薯 28	白	0	64.80	593	3	114
希森 6 号	黄	0	29.20	952	5	45
鄂马铃薯 16	黄	0	49.00	890	5	69
云薯 902	黄	0	84.05	1 193	6	81
华渝 5 号	黄	40	43.40	562	3	88
鄂马铃薯 10 号（CK）	浅黄	0	62.45	965	5	78

2.4　产量分析

从产量方差分析（表 9）可得出，区组间 $F = 0.462$，$P = 0.638$，大于 $P = 0.05$，差异未达到显著水平，说明各重复间肥力等田间因素对产量的影响不明显。品种间 $F = 14.916$，$P = 0.000\ 1$，小于 $P = 0.01$，差异达极显著水平，说明各品种间产量存在极显著差异。

表 9　马铃薯产量结果方差分析

变异来源	自由度	平方和	均方	F 值	概率 （小于 0.05 显著）
区组	2	27 360.00	13 680.00	0.462	0.638
品种	8	3 535 085.11	441 885.64	14.916	0.000 1
误差	16	473 999.33	29 624.96		
总变异	26	4 036 444.44			

进一步分析各品种间产量差异（表 10），"云薯 902"产量达 2 610 kg/667 m²，在所有参试品种中产量最高，相比对照增产 29.21%。其次"中蔬 WN7-3"产量也较高，相比对照增产 14.04%；其余品种产量低于对照。

表 10　不同品种马铃薯产量

品种	Ⅰ产量 （kg/667 m²）	Ⅱ产量 （kg/667 m²）	Ⅲ产量 （kg/667 m²）	均产 （kg/667 m²）	比 CK ± （%）	位次
云薯 902	2 629.29	2 669.71	2 532.41	2 610 aA	29.21	1
中蔬 WN7-3	2 592.99	2 193.76	2 125.21	2 304 bAB	14.04	2
鄂马铃薯 10 号（CK）	1 855.02	1 971.96	2 234.09	2 020 bcBC	-	3

品种	Ⅰ产量 （kg/667 m²）	Ⅱ产量 （kg/667 m²）	Ⅲ产量 （kg/667 m²）	均产 （kg/667 m²）	比 CK ± （%）	位次
中薯 28	1 824.39	1 830.01	1 814.68	1 823 cdCD	-9.77	4
中蔬 WN11	1 855.65	1 700.77	1 760.22	1 772 cdCDE	-18.10	5
华渝 5 号	1 730.01	1 646.13	1 798.16	1 725 cdCDE	-23.74	6
鄂马铃薯 16	1 681.61	1 826.79	1 455.79	1 655 deCDE	-34.33	7
中蔬 WN9	1 642.09	1 193.66	1 786.46	1 541 deDE	-42.71	8
希森 6 号	1 354.97	1 435.27	1 376.28	1 389 eE	-72.59	9

注：不同小写字母表示 0.05 水平差异显著，不同大写字母表示 0.01 水平差异显著。

2.5 不同品种块茎品质分析

各品种块茎内含物、食味及贮藏性状（表 11）表明，食味品质对照最高，"中蔬 WN11""中蔬 WN9""希森 6 号"较高。块茎休眠期在 100～120 d，"中蔬 WN11"休眠期短，"鄂马铃薯 16""云薯 902""中薯 28"休眠期长，休眠长的耐贮性较高。"中蔬 WN9""鄂马铃薯 16"蛋白质含量较高；"中蔬 WN9""中蔬 WN7-3"淀粉、干物质含量高。

表 11　不同品种马铃薯块茎品质特性

品种	淀粉 （%）	干物质 （%）	蛋白质 （g/100 g）	食味品质	块茎休眠期 （d）	耐贮性
中蔬 WN7-3	15.02	20.77	2.07	稍差	105	不耐
中蔬 WN9	14.30	20.05	2.45	良	110	耐
中蔬 WN11	12.87	18.63	1.97	中等	100	不耐
中薯 28	10.72	16.48	2.18	稍差	120	耐
希森 6 号	10.84	16.59	2.03	良	110	耐
鄂马铃薯 16	13.28	19.03	2.47	稍差	120	耐
云薯 902	13.17	18.92	2.06	稍差	120	耐
华渝 5 号	8.01	13.78	2.34	稍差	110	耐
鄂马铃薯 10 号（CK）	14.14	19.89	2.05	优	105	不耐

3　讨　论

目前，当地市场对马铃薯块茎需求主要以黄皮黄肉、食味优良、块茎 30～80 g 为主。以需求为导向，对各品种植株性状、块茎性状、抗病性及产量性状综合分析，"中蔬 WN11""中蔬 WN9""希森 6 号"食味评价高；"中薯 28"为红皮白肉、"中蔬 WN11"为黄皮白肉，块茎不宜在本地销售。"中蔬 WN11""中薯 28""云薯 902"开花繁茂，可作为本地品种资源，用于育种，"中薯 28"为深紫色花，作为旅游城市，在每年举办的"土豆花儿开"

文旅活动上[5]，宜作为观赏与装饰品种，吸引更多旅友打卡消费。"希森 6 号"生育期为 56 d，黄皮黄肉食味优，作为早熟品种在低山种植提早上市，该品种具有良好的适应性[6-9]，而在恩施土家族苗族自治州产量表现较低，应在低海拔区域继续筛选鉴定。"中蔬 WN7-3""中蔬 WN9""中蔬 WN11"晚疫病抗性强，其中淀粉干物质含量高，而食味评价较低；"云薯 902""中蔬 WN7-3"产量与对照差异明显，增产超 10%，"华渝 5 号""希森 6 号""中蔬 WN11"减产明显，而"云薯 902"食味评价较低。

综上分析，"云薯 902""中蔬 WN7-3"可小面积展示，需重点鉴定食味特性，"中蔬 WN9""希森 6 号""鄂马铃薯 16"继续鉴定，"中薯 28"作为观赏品种与资源引进，"中蔬 WN11"作为育种资源引进，"华渝 5 号"淘汰。

[参 考 文 献]

[1] 李卫东, 万海英, 朱云芬, 等. 恩施州天然硒资源特征及其开发利用研究进展 [J]. 生物技术进展, 2017, 7(5): 545-550.

[2] 周沧. 恩施州马铃薯产业振兴的对策研究 [D]. 武汉: 中南民族大学, 2021.

[3] 于斌武. "小土豆"变成了"金豆豆"——"恩施硒土豆"产业蝶变之路 [J]. 农村工作通讯, 2018(21): 21-22.

[4] 李卫东, 沈艳芬, 高剑华, 等. 恩施州马铃薯生产现状与应对主粮化对策 [C]//屈冬玉, 陈伊里. 马铃薯产业与现代可持续农业. 哈尔滨: 哈尔滨地图出版社, 2015.

[5] 于斌武, 张文刚, 伍锡章, 等. 武陵山区"土豆花节"农旅融合发展的实践探索——以湖北省恩施市三岔镇为例 [C]//屈冬玉, 金黎平, 陈伊里. 马铃薯产业与健康消费. 哈尔滨: 黑龙江科学技术出版社, 2019.

[6] 李永德, 芦娟, 刘金蓉, 等. 武威南部浅山区马铃薯新品种比较试验初报 [J]. 寒旱农业科学, 2024, 3(3): 240-244.

[7] 陈泽彬, 杜清荣, 石玲艳. 榆林地区马铃薯适宜品种筛选试验 [J]. 农业技术与装备, 2024(2): 179-182, 185.

[8] 韩玲, 彭慧, 李文武, 等. 5 个马铃薯新品种在赫章县的引种表现 [J]. 农技服务, 2024, 41(2): 12-15.

[9] 张增强, 王文奎, 李远志, 等. 高原干旱半干旱区马铃薯新品种引进筛选试验 [J]. 安徽农业科学, 2023, 51(13): 36-39.

中晚熟马铃薯材料在乌兰察布市性状鉴定

王　越[1]，崔长磊[1]，孙莎莎[1]，王　悦[1]，杨　芸[1]，胡柏耿[1,2]*

(1. 国家马铃薯工程技术研究中心，山东　乐陵　253600；

2. 乐陵希森马铃薯产业集团有限公司，山东　乐陵　253600)

摘　要：为筛选适合内蒙古自治区乌兰察布市推广种植的马铃薯品种(系)及杂交亲本材料，从不同地区引进马铃薯品种(系)10个，开展品种性状鉴定及适应性测试。参试各品种(系)均为中熟或晚熟。"丽薯6号"和"15FF99-5"产量稳定，连续两年产量在2 000 kg/667 m² 以上，"丽薯6号"薯皮黄色、薯肉颜色浅黄、"15FF99-5"薯皮黄色，薯肉黄色，为受市场欢迎度较高的黄皮黄肉品种，可作为晚熟品种在乌兰察布市种植。其余各材料均来自不同种植区域，产量、品质等受环境因素影响较大，明确各品种(系)农艺性状，可作为杂交亲本材料用于选育马铃薯新品种。

关键词：马铃薯；品种(系)；适应性；产量；性状

马铃薯属茄科茄属草本植物，产量高、适应性强，是重要的粮食作物。马铃薯产业对巩固脱贫攻坚成果、接续推进乡村振兴具有重要作用。内蒙古自治区气候、土壤等条件非常适合马铃薯种植，具有马铃薯生产优势条件。马铃薯是内蒙古自治区特色优势农作物，也是自治区重要支柱性产业之一，随着马铃薯产业发展和产业结构调整，品种更新速度加快，品种结构趋于多元化，专用型品种需求增加[1]。针对产业发展需求，为加快品种更新速度，迫切需要选育适应性强、抗逆性强、适应不同用途的马铃薯品种。从不同生态区引进马铃薯品种(系)，筛选适合乌兰察布市气候条件的马铃薯品种或杂交亲本材料，开展品种(系)适应性鉴定，是加快选育高产稳产品种的重要方法之一。

中国地域辽阔，各地气候等条件不同，马铃薯种植区分为北方一作区、中原二季作区、南方冬作区和西南混作区。各区根据当地气候、土壤等条件，培育了适应当地气候条件的马铃薯新品种，包括鲜食型、加工型、彩色薯以及特色薯等[2]，具有广泛的优良性状来源，可通过杂交进一步组合优化，培育马铃薯新品种。而明确亲本材料性状至关重要，马铃薯产量及块茎品质受到品种、气候、土壤、管理技术等因素影响，不同品种在不同地区性状表现不同。对来自不同作区的马铃薯品种开展适应性测试，明确品种(系)在乌兰察布市的性状表现，根据性状合理配置杂交组合，对加快选育进程具有重要意义。

作者简介：王越(1994—)，男，农艺师，主要从事马铃薯育种及抗病性研究。

基金项目：山东省重大专项项目(2022CXGC01060；2022LZGC017)。

＊通信作者：胡柏耿，高级工程师，从事马铃薯育种、种薯繁育及新品种推广工作，e-mail：hubaigeng@163.com。

1 材料与方法

1.1 试验材料与试验地概况

试验所用品种(系)材料均为国内各研究机构选育、市场接受度较高的马铃薯材料。其中,川芋系列("川芋117""川芋50")为四川省农业科学院作物研究所选育,晋薯系列("晋薯24号""晋薯15号""晋薯16号")为山西省农业科学院高寒区作物研究所选育,"云薯902"和"丽薯6号"为云南省农业科学院经济作物研究所和丽江市农业科学研究所选育,15FF系列("15FF99-5""15FF99-6""15FF99-7")为西南大学提供的马铃薯品系材料。

试验地位于内蒙古自治区乌兰察布市商都县,平均海拔1 400 m,光照资源丰富,气候适合马铃薯生长,试验地土壤为沙壤土,前茬作物种植玉米。

1.2 试验设计

试验采取随机区组设计,3重复小区种植,单垄单行,每小区4垄,每垄20棵,每小区80棵,株行距20 cm × 90 cm,每小区面积14.4 m²。播种前施用基肥(N∶P∶K=12∶19∶16)900 kg/hm²,幼苗期追施尿素(N 46%)135 kg/hm² 3次,花期和块茎膨大期分3~5次追施硝酸钾(K₂O 46% N 13.5%)300 kg/hm²,整个生长周期内防病虫5~7次,中耕、灌溉、溶肥等采用机械化管理方式。2022—2023年生长季完成种植鉴定工作。

1.3 数据采集与处理

物候期调查包括植株出苗期、现蕾期、开花期,植株形态特征调查包括茎色、叶色、花色、花繁茂性、株高、主茎数,块茎性状包括薯形、薯肉颜色、薯皮颜色、薯皮光滑程度、芽眼深浅等,所有指标的调查依据《农作物种质资源鉴定技术规程 马铃薯》(NY/T 1303—2007)[3]执行。

淀粉和干物质含量采用淀粉含量测定仪(HD-W10A型,哈尔滨汉达科技开发有限公司)测定。

试验数据采用Excel 2019和SAS 9.2进行整理和统计分析。

2 结果与分析

2.1 不同马铃薯品种物候期及植株性状

经过两年重复鉴定各马铃薯材料物候期及植株性状(表1),"川芋117""15FF99-5"和"15FF99-7"为中熟材料,其余各材料为晚熟。除"15FF99-7"叶色为浅绿外,其他各材料茎色叶色均为绿色。仅"15FF99-5"花冠色为浅紫色,其他各材料均为白色。开花繁茂性各材料差别较大,"丽薯6号""云薯902""晋薯16号""15FF99-6""15FF99-7"5份材料开花较少。各材料植株地上部生长旺盛,"晋薯24号"地上部高达140 cm,主茎数为2.58个,"15FF99-7"地上部高度为62.67 cm,主茎数1.01个。

表 1　各品种(系)物候期及植株性状

品种(系)	熟性	茎色	叶色	花冠色	花繁茂性	株高(cm)	主茎数(个)
川芋 117	中	绿	绿	白	中	84.00 ± 7.21	1.78 ± 0.25
川芋 50	晚	绿	绿	白	中	124.67 ± 14.74	1.63 ± 0.18
丽薯 6 号	晚	绿	绿	白	少	102.33 ± 14.57	1.03 ± 0.03
云薯 902	晚	绿	绿	白	少	80.67 ± 26.10	1.07 ± 0.10
晋薯 24 号	晚	绿	绿	白	多	140.00 ± 21.79	2.58 ± 0.69
晋薯 15 号	晚	绿	绿	白	中	95.33 ± 22.03	1.33 ± 0.23
晋薯 16 号	晚	绿	绿	白	少	108.33 ± 24.01	1.25 ± 0.42
15FF99-5	中	绿	绿	浅紫	中	71.33 ± 14.01	2.44 ± 0.99
15FF99-6	晚	绿	绿	白	少	93.67 ± 17.10	1.50 ± 0.55
15FF99-7	中	绿	浅绿	白	少	62.67 ± 7.02	1.01 ± 0.71

2.2　不同马铃薯品种块茎性状

各马铃薯品种(系)块茎性状调查(表 2)表明,"川芋 117""川芋 50""晋薯 15 号""晋薯 24 号""云薯 902""15FF99-6"薯形为圆形,其他材料为椭圆或扁椭圆形。皮色以黄色为主,仅"川芋 117"皮色为白色。薯肉颜色"川芋 117""川芋 50""15FF99-7"为白色,"晋薯 15 号""晋薯 16 号""丽薯 6 号""15FF99-6"为浅黄色,其余各材料为黄色。芽眼"川芋 50"带紫红色,"云薯 902"带紫色,大部分为浅芽眼或中等深度芽眼。

表 2　各品种(系)块茎性状

品种(系)	薯形	皮色	薯肉	芽眼
川芋 117	圆	白	白	中
川芋 50	圆	黄	白	中(紫红)
晋薯 15 号	圆	黄	浅黄	中
晋薯 16 号	椭圆	黄	浅黄	中
晋薯 24 号	圆	黄	黄	深
丽薯 6 号	扁椭圆	黄	浅黄	浅
云薯 902	圆	黄	黄	浅(紫)
15FF99-5	扁椭圆	黄	黄	中
15FF99-6	圆	黄	浅黄	浅
15FF99-7	椭圆	黄	白	浅

2.3　不同马铃薯品种产量性状

2.3.1　2022 年各马铃薯品种(系)产量性状

2022 年度各马铃薯品种(系)产量(表 3)中,"15FF99-5""晋薯 16 号""丽薯 6 号"产量较高,折合产量超过 2 000 kg/667 m²。产量最高为"晋薯 16 号",达 2 636 kg/667 m²,其次是"丽薯6号"，折合产量为 2 542 kg/667 m²，此外"15FF99-5"产量达 2 371 kg/667 m²，其余各材料产量均低于 2 000 kg/667 m²。淀粉和干物质是衡量马铃薯品种(系)用途的重要指标之一，参试的各品种(系)材料中，"15FF99-5"淀粉和干物质含量最高，干物质含量为 22.82%，淀粉含量为 17.06%，"丽薯6号"干物质和淀粉含量最低，干物质含量为 15.75%，淀粉含量9.99%。马铃薯品种(系)材料产量形成受品种、气候因子等多种因素影响，需多年重复鉴定。

表 3 2022 年各品种(系)产量性状

品种(系)	小区产量 (kg/7.2 m²)	折合产量 (kg/667 m²)	淀粉含量 (%)	干物质含量 (%)
15FF99-5	25.59 ± 2.05	2 371	17.06 ± 1.06	22.82 ± 1.06
15FF99-6	13.73 ± 4.53	1 272	14.70 ± 0.65	20.46 ± 0.65
15FF99-7	11.18 ± 4.71	1 036	14.99 ± 0.93	20.75 ± 0.93
川芋 117	17.97 ± 4.59	1 665	12.99 ± 0.49	18.75 ± 0.49
川芋 50	10.36 ± 1.71	960	14.20 ± 1.22	19.96 ± 1.22
晋薯 15 号	18.75 ± 9.26	1 737	11.99 ± 3.36	17.75 ± 3.36
晋薯 16 号	28.45 ± 16.19	2 636	12.70 ± 0.45	18.47 ± 0.45
晋薯 24 号	18.43 ± 0.69	1 707	15.35 ± 1.62	21.10 ± 1.62
丽薯 6 号	27.44 ± 4.49	2 542	9.99 ± 0.25	15.75 ± 0.25
云薯 902	18.49 ± 3.64	1 713	12.63 ± 1.40	18.39 ± 1.40

2.3.2 2023 年各马铃薯品种(系)产量

对不同来源的各马铃薯品种(系)产量及淀粉、干物质含量做第二年度重复测试，2023 年各品种(系)产量性状见表4。其中，"15FF99-5""川芋 117"和"丽薯6号"产量较高，折合产量超过 2 000 kg/667 m²。"15FF99-5"产量最高为 2 510 kg/667 m²，其次为"丽薯6号"，折合产量为 2 399 kg/667 m²，其余各品种(系)产量较低。各品种(系)淀粉含量介于 8.71%~15.96%，干物质含量介于 14.47%~21.39%。不同来源的马铃薯材料性状表现差异明显，各品种(系)经过 2022—2023 年度重复鉴定，"15FF99-5"和"丽薯6号"产量高，较为适合乌兰察布市生态环境条件，其余各品种(系)也可作为杂交亲本材料，与不同马铃薯材料杂交选育马铃薯新品种。

表 4 2023 年各品种(系)产量性状

品种(系)	小区产量 (kg/7.2 m²)	折合产量 (kg/667 m²)	淀粉含量 (%)	干物质含量 (%)
15FF99-5	27.09 ± 1.47	2 510	15.96 ± 0.83	21.39 ± 1.19
15FF99-6	14.20 ± 10.26	1 315	12.42 ± 0.37	18.18 ± 0.37
15FF99-7	18.80 ± 2.87	1 742	13.13 ± 1.22	18.89 ± 1.22

品种（系）	小区产量 （kg/7.2 m²）	折合产量 （kg/667 m²）	淀粉含量 （%）	干物质含量 （%）
川芋 117	22.83 ± 1.50	2 115	12.17 ± 1.57	17.75 ± 1.34
川芋 50	8.01 ± 2.60	742	13.13 ± 1.06	18.89 ± 1.06
晋薯 15 号	11.21 ± 0.99	1 038	12.13 ± 0.45	18.07 ± 0.75
晋薯 16 号	15.93 ± 1.43	1 476	11.28 ± 0.81	17.04 ± 0.81
晋薯 24 号	11.52 ± 0.84	1 067	12.27 ± 0.87	18.04 ± 0.86
丽薯 6 号	25.90 ± 2.69	2 399	8.71 ± 0.12	14.47 ± 0.12
云薯 902	15.69 ± 2.43	1 454	10.06 ± 0.37	15.83 ± 0.37

3 讨 论

随着马铃薯产业不断调整升级，对马铃薯品种丰产性、稳定性、适应性及专用性提出新的要求，引进鉴定不同类型马铃薯品种（系）材料是加快选育过程的重要途径。本研究参试的各品种（系）材料中，来源地区不同，经过两年鉴定，受土壤、光照、积温等众多因素影响，多数品种在乌兰察布市表现为晚熟或中晚熟，植株地上部生长旺盛，但产量低于来源地。参试的各品种（系）中，川芋系列、15FF 系列及"云薯 902""丽薯 6 号"来自于西南混作区，但在适应性测试过程中，植株地上部生长旺盛，"丽薯 6 号"株高达 102.33 cm，"川芋 50"株高达 124.67 cm。且受收获季低温影响，田间收获时间并未完全达到植株成熟时间，故产量低于当地主栽品种平均产量。本研究时间较短，旨在明确品种特性，并进一步在杂交过程中配置杂交组合，发挥不同区域不同品种的优势，进而选育更适应市场需求的马铃薯新品种。

参试各马铃薯品种（系）材料中，"丽薯 6 号"和"15FF99-5"产量稳定，两年产量 2 000 kg/667 m² 以上，薯皮颜色为黄色，薯肉颜色"丽薯 6 号"为浅黄、"15FF99-5"为黄色，可作为晚熟品种推广。其余各材料可作为杂交亲本材料进一步配置杂交组合，丰富亲本基因多样性。

[参 考 文 献]

[1] 冯鑫红，李慧成，王玉龙，等. 乌兰察布市马铃薯新品种对比试验 [C]//中国作物学会马铃薯专业委员会. 马铃薯产业与种业创新. 哈尔滨: 黑龙江科学技术出版社，2023.

[2] 史梦雅，徐建飞. 我国马铃薯品种创新现状及发展建议 [J]. 中国蔬菜，2023(8)：1-5.

[3] 中华人民共和国农业部. NY/T 1303—2007 农作物种质资源鉴定技术规程 马铃薯 [S]. 北京: 中国农业出版社，2007.

适宜甘肃省东乡县设施栽培马铃薯品种筛选

郑永伟[1]，章宪霞[2]，李　掌[1]*，章文江[2]，文国宏[1]，汪佐辉[2]，曲亚英[1]，白永杰[1]

(1. 甘肃省农业科学院马铃薯研究所，甘肃　兰州　730070；

2. 临夏州东乡县农业农村局，甘肃　东乡　731400)

摘　要：马铃薯产业在甘肃省东乡县是农民的支柱产业，唐汪镇、五家乡、河滩乡具有灌溉条件，为发挥水浇地的最大作用，在唐汪镇照壁山村开展中早熟马铃薯拱棚加地膜早春栽培展示，筛选设施栽培马铃薯品种，促进农民增产增收。试验对10个品种(系)进行评价。"希森6号"薯形长椭圆，生育期79 d，株高65 cm，黄皮黄肉，干物质含量22.60%，还原糖含量0.14%，产量4 050 kg/667 m²，产值10 327.50 元/667 m²。"沃土5号"薯形长椭圆，生育期81 d，黄皮黄肉，产量3 900 kg/667 m²，产值9 945.00 元/667 m²。"冀张薯12号"薯形长椭圆，生育期101 d，株高68 cm，株型直立，产量3 926 kg/667 m²，产值10 011.30 元/667 m²。根据薯形、皮色、肉色、株高、产量、产值，这3个品种适合在拱棚地膜设施栽培，继续试验示范展示。

关键词：东乡县；马铃薯；品种；筛选；设施栽培

为巩固甘肃省优势特色产业三年倍增行动成效，打造现代寒旱特色农业高地，培育壮大县域经济，促进城乡融合发展，更好推进巩固拓展脱贫攻坚成果同乡村振兴有效衔接，制定了《甘肃省"牛羊菜果薯药"六大特色产业提质增效总体方案(2024—2025 年)》，加快产业振兴，促进乡村发展[1,2]。马铃薯产业在东乡县是农民的支柱产业，东乡县唐汪镇、五家乡、河滩乡具有灌溉条件，为发挥水浇地的最大作用，甘肃省农业科学院马铃薯研究所结合《东乡县马铃薯产业绿色高效关键技术集成与示范》项目，在东乡县唐汪镇照壁山村开展中早熟马铃薯拱棚加地膜早春栽培展示，筛选设施栽培马铃薯品种，促进农民增收。

1　材料与方法

1.1　试验地概况

试验地在东乡县唐汪镇照壁山村(E 103°30′, N 34°37′)，海拔 1 754.7 m，有灌溉条件，前茬玉米，地势平坦，肥力中等，拱棚面积为长 50 m × 宽 8 m。施用农家肥(3 000 kg/667 m²)，磷酸二铵(N+P₂O₅≥64%)20 kg/667 m²，硫酸钾(K₂O≥52.0%)

作者简介：郑永伟(1972—)，男，高级农艺师，主要从事马铃薯遗传育种工作。

基金项目：国家重点研发计划(2022YFD1100503)；科技特派团专项(22CX8NA035)；甘肃省农业科学院重点研发计划(2021GAAS33)；国家现代农业产业技术体系(CARS-09-P06)；甘肃省科技重大专项(21ZD11NA002)；甘肃省重点研发计划(21YF1NA365)。

*通信作者：李掌，研究员，主要从事马铃薯遗传育种工作，e-mail：869706486@126.com。

$10 \ kg/667 \ m^2$，过磷酸钙（$P_2O_5 \geqslant 12\%$）$50 \ kg/667 \ m^2$，地膜 $6 \ kg/667 \ m^2$，杀虫剂 $0.5 \ kg/667 \ m^2$。

1.2 供试材料

供试马铃薯品种(系)为"沃土 5 号""希森 6 号""冀张薯 12 号""V7""陇薯 19 号""陇薯 20 号""兴佳 2 号""Ly1602-3""Ly1722-1""Ly1521-2"。其中"沃土 5 号""希森 6 号""冀张薯 12 号"由甘肃定西百泉马铃薯有限公司提供脱毒原种；"陇薯 19 号""陇薯 20 号""兴佳 2 号""V7"由甘肃一航薯业科技有限公司提供脱毒原种；"Ly1602-3""Ly1722-1""Ly1521-2"由甘肃省农业科学院马铃薯研究所提供自繁高代薯。

1.3 试验方法

大区排列对比试验，大区面积 $400 \ m^2$。拱棚内起垄覆膜，垄高 $20 \sim 25 \ cm$，垄面宽 $60 \ cm$，垄底 $80 \ cm$，采用三角形点播。

切刀用 70%酒精或 5%高锰酸钾溶液浸泡 $5 \sim 10 \ min$，多把切刀轮换使用，在播种前 $3 \sim 5 \ d$ 切种，可以利用顶芽优势竖切，要求每个薯块都有 $1 \sim 2$ 芽眼，单个薯块重 $35 \sim 50 \ g$。用甲基硫菌灵拌种，$100 \ kg$ 种薯用 $1 \ kg$，放置通风处 $1 \sim 2 \ d$，待伤口愈合。单垄双行模式，垄间距 $40 \ cm$，垄做好后覆盖地膜，提温待种。拱棚马铃薯栽培一般外界温度为 $-3 \sim 5 \ ℃$，膜下 $10 \ cm$ 温度为 $3 \sim 5 \ ℃$ 时播种，3 月 4 日播种，采用人工点播，形状为'△'型，株距 $25 \ cm$，行距 $40 \ cm$，种植密度为 $4\ 200 \sim 4\ 400$ 株$/667 \ m^2$。

1.4 统计分析

1.4.1 物候期

生育期：从出苗到成熟期的天数。

出苗期：观察小区出苗情况，记录有 75%幼苗长出的时间。

开花期：小区植株 75%第一花序 $1 \sim 2$ 朵花开的时间。

成熟期：小区 75%以上的植株有 2/3 的叶片枯黄的时间。

1.4.2 植株性状

株高：现蕾期在小区中间连续取样 20 株，测量株高，取平均值，精确到 $0.1 \ cm$。

植株生长势：分强、中、弱。

田间调查株型、茎色、叶色和花色。

1.4.3 块茎性状

调查块茎形状、皮色、肉色、芽眼深浅和结薯特性。结薯特性分集中、中、分散。

1.4.4 块茎产量

收获期测小区块茎，结果以平均值计算，精确到 $0.1 \ kg$。

测产方法：大区采收 3 点，每个点面积 $9 \ m^2$、54 株，统计每个测产点的结薯总数和总重量。

1.4.5 品种分析

测定块茎的干物质、淀粉、蛋白质、维生素 C 和还原糖含量。

2 结果与分析

2.1 物候期

生育期方面，"希森6号""V7"为79 d；"沃土5号""Ly1521-2"生育期为81 d；"陇薯19号""兴佳2号"生育期为83 d；"Ly1602-3""Ly1722-1"生育期在85 d。"陇薯20号"生育期为98 d，"冀张薯12号"生育期为101 d。从生育期看，10品种（系）均适合中早熟设施栽培（表1）。

表1　不同马铃薯品种（系）物候期

品种（系）	播种期（D/M）	出苗期（D/M）	开花期（D/M）	成熟期（D/M）	生育期（d）
沃土5号	04/03	01/04	20/04	20/06	81
冀张薯12号	04/03	01/04	20/04	10/07	101
希森6号	04/03	03/04	22/04	20/06	79
V7	04/03	03/04	23/04	20/06	79
Ly1521-2	04/03	01/04	24/04	20/06	81
Ly1602-3	04/03	28/03	26/04	20/06	85
Ly1722-1	04/03	28/03	26/04	20/06	85
陇薯20号	04/03	30/03	27/04	05/07	98
陇薯19号	04/03	30/03	29/04	20/06	83
兴佳2号	04/03	30/03	29/04	20/06	83

2.2 植株性状

株高50 cm品种有"Ly1602-3"；株高在60~70 cm的品种有"陇薯19号""Ly1722-1""Ly1521-2""陇薯20号""冀张薯12号""希森6号""沃土5号""兴佳2号"；株高在75 cm的品种有"V7"。株型直立型的品种有"希森6号""V7""冀张薯12号""兴佳2号"；株型半直立的品种为"陇薯19号""陇薯20号""Ly1521-2""Ly1602-3""Ly1722-1"。"沃土5号"为半扩散型，种植时要注意株行距的调整。生长势强的品种有"希森6号""沃土5号""冀张薯12号""陇薯20号""V7"。花色方面，"陇薯19号""冀张薯12号"为淡紫色，"Ly1521-2""Ly1602-3""Ly1722-1""希森6号""沃土5号""V7""陇薯20号""兴佳2号"为白色（表2）。

表2　不同马铃薯品种（系）植株性状

品种（系）	株高（cm）	株型	生长势	茎色	叶色	花色
希森6号	65	直立	强	绿	绿	白
沃土5号	70	半扩散	强	绿	绿	白
V7	75	直立	强	浅绿	绿	白

品种(系)	株高(cm)	株型	生长势	茎色	叶色	花色
陇薯 19 号	60	半直立	中等	绿	绿	淡紫
冀张薯 12 号	68	直立	强	绿	绿	淡紫
陇薯 20 号	65	半直立	强	绿	绿	白
Ly1521-2	70	半直立	中等	绿	绿	白
Ly1602-3	50	半直立	中等	绿	绿	白
Ly1722-1	65	半直立	中等	绿	绿	白
兴佳 2 号	70	直立	中等	深绿	绿	白

2.3 块茎性状

薯形长椭圆的品种为"希森 6 号""沃土 5 号""冀张薯 12 号""Ly1521-2""Ly1602-3""Ly1722-1"。黄皮黄肉的品种为"希森 6 号""沃土 5 号""V7""陇薯 19 号""Ly1722-1""兴佳 2 号",白皮白肉的品种为"冀张薯 12 号""陇薯 20 号""Ly1602-3"。所有品种均芽眼浅,结薯集中(表 3)。

表 3 不同马铃薯品种(系)块茎性状

品种(系)	薯形	薯皮	薯肉	芽眼	结薯特性
希森 6 号	长椭圆	黄	黄	浅	集中
沃土 5 号	长椭圆	浅黄、光滑	浅黄	浅、少	集中
V7	椭圆	黄、光滑	黄	浅	集中
陇薯 19 号	椭圆	淡黄	淡黄	浅、少	集中
冀张薯 12 号	长椭圆	白	白	浅	集中
陇薯 20 号	椭圆	白、光滑	白	浅	集中
Ly1521-2	长椭圆	淡黄	白	浅	集中
Ly1602-3	长椭圆	白	白	浅	集中
Ly1722-1	长椭圆	黄	黄	浅	集中
兴佳 2 号	椭圆	淡黄	淡黄	浅	集中

2.4 品质分析

所有品种干物质含量在 12.00%~22.60%,"希森 6 号"为 22.60%,"V7"为 12.00%;淀粉含量"Ly1602-3"最高为 16.03%,其次是"冀张薯 12 号"为 15.52%,最低的"Ly1722-1"为 8.00%;蛋白质含量在 1.62%~2.92%,"沃土 5 号"最低,"兴佳 2 号"最高;维生素 C 含量"兴佳 2 号"最高为 25.60%,"Ly1722-1"最低为 5.03%;还原糖含量为 0.11%~0.68%,最低"Ly1602-3"为 0.11%(表 4)。

表 4 不同马铃薯品种(系)品质性状

品种(系)	干物质(%)	淀粉(%)	蛋白质(%)	维生素 C(mg/100 g)	还原糖(%)
希森 6 号	22.60	15.10	1.78	14.80	0.14
沃土 5 号	19.20	12.56	1.62	5.34	0.45
V7	12.00	11.20	1.98	7.10	0.56
陇薯 19 号	18.60	13.55	2.54	14.57	0.32
冀张薯 12 号	19.21	15.52	2.02	18.90	0.25
陇薯 20 号	18.10	12.40	2.22	17.50	0.12
Ly1521-2	17.20	8.30	2.42	15.20	0.40
Ly1602-3	21.51	16.03	2.70	18.24	0.11
Ly1722-1	14.50	8.00	2.12	5.03	0.68
兴佳 2 号	18.10	13.40	2.92	25.60	0.57

2.5 产量与产值分析

通过临夏州东乡县农业农业局工作人员实地测产,"沃土 5 号"产量为 3 900 kg/667 m²,"冀张薯 12 号"产量 3 926 kg/667 m²,"希森 6 号"产量为 4 050 kg/667 m²,"V7"产量为 3 300 kg/667 m²,"Ly1521-2"产量为 1 818 kg/667 m²,"Ly1602-3"产量为 1 347 kg/667 m²,"Ly1722-1"产量为 1 966 kg/667 m²,"陇薯 20 号"产量为 1 655 kg/667 m²,"陇薯 19 号"产量为 2 077 kg/667 m²,"兴佳 2 号"产量为 2 194 kg/667 m²。按当时市场价 3.00 元/kg 计算,按 85% 的商品率计算,"希森 6 号"产值为 10 327.50 元/667 m²,"冀张薯 12 号"产值为 10 011.30 元/667 m²,"沃土 5 号"产值为 9 945.00 元/667 m²,"V7"产值为 8 415.00 元/667 m²,"Ly1521-2"产值为 4 635.90 元/667 m²,"Ly1602-3"产值为 3 434.85 元/667 m²,"Ly1722-1"产值为 5 013.30 元/667 m²,"陇薯 20 号"产值为 4 220.25 元/667 m²,"陇薯 19 号"产值为 5 296.35 元/667 m²,"兴佳 2 号"产值为 5 594.70 元/667 m²。

3 讨 论

生育期 90 d 以内的品种,"希森 6 号"薯形长椭圆,生育期 79 d,株高 65 cm,黄皮黄肉,干物质含量 22.60%,还原糖含量 0.14%,产量 4 050 kg/667 m²,产值 10 327.50 元/667 m²。"沃土 5 号"薯形长椭圆,生育期 81 d,黄皮黄肉,产量 3 900 kg/667 m²,产值 9 945.00 元/667 m²。

生育期 90~105 d 的品种,"冀张薯 12 号"薯形长椭圆,生育期 101 d,株高 68 cm,株型直立,产量 3 926 kg/667 m²,产值 10 011.30 元/667 m²。以上 3 个品种薯形、皮色、肉色、株高、产量、产值、市场认知度适合在拱棚地膜设施栽培,继续试验示范展示。

[参 考 文 献]

[1] 孙慧生. 马铃薯育种学 [M]. 北京: 中国农业出版社, 2003.

[2] 金黎平, 屈冬玉. 马铃薯优良品种及丰产栽培技术 [M]. 北京: 中国劳动社会保障出版社, 2002.

舒城县马铃薯新品系适应性比较试验

龚 猛*

（舒城县农业技术推广中心，安徽 六安 231300）

摘 要：近几年，安徽省舒城县委、政府为响应国家马铃薯主粮化战略，发挥地区比较优势，实施农业供给侧结构性调整，把马铃薯作为四大粮食作物之一来培育，使舒城县马铃薯产业得到了长足而稳定发展。为促进舒城县马铃薯产业绿色健康发展，推进马铃薯主食化战略，发挥优势、稳定面积、提高单产、改善品质、增加效益，多年来开展马铃薯新品种引进试验示范，选择适合舒城县生长的高产高效品种，切实增加薯农收益。综合表现比较，"沃土5号"增产显著，抗病性较强，综合性状好，商品性好，适宜舒城县推广。

关键词：舒城县；马铃薯；新品系；适应性；比较试验

舒城县地处江淮之间，马铃薯是舒城县的主要粮食作物兼蔬菜作物，种植历史悠久，其生长发育规律与当地的自然气候特点相吻合，具有明显的资源优势，蕴藏着巨大的发展潜力。近几年，舒城县委、政府为响应国家马铃薯主粮化战略，发挥地区比较优势，实施农业供给侧结构性调整，使舒城县马铃薯产业得到了长足而稳定发展。全县马铃薯播种面积由 1995 年 133.33 hm² 增加到目前的 266.67 hm² 左右，单产由 1995 年的 1 500 kg/667 m² 提高到目前 2 200 kg/667 m² 以上。为促进舒城县马铃薯产业绿色健康发展，引进国内马铃薯主产区优质新品种，进行适应性种植，并对其产量、品质、抗逆性等综合性状进行评价，筛选出外观、营养和食用品质优良，产量较对照增产或平产的品种，进行生产推广种植。

1 材料与方法

1.1 试验地点

试验地设在舒城县干汊河镇乌羊村，面积 0.33 hm²。地势平坦、地面平整、前茬一致、肥力中等偏上、排灌方便。

1.2 试验设计

田间设计为随机区组设计，小区随机排列，不设重复。每个小区面积为 500 m²。

2023 年共引进新品种 7 个，分别为"沃土 5 号""荷兰 15""红美""中薯紫 5 号""中薯早 35""中薯红 3 号""黑金刚"，以"荷兰 15"作为对照。种薯来源一致，标准一致。切块播种，每个切块带 2 个以上芽，切块大小 30～50 g，切块时淘汰病烂薯，切刀经消毒

作者简介：龚猛(1969—)，男，农业技术推广研究员，研究方向为马铃薯、生姜栽培与品种选育及基层农业技术推广。

*通信作者：龚猛，e-mail：gongmgg@126.com。

更换。

1.3　试验过程管理

2023 年 1 月 9 日播种，基施腐熟鸡粪 1 500 kg/667 m²，黄腐殖酸有机肥（腐殖酸 ≥ 55%，黄腐酸 ≥ 50%，有机质 ≥ 60%，氧化钾 ≥ 12%）60 kg/667 m²，复合肥（N：P_2O_5：K_2O = 18：9：18）20 kg/667 m²，用 96% 精-异丙甲草胺和乙草胺（900 g/L）封闭并盖膜。出苗后没有防治虫害，4 月上旬用 46% 氢氧化铜水分散粒剂防治早疫病 2 次。栽培管理措施均一致。

1.4　试验测定指标

对不同品种马铃薯物候期、形态特征、田间性状、马铃薯外观品质性状、产量等表现进行考察。

2　结果与分析

2.1　供试马铃薯物候期

各个马铃薯品种芽露土出苗前期较长（表 1），一般 52~57 d，苗后生育期最长 84 d，为"中薯红 3 号"，其次分别为"中薯紫 5 号"81 d，"中薯早 35"及"黑金刚"为 80 d，时间最短的为"沃土 5 号"和"红美"，为 77 d。对于开花，有的品种未见花，如"沃土 5 号""中薯红 3 号"及"红美"，"中薯早 35"及"荷兰 15"仅现蕾，而"中薯紫 5 号"和"黑金刚"现蕾并开花。

表 1　供试马铃薯物候期

品种	播种期 (D/M)	出苗期 (D/M)	现蕾期 (D/M)	开花期 (D/M)	成熟期 (D/M)	收获期 (D/M)	生育期 (d)
沃土 5 号	09/01	03/03	–	–	19/05	19/05	77
荷兰 15	09/01	02/03	05/05	–	19/05	19/05	78
中薯早 35	09/01	03/03	25/04	–	22/05	22/05	80
中薯红 3 号	09/01	04/03	–	–	27/05	27/05	84
中薯紫 5 号	09/01	06/03	13/04	19/04	26/05	27/05	81
红美	09/01	03/03	–	–	19/05	19/05	77
黑金刚	09/01	06/03	15/04	21/04	25/05	27/05	80

注：-表示未见花。

2.2　供试马铃薯植株形态特征

从植株形态可知（表 2），"沃土 5 号""荷兰 15""中薯早 35"属于普通马铃薯，其他 4 个品种为特色马铃薯。从结实性来看，"沃土 5 号""荷兰 15""中薯紫 5 号""红美"结实性强。

表 2 供试马铃薯植株形态特征

品种	茎色	叶色	花冠色	花繁茂	结实性	匍匐茎长短
沃土 5 号	浅绿	绿	–	–	强	较短
荷兰 15	浅绿	绿	–	现蕾	强	中等
中薯早 35	绿	绿	–	现蕾	一般	中等
中薯红 3 号	浅紫	紫绿	–	–	一般	中等
中薯紫 5 号	浅紫	紫褐	紫	繁茂	中等	不一
红美	浅紫	绿	–	–	强	短
黑金刚	浅紫	浅紫	紫	繁茂	差	较长

2.3 供试马铃薯田间性状

从大田植株表现看(表3),"中薯紫 5 号"生长旺盛,株高较大,分枝数多;"沃土 5 号""荷兰 15""中薯红 3 号""中薯紫 5 号""黑金刚"均表现抗病,而"中薯早 35"感早疫病。

表 3 供试马铃薯田间性状

品种	出苗率(%)	株高(cm)	主茎数(个)	分枝数(个)	早疫病抗性
沃土 5 号	100	54	1.8	4.0	抗
荷兰 15	100	55	1.5	3.0	抗
中薯早 35	100	45	2.4	2.0	感
中薯红 3 号	100	56	2.5	6.5	抗
中薯紫 5 号	100	75	2.0	7.5	抗
红美	100	43	1.3	3.5	中等
黑金刚	100	41	3.2	4.5	抗

从马铃薯外观看(表4),"沃土 5 号"和"中薯紫 5 号"薯形好,外形较一致。

表 4 供试马铃薯外观品质性状

品种	块茎整齐度	皮色	薯皮类型	芽眼深浅	肉色
沃土 5 号	整齐	浅黄	光滑	浅	浅黄
荷兰 15	中等	浅黄	光滑	中等	浅黄
中薯早 35	中等	黄	粗糙	中等	浅黄
中薯红 3 号	中等	红	光滑	浅	红
中薯紫 5 号	整齐	紫	粗糙	中等	浅紫
红美	不整齐	红	光滑	中等	紫红
黑金刚	不整齐	紫黑	光滑	中等	深紫

2.4 供试马铃薯产量性状

从产量表现来说(表5),"沃土5号"产量最高,比对照增加 680 kg/667 m²,增幅 14.12%,商品性较好,深受销售商欢迎,收购价格较高。"荷兰15"产量高,商品率高,产量最低为"中薯早35",减产 2 761 kg/667 m²,减幅达 57.34%。特色品种中,"红美"产量较高,综合性状较好,其次为"中薯紫5号"综合性状较好。

表5 供试马铃薯产量性状

品种	5株重量 (kg)	株数 (个/667 m²)	产量 (kg/667 m²)	排名	较对照 ± (kg/667 m²)	商品薯率 (%)
沃土5号	8.16	3 367	5 495	1	680	85.9
荷兰15	7.15	3 367	4 815	2	–	95.8
中薯早35	3.05	3 367	2 054	6	-2 761	84.0
中薯红3号	3.75	3 367	2 525	5	-2 290	78.7
中薯紫5号	4.90	3 367	3 300	4	-1 515	85.9
红美	5.65	3 367	3 805	3	-1 010	80.5
黑金刚	3.75	3 367	2 525	5	-2 290	70.7

注:块茎≥100 g 为商品薯。

3 讨 论

通过马铃薯多品种比较试验,综合表现比较,"沃土5号"增产显著,抗病性较强,综合性状好,商品性好,适宜舒城县推广。"荷兰15"经多年种植,在本地产量稳定,综合性状稳定,适宜大面积推广。"中薯早35"表现性状较差,不宜推广。作为特色马铃薯品种"中薯红3号""中薯紫5号""红美""黑金刚",可以根据市场价格予以示范种植,不宜大面积推广,也可结合订单生产适度种植。

东营市黄三角中度盐碱地马铃薯高代品系比较试验

王　悦[1,2]，张志凯[1,2]，崔长磊[1,2]，孙莎莎[1,2]，杨　芸[1,2]，龚丽娟[1,2]，

王珍珍[1,2]，王　越[1,2]，李学洋[1,2]，吕　健[1,2]，胡柏耿[1,2]*

（1. 国家马铃薯工程技术研究中心，山东　乐陵　253600；

2. 乐陵希森马铃薯产业集团有限公司，山东　乐陵　253600）

摘　要：为选育出适宜山东省东营市黄三角盐碱地种植的高产优质马铃薯新品种，以"希森3号"为对照，对11个不同马铃薯高代品系进行比较试验，旨在评价不同马铃薯高代品系在盐碱地条件下的生长情况。"C4-1""C4-15""C4-83"和"C4-87"综合表现较好，生育期短，中早熟，形态特征较好，产量均在对照产量 2 252 kg/667 m² 以上。其中"C4-1"产量最高，为 2 872 kg/667 m²，较对照增产27.56%，且为红皮黄肉马铃薯，商品性状好，产量高，可作为耐盐碱主推品种，适宜在东营市盐碱地大面积推广。

关键词：盐碱地；马铃薯；高代品系；生长发育；产量

马铃薯(*Solanum tuberosum* L.)作为有一定耐盐碱的作物之一，在盐碱地种植中具有潜在的应用前景。由于当前耕地资源的日益紧张化，开发和利用盐碱地已成为提高农业土地利用率的重要途径[1]。随着国家18亿亩耕地红线的政策实施，马铃薯的大面积种植已经成为了大势所趋，而盐碱地作为目前广泛的种植土地，约占地球土地总面积的25%[2]，但是目前世界范围内的马铃薯品种多数耐盐碱性较差，因此在盐碱地选育出高产、优质的马铃薯新品种是目前亟需解决的问题[3]。东营黄三角地区是环渤海地区，地势低洼，土壤含盐量高，属于滨海盐碱地[4]。基于国家马铃薯工程技术研究中心这个平台，在东营黄三角农高区中度盐碱地试验基地选育出11个高代品系，以"希森3号"为对照开展资源比较试验，以期筛选出适宜中度盐碱地种植的资源。

1　材料与方法

1.1　试验地概况

试验地位于山东省东营市广饶县黄河三角洲高新技术产业示范区广北农场二分厂，平均海拔在 1.0~3.5 m，年平均温度 13.1 ℃，无霜期 206 d，年平均降水量 555.9 mm，多集中在夏季，占全年降水量的65%，盐碱地土壤板结严重，土质过硬，试验地块含盐量0.4%左右，pH 8.2，所选地块尽量含盐量和 pH 均匀分布。

作者简介：王悦(1997—)，女，硕士，助理农艺师，从事马铃薯育种研究工作。

基金项目：国际合作(2023KJHZ0011)；山东省重点研发计划(重大科技创新工程)项目任务书(2022LZGC017)。

* 通信作者：胡柏耿，博士，高级工程师，从事马铃薯育种及新品种推广工作，e-mail：hubaigeng@163.com。

1.2 试验材料

参试资源有"希森 3 号"（CK）以及经过大田优选选出的 11 个耐盐碱高代品系，即"C4-1""C4-5""C4-6""C4-8""C4-11""C4-15""C4-18""C4-43""C4-45""C4-83"和"C4-87"。

1.3 试验设计与田间管理

试验于 2023 年 3 月 5 日播种，地点在东营黄三角中度盐碱地进行，播种前深翻土壤，试验采取随机区组排列，保护行设 2 m，走道设 1 m。以不同高代品系为处理，3 次重复，每个高代品系种植 1 行，1 行种植 10 株，垄距为 80 cm，行距为 20 cm，播深为 30 cm，播种时施足底肥，以复合肥为主，生物菌肥为辅，三元复合肥（N∶P_2O_5∶K_2O = 15∶15∶15）100 kg/667 m^2，生物菌肥［有效活菌数 ≥6 亿/g，有机质 ≥60%，总养分（N+P_2O_5+K_2O）= 10%］80 kg/667 m^2，辛硫磷颗粒剂 4 kg/667 m^2，二甲戊灵 150 mL/667 m^2，起垄时沟施于两行中间，小区田间管理措施一致，生育期间按照大田正常标准管理。于 6 月 24 日收获，按小区实测实收计产。

1.4 测定项目与分析方法

生长期间调查不同高代品系的物候期、形态特征和产量性状等，方法参考《农作物种质资源鉴定技术规程 马铃薯》（NY/T 1303—2007）[5]。试验数据采用 Excel 2019 和 IBM SPSS Statistics 27 进行整理和统计分析。

2 结果与分析

2.1 不同马铃薯高代品系物候期比较

11 个不同马铃薯高代品系物候期的比较结果（表 1）可以看出，所有参试高代品系和对照材料"希森 3 号"播种期和收获期一致，分别为 3 月 5 日和 6 月 24 日。出苗期除"C4-45"外，其余高代品系出苗期均与对照接近，与对照比相差 1~6 d，而"C4-45"相比于对照晚 17 d；"C4-45"的现蕾期和开花期较晚，现蕾期与对照相比推迟了 7 d，开花期与对照相比推迟了 7 d，其余高代品系的现蕾期和开花期与"希森 3 号"相近。成熟期方面，收获时的熟性大部分与对照相同，属于中早熟，其中"C4-18"与"C4-87"相比于对照成熟较早，属于早熟，"C4-45""C4-11"成熟期相比与对照较晚，属于中熟。

表 1　不同马铃薯高代品系物候期比较

高代品系号	播种期（D/M）	出苗期（D/M）	现蕾期（D/M）	开花期（D/M）	熟性	收获期（D/M）
希森 3 号（CK）	05/03	11/04	06/05	11/05	ME	24/06
C4-1	05/03	14/04	10/05	15/05	ME	24/06
C4-5	05/03	17/04	07/05	11/05	ME	24/06
C4-6	05/03	13/04	05/05	10/05	ME	24/06
C4-8	05/03	17/04	05/05	10/05	ME	24/06

高代品系号	播种期 (D/M)	出苗期 (D/M)	现蕾期 (D/M)	开花期 (D/M)	熟性	收获期 (D/M)
C4-11	05/03	15/04	07/05	11/05	M	24/06
C4-15	05/03	16/04	07/05	12/05	ME	24/06
C4-18	05/03	17/04	06/05	10/05	E	24/06
C4-43	05/03	15/04	07/05	11/05	ME	24/06
C4-45	05/03	28/04	13/05	18/05	M	24/06
C4-83	05/03	11/04	04/05	10/05	ME	24/06
C4-87	05/03	17/04	07/05	12/05	E	24/06

注：E. 早熟，M. 中熟，L. 晚熟，ME. 中早熟，ML. 中晚熟.

2.2 不同马铃薯高代品系形态特征比较

11 个不同马铃薯高代品系形态特征的比较结果(表 2)可以看出，参试高代品系的出苗率大多都集中在 80.0%~90.0%，符合试验要求，而"C4-18""C4-11""C4-45"的出苗率只有 60.0%、76.7%、76.7%，相较与"希森 3 号"对照出苗率分别低了 30.0 个、13.3 个和 13.3 个百分点。花色也都为浅紫色和白色，无特殊颜色；株高大多数在 40.0~63.0 cm，株高最低的是"C4-18"，相较于对照希低了 21.0 cm，最高的为"C4-11"，相较于对照高了 15.0 cm，其他资源间相差不大。所有资源薯形都与对照相同为椭圆形；薯皮和薯肉的颜色大多数都与对照相同为黄皮黄肉，其中"C4-1""C4-5""C4-8""C4-43"这 4个高代品系是红皮黄肉马铃薯；芽眼深浅方面所有高代品系都为浅和中，无深芽眼。

表 2 不同马铃薯高代品系形态特征比较

高代品系号	出苗率 (%)	花色	株高 (cm)	薯形	薯皮	肉色	芽眼
希森 3 号(CK)	90.0	浅紫	48.0	椭圆	黄	浅黄	浅
C4-1	90.0	白	55.0	椭圆	红	浅黄	浅
C4-5	86.7	白	43.0	椭圆	红	浅黄	浅
C4-6	90.0	白	55.0	椭圆	黄	浅黄	浅
C4-8	93.3	白	42.0	椭圆	红	浅黄	中
C4-11	76.7	浅紫	63.0	椭圆	黄	浅黄	中
C4-15	90.0	白	44.0	椭圆	黄	浅黄	浅
C4-18	60.0	白	27.0	椭圆	黄	浅黄	浅
C4-43	80.0	白	40.0	椭圆	红	浅黄	中
C4-45	76.7	浅紫	41.0	椭圆	黄	浅黄	浅
C4-83	90.0	白	46.0	椭圆	黄	浅黄	浅
C4-87	83.3	白	47.0	椭圆	黄	浅黄	浅

2.3 不同马铃薯高代品系产量性状比较

11 个不同马铃薯高代品系产量性状的比较结果(表3)可知，马铃薯不同优良高代品系的产量性状存在一定差异。单株结薯数方面，对照品种"希森 3 号"在中度盐碱地为 7.3 个，参试高代品系"C4-1""C4-6""C4-8""C4-11""C4-15""C4-83""C4-87"的单株结薯数均高于对照品种，最高为"C4-6"，为 9.6 个，其余高代品系均低于对照，"C4-43"单株结薯数最低，为 3.5 个。单株薯重方面，"希森 3 号"对照的单株薯重为 574.0 g，参试高代品系"C4-1""C4-8""C4-11""C4-15""C4-83""C4-87"的单株薯重均高于对照，最高的是"C4-1"，为 707.0 g，其余高代品系均低于对照，最低的是"C4-45"，为 193.5 g。平均单薯重方面，"希森 3 号"对照的平均单薯重为 78.2 g，参试高代品系"C4-11""C4-43""C4-83"的平均单薯重均高于对照，其余低于对照，最低的是"C4-6"和"C4-45"，为 50.7 g。商品薯率方面，对照"希森 3 号"的商品薯率为 76.7%，参试高代品系"C4-1""C4-5""C4-8""C4-11""C4-15""C4-43""C4-83""C4-87"的平均单薯重均高于对照，最高的是"C4-43"，为 90.1%，其余高代品系均低于对照，最低的是"C4-18"，为 63.6%。从产量上来看，高于"希森 3 号"对照的有"C4-1""C4-11""C4-15""C4-83""C4-87"，分别较对照增产了 27.56%、9.91%、4.80%、14.31%、12.67%，其余高代品系均低于对照，其中折合产量最高的是"C4-1"，为 2 872 kg/667 m^2，最低的是"C4-45"，为 1 055 kg/667 m^2。

表 3　不同马铃薯高代品系产量性状比较

高代品系号	单株结薯数 （个）	单株薯重 （g）	平均单薯重 （g）	商品薯率 （%）	折合产量 （kg/667 m^2）	较对照增产
希森 3 号(CK)	7.3	574.0	78.2	76.7	2 252 ± 84.85 abc	—
C4-1	9.4	707.0	76.4	78.3	2 872 ± 129.44 a	27.56
C4-5	7.1	472.0	68.0	78.8	2 160 ± 303.69 abc	-4.05
C4-6	9.6	484.3	50.7	74.4	2 031 ± 334.68 bc	-0.34
C4-8	7.5	581.0	77.8	80.6	2 244 ± 224.47 abc	-0.34
C4-11	8.0	629.0	79.3	83.0	2 475 ± 257.72 abc	9.91
C4-15	7.9	584.5	74.3	81.2	2 360 ± 133.49 abc	4.80
C4-18	5.2	323.5	61.1	63.6	1 635 ± 65.27 cd	-27.37
C4-43	3.5	331.5	94.5	90.1	1 629 ± 44.30 cd	-27.64
C4-45	3.9	193.5	50.7	70.8	1 055 ± 215.90 d	-53.16
C4-83	8.2	674.5	79.5	82.8	2 574 ± 413.68 ab	14.31
C4-87	7.5	590.5	78.1	80.9	2 537 ± 257.32 ab	12.67

注：不同小写字母代表 0.05 水平差异显著。

3 讨 论

综合对参试高代品系的物候期、形态特征、产量性状等的观测发现，马铃薯部分高代品系具有耐盐碱的特点，适宜在东营中度盐碱地播种。试验表明，"C4-1"综合表现最好，折合产量较"希森3号"增产27.56%，且生育期适中，出苗率高，属于红皮黄肉马铃薯，椭圆形芽眼浅，外观符合市场需求，可作为耐盐碱主推品种。其次为"C4-15""C4-83"和"C4-87"，折合产量均高于"希森3号"，出苗率高，黄皮黄肉，椭圆形、芽眼浅，可作为潜在的耐盐碱主推品种；而"C4-11"产量虽高于"希森3号"，但出苗率低，中熟生育期长；"C4-5""C4-6""C4-8""C4-18""C4-43"和"C4-45"则是产量低于"希森3号"，均不作为优选，可以作为有中度盐碱特性的资源材料，后续的品系比较试验还需进一步进行小区验证。

[参 考 文 献]

[1] 降蕴彰. 做好盐碱地特色农业大文章 [J]. 小康, 2023(36): 45-46.
[2] 柴靖哲. 河北省盐碱地耐盐草本植物筛选与应用研究 [D]. 保定: 河北农业大学, 2015.
[3] 杨新月, 闫梦, 张剑峰, 等. 马铃薯耐盐碱研究进展 [J]. 中国马铃薯, 2021, 35(5): 456-462.
[4] 左强, 吴训, 石建初, 等. 黄河三角洲滨海盐碱地可持续利用的水土资源约束与均衡配置策略 [J]. 中国工程科学, 2023, 25(4): 169-179.
[5] 中华人民共和国农业部. NY/T 1303—2007 农作物种质资源鉴定技术规程 马铃薯 [S]. 北京: 中国标准出版社, 2007.

11 个马铃薯品种在乌兰察布市的种植表现

冯鑫红[1]，李慧成[1]，智小青[1]，王玉龙[1]，王雅楠[1]，

吕月清[2]，陈瑞英[3]，赵培荣[3]，邢　杰[1*]

（1. 乌兰察布市农业技术推广中心，内蒙古　乌兰察布　012000；
2. 乌兰察布市农牧业生态资源保护中心，内蒙古　乌兰察布　012000；
3. 四子王旗农业技术服务中心，内蒙古　乌兰察布　011800）

摘　要：为筛选出适宜内蒙古自治区乌兰察布市栽培的优质专用品种，2023 年在乌兰察布市开展了鲜食品种、加工品种、淀粉品种 11 个马铃薯品种的对比试验。鲜食品种中"希森 6 号""中加 16 号""京张薯 1 号"和"中加 7"产量都超过了 3 000 kg/667 m²，商品性也符合市场需求，适合推广种植。加工品种中"英尼维特""瑞斯特"产量都超过了 3 000 kg/667 m²，商品性也符合市场需求，尤其"英尼维特"淀粉含量高达 20.0%，可以作为高淀粉品种种植推广；"瑞斯特"大薯率极高，是鲜食加工兼用型优良品种，同时"中加 10 号"和"中加 11 号"表现也较好，淀粉含量分别达到 18.5% 和 21.0%，可以作为乌兰察布市主推淀粉品种进行推广。

关键词：马铃薯；优质；专用；新品种；乌兰察布

　　在全国上下举全力推进乡村振兴战略的大形势下，乌兰察布市马铃薯产业再一次迎来新的发展机遇，独特的地理气候条件，多年积淀的产业基础，为马铃薯优势产业发展开辟了全新的产业格局。2023 年乌兰察布市粮食作物总播面积 47.31 万 hm²，马铃薯占到全市总播面积的 18.33% 左右，目前已经形成前山地区重点发展优质鲜食薯、后山地区重点发展种薯和加工专用薯，实现种薯、商品薯、加工专用薯"三薯"协同并进的产业发展布局，在快速发展的势头下，种植户栽培管理水平得到大幅提升。近几年，乌兰察布市马铃薯新品种引进繁育推广应用步伐逐年加快，优良品种的覆盖率达到 35%[1]，但马铃薯品种更新换代较快，品种结构趋向多元化和专用化，专用品种的需求逐年增加。针对以上情况，2023 年乌兰察布市农业技术推广中心引进一批专用新品种，开展新品种对比试验，筛选展示适宜乌兰察布市种植的用于鲜食、旱作、淀粉加工等不同用途的专用马铃薯新品种，帮助种植户了解品种特性，推荐适宜新品种，为推广适宜乌兰察布市生产实际的马铃薯新品种提供数据支撑。

1　材料与方法

1.1　试验地概况

　　察右前旗黄旗海镇杜家村，壤土，肥力中等，地势平坦。

作者简介：冯鑫红(1994—)，女，农艺师，主要从事马铃薯栽培技术推广工作。

基金项目：中央引导地方科技发展资金项目(2022ZY0103)。

*通信作者：邢杰，推广研究员，主要从事农业技术推广及土壤肥料工作，e-mail：wlcbsnjtgzx@163.com。

1.2 试验材料

2023 年供试马铃薯品种 11 个。

1.3 试验设计

试验种薯由乌兰察布市农业技术推广中心收集并统一采购，试验品种有 11 个。其中加工品种："布尔班克""英尼维特""大西洋""瑞斯特"；鲜食品种："中加 7""中加 16 号""京张薯 1 号""希森 6 号""蒙乌薯 4 号"；淀粉品种："中加 10 号""中加 11 号"，总计 0.15 hm^2，田间管理统一按照浅埋滴灌精准高效栽培技术实施。5 月 8 日至 5 月 9 日播种，6 月 23 日完成中耕，9 月 19 日测产。

1.4 调查项目及方法

按照农作物品种试验技术规程[2]和马铃薯种质资源描述规范和数据标准[3]对马铃薯品种物候期、田间性状、产量表现等项目进行调查[4]。收获期测产面积为 1.67 m^2，3 次重复。试验田测产日期按照品种熟度、气候状况等综合确定。

2 结果与分析

2.1 物候期

各品种物候期差异情况（表 1）表明，"瑞斯特"出苗时间为最晚，这主要与该品种特性有关；除"希森 6 号""中加 16 号""蒙乌薯 4 号""中加 11 号"外的其他品种间出苗期情况差异不大，各品种间出苗时间相差在 7 d 以内；2023 年马铃薯自播种到出苗大致需要 25～35 d，这一时间也与气候条件（低温干旱）和种植管理技术有关。除"布尔班克"外，其余品种均取得成熟，成熟最早品种"蒙乌薯 4 号"与最晚品种"中加 16 号"相差 37 d。"布尔班克"因为其生育期超过了 110 d，未能完全自然成熟，不适宜在乌兰察布市种植，其他所选参试品种基本与乌兰察布市种植积温条件吻合。

表 1 参试马铃薯品种生育期

品种	播种期 (D/M)	出苗期 (D/M)	现蕾期 (D/M)	开花期 (D/M)	成熟期 (D/M)	生育期 (d)
希森 6 号	08/05	04/06	24/06	28/06	07/09	95
中加 16 号	08/05	01/06	24/06	06/07	19/09	110
京张薯 1 号	08/05	08/06	29/06	07/07	11/09	95
中加 7	08/05	10/06	03/07	08/07	06/09	88
蒙乌薯 4 号	08/05	02/06	18/06	28/06	10/08	69
大西洋	09/05	11/06	26/06	01/07	09/09	90
布尔班克	09/05	09/06	02/07	08/07	－	－
英尼维特	09/05	08/06	01/07	06/07	11/09	95
瑞斯特	09/05	13/06	28/06	02/07	11/09	90
中加 10 号	09/05	07/06	24/06	05/07	13/09	98
中加 11 号	09/05	02/06	22/06	05/07	18/09	108

2.2 田间性状

各参试品种植株形态及块茎特征情况(表2)表明,试验品种株型直立;鲜食品种中"中加16号"花冠呈淡紫色,"京张薯1号"花冠呈紫色,其他品种为白色花冠;加工品种中"大西洋"花冠呈浅蓝紫色,"瑞斯特"呈淡紫色,其他品种为白色花冠;淀粉品种中"中加10号"呈蓝紫色,"中加11号"呈浅紫色。"大西洋"茎色绿带紫色,"中加10号""中加11号"茎紫色,其余品种茎绿色。"中加16号"叶色较深,呈深绿色,其他品种叶色相对较浅。"中加7"块茎外观更受大众欢迎;块茎大致分为黄皮黄肉、黄皮白肉与白皮白肉三种,结合薯形、芽眼深浅、薯皮光滑程度、口感来看,"希森6号""中加7""大西洋""英尼维特"品种受市场欢迎程度较高。

表2 参试马铃薯品种植株形态及块茎特征

品种	株型	茎色	叶色	花冠色	薯形	皮色	肉色	薯皮	芽眼
希森6号	直立	绿	绿	白	长椭圆	黄	黄	光滑	浅
中加16号	直立	绿	深绿	淡紫	长椭圆	黄	黄	–	平浅
京张薯1号	直立	绿	绿	紫	卵圆	中黄	中黄	略麻	浅
中加7	直立	绿	绿	白	长卵圆	黄	黄	略麻	平浅
蒙乌薯4号	直立	绿	绿	白	椭圆	黄	黄	光滑	浅
大西洋	直立	绿带紫	绿	浅蓝紫	圆	淡黄	白	麻	浅
布尔班克	直立	绿	绿	白	长椭圆	赤褐	白	麻	浅
英尼维特	直立	绿	黄绿	白	长圆	棕褐	浅黄	麻	浅
瑞斯特	直立	绿	绿	淡紫	长椭圆	浅褐	白	麻	浅
中加10号	直立	紫	浅绿	蓝紫	卵圆	白	白	麻	深
中加11号	直立	紫	绿	浅紫	长卵圆	黄	浅黄	略麻	深

2.3 产量表现

各参试品种测产结果(表3)表明,马铃薯专用新品种试验展示中,"希森6号"产量为3 448 kg/667 m²,生育期95 d,株型直立,生长势强,薯形长椭圆,芽眼浅,商品率79.7%,为适合加工和鲜食兼用型优良品种。"中加16号"产量为4 616 kg/667 m²,生育期110 d,茎秆粗壮,薯形一般,芽眼中等较多,商品率89.7%。"京张薯1号"产量为3 072 kg/667 m²,生育期95 d,生长势好,芽眼浅,略麻皮,抗旱,商品率96.5%,大薯率高。"中加7"产量为3 088 kg/667 m²,生育期88 d,薯形较大,芽眼浅但是芽眼较少,商品率83.7%,大中薯率高。"蒙乌薯4号"产量为2 108 kg/667 m²,生育期69 d,株型直立,茎秆粗壮,商品率78.9%。"大西洋"产量为2 236 kg/667 m²,生育期90 d,株型直立,茎粗,薯形圆形,芽眼浅,麻皮,商品率80.9%。"布尔班克"产量为2 524 kg/667 m²,生育期120 d以上,超过了110 d,不能在当地成熟,株型直立,生长势强,薯形长椭圆,芽眼浅,麻皮,在干旱的情况下易产生畸形块茎或芽眼突出的次生薯,适宜农场化生产,农户单家独户种植难度较大,商品率88.0%。"英尼维特"产量为

3 692 kg/667 m²，生育期 95 d，块茎长圆且大，薯形一致性高，大小整齐度好，芽眼浅，商品率 89.8%。"瑞斯特"产量为 3 148 kg/667 m²，生育期 90 d，薯形好，大小形状均匀，长度适合炸条，商品率 97.2%，大薯率极高，鲜食加工兼用优良品种。"中加 10 号"产量为 2 900 kg/667 m²，生育期 98 d，淀粉含量较高，结薯集中，单株块茎数较多，茎秆粗壮，商品率 77.1%。"中加 11 号"产量为 2 796 kg/667 m²，分枝较多，薯形长卵圆，生育期较长为 108 d，芽眼深，结薯较多，淀粉含量高达 21.0%，商品率 83.1%。

在参加展示的 11 个品种中，鲜食品种中"希森 6 号""中加 16 号""京张薯 1 号"和"中加 7"产量都超过了 3 000 kg/667 m²，商品性也符合市场需求，适合推广种植，且"希森 6 号"作为乌兰察布市主要种植品种，2023 年种植面积较往年有所回升，就是在种植过程中需要注意其对富薯敏感、易感基腐病、易空心；"中加 7"产量较高。加工品种中"英尼维特""瑞斯特"产量都超过了 3 000 kg/667 m²，商品性也符合市场需求，尤其"英尼维特"淀粉含量高达 20.0%，可以作为高淀粉品种种植推广；"瑞斯特"大薯率极高，是鲜食加工兼用型优良品种。结合以往的种植测产数据，"中加 10 号"和"中加 11 号"表现也较好，淀粉含量分别达到 18.5% 和 21.0%，可以作为乌兰察布市主推淀粉品种进行推广。

表3　马铃薯专用新品种试验测产结果

品种	大薯重（kg/1.67 m²）	小薯重（kg/1.67 m²）	产量（kg/667 m²）	商品率（%）	淀粉含量（%）
希森 6 号	6.87	1.75	3 448	79.7	15.1
中加 16 号	10.35	1.19	4 616	89.7	−
京张薯 1 号	7.41	0.27	3 072	96.5	13.9
中加 7	6.46	1.26	3 088	83.7	17.5
蒙乌薯 4 号	4.16	1.11	2 108	78.9	11.6
大西洋	4.52	1.07	2 236	80.9	18.0
布尔班克	5.55	0.76	2 524	88.0	18.2
英尼维特	8.29	0.94	3 692	89.8	20.0
瑞斯特	7.65	0.22	3 148	97.2	15.9
中加 10 号	5.59	1.66	2 900	77.1	18.5
中加 11 号	5.81	1.18	2 796	83.1	21.0

3　讨　论

通过 2023 年马铃薯新品种试验展示，筛选出一批优质专用新品种，可以进行大面积示范推广。"希森 6 号""中加 7""京张薯 1 号"作为黄皮黄肉鲜食品种推广；"京张薯 1 号"可作为抗旱品种推广；"中加 10 号""中加 11 号""英尼维特"作为淀粉加工专用品种推广；"英尼维特""大西洋""瑞斯特"作为油炸（薯条、薯片）品种推广，为马铃薯产业健康全方面发展提供品种支撑。

[参 考 文 献]

[1] 尹玉和.乌兰察布马铃薯 [M].北京:中国农业科学技术出版社,2021.
[2] 中华人民共和国农业部.NY/T 1489—2007 农作物品种试验技术规程 马铃薯 [S].北京:中国农业出版社,2007.
[3] 刘喜才,张丽娟.马铃薯种质资源描述规范和数据标准 [M].北京:中国农业出版社,2006.
[4] 康哲秀,玄春吉,姜成模,等.延边地区早熟马铃薯品种比较试验 [J].中国马铃薯,2005,19(4):216-218.

乌兰察布市希森系列马铃薯新品系评价鉴定与筛选

龚丽娟[1,2]，孙莎莎[1,2]，张志凯[1,2]，崔长磊[1,2]，王珍珍[1,2]，王 越[1,2]，

王 悦[1,2]，杨 芸[1,2]，吕 健[1,2]，李学洋[1,2]，胡柏耿[1,2]*

(1. 国家马铃薯工程技术研究中心，山东 乐陵 253600；

2. 乐陵希森马铃薯产业集团有限公司，山东 乐陵 253600)

摘 要： 试验采用马铃薯品种"费乌瑞它"作对照，将希森系列株系鉴定中表现优良的25份高代品系材料进行田间比较、鉴定，调查各参试品系的物候期、农艺性状、产量等进行综合评价。在试验生态区域和年份气候条件下，参试品系商品薯率整体较高，整体在81.58%~99.62%，"Z876"商品薯率最高，为99.62%，其次是"Z947"，商品薯率达99.36%。所有参试品系淀粉含量在12.9%~18.0%，最高的是"Z896-2"，含量为18.0%，可继续培育成淀粉加工型品种。参试品系的平均折合产量在 1 973~4 447 kg/667 m^2，其中"Z1148""Z0796""Z811-4""Z1142""Z947""Z876"和"Z844"7 个品系表现优异，产量较高，平均折合产量分别为 4 447、4 410、4 076、4 030、4 011、3 965 和 3 956 kg/667 m^2，分别较对照增产 13.74%、12.80%、4.27%、3.08%、2.61%、1.42%和1.18%，且综合性状均表现较好，为后续品系区域试验和生产试验提供试验基础和依据。

关键词： 马铃薯；高代品系；评价鉴定；比较试验

马铃薯(*Solanum tuberosum* L.)是茄科茄属的一年生草本植物。在农业部提出实施马铃薯主粮化战略后，马铃薯已经成为继大米、小麦和玉米之后的第四大主粮和中国种植业中重要的农作物[1]。马铃薯的退化类型有病毒性退化和生理型退化两大类[2]，因此品种多样性化是马铃薯生产先进的国家种业发展的基础，国际上马铃薯种业发达的国家均十分重视新品种的选育，拥有优良的新品种已成为国际马铃薯种业公司的核心竞争力[3]。品种单一、平均产量水平低、商品性状差、病毒病危害导致减产甚至绝收是制约马铃薯产业发展的主要因素[4]，虽从外地引进一些新品种推广种植，但不能全面兼顾内蒙古自治区乌兰察布市的气候条件和市场需求。为选育出高产、优质、抗病、高淀粉适合加工等多用途的马铃薯新品种，丰富马铃薯资源库，将株系鉴定中表现优良的25份马铃薯高代品系材料与"费乌瑞它"进行品系材料比较试验，为下一步品系区域试验和生产试验提供试验基础和依据。

作者简介：龚丽娟(1998—)，女，硕士，助理农艺师，主要从事马铃薯育种及栽培生理研究工作。

基金项目：国际合作(2023KJHZ0011)。

*通信作者：胡柏耿，博士，高级工程师，从事马铃薯育种及新品种推广工作，e-mail：hubaigeng@163.com。

1 材料与方法

1.1 试验地概况

试验地位于内蒙古自治区乌兰察布市商都县小海子镇五号村国家马铃薯工程技术研究中心试验基地，试验地土地平整，土壤类型为黑壤土，海拔 1 300 m，地理位置为 N 41°23′6.95″、E 113°39′7.34″，土壤肥力中等。

1.2 试验材料

2023 年供试马铃薯品系材料共 25 份，均由国家马铃薯工程技术研究中心选育株系表现优异的高代品系"Z947""Z1058""Z1245""Z1052""Z771""Z753""Z811-4""Z1124""Z759""Z868""Z0796""Z876""Z877""Z893""Z896-2""Z1142""Z1148""Z1152""Z698""Z761""Z813""Z844""Z861""Z913""Z439"，种薯都是其微型薯原原种。

1.3 试验设计

试验田材料排列采取小区设计法，随机区组排列设计，每个品系设 3 个重复，每个重复种两行，每行 4 m，株距 20 cm，一行 20 株。中期管理喷施预防或治疗病毒病的药剂，分别在出苗期和结薯期除草、覆土各 1 次。

1.4 数据调查及处理

主要农艺性状调查参照《农作物种质资源鉴定技术规程 马铃薯》[5]；数据采用 Excel 2010 处理，运用 DPS 7.05 软件进行统计分析。

2 结果与分析

2.1 参试马铃薯品系材料的物候期

所有材料 4 月 22 日播种，9 月 5—6 日统一收获。所有品系从播种到出苗需要 40～50 d，其中品系"Z0796"出苗期（01/06）、现蕾期（18/06）、开花期（30/06）都是最早的，分别比对照品种"费乌瑞它"早 5、5、6 d，为早熟品系；其次是品系"Z896-2"和"Z698"出苗期比对照早了 1 d，其余品系出苗期与对照相差了 0～5 d，其中"Z893"出苗最晚，主要与品系特性有关。开花期最早的为"Z0796"，与对照相差了 6 d，开花期最晚的是"Z711""Z813"，开花期为 7 月 19 日，比"Z0796"多了 19 d、比对照多了 13 d。有 6 个品系熟性同对照"费乌瑞它"一样为早熟，分别是"Z0796""Z759""Z868""Z698""Z861""Z439"；中早熟品系 7 个，分别是"Z753""Z1124""Z1245""Z876""Z893""Z896-2""Z813"；中熟品系 9 个；中晚熟品系 2 个，为"Z913""Z947"；晚熟品系 1 个，为"Z1058"（表 1）。

表 1 参试马铃薯品系材料的物候期

品系	播种期（D/M）	出苗期（D/M）	现蕾期（D/M）	开花期（D/M）	收获期（D/M）	熟性
Z947	22/04	10/06	28/06	09/07	06/09	中晚熟
Z753	22/04	10/06	01/07	11/07	06/09	中早熟

品系	播种期 (D/M)	出苗期 (D/M)	现蕾期 (D/M)	开花期 (D/M)	收获期 (D/M)	熟性
Z1124	22/04	08/06	22/06	04/07	06/09	中早熟
Z1245	22/04	10/06	05/07	15/07	05/09	中早熟
Z1058	22/04	09/06	05/07	15/07	06/09	晚熟
Z0796	22/04	01/06	18/06	30/06	06/09	早熟
Z1052	22/04	06/06	26/06	09/07	06/09	中熟
Z771	22/04	10/06	08/07	19/07	05/09	中熟
Z811-4	22/04	06/06	03/07	13/07	05/09	中熟
Z759	22/04	06/06	21/06	03/07	05/09	早熟
Z868	22/04	06/06	05/07	15/07	05/09	早熟
Z876	22/04	07/06	21/06	08/07	05/09	中早熟
Z877	22/04	08/06	01/07	11/07	05/09	中熟
Z893	22/04	11/06	07/07	17/07	05/09	中早熟
Z896-2	22/04	05/06	01/07	10/07	05/09	中早熟
Z1142	22/04	06/06	01/07	15/07	05/09	中熟
Z1148	22/04	07/06	04/07	14/07	05/09	中熟
Z1152	22/04	06/06	03/07	13/07	05/09	中熟
Z698	22/04	05/06	02/07	12/07	05/09	早熟
Z761	22/04	07/06	29/06	10/07	05/09	中熟
Z813	22/04	06/06	10/07	19/07	05/09	中早熟
Z844	22/04	07/06	04/07	12/07	05/09	中熟
Z861	22/04	06/06	27/06	14/07	05/09	早熟
Z913	22/04	06/06	26/06	07/07	05/09	中晚熟
Z439	22/04	10/06	26/06	09/07	05/09	早熟
费乌瑞它(CK)	22/04	06/06	23/06	06/07	06/09	早熟

2.2 参试马铃薯品系材料的植株性状

"Z913"的植株茎色为紫色,其余品系均为绿色。"Z753""Z868"的叶色较浅,表现为浅绿色;"Z1148""Z913"的叶色较深,表现为深绿色;其余品系叶色均表现为绿色(表2)。

参试品系株高最高的为"Z947",株高 134.9 cm,其次是"Z1058",株高为 120.0 cm,都与对照呈现显著差异,分别比对照费乌瑞它高了 66.4、51.5 cm,与其中晚熟、晚熟特性相映;"Z698"株高最矮,为 58.4 cm,比最高的"Z947"矮了 76.5 cm,比对照矮了10.1 cm,与对照差异不显著。株高 60~70 cm(包含对照)和株高 70~80 cm 的分别有 5 个品系,分别约占比 19.2%,株高 80~90 cm 的品系有 8 个,约占比 30.8%,株高 90~100 cm 的品系有 2 个,约占比 0.8%,超过 100 cm 的品系有 5 个,约占比 19.2%。所有参试品系主茎数1~2个，有8个品系主茎数是1个，约占比30.8%，主茎数有2个的品系有18个(包含对照)，约占比69.2%(表2)。

参试品系花冠颜色大多为白色，其中"Z947""Z913"花冠颜色为蓝紫色；有6个品系花冠颜色同对照一样为浅紫色，分别是"Z0796""Z759""Z876""Z896-2""Z861""Z439"。花冠形状除了"Z876"为星形，其余全为近五边形。"Z868""Z813""Z861""Z893"这4个品系开花繁茂状况为少；6个品系"Z1124""Z0796""Z759""Z876""Z913""Z439"开花繁茂状况同对照一样为多，其余品系的开花繁茂状况为中(表2)。

表2　参试马铃薯品系的植株性状

品系	茎色	叶色	株高(cm)	主茎数(个)	花冠颜色	花冠形状	开花繁茂性
Z947	绿	绿	134.9 a	2	蓝紫	近五边形	中
Z753	绿	浅绿	66.9 fg	1	白	近五边形	中
Z1124	绿	绿	80.7 defg	2	白	近五边形	多
Z1245	绿	绿	87.4 def	1	白	近五边形	中
Z1058	绿	绿	120.0 abc	2	白	近五边形	中
Z0796	绿	绿	104.2 bcd	2	浅紫	近五边形	多
Z1052	绿	绿	115.2 abc	2	白	近五边形	中
Z771	绿	绿	80.2 defg	1	白	近五边形	中
Z811-4	绿	绿	90.9 def	2	白	近五边形	中
Z759	绿	绿	60.7 fg	2	浅紫	近五边形	多
Z868	绿	浅绿	72.9 efg	2	白	近五边形	少
Z876	绿	绿	85.0 def	1	浅紫	星形	多
Z877	绿	绿	96.3 cde	2	白	近五边形	中
Z893	绿	绿	88.7 def	1	白	近五边形	少
Z896-2	绿	绿	66.5 fg	2	浅紫	近五边形	中
Z1142	绿	绿	87.6 def	2	白	近五边形	中
Z1148	绿	深绿	88.6 def	1	白	近五边形	中
Z1152	绿	绿	76.9 defg	2	白	近五边形	中
Z698	绿	绿	58.4 g	1	白	近五边形	中
Z761	绿	绿	85.6 def	2	白	近五边形	中
Z813	绿	绿	72.4 efg	2	白	近五边形	少
Z844	绿	绿	78.1 defg	2	白	近五边形	中
Z861	绿	绿	66.3 fg	2	浅紫	近五边形	少
Z913	紫	深绿	100.9 bcd	2	蓝紫	近五边形	多
Z439	绿	绿	71.5 efg	1	浅紫	近五边形	多
费乌瑞它(CK)	绿	绿	68.5 efg	2	浅紫	近五边形	多

注：同列不同小写字母表示在0.05水平差异显著，采用Duncan's新复极差法。下同。

2.3 马铃薯品系的块茎性状

"Z947""Z0796""Z759""Z893""Z1148""Z913"的薯形是长椭圆;"Z1058""Z698""Z861"的薯形是圆形,其余品系的薯型为椭圆。2个品系的薯皮颜色是红色,分别是"Z1124""Z1148";"Z1052"是红黄花;"Z913"是紫色,其余品系的薯皮颜色均是黄色。薯肉为黄色的品系有5个,分别是"Z1245""Z811-4""Z1152""Z813""Z861";"Z913"的薯肉颜色为紫色;"Z1124""Z1148"薯肉颜色是部分红;"Z1142"薯肉颜色是白色的;薯肉颜色为乳白色的有5个,分别是"Z947""Z877""Z893""Z896-2""Z761";其余品系的薯肉颜色为浅黄色。"Z947""Z771""Z811-4""Z893""Z896-2""Z761""Z813""Z844"是中芽眼,"Z876""Z877"和"Z698"表现为深芽眼,其余均是浅芽眼。

商品薯率整体较高,整体在81.58%~99.62%,基本都达到市场要求。商品薯率达90%以上的品系占比80.77%,达80%~90%的占比19.23%;"Z876"商品薯率最高,为99.62%,其次是"Z947",商品薯率达99.36%;商品薯率最低的品系是"Z1058",为81.58%(表3)。

淀粉含量在12.9%~18.0%,最高的是"Z896-2",含量为18.0%,"Z868"含量最低,为12.9%;有7个品系的淀粉含量高于对照,分别是"Z1245""Z877""Z896-2""Z698""Z761""Z861""Z913",淀粉含量分别是16.3%、16.1%、18.0%、17.1%、16.2%、15.8%、15.6%,且含量都较高,可以培育成淀粉加工型品种(表3)。

表3 参试马铃薯品系块茎特性

品系	薯形	皮色	肉色	芽眼深浅	商品薯率(%)	淀粉含量(%)	干物质(%)
Z947	长椭圆	黄	乳白	中	99.36	13.2 ef	18.3 gh
Z753	椭圆	黄	浅黄	浅	97.81	14.3 cdef	19.4 efg
Z1124	椭圆	红	红黄花	浅	95.55	14.6 cdef	22.5 abcdef
Z1245	椭圆	黄	黄	浅	98.64	16.3 abc	21.9 bcdef
Z1058	圆	黄	浅黄	浅	81.58	13.2 ef	16.6 h
Z0796	长椭圆	黄	浅黄	浅	96.00	13.6 ef	20.2 cdefg
Z1052	椭圆	红黄花	浅黄	浅	91.11	13.8 ef	18.9 efgh
Z771	椭圆	黄	浅黄	中	97.74	14.1 cdef	19.9 efg
Z811-4	椭圆	黄	黄	中	93.06	14.8 cdef	20.2 cdefg
Z759	长椭圆	黄	浅黄	浅	96.56	13.5 ef	20.0 efgh
Z868	椭圆	黄	浅黄	浅	88.85	12.9 f	18.2 gh
Z876	椭圆	黄	浅黄	深	99.62	14.0 def	18.6 fgh
Z877	椭圆	黄	乳白	深	87.88	16.1 abcd	23.0 ab
Z893	长椭圆	黄	乳白	中	98.13	13.5 ef	20.1 efgh
Z896-2	椭圆	黄	乳白	中	86.25	18.0 a	23.0 ab

品系	薯形	皮色	肉色	芽眼深浅	商品薯率（%）	淀粉含量（%）	干物质（%）
Z1142	椭圆	黄	白	浅	95.25	14.3 cdef	21.3 bcdefg
Z1148	长椭圆	红	红圈黄心	浅	96.40	13.4 ef	19.1 efgh
Z1152	椭圆	黄	黄	浅	95.40	13.5 ef	19.2 efgh
Z698	圆	黄	浅黄	深	95.28	17.1 ab	24.1 a
Z761	椭圆	黄	乳白	中	95.25	16.2 abc	21.3 bcdefg
Z813	椭圆	黄	黄	中	95.22	13.7 ef	18.8 efgh
Z844	椭圆	黄	浅黄	中	94.21	14.7 cdef	20.2 cdefg
Z861	圆	黄	黄	浅	86.76	15.8 bcde	22.1 abcdef
Z913	长椭圆	紫	紫	浅	95.38	15.6 bcdef	17.7 gh
Z439	椭圆	黄	浅黄	浅	98.87	14.0 def	19.0 efgh
费乌瑞它（CK）	椭圆	黄	浅黄	浅	94.19	14.9 cdef	19.5 efg

注：商品薯标准为单薯重 50 g 以上。

2.4 参试马铃薯品系的产量

参试品系的平均折合产量在 1 973～4 447 kg/667 m²。其中"Z1148""Z0796""Z811-4""Z1142""Z947""Z876"和"Z844"7 个品系表现优异，产量较高，平均折合产量分别为 4 447、4 410、4 076、4 030、4 011、3 965 和 3 956 kg/667 m²，分别较对照增产 13.74%、12.80%、4.27%、3.08%、2.61%、1.42%和 1.18%；"Z1058"产量最低，为 1 973 kg/667 m²，较对照减产 49.53%；"Z1245""Z759"与对照相比产量稍低，产量分别为 3 826 和 3 817 kg/667 m²，但与对照折合产量 3 909 kg/667 m² 无显著性差异。

表 4 参试马铃薯品系的产量

品系	小区产量（kg/7.2 m²）				折合产量（kg/667 m²）	比 CK 增产（%）
	I	II	III	平均		
Z947	39.01	37.78	42.65	43.3 abcd	4 011	2.61
Z753	31.30	25.15	23.90	29.3 hi	2 714	-30.57
Z1124	31.42	39.91	40.07	40.0 bcd	3 706	-5.21
Z1245	38.35	33.39	45.03	41.3 abcd	3 826	-2.13
Z1058	17.53	21.75	20.78	21.3 j	1 973	-49.53
Z0796	46.99	40.36	45.34	47.6 ab	4 410	12.80
Z1052	33.66	28.55	27.53	32.6 efgh	3 020	-22.75
Z771	34.19	32.60	34.72	37.6 cdefg	3 483	-10.90
Z811-4	36.07	39.50	48.83	44.0 abc	4 076	4.27

品系	小区产量（kg/7.2 m²）				折合产量（kg/667 m²）	比 CK 增产（%）
	Ⅰ	Ⅱ	Ⅲ	平均		
Z759	38.65	35.72	42.60	41.2 abcd	3 817	-2.37
Z868	26.62	24.10	35.09	30.2 ghi	2 798	-28.44
Z876	40.21	38.85	41.77	42.8 abcd	3 965	1.42
Z877	33.13	34.79	38.43	39.6 cdef	3 669	-6.16
Z893	35.54	30.51	34.72	36.1 defgh	3 344	-14.45
Z896-2	33.51	32.21	32.32	35.5 defgh	3 289	-15.88
Z1142	40.04	38.68	39.75	43.5 abcd	4 030	3.08
Z1148	47.36	42.92	46.16	48.0 a	4 447	13.74
Z1152	40.21	35.11	38.68	40.1 bcd	3 715	-4.98
Z698	32.90	31.90	36.45	36.5 defgh	3 381	-13.51
Z761	38.24	31.19	31.45	36.7 defg	3 400	-13.03
Z813	40.92	34.65	33.88	38.5 cdef	3 567	-8.77
Z844	39.65	45.32	41.21	42.7 abcd	3 956	1.18
Z861	24.83	26.21	21.12	24.7 ij	2 288	-41.47
Z913	29.47	29.25	32.45	32.6 efgh	3 020	-22.75
Z439	37.90	34.00	42.20	39.8 bcd	3 687	-5.69
费乌瑞它（CK）	38.73	38.74	39.04	42.2 abcd	3 909	

3 讨 论

随着马铃薯种业结构的调整及加工业的发展，对马铃薯新品种的要求日益迫切。试验在马铃薯新品种选育流程上，采用综合性状优异的品种"费乌瑞它"为对照，通过对希森系列株系鉴定表现优良的高代品系材料作了物候期、农艺性状及产量的比较试验。结果表明，在试验生态区域和年份气候条件下，有 6 个品系熟性同对照"费乌瑞它"一样为早熟，分别是"Z0796""Z759""Z868""Z698""Z861""Z439"；晚熟 1 个，为"Z1058"。商品薯率整体较高，整体在 81.58%~99.62%，商品薯率达 90% 以上的品系占比 80.77%，"Z876"商品薯率最高，为 99.62%，其次是"Z947"，商品薯率达 99.36%。淀粉含量在 12.9%~18.0%，最高的是"Z896-2"，含量为 18.0%，有 7 个品系的淀粉含量高于对照，且含量都较高，可以培育成淀粉加工型品种。参试品系的平均折合产量在 1 973~4 447 kg/667 m²。其中"Z1148""Z0796""Z811-4""Z1142""Z947""Z876"和"Z844"7 个品系表现优异，产量较高，平均折合产量分别为 4 447、4 410、4 076、4 030、4 011、3 965 和 3 956 kg/667 m²，分别较对照增产 13.74%、12.80%、4.27%、3.08%、2.61%、1.42% 和 1.18%，且综合性状均表现较好，为下一步品系区域试验和生产试验提供试验基础和依据。

[参 考 文 献]

[1] 李春婷. 我国马铃薯全要素生产率测度及提升路径研究 [D]. 荆州: 长江大学, 2023.

[2] 黄强, 欧阳满, 舒婷, 等. 马铃薯种薯退化的可能性因素 [J]. 江西农业, 2018(22): 28.

[3] 李文刚, 曹春梅, 刘富强, 等. 国际马铃薯种业现状及发展综述 II——国际马铃薯新品种选育现状及趋势 [C]//屈冬玉, 陈伊里. 马铃薯产业与小康社会建设. 哈尔滨: 哈尔滨工程大学出版社, 2014.

[4] 黄永, 金龙, 彭江龙, 等. 马铃薯品系材料比较试验 [J]. 农技服务, 2023, 40(10): 13-15.

[5] 中华人民共和国农业部. NY/T 1303—2007 农作物种质资源鉴定技术规程 马铃薯 [S]. 北京: 中国农业出版社, 2007.

重庆市优质彩色马铃薯品种筛选试验

杨　津[1]，马　强[1]，梁峰铭[2]，李　平[1]，曾祥利[2]，钟巍然[1]*

（1. 重庆市农业科学院特色作物研究所，重庆　永川　402160；
2. 巫溪县薯光农业科技开发有限公司，重庆　巫溪　405803）

摘　要：针对重庆市适宜种植的彩色马铃薯品种较少问题，试验引进 9 个彩色马铃薯品种进行筛选，调查了各品种的物候期、农艺性状、产量以及品质特性，期望筛选出在重庆市气候条件下，适宜种植的中早熟彩色马铃薯品种。"中薯红 3 号"产量、品质均有突出表现，商品薯率 83.0%，红皮红肉、薯形长椭圆形，芽眼浅，适宜在重庆市种植。其次是"缙云薯 7 号"花青素含量较高，达到 47.6 mg/kg，宜加工。在紫肉马铃薯品种中"缙云薯 5 号"具有较高产量，但其维生素 C 含量和淀粉含量较低，建议进一步验证其适应性。

关键词：重庆；彩色马铃薯；品种；产量；品质

重庆市是全国马铃薯主产区之一，马铃薯种植面积和总产量均居全国第 6 位，是重庆市第四大作物，也是最具发展潜力的主粮产业[1]。马铃薯是重庆市秦巴山区、武陵山区、乌蒙山区等贫困集中地区的"半年粮"，是确保粮食安全、发展地域经济的支柱产业。马铃薯除常见的白肉、黄肉品种外，还有彩色马铃薯。彩色马铃薯除具备普通马铃薯的所有营养成分外，还富含类黄酮化合物花色苷，使薯肉（皮）呈紫色、红色以及花纹，效益是普通马铃薯的 3 倍以上[2]。随着人们生活水平的提高，更加追求食物的健康性、营养性。富含花青素的彩色马铃薯是集营养与健康于一身的理想食物，具有广阔的产业化发展前景。本试验以重庆市特殊的丘陵山地气候栽培彩色马铃薯品种，系统研究其适应性，旨在为该地区彩色马铃薯产业发展提供理论指导。

1　材料与方法

1.1　试验材料

试验共引进彩色马铃薯新品种 9 个，其中"中薯红 3 号""中紫 4 号""中紫 5 号"和"中薯 660"从中国农业科学院引进，"缙云薯 7 号"和"缙云薯 5 号"从西南大学引进，"红美"和"黑金刚"从安徽省农业科学院引进，"华彩 1 号"从华中农业大学引进。

1.2　试验地概况及田间管理

试验地位于重庆市巫溪县尖山镇大包村（N 31°25′，E 108°54′，海拔 980 m）。前茬作物玉米，土壤类型为沙壤土，播种前用旋耕机进行土地平整、细化，砾石清除和碎化杂

作者简介：杨津（1997—），女，硕士，研究实习员，研究方向为薯类栽培及生物育种。
基金项目：国家重点研发计划项目（2022YFD1601404）。
*通信作者：钟巍然，硕士，助理研究员，研究方向为马铃薯栽培及育种，e-mail：83012642@qq.com。

草，以达到播种土壤条件。

施有机肥 750 kg/667 m²，三元复合肥(N：P：K = 15：15：15) 75 kg/667 m² 作底肥，铺黑膜防草，统一大田农事管理。3 月下旬至 5 月上旬根据天气情况用无人植保机预防晚疫病五次，第一次喷施代森锰锌，第二次喷施氟吗啉，第三、四、五次喷施氟菌·霜霉威。

1.3 试验方法

试验于 2023 年 1 月 7 日进行播种，垄宽 1 m，垄高 0.25 m，株距 0.3 m，垄长 14.5 m，每个品种种植 6 垄，每垄 48 株，密度 2 222 株/667 m²，不设重复。2023 年 6 月 8 日，收获测产。记录各品种主要物候期，调查植株形态特征、块茎性状、产量性状，检测块茎品质性状。

2 结果与分析

2.1 物候期

各品种 1 月 7 日播种，6 月 8 日收获。出苗期在 3 月 2 日至 3 月 20 日。"中紫 4 号"生育期最短，为 80 d，其次为"中紫 5 号"82 d，"中薯 660""红美""华彩 1 号"都是 85 d，"中薯红 3 号"88 d，"黑金刚"87 d，"缙云薯 5 号"92 d，"缙云薯 7 号"成熟期最长，为 98 d(表 1)。

表 1　彩色马铃薯品种物候期

品种	播种期 (D/M)	出苗期 (D/M)	现蕾期 (D/M)	开花期 (D/M)	成熟期 (D/M)	生育期 (d)
缙云薯 7 号	07/01	02/03	–	–	08/06	98
中紫 4 号	07/01	20/03	28/04	10/05	08/06	80
中紫 5 号	07/01	16/03	28/04	11/05	06/06	82
红美	07/01	12/03	–	–	05/06	85
中薯 660	07/01	15/03	–	–	08/06	85
中薯红 3 号	07/01	12/03	–	–	08/06	88
黑金刚	07/01	10/03	28/04	11/05	05/06	87
华彩 1 号	07/01	12/03	–	–	05/06	85
缙云薯 5 号	07/01	08/03	22/04	28/04	08/06	92

2.2 植株及块茎形态特征

"中薯 660"主茎数最多，有 6 个，"中紫 5 号"次之，有 4 个。"缙云薯 7 号"植株较高，达 121 cm，"华彩 1 号"最矮，为 43 cm。各品种茎颜色不一，主要为绿色和紫色，薯形均为长椭圆形，薯皮颜色同薯肉一致，为红色和紫色，各彩色马铃薯品种芽眼均浅(表 2)。

表2 彩色马铃薯品种形态特征

品种	主茎数(个)	株高(cm)	茎色	薯形	皮色	肉色	芽眼深浅
缙云薯7号	3	121	绿	长椭圆	红	红	浅
中紫4号	3	75	紫	长椭圆	紫	紫	浅
中紫5号	4	68	紫	长椭圆	紫	紫	浅
红美	2	45	绿	长椭圆	红	红	浅
中薯660	6	75	紫	长椭圆	紫	紫	浅
中薯红3号	3	58	绿	长椭圆	红	红	浅
黑金刚	2	58	淡紫	长椭圆	紫	紫	浅
华彩1号	2	43	紫	长椭圆	红	红	浅
缙云薯5号	3	58	淡紫	长椭圆	紫	紫	浅

2.3 产量表现

各彩色马铃薯品种的产量集中在 1 285~2 583 kg/667 m²，以"中薯红3号"的产量 2 583 kg/667 m² 最高，"中薯紫4号"产量 1 285 kg/667 m² 最低。5个紫色马铃薯品种的平均产量 1 826 kg/667 m²，其中"缙云薯5号"产量最高，达 2 327 kg/667 m²。各品种商品薯率仅有5个达到80%以上，"红美"最高85.0%，彩色马铃薯的商品薯率普遍偏低，小薯较多。4个红色马铃薯品种平均产量 2 264 kg/667 m²，可见，相对紫色马铃薯品种而言，红色马铃薯品种具有更高的产量表现(表3)。

表3 彩色马铃薯品种产量

品种	小区鲜重(kg/31.9 m²)			除3%杂质后净重 (kg/31.9 m²)	商品薯率 (%)	折合产量 (kg/667 m²)
	商品薯	非商品薯	合计			
缙云薯7号	64.5	54.2	118.7	115.1	54.3	2 406
中紫4号	43.6	19.8	63.4	61.5	68.8	1 285
中紫5号	66.6	12.8	79.4	77.0	83.9	1 610
红美	94.4	16.7	111.1	107.8	85.0	2 252
中薯660	76.9	15.7	92.6	89.8	83.0	1 877
中薯红3号	105.7	21.7	127.4	123.6	83.0	2 583
黑金刚	77.2	23.0	100.2	97.2	77.0	2 031
华彩1号	45.2	44.4	89.6	86.9	50.4	1 816
缙云薯5号	92.8	22.0	114.8	111.4	80.8	2 327

注：块茎大于50 g为商品薯。

2.4 品质特性

经农业农村部农产品质量安全监督检验测试中心(重庆)进行品质检测(表4)，"缙云薯7号"花青素含量最高，为47.6 mg/kg，其次"红美"为24.6 mg/kg、"中薯红3号"为

21.8 mg/kg，"中紫 5 号"最低，仅 12.6 mg/kg。所有品种蛋白质含量都在 2.00 g/100 g 左右，变化不大；"红美"维生素 C 含量最高为 27.5 mg/100 g，其次为"中紫 4 号" 16.9 mg/100 g，"中薯 660"含量最低为 10.8 mg/100 g。所有品种淀粉含量都在 12.3% 以下，属于低淀粉品种；只有"华彩 1 号""中薯红 3 号"和"中紫 5 号"含有硒元素，含量分别为 0.004 3、0.003 5 和 0.002 0 mg/kg。

表 4 彩色马铃薯品种品质特性

品种	花青素 （mg/kg）	蛋白质 （g/100 g）	维生素 C （mg/100 g）	淀粉 （%）	硒 （mg/kg）
缙云薯 7 号	47.6	2.10	15.0	9.0	—
中紫 4 号	17.9	2.01	16.9	8.5	—
中紫 5 号	12.6	2.06	11.7	12.3	0.002 0
红美	24.6	1.98	27.5	11.1	—
中薯 660	20.4	2.30	10.8	11.3	—
中薯红 3 号	21.8	2.04	14.1	9.9	0.003 5
黑金刚	15.2	2.03	13.7	11.1	—
华彩 1 号	14.6	2.06	15.0	10.1	0.004 3
缙云薯 5 号	17.2	2.06	13.0	9.7	—

3 讨 论

近年来，随着人们生活水平的提高，鲜薯食用马铃薯越来越受重视，彩色马铃薯品种富含更丰富的营养元素，能够获得较高的花青素产量，受到大众青睐，其市场需求逐渐扩大。经本试验初步筛选发现，红肉马铃薯品种"中薯红 3 号"产量、品质均有突出表现，适宜在重庆市种植。花青素是一种广泛存在于自然界高等植物中的天然水溶性色素，属于黄酮类化合物，其抗氧化能力相较于维生素 C 和维生素 D 高很多，是目前公认的最佳天然抗氧化剂[3]。"缙云薯 7 号"花青素含量较高，产量也达到 2 000 kg/667 m² 以上，宜做加工产品。在紫肉马铃薯品种中"缙云薯 5 号"具有较高产量，但其维生素 C 含量和淀粉含量较低，建议进一步验证其适应性。应有计划有针对性地引进马铃薯优良品种资源，不断丰富马铃薯种质资源库，促进马铃薯品种的更新换代，在重庆市特殊气候环境下，种出特色马铃薯，促进马铃薯产业高效发展。

［参 考 文 献］

[1] 李筱姣,杜伦静,周见,等.西南地区马铃薯产业发展现状及建议 [J].南方农业,2021,15(34):129-133.

[2] 杨馨月,张霞,于卓,等.彩色马铃薯新品系细胞学观测及 SSR 指纹图谱构建 [J].种子,2023,42(11):93-100.

[3] 史瑞翔,李博雯,孙圣卿,等.彩色马铃薯产量和品质性状评价 [J].中国马铃薯,2022,36(6):481-488.

马铃薯新品种(系)抗疮痂病鉴定

王玉凤[1]，王 真[1]，林团荣[1]，王 伟[1]，范龙秋[1]，焦欣磊[1]，王懿茜[1]，

张志成[1]，张 丹[1]，刘宇飞[1]，云红梅[2]，王迎宾[3]，尹玉和[1]*

(1. 乌兰察布市农林科学研究所，内蒙古 乌兰察布 012000；
2. 集宁区农牧水利事业发展中心，内蒙古 乌兰察布 012000；
3. 乌兰察布市农业技术推广中心，内蒙古 乌兰察布 012000)

摘 要：随着马铃薯产业的不断发展，马铃薯重茬现象普遍，目前在乌兰察布市推广的马铃薯新品种虽然在产量方面优势比较突出，但由于马铃薯土传病害普遍发生，特别是疮痂病发生，严重影响马铃薯品质。从乌兰察布市主栽的马铃薯新品种及高代品系入手，开展抗疮痂病鉴定筛选研究，获得"P17""A51"两个田间试验表现抗疮痂病(R)品系。该研究为马铃薯抗疮痂病品种选育提供种资资源，为疮痂病防治提供方向，促进马铃薯产业可持续发展。

关键词：马铃薯；疮痂病；新品系；鉴定

马铃薯是世界上重要的主粮作物之一，在全球范围种植广泛，种类繁多，中国的马铃薯种植面积和产量位居全球前列。随着中国马铃薯农业现代化的发展，化肥、农药的过量使用、大规模、连作种植模式、单一化脱毒品种的大力推广以及各地间种薯的频繁调运，使得土传病原在脆弱的土壤环境中迅速扩张[1]，可轻易侵染抗性程度低的品种，从而导致马铃薯土传病害不断加剧。马铃薯疮痂病作为一种土传病害，随着马铃薯产业的不断发展，马铃薯重茬种植现象普遍，马铃薯土传病害普遍发生[2]。目前在乌兰察布市推广的马铃薯新品种虽然在产量方面优势比较突出，但由于马铃薯土传病害普遍发生，特别是疮痂病发生，严重影响马铃薯品质[3]。

乌兰察布市得天独厚的自然条件，具备种薯生产的各种有利条件，但由于马铃薯疮痂病的影响，马铃薯种薯品质在全国知名度受到较大影响，但对于马铃薯疮痂病尚没有较好的防治药剂[4,5]。因此，从乌兰察布市主栽的马铃薯新品种及高代品系入手，开展抗病性鉴定筛选研究[6]，为马铃薯抗疮痂病品种选育提供资源，解决马铃薯种业发展过程中的"卡脖子"问题，且马铃薯抗疮痂病新品种(系)是解决疮痂病防治难的重要手段，是马铃薯种植公司、种植大户、品种选育等的迫切需求，对进一步优化马铃薯品种，具有重要的理论和实践意义，促进马铃薯产业的长足发展。

作者简介：王玉凤(1986—)，女，农艺师，主要从事马铃薯病虫害防治及新品种选育研究。

基金项目：内蒙古农牧业青年创新基金项目(2021QNJJNO8)；乌兰察布市科技计划项目(2022ZDYF007)。

* **通信作者**：尹玉和，研究员，主要从事马铃薯遗传育种及栽培技术研究，e-mail：wlcbsyyh@163.com。

1 材料与方法

1.1 试验材料

调查对象：马铃薯疮痂病。

供试品种：选择乌兰察布市农林科学研究所自主选育的高代品系"A39""A33""A16""A24""P19""A37""P4""P16""P27""P17""A30""A66""A61""A48""A3""A51""A18""A23""A44""大西洋"共计 20 个马铃薯新材料，其中"大西洋"为感病对照。

1.2 试验设计

试验共设 20 个处理，随机区组排列，3 次重复，每个处理种植 10 株，单行种植。

1.3 试验地选择

试验地选择在乌兰察布市农林科学研究所平地泉试验基地连续 6 年以上种植马铃薯的重茬地，且 2017 年将疮痂病带病块茎磨碎并撒施于试验地块，形成了稳定发病条件的疮痂病病圃。

1.4 试验时间

2023 年份 5 月 10 日播种，9 月 24 日收获。

1.5 试验调查

6 月 23 日进行苗期调查，计算出苗率。

10 月 15 日，进行收获后块茎病害调查，每个重复同一基因型材料收在一起，以发病最重那个块茎进行病情记录。

块茎病情分级评价标准（菌核面积占整个块茎面积的百分率）：

0 级，无病斑；

1 级≤1/5（病斑面积≤1/5 整薯面积，下同）；

1/5<2 级≤1/4；

1/4<3 级≤1/3；

1/3<4 级≤1/2；

1/2<5 级。

发病率(%) = (处理区病株数/总株数)×100

$$病情指数 = \frac{\sum[各级病株(块)数 \times 相对级数]}{调查总株(块)数 \times 最高病级数} \times 100$$

相对抗病指数＝1-所测品种病情指数/发病最重品种病情指数。

疮痂病相对抗性指标评价分级标准，抗性分为 5 级：0.8~1 为高抗疮痂病（HR），0.6~0.8 为抗疮痂病（R），0.5~0.6 为中间型（I），0.2~0.5 为感疮痂病（S），0~0.2 为高感（HS）。

2 结果与分析

2.1 不同品种出苗率调查

6 月 23 日，马铃薯各个品种均已出苗，通过调查表明（表1），各品种出苗率均在90%

以上，大部分品种出苗率均达到 100%。

表 1　不同品种出苗率调查

处理	出苗率(%)
A39	93.33
A33	93.33
A16	93.33
A24	93.33
P19	100
A37	100
P4	100
P16	100
P27	100
P17	100
A30	100
A66	100
A61	100
A48	100
A3	100
A51	93.33
A18	100
A23	100
A44	100
大西洋	100

2.2　不同品种收获期调查

收获后，10 月 15 日对各品种块茎发病情况进行了调查(表 2)，从发病率来看，试验品种块茎均有发病，发病率最低的"A37"为 34.41%、较低的"P17"为 49.88%、次之"P4"为 55.95%、"P19"为 58.53%、"A51"为 59.32%、"P27"为 60.79%，其余的发病率均在 70%以上，发病率最高的"大西洋""A18""A39"均为 100%。从病情指数来看，最低的"P17"为 18.68、次之"A51"为 18.95、"P4"为 20.48、"P27"为 26.18，最高的"大西洋"为 50.18。

种植的各品种(系)在收获期调查时，表现出不同程度的疮痂病发病症状，疮痂病病圃的发病条件相对稳定。根据各品种田间长势情况记载，出苗率调查结果，综合收获期发病率及病情指数结果整体来看，计算相对抗病指数(表 2)，获得"P17""A51"两个田间试验表现抗疮痂病(R)品系，田间显示无高抗疮痂病材料(HR)品系。

表 2　不同品种疮痂病收获期调查

处理	发病率(%)	病情指数	相对抗病指数
A39	100	47.89	0.05
A33	85.44	34.24	0.32
A16	77.05	42.35	0.16
A24	76.01	28.25	0.44
P19	58.53	30.07	0.40
A37	34.41	27.00	0.46
P4	55.95	20.48	0.59
P16	73.56	28.75	0.43
P27	60.79	26.18	0.48
P17	49.88	18.68	0.63
A30	97.22	41.50	0.17
A66	95.04	48.36	0.04
A61	95.60	39.57	0.21
A48	96.08	30.18	0.40
A3	75.59	34.62	0.31
A51	59.32	18.95	0.62
A18	100	46.48	0.07
A23	93.63	42.21	0.16
A44	74.94	28.90	0.42
大西洋	100	50.18	—

3　讨　论

试验结果在苗期调查过程中，各品种出苗率差别较小，今后品种抗病性试验应尽量采取小整薯播种，保证出苗率。

收获期调查，从疮痂病相对抗病病情指数来看，获得"P17""A51"两个田间试验表现抗疮痂病（R）品系，可以重点关注其田间表现及产量，便于下一步推广种植，也可以作为田间抗性育种材料为抗疮痂病品种选育提供材料保障，田间显示无高抗疮痂病材料（HR）品系。

调查过程中量化指标掌握不同，人为造成调查结果存在误差，以及本身品种种植株数较少，导致试验结果可能存在误差，需要逐步验证。

[参 考 文 献]

[1]　黄冲,刘万才. 近年我国马铃薯病虫害发生特点与监控对策 [J]. 中国植保导刊,2016(6)：48-52.

[2] 陈杰. 连作马铃薯健康生长的微生态机制及土传病害生防菌研究 [D]. 杨凌: 西北农林科技大学, 2013.

[3] 梁燕. 马铃薯疮痂病生防菌筛选及其生防机制的初步研究 [D]. 呼和浩特: 内蒙古农业大学, 2019.

[4] 范彩霞. 马铃薯疮痂病防治技术 [J]. 农村科技, 2012(12): 41.

[5] 王文, 杨文杰. 马铃薯疮痂病发生与防治 [J]. 西北园艺(蔬菜), 2014(3): 43-44.

[6] 何虎翼, 谭冠宁, 何新民, 等. 马铃薯品种(系)资源的疮痂病抗性鉴定 [J]. 植物遗传资源学报, 2017, 18(4): 786-793.

贵州省马铃薯品种适应性比较试验

陈明俊[1]，李　标[1]，罗小波[1]，曹贞菊[1]，邓仁菊[1]，

舒启琼[1]，张　恒[2]，李　凌[2]，李　飞[3]*

(1. 贵州省农业科学院马铃薯研究所，国家马铃薯改良中心贵州分中心，
贵州省农业生物技术重点实验室，贵州　贵阳　550006；
2. 贵州大学生命科学学院，贵州　贵阳　550025；
3. 贵州省农业科学院园艺研究所，贵州　贵阳　550006)

摘　要：为了选育满足市场需求且适合贵州省春季种植的马铃薯新品种，以"威芋5号"为对照，对贵州省新培育的"黔芋17""黔芋18""黔芋19""黔芋20""毕薯12号""毕薯13号""安农薯1号""威芋8号"8个马铃薯品种进行适应性试验。"黔芋20"和"毕薯12号"产量极显著高于对照品种，折合产量分别为 3 085 和 3 025 kg/667 m²，丰产性好，有推广潜力。"安农薯1号"产量显著高于对照，并且"安农薯1号"淀粉含量、粗蛋白含量和干物质含量在参试品种中最高，丰产性较好且品质数据佳，也有一定的推广潜力。

关键词：马铃薯；田间性状；块茎特征；产量；品质

马铃薯作为重要的粮菜饲兼用作物[1]，在保障国家粮食安全以及农民持续增收中发挥着重要作用。贵州省因特殊的地形和适宜的气候条件，马铃薯产业得以大力发展，近年来全省种植面积保持在一千万亩左右，但是很多地方因选种经验不足、田间管理水平低和品种更新换代慢等影响，导致全省平均单产低，为实现贵州省由马铃薯种植大省向种植强省的跨越[2]，贵州省马铃薯育种科研单位深感在加强马铃薯种植技术培训的同时，培育一批优质多抗高产马铃薯新品种尤为重要。2023年对贵州省内8个马铃薯新品种开展了适应性比较试验，以"威芋5号"作为对照，对其田间物候期、植株性状、块茎特征、小区产量和品质数据[3]等调查分析，以期筛选出优质多抗高产且适宜贵州省种植的马铃薯品种，为贵州省马铃薯产业的绿色可持续发展提供强有力的品种支撑。

1　材料与方法

1.1　试验地概况

试验地位于贵州省贵阳市花溪区金筑社区贵州省农业科学院内(N 26°30′15″，E 106°30′15″)，土地平整，土壤类型为黄壤土，土壤有机质 3.53%，速效磷 30.86 mg/kg，氨态

作者简介：陈明俊(1993—)，男，助理研究员，从事马铃薯遗传育种及基因工程研究。

基金项目：贵州省自然科学基金(黔科合基础[2022]一般297)；国家现代农业产业技术体系专项资金(CARS-09-ES24)。

*通信作者：李飞，博士，研究员，从事马铃薯遗传育种和分子生物学研究，e-mail：gzlfei@sina.com。

氮 3.45 mg/kg，硝态氮 15.54 mg/kg，碱解氮 113.77 mg/kg，速效钾 439.80 mg/kg，前茬作物为甘薯，海拔 1 116.56 m。

1.2 试验材料

参试品种共 8 个，"黔芋 17""黔芋 18""黔芋 19" 和 "黔芋 20" 由贵州省农业科学院马铃薯研究所提供，"毕薯 12 号" 和 "毕薯 13 号" 由毕节市农业科学研究所提供，"安农薯 1 号" 由安顺市农业科学院提供，"威芋 8 号" 和 "威芋 5 号"（CK）由威宁彝族回族苗族自治县山地特色农业科学研究所提供。

1.3 试验设计

试验采用随机区组排列，重复 3 次，每小区 5 行，行距 60 cm，株距 28 cm，播种 80 株。小区长 4.5 m，宽 3 m，小区面积为 13.5 m^2。小区间不留走道，四周及重复间走道 0.5 m，试验地四周设保护行。2023 年 2 月 18 日播种，8 月 12 日收获。在 1 d 内种完，肥料采用底肥一次施入，马铃薯专用复合肥（N∶P∶K = 18∶5∶22）100 kg/667 m^2，不再进行追肥，生育期内按当地种植模式进行其他管理措施。

1.4 数据记载

对播种期至收获期间的物候期、植株性状、块茎特征和小区马铃薯产量参考"马铃薯品种试验调查观测项目与记载标准"进行记载，并在收获后挑选健康种薯进行品质检测。

1.5 数据分析

采用软件 WPS Office 和 DPS 19.05 高级版进行数据统计分析。

2 结果与分析

2.1 物候期

所有材料在 2023 年 2 月 18 日一起种植，出苗最早的的是威芋 5 号（CK），最晚的是 "黔芋 19"，因为前期气候干旱，出苗整体相对较晚。"安农薯 1 号" 现蕾最早，"黔芋 18" 现蕾最晚；开花最早的品种是 "威芋 5 号"（CK），最晚的是 "黔芋 19"；"黔芋 17" 最早成熟，"毕薯 12 号" 最晚成熟。8 月 12 日统一收获，"威芋 5 号"（CK）生育期最长为 120 d，"毕薯 13 号" 和 "威芋 8 号" 的生育期次之为 114 d，"黔芋 19" 的生育期最短为 95 d（表 1）。

表 1　不同马铃薯品种物候期

品种	播种期（D/M）	出苗期（D/M）	现蕾期（D/M）	开花期（D/M）	成熟期（D/M）	收获期（D/M）	生育期（d）
黔芋 17	18/02	05/04	05/05	14/05	16/07	12/08	103
黔芋 18	18/02	12/04	12/05	17/05	21/07	12/08	101
黔芋 19	18/02	15/04	11/05	24/05	18/07	12/08	95
黔芋 20	18/02	05/04	08/05	14/05	20/07	12/08	107
毕薯 12 号	18/02	09/04	07/05	15/05	29/07	12/08	112
毕薯 13 号	18/02	04/04	09/05	16/05	26/07	12/08	114
安农薯 1 号	18/02	07/04	01/05	18/05	17/07	12/08	102

品种	播种期 （D/M）	出苗期 （D/M）	现蕾期 （D/M）	开花期 （D/M）	成熟期 （D/M）	收获期 （D/M）	生育期 （d）
威芋 8 号	18/02	02/04	07/05	16/05	23/07	12/08	114
威芋 5 号（CK）	18/02	31/03	03/05	08/05	28/07	12/08	120

2.2 植株性状

调查发现"黔芋 19"和"安农薯 1 号"的出苗率分别为 62.50% 和 87.50%，其余 7 个品种的出苗率均在 90% 以上，其中"毕薯 12 号"的出苗率最高 97.50%。主茎数最多的是"威芋 5 号"（CK），为 3.8 个，主茎数最小的是"黔芋 17""黔芋 19"和"威芋 8 号"，为 2.4 个。株高最高的是"毕薯 13 号"为 130.7 cm，株高最矮的是"安农薯 1 号"为 77.3 cm。"黔芋 17"的茎色为绿带褐色，其他品种的茎色均为绿色；参试品种的叶色均为绿色，"威芋 8 号"的花冠色为白中略带紫色，"毕薯 13 号"和"黔芋 19"为紫色，其余品种为白色。"黔芋 17""黔芋 18"和"黔芋 19"的结实性为中，剩余 6 个品种的结实性都弱（表 2）。

表 2 不同马铃薯品种植株性状

品种	出苗率 （%）	主茎数 （个）	株高 （cm）	茎色	叶色	花繁 茂性	花冠色	结实性
黔芋 17	92.50	2.4	121.7	绿带褐	绿	中	白	中
黔芋 18	90.00	3.2	97.7	绿	绿	中	白	中
黔芋 19	62.50	2.4	99.1	绿	绿	中	紫	中
黔芋 20	95.00	3.7	127.5	绿	绿	中	白	弱
毕薯 12 号	97.50	3.1	120.0	绿	绿	中	白	弱
毕薯 13 号	93.75	3.4	130.7	绿	绿	中	紫	弱
安农薯 1 号	87.50	2.9	77.3	绿	绿	中	白	弱
威芋 8 号	91.25	2.4	123.8	绿	绿	少	白中略带紫	弱
威芋 5 号（CK）	93.75	3.8	127.7	绿	绿	中	白	弱

2.3 块茎性状

收获调查发现"毕薯 13 号"和"黔芋 19"块茎大小整齐度较好，其他品种为中等；"黔芋 17"的薯形为卵圆形，"黔芋 19"和"安农薯 1 号"的薯形为扁圆形，"毕薯 12 号"和"威芋 8 号"的薯形为椭圆形，剩余 4 个品种均为长椭圆形。"黔芋 19"和"毕薯 13 号"的皮色为白色，"威芋 8 号"的皮色为红色，"威芋 5 号"（CK）的皮色为淡黄色，其余 5 个品种的皮色均为黄色。"黔芋 17"和"黔芋 18"的肉色为黄色，"黔芋 19""毕薯 13 号"和"威芋 8 号"的肉色为白肉，其余肉色均为淡黄肉。"黔芋 19"的薯皮为麻皮，"黔芋 18""毕薯 12 号""毕薯 13 号"和"安农薯 1 号"的薯皮为略麻，其他品种的薯皮均光滑。"黔芋 17""黔芋 18""黔芋 20""安农薯 1 号"和"威芋 5 号"（CK）芽眼的深浅度为浅，其余 4 个品种的芽眼的深浅度均为中(表3)。

表3 不同马铃薯品种块茎表型性状

品种	整齐度	薯形	皮色	肉色	薯皮类型	芽眼深浅
黔芋 17	中等	卵圆	黄	黄	光滑	浅
黔芋 18	中等	长椭圆	黄	黄	略麻	浅
黔芋 19	整齐	扁圆	白	白	麻	中
黔芋 20	中等	长椭圆	黄	淡黄	光滑	浅
毕薯 12 号	中等	椭圆	黄	淡黄	略麻	中
毕薯 13 号	整齐	长椭圆	白	白	略麻	中
安农薯 1 号	中等	扁圆	黄	淡黄	略麻	浅
威芋 8 号	中等	椭圆	红	白	光滑	中
威芋 5 号(CK)	中等	长椭圆	淡黄	淡黄	光滑	浅

单株结薯数最多的是"黔芋 20",为 7.2 个/株,单株结薯数最少的是"威芋 8 号",为 5.4 个/株。"黔芋 20"的单株块茎重最高为 680 g/株,"威芋 8 号"的单株块茎重最低为 270 g/株;平均单薯重最大的是"安农薯 1 号"为 103.25 g,平均单薯重最小的是"威芋 8 号"为 49.46 g。商品薯重中最大的是"毕薯 12 号"为 133.38 kg,"威芋 8 号"最小,为 50.82 kg;商品薯率中"黔芋 19"最大,为 82.49%,"威芋 5 号"(CK)最小,为 60.35% (表4)。

表4 不同马铃薯品种块茎数量性状

品种	单株结薯数 (个)	单株块茎重 (g)	平均单薯重 (g)	商品薯重 (kg)	非商品薯重 (kg)	商品薯率 (%)
黔芋 17	6.4	450	70.75	80.26	52.39	60.51
黔芋 18	5.8	510	88.10	94.84	49.37	65.77
黔芋 19	5.7	380	66.63	71.72	15.22	82.49
黔芋 20	7.2	680	94.60	129.47	57.96	69.08
毕薯 12 号	5.9	580	97.58	133.38	50.35	72.60
毕薯 13 号	5.6	450	79.86	94.46	36.85	71.94
安农薯 1 号	6.2	640	103.25	108.66	44.94	70.74
威芋 8 号	5.4	270	49.46	50.82	28.27	64.26
威芋 5 号(CK)	6.7	480	71.98	75.63	49.69	60.35

注:商品薯标准为块茎重 75 g 以上。

2.4 马铃薯产量

通过对小区产量测定发现,"黔芋 20"和"毕薯 12 号"产量分别为 3 085 和 3 025 kg/667 m²,

较对照分别增产49.56%和46.61%，在参试品种中排名第一和第二，与对照差异极显著。"安农薯1号""黔芋18""黔芋17"和"毕薯13"较对照分别增产22.57%、15.07%、5.85%和4.78%。"威芋5号"(CK)折合产量2 063 kg/667 m²，"威芋8号"和"黔芋19号"与对照相比分别减产了36.89%和42.59%(表5)。

表5 不同马铃薯品种小区产量

品种名称	小区产量(kg/13.5 m²)					折合产量 (kg/667 m²)	较CK ±		位次
	I	II	III	总和	平均		kg	%	
黔芋17	42.34	46.86	43.45	132.65	44.22	2 184 bcB	120.67	5.85	5
黔芋18	44.70	42.04	57.47	144.21	48.07	2 374 bcB	310.97	15.07	4
黔芋19	23.10	20.68	28.16	71.94	23.98	1 184 dC	-878.72	-42.59	9
黔芋20	63.34	65.66	58.43	187.43	62.48	3 085 aA	1 022.44	49.56	1
毕薯12号	54.49	67.07	62.17	183.73	61.24	3 025 aA	961.53	46.61	2
毕薯13号	41.60	45.74	43.97	131.31	43.77	2 162 bcB	98.61	4.78	6
安农薯1号	48.81	51.08	53.71	153.60	51.20	2 529 bAB	465.54	22.57	3
威芋8号	22.19	24.83	32.07	79.09	26.36	1 302 dC	-761.02	-36.89	8
威芋5号(CK)	48.96	42.17	34.19	125.32	41.77	2 063 cB	0	—	7

注：同列不同小写字母表示在0.05水平差异显著，不同大写字母表示在0.01水平差异极显著。采用Duncan's新复极差法分析。

2.5 马铃薯品质测定

马铃薯块茎中淀粉、粗蛋白、维生素C、还原糖和干物质含量不仅影响营养成分还有风味和品质。测定发现"安农薯1号"淀粉含量、粗蛋白含量和干物质含量在参试品种中最高，分别为16.63%、2.49%和24.22%。"威芋5号"(CK)维生素C含量最高为14.45 mg/100 g，"黔芋17"还原糖含量最低，仅为0.37%(表6)。

表6 不同马铃薯品种品质

品种名称	淀粉(%)	粗蛋白(%)	维生素C(mg/100 g)	还原糖(%)	干物质(%)
黔芋17	12.97	1.60	5.76	0.37	18.82
黔芋18	14.09	1.86	7.44	0.58	20.46
黔芋19	14.60	2.44	8.50	0.79	21.80
黔芋20	11.98	1.62	10.40	0.47	18.26
毕薯12号	14.58	1.68	11.42	1.40	22.04
毕薯13号	11.84	1.71	13.57	2.14	17.50
安农薯1号	16.63	2.49	12.48	0.71	24.22
威芋8号	12.09	2.02	12.14	0.86	19.06
威芋5号(CK)	13.23	1.84	14.45	1.10	18.41

3　讨　论

　　通过对新培育的 8 个品种进行田间比较试验，均能在收获期正常成熟，商品薯率都高于对照，有 6 个品种产量超过"威芋 5 号"（CK），其中"黔芋 20"和"毕薯 12 号"产量极显著高于对照品种，折合产量分别为 3 085 和 3 025 kg/667 m²，丰产性好，有推广潜力。"安农薯 1 号"产量显著高于对照，并且"安农薯 1 号"淀粉含量、粗蛋白含量和干物质含量在参试品种中最高，丰产性较好且品质数据佳，有一定的推广潜力。"黔芋 17""黔芋 18"和"毕薯 13 号"有一定增产，但与对照品种无显著差异；"黔芋 19"和"威芋 8 号"产量极显著低于对照，"黔芋 19"产量最低与出苗率最低有直接关系。参试品种整个生育期前期干旱，中后期雨水集中，对各参试品种植株长势和后期产量形成有一定的影响，为精准筛选出优质高产并适宜贵州省种植的马铃薯品种，需进一步开展相关试验，以期选出优质丰产马铃薯品种并为其推广与利用提供科学依据。

[参 考 文 献]

[1]　高春燕, 秦军红, 段绍光, 等. 二倍体马铃薯抗旱相关指标筛选 [J]. 中国蔬菜, 2022(1): 58-66.
[2]　陈明俊, 罗小波, 尹旺, 等. 马铃薯晚熟新品种'黔芋 9 号'的选育 [J]. 中国马铃薯, 2022, 36(3): 283-285.
[3]　杨晓云, 彭苏, 邹悦, 等. 云南不同产地马铃薯品质分析 [J]. 云南化工, 2018, 45(6): 84-87.

内蒙古自治区马铃薯种业发展现状

——品种创新

王亚鑫[1]，李文岗[2]，张 岩[1]，郝文胜[2*]，傅晓华[2]，李树生[2]，梁东超[2]，

孙宇燕[2]，张素青[2]，白玉婷[2]，慕安琪[2]，王艳霞[2]，岳 东[2]

(1. 内蒙古自治区种子协会，内蒙古 呼和浩特 010051；

2. 内蒙古自治区农牧业技术推广中心，内蒙古 呼和浩特 010051)

摘 要：介绍了 2009—2023 年马铃薯生产情况、品种创新情况、内蒙古自治区马铃薯生产中品种应用现状以及品种创新团队建设情况。该研究为内蒙古自治区马铃薯产业发展提供了新品种资源，为新品种创制指明了方向。

关键词：马铃薯；新品种；创制；分析

1 内蒙古自治区马铃薯种植概况

内蒙古自治区马铃薯播种面积从 2009 之后逐年增加(表 1)，至 2011 年达最高值，其后总体趋势是下降，并于 2022 年触底、2023 年开始反弹[1,2]。单产则在波动中提高，2023 年单产(26.30 t/hm²)较 2009 年(11.84 t/hm²)高 120%多。鲜薯总产量从 2009 年起呈上升趋势，在 2013 年达峰值，其后主要因播种面积减少而呈波动式下降，同样，在 2022 年触底、2023 年开始反弹。

表 1 2009—2023 年内蒙古自治区马铃薯播种面积及产量

年度	播种面积(hm²)	总产量(t)	单产(t/hm²)
2009	663 800	7 860 000	11.84
2010	681 100	8 365 000	12.29
2011	712 700	9 825 000	13.79
2012	681 300	9 235 000	13.56
2013	610 800	10 020 000	16.41
2014	540 700	8 035 000	14.87

作者简介：王亚鑫(1984—)，男，高级农艺师，主要从事马铃薯种业信息检测。

基金项目：内蒙古自治区科技计划项目(2021GG0411)；内蒙古自治区马铃薯育种联合攻关项目子课题(YZ2023006)；内蒙古自治区科技计划项目(2022YFYZ0010)。

*通信作者：郝文胜，博士，研究员，主要从事马铃薯遗传育种研究，e-mail：294181309@qq.com

年度	播种面积(hm²)	总产量(t)	单产(t/hm²)
2015	512 200	7 315 000	14.29
2016	545 700	8 350 000	15.30
2017	432 100	6 875 000	15.91
2018	350 970	7 475 500	21.30
2019	297 400	6 890 000	23.17
2020	277 400	6 210 000	22.39
2021	267 900	6 145 000	22.94
2022	224 000	5 500 000	24.56
2023	246 733	6 500 000	26.30

2 内蒙古自治区马铃薯品种创新现状

2010—2023 年内蒙古自治区审定/认定、登记了 68 个马铃薯品种(表2)。其中:2010 年之前审定品种登记 4 个("内薯 7 号""蒙薯 10 号""蒙薯 12 号""蒙薯 13 号");国外引进品种 4 个("夏波蒂""康尼贝克""布尔班克""费乌瑞它");由国内其他省份单位育成 7 个("中薯 18 号""中薯 19 号""希森 5 号""希森 6 号""希森 8 号""华红 1 号""华颂 7 号");其余 53 个为内蒙古自治区自主创新马铃薯品种。这 53 个自主创新品种中:农家品种 1 个("后旗红")、其他品种无性变异株 3 个("中加 1 号""中加 16""旭丰一号")、自交 1 代中筛选而来 8 个("LT1533""华颂 34""旱丰 1 号""坤元 9 号""塞丰 2 号""蒙红 2 号""中加 3""青原高"),其余 41 个是从人为设计杂交组合筛选而来,占内蒙古自治区自主创新品种总数 77.4%[3]。

表 2 2010—2023 年内蒙古自治区审定/认定、登记的马铃薯新品种

品种名称	审/认定、登记号	审/认定、登记年份	亲本来源	选育单位	特性与用途
蒙薯 16 号	蒙审薯 2010001 号	2010	卫道克×内薯 7 号	呼伦贝尔市农业科学研究所	中熟,淀粉加工
蒙薯 18 号	蒙审薯 2010002 号	2010	Favorita×3-4-4	内蒙古马铃薯脱毒种薯繁育中心、内蒙古正丰马铃薯种业股份有限公司	中熟,鲜食
LT1533	蒙审薯 2011001 号/GPD 马铃薯(2022)150058	2011/2022	F1533 ⊗	内蒙古农牧业科学院、内蒙古铃田生物技术有限公司	中熟,鲜食、炸片炸条

品种名称	审/认定、登记号	审/认定、登记年份	亲本来源	选育单位	特性与用途
蒙薯 19 号	蒙审薯 2011002 号	2011	呼单 82-246×内薯 7 号	呼伦贝尔市农业科学研究所	中晚熟，淀粉加工
蒙薯 20 号	蒙审薯 2011003 号	2011	呼薯 8 号×呼 8206	呼伦贝尔市农业科学研究所	中晚熟，淀粉加工
中薯 18 号	蒙审薯 2011004 号	2011	C91.628×C93.154	中国农业科学院蔬菜花卉研究所	中晚熟，鲜食
中薯 19 号	蒙审薯 2011005 号	2011	92.187×C93.154	中国农业科学院蔬菜花卉研究所	中晚熟，鲜食
夏波蒂	蒙认薯 2013001 号	2013	Bake King x F 58050	内蒙古正丰马铃薯种业股份有限公司	中晚熟，炸条加工
蒙薯 21 号	国审薯 2013002	2013	呼 8209×内薯 7 号	呼伦贝尔市农业科学研究所	晚熟，淀粉加工
红美	蒙审薯 2014001 号/GPD 马铃薯（2022）150024	2014/2022	Ns-3×LT301	内蒙古农牧业科学院、内蒙古铃田生物技术有限公司	中早熟，鲜食、特色
康尼贝克	蒙审薯 2014002 号/GPD 马铃薯（2021）150081	2014/2021	B127×USDA X96 56	内蒙古农牧业科学院、内蒙古自治区马铃薯繁育中心	晚熟，炸片加工、鲜食
布尔班克	蒙审薯 2015001 号	2015	Burbank 变异株	内蒙古凌志马铃薯科技股份有限公司	晚熟，炸条
希森 5 号	蒙审薯 2015002 号	2015	FL-02×E003-3	乐陵希森马铃薯产业集团有限公司、国家马铃薯工程技术研究中心	中晚熟，淀粉加工
民丰红	蒙审薯 2015003 号/GPD 马铃薯（2020）150058	2015/2020	Desiree×AH7	内蒙古民丰薯业有限公司	中熟，鲜食
内农薯 1 号	蒙审薯 2016001 号	2016	Atlantic×陇薯 6 号	内蒙古农业大学农学院	中熟，淀粉加工

品种名称	审/认定、登记号	审/认定、登记年份	亲本来源	选育单位	特性与用途
尤佳 70	蒙审薯 2016002 号/ GPD 马铃薯 (2019) 150069	2016/2019	Shepody×本 420	内蒙古坤元太和农业科技有限公司	中熟, 鲜食、炸片炸条
希森 6 号	蒙审薯 2016003 号	2016	Shepody×XS9304	乐陵希森马铃薯产业集团有限公司、国家马铃薯工程技术研究中心	中熟, 鲜食、炸片炸条
希森 8 号	蒙审薯 2016004 号	2016	ACP1704×宝拉百利	乐陵希森马铃薯产业集团有限公司、国家马铃薯工程技术研究中心	中熟, 鲜食、炸片炸条
华红 1 号	GPD 马铃薯 (2018) 150100	2018	转心乌×荷兰 14	无锡中农科生物育种技术研究院有限公司	中熟, 鲜食、特色
华颂 33	GPD 马铃薯 (2018) 150097	2018	HSP035×HSP085	内蒙古华颂农业科技有限公司	早熟, 鲜食
华颂 34	GPD 马铃薯 (2018) 150098	2018	HS035 ⊗	内蒙古华颂农业科技有限公司	中早熟, 鲜食
华颂 35	GPD 马铃薯 (2018) 150099	2018	HSP145×HSP035	内蒙古华颂农业科技有限公司	早熟, 鲜食
华颂 3 号	GPD 马铃薯 (2018) 150117	2018	HL007×HL015	内蒙古华颂农业科技有限公司、福建农林大学	中早熟, 鲜食
华颂 7 号	GPD 马铃薯 (2018) 150010	2018	金冠×尤金	无锡中农科生物育种技术研究院有限公司	中晚熟, 鲜食
华颂 88	GPD 马铃薯 (2018) 150118	2018	red40-2×y-26	内蒙古华颂农业科技有限公司、福建农林大学	中熟, 鲜食、全粉、炸片炸条、特色
费乌瑞它	GPD 马铃薯 (2018) 150015	2018	ZPC50-35×ZPC55-37	荷兰 ZPC 公司	早熟, 鲜食
蒙薯 12 号	蒙审薯 2002002/ GPD 马铃薯 (2018) 150139	2002/2018	546×呼单 81-149	呼伦贝尔市农业科学研究所	中晚熟, 淀粉加工、鲜食

品种名称	审/认定、登记号	审/认定、登记年份	亲本来源	选育单位	特性与用途
蒙薯 13 号	蒙审薯2002003/GPD 马铃薯（2018）150140	2002/2018	红纹白×呼单 81-149	呼伦贝尔市农业科学研究所	中熟，鲜食
内薯 7 号	GPD 马铃薯（2018）150138	1994/2018	呼单 80-298×呼 8206	呼伦贝尔市农业科学研究所	中晚熟，淀粉加工
中加 1 号	GPD 马铃薯（2018）150056	2019	Favorita 变异单株系选	内蒙古中加农业生物科技有限公司	晚熟，鲜食
中加 2 号	GPD 马铃薯（2018）150057	2019	ZJ-2011-226×YJ-2011	内蒙古中加农业生物科技有限公司	晚熟，鲜食
蒙薯 10 号（原名称"呼 H8262-2"）	蒙审薯2002001/GPD 马铃薯（2019）150044	2002/2019	呼单 81-118×呼单 80-298	呼伦贝尔市农业科学研究所	中晚熟，淀粉加工、鲜食
旱丰 1 号	GPD 马铃薯（2020）150060	2020	中心 24 ⊗	内蒙古自治区农牧业科学院、内蒙古兴佳薯业有限责任公司	中晚熟，鲜食
后旗红	GPD 马铃薯（2020）150059	2020	当地农家品种	察右后旗农牧业局、内蒙古自治区农牧业科学院	中熟，鲜食
坤元 9 号	GPD 马铃薯（2020）150105	2020	Favorita F_1 获得的 TPS	内蒙古坤元太和农业科技有限公司	中熟，鲜食
塞丰 2 号	GPD 马铃薯（2020）150013	2020	xingjia ⊗	内蒙古武川县塞丰马铃薯种业有限公司	中熟，鲜食
内农薯 2 号	GPD 马铃薯（2021）150066	2021	H-027×陇薯 7 号	内蒙古农业大学	中熟，鲜食、淀粉、炸片炸条
中加 16	GPD 马铃薯（2021）150004	2021	Favorita 系选单株	内蒙古中加农业生物科技有限公司	中早熟，鲜食
中加 28	GPD 马铃薯（2021）150005	2021	冀张薯 8 号×BQ-46	内蒙古中加农业生物科技有限公司	晚熟，鲜食

品种名称	审/认定、登记号	审/认定、登记年份	亲本来源	选育单位	特性与用途
中加 33	GPD 马铃薯（2021）150006	2021	Shepody×BQ-46	内蒙古中加农业生物科技有限公司	晚熟，鲜食
紫彩 1 号	GPD 马铃薯（2021）150064	2021	Red-P1×黑美人	内蒙古农业大学	中晚熟，鲜食、特色
紫彩 3 号	GPD 马铃薯（2021）150065	2021	MIN-021×黑美人	内蒙古农业大学	中熟，鲜食、特色
红彩 5 号	GPD 马铃薯（2022）150068	2022	后旗红×MIN-021	内蒙古农业大学	中晚熟，鲜食、特色
蒙彩 3 号	GPD 马铃薯（2022）150080	2022	铃田 301×丰白	内蒙古自治区农牧业科学院	中晚熟，鲜食、特色
蒙红 2 号	GPD 马铃薯（2022）150045	2022	0233-42 ⊗	内蒙古自治区农牧业科学院	晚熟，鲜食、特色
蒙红 3 号	GPD 马铃薯（2022）150046	2022	铃田 301×丰白	内蒙古自治区农牧业科学院	中晚熟，鲜食
蒙花 1 号	GPD 马铃薯（2022）150042	2022	青薯 2 号×黑彩	内蒙古自治区农牧业科学院	晚熟，鲜食、淀粉、特色
蒙花 2 号	GPD 马铃薯（2022）150043	2022	万紫千红×0299-8	内蒙古自治区农牧业科学院	中晚熟，鲜食、淀粉、特色
蒙黄 1 号	GPD 马铃薯（2022）150044	2022	万紫千红×内薯 3 号	内蒙古自治区农牧业科学院	中晚熟，鲜食、淀粉
蒙黄 2 号	GPD 马铃薯（2022）150064	2022	大西洋×铃田 301	内蒙古自治区农牧业科学院	中早熟，鲜食、淀粉
内繁 24 号	GPD 马铃薯（2022）150047	2022	晋薯 15 号×冀张薯 5 号	内蒙古自治区农牧业技术推广中心	晚熟，鲜食
中加 3	GPD 马铃薯（2022）150032	2022	Russet Burbank ⊗	内蒙古中加农业生物科技有限公司	中熟，鲜食
中加 4	GPD 马铃薯（2022）150033	2022	Favorita×BQ-46	内蒙古中加农业生物科技有限公司	中熟，鲜食、淀粉

品种名称	审/认定、登记号	审/认定、登记年份	亲本来源	选育单位	特性与用途
中加 5	GPD 马铃薯（2022）150060	2022	费乌瑞它×BQ-46	内蒙古中加农业生物科技有限公司	中熟，鲜食
中加 N3	GPD 马铃薯（2022）150061	2022	ZJ-LLN3×BQ-106	内蒙古中加农业生物科技有限公司	中熟，特色
中加 N5	GPD 马铃薯（2022）150050	2022	ZJ-LLN3×BQ-106	内蒙古中加农业生物科技有限公司	中熟，鲜食
青原高	GPD 马铃薯（2022）150001	2022	F200806-17 ⊗	呼伦贝尔丰源马铃薯科技开发有限责任公司、青岛市农业科学研究院	中熟，淀粉加工
刘平 1 号	GPD 马铃薯（2023）150020	2023	T2011×L503	内蒙古兴佳薯业有限责任公司	中熟，鲜食
刘平 2 号	GPD 马铃薯（2023）150021	2023	L507×L503	内蒙古兴佳薯业有限责任公司	中熟，鲜食
内大 1 号	GPD 马铃薯（2023）150055	2023	Russet Burbank×Huinkul Mag	内蒙古大学	中早熟，炸片炸条
内大 2 号	GPD 马铃薯（2023）150056	2023	Quarta×Ariane	内蒙古大学	中熟，炸片炸条
内大 3 号	GPD 马铃薯（2023）150057	2023	B 75.65 × Vital	内蒙古大学	中熟，炸片炸条
内繁 18 号	GPD 马铃薯（2023）150033	2023	Y4×LT1533	内蒙古自治区农牧业技术推广中心	晚熟，鲜食、炸片炸条
旭丰一号	GPD 马铃薯（2023）150075	2023	费乌瑞它变异株系统选育	内蒙古旭丰农业科技有限公司	中熟，鲜食
中加 11	GPD 马铃薯（2023）150058	2023	大西洋×BQ-36	内蒙古中加农业生物科技有限公司	晚熟，淀粉、全粉

品种名称	审/认定、登记号	审/认定、登记年份	亲本来源	选育单位	特性与用途
中加 7	GPD 马铃薯（2021）150003	2023	费乌瑞它×BQ-46	内蒙古中加农业生物科技有限公司	中晚熟，鲜食
华晟 7 号	GPD 马铃薯（2023）150066	2023	维拉斯×内薯 7 号	呼伦贝尔市农牧科学研究所、呼伦贝尔市华晟绿色生态农业发展有限公司	中晚熟，淀粉、全粉
华晟 8 号	GPD 马铃薯（2023）150067	2023	蒙薯 17 号×内薯 7 号	呼伦贝尔市农牧科学研究所、呼伦贝尔市华晟绿色生态农业发展有限公司	中晚熟、鲜食

注："审/认定、登记年份"一栏中，"/"前为审/认定年份，"/"后为登记年份。

前述 41 个杂交创新品种中，早熟类型（含狭义"早熟"和"中早熟"）仅有 6 个，占 41 个杂交创新品种的 14.6%，显示早熟品种创新不足。根据登记性状，若按如下标准归类：（1）淀粉加工品种：淀粉含量>18%。（2）炸片炸条品种：芽眼浅，薯肉白色至黄色，还原糖<0.25%，干物质 20.8%~24.0%。炸片品种块茎圆形或圆卵形；炸条品种卵圆、长卵圆、长椭圆或长圆形。（3）全粉加工：芽眼浅，还原糖<0.25%，干物质>20.8%，薯肉白色或淡黄色。（4）彩肉（包括薯肉杂色）品种统一归于特色品种。（5）根据登记信息，耐低温糖化特性无从查考，故该指标未作为炸片、炸条、全粉加工品种甄别标准。据此，细分结果为：41 个品种中有 19 个鲜食品种，占总数 46.3%；7 个特色（肉色全彩或部分彩色）品种，占 17.1%；炸片炸条品种 2 个（"内大 1 号""内大 2 号"），占比 4.9%；淀粉加工专用品种 9 个，占 22.0%；鲜食、淀粉加工兼用型品种 4 个（"尤佳 70""内农薯 2 号""蒙花 2 号""中加 4"），占 9.8%。总的来说，内蒙古自治区杂交创新品种中，鲜食型占近一半。另外，过去 14 年，内蒙古自治区马铃薯育种科技工作者将一定的精力放在彩色品种选育上；可用于淀粉加工（淀粉加工专用+鲜食、淀粉加工兼用）的品种占三成多（31.7%）；炸片炸条品种则比较少，不足 5%。从块茎理化性状看，未有全粉加工专用品种育成。据内蒙古自治区农业部门统计，内蒙古自治区炸片炸条、全粉加工能力分别占全国的 60% 和 35%。因此，从品种角度，内蒙古自治区马铃薯加工专用品种创新对本土马铃薯油炸和全粉加工业发展支撑不力。

从马铃薯品种创新主体看，2010—2016 年审定/认定的 9 个自杂交组合筛选而来自主创新品种（"蒙薯 16 号""蒙薯 18 号""蒙薯 19 号""蒙薯 20 号""蒙薯 21 号""红美""民丰红""内农薯 1 号""尤佳 70"）中，有 5 个是科研院所、高等院校创制，2 个为事业单位与企业合作创新，2 个为企业独立创新。因此，当时的品种创新是以科研院所、高等院校为代表的事业单位为主体。2017 年，马铃薯被划定为"非主要农作物"，由之前的"审定/认定"改为"登记"制。2018年内蒙古自治区开始有品种登记，截至2023年，内蒙古自治区登记的32个杂交创新品种中，企业独立创制13个，占杂交创新品种总数的40.6%；企业+事业合作创制2个，占6.3%；事业+企业合作创制2个，占6.3%；科研院所、高等院校等事业单位独立创制15个，占46.9%。因此，与2017年之前相比，企业为主导的创新比例提升，在品种创新中发挥越来越重要的作用。

3 内蒙古自治区马铃薯品种应用现状

据全国农业技术推广服务中心对内蒙古自治区播种面积6.67 hm² 以上品种的统计[4]（表3），2023年内蒙古自治区马铃薯总播面积23.309万 hm²，分布在内蒙古自治区的8个盟市。其中，乌兰察布市、锡林郭勒盟、呼和浩特市、呼伦贝尔市4个盟市的播种面积均超过2万 hm²，4盟市马铃薯播种面积占全区马铃薯总播种面积的91.4%，是内蒙古自治区马铃薯的主产区。另外，鄂尔多斯市播种面积也在0.67万 hm² 以上。

2023年，内蒙古自治区生产上应用的品种有42个。其中：超过3.33万 hm² 的仅有1个（"冀张薯12号"）；"露辛达"（Lucinda，V_7）、"费乌瑞它"的面积接近2.67万 hm²；"希森6号"面积亦在2万 hm² 以上；面积在0.67万 hm² 以上的还有"沃土5号""大西洋""克新1号""晋薯16号"。这8个品种播种面积合计17.029万 hm²，占内蒙古自治区马铃薯总播面积的73.1%。

从品种结构看，2个炸片专用品种（"大西洋""康尼贝克"）播种面积1.33万 hm²，3个炸条品种（"布尔班克""夏波蒂""麦肯1号"）面积1.46万 hm²，合计油炸品种面积2.79万 hm²，占全区总播面积12.0%。4个淀粉加工专用品种（"中加11""青原高""垦薯1号""克新15号"）面积0.30万 hm²，占内蒙古自治区马铃薯总播面积的1.3%；1个淀粉、全粉兼用品种（"维拉斯"）播种面积0.059万 hm²，占全区马铃薯总播面积0.25%。这10个加工品种面积合计3.15万 hm²，占全区马铃薯总播面积13.5%，其余32个鲜食型品种面积占全区马铃薯总播面积86.5%。因此，内蒙古自治区的马铃薯生产主要仍是满足区内外鲜食市场需求。

从生产上应用品种的创制主体看，内蒙古自治区审定/认定、登记品种有12个在本土生产中应用，播种面积由大到小依次为："中加7""刘平1号""后旗红""康尼贝克""中加11""中加2号""中加16""民丰红""青原高""维拉斯""蒙薯17号""刘平2号"。这12个品种播种面积合计2.42万 hm²，占全区马铃薯总播面积10.4%，去掉认定品种（"康尼贝克""维拉斯"）和农家品种（"后旗红"），则其余9个品种播种面积（1.73万 hm²）占全区马铃薯总播面积比例仅为7.4%。因此，内蒙古自治区自主创新品种在本土市场占有率低，显示内蒙古自治区马铃薯品种创新不够，对产业发展支撑不足。

4 内蒙古自治区马铃薯品种创新获助情况

2020年以来内蒙古自治区支持本土单位立项开展马铃薯育种研发（表4），表4中所列项目经费均在100万元以上。结合近年马铃薯新品种登记情况看，这6支团队也是内蒙古自治区马铃薯品种创新的主要力量。

表 3 2023 年内蒙古各盟市马铃薯播种面积（×10³ hm²）

品种名称/代号	乌兰察布市	锡林郭勒盟	呼和浩特市	呼伦贝尔市	鄂尔多斯市	包头市	赤峰市	巴彦淖尔市	兴安盟	全区	专用性
冀张薯 12 号	15.12	12.05	22.73	0.20		1.33	0.60		0.07	52.11	鲜食
Lucinda（V₇）	4.27	4.10	16.13	0.10				1.56	0.10	26.27	鲜食
费乌瑞它	2.00	12.67		7.43	1.60	1.33	0.87		0.35	26.24	鲜食
希森 6 号	23.28	0.21				1.33	0.33	0.08		25.24	鲜食
沃土 5 号	6.69	4.67		0.22						11.58	鲜食
大西洋	3.13	2.40		4.11			1.20			10.84	炸片
克新 1 号	2.94	1.33	1.27		4.40		0.40			10.34	鲜食
晋薯 16 号	5.98		1.60	0.09						7.67	鲜食
布尔班克	3.49	2.67								6.15	炸条
青薯 9 号	6.13									6.13	鲜食
中加 7	5.50									5.50	鲜食
夏波蒂	1.69				3.33		0.13			5.15	炸片
刘平 1 号				4.58						4.58	鲜食
后旗红	3.80									3.80	鲜食
实验 1		3.33		0.19						3.53	鲜食
尤金		0.03		3.35					0.08	3.46	鲜食
麦肯 1 号	1.22	1.49		0.60						3.31	炸条
康尼贝克	2.39			0.03						2.43	炸片
中加 11	2.06									2.06	淀粉
兴佳 2 号		0.03		1.78					0.07	1.88	鲜食
中加 2 号	1.82									1.82	鲜食
冀张薯 8 号	1.27								0.07	1.33	鲜食

续表 3

品种名称/代号	乌兰察布市	锡林郭勒盟	呼和浩特市	呼伦贝尔市	鄂尔多斯市	包头市	赤峰市	巴彦淖尔市	兴安盟	全区	专用性
兴佳7号				1.32						1.32	鲜食
黄金薯				1.16						1.16	鲜食
中加16	1.09									1.09	鲜食
中薯5号				0.89						0.89	鲜食
民丰红	0.87									0.87	鲜食
旱大白				0.70			0.13			0.83	鲜食
青原高				0.73						0.73	淀粉
祥实1号				0.61						0.61	鲜食
维拉斯				0.59						0.59	鲜食、淀粉、全粉
冀张薯10号				0.59						0.59	鲜食
延薯4号									0.53	0.53	鲜食
蒙薯17号				0.40						0.40	鲜食
青原红				0.39						0.39	鲜食
闽薯1号				0.35						0.35	鲜食
克新13号				0.33						0.33	鲜食
刘平2号				0.29						0.29	鲜食
丹宝1号				0.27						0.27	鲜食
雪川8号		0.20								0.20	鲜食
垦薯1号				0.16						0.16	淀粉
克新15号									0.07	0.07	淀粉
盟市合计	94.73	45.19	41.73	31.47	9.33	4.00	3.67	1.64	1.33	233.09	

表 4 2020 年以来内蒙古自治区获当地政府支持马铃薯育种项目

年度	项目来源	项目类别	依托单位	主持人/首席
2020	内蒙古自治区科学技术厅	自治区"科技兴蒙"行动重点专项	乌兰察布市农林科学研究所	尹玉和
			内蒙古大学生命科学学院	熊志勇
2021	内蒙古自治区科学技术厅	内蒙古自治区科技计划项目	内蒙古大学/ 内蒙古马铃薯工程技术研究中心	张若芳
			内蒙古华颂农业科技有限公司	刘 杰
			内蒙古自治区农牧业技术推广中心	郝文胜
		内蒙古自治区科技计划项目	内蒙古中加农业生物科技有限公司	刘广晶
2022	内蒙古自治区科学技术厅		乌兰察布市农林科学研究所	林团荣
		内蒙古自治区 种业科技重大示范工程 "揭榜挂帅"项目	内蒙古中加农业生物科技有限公司	尹玉和
2023	内蒙古自治区农牧厅	内蒙古自治区马铃薯育种联合攻关	乌兰察布市农林科学研究所	尹玉和

5 小 结

受市场冲击，20 世纪 90 年代末至 21 世纪初，内蒙古自治区马铃薯育种工作几近中断，直至国家马铃薯产业技术体系开始运行前后才重新启动。在国家马铃薯产业技术体系的带动与鼎力协助下，目前内蒙古自治区马铃薯育种工作初见成效。当然，这些成绩的取得离不开内蒙古自治区各级政府的重视与支持，也离不开北方一作区兄弟单位的助力。2008 年前后内蒙古自治区马铃薯育种工作重启后，在自治区政府的支持下着力打造联合创新平台，全区范围内建设了数支育种创新团队，一批 80 后科技人员也逐渐成长起来。同时，内蒙古自治区本土数家种业企业迅速成长起来并在品种创新中发挥越来越重要的作用，相信内蒙古自治区育种工作者在不久之后能够再创辉煌。

[参 考 文 献]

[1] 中国农业年鉴编辑委员会. 中国农业年鉴 2010—2021 [M]. 北京: 中国农业出版社, 2011-2022.

[2] 国家统计局农村社会经济调查司. 中国农村统计年鉴 2022—2023 [M]. 北京: 中国统计出版社, 2022-2023.

[3] 农业农村部种业管理司. 中国种业大数据平台: 品种登记查询 [EB/OL]. [2024-04-14]. http://202.127.42.47:6010/index.aspx.

[4] 全国农业技术推广服务中心. 国家农作物品种试验信息与运行管理平台 [EB/OL]. [2024-04-01]. http://202.127.45.151/NTP/all/system/user/list.

中国马铃薯品种登记现状分析

李　倩[1]，胡有林[1]，张　娜[1]，郝文胜[1*]，巴　图[1]，朱玉成[1]，周　烨[2]，王海霞[1]

(1. 内蒙古自治区农牧业技术推广中心，内蒙古　呼和浩特　010010；
2. 中化地质矿山总局内蒙古地质勘查院，内蒙古　呼和浩特　010020)

摘　要：优良品种为马铃薯产业持续健康发展提供有力保障。对中国马铃薯品种登记省份、登记数量年际变化、熟期分类等数据进行分析，得出马铃薯品种登记数量较多的省份与马铃薯生产主要分布区域基本吻合；马铃薯品种登记数量在2018年井喷式增加，之后略有回落，但近2年又有所增加，北方一作区、西南单双季混作区登记数量相对较多。中晚熟马铃薯品种数量最多，中熟和晚熟品种数量接近、相对较多，早熟和中熟品种数量略低，极早熟品种极少。该分析为进一步加强马铃薯品种登记管理及登记品种推广提供数据支撑，助力于马铃薯产业高质量发展。

关键词：马铃薯；品种；登记；数量；熟期

　　马铃薯是世界上继小麦、水稻、玉米之后的第四大粮食作物，也是中国重要的粮饲和救灾备荒种子贮备作物。近年来全国种植面积稳定在487万 hm^2 左右，鲜薯的总产量9 700万 t 左右[1]，面积和总产量居世界第一。马铃薯具有非常广泛的适应性和丰富的营养价值，被广泛用于食品加工、饲料生产以及工业原料的生产。马铃薯产业不仅增加了农民的经济收益，也积极推动了农村地区的经济发展和农民增收[2]。目前，市场上马铃薯品种较多，理清马铃薯的品种登记情况及进行马铃薯熟期分析，对马铃薯产业高质量发展会起到积极的推动作用，进而促进农村地区经济的发展。

1　马铃薯品种登记省份及数量情况

　　当前，马铃薯生产主要分为北方一作区、西南单双季混作区、中原二作区和南方冬作区4大种植区域[3]。其中北方一作区和西南单双季混作区是主要的马铃薯种植区，面积和占全国89%左右，其余两个区域面积占全国11%左右[4]。自2017年全国开始实施非主要农作物品种登记政策以来，截止2023年底，全国共登记马铃薯新品种609个。目前，全国27个省份(自治区)进行了马铃薯品种登记(图1)。登记20个以上马铃薯品种的省份(自治区)分别是河北、甘肃、内蒙古、黑龙江、云南、北京、山东、湖北、四川、山西、辽宁、福建、吉林，分别占到登记总数的16.42%、9.85%、9.36%、9.03%、8.87%、

作者简介：李倩(1983—)，女，博士，正高级农艺师，主要从事马铃薯抗逆生理及农作物种业研究。
基金项目：内蒙古自治区种业科技创新重大示范工程"揭榜挂帅"项目子课题(2022JBGS0037)；内蒙古自治区科技计划项目(2022YFYZ0010)。
＊通信作者：郝文胜，博士，研究员，主要从事马铃薯遗传育种研究，e-mail：294181309@qq.com。

5.91%、4.76%、4.60%、4.60%、4.11%、3.61%、3.28%和3.28%。从登记省份(自治区)看,与马铃薯生产主要分布区域有一定的联系性,北方一作区、西南单双季混作区登记数量相对较多,登记数量排名前五的省份(自治区)分别是河北、甘肃、内蒙古、黑龙江、云南。

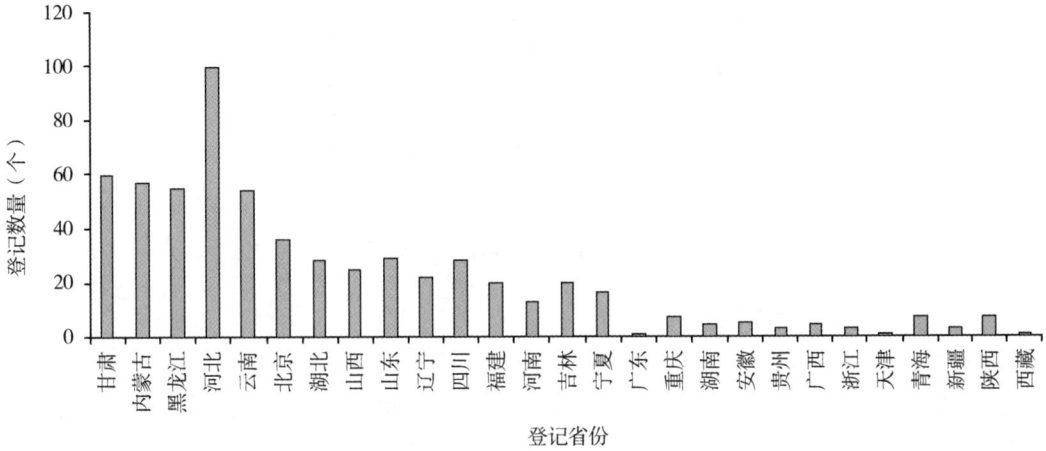

注：数据来源于中国种业大数据平台。下同。

图1 马铃薯品种登记省份及数量分布

2 马铃薯品种登记年际变化及熟期情况

2.1 马铃薯品种登记数量年际变化

2017年5月起正式实施包括马铃薯在内的非主要农作物品种登记制度,全国计划登记马铃薯品种的申请者开始筹备马铃薯品种登记,准备申请材料,部分之前未完成DUS测试、抗性试验等程序,少数以已销售推广、已登记品种进行登记准备,马铃薯品种登记对于申请者来说处于摸索、起步阶段,因此2017年马铃薯品种登记数量较少,仅10个(图2),其中山东省4个、黑龙江省2个、河南省2个、甘肃省1个、北京市1个。2018年马铃薯品种登记数量迅速增长,增加131个。全国马铃薯品种登记总量排名前五位省份(自治区)在2018年登记品种数量明显增加,河北、甘肃、内蒙古、黑龙江、云南省(自治区)分别登记马铃薯品种17、6、11、11、21个,分别占当年全国登记总量的12.98%、4.58%、8.40%、8.40%和16.79%,其中云南和河北省登记占比均超过了12%。2019年,河北、甘肃、内蒙古、黑龙江、云南省(自治区)分别登记马铃薯品种7、12、6、9、1,分别占当年全国登记总量的8.54%、14.63%、7.32%、10.98%和1.22%,其中甘肃和黑龙江省登记占比均超过了10%。2022年,河北、甘肃、内蒙古、黑龙江、云南省(自治区)分别登记马铃薯品种23、14、17、6、2,分别占当年全国登记总量的19.49%、11.86%、14.41%、5.08%和1.69%,其中河北、甘肃和内蒙古自治区(省)北方一作区、西南单双季混作区登记数量相对较多,登记占比均超过了10%,登记数量在2018年迅速增加后略有回落,但近2年登记数量又有所增加。

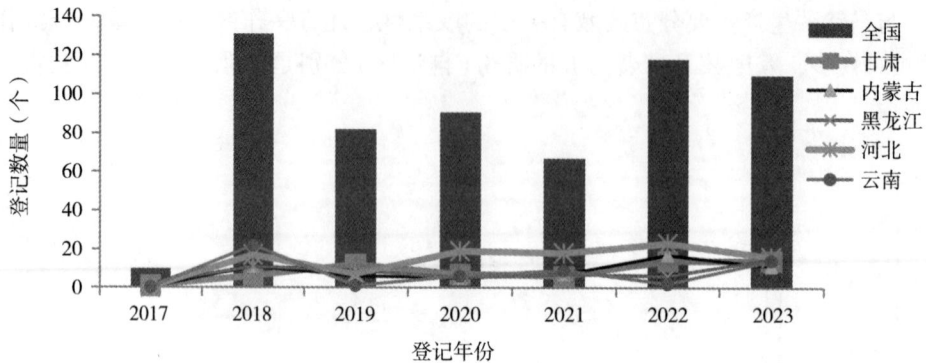

图 2　马铃薯品种登记数量年际变化

2.2　马铃薯登记品种熟期情况

由图 3 可见，马铃薯品种登记分为极早熟、早熟、中早熟、中熟、中晚熟、晚熟 6 个类别。中晚熟马铃薯品种明显多于其他熟期品种，中熟和晚熟品种数量接近、相对较多，早熟次之，中早熟略少，极早熟品种极少。极早熟、早熟、中早熟、中熟、中晚熟、晚熟马铃薯品种分别占 0.16%、17.90%、12.48%、21.18%、26.93% 和 21.35%，为不同地区对不同熟期马铃薯种的选择需求提供丰富的种质资源。

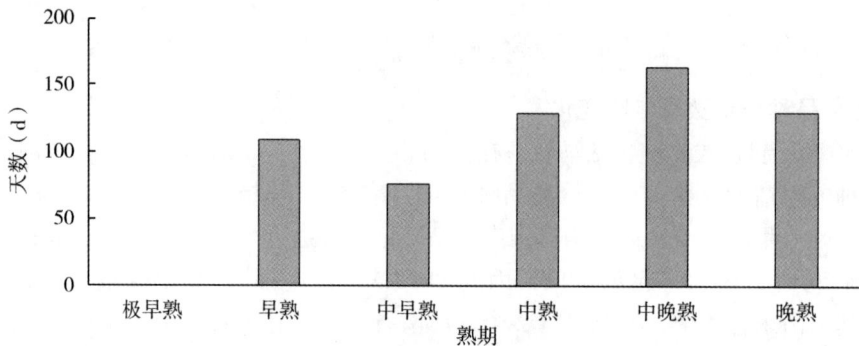

图 3　马铃薯登记品种熟期分布情况

3　马铃薯品种登记展望及建议

2018 年，马铃薯品种登记呈井喷式增长，登记的 609 个品种在市场上推广应用的数量不多，2022 年推广面积在 3.33 万 hm² 以上的品种有 21 个[5]，市场上"费乌瑞它""青薯 9号""冀张薯 12 号""克新 1 号""希森 6 号"等马铃薯占领很大一部分市场，从国外引进多年的"夏波蒂"和"大西洋"仍然是生产上应用较广的加工品种，早熟品种应用面积最大的仍然是"费乌瑞它"，大多数新育出品种没有推广应用。

建议加强优质新品种选育[6]，扩大已登记的高产优质新品种的推广应用及种植面积，以促进农业增效、提升马铃薯产业竞争力，通过分析登记品种情况，为选育优质高产且符合市场和生产多样化需求的马铃薯新品种提供数据参考。

加大品种登记的宣贯力度，引导育种家和企业科学规范开展品种登记试验，将选育出的优良品种尽快登记并推广。加大品种权保护力度，保护育种创新。加强品种同质化鉴别，严格马铃薯品种市场管理，加强知识产权保护，激励育种者的创新能力，维护其合法权益。为马铃薯产业持续健康发展奠定良好基础，进而推进马铃薯产业高质量发展，推动乡村振兴。

[参 考 文 献]

[1] 史梦雅, 徐建飞. 我国马铃薯品种创新现状及发展建议 [J]. 中国蔬菜, 2023(8): 1-5.

[2] 罗其友, 伦闰琪, 高明杰, 等. 2021—2025 年我国马铃薯产业高质量发展战略路径 [J]. 中国农业资源与区划, 2022, 43(3): 37-45.

[3] 徐宁, 张洪亮, 张荣华, 等. 中国马铃薯种植业现状与展望 [J]. 中国马铃薯, 2021, 35(1): 81-96.

[4] 谢从华, 柳俊. 中国马铃薯科技发展与创新之回顾 [J]. 华中农业大学学报, 2021, 40(4): 16-26.

[5] 张兴旺, 孙好琴, 魏启文, 等. 2023 年中国农作物种业发展报告 [M]. 北京: 中国农业科学技术出版社, 2023.

[6] 薄沁箐, 余进隆, 高明杰, 等. "十四五" 期间中国马铃薯种业发展战略思考 [J]. 农业展望, 2021, 17(10): 54-59.

2023 年马铃薯登记品种分析

赵一博，牛丽娟*，郦海龙

（雪川农业集团股份有限公司，河北 张家口 076481）

摘 要：马铃薯是国家重要的粮饲和救灾备荒种子储备作物，营养成分非常丰富。2023 年马铃薯登记品种 108 个，对其申请者类型、品种选育方式、块茎品质、晚疫病抗性和产量等方面进行分析，为马铃薯优良品种的选育及推广提供参考。

关键词：马铃薯；登记；品种；2023；分析

马铃薯是粮菜饲兼用型和加工原料作物，具有耐瘠薄、适应性广、产量高、营养丰富等特点，不仅是中国第四大主粮作物，还在稳产保供、脱贫攻坚、助力乡村振兴新"薯"光中发挥重要作用。根据农业农村部种业管理司公示公告的信息，截至 2023 年 12 月 31 日，2023 年登记公示公告 108 个马铃薯品种，与 2022 年基本持平。现就其申请者类型、品种选育方式、品种熟性、品种类型、块茎品质、晚疫病抗性、产量和适宜种植区域方面进行分析，以期为选育出优质高产专项新品种提供参考意见。

1 马铃薯品种登记分析

1.1 申请者类型

按申请者类型分析，科研院所申请品种一直最多，占比 37.96%；企业申请品种均为河北、山东、甘肃、内蒙古和辽宁等地的北方企业，占比为 20.37%；高等院校申请品种占比 15.74%；高等院校和科研院所合作选育申请品种占比 8.33%；科研院所和企业合作选育申请品种占比 4.63%；高等院校和企业合作选育申请品种占比 3.70%；其他类型申请，例如高等院校、科研院所、企业、农业综合服务中心、农技推广中心和农业农村局联合申请等占比 9.26%。

1.2 品种选育方式

按品种选育方式分析，以杂交选育申请的品种占比最多，为 87.04%；自交选育申请的品种占比 3.70%；农家和地方品种各 1 个，为"艾玛 1 号"和"榆薯 12"；其他类型的申请品种占比 7.41%，其中多为变异株系统选育，例如"全丰 9 号"为"青薯 9 号"变异株系统选育的后代。

1.3 品种熟性

按品种熟性分析，晚熟品种占比最多为 27.78%；中熟和中晚熟品种占比相对较多，

作者简介：赵一博（1988—），女，硕士，农艺师，主要从事马铃薯育种及栽培技术工作。
基金项目：马铃薯甘薯现代种业科技创新团队（21326320D）。
*通信作者：牛丽娟，研究员，主要从事马铃薯育种及栽培技术研究，e-mail：ljniu@snowvalley.com.cn。

分别为 25.92% 和 23.15%；中早熟品种占比为 16.67%；早熟品种占比最小为 6.48%，其中，"华彩 3 号"的生育期最短，仅为 61 d。

1.4 品种类型

品种类型方面，鲜食类型品种占比最多为 52.78%；淀粉加工品种占比 5.56%；全粉和炸片炸条加工品种均占比 2.78%，薯片薯条加工专用品种依然匮乏，仅"内大 1 号""内大 2 号"和"内大 3 号"为专用炸片炸条加工品种；"甘农薯 18 号"薯皮薯肉为部分红色，作为特色品种占比 0.93%。鲜食和淀粉加工兼用品种占比 8.33%；鲜食和特色兼用品种、鲜食和炸片炸条加工兼用品种均占比 4.63%；鲜食和全粉加工兼用品种占比 3.70%；淀粉和全粉加工兼用品种，鲜食、淀粉和炸片炸条兼用品种，全粉和炸片炸条加工兼用品种，鲜食、全粉和炸片炸条兼用品种，鲜食、淀粉、全粉和炸片炸条加工兼用品种均占比 1.85%。其中"全丰 9 号"和"御薯 2 号"用途较广，为鲜食、淀粉、全粉、炸片炸条品种；淀粉和炸片炸条加工兼用品种，鲜食、淀粉、全粉品种，淀粉、全粉和炸片炸条加工兼用品种，鲜食、全粉和特色品种和鲜食、淀粉、全粉、炸片炸条、特色品种均占比 0.93%。"庄薯 5 号"用途最广，可用于鲜食、淀粉、全粉、炸片炸条、特色品种。

1.5 块茎品质

在块茎品质方面，按块茎干物质含量分析，干物质含量>25% 的品种占比 11.11%，其中"华晟 7 号"干物质含量最高为 31.9%，"中加 11"干物质含量次之为 28.4%。干物质含量在 20%~25% 的品种最多，占比 45.37%；干物质含量在 15%~20% 的品种次之，占比 39.81%；干物质含量在 10%~15% 的品种最少，占比 3.70%。

按块茎淀粉含量分析，淀粉含量>20% 的品种占比 6.48%，其中"华晟 7 号"的淀粉含量最高为 23.7%；淀粉含量在 15%~20% 的品种占比 42.59%；淀粉含量在 10%~15% 的品种最多，占比 47.22%；淀粉含量<10% 的品种占比 3.70%。

按块茎维生素 C 含量分析，维生素 C 含量>40 mg/100 g 的占比 4.63%，其中"东农 308"含量最高达 165 mg/100 g，"庄薯 5 号"含量次之为 67.7 mg/100 g；维生素 C 含量在 30~40 mg/100 g 的品种，占比 15.74%；维生素 C 含量在 20~30 mg/100 g 的品种，占比 18.52%；维生素 C 含量在 10~20 mg/100 g 的品种数量最多，占比 47.22%；维生素 C 含量<10 mg/100 g 的品种占比 13.89%。

按块茎还原糖含量从低到高分析，还原糖含量<0.1% 的占比 11.11%，其中"刘平 2 号"含量最低仅为 0.058%；还原糖含量在 0.1%~0.2% 的占比 24.07%；还原糖含量在 0.2%~0.3% 的占比 25.00%；还原糖含量在 0.3%~0.5% 的品种占比 17.59%；还原糖含量在 0.5%~1% 占比 16.67%；还原糖含量>1% 的品种占比 5.56%。

按块茎粗蛋白质含量分析，粗蛋白含量>3.0% 的品种占比 3.70%，其中"阿斯子"含量最高为 3.38%；粗蛋白含量在 2.5%~3.0% 的占比 17.59%；粗蛋白含量在 2.0%~2.5% 的品种最多，占比 41.67%；粗蛋白含量在 1.0%~2.0% 的占比 35.19%；粗蛋白含量<1% 的品种占比 1.85%。

1.6 晚疫病抗性

选用抗病品种，可在一定程度上有效控制晚疫病的蔓延，是防治晚疫病最经济有效的措施。登记品种中抗晚疫病品种 50 个，感病晚疫病品种 58 个。其中高抗晚疫病品种占比 11.11%；中抗晚疫病品种数量最多，占比 31.48%；抗晚疫病品种占比 3.70%；中感晚疫病品种占比 26.85%；感晚疫病品种占比 8.33%；高感晚疫病品种占比 18.52%。

1.7 产量性状

产量性状是马铃薯品质的重要性状之一，只有当产量达到一定要求时该品种才具有推广价值。2023 年登记品种中高产品种较多，产量 >4 000 kg/667 m^2 的品种占比 4.63%，其中"希森 1 号"产量最高为 4 746 kg/667 m^2，"甘垦 9 号"产量次之，为 4 372 kg/667 m^2。产量 3 500~4 000 kg/667 m^2 的品种占比 5.56%；产量 3 000~3 500 kg/667 m^2 的品种占比 18.52%；产量在 2 500~3 000 kg/667 m^2 的品种最多，占比 28.70%；产量在 2 000~2 500 kg/667 m^2 的品种占比 26.85%；产量 1 500~2 000 kg/667 m^2 的品种占比 8.33%；产量 <1 500 kg/667 m^2 的品种占比 7.41%。

1.8 适宜种植区域

登记品种适宜种植区域较窄，只适宜本省份内种植的品种占比依然最多，为 75.00%；适宜 2 个省份种植的品种占比 10.18%；适宜 3 个省份种植的品种占比 9.26%；适宜 4 个省份种植的品种占比 1.85%；适宜 5 个省份种植的品种占比 0.93%；大于 5 个省区内种植品种占比 2.78%，其中"诺华 5 号"种植范围最广，适合 11 省区种植。

2 存在的问题及建议

2023 年登记公告马铃薯品种 108 个，仅比 2022 年减少 1.8%。新选育的马铃薯品种数量较多，占比达 92.6%；科研院所和企业是新品种选育的主体，占比达 58.33%。品种类型以鲜食品种为主，品种用途上，早熟优质特色品种尤其是加工专用品种依然较少，高产品种占比明显增加。登记品种信息填报较往年有改善，但依然有抗病种类及等级不明确等问题。优良品种是马铃薯产业高质量发展的基础，建议严格马铃薯品种登记管理，切实提高品种登记信息的完整性和准确性。加快已有优良品种的登记和推广速度，提高优质高产加工马铃薯选育的步伐，以满足中国马铃薯产业快速发展和人民日益增长的马铃薯多样化消费需求。

马铃薯种薯处理原则

马海钦，赵治明，吕金庆*

（东北农业大学工程学院，黑龙江　哈尔滨　150030）

摘　要：马铃薯作为中国主要的粮食作物，在其播种时选用种薯并进行适当的处理至关重要，这一步骤直接影响着后续的产量。从切块后新表皮的形成、切刀与切板的消毒、顶芽的利用、种薯生理年龄与种薯保存几个方面进行阐述，通过详细的说明，旨在提供正确的种薯处理方案，以确保播种后获得最佳产量。

关键词：马铃薯；种薯；产量；切块

马铃薯作为中国的主要粮食作物之一，其种植面积和产量持续增加[1,2]。特别是在一些山区，如云南省、四川省、贵州省等，马铃薯是重要的粮食作物。不仅如此，马铃薯还是重要的经济作物，中国的马铃薯产业已逐渐形成，涵盖了种植、加工、销售等多个环节，为农民提供了丰厚的收入[3]。然而，即便是在中国的高产区，种植马铃薯时常面临着缺苗和晚出苗的情况，这阻碍了获得高产。农户们虽然选择了容易出苗的品种，但由于马铃薯有休眠期，如果将休眠期未过的种薯埋在地里，也会长期不出苗。因此，如何正确处理马铃薯种薯成为一个关键问题[4]。

1　切块后新表皮的形成

对于其他作物的种子在播种前通常不需要进行切块这一步骤。切块可能会破坏种薯，引起腐烂，这一点已经成为了人们的共识。因此，尽量选用小种薯播种，尽量不切块，是很多种植者的选择[5]。然而，只要处理得当，这些问题其实是可以避免的。处理得当的关键就是确保切口形成新的表皮，只要形成了新的表皮，就能够将病菌等隔离在外，避免后续问题发生。

切口形成新的表皮难度不大，类似于人的伤口，先经过消毒杀菌，然后用纱布覆盖，伤口主要是靠自己愈合，外界采取的措施主要是防止伤口感染。马铃薯也是这样，伤口可以自己愈合，需要做的就是创造伤口愈合的条件。愈伤所需时间长短与块茎温度有关，在5 ℃时7~14 d才形成木栓层，21~42 d才生新的周皮；在10 ℃时4 d形成木栓层，7~14 d形成新的周皮；在20 ℃时1~2 d形成木栓层，3~6 d形成新的周皮。有新的周皮，就与整薯播种没有两样了。因此，最好切后7 d以后，形成新的表皮再播种。

作者简介：马海钦（2001—），男，硕士研究生，主要研究方向为马铃薯播种机械。
基金项目：国家马铃薯产业技术体系岗位科学家专项（CARS-09-P23）。
＊通信作者：吕金庆，教授，博士生导师，主要从事机械设计理论及马铃薯机械化技术装备研究，e-mail：ljq8888866666@163.com。

切后的处理方法：切好后在阴凉处摊开彻底晾干，再装袋堆放。一定要晾干，在彻底晾干前不可堆放。如果将切好的薯块堆成一堆，不久切口发黑，出现即将腐烂的征兆，这是错误的做法。并且要保证合适的湿度，否则水分会从未愈合的伤口处快速流失。

2 切刀与切板消毒

切种薯最重要且最容易忽视的是切刀消毒。在切块过程中，很多细菌性病害（如环腐病、疮痂病、软腐病、青枯病）可以通过切刀传染[6]。如果不进行正确的处理，会导致田间株苗大量死亡。消毒非常简单，成本也非常低。消毒可用高锰酸钾溶液[7]，其主要分为：

（1）深紫色溶液（约 0.3% 浓度）：具有强烈的氧化性，杀菌能力较强，可用于消毒浴具、痰盂。

（2）紫红色溶液（约 0.05% 浓度）：有止痒、消炎和防感染扩散之用，可用于浸洗足癣。

（3）玫瑰红色溶液（约 0.01% 浓度）：消毒蔬果和餐具。

（4）淡樱桃红溶液（约 0.002% 浓度）：可用来漱口，防止口腔发炎和龋齿，有除臭消炎作用。

3 顶芽的利用

如何对种薯进行切块，如何下刀是处理种薯时一个关键步骤，一般在切块时要充分利用顶芽，将 3~4 个顶芽尽量分配到不同的切块上[8]。所谓顶芽就是指马铃薯凸起处相对的另一端。仔细观察，有多个芽聚集在一起。在切种薯的时候，要尽量将顶芽分配在不同的切块上[9]。

切种薯容易出现的问题是将全部顶芽切在一个切块上，造成有的切块芽很多，有的切块却没有芽（有的将凹陷的洞眼当成芽眼造成不出苗）。切块不当的主要原因是切块时顶芽的主芽已长得较夫，遮住了其他顶芽，被误认为只有一个芽。可以将这个主芽摘除，即可露出其他顶芽，就可以正确地切块了，主要的几种马铃薯切块方法如图 1 所示。

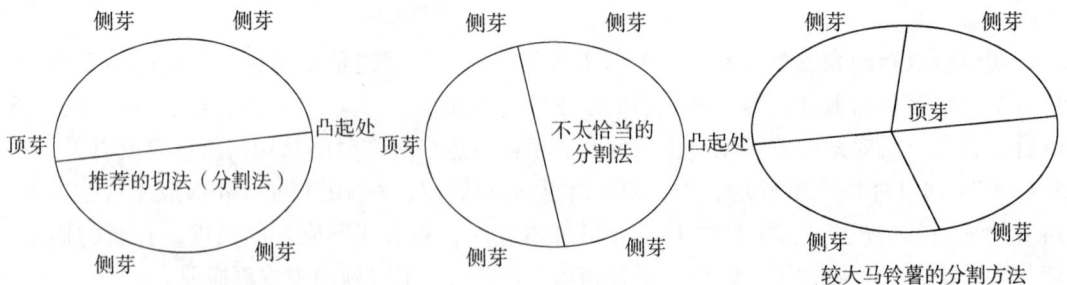

图 1 马铃薯切块示意图

相关研究表明，顶部芽产量较高，底部芽产量一般，混合芽产量较低[10]，所以在切块时，将顶芽切块和底部芽切块分开很有必要。

4 种薯生理年龄与种薯保存

种植的种薯有各种形态：（1）未出芽，是较年轻的生理年龄，种植会较晚结薯，块茎较大，产量也较高；（2）刚出芽，中等的生理年龄，这种种薯种植，较早熟，块茎稍小，结薯也稍多；（3）出芽较多，种薯出现干瘪，是较衰老的种薯，这种种薯出苗差，产量也低；（4）芽较长，种薯极度干瘪，是衰老的种薯，这种种薯出苗困难，产量也非常低。很显然，尽量播种刚出芽的种薯，这就需要采用合理的贮藏种薯的办法。如果种薯需要保存的时间长，休眠期在播种时肯定能过，那么，建议最好在较低的温度下保存种薯，以保证种薯在播种时能有较好的生理状态[11]。

5 总结

文中主要讲解了马铃薯种薯在被使用时需要注意的一些问题，包括切块要在播种前10 d进行，切后伤口一定要摊开晾干才能堆捂催芽；为减少环腐病、青枯病，切刀要用高锰酸钾溶液消毒，到药店买高锰酸钾消毒片配制紫红色的消毒液，用两把切刀轮换使用，一把切，另一把浸泡消毒，切10个种薯或切到腐烂种薯要换刀；在切种时确保充分对顶芽的利用，提高产量；通过合理的储存方式保证种薯保持较好的生理状态。

[参 考 文 献]

[1] 赵远征,张超,张岩,等.内生枯草芽胞杆菌WZ10对马铃薯枯萎病防效及功能测定 [J/OL].中国生物防治学报, 2024:1-8[2024-04-02].https://doi.org/10.16409/j.cnki.2095-039x.2024.02.007.

[2] 王孝贤,王靖,李扬,等.马铃薯发育期模型精度及其对升温的敏感性比较 [J/OL].中国生态农业学报(中英文), 2024:1-16[2024-04-06].http://kns.cnki.net/kcms/detail/13.1432.S.20240327.1622.002.html.

[3] 郭启琼.马铃薯、玉米和大豆带状复合种植高产栽培技术 [J].种子科技,2024,42(5):67-69.

[4] 郝玉莲.马铃薯高效栽培技术 [J].世界热带农业信息,2021(1):10-11.

[5] 韩梦杰,刘发英,杨振宇,等.基于激光三维重建的种薯芽眼识别方法研究 [J].中国农机化学报,2024,45(2):200-206,258.

[6] 彭智成,官春邦.马铃薯病虫害绿色防控 [J].农业与技术,2024,44(2):82-86.

[7] 刘珍.马铃薯提质增效的高产栽培技术要点分析 [J].种子科技,2024,42(5):58-60.

[8] 蔡秀健.江淮地区芋大棚内春提前与秋延后优质高产栽培技术研究 [D].扬州:扬州大学,2023.

[9] 黄耀锋.优质马铃薯高产高效栽培技术要点 [J].南方农机,2022,53(4):69-71,89.

[10] 马超,路德恩,孙晓艳,等.马铃薯—大葱—马铃薯三作三收高产高效栽培技术 [J].作物杂志,2003(2):36-38.

[11] 白志成,刘怒安,邓禄军.剑河县冬种马铃薯栽培技术 [J].耕作与栽培,2023,43(4):136-137,139.

优质鲜食马铃薯新品种"九薯1号"的选育

徐珊珊*，刘红霞，朱文彬，王世范，郑德春，

侯　杰，拉巴普赤，王芙臣，马云超

（吉林市农业科学院，吉林　吉林　132000）

摘　要：马铃薯新品种"九薯1号"是吉林市农业科学院以"冀张薯8号"为母本，以"春薯5号"为父本，通过有性杂交选育而成的优质鲜食新品种。2022年12月通过农业农村部非主要农作物品种登记，登记编号：GPD马铃薯（2022）230083。生育期86 d，植株繁茂，生长势强，株高70 cm左右；茎绿色、叶绿色；花冠白色，近五边形、花药黄色、花繁茂、花期较长；结薯集中，块茎大而整齐、商品薯率87%，块茎卵圆形、薯皮黄色、薯肉浅黄色、芽眼浅而稀少，表皮光滑。干物质含量21.01%，淀粉含量15.55%，蛋白质含量2.06%，维生素C含量30.3 mg/100 g，还原糖0.12%，食味性佳。中抗马铃薯X病毒和马铃薯Y病毒，中感晚疫病。2020—2021年区域试验中，平均产量为3 007 kg/667 m²，比对照"克新13号"2 709 kg/667 m²增产10.99%，适宜在吉林省各地区春季种植。

关键词：优质；马铃薯；品种；九薯1号；选育

1　选育经过

马铃薯新品种"九薯1号"是吉林市农业科学院选育，以"冀张薯8号"为母本，以"春薯5号"为父本，通过有性杂交选育而成。于2013年配制杂交组合获得杂交实生种子，2014年培育实生苗后移栽到大田，得到无性系一代，2015年开展选种圃单株选择，得到无性二系代，其中优良单株原代号为"2013-s-54"，2016—2017年开展无性系多代筛选鉴定选择，2018—2019年参加品系比较试验，2020—2021年在吉林省7个不同生态区长春市九台区、公主岭市、通榆县、长岭县、镇赉县、吉林市、蛟河市进行多地生态适应性区域试验和生产试验。同时2020—2021年委托农业部植物新品种测试（哈尔滨）分中心进行马铃薯DUS测试。2022年12月通过农业农村部非主要农作物品种登记，登记编号：GPD马铃薯（2022）230083。

2　特征特性

马铃薯新品种"九薯1号"中熟优质鲜食品种，从出苗至成熟86 d。株型半直立，植株

作者简介：徐珊珊（1981—），女，硕士，副研究员，主要从事薯类作物育种与栽培。

基金项目：吉林省科技发展计划项目（2019031076NY）；吉林省现代农业产业技术体系（JARS-2024-1101）。

* **通信作者**：徐珊珊，e-mail：xushan1215@163.com。

繁茂，生长势强，株高 70 cm 左右。茎绿色、叶绿色，花冠白色，近五边形、花药黄色、花繁茂、花期较长。块茎大而整齐、结薯集中，商品薯率 87%，薯形卵圆形、薯皮黄色、薯肉浅黄色、芽眼浅而稀少，表皮光滑，食味性佳。光发芽卵形，光发芽基部花青苷显色中到强，光发芽基部根尖数量多，光发芽基部茸毛数量中。

3 产量表现

2020 年在吉林省 7 个点次的区域试验中，平均产量为 2 997 kg/667 m²、对照"克新 13号"产量 2 700 kg/667 m²，比对照增产 11.04%；2021 年在吉林省 7 个点次的区域试验中，平均产量为 3 016 kg/667 m²、对照"克新 13 号"产量 2 718 kg/667 m²，比对照增产10.99%；2 年区域试验平均产量为 3 007 kg/667 m²，比对照"克新 13 号"2 709 kg/667 m²增产 10.99%。2021 年在吉林省 7 个点次的生产试验中均增产，平均产量为3 019 kg/667 m²，对照"克新 13 号"产量 2 704 kg/667 m²，比对照增产 11.65%。

4 抗病性

经黑龙江省农业科学院克山分院检测，"九薯 1 号"中抗马铃薯 X 病毒、马铃薯 Y 病毒；经河北农业大学植保学院鉴定，"九薯 1 号"中感晚疫病。

5 品质分析

经农业部谷物及制品质量监督检验测试中心(长春)品质分析测定显示，干物质含量21.01%，淀粉含量 15.55%，维生素 C 含量 30.3 mg/100 g，粗蛋白含量 2.06%，还原糖含量 0.12%，蛋白质和维生素 C 含量较高。

6 栽培技术要点

6.1 土壤选择
选择土质疏松肥沃、透气性好的地块，易于排灌的微酸性砂壤土或轻质壤土，避免选择低洼、易积水地块，最好进行秋翻地。

6.2 播 期
吉林省平原地区适宜播种期为 4 月中旬，山区为 4 月下旬至 5 月上旬，使用优质脱毒种薯，播前进行催芽拌种。

6.3 密 度
适宜种植密度为 4 000 株/667 m² 左右。

6.4 施 肥
多用有机肥配合化肥施用，复合肥[尿素(N 46%)、磷酸二铵($N+P_2O_5 \geqslant 64\%$)、硫酸钾($K_2O \geqslant 52\%$)等]60 kg/667 m² 左右，腐熟有机肥施 2～4 m³/667 m²，出苗后及时除草、中耕培土。"九薯 1 号"前期生长势稍弱，中后期生长迅速，生长势强，品种喜水肥，一次性均衡施足底肥，后期注意防治晚疫病。

6.5 收 获

收获前一周对植株进行割秧处理，并运出田间，以利于土壤水分蒸发，使薯皮老化，便于收获。

7 适宜种植区域

适宜在吉林省各地区春季种植。

马铃薯太空育种的发展及其展望

王珍珍[1,2]，孙莎莎[1,2]，张志凯[1,2]，崔长磊[1,2]，杨　芸[1,2]，李学洋[1,2]，

王　越[1,2]，吕　健[1,2]，王　悦[1,2]，龚莉娟[1,2]，胡柏耿[1,2]*

（1. 国家马铃薯工程技术研究中心，山东　乐陵　253600；

2. 乐陵希森马铃薯产业集团有限公司，山东　乐陵　253600）

摘　要：利用外源因素诱导马铃薯变异并选育具有优良性状的材料是创制新种质资源的主要手段之一，其中诱变育种既是常规育种的重要补充，又是其难以取代的手段。太空诱变育种是一种综合了航天技术、太空生物学和现代遗传育种学的育种技术，太空环境下的高辐射、微重力、大温差等太空固有因素可能加剧染色体 DNA 的操作，干扰 DNA 修复系统的正常运转，致死性变异少，引起的有些生物变异是可以快速稳定遗传。与常规育种相比，太空诱变育种操作方便、突变频率高、不受基因狭窄的限制、育种年限短、在创造新的基因资源或改变单基因控制的特殊性状方面具有特殊的应用价值。因此，太空育种在一定程度上丰富马铃薯基因库资源，提高育种水平。

关键词：马铃薯；诱导；太空育种；育种；变异

马铃薯（*Solanum tuberosum* L. ）是重要的粮菜兼用的农作物[1]，中国作为世界上最大的马铃薯生产国[2]，其种植面积和产量在世界上仅次于小麦、玉米、水稻[3]。2015 年中国提出马铃薯主粮化战略[4]，把马铃薯列为国家第四大粮食作物[5]，因此马铃薯优良品种的选育对调整种植业结构、解决粮食安全及消除贫困亦具有深远意义。早春马铃薯播种于 1—2 月，收获于 4—6 月，因其能占领马铃薯市场空缺而较其他季节的马铃薯价格高、市场稳定、种植效益好，深受种植户的青睐[6]。但目前种植品种比较单一，再加上连作影响，造成马铃薯产量和品质逐年下降[7]。

中国的神舟系列载人航天飞船飞往太空时，经常会带上各种各样的种子，包括农作物种子、水果种子、植物花卉种子等，种类繁多，把他们带上太空是为了进行太空育种。

利用神舟飞船搭载马铃薯微型薯、试管苗、实生籽等进行太空辐射诱变处理，研究太空条件诱变效应，观察和鉴定诱变材料植株形态学特征（如株高、叶形、茎粗、分枝、茎色、生育期等）、生物学性状、抗逆性、抗病性、产量、品质等变异情况。研究太空辐照处理对马铃薯产生的变异、影响及稳定遗传性状，探索太空条件选择诱变种质资源材料或可能选育新品系，育成新品种。

作者简介：王珍珍（1991—），女，硕士，中级农艺师，主要从事马铃薯育种及栽培生理研究。

基金项目：山东省重点研发计划项目（2022CXGC010604）。

＊通信作者：胡柏耿，博士，主要从事马铃薯育种及新品种推广工作，e-mail：hubaigeng@ 163. com。

1 马铃薯太空育种概述

太空育种可不是简单的种子"飞天"。种子搭载只是走过了万里长征一小步，不是"出趟差"就成了"太空种子"，还要"过关斩将"。

1.1 为什么要将种子带到太空中呢？

首先，是增强植物自身的优点。太空环境相较于地球环境有着微重力、高真空、高能辐射以及较强的磁场，这些因素综合在一起能够诱发植物种子产生基因变异，对种子的生理以及遗传性状起到强烈的影响。经过试验证明，在太空经过变异育种出来的植物具有多方面的优点，如早熟、优质、高产、抗病力较强等。有很多耳熟能详的农作物都是经过太空育种的，比如大豆"铁丰18"、小麦"鲁原502"、棉花"鲁棉1号"等。

其次，是丰富了老百姓的"菜篮子"。有数据显示，北京市场上约有30%的草莓都是太空草莓，个头普遍比地球上普通培育出来的要大，太空培育出来的西红柿、甜瓜、辣椒等也受到人们的欢迎。由此可见，太空育种让人们有了更多更好的选择。

1.2 太空育种是不是转基因？

太空育种可不是转基因。太空育种是把农作物育种材料搭载在航天器上，利用宇宙中的强辐射、微重力、高真空等所产生的变异，再通过人工选择培育新品种的育种方法。太空育种是自身基因的变异，没有打破物种界限，而转基因是将一个外来基因移植到另一个作物当中，比如转基因抗虫棉的培育。

1987年8月，中国返回式卫星首次将一批水稻、番茄、青椒等种子送入太空，开启了种子的太空"奇遇之旅"。从田间到实验室再到太空再到田间，这种"旅行"，是让种子先"上天"，变异后的种子再"入地"，经科研人员筛选及多代选育，最终获得优良新品种。

1.3 种子上天就一定能产生新品种吗？

太空"奇遇之旅"其实是一场"大冒险"，太空环境诱发的基因变异可遇不可求，虽然概率高于自然变异的水平，但平均也只有0.05%~0.5%，其中有益的突变大约只占总变异量的3%。这就相当于10万颗种子可能只有1.5粒种子有机会实现基因突变。回到地面之后，种子的筛选就像开盲盒，要培育到第二代才可以开始选拔性能优异的种子，经过5~6代培育和层层筛选，8~10年才能诞生新品种。

1.4 如何铸成一粒"太空马铃薯种子"呢？

上过天就是"太空马铃薯种子"了吗？马铃薯是通过块茎种植的。实际上，这是生产上常用的种植方式，是一种无性繁殖的方式，也就是说即使一代代的种下去，他们的遗传物质也是不会发生改变的。对育种者而言，是要通过有性繁殖的方式让他的后代基因重组，就是将他们的父母本进行杂交，杂交后代会出现各种不同性状，这样才有机会选择出想要的优良性状。

1.5 什么样的马铃薯实生籽才能被选中搭上神舟飞船的"便车"呢？

马铃薯的实生籽形状和芝麻粒很像，大小约为芝麻粒的1/4，其是在马铃薯开花期由父本和母本通过杂交所获得。那么在选择搭载材料的时候有什么标准呢？(1)根据平常大田筛选的经验，每年株系表现优良概率大的优先挑选；(2)根据父母本的性状表现，俗话说"父母优秀了，孩子一般不会很差"就是这个意思；（3）挑选一些特用型组合，比如彩色、高淀粉、耐盐碱等。但是值得注意的是，并不是登上太空以后，这些马铃薯实生籽就可以被称为"太空种子"了。

想被称为"品种"，这批"太空游客"马铃薯实生籽走到这一步，实际上还只是"万里长征第一站"。等到第二年九月中上旬收获时，需要一株一株进行鉴定评价，收获时需要把块茎和秧子对应起来，观察熟期、产量、块茎性状等综合性状。接下来，将符合选择标准的单株块茎收集起来，第三年进行切块种植，将综合性状优良的组合一代代的选育，如果多次种植选育以后表现依然良好，就会进行下一步的品种适应性试验。因为每个地方气候不一样，需要进行区域试验来检测该组合在特定区域是否表现良好、是否符合当地农民需求。如果顺利通过区域试验，就会进行品种登记、品种保护，推向市场之后，种植户就可以拿到这个种子了。

1.6 希望"太空马铃薯"发生什么样的变异？

对于育种者来说，马铃薯的传统杂交育种周期非常长，大概需要 8~10 年时间才能培育成一个稳定的品种。但在太空上，经历了太空高辐射、微重力、大温差等物有因素，加剧马铃薯试验材料的染色体 DNA 操作，干扰 DNA 修复系统的正常运转，从而使试验材料的遗传物质发生变异，就有可能出现所期待的性状，如早熟、淀粉含量高、耐盐碱、抗病能力更强等。因此太空育种比传统杂交种周期会缩短将近一倍的时间，差不多缩短三四年的时间。

不过，太空育种更像是"开盲盒"，由于基因突变具有不定向性，并非所有实生籽都会发生有益突变，经过多年的大田鉴定评价，综合性状优良的才会被留下。

2 太空育种的展望

由于载人航天的实现，下一步太空育种可能会离老百姓越来越近。而且，此前其他登上太空的农作物，已经带来一些可喜变化，2011 年山东省青岛市即墨区培育的太空椒实现了单只重 0.5 kg、产量超 4 000 kg/667 m² 的成绩。此外，据报道 2013 年神舟十号飞船上搭载的"阜麦 8 号"小麦种子，2021—2023 年的种植面积将超过 3.33 万 hm²、产量达到 800 kg/667 m² 以上。目前马铃薯太空育种开展不多，目标是通过这一辅助育种手段，培育出高产、抗病、耐盐碱、淀粉含量高、生育周期短等综合性状优良的"太空马铃薯"。

[参 考 文 献]

[1] 贾笑英. 利用转基因技术培育马铃薯(*Solanum tuberosum* L.)高淀粉及抗病新品系 [D]. 兰州: 甘肃农业大学, 2006.

[2] 佚名. 我国成最大马铃薯生产国 [J]. 新疆农垦科技, 2004(3): 48.

[3] 贾楠. 马铃薯与几种主要农作物的间作套种技术 [J]. 农家参谋: 种业大观, 2010(12): 44.

[4] 张庆柱, 张彩霞. 实施我国马铃薯主粮化的战略 [J]. 农业科技与装备, 2015(7): 80-81.

[5] 刘诗蕾. 马铃薯如何走向中国主粮之列？ [J]. 营销界: 农资与市场, 2016, 481(5): 42-45.

[6] 金璟, 龙蔚, 张德亮, 等. 云南省冬早马铃薯产业发展探讨 [J]. 农村经济与科技, 2014, 25(3): 34-35.

[7] 李秀华, 梁瑞萍, 高振江, 等. 包头地区马铃薯新品种引进及筛选 [J]. 中国马铃薯, 2016, 30(1): 1-3.

马铃薯新品种茎尖脱毒培养快速成苗技术初探

范龙秋，林团荣，王玉凤，王　真，王　伟，

张志成，王懿茜，黄文娟，焦欣磊，尹玉和*

（乌兰察布市农林科学研究所，内蒙古　乌兰察布　012209）

摘　要：为缩短马铃薯茎尖组织脱毒成苗周期，尽快获得目标品种（系）不带毒核心苗，以乌兰察布市农林科学研究所自主选育新品系"T033"与"T073"为试验材料，开展茎尖初继代培养基配方组合、外植体消毒处理方式以及光质条件对马铃薯新品种（系）茎尖成苗影响研究。马铃薯新品种（系）茎尖脱毒成苗最佳培养基配方组合为：初代培养基配方 MS+0.4 mg/L KT+0.2 mg/L GA_3+0.1 mg/L NAA，继代培养基配方 MS+0.1 mg/L NAA+0.5 mg/L 6–BA，茎尖成苗周期1.5~2个月；最佳消毒剂处理方式为75%酒精消毒30 s+0.1% $HgCl_2$ 消毒12 min，外植体成活率最高，为78.89%；最佳光质条件为红蓝光配比5：1，茎尖成苗周期37 d，成苗率86.67%，脱毒苗叶片舒展且浓绿、茎秆粗壮、长势强。

关键词：马铃薯；茎尖脱毒；培养基；生长调节剂；消毒；光照

病毒病是危害马铃薯种薯生产的重要病害之一，块茎被侵染病毒病后症状不可逆转，严重影响马铃薯的产量和品质[1]。应用马铃薯脱毒技术，是解决马铃薯种性退化、提升马铃薯产量、抗逆性、抗病性的主要技术措施[2]，茎尖脱毒是目前国内最成熟且应用最广泛的方法，其对马铃薯种质创制、种质资源保存、种薯（苗）繁育等环节起着关键性作用[3]。经过众多对大面积种植马铃薯常规品种的茎尖脱毒培养技术深入研究[4-8]，得出不同基因型马铃薯对植物生长调节剂配比以及培养条件存在差异，结合茎尖脱毒培养成苗周期长，也为抢占后期脱毒种薯的生产时机，针对选育新品种及时开展茎尖脱毒研究十分必要。本试验通过不同外植体灭菌处理方式、不同初继代培养基组合、不同光质条件对马铃薯新品种茎尖脱毒诱导效果的影响进行探究，掌握获取新品种脱毒种苗技术途径，为茎尖脱毒研究提供理论实际依据，助力内蒙古自治区马铃薯优异品种推广应用。

1　材料与方法

1.1　供试材料

试验于乌兰察布市农林科学研究所组培技术研发中心实验室进行，供试材料为

作者简介：范龙秋（1989—），女，硕士，助理研究员，主要从事马铃薯组织培养技术研究。

基金项目：现代农业产业技术体系（CARS-09-ES05）；乌兰察布市农林科学研究所自选项目（2022WNLQN02）。

*通信作者：尹玉和，研究员，主要从事马铃薯遗传育种与栽培技术研究，e-mail：wlcbsyyh@163.com。

"T033"（17134-1007-59-228）、"T073"（2015GX-1811-B28）2个自主选育新品种。其中"T073"（2015GX-1811-B28）田间性状表现优良、商品薯率高，不同消毒剂处理组合灭菌效果比较和不同光质条件下马铃薯茎尖脱毒培养比较试验选用该品种，马铃薯茎尖脱毒初继代培养基筛选选用"T033"（17134-1007-59-228）、"T073"（2015GX-1811-B28）2个品种材料。试验时间在2023年2月至2023年12月。

"T033"（17134-1007-59-228）：生育期94 d，茎紫色，叶片深绿色，花繁茂深紫色，结实性强，块茎大小整齐，薯形椭圆，红皮黄肉，薯皮略麻，芽眼浅，干物质含量19.66%，淀粉含量13.90%。

"T073"（2015GX-1811-B28）：生育期86 d，茎绿色，叶片深绿色，花繁茂紫色，结实性中等，块茎大小较整齐，薯形椭圆，黄皮黄肉，薯皮光滑，芽眼浅，干物质含量21.10%，淀粉含量17.02%。

1.2 试验方法

1.2.1 外植体准备

选择农艺性状典型、没有明显病毒症状的品种单株，经检测不携带马铃薯纺锤块茎类病毒（Potato spindle tuber viroid，PSTVd）的块茎催芽备用，自然通过休眠或用15 mg/L赤霉素溶液浸泡30 min打破休眠。当芽长到2~3 cm时，切取芽体放入玻璃烧杯内，水流持续冲洗2~3 h，控干水后拿至无菌接种室进行消毒处理。

1.2.2 不同消毒剂处理组合筛选

设置75%酒精和0.1%$HgCl_2$溶液两种消毒剂不同处理时长组合（表1），先用75%酒精浸泡，无菌水冲洗3遍，再用0.1%$HgCl_2$溶液浸泡，浸泡过程中不断搅动，之后无菌水冲洗5遍，用无菌滤纸吸干待用。将切取的"T073"（2015GX-1811-B28）茎尖，大小为1~2 mm接种于MS培养基，温度20~23 ℃，光照强度1 800~2 000 lx，每天16 h光照条件下进行培养观察，每个处理接种30瓶，每瓶1个茎尖，14 d后统计外植体的污染率、褐化率以及成活率。

表1 不同消毒剂处理组合

处理	75%酒精灭菌时间（s）	0.1%$HgCl_2$灭菌时间（min）
1	20	8
2	20	10
3	20	12
4	20	14
5	30	8
6	30	10

处理	75%酒精灭菌时间(s)	0.1%HgCl₂灭菌时间(min)
7	30	12
8	30	14
9	40	8
10	40	10
11	40	12
12	40	14

1.2.3 马铃薯茎尖脱毒初继代培养基筛选

将灭菌后的芽体在 40 倍显微镜下用解剖刀与解剖针剥取带有 1~2 个叶原基(直径为 0.1~0.2 mm)的茎尖接种于初代培养基上,并注明接种的品种名称、处理代号以及接种日期,设置培养温度 20~23 ℃,光照强度 1 800~2 000 lx,每天 16 h 光照条件下进行培养诱导。经初代培养 45 d 后,转接至继代培养基上再次进行培养观察,继代培养周期 45 d。以 MS 培养基为基础,添加 3%蔗糖和 0.6%卡拉胶以及不同浓度 a-萘乙酸(1-naphthlcetic acid,NAA)、6-苄氨基嘌呤(6-Benzylaminopurine,6-BA)、激动素(Kinetin,KT)、赤霉素(Gibberellin A₃,GA₃)等植物生长调节剂,设定 6 组不同马铃薯茎尖脱毒培养基配比配方,共设置 30 个不同初继代培养基配方处理水平,每个处理接种两个供试材料各 20 个茎尖,通过统计成芽率、成苗周期、成苗率、愈伤分化等指标,以期筛选出快速成苗培养基配方组合(表 2)。

1.2.4 不同光质条件下马铃薯茎尖脱毒培养比较

将"T073"(2015GX-1811-B28)茎尖接种于经 1.2.3 选出的配方培养基 0.4 mg/L KT+ 0.2 mg/L GA₃+0.1 mg/L NAA(K∶G∶N=4∶2∶1),之后放置于不同红蓝灯珠配比灯光下照射培养,试验设计 5 种光质条件,分别为全红(R)、红蓝配比 3∶1(R∶B=3∶1)、红蓝配比 5∶1(R∶B=5∶1)、红蓝配比 7∶1(R∶B=7∶1)、全蓝(B),茎尖培养周期为 3 个月,每个处理接种 30 个茎尖,期间统计愈伤数量、愈伤分化类型、成苗周期、成苗率等指标,获得马铃薯新品种最适宜茎尖发育的光质培养条件。

(1)成苗:成活茎尖长出带有 2 个以上叶片的小植株。

(2)茎尖成活:茎尖分生组织发育为可见的绿色小点。

(3)成苗率:成苗数与成活茎尖数之比。

(4)成活率:成活茎尖数与接种茎尖数之比。

表 2 马铃薯茎尖初继代培养配方组合

处理水平	初代培养生长调节剂配方（mg/L）	继代培养生长调节剂配方（mg/L）
1		0.1 mg/L NAA+0.5 mg/L 6-BA(N：B=1：5)
2		0.4 mg/L KT+0.2 mg/L GA$_3$+0.1 mg/L NAA(K：G：N=4：2：1)
3	0.5 mg/L NAA+0.1 mg/L 6-BA(N：B=5：1)	0.4 mg/L 6-BA+0.2 mg/L GA$_3$+0.1 mg/L NAA(B：G：N=4：2：1)
4		0.2 mg/L NAA(N 0.2)
5		0.2 mg/L 6-BA(B 0.2)
6		0.5 mg/L NAA+0.1 mg/L 6-BA(N：B=5：1)
7		0.4 mg/L KT+0.2 mg/L GA$_3$+0.1 mg/L NAA(K：G：N=4：2：1)
8	0.1 mg/L NAA+0.5 mg/L 6-BA(N：B=1：5)	0.4 mg/L 6-BA+0.2 mg/L GA$_3$+0.1 mg/L NAA(B：G：N=4：2：1)
9		0.2 mg/L NAA(N 0.2)
10		0.2 mg/L 6-BA(B 0.2)
11		0.5 mg/L NAA+0.1 mg/L 6-BA(N：B=5：1)
12		0.1 mg/L NAA+0.5 mg/L 6-BA(N：B=1：5)
13	0.4 mg/L KT+0.2 mg/L GA$_3$+0.1 mg/L NAA(K：G：N=4：2：1)	0.4 mg/L 6-BA+0.2 mg/L GA$_3$+0.1 mg/L NAA(B：G：N=4：2：1)
14		0.2 mg/L NAA(N 0.2)
15		0.2 mg/L 6-BA(B 0.2)

处理水平	初代培养生长调节剂配方（mg/L）	继代培养生长调节剂配方（mg/L）
16		0.5 mg/L NAA+0.1 mg/L 6-BA(N：B=5：1)
17		0.1 mg/L NAA+0.5 mg/L 6-BA(N：B=1：5)
18	0.4 mg/L 6-BA+0.2 mg/L GA_3+0.1 mg/L NAA(B：G：N=4：2：1)	0.4 mg/L KT+0.2 mg/L GA_3+0.1 mg/L NAA(K：G：N=4：2：1)
19		0.2 mg/L NAA(N 0.2)
20		0.2 mg/L 6-BA(B 0.2)
21		0.5 mg/L NAA+0.1 mg/L 6-BA(N：B=5：1)
22		0.1 mg/L NAA+0.5 mg/L 6-BA(N：B=1：5)
23	0.2 mg/L NAA(N 0.2)	0.4 mg/L KT+0.2 mg/L GA_3+0.1 mg/L NAA(K：G：N=4：2：1)
24		0.4 mg/L 6-BA+0.2 mg/L GA_3+0.1 mg/L NAA(B：G：N=4：2：1)
25		0.2 mg/L 6-BA(B 0.2)
26		0.5 mg/L NAA+0.1 mg/L 6-BA(N：B=5：1)
27		0.1 mg/L NAA+0.5 mg/L 6-BA(N：B=1：5)
28	0.2 mg/L 6-BA(B 0.2)	0.4 mg/L KT+0.2 mg/L GA_3+0.1 mg/L NAA(K：G：N=4：2：1)
29		0.4 mg/L 6-BA+0.2 mg/L GA_3+0.1 mg/L NAA(B：G：N=4：2：1)
30		0.2 mg/L NAA(N 0.2)

2 结果与分析

2.1 不同消毒剂处理组合筛选

当75%酒精或0.1%HgCl$_2$任何一种消毒剂灭菌时间一样，污染率随着另外一种消毒剂灭菌时间的延长均呈现下降趋势，表明两种消毒剂在茎尖外植体消毒过程中均起到一定的杀菌作用，但随着污染率的降低，茎尖褐化比例提高，且随着消毒时间延长，两种消毒剂对茎尖生长复合影响越大。当0.1%HgCl$_2$处理12 min延长至14 min时，75%酒精灭菌时长20、30、40 s褐化率增加幅度分别为5.56、8.89、11.11个百分点，75%酒精灭菌20 s和30 s时成活率随HgCl$_2$灭菌时间延长呈先增高后降低趋势，灭菌40 s时成活率随HgCl$_2$灭菌时间延长一直下降，综合得出用75%酒精处理芽体30 s，0.1%HgCl$_2$处理12 min组合下，外植体污染率最低和褐化率较低，成活率此时达到最高，为78.89%，为最佳消毒剂处理组合(表3)。

表3 "T073"马铃薯外植体消毒结果

处理	75%酒精灭菌时间（s）	0.1%HgCl$_2$灭菌时间（min）	污染率（%）	褐化率（%）	成活率（%）
1	20	8	25.56 a	2.22 f	72.22 a
2	20	10	15.56 bc	7.78 ef	76.67 a
3	20	12	2.22 d	20.00 cd	77.78 a
4	20	14	1.11 d	25.56 bc	73.33 a
5	30	8	21.11 ab	4.44 f	74.44 a
6	30	10	10.00 c	14.44 de	75.56 a
7	30	12	0 d	21.11 cd	78.89 a
8	30	14	0 d	30.00 b	70.00 a
9	40	8	17.78 b	5.56 f	76.67 a
10	40	10	3.33 d	21.11 cd	75.56 a
11	40	12	0 d	30.00 b	70.00 a
12	40	14	0 d	41.11 a	58.89 b

注：不同小写字母表示0.05水平差异显著。下同。

2.2 马铃薯茎尖脱毒初继代培养基筛选

初继代培养基组合处理对"T033"与"T073"两个品种茎尖脱毒成苗产生不同影响，在初代培养阶段(表4，表5)，"T033"茎尖成活率为93.33%~100%，培养基配方0.4 mg/L KT+0.2 mg/L GA$_3$+0.1 mg/L NAA(K：G：N=4：2：1)条件下，形成较多明显不定芽，其他5个处理均未见形成不定芽，占比达58%，培养周期35 d，其中带有愈伤组织不定芽46个，占比为79.31%，与处理0.5 mg/L NAA+0.1 mg/L 6-BA(N：B=5：1)分别形成根愈伤数6个与4个，5个处理水平下未见同时形成具有不定芽和根愈伤组织。0.2 mg/L NAA(N 0.2)、0.2 mg/L 6-BA(B 0.2)两个处理下茎尖组织均未形成愈伤组织，在继代培养阶段，处理1(N：B=5：1)→(N：B=1：5)、处理2(N：B=5：1)→(K：G：N=4：2：1)、处理6(N：B=1：5)→(N：B=5：1)、处理7(N：B=1：5)→(K：G：N=4：2：1)、处理12(K：G：N=4：2：1)→(N：B=1：5)、处理13(K：G：N=4：2：1)→(B：G：N=4：2：1)、处理15(K：G：N=4：2：1)→(B 0.2)、处理20(B：G：N=4：2：1)→(B 0.2)、处理24(N 0.2)→(B：G：N=4：2：1)共9个组合获得成苗，成苗周期分别为78、60、59、59、47、49、67、54、88 d，成苗率分别为10%、40%、10%、10%、30%、20%、20%、10%、50%，成苗最快的培养基组合为处理12(K：G：N=4：2：1)→(N：B=1：5)。在初代培养阶段，"T073"茎尖成活率为94.29%~100%，培养基配方0.4 mg/L KT+0.2 mg/L GA$_3$+0.1 mg/L NAA(K：G：N=4：2：1)、0.4 mg/L 6-BA+0.2 mg/L GA$_3$+0.1 mg/L NAA(B：G：N=4：2：1)条件下，短期内形成明显不定芽，分别为94个和64个，培养周期为28、27 d，其中带有愈伤组织不定芽54个和64个，占比分别为57.45%、100%，其他4个处理未见形成不定芽、形成2个同时具有不定芽和根愈伤组织。处理0.5 mg/L NAA+0.1 mg/L 6-BA(N：B=5：1)形成2个根愈伤，与"T033"结果相同，在0.2 mg/L NAA(N 0.2)、0.2 mg/L 6-BA(B 0.2)两个处理下茎尖分生组织未形成愈伤。在继代培养阶段，处理21(N 0.2)→(N：B=5：1)、处理22(N 0.2)→(N：B=1：5)、处理23(N 0.2)→(K：G：N=4：2：1)、处理24(N 0.2)→(B：G：N=4：2：1)、处理25(N 0.2)→(B 0.2)、处理29(B 0.2)→(B：G：N=4：2：1)、处理30(B 0.2)→(N 0.2)共7个组合未获得成苗，其他23个组合均获得成苗，成苗周期为46~89 d，成苗率为10%~90%，成苗最快的培养基组合为处理12(K：G：N=4：2：1)→(N：B=1：5)。继代培养阶段主要完成愈伤组织分化培养，由表4和表5可知，"T033"和"T073"愈伤组织对相同培养基配方响应不同，对于"T033"最佳不定芽诱导培养基为0.4 mg/L KT+0.2 mg/L GA$_3$+0.1 mg/L NAA(K：G：N=4：2：1)，而对于"T073"最佳不定芽诱导培养基为0.4 mg/L 6-BA+0.2 mg/L GA$_3$+0.1 mg/L NAA(B：G：N=4：2：1)。

表 4　初继代培养基组合对"T033"茎尖脱毒成苗影响

处理水平	初代培养阶段								继代培养阶段									
	培养日期(D/M~D/M)	成活率(%)	成芽时间(D/M)	不定芽数(个)	芽愈伤数(个)	根愈伤数(个)	芽根愈伤数(个)	愈伤占比(%)	培养日期(D/M~D/M)	成活率(%)	成苗时间(D/M)	接种数(个)	成苗数(个)	成苗率(%)	芽愈伤数(个)	根愈伤数(个)	芽根愈伤数(个)	愈伤占比(%)
1										100	12/05	20	2	10	0	2	0	50
2										100	24/04	20	8	40	12	8	2	90
3	23/02~08/04	93.33	–	0	0	6	0	100	08/04~23/05	100	–	20	0	0	0	20	0	100
4										100	–	20	0	0	0	20	0	100
5										100	–	20	0	0	0	16	0	80
6										100	24/04	20	2	10	1	5	0	45
7										90	24/04	20	2	10	1	6	0	45
8	24/02~10/04	98.33	–	0	0	0	0	100	10/04~25/05	100	–	20	0	0	0	10	0	50
9										100	–	20	0	0	0	8	0	50
10										100	–	20	0	0	0	8	0	50

续表 4

处理水平	初代培养阶段								继代培养阶段									
	培养日期 (D/M-D/M)	成活率 (%)	成芽时间 (D/M)	不定芽数 (个)	芽愈伤数 (个)	根愈伤数 (个)	芽根愈伤数 (个)	愈伤占比 (%)	培养日期 (D/M-D/M)	成活率 (%)	成苗时间 (D/M)	接种数 (个)	成苗数 (个)	成苗率 (%)	芽愈伤数 (个)	根愈伤数 (个)	芽根愈伤数 (个)	愈伤占比 (%)
11										90	–	20	0	0	0	8	0	40
12										100	08/05	20	6	30	6	2	0	40
13	22/03-06/05	98.36	27/04	58	46	4	0	72	06/05-20/06	100	10/05	20	4	20	4	4	0	40
14										100	–	20	0	0	18	20	18	100
15										100	28/05	20	4	20	16	10	10	90
16										100	–	20	0	0	0	18	0	90
17										80	–	20	0	0	0	6	0	30
18	10/04-25/05	100	–	0	24	0	0	100	25/05-09/07	100	–	20	0	0	0	20	0	100
19										100	–	20	0	0	0	20	0	100
20										100	03/06	20	2	10	2	0	0	100

续表4

处理水平	初代培养阶段								继代培养阶段									
	培养日期 (D/M-D/M)	成活率 (%)	成芽时间 (D/M)	不定芽数 (个)	芽愈伤数 (个)	根愈伤数 (个)	芽根愈伤数 (个)	愈伤占比 (%)	培养日期 (D/M-D/M)	成活率 (%)	成苗时间 (D/M)	接种数 (个)	成苗数 (个)	成苗率 (%)	芽愈伤数 (个)	根愈伤数 (个)	芽根愈伤数 (个)	愈伤占比 (%)
21										100	–	20	0	0	0	0	0	0
22										100	–	20	0	0	0	2	0	60
23	13/05-27/06	98.00	–	0	0	0	0	0	27/06-11/08	90	–	20	0	0	0	4	0	40
24										100	09/08	20	10	50	6	0	0	70
25										100	–	20	0	0	0	0	0	0
26										100	–	20	0	0	0	0	0	90
27										100	–	20	0	0	0	0	0	0
28	23/05-07/07	98.21	–	0	0	0	0	0	07/07-21/08	100	–	20	0	0	0	20	0	100
29										100	–	20	0	0	0	0	0	100
30										100	–	20	0	0	0	0	0	0

表5 初继代培养基组合对"T073"茎尖脱毒成苗影响

处理水平	初代培养阶段								继代培养阶段									
	培养日期 (D/M–D/M)	成活率 (%)	成苗时间 (D/M)	不定芽数 (个)	芽愈伤数 (个)	根愈伤数 (个)	芽根愈伤数 (个)	愈伤占比 (%)	培养日期 (D/M–D/M)	成活率 (%)	成苗时间 (D/M)	接种数 (个)	成苗数 (个)	成苗率 (%)	芽愈伤数 (个)	根愈伤数 (个)	芽根愈伤数 (个)	愈伤占比 (%)
1										100	12/05	20	4	20	4	0	0	80
2										80	24/04	20	10	50	6	6	2	60
3	24/02–09/04	94.44	–	0	0	2	0	100	09/04–24/05	100	15/05	20	8	40	8	10	4	100
4										100	23/05	20	2	10	2	12	2	50
5										100	02/05	20	2	10	2	8	2	50
6										100	23/04	20	10	50	8	4	2	90
7										100	21/04	20	12	60	8	6	4	80
8	25/02–11/04	100	–	0	0	0	0	100	11/04–26/05	100	06/05	20	14	70	14	8	6	90
9										100	12/05	20	4	20	4	0	0	100
10										100	08/05	20	8	40	8	0	0	100

续表 5

处理水平	初代培养阶段								继代培养阶段									
	培养日期(D/M-D/M)	成活率(%)	成苗时间(D/M)	不定芽数(个)	芽愈伤数(个)	根愈伤数(个)	芽根愈伤数(个)	愈伤占比(%)	培养日期(D/M-D/M)	成活率(%)	成苗时间(D/M)	接种数(个)	成苗数(个)	成苗率(%)	芽愈伤数(个)	根愈伤数(个)	芽根愈伤数(个)	愈伤占比(%)
11										100	12/05	20	18	90	14	2	2	70
12										100	08/05	20	14	70	12	0	0	60
13	23/03-07/05	100	20/04	94	54	2	2	58	07/05-21/06	100	10/05	20	13	65	20	2	2	100
14										100	21/05	20	12	60	18	14	14	90
15										100	15/05	20	12	60	6	4	4	30
16										100	13/06	20	12	60	12	14	12	100
17										100	15/06	20	14	70	14	20	14	100
18	11/04-26/05	94.29	08/05	64	64	2	2	100	26/05-10/07	100	15/06	20	16	80	16	16	14	100
19										100	02/07	20	18	90	18	20	18	100
20										100	05/07	20	18	90	18	18	18	100

续表 5

处理水平	初代培养阶段								继代培养阶段									
	培养日期 (D/M-D/M)	成活率 (%)	成苗时间 (D/M)	不定芽数 (个)	芽愈伤数 (个)	根愈伤数 (个)	芽根愈伤数 (个)	愈伤占比 (%)	培养日期 (D/M-D/M)	成活率 (%)	成苗时间 (D/M)	接种数 (个)	成苗数 (个)	成苗率 (%)	芽愈伤数 (个)	根愈伤数 (个)	芽根愈伤数 (个)	愈伤占比 (%)
21										100	–	20	0	0	0	0	0	10
22										90	–	20	0	0	0	0	0	20
23	14/05–28/06	96.30	–	0	0	0	0	0	28/06–12/08	80	–	20	0	0	0	2	0	30
24										100	–	20	0	0	0	0	0	20
25										100	–	20	0	0	0	0	0	10
26										100	06/08	20	4	20	14	8	6	90
27										100	30/07	20	10	50	18	2	2	30
28	24/05–08/07	96.43	–	0	0	0	0	0	08/07–22/08	100	19/07	20	2	10	20	18	18	100
29										100	–	20	0	0	20	20	20	100
30										100	–	20	0	0	0	0	0	0

2.3 不同光质条件下马铃薯茎尖脱毒培养比较

光质为全蓝时培养 3 个月未获得脱毒苗，全红、R∶B=3∶1、R∶B=5∶1、R∶B=7∶1 成苗周期分别为 72、40、37、38 d，成苗率依次为 70.00%、73.33%、86.67%、83.33%，但全红条件下马铃薯脱毒苗表现细长、叶片少，R∶B=3∶1 时苗子叶色浓绿、茎秆粗壮，R∶B=7∶1 时初期成苗呈丛生状，生长速度慢于 3∶1 与 5∶1。5 个处理水平下均 100% 形成愈伤组织，全蓝条件下未生根，红蓝配比为 5∶1 和 7∶1 时，根愈伤占比一致，不定芽和植株愈伤占比最高为处理 3(R∶B=5∶1)，且在此处理下茎尖成苗周期短为 37 d，植株苗子叶片舒展且浓绿、茎秆粗壮、长势快而强(表 6)。

表 6　不同光质条件下马铃薯茎尖成苗对比

处理水平	红蓝配比 (R∶B)	成苗周期 (d)	成苗率 (%)	愈伤占比 (%)	根愈伤占比 (%)	不定芽愈伤占比 (%)	植株愈伤占比 (%)
1	R	72	70.00	100	8.33	16.67	0
2	3∶1	40	73.33	100	8.33	75.00	8.33
3	5∶1	37	86.67	100	25.00	83.33	25.00
4	7∶1	38	83.33	100	8.33	75.00	8.33
5	B	–	–	100	0	58.33	0

3　讨　论

在消毒剂筛选试验中，得出外植体最佳灭菌处理为 75% 酒精消毒 30 s+0.1%HgCl₂ 消毒 12 min，试验仅限于两种消毒药剂间的组合比较，且考虑升汞作为具有剧毒重金属杀菌剂，其灭菌效果极好前提下，仍对人体和环境存在一定危害风险，应在此研究基础上增设其他类型消毒剂进行灭菌效果试验。不同光质条件下马铃薯茎尖脱毒培养比较试验，得出最优光质条件为红蓝光配比为 5∶1，此时马铃薯新品种茎尖成苗周期为 37 d，成苗率 86.67%。

乌兰察布市农林科学研究所自 2021 年起依托内蒙古自治区马铃薯种业技术创新中心平台项目，在马铃薯茎尖脱毒培养基配方筛选上持续开展研究，在前期配方研究结果基础上，不断改进初继代培养基组合筛选试验方案，初步筛选出 1 组综合表现适宜马铃薯新品种茎尖生长发育的优化培养基配方，即初代培养基配方 MS+0.4 mg/L KT+0.2 mg/L GA₃+0.1 mg/L NAA，继代培养基配方 MS+0.1 mg/L NAA+0.5 mg/L 6-BA，初代能快速形成不定芽，继代诱导胚性愈伤组织分化，使茎尖剥离脱毒周期明显缩短，在脱毒后带 1 个叶原基的条件下，成苗周期由原来的 3~6 个月缩短至 1.5~2 个月，成苗率从原来的 40% 提高至 70% 左右，成苗长势快且健壮。试验结果表明不定芽的发生受细胞分裂素 KT、6-BA 影响紧密，这与贾薇等[9]研究结果一致，若单独使用生长素或细胞分裂素均不能达到茎尖脱毒高效率成苗目标，初代茎尖分生组织发育状况以及转接时间直接影响继代培养阶段的成苗速度；调查过程中发现形成愈伤组织的不定芽比未形成愈伤组织的不定芽成苗快，这与蒋瑜等[10]的研究结果不一致，考虑可能与基因型响应存在差异相关联。配方组合只针对两个供试材料的综合表现比较得出，光照和消毒剂比较试验只针对"T073"品种开展得出结论，仍需要做进一步多品种接种印证，集成一套绿色高效马铃薯茎尖脱毒技术，帮助提升内蒙古自治区马铃薯综合生产力。

[参 考 文 献]

[1] 白艳菊, 高艳玲, 王晓, 等. 马铃薯种薯质量检测技术 [M]. 哈尔滨: 哈尔滨工程大学出版社, 2016.

[2] 王芳, 鲁宇文, 周金波, 等. 马铃薯茎尖脱毒及病毒鉴定技术研究 [J]. 浙江农业科学, 2023, 64(7): 1 736-1 739.

[3] 方贯娜, 庞淑敏, 李建欣. 基因型与不同激素配比对马铃薯茎尖组织培养的影响 [J]. 中国马铃薯, 2009, 23(1): 30-32.

[4] 王永刚. 大同地区主要马铃薯栽培品种茎尖脱毒研究 [J]. 特种经济动植物, 2023, 26(10): 23-25.

[5] 张微, 刘卫平, 李志新, 等. 不同马铃薯品种茎尖脱毒与成苗试验 [J]. 黑龙江农业科学, 2020(8): 52-54.

[6] 张媛媛. 榆林地区马铃薯主栽品种的茎尖脱毒研究 [D]. 杨凌: 西北农林科技大学, 2019.

[7] 王毅. 青薯 10 号茎尖脱毒及快繁技术研究 [J]. 青海农林科技, 2018(3): 10-12.

[8] 郭耀东, 温日宇, 姜庆国. 费乌瑞它马铃薯脱毒技术研究 [J]. 安徽农业科学, 2017, 45(33): 49-51.

[9] 贾薇, 雍嘉仪, 李傲天, 等. 木蓝愈伤组织诱导与不定芽分化培养 [J]. 中国农学通报, 2023, 39(21): 109-117.

[10] 蒋瑜, 张丽芳, 朱维贤, 等. 马铃薯茎尖脱毒培养基的筛选及影响因素分析 [J]. 长江蔬菜, 2010(4): 11-13.

马铃薯 *StNF-YA8* 基因参与块茎休眠解除的功能研究

王 霄[1,2]，李世贵[1,3]，杨江伟[1,3]，唐 勋[1,3]，

王泽民[3]，晋 昕[3]，张 宁[1,3]，司怀军[1,3]*

(1. 省部共建干旱生境作物学国家重点实验室，甘肃 兰州 730070；

2. 甘肃农业大学农学院，甘肃 兰州 730070；

3. 甘肃农业大学生命科学技术学院，甘肃 兰州 730070)

马铃薯(*Solanum tuberosum* L.)属茄科茄属，一年生草本植物。其块茎含有丰富的淀粉、蛋白质、维生素等多种营养元素。马铃薯块茎完成后熟阶段之后会转入休眠期，此时块茎所有的芽眼都处于生理休眠状态，给予其适宜的生长条件，块茎也不能发芽。块茎休眠和发芽对于马铃薯栽培、块茎生产和加工都极为重要。在栽培过程中，块茎作为种薯时休眠程度影响着田间出苗的早晚、整齐度和产量的高低，休眠会延长块茎的发芽和生长，最终影响商品薯产量，必要时需通过物理或化学等手段人工打破休眠期以满足播种需要。当块茎作为食品和加工原料时，要求有较长的休眠期，以便运输和贮藏，休眠解除会造成水分和养分大量消耗，以至丧失商品质量和应用价值。

核因子Y(Nuclear Factor-Y，NF-Y)又被称为 *HAP* 或 *CBF* 基因，是真核生物中普遍存在且进化保守的一类转录因子，由于能够结合下游基因启动子区的 CCAAT 作用元件，又被称为 CCAAT 结合因子。NF-Y 亚基可以分为三大类：NF-YA(HAP2/CBF-B)、NF-YB(HAP3/CBF-A)和 NF-YC(HAP5/CBF-C)。NF-Y 有 3 种作用方式调控下游靶基因的表达。经典的作用模式为 NF-YB 与 NF-YC 在细胞质中相互识别并通过 HFM 结构域发生相互作用，形成 NF-YB/C 异源二聚体，然后转移到细胞核中，与特定的 NF-YA 识别并相互作用形成具有活性的异源三聚体。识别靶基因启动子区 CCAAT-box 与之特异性结合，调控下游基因的表达。第二种作用模式为在细胞质中 NF-YB 与 NF-YC 发生初级组装形成 NF-YB/C 二聚体，再转移到细胞核内与其他因子 X 形成异源三聚体，识别特定基因启动子区顺式元件进而调控该基因表达。除了三聚体转录调控模式外，有研究发现 NF-Y 转录因子可以招募去甲基化酶或招募和引导染色质重塑因子影响转录进而对基因座的活性进行调控。大量研究表明，NF-Y 转录因子能够参与植物胚胎发育、种子萌发、果实成熟的调控以及响应生物和非生物胁迫过程。

试验对 StNF-YA 家族基因在马铃薯栽培品种"Favorita"块茎不同生长时期表达量进行了定量分析，筛选出了参与块茎休眠解除基因 *StNF-YA8*。采用酵母双杂交、双分子荧光

作者简介：王霄(1997—)，男，博士研究生，主要从事马铃薯遗传育种研究。

基金项目：甘肃省科技重大专项计划(23ZDNA006)；国家自然科学基金项目(31860399)。

*通信作者：司怀军，博士，教授，主要从事马铃薯遗传育种研究，e-mail：hjsi@gsau.edu.cn。

互补、萤火虫素酶互补实验、酵母三杂交、共定位技术鉴定出 StNF-YA8 与 StNF-YB20 和 StNF-YC5 形成三聚体发挥作用。通过生物信息学分析、酵母单杂交、双荧光素酶报告基因实验筛选并鉴定出了该转录因子下游靶基因 *StGA20ox1*、*StGA3ox1*、*StPP2CA1* 和 *StCYP707A2*。*StNF-YA8* 转基因块茎休眠和发芽特性分析结果表明，*StNF-YA8* 过表达块茎休眠解除时间早于非转基因块茎和抑制表达块茎。为了进一步明确该转录因子在块茎休眠解除过程中参与的生物学功能，分析了转基因和非转基因块茎休眠解除时顶芽处赤霉素（Gibberellic acid，GA）和脱落酸（Abscisic acid，ABA）合成和代谢相关基因的表达量、GA_3 和 ABA 含量以及抗氧化酶活性。结果表明块茎顶芽处 *StGA20ox1*、*StGA3ox1*、*StPP2CA1*、*StCYP707A2* 基因表达量均表现为过表达块茎显著高于非转基因块茎和抑制表达块茎（$P<0.05$）；激素含量分析表明，过表达块茎中 GA_3/ABA 较非转基因块茎显著升高（$P<0.05$），而抑制表达块茎中 GA_3/ABA 显著降低（$P<0.05$）；对休眠解除时不同块茎顶芽处抗氧化酶活性分析表明，超氧化物歧化酶（Superoxide dismutase，SOD）和过氧化氢酶（Catalase，CAT）在过表达块茎中的活性显著高于非转基因和抑制表达块茎（$P<0.05$），而过氧化物酶（Peroxidase，POD）活性则与前两者相反，在抑制表达块茎中的活性显著高于非转基因和过表达块茎中的活性（$P<0.05$）。综合上述结果表明，StNF-YA8 转录因子通过募集 StNF-YB20-C5 二聚体形成一个复合体，通过调节 GA 合成基因和 ABA 分解代谢基因的表达，调节马铃薯块茎中的 GA 和 ABA 平衡，促进块茎休眠解除。此外，在块茎休眠解除期间，该复合体也会影响抗氧化酶活性。研究结果可为马铃薯块茎休眠机理研究提供一定的理论基础。

关键词：马铃薯；StNF-YA8 转录因子；休眠；激素信号；抗氧化酶

茄链格孢 *AsSod* 基因致病机制初探

李怡璠，闫成燚，齐乐丹，韩冬冰，陈泽顺，朱杰华，赵冬梅*

（河北农业大学，河北 保定 071000）

马铃薯作为全球四大粮食作物之一，在中国的种植面积逐年扩大，据估计，目前中国马铃薯种植面积接近 666.67 万 hm^2，总产量和种植面积均居世界第一。由茄链格孢（*Alternaria solani*）引起的马铃薯早疫病是影响中国马铃薯生产的重要真菌病害之一，一般情况下造成 20%~25% 损失，严重时可达 70~80%。目前对马铃薯早疫病的防治以化学防治为主，但长期施用化学药剂不仅会造成环境污染、农药残留问题，还会诱导病原菌产生抗药性。因此，探索早疫病菌致病的分子机制，发掘新的杀菌剂靶标，开发新型绿色农药是防治早疫病的有效策略。

病原真菌 Cu/Zn-Sod 作为 SOD 家族的一员，其在多种真菌病原菌中致病性研究已有很大进展。麦角菌缺失 *Sod* 基因的突变株与野生型菌株相比在侵染初期突变株的致病性变弱。死体营养型真菌病原菌灰葡萄孢，缺失 *BcSod* 后，显著延缓了豌豆叶片的发病速度，说明 *BcSod* 是灰葡萄孢侵染过程中关键的致病因子。核盘菌中，*SsSod* 缺失突变体对其易感寄主豆科植物的毒力降低，表明 *SsSod* 是核盘菌致病性所必需的。实验室前期研究发现，茄链格孢缺失 *AsSod* 基因突变株致病力显著下降。在此基础上，通过对野生型菌株 HWC-168 和 Δ*AsSod* 突变株侵染结构形成能力、病原菌在寄主中的扩散及侵染马铃薯后植物抗病通路相关基因表达量的变化测定，初步探明茄链格孢 *AsSod* 基因的致病机制。

在对 HWC-168 和 Δ*AsSod* 侵染结构形成能力的观测中，通过刮刀损伤、紫外线诱导和变温处理对茄链格孢的野生株 HWC-168 和突变株 Δ*AsSod* 进行诱导产孢，收集分生孢子，配成 10^4 个/mL 的分生孢子悬浮液，吸取 10 μL 的分生孢子悬浮液滴加在疏水载玻片的中央，然后将载玻片放进培养皿中 28 ℃ 黑暗保湿培养，2、4、6、8 h 后分别观察 HWC-168 和 Δ*AsSod* 侵染结构的形成情况。结果表明，HWC-168 的分生孢子培养 4 h 后开始萌发，在分生孢子边缘产生芽管，6 h 后产生更多的芽管向四周延伸，8 h 后产生芽管数量更多，芽管生长更长。同样，Δ*AsSod* 在培养 4 h 后分生孢子开始萌发产生芽管，6 h 和 8 h 后有更多的芽管产生，但产生的芽管数量明显少于野生型。HWC-168 和 Δ*AsSod* 均未观察到附着胞的产生，说明茄链格孢可能以芽管的形成侵染寄主植物，同时 *AsSod* 的缺失导致茄链格孢分生孢子产生芽管的数量减少。

进一步将 HWC-168 和 Δ*AsSod* 接种马铃薯叶片，取接种 3、6、9、12、24、48 h 后的

作者简介：李怡璠（1998—），女，硕士研究生，从事马铃薯病害防治研究。
基金项目：现代农业产业技术体系建设专项资金资助（CARS-09-P18）。
*通信作者：赵冬梅，博士，讲师，主要从事马铃薯病害研究，e-mail：zhaodongm03@126.com。

叶片材料，经过固定和脱色处理 24 h 后，用去离子水清洗叶片，之后用 1% 刚果红染色液和 1% 苯胺蓝染色液进行染色，再用无菌水冲洗去浮色，在光学显微镜下观察野生株和突变株在对叶片侵染过程中的差别。结果发现 HWC-168 和 ΔAsSod 接种叶片 9 h 内均未出现病斑。HWC-168 接种叶片 12 h 后，开始出现病斑，24 h 后接种位置叶片变黄褪绿，随着时间的延长病斑不断增大。ΔAsSod 接种叶片 48 h 后接种处才开始变黄褪绿，同时出现少量病斑。用苯胺蓝和刚果红染色菌丝后，在显微观察下菌丝在叶片中的侵染情况，HWC-168 接种 3 h 后，被侵染的叶片中可以观察到菌丝，接种叶片 12 h 后，菌丝在叶片中蔓延生长，接种 48 h 后，菌丝遍布叶片。而 ΔAsSod 接种 6 h 后，被侵染的叶片中才开始出现菌丝，接种 12 h 后，叶片中仅观察到少量菌丝，接种 24 h 后，菌丝开始在叶片中蔓延生长，但菌丝蔓延速度较 HWC-168 慢。接种 48 h 后，叶片中菌丝的数量明显少于接种 HWC-168 的叶片，说明由于 AsSod 的缺失，限制了早疫病菌菌丝在被侵染叶片中的扩展。

通过实时荧光定量 PCR 测定了 HWC-168 和 ΔAsSod 接种马铃薯叶片 12、24、36、48、60 和 72 h 后茉莉酸和水杨酸等抗病通路相关基因表达量。结果表明，相较于 HWC-168，ΔAsSod 接种叶片后茉莉酸信号通路核心转录因子 MTB1 基因仅在接种 48 h 后表达量下调，其余时间均上调表达，并在接种 24 h 后表达量最高，较 HWC-168 上调了 7.2 倍。与野生型相比，水杨酸信号通路关键基因 NPR1 仅在接种 12 h 后表达量下调，其与时间表达量均上调，在接种 24 h 后表达量较野生型上调了 9.4 倍。与野生型相比，抗病相关基因 STH-21 在接种 36 和 48 h 后表达量上调，较 HWC-168 上调了 2.3 倍，在其余时间表达量下调，且在接种 60 h 后表达量最低，表明 AsSod 的缺失影响了马铃薯抗病相关通路基因的表达，研究结果将初步探明马铃薯早疫病菌 AsSod 的致病机制，为挖掘新型杀菌剂作用靶标，发展新的植物病害防控策略提供理论支持。

关键词：马铃薯；早疫病；茄链格孢；AsSod；致病机制；

马铃薯早熟候选基因挖掘

张朝澍[1,2]，魏国威[1]，李庆全[3,4]，盛万民[3,4*]，石　瑛[1,2*]

(1. 东北农业大学农学院，黑龙江　哈尔滨　150030;

2. 寒地粮食作物种质创新与生理生态教育部重点实验室，黑龙江　哈尔滨　150030;

3. 黑龙江省农业科学院经济作物研究所，黑龙江　哈尔滨　150086;

4. 黑龙江省马铃薯生物学与品质改良重点实验室，黑龙江　哈尔滨　150086)

马铃薯(*Solanum tuberosum* L.)是重要的粮菜兼用及工业原料作物，具有高产稳产、适应性广、营养成分全、用途广等特点。早熟是马铃薯重要的农艺性状，近年来，随着市场需求的不断变化，早熟马铃薯的优势日益突出，虽然中国选育出"东农303""克新4号""中薯3号"等早熟马铃薯品种，但与市场需求相比，早熟品种数量依然较少。如何快速选育早熟马铃薯品种，成为现阶段主要育种目标之一。马铃薯育种以常规育种为主，由于早熟种质资源开发利用不充分、育种周期长，且早熟性状是受多基因控制的隐性性状，通过常规育种难以快速解决上述早熟品种缺乏的问题，因此，通过挖掘马铃薯发育过程中控制早熟的关键基因，解析基因调控通路，利用分子标记辅助育种等方式，快速选育早熟优质马铃薯品种，成为近年来马铃薯的研究重点。为筛选控制马铃薯早熟性状的基因，明确关键基因的分子调控网络，以早熟马铃薯骨干亲本"Anemone"(白头翁)为试验材料，对块茎形成过程中的5个时期(匍匐茎期、膨大起始期、膨大期、成熟期、收获期)进行转录组及代谢组测序，研究结果可为挖掘影响马铃薯早熟的关键基因及分析基因的调控网络指引方向，也可为后续开发马铃薯早熟分子标记进行分子标记辅助育种提供参考。

转录组测序结果显示，各样本获得高质量碱基均达到5 821 524 360 bp以上，各组样品Q30碱基百分比均在91.1%以上，可用于生物信息学分析。根据基因的表达水平进行相邻两时期比较获得差异表达基因，共筛选到11 173个DEGs。各相邻两个时期分别获得6 741、2 537、1 402、493个DEGs，其中，上调表达的基因数分别为3 232、667、308和142，下调表达的基因数分别为3 509、1 870、1 094和351，匍匐茎期到膨大起始期差异表达基因最多，成熟期到收获期差异表达基因最少，有7个基因贯穿了"Anemone"的整个生育时期。对差异表达基因进行KEGG富集，注释共得到9 237个差异表达基因，占差异基因总数的82.7%，注释基因共富集在456条pathway中。同时，将不同发育时期的差异表达基因分别进行KEGG富集，有4 151、1 566、779、276个差异表达基因分别定位到

作者简介：张朝澍(1989—)，男，博士，讲师，主要从事马铃薯遗传育种研究。

基金项目：黑龙江省自然科学基金联合引导项目(LH2021C027)；黑龙江省"揭榜挂帅"科技攻关项目(2022ZXJ06B02)。

*通信作者：石瑛，教授，主要从事马铃薯遗传育种研究，e-mail：yshi@ neau. edu. cn；盛万民，研究员，主要从事马铃薯遗传育种研究，e-mail：shengwanmin@ 163. com。

132、120、111、93 条 KEGG 的 pathways 上。随机挑选 6 个差异表达基因进行验证，6 个基因的表达与转录组数据的一致性较高，表明转录组测序获取的差异表达基因具有较高的可信性，可用于下一步分析。

代谢组测序结果显示，对马铃薯块茎 5 个生育时期样本进行 PCA 分析，5 组处理 15 个样品可以提取出两个主成分，第一主成分占 39.85%，第二主成分占 15.71%，可以反应处理的最大特征。检测结果分别集中在一起，表明数据可靠，误差较小。其中，匍匐茎期到膨大起始期的结果明显与其他时期分开，表明该时期的代谢物发生了明显的变化。5 个发育时期间相邻两个时期的差异代谢物进行比较，共筛选到 582 个差异代谢产物，各相邻两个时期分别获得 324、135、34、63 个差异代谢产物，其中，上调表达代谢物数量分别为 196、41、8 和 32，下调表达的代谢物数量分别为 128、94、26 和 31，匍匐茎期到膨大起始期的差异代谢物数量最多，膨大期到成熟期的差异代谢物数量最少。基于 KEGG 数据库将获得的差异代谢物进行 KEGG pathway 富集分析，以便了解差异代谢物主要作用的代谢途径。分析发现共有 556 种代谢物得到注释，可分为 8 类，定位在 86 条 KEGG 的 pathway 上。

代谢物与差异表达基因关联分析结果显示，利用 Spearman 算法，以相关性阈值的绝对值大于 0.8 和相关性 $P<0.05$ 作为分析标准对不同对比组绘制相关性网络图。分析发现 SF117 基因表达量与 ABA 含量呈负相关；而 SF19 基因与 MT 含量成负相关。SF182 和 SF230 是同一家族不同编号两个转运基因都对 ABA 呈正向关系；脱落酸响应元件与 SF227 基因表达量呈正相关。SF7 基因与 IAA 和 ABA 都呈正相关。初步推断，上述基因为马铃薯块茎发育过程中控制块茎早熟的候选基因。

关键词：马铃薯；早熟；转录组测序；代谢组测序

马铃薯捕光色素结合蛋白基因 *StCP24* 的克隆及其功能研究

刘玉霖[1]，李世伟[1]，裴雅婷[1]，唐鑫华[1,2]，石　瑛[1,2]*

（1. 东北农业大学农学院，黑龙江　哈尔滨　150030；

2. 寒地粮食作物种质创新与生理生态教育部重点实验室，黑龙江　哈尔滨　150030）

马铃薯（*Solanum tuberosum* L. ）是世界四大主粮作物之一，最早发现于南美洲的安第斯山脉，其营养价值高、产量大、适应性强、种植广泛。马铃薯叶片光合作用合成的有机物以蔗糖的形式运输到地下块茎，用于分解供能或储存。光合作用由光反应和暗反应组成，其中光反应须通过光合膜上的一系列色素蛋白复合体之间的相互分工协作完成，关键步骤即光诱导的电荷分离引起的能量转换，这发生在反应中心，而负责吸收太阳能并将其传递到反应中心的就是捕光色素蛋白复合体（Light - harvesting chlorophyll protein complex，LHC）。

提高马铃薯光合作用对于提高马铃薯产量尤为重要。马铃薯可以与其他高秆作物间作，但单产会受到生育期内光照强度不足的影响；马铃薯脱毒组培苗繁育生产过程需要消耗大量的能源用作补充光照强度。因此研究马铃薯光合作用机制、挖掘耐弱光基因、利用基因工程技术培育高光效的马铃薯品种，对于提高马铃薯单产和节本增效具有重要作用。实验室前期通过对 12 个主栽马铃薯品种在生育期遮光处理，分析生长指标、生理指标、光合参数、荧光参数、产量指标差异，初步筛选出马铃薯品种"大西洋"为耐弱光品种、"东农 310"为弱光敏感品种。

试验对弱光处理下 0 和 48 h 的马铃薯品种"大西洋"进行转录组测序，通过对差异表达基因进行 KEGG 通路富集分析注释得到 832 条 Unigenes。这些差异基因富集的代谢通路有捕光色素结合蛋白、植物激素信号转导、昼夜节律、植物苯丙素合成、淀粉和蔗糖代谢等通路，其中植物激素信号转导中差异基因的数量最多；捕光色素结合蛋白通路中的 Rich factor 最大，富集程度最高。在差异表达基因中筛选捕光色素结合蛋白相关基因，共筛选到 27 个差异表达基因，包含 26 个上调基因和 1 个下调基因，从 27 条基因中选取表达量较高的 12 条捕光色素结合蛋白基因进行 qRT-PCR 验证和时空表达分析。初步确定马铃薯 *StCP24* 为响应弱光胁迫的功能基因，对 *StCP24* 进行 cDNA 全长克隆并将其转入本氏烟草和马铃薯品种"东农 310"中，经 PCR 和 qRT-PCR 对多个转化株系检验，表明目的基因已

作者简介：刘玉霖（1998—），男，硕士研究生，从事马铃薯分子育种研究。

基金项目：现代农业产业技术体系建设专项（CARS-09）；寒地粮食作物种质创新与生理生态教育部重点实验室开放课题（CXSTOP202205）。

* 通信作者：石瑛，教授，主要从事马铃薯遗传育种研究，e-mail：yshi@ neau. edu. cn。

整合到受体植株基因组并稳定过量表达。经对转基因烟草光合生理指标的测定初步确定该基因功能。通过在不同光照强度、不同光周期条件下分析马铃薯转基因株系形态指标(叶面积、根长、株高、茎粗、茎重、叶片重、鲜重)、叶片的生理指标(叶绿素 a、叶绿素 b、超氧化物歧化酶活性、丙二醛含量)、荧光参数(Fv/Fm、ETR、ETR$_{max}$、IK、qp)、光合参数(光合速率、蒸腾速率、气孔导度、细胞间 CO$_2$ 浓度)、基因相对表达量等,进一步明晰 StCP24 基因功能;通过烟草的瞬时表达明确其表达部位;结合对转基因马铃薯株系转录组测序及 qRT-PCR 技术验证,分析与其相关的基因。主要试验结果为:

(1)捕光色素结合蛋白基因家族在马铃薯中表达存在时空表达特异性。捕光色素结合蛋白基因在叶中相对表达量显著高于茎和根,且基因的相对表达量在弱光处理初期显著升高,随着处理时间的持续总体呈现先升高后降低,但降低后仍显著高于弱光处理启始时的相对表达量。

(2)生物信息学分析表明 StCP24 蛋白为亲水性蛋白,StCP24 启动子中包含光响应、防御和应激反应等元件。系统发育分析表明马铃薯中的 StCP24 与野生种番茄和栽培种番茄中的 StCP24 亲缘关系最近。烟草亚细胞定位实验表明 StCP24 基因编码蛋白定位于叶绿体中,与预测结果一致。

(3)将 StCP24 基因转入烟草,其在烟草中过量表达可以增加叶绿素相对含量、提高电子传递效率。初步明确 StCP24 基因的功能。

(4)将 StCP24 基因转入马铃薯,在不同光照强度和光照周期处理下 StCP24 基因的过量表达能够增加转基因马铃薯叶片的叶绿素 a、b 含量,提高 Fv/Fm、ETR、ETR$_{max}$、qp,促进植株生长。

(5)光合作用光反应中 StCP24 基因的过量表达会影响暗反应中 StPPDK、StPEPC、StFBA1、StFBA3 基因的表达。

(6)盆栽种植转 StCP24 基因马铃薯叶片叶绿素含量显著升高、Fv/Fm、ETR、IK、净光合速率、蒸腾速率、气孔导度显著提高,且转基因植株单株产量显著高于野生型。

关键词:马铃薯;捕光色素结合蛋白;光合作用;StCP24 基因

30个马铃薯品种(系)品质比较与综合评价

马　丽[1]，郭学良[1]，王文静[1]，杨　铭[2]，纪耀坤[2]，陈亚伟[3]，邵　蕾[3]，周庆峰[1*]

(1. 商丘师范学院生物与食品学院，河南　商丘　476000;

2. 商丘职业技术学院，河南　商丘　476005;

3. 河南德道农业科技有限公司，河南　商丘　476016)

马铃薯是世界上重要的粮食作物之一，在全球农业生产和食品供应中发挥着重要的作用，且是一种粮食和蔬菜兼用的作物。中国是世界上最大的马铃薯生产和消费国家，但是在全球马铃薯种质资源储存、筛选、利用方面却存在很大差距。对马铃薯种质资源的品质比较与综合评价可以发现和挖掘比较优良的品种，也能够为马铃薯种质资源的储存、利用提供科学依据。马铃薯含有非常丰富的营养物质，包括淀粉、脂肪、蛋白质、可溶性糖、纤维素等多种营养素，还有维生素 B、维生素 C、叶酸等维生素及 Zn、Mg、Fe 等微量元素。马铃薯可以直接作为蔬菜食用，也可以用于全粉加工、油炸食品加工、种用等。马铃薯用途不同，对其品质要求也不同。如，对于薯片、薯条等油炸食品的加工，要求其块茎中的还原糖含量在0.3%以下，以防止美拉德反应的发生;对于鲜菜直接食用的马铃薯，要求块茎营养价值比较丰富，蛋白质和维生素 C 含量较高;对于全粉加工的马铃薯，要求其具有较高的维生素 C 和蛋白质含量，用以保证全粉加工食品的高质量、高营养。因此，单一指标无法准确对马铃薯的品质进行全面的评价，须用多个指标进行品质的综合评价，以期筛选出品质优良，适合不同加工用途的马铃薯品种。

试验以来自于国际马铃薯中心和商丘市金土地马铃薯研究所 30 个品种(系)为供试材料，马铃薯收获期，在试验大田中对 30 个品种(系)的马铃薯进行取样，每个品种随机选取 3 个马铃薯，称取每个马铃薯的单薯重，随后测定淀粉、蛋白质、维生素 C、还原糖、可溶性糖，并通过主成分分析、隶属函数法、系统类聚分析，对马铃薯品种(系)进行分类。

结果表明，不同的马铃薯各指标间存在较大差异。各品种(系)单薯重相比较，"S1"的单株块茎产量最高，为 1.74 kg，显著高于其他品种。"S30"和"S8"次之，"S30"为 0.86 kg，较"S1"降低50.6%，"S8"为 0.5 kg，较"S1"降低71.2%。"S27"的单株块茎产量最低，为 0.05 kg，相较于"S1"低97.1%。各品种(系)淀粉含量相比较，"S6"的淀粉含量最高，为11.68%，显著高于其他品种。"S24"和"S3"次之，"S24"为 8.32%，较"S6"降低28.8%，"S3"为8.15%，较"S6"降低30.2%。"S25"的淀粉含量最低，为3.03%，

作者简介：马丽(1982—)，女，博士研究生，主要从事马铃薯抗性育种研究。

基金项目：现代农业产业技术体系建设专项资金资助(CARS - 09 - ES13);河南省高等学校重点科研项目(24B210010)。

*通信作者：周庆峰，博士，教授，主要从事植物营养研究，e-mail：zhouqingfeng715@163.com。

相较于"S6"低74.1%。各品种(系)蛋白质含量相比较,"S5"和"S2"的蛋白质含量最高,均为0.65%,显著高于其他品种。"S13"和"S29"次之,"S13"为0.62%,较"S5"降低4.6%,"S29"为0.61%,较"S5"降低6.2%。"S16"的蛋白质含量最低,为0.1%,相较于"S5"低84.6%。各品种(系)维生素C含量相比较,"S2"的维生素C含量最高,为13.18 mg/100 g,显著高于其他品种。"S8"和"S1"次之,"S8"为11.02 mg/100 g,较"S2"降低16.4%,"S1"为9.79 mg/100 g,较"S2"降低25.7%。"S22"的维生素C含量最低,为2.59 mg/100 g,相较于"S2"低80.3%。各品种(系)还原糖含量相比较,"S30"的还原糖含量最高,为1.47%,显著高于其他品种。"S15"和"S21"次之,"S15"为1.39%,较"S30"降低5.4%,"S21"为1.1%,较"S30"降低25.2%。"S28"的还原糖含量最低,为0.11%,相较于"S30"低92.5%。各品种(系)可溶性糖含量相比较,"S5"和"S16"的可溶性糖含量最高,为1.07%,显著高于其他品种。"S6"和"S10"次之,"S6"为1.03%,较"S5"降低3.7%,"S10"为1.00%,较"S5"降低6.5%。"S19"的可溶性糖含量最低,为0.24%,相较于"S5"低77.6%。30种马铃薯品种(系)单薯重、淀粉含量、蛋白质含量、维生素C含量、还原糖含量、可溶性糖含量变异系数分别为132.0%、28.8%、23.5%、37.4%、102.8%、48.0%,其中"麦肯1号"(内蒙古自治区)单薯重最高,"HR227②"淀粉含量最高,"HR313-12②"蛋白质含量最高,"麦肯1号"维生素C含量最高,"沃5"还原糖含量最高,"HR313-12②"可溶性糖含量最高。用主成分分析法,对30个马铃薯的6个指标进行主成分分析,按照方差贡献率大于85%的原则,提取出了4个主成分,对提取的四个主成分中贡献率较大的3个指标(可溶性糖含量、淀粉含量、蛋白质含量)进行隶属函数分析和系统聚类分析,筛选出3个较为优良的品种"S6""S5""S3"。其中,"S6"淀粉含量最高,蛋白质和维生素C含量较高且还原糖含量很低,可用作全粉加工、鲜用、油炸食品的加工等;"S5"蛋白质含量最高,且淀粉含量较高,可用作全粉加工;"S3"淀粉含量、蛋白质含量、维生素C含量较高,还原糖含量很低,适合全粉加工、鲜用、油炸食品的加工,也可进行大规模的推广种植。

关键词:马铃薯;品质评价;主成分分析;隶属函数分析;系统聚类分析

栽 培 生 理

马铃薯播种机施肥装置入土性能分析及改进方法

齐　钰，陈禹轩，赵治明，吕金庆*

（东北农业大学工程学院，黑龙江　哈尔滨　150030）

摘　要：通过施肥机械在入土过程中受力情况的分析可知，开沟器的入土角、立柱倾角、下悬挂臂倾角及瞬心位置对施肥机械的入土性能的影响十分显著。分析比较了各类开沟器的参数性能，缩小满足施肥机械作业的开沟器种类范围。同时，合理选择相关参数，有效提升了深施肥机械的入土性能。

关键词：马铃薯；播种机械；施肥装置；入土性能；改进

土壤中化学肥料的利用率同施肥深度关系较大。当尿素施肥深度为 2、5、10 cm 时，其利用率分别为 31%、45% 及 64%。磷肥深施效果可提高一倍以上，合理深施各类化肥，肥效均有不同程度的提高，运用施肥机械是化肥深施的有效途径。但是随着施肥深度的增加，土壤坚实度也随之增加。据测定，土层深度在 5 cm 时，坚实度为 1.03 kg/cm²；而增加至 15 cm 时为 4.72 kg/cm²，提高了 3.5 倍[1]。因此，改进深施肥机械的入土性能成为化肥深施急需解决的问题。

1　影响入土性能的原因分析

开沟器的入土性能同入土过程中的受力状况密切相关。悬挂式开沟器入土过程中的受力状况，如图 1 所示。

开沟部分在重力 G、土壤阻力 R、土壤支反力 Q 及牵引力 P 的作用下，作等速运动。这几个力产生的入土力矩为：

$$M = G \cdot a + R_z \cdot b \tag{1}$$

产生的反入土力矩为：

$$M' = Q \cdot c + R_x \cdot d \tag{2}$$

只有当 $M > M'$ 时，开沟器才能入土，亦即：

$$\Delta M = M - M' = (G \cdot a + R_z \cdot b) - (Q \cdot c + R_x \cdot d) > 0 \tag{3}$$

ΔM 被称为储备入土力矩。储备入土力矩越大，开沟器入土性能越好，工作越稳定。从式（3）可看出，影响开沟器入土性能的因素有：施肥机械的重量、土壤的阻力、土壤的支反力及结构尺寸。

作者简介：齐钰（1999—），男，博士研究生，主要研究方向为马铃薯播种装备。

基金项目：国家马铃薯产业技术体系专项（CARS-09-P23）。

*通信作者：吕金庆，教授，博士生导师，主要从事机械设计理论及马铃薯机械化技术装备研究，e-mail：ljq8888866666@163.com。

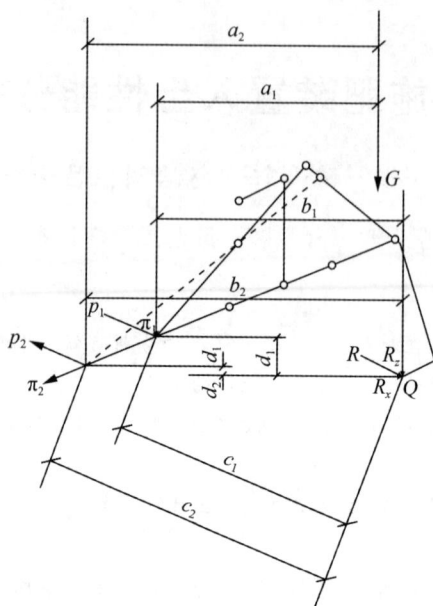

图 1 开沟器入土过程受力状况

因此，改善入土性能可从以下几个方面入手：

(1)增加施肥机械的重量 G；

(2)合理选择开沟器形式及参数，减小土壤阻力 R；

(3)改变入土角，使土壤阻力分量 R_z 增加，R_x 减小；

(4)合理选择悬挂机构参数，改变瞬心位置，增加力臂 a、b，减小力臂 c、d。

但是增加结构重量，会增加总牵引力，加大制造成本。因此，开沟器形式及参数的选择、悬挂机构参数的选择是改善入土性能的基本途径[2,3]。

2 改进入土性能的具体方法

2.1 开沟器形式及参数选择

小型播施机械的开沟器形式有凿齿式、锄铲式、靴鞋式、圆盘式及消刀式。其中凿齿式、锄铲式工作阻力小、入土性能好、易于制造，是深施肥机械较为理想的开沟器形式[4-6]。各种开沟器的性能比较如表 1 所示。

表 1 各种开沟器性能比较

开沟器种类	入土深度 （cm）	单体重量 （kg）	单体开沟器平均工作阻力 （N）
凿齿式	10~15	2~4	245~274
锄铲式	3~6	2~4	30~64
靴鞋式	2~4	2~4	20~49

开沟器种类	入土深度 （cm）	单体重量 （kg）	单体开沟器平均工作阻力 （N）
滑刀式	6~10	8~10	314~490
圆盘式	4~8	12~14	128~147

在选好开沟器形式的同时，还必须通过减小工作断面，合理选择入土角、立柱倾角参数来提高入土性能[7]（图2）。

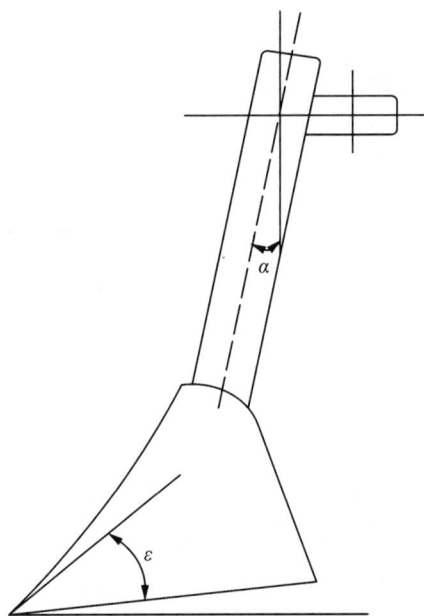

图2　开沟器入土角及立柱倾角

当凿齿式开沟器入土角为20°，立柱倾角也为20°时，其入土性能最好。然而，这样会造成结构尺寸过大。

当入土角为40°时工作阻力小，入土深度可达15 cm。但入土角大于50°时土壤被铲尖齐压而开始形成土锥，并且该土锥随着入土角度的增大而增大。当入土角为70°时入土深度为3~4 cm，仅为40°时入土能力的1/4~1/3。由于立柱倾角直接影响入土角，因而对入土性能也作用较大，一般立柱向前倾的工作部件比直立柱牵引阻力减小，入土性能改善。在立柱因故障面稍微后倾，会造成入土困难或无法入土。据实践表明，在满足结构设计的条件下，入土角选35°~45°、立柱倾角选用前倾0°~10°为宜[8,9]。

2.2　悬挂机构主要参数的选择

悬挂机构参数中拖拉机下悬挂臂的倾角，瞬心位置的变化对深施肥机械入土性能有较大影响[10]。设计中拖拉机下悬挂臂的位置决定深施机械开沟器立柱的高度，而立柱的高度对入土性能有较大影响（图3）。

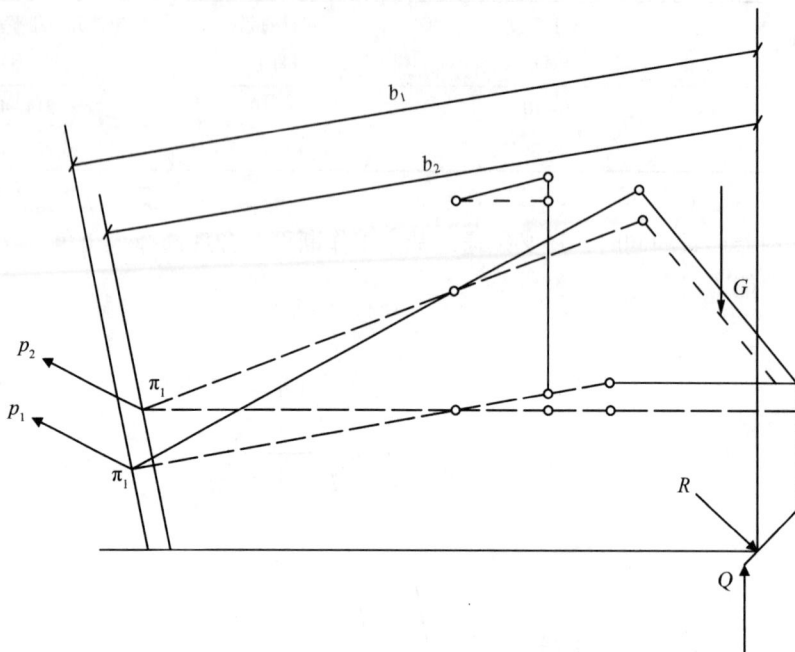

图3　下悬臂梁倾角对瞬心位置的影响

当立柱尺寸减小时（图3中虚线示），可以改变中央拉杆的长度，使入土角度不变，但此时瞬心位置上升，使土壤阻力 R_z 分力的力臂 b_1 变小、R_x 分力的力臂 d_1 增大，因此 ΔM 的值变小，入土能力变差；如不改变中央拉杆长度，又会使入土角度变小。此时 R_z 分力变小，R_x 分力变大，由式(3)知会使 ΔM 值变小，入土能力变差。因此，合理选择下悬挂臂的倾角非常重要。该角推荐值为上倾不大于5°下倾不大于8°。

另外如图1示，当瞬心 π_1 移至 π_2 时，重力 G、土壤阻力的 R_z 分力的力臂 a_1、b_1 增大至 a_2、b_2，此时入土力矩 M_1 增大至 M_2，而土壤支反力 Q 的力臂 C_1 增大，土壤阻力的力臂 R_x 分力的力臂 d_1 减小，但是 R 远大于 Q，所以反入土力矩减小。

故此：$M_2 - M_2' > M_1 - M_1'$，

即：$\Delta M_2 > \Delta M_1$，

所以瞬心下移，入土能力变好。多次试验数据表明，与小四轮配套的施肥机械，瞬心高度下降4 cm入土深度较下降前增加2.0~2.5 cm，增加约18%。因此，改变瞬心位置是改善入土性能的重要措施。但瞬心下移也不能过大，否则会因入土角变大而使土壤阻力骤增，R_x 分量变大，反入土力矩加大，而不利于入土。改变瞬心位置的方法，可以通过改变施肥机械与拖拉机的挂接位置来实现[11,12]。为扩大瞬心变化的范围，还可以在施肥机械的中央牵引杆上设计2~3个牵引孔。

3　总　结

根据影响深施肥机械入土性能原因的分析，在播种机分层施肥装置的设计中采用凿齿锄式施肥开沟器，入土角 40°、直立柱，悬挂机构设计中下悬挂臂选上倾 5°。并在中央牵引杆上设计 2 个牵引销孔，可以跟据土壤坚实度改变瞬心位置，从而入土深度可以在 10~15 cm 选择，适应旱作农业的农艺要求，因此，受到农户欢迎。

[参 考 文 献]

[1] 中华人民共和国农业部. 中国农业统计资料 [M]. 北京: 中国农业出版社, 2015.

[2] 芮强, 王红岩, 王钦龙, 等. 基于剪应力模型的履带车辆转向力矩分析与试验 [J]. 兵工学报, 2015, 36(6): 968-977.

[3] 吕金庆, 衣淑娟, 陶桂香, 等. 马铃薯播种机分体式滑刀开沟器参数优化与试验 [J]. 农业工程学报, 2018, 34(4): 44-54.

[4] 杨然兵, 杨红光, 连政国, 等. 马铃薯种植机分层施肥开沟器设计与试验 [J]. 农业机械学报, 2018, 49(11): 104-113.

[5] 李建东, 赵金英, 薛方期, 等. 2CM4B 型牵引式马铃薯种植机的研制 [J]. 农机化研究, 2011, 33(6): 45-48.

[6] 吕金庆, 冯雪, 于佳桂, 等. 马铃薯种植机施肥开沟器的设计与试验 [C]//陈伊里, 屈冬玉. 马铃薯产业与脱贫攻坚. 哈尔滨: 哈尔滨地图出版社, 2016: 288-295.

[7] 包攀峰. 犁旋组合式开沟器起垄机设计与试验研究 [D]. 长沙: 湖南农业大学, 2017.

[8] 马延武. 播种机开沟器参数优化与试验研究 [D]. 洛阳: 河南科技大学, 2018.

[9] 吕金庆, 杨晓涵, 冯雪, 等. 马铃薯播种机播深调控装置设计与试验 [J]. 农业工程学报, 2020, 36(12): 13-21.

[10] 陈无畏, 胡帮友. 拖拉机-犁耕机组悬挂杆件的优化设计 [J]. 安徽农业大学学报, 1996, 23(1): 50-54.

[11] 史岩, 李汝莘, 宋洪波, 等. 铁牛-55 型拖拉机悬挂机构的优化设计 [J]. 农业机械学报, 1999, 30(5): 19-22.

[12] 邢鲁超, 王志勇, 刘凯凯. 拖拉机悬挂机构提升性能的研究分析 [J]. 拖拉机与农用运输车, 2017, 44(4): 14-17.

马铃薯耕作机械化现状

刘金妮，赵治明，齐　钰，吕金庆*

（东北农业大学工程学院，黑龙江　哈尔滨　150030）

摘　要：目前，马铃薯耕作机械化程度较低，市面上适用于玉米、大豆、小麦等作物的整地机械不能很好满足马铃薯播前整地的要求。播前整地对马铃薯生产的品质与产量有重要影响。对马铃薯耕作过程中的能量消耗进行了计算，阐述了拖拉机与整地间的关系，对马铃薯整地机械中拖拉机的选择和马铃薯耕作机械化应用提供理论依据。

关键词：马铃薯；耕整地；能量消耗；机械化

未经耕种的土地都自然保持其生长能力，生长与土地肥力能自然地保持其生态平衡，不需要进行任何耕整地过程都能在几十年、几百年甚至几千年保持生长肥力[1-3]。马铃薯是经人们培育后的植物，因此更要用人工手段对土地进行耕整，主要目的是使种植的马铃薯顺利生长和达到较高的产量。耕地的主要任务有，除草灭虫；收获后将留在地中的肥料和人工施加的肥料经耕地后加以混合；改变土壤的形态，如因有的地层不透水，水土保持不好，用耕地方法使之改善；生长过程的一些耕作。在马铃薯生长初期，植株矮，叶片少，不能覆盖大地，由于风吹雨打破坏了土壤结构，用耕整方法改善这种情况。因此耕整的最终目的是创造良好的土壤环境，使种子发芽率达到最高水平[4,5]。

1　马铃薯耕作能量消耗

一般能量消耗的计算都是按时间、能量消耗二者计算。时间主要是按三方面来计算，主要花费时间，犁工作所消耗的时间；非作业时间，指地头转弯的空行时间；损失时间，指清除堵塞或其他故障所花费的时间[6-8]。

犁进行作业所耗费的时间：

$$耕每公顷土地所需时间 = \frac{10}{b \cdot u} \tag{1}$$

其中：b——犁的工作幅宽，m；

u——犁的工作速度，km/h。

非作业时间：

$$每公顷所花费的非工作时间 = \frac{1\,000 \cdot t_w}{l_s \cdot b \cdot 60} \tag{2}$$

作者简介：刘金妮（2000—），女，硕士研究生，主要从事马铃薯机械化技术装备研究。

基金项目：国家马铃薯产业技术体系岗位科学家专项（CARS-09-P23）。

*通信作者：吕金庆，教授，博士生导师，主要从事机械设计理论及马铃薯机械化技术装备研究，e-mail：ljq8888866666@163.com。

其中：t_w——作业机组地头转一次弯所需时间，min；

l_s——地块的长度，m；

b——犁的工作幅宽，m。

损失的时间：每公顷所需花费的损失时间按占上两项所需时间的百分比来估算。用中一时间损失率来计算。

$$所以总需时间 = \left(-\frac{10}{b \cdot u} + \frac{10\,000 t_w}{l_s \cdot b \cdot 90} \right) \left(1 + \frac{\varphi}{100} \right) \tag{3}$$

公式(3)所计算的总时间不包括农民从家里向地里行走，在路上所耗费的时间。

能量消耗的计算：在这里能量消耗主要是指工作时间上的能量消耗，因为工作时间，拖拉机都处于全负荷状态下工作，能量消耗大，而转弯等空行时消耗的功率仅占工作时的10%，所以能量消耗的计算主要是指工作时间的能量消耗。

现假说有一台 60 kW 的拖拉机，机引犁的最佳工作速度为 7 km/h。土壤是中型土壤。土壤比阻是 600 N/dm^2。所以，每米宽所需的功率数为 22 kW。60 kW 拖拉机能带动的机引犁宽 2.7 m。这台机引犁耕每公顷土地所需时间：

$$t_c = \frac{10}{b \cdot u} \tag{4}$$

$$t_c = \frac{10}{2.7 \times 7} = 0.5 \ (\text{h/hm}^2) \tag{5}$$

能量消耗 $E = 60 \times 0.5 = 30 (\text{W} \cdot \text{h/hm}^2)$

2 拖拉机与马铃薯耕地

关于拖拉机与耕地方面同样有许多总结出来的研究成果。需要研究的是，在各种关系中拖拉机和土壤各起什么作用。拖拉机为四轮驱动，他比后轮驱动拖拉机在计算时有一定的优点。在重量力恒定的情况下(指拖拉机总重量+机具的重量)，可以计算出牵引力[9,10]。若始终使用某一种拖拉机(四轮或后轮驱动型)，就不存在以上问题了。

拖拉机的牵引力与"驱动力系数—打滑曲线"和"滚动阻力系数—打滑曲线"有关。这两个关系式可用数学公式表示出来。当然曲线的变化与土壤的状况关系很大。若耕作法对比时仅采用少数的典型土壤，也是能够说明问题的，这一点还需进一步统一。上面所说的两个关系式涉及到轮轴上的功率，即"行走机构的效率"。若所有驱动轮的"驱动力系数—打滑曲线"和"滚动阻力系数—打滑曲线"的特性曲线过程及圆周速度一致的话，四轮驱动拖拉机行走机构的效率与每个驱动轮的效率 η_T 是一样的。实际上所有的驱动轮不能保持相同的圆周速度(指在犁沟内行驶的拖拉机)，但在处理上述问题时可以假设为相同的。如果以相同的特性曲线为基础，还需进一步研究，那么行走机构效率方面有：

$$\eta_L = \eta_T = \frac{\kappa}{\kappa + \rho} \tag{6}$$

其中：η_L——整个拖拉机行走机构的效率；

η_T——某一驱动轮的效率；

ρ——滚动阻力系数；

κ——驱动系数。

若认为滚动阻力系数和打滑率与驱动系数有关，公式(6)还可写成下面的形式：

$$\kappa = \frac{F_z}{F_s + F_G} \qquad (7)$$

其中：F_z——机具牵引力，N；

F_s——拖拉机重量，N；

F_G——机具重量，N。

牵引力消耗公式为：

$$F_z = 17\ 140 + 120v（铧式犁） \qquad (8)$$

$$F_z = 7\ 000 + 760v（深耕锄） \qquad (9)$$

$\rho = f_1(\kappa)$ 和 $\sigma = f_2(\kappa)$ 不仅与驱动力参数有关，而且与轮胎尺寸、轮胎结构、轮胎断面、充气压力、土壤种类和土壤状态有关系。为了减少曲线上过多的数字，可将耕作对比用拖拉机的轮胎结构、轮胎断面和轮胎充气压力看成是特定的，从整个关系上看这是允许的。四轮驱动拖拉机前后轮胎尺寸通常是有区别的，此外与拖拉机功率有关。根据试验室里的结果，轮胎尺寸至少对驱动系数打滑曲线有一定的影响(轮胎直径越大，κ-σ 曲线就越高)。

但是田间测得的结果却没有清楚地表明各种尺寸的轮胎的影响。测试的轮胎是普通断面对角线型，尽管轮胎的尺寸差别很大，没有一个明显的标志性关系，人们还是可以用两条回归曲线来表明这两组曲线簇，作为在相应土壤种类、状态情况下的拖拉机特性曲线，其与轮胎尺寸无关。

这样就为计算四轮驱动型拖拉机所有驱动轮平均特性曲线的假设找到了依据[11]。当然这条特性曲线与土壤的种类和状态关系很大，上面已经讲过在确定耕作过程对比的模型拖拉机时必须要考虑到这一点。

不同轮胎尺寸的滚动阻力系数 P 和驱动系数 κ 与打滑率 σ 的关系曲线(马铃薯地，土壤湿度 6.6%~7.9%)。

计算一下确定的回归曲线，其公式为：

$$\kappa = 0.677 + 0.3581g\sigma \qquad (10)$$

$$\sigma = 0.013 - 621.3\kappa \qquad (11)$$

$$\rho = 0.028 + 0.226\sigma \qquad (12)$$

"驱动系数—打滑率曲线"还要受耕作方法的影响，因此尽管土壤种类和状态机同，在犁耕时曲线要比在深耕锄耕作时较为优越，这是因为拖拉机的一侧驱动轮在犁沟内行走的缘故[12]。

假如拖拉机功率为 60 kW，耕速 7 km/h，翻转犁每耕一公顷地需用 3.4 h，深耕锄需用 1.55 h。深耕锄的工作效率是犁的 2 倍之多。随着拖拉机功率的增加这种关系逐渐减弱，当拖拉机功率为 120 kW 时，相应的工作效率之比为 1.94∶1，对深耕锄较有利。

3 结 论

到目前为止还没有一种方法能够客观地对各种耕地机具(包括工作效率)加以对比。以马铃薯耕作为例，人们必须考虑到拖拉机是农机系统环节中的许多重要关系。若从目前许多研究成果出发，问题是可以解决的。以上介绍的方法，特别是某些涉及到简化的假设均是建议性的，还需进一步详细讨论。但迫切需要解决的问题是，在马铃薯耕地方法对比中应当有一个确定工时参数的统一方法，以使各种试验结果可以进行比较。

[参 考 文 献]

[1] 隆旺夫. 马铃薯免耕用碎稻草覆盖好 [J]. 湖南农业, 2009, 375(3): 9.

[2] 高焕文, 李问盈, 李洪文. 中国特色保护性耕作技术 [J]. 农业工程学报, 2003, 19(3): 1-4.

[3] 康迪鑫. 深松灭茬镇压联合整地机设计与研究 [D]. 兰州: 甘肃农业大学, 2019.

[4] 关佳晨, 蔡海龙. 我国马铃薯生产格局变化特征及原因分析 [J]. 中国农业资源与区划, 2019, 40(3): 92-100.

[5] 徐瑞阳. 基于 DSSAT-SUBSTOR 模型的东北地区马铃薯单产模拟和种植成本效益分析 [D]. 北京: 中国农业科学院, 2021.

[6] 吕金庆, 刘金妮, 赵治明, 等. 马铃薯碎土整地联合作业机设计与试验 [J]. 农业机械学报, 2023, 54(8): 19-29.

[7] 农业农村部农业机械试验鉴定总站, 农业农村部农业机械化技术开发推广总站, 农业农村部主要农作物生产全程机械化推进行动专家指导组. 九大农作物农机化转型升级初显成效 [J]. 农村工作通讯, 2020, 765(1): 39-42.

[8] 白学峰, 鲁植雄, 常江雪, 等. 中国农业机械化现状与发展模式研究 [J]. 农机化研究, 2017, 39(10): 256-262.

[9] 何进, 李洪文, 陈海涛, 等. 保护性耕作技术与机具研究进展 [J]. 农业机械学报, 2018, 49(4): 1-19.

[10] 柯剑鸿, 杨波华, 焦大春, 等. 我国马铃薯机械化生产发展现状与对策 [J]. 南方农业, 2017, 11(19): 71-72, 75.

[11] 王公仆, 蒋金琳, 田艳清, 等. 马铃薯机械收获技术现状与发展趋势 [J]. 中国农机化学报, 2014, 35(1): 11-15, 21.

[12] 刘崇林. 马铃薯杀秧机刀片的改进设计与试验 [D]. 大庆: 黑龙江八一农垦大学, 2019.

马铃薯收获机的发展现状及关键部件设计

陈禹轩，吕金庆*

(东北农业大学工程学院，黑龙江　哈尔滨　150030)

摘　要：在进行马铃薯收获时，不同地区环境下的马铃薯收获机普遍存在壅土、杂草缠绕现象，同时石块和大土块容易卡在挖掘铲与升运链之间，机架侧方容易产生杂草缠绕，机具的正常工作受到严重影响。列举了几种防堵装置的代表机型，阐述了其工作原理以及关键部件的设计思路，为后续马铃薯收获机作业时出现壅土、杂草缠绕问题提供参考。

关键词：马铃薯；收获机械；防堵装置；壅土；缠绕

中国在2015年提出了马铃薯主粮化战略，作为第四大主粮，马铃薯在中国西南、东北、西北等地区均有大面积种植。得益于其生长周期短且高产易储同时兼具高营养和广泛用途等综合优势，国家对马铃薯的重视程度不断提高，促进马铃薯机械化收获的关键是提高马铃薯的收获效率和质量。按分离部件结构形式可将马铃薯收获机分为滚筒筛式、振动式、杆条升运链式、抛掷轮式等。目前杆条升运链式输送分离装置凭借其作业稳定可靠、故障率低优点得到广泛应用，但易发生壅土、秸秆杂草缠绕问题。这也会导致机具前进阻力增加、机械损坏率高、收获效率和收获质量下降、拖拉机消耗功率增加等问题，很大程度限制了马铃薯收获机具的发展。针对中国马铃薯的种植特点，解决马铃薯收获机的壅土和杂草缠绕问题是提高马铃薯的收获效率和质量的关键。

1　马铃薯收获机械的国内外发展现状

对于马铃薯收获技术和装备，欧美发达国家的研究起步较早，主要以大型联合收获机具为主，可以一次完成从马铃薯挖掘到装车的一系列收获作业，很大程度提高了马铃薯收获效率，国外机型在自动控制、液压系统方面有很大优势[1,2]。国内马铃薯收获机械化的发展总体分为三个阶段：(1)人工铁锹抛和犁挖阶段；(2)小型挖掘机挖掘由人工捡拾阶段；(3)中小型马铃薯挖掘机及少量大型联合收获机应用阶段。目前国内应用的马铃薯收获机型种类繁多，国内研发主要集中在中小型挖掘机、少量的大型挖掘机以及自动化程度不高、机型不大的联合收获机方面[3]。

德国格力莫(GRIMME)研制的RL1700型马铃薯收获机(图1)，是拖拉机在一侧牵引收获机作业，探测器可以很灵敏的控制液压，驱动整个牵引部分的走向。机器配有液压提

作者简介：陈禹轩(2001—)，女，硕士研究生，主要研究方向为马铃薯切块升运装备。
基金项目：国家马铃薯产业技术体系专项(CARS-09-P23)。
*通信作者：吕金庆，教授，博士生导师，主要从事机械设计理论及马铃薯机械化技术装备研究，e-mail：ljq8888866666@163.com。

升限深轮，可有效控制挖掘入土量，避免对马铃薯垄带来多余压力。黏性土壤减少土块摄入，沙质土壤减少马铃薯挤压，从而降低机具壅土的几率，减小牵引阻力。通过液压控制装置调节限深轮，可以降低对垄的压力，从而减小挖掘阻力，降低后续的薯土分离负担，避免由于压实带来的壅土问题。同时，该机设有挖掘角度可调的挖掘铲，增加了机具对不同地区马铃薯收获的适应性，适合马铃薯的分段收获，挖掘分离后将马铃薯铺放到地面，通过人工捡拾完成收获作业。

图 1　格力莫 RL1700 型马铃薯收获机

中机美诺 1710 型马铃薯收获机(图 2)，该机能够一次完成马铃薯挖掘、输送、分离、侧方输出等相关作业。使用两级输送分离系统，分离效果好，挖掘铲侧方配备圆盘刀，可以有效切割杂草，减少挖掘过程中的阻力。同时，该机安装了输送臂，可实现自动升运装车，很大程度的节省了劳动力。

图 2　中机美诺 1710 型马铃薯收获机

中国农业机械化科学研究院设计的马铃薯收获机切土机构(图 3)[4]，工作过程中，斜置的圆盘刀 2 在切开土垡的过程中，对土壤具有翻转和疏松的作用，有助于土薯的分离，同时可提高机器行进工作过程中的稳定性，刀臂 1 可绕刀臂套转动，当遇到外力，如坚硬的石块、土块等杂物时，圆盘刀 2 能够自动发生偏转避让。调整转动螺旋装配 3 的手柄，调节螺杆 4 相对于螺母 5 的旋入长度，进而调节刀臂 1 的高度，最后调节圆盘刀 2 切入土垡的深度。

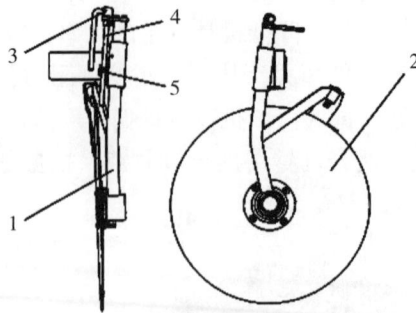

图 3　马铃薯收获机切土机构

甘肃省农业机械鉴定站研制的马铃薯收获机前轴防缠绕部件(图 4)[5]，在位于前轴的两个驱动齿轮之间的轴表面焊接 2 片刀片，对称排列，并保证其宽度小于带轮的直径。工作时，在径向力的作用下，缠绕在前轴上的秸秆杂草被刀片切断，随后轴上脱落，避免发生杂草秸秆的进一步缠绕，起到防缠绕作用。

图 4　马铃薯收获机防堵装置

2　防堵装置结构与工作原理

2.1　整体结构

防堵系统包括(图 5)：圆盘切刀、挖掘铲和分石栅、轮式防杂草缠绕装置。防堵装置主要布置在机架的前端，在机架的两侧安装轮式防杂草缠绕装置。

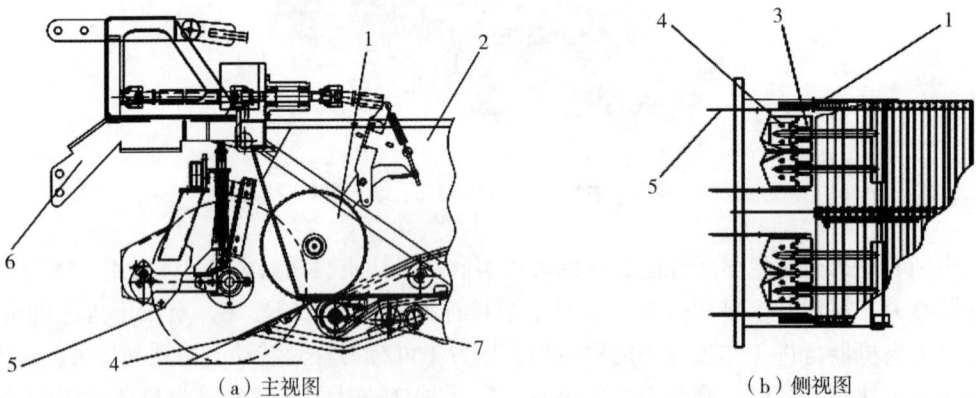

（a）主视图　　　　　　　　　　（b）侧视图

1. 轮式防缠绕装置，2. 机架，3. 分石栅，4. 挖掘铲，5. 圆盘切刀，6. 悬挂架，7. 升运链前导轮支架。

图 5　防堵系统结构图

2.2 工作原理

防堵装置主要布置在机架前端，圆盘切刀装配在挖掘铲的两侧，用来切碎大中型土块和切断秸秆、杂草，防止产生土块过大堆积在挖掘铲以及秸秆、杂草过长缠绕在机架上等问题，降低牵引阻力对机具的影响。每行对应两个挖掘铲，根据不同地况调节挖掘铲的角度，在挖掘铲的末端增加了分石栅，分石栅绕销轴的翻转可以使挖掘铲下侧堆积的土块和石块可以顺利地被升运链分离筛向后输送，解除土壤或石块的堵塞或卡死问题。针对秸秆、杂草缠绕问题设计轮式防缠绕装置，安装在机架的两侧，依靠第一级升运链分离筛和轮子边缘紧密贴合产生的摩擦力驱动轮子转动，两者之间的夹紧力和摩擦力可以使杂草顺利通过，避免产生缠绕。其动力源为升运链的运动带动轮子转动，避免增加额外动力输出装置。

3 关键部件设计

马铃薯收获机作业时，在升运链两侧与机架之间可能发生杂草缠绕和堵塞。在田间作业时，为解决马铃薯挖掘机秸秆、杂草的缠绕堵塞问题，设计一种轮子式防杂草缠绕装置[6-9]。轮式防缠绕装置的结构如图6所示。

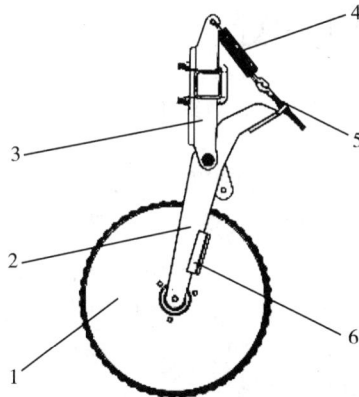

1. 防缠绕轮子，2. 悬挂板，3. 悬挂架，4. 拉伸弹簧，5. 弹簧拉钩，6. 刮土板。

图6　轮式防缠绕装置

轮式防缠绕装置主要由防缠绕滚轮1、悬挂板2、悬挂架3、拉伸弹簧4、弹簧拉钩5、刮土板6组成。悬挂架通过U型卡与机架横梁固定，防缠绕滚轮绕悬挂板上的销轴转动，滚轮边缘套装橡胶圈，橡胶圈上设置条纹，可以使橡胶圈与升运链分离筛贴合更紧密，更有利于防缠绕滚轮被驱动，滚轮与升运链分离筛结合处为柔性结合，有利于提高防缠绕效果；悬挂板焊接套筒，通过螺栓连接悬挂板与悬挂架，悬挂板可以相对悬挂架转动，从而可以通过拉伸弹簧调节滚轮角度，角度的调节是通过悬挂板与悬挂架之间的弹簧控制，弹簧同时兼具控制滚轮与升运链分离筛间的贴合力和起到过载保护的作用，滚轮遇到坚硬障碍物时，弹簧被压缩，避免由于强烈撞击导致出现机械故障。

防缠绕装置的防缠绕过程示意图（图7），防缠绕轮子与升运分离装置表面贴合紧密，机具作业时，防缠绕轮子由自身与升运链分离装置上表面间的摩擦力带动，与第一升运链反向回转，通过挖掘铲的秸秆杂草被防缠绕轮子与升运分离装置杆条间的摩擦力和夹紧力拉动，进而通过防缠绕轮子，将杂草向后抛送到升运链分离筛上，然后被升运链分离筛向后输送，随块茎共同铺放到地面，从而起到防秸秆杂草缠绕作用。利用升运链驱动防缠绕轮子转动，避免额外动力输出，消耗马铃薯挖掘机功率，影响挖掘机作业效率。通过弹簧控制防缠绕轮子与第一升运分离筛上表面的贴合力，可以针对不同挖掘条件进行调整，使防缠绕装置的适应性更强。

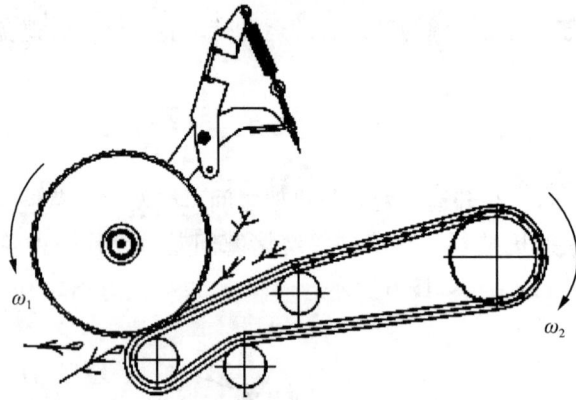

图 7 防缠绕过程示意图

可知，轮子半径越大角速度滚轮的角速度越小，秸秆杂草绕防缠绕滚轮共同运动的几率较小，而且大半径防缠绕滚轮可以增大滚轮与杂草的接触范围，提高滚轮的防缠绕性能。半径较小的轮子与大半径轮子相比，其在相同时间内转动的圈数较多，进一步增加了秸秆杂草在其本身发生缠绕的可能。通过以上分析表明，半径越大防缠绕滚轮的防缠绕能力越强。由于机架与升运链间高度的局限，防缠绕滚轮半径的大小应考虑空间位置的大小，合理安排防缠绕装置在机器上的位置[10]。

4 总 结

防堵系统通过各个部件间的相互配合解决了机组工作阻力大、易堵塞壅土和杂草缠绕的问题，压草轮防止杂草的缠绕。整个防堵系统中的各个防堵装置布局比较合理，防堵装置的结构设计基本解决了马铃薯挖掘机作业时产生的壅土和杂草缠绕问题，而且各个装置的结构设计使装置本身的适应性更强，可靠性更高，可以应对田间较复杂的收获条件。本文主要为马铃薯收获机作业时出现的壅土、杂草缠绕问题提供解决办法，并为以后马铃薯收获机械的发展提供参考。

[参 考 文 献]

[1] Brook R C. Impact testing of potato harvesting equipment [J]. American Potato Journal, 1993, 70(3): 243-256.

[2] Collings A. Reekie improves spud harvester to ease operation [J]. ProQuest Agriculture Journals, 2004, 141(4): 61.

[3] 史明明, 魏宏安, 刘星, 等. 国内外马铃薯收获机械发展现状 [J]. 农机化研究, 2013(10): 213-216.

[4] 孙文婷. 马铃薯收获机切土机构: 中国, CN103828530A [P]. 2014-06-04.

[5] 王天辰. 马铃薯收获机前轴防缠绕机构: 中国, CN201369925 [P]. 2009-12-30.

[6] 李益民, 王传俊, 王小瑜. U-55 型马铃薯收获机的设计 [J]. 农业装备与车辆工程, 2014, 52(9): 69-71.

[7] Carruthers J. A dual web potato harvester [J]. Potato Research, 1977, 20(1): 53-61.

[8] McRae D C. A potato harvester delivery conveyor with automatic discharge height control [J]. Potato Research, 1974, 17(2): 138-151.

[9] Misener G C, McLeod C D. The effect of stone windrowing on potato harvesting [J]. American Potato Journal, 1986, 63(9): 495-499.

[10] 王天哲, 张刚, 梁松. 深沟球轴承径向载荷分布与刚度参数的研究 [J]. 机械设计与制造, 2013(9): 75-78.

马铃薯播种机排肥装置的设计与研究

陈禹轩，赵治明，齐　钰，吕金庆*

（东北农业大学工程学院，黑龙江　哈尔滨　150030）

摘　要：马铃薯在中国有较大的种植面积，马铃薯种植的机械化程度直接关系到马铃薯产量，在马铃薯机械化种植过程中施肥装置对马铃薯产量的影响尤为重要。在整机结构设计方面，参考现行的国内外马铃薯播种机的功能结构及其施肥装置，对总体布局进行分析。同时给出排肥装置关键参数的计算方法，以期为国内本土播种机械的设计提供理论参考。

关键词：马铃薯；播种机械；施肥装置；结构设计

马铃薯是一种蛋白质含量较高，既可作粮食也可作蔬菜的农作物，是全球第四大重要的粮食作物，仅次于小麦、稻谷和玉米。马铃薯的食用方法丰富，种植方法简单，出苗率高，是国民比较喜爱的食物之一。中国马铃薯的主要产区是西南山区、西北、内蒙古自治区和东北地区[1]。中国是世界上马铃薯总产量最多的国家，但中国马铃薯的平均单产是 $16\ t/hm^2$，较世界平均单产少 $2\ t/hm^2$，因此提升马铃薯种植的机械化水平对于增加马铃薯产量有着重要意义。

目前，中国大部分地区的马铃薯种植没有实现机械化，还采用人工种植的方法。人工种植不但劳动强度大、效率低，还会导致株距和行距不规范，种植过深或过浅[2-4]，降低马铃薯产量。然而传统施肥装置的技术落后、机构单一、施肥量不足、排肥量不均匀、故障率高，不能适应现在马铃薯生产的农艺要求。马铃薯的施肥装置更是会直接影响产量，种植马铃薯所需的施肥量本身就较大，马铃薯种植急需大肥量施肥装置，螺旋推进式施肥装置可以满足马铃薯种植施肥量大的问题。对马铃薯播种机的螺旋推进式施肥装置进行了研究，已解决马铃薯种植急需大肥量施肥装置问题。

1　马铃薯播种机国外发展现状

经过几十年的发展，许多发达国家的农业机械化水平已经完成了从传统农业到现代农业的过渡和转换，现在已经朝着大型化、智能化、精量化以及多功能联合型方向发展。这些国家的马铃薯种植机械，在提升机械自动化的研究上取得了较大成就。

在德国，马铃薯机械化方面的专家对于使用肥料及施肥装置做了很多研究，如德国 Grimme 公司的马铃薯播种机（图1），有作业行数为4行和6行两种机型，能够一次性完成

作者简介：陈禹轩（2001—），女，硕士研究生，主要研究方向为马铃薯切块升运装备。
基金项目：国家马铃薯产业技术体系专项（CARS-09-P23）。
*通信作者：吕金庆，教授，博士生导师，主要从事机械设计理论及马铃薯机械化技术装备研究，e-mail：ljq8888866666@163.com。

开沟、施肥、播种、覆土等作业，具有种薯间距稳定、作业质量高的特点[5]，大大提升了马铃薯的产量。还有针对马铃薯施肥量大的特点配置了螺旋施肥系统，配合传动比的调整，可以满足大施肥量的精确施肥。荷兰生产的 Marathon TH 系列和 Miedema CP 系列播种机(图2)，也都实现了播种和施肥的一体化。

图1　德国4行马铃薯播种机

图2　荷兰4行马铃薯播种机

2　马铃薯播种机国内发展现状

近年来，中国马铃薯种植的机械化随着中国科研工作者的努力正在广泛普及，马铃薯种植机械也越来越适应更多农民的需求，其中马铃薯播种机施肥装置自动化程度的提高对增加马铃薯产量起到了关键的作用。目前，中国的马铃薯种植机械的自动化程度已经有着很不错的水平，所以提高生产效率就成为了中国马铃薯机械科研的首要工作。

目前国内的马铃薯播种机械可以做到：适应各种土壤，并能达到各项农艺要求，种子深浅、起垄高低、行距和株距，均可调节[6,7]；一次性完成开沟、施肥、播种、起垄、喷除草剂、铺膜[8]；具有结构紧凑、布局合理、工作平稳、适应性强、维修简单等特点。各种先进的马铃薯播种机械在中国科研工作者的努力下不断问世，并在全国范围内广泛被应用。但是中国的马铃薯种植机械仍然存在很多问题，如种植效率低、施肥装置易发生堵塞、不出肥或出肥不顺畅等。

中机美诺公司生产的一种1240-B型号的马铃薯播种机(图3)，在其作业过程中，一次进地便可以进行开沟、播种并对其进行施肥，播种密度较高。相对于手工播种来讲，其可靠性更强，而且省事省力，能够降低成本和实效。同时，也可以对播种机进行其他装置的搭配，如可以在播种机的后部安装有喷药设备，圆盘式施肥机构[9]，使其成为中国现阶段中马铃薯播种机的佼佼者。

图3　中机美诺1240-B型马铃薯播种机

黑龙江八一农垦大学，通过对中国马铃薯现存的状况进行研究，结合中国不同地区对马铃薯播种的要求[10]，设计了一种2CM-4型马铃薯播种机(图4)。2CM-4型马铃薯播种机，其工作时采用带式传动原理，舀勺式的排种勺交错的安装在取种带上。在进行播种时，马铃薯相邻之间的距离可以进行调整，这样便可以适应不同的工作情况。排肥器的结构采用了外槽轮式排种机构，其工作原理和结构与外槽轮式排钟器相似，通过调节槽轮在排种装置的横向长度来调整施肥量的大小，结构简单方便操作。该机对吸湿性强的粉状化肥易粘结槽轮，会有架空和堵塞的情况发生[11]，对于粘性较大的化肥适用性还有待增强。

图 4　2CM-4 型马铃薯播种机

青岛洪珠农业机械有限公司研制生产了 2MB-1/2 大垄双行覆膜马铃薯播种机(图 5),其种植深度、种植高度、垄的高度和相邻两个播种点之间的距离可以调整。一次工作便可完成开沟、施肥、播种等播种时期所需要的农业要求作业[12]。

图 5　2MB-1/2 大垄双行覆膜马铃薯播种机

3　排肥装置设计与研究

3.1　螺旋排肥装置介绍

螺旋输送器俗称搅龙,主要用来输送各种粮食、油料及其他物料,在输送过程中也可完成混合、压缩、揉搓，并可输送高温物料[13]。螺旋输送器在输送形式上分为有轴螺旋输送器和无轴螺旋输送机两种。有轴螺旋输送机适用于无粘性的干粉物料和小颗粒物料，如水泥、粉煤灰、石灰等；而无轴螺旋输送器适合输送有粘性和易缠绕的物料。螺旋输送器的工作原理是旋转的螺旋叶片将物料推移而进行螺旋输送器的输送，使物料不与螺旋输送机叶片一起旋转的力是物料自身的重力和螺旋输送器机壳对物料的摩擦阻力。螺旋输送器从物料位移方向的角度划分，螺旋输送器还可以分为水平螺旋输送器和垂直式螺旋输送器两大类型[14,15]。

本文研究的螺旋推进式施肥装置采用的是有轴水平的螺旋输送器(图6)。螺旋输送器与其他运输设备相比具有整机截面尺寸小、密封性能好、运行平稳可靠、可中间多点装料和卸料、操作安全、维修简便等优点。

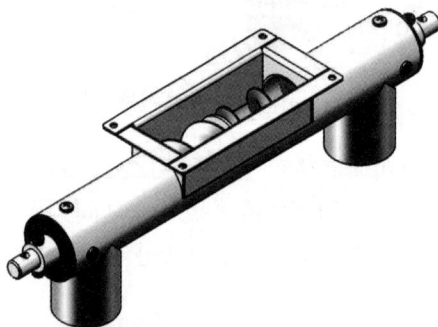

图6　螺旋排肥器

3.2　螺旋排肥装置的工作原理

马铃薯播种机通过前方牵引架与拖拉机相连，靠功率匹配的拖拉机带动工作。机具工作的动力来源为地轮转动输出动力，大直径的地轮在工作时很少发生打滑现象，并且工作时传动稳定。播种机地轮轴的左右两侧各有一个主驱动链轮，通过链传动将动力到中间传动链轮，再经由中间链轮将动力传给排种、施肥装置。链条将力矩传给中间传动链和张紧链轮，再由中间链轮传递至主离合器。离合器控制着排肥箱和排种器的动力输入轴，离合器的动作是依靠一套从动的液压-电磁系统控制完成的，当离合器在控制系统的作用下处于啮合状态时，由离合器上连接的轴随同离合器链轮一起转动，根据传动比两周分别得到相应的转速，将力矩分别传递到排种器和排肥器的变速箱里，完成动力的传递。

当播种机工作时，装在地轮上的主动轴通过地轮的转动产生的力矩将动力传递给中间轴，中间轴再通过链条将动力传给施肥装置，使施肥装置中的螺旋推进杆旋转，肥料通过螺旋杆的旋转排入开好的地沟中，从而完成施肥过程。螺旋推进的装置可以实现精准的大肥量施肥作业。

3.3　螺旋排肥装置的参数计算

输送量与输送器的横截面积、输送速度及物料性质、装满程度有关[16-18]。装满程度与螺旋送料器安装位置有关，水平安装的装满程度大于倾斜安装。物流截面积 A 按下式计算：

$$A = \frac{\pi D^2}{4} \psi \cdot C$$

式中：A 为螺送料器内物料流动的横截面积；

  D 为螺旋叶片的直径；

  ψ 为装满系数；

  C 为与水平面有相应角度时输送的修正系数，如表 1 所示。

表 1 β 角与修正系数 C 的关系

β (°)	0	5	10	15	20	30	40	50	60
C	1	0.95	0.92	0.90	0.86	0.80	0.74	0.7	0.6

输送速度 v 用下式计算：

$$v = \frac{t \cdot n}{60}$$

式中：v 为物料轴向推送速度；

  t 为螺旋叶片的螺距，满面式叶片取 t=0.8D，用牙式叶片取 t=D；

  n 为螺旋轴的转速。

输送量 Q 按下式计算：

$$Q = 47 \cdot D^2 \cdot \psi \cdot t \cdot n \cdot C \cdot \gamma = 3\ 600 \cdot A \cdot v \cdot \gamma$$

式中：γ 为物料容重。

螺旋轴的转速是由其输送量、螺杆的直径和被运输材料的性质作为依据来确定的，其目的是测量输送时没有被圆周力抛出而影响输送量，极限转速 n_1 以下式来确定：

$$n_1 = \frac{\xi}{\sqrt{D}}$$

式中：ξ 为物料综合特性系数。

螺旋送料器转速 n 按下式计算：

$$n = \frac{Q}{47 \cdot D^2 \cdot \psi \cdot t \cdot \gamma \cdot C}$$

功率 N_0 按下式计算：

$$N_0 = \frac{Q}{367}(K_1 L + H)$$

式中：K_1 为输出物料的粘性系数，与物料性质有关；

  L 为输送机的长度；

  H 为倾斜安置高度。

所需功率：

$$N = \frac{N_0}{\eta} K_2$$

式中：η 为传动装置总效率；

K_2 为功率储备系数。

当 $L < 10$ m 时，$K_2 = 1.4$；10 m $\leqslant L \leqslant 20$ m，$K_2 = 1.3$；$L > 20$ m 时，$K_2 = 1.2$。

4 总 结

本文通过对马铃薯播种施肥装置的设计，分析了马铃薯播种机的施肥过程，阐述了马铃薯播种机的概况和发展现状，对施肥装置的结构和工作原理进行了全面分析，并且着重列举了施肥装置各关键参数的计算方法。

创新设计了马铃薯播种机螺旋推进式施肥装置，将螺旋输送机构的机理运用在施肥机械上，改善了马铃薯播种机播种过程中施肥量不足技术难题。

[参 考 文 献]

[1] 徐娟娟.马铃薯——粮食安全战略中的重要角色 [J].农业工程技术·农产品, 2008(10):36-40.

[2] 王丽.关于马铃薯种植机械化的探讨 [J].农业科技与信息, 2009(9):11-13.

[3] 何玉静.马铃薯播种机新型排种机构的研究 [D].北京:中国农业大学, 2006.

[4] 唐海军.单垄双行自动补种式马铃薯播种机的设计 [D].泰安:山东农业大学, 2015.

[5] 王强.2CMG-4 型马铃薯播种机排肥系统的设计研究 [D].呼和浩特:内蒙古农业大学, 2014.

[6] 刘惌.大垄双行马铃薯机械化播种的技术试验与研究 [J].农业技术与装备, 2011(21):52-53.

[7] 包翠莲.马铃薯种植机的设计与使用 [J].农业技术与装备, 2013(22):37-38.

[8] 毛琼.脱毒微型马铃薯播种机关键部件的设计与试验研究 [D].武汉:华中农业大学, 2013.

[9] 王娇, 武空.红色希望——中机美诺 1240 型四行马铃薯种植机 [J].农机导购, 2012(6):26-28.

[10] 李明金, 许春林, 李连豪, 等.2CM-4 型马铃薯播种施肥联合作业机的研制 [J].八一农垦大学学报, 2012(1):14-16.

[11] 孙雪松.马铃薯播种机螺旋推进式排肥器的研究和试验 [D].哈尔滨:东北农业大学, 2015.

[12] 康立业, 姜韶华, 吴宇, 等.小型根茎类作物播种机的设计 [J].安徽农业科学, 2012(20):10 717-10 718.

[13] 胡勇克, 戴莉莉, 皮亚南, 等.螺旋输送器的原理与设计 [J].南昌大学学报, 2000(4):29-31,91.

[14] 张东海.螺旋输送机的优化研究 [D].大连:大连理工大学, 2006.

[15] 朗桐.输送机的分类及选型与设计 [J].砖瓦, 2011(5):15-19.

[16] 李昊, 钱珊珠, 张文瑞, 等.关于水平螺旋输送器优化的积计算 [J].农村牧区机械化, 2006(1):29-30.

[17] 王慧清.海洋灌浆机系统设计与研究 [D].天津:天津大学, 2005.

[18] Premerlani W, Blaha M. An approach for reverse engineering of relational databases [J]. Communications of the ACM, 1994, 37(5):42-49.

种薯特征参数对马铃薯种植机械的影响

马海钦，赵治明，吕金庆*

（东北农业大学工程学院，黑龙江　哈尔滨　150030）

摘　要：马铃薯是粮食也是蔬菜，马铃薯种植机械化是马铃薯栽培过程中极其重要的一环，也是马铃薯收获机械化的基础，其种植方式及质量不仅直接关系到整个生产过程的机械化，而且直接影响产量的高低。从种薯的形状、几何尺寸和重量、摩擦角及自然休止角、弹性和塑性、种薯皮强度、抗挤压强度、种薯的翻转角及沿斜面移动速度等方面对马铃薯种植机影响进行了解释，并介绍了存在的一些特征，为马铃薯种植机械设计提供参考价值。

关键词：马铃薯；种薯；种植机械；特征参数

马铃薯又名洋芋、番薯、山药，是粮食也是蔬菜作物，其主要产区分布在中国黑龙江省、河北省北部、山西省北部、内蒙古自治区、宁夏回族自治区山区及甘肃省、青海省等地。马铃薯种植机械化是马铃薯栽培过程中极其重要的一环，也是马铃薯收获机械化的基础，其种植方式及质量不仅直接关系到整个生产过程的机械化，而且直接影响产量的高低。20世纪，马铃薯种植机经历了一系列由小到大、由低级半机械化到高级自动化的发展过程，在技术水平和基础理论研究方面都取得了巨大的成果。

马铃薯薯块作为马铃薯种植机的主要工作对象，其特征参数是十分重要的，分别为种薯的形状、几何尺寸和重量、摩擦角及自然休止角、弹性和塑性、种薯皮强度、抗挤压强度、种薯的翻转角及沿斜面移动速度等[1,2]。目前世界上马铃薯约有2 000多个品种，每个品种都有其不同的品质、特征及经济价值[3]。作为种植物料的马铃薯块茎，其特征与收获时已完全不同。马铃薯表皮已不是收获时的光滑、细嫩和坚硬，而是莴软、皮厚、表面崎岖不平，甚至长出嫩芽。

1　种薯形状和尺寸

对于自动化马铃薯精密种植机，种薯形状和尺寸不仅与种植质量直接相关，而且是种植机设计的依据[4,5]。马铃薯块茎不仅因品种和生长条件的不同而形态各异，而且在很大程度上与产量有关。产量愈高，块茎尺寸也愈大。当温度和灌水规范急剧变化时，块茎也会变成畸形而圪里圪瘩，外形极不规则。产量相等，品种不同，块茎的重量分布也会差异悬殊（表1）。

作者简介：马海钦（2001—），男，硕士研究生，主要研究方向为马铃薯播种机械。

基金项目：国家马铃薯产业技术体系岗位科学家专项（CARS-09-P23）。

＊通信作者：吕金庆，教授，博士生导师，主要从事机械设计理论及马铃薯机械化技术装备研究，e-mail：ljq8888866666@ 163. com。

表 1　不同品种种薯的重量特征

品种	产量(t/hm²)	块茎重量分布(g)		
		最大	中等	最小
劳尔	21.3	290	75	20
早玫瑰	21.0	110	102	20

同样的，不同地区的种薯外形尺寸也会存在一定的差异，外形尺寸的变化规律对研究马铃薯种植机工艺过程及作业精度有十分重要的意义[6]。

2　种薯的摩擦角

在马铃薯种植机工作过程中，种薯箱内的薯块之间、薯块与排薯器器件之间以及薯箱侧壁之间均将产生摩擦。摩擦力不仅直接影响排薯工艺过程，也会造成种薯表皮的损伤。种薯摩擦角的变化情况可以作为一般研究设计之鉴。为了减少摩擦力，种植机的零部件设计制造应充分考虑表面精度和粗糙度[7]。

3　种薯的翻转角

种薯表面形状千差万别，没有确定标准的正几何形态。同一品种的种薯形状也不固定规格，不具备统一的正几何形状。试验观察表明，当种薯堆放的金属板面不断增大倾斜角度直至某一极限值时，种薯开始下滑，其运动特性既非滑动，也非滚动[8]。

试验表明，由于种薯接触底面的宽度、受力方向和形状的不同，可能采取滑动、滚动和翻转 3 种运动状态。产生滚动的条件是：种薯底面与支撑面间有足够的力联系；作用力的位置和方向。种薯的翻转运动可用翻转角 μ 的正切来表示(图 1)。

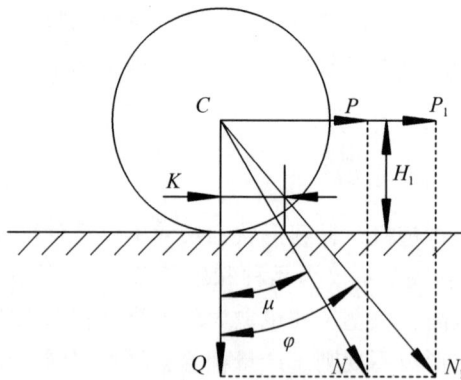

μ -翻转角，φ -摩擦角。

图 1　作用在种薯上的力

如图 1 所示，$\dfrac{K}{H} = \dfrac{P}{Q} = \mathrm{tg}\mu$，当 $\dfrac{K}{H} = \mathrm{tg}\mu > f = \mathrm{tg}\varphi$ 时，产生滑动；当 $\dfrac{K}{H} = \mathrm{tg}\mu < f = \mathrm{tg}\varphi$，

即 $\mu < \varphi$ 时，发生翻转运动，可根据这种原理测量种薯的反转角。

根据这种方法可以测量出中国马铃薯种薯的翻转角。翻转角一般都小于摩擦角。因此，种薯沿斜面运动大都伴随着滚动，或滚动与滑动交替进行。在研究马铃薯种植机的排薯工艺规律及种植精度时，不应忽视这个特点。

4 种薯皮强度

在马铃薯种前或种植过程中，种薯的任何损伤都是不好的，会引起各种细菌病毒的感染，影响种薯正常生长发育。为了预防种薯免受环形腐烂霉菌的感染，绝不能使种薯果肉暴露于外[9]。在种植机作业时，种薯表皮与机器零部件之间发生摩擦、碰撞，薯皮将承受机械力的作用，出现撕裂或揉搓。因此，种薯表面抵抗撕裂搓揉的稳定性显得格外重要。

试验研究表明，马铃薯收获日期在很大程度上影响薯皮强度。8月28日收获的薯皮切向破坏张力为32.8 N，9月27日收获的则为60.3 N，10月14日的则为89.4 N。早熟品种超过晚熟品种，生长期长的块茎切向张力大于生长期短的。选择种薯时应注意这一规律。

5 种薯的抗压挤强度

种薯的抗压挤强度是一个关键参数，在马铃薯种植机作业过程中，种薯可能不断地承受着排薯器各种器件的压挤。表2是马铃薯"劳尔"的抗压挤强度[10]。

表2 "劳尔"抗压挤强度

种薯重量（g）	横断面（cm²）	压挤载荷（N）	瞬时张力（N/cm²）
35	16.5	505	30.6
45	18.5	720	40.0
55	22.4	792	35.4
65	22.1	792	35.8
75	27.0	932	34.5
85	25.2	932	37.0

由表2可见，种薯"劳尔"的瞬时抗压挤强度可达到30.6~40.0 N/cm²，其与种薯重量的关系不大。

6 种薯沿斜面移动速度

在马铃薯种植机工作过程中，种薯沿斜面移动或滑动是经常发生的。因此，种薯沿斜面向排薯器的喂进速度自然为人们所关注。然而由于种薯体形的非正规几何形状，其移动速度只能获得相对的准确度。对种薯"劳尔"移动速度的测定结果（表3），供研究借鉴。由表3数据可见，随着斜面倾角的增大，种薯的下滑速度也随之增大，可以达到2 m/s。

表 3 "劳尔"移动速度测定结果

种薯重量(g)	斜面倾角				
	20°	25°	30°	35°	40°
21	1.00	1.25	2.50	2.14	2.14
45	1.25	1.50	1.67	1.89	2.14
80	1.11	1.25	1.51	1.67	2.14

7 总 结

从种薯的形状、几何尺寸和重量、摩擦角及自然休止角、弹性和塑性、种薯皮强度、抗挤压强度、种薯的翻转角及沿斜面移动速度等方面对马铃薯种植机影响进行了解释，并介绍了存在的一些特征，为马铃薯种植机械设计提供参考价值。

[参 考 文 献]

[1] 杨晓涵.纵横刀组协同式马铃薯切种机关键装置设计与试验 [D].哈尔滨:东北农业大学,2021.
[2] 谭本芳.三角链杯勺式马铃薯精量排种器的优化与试验 [D].武汉:华中农业大学,2023.
[3] 李万青,何宜儒,汪麟."网红学院"推进农村一二三产业融合发展的创新路径研究 [J].职业教育研究,2023(3):11-15.
[4] 高原.三爪勺式马铃薯精量排种器及补种系统设计与试验研究 [D].杨凌:西北农林科技大学,2022.
[5] 黄勇,赵晓雪,戚江涛,等.带勺式马铃薯排种装置的工作参数优化试验设计 [J].农机化研究,2018,40(12):162-167.
[6] 赵晓雪,黄勇,陈绍杰,等.铺膜铺管马铃薯播种机的设计与试验 [J].农机化研究,2018,40(1):124-129,134.
[7] 魏忠彩,李洪文,孙传祝,等.振动与波浪二级分离马铃薯收获机改进 [J].农业工程学报,2018,34(12):42-52.
[8] 王相友,刘为龙,张浩,等.整列定位夹切组合式马铃薯种薯切块装置设计与试验 [J].农业机械学报,2023,54(11):148-158.
[9] 陈恩发,刘怒安,阳腾,等.威宁马铃薯传统储藏方式对马铃薯种薯主要病害发生及质量的影响 [J].种子,2023,42(10):111-115.
[10] 王金秋,武舜臣.马铃薯主粮化战略的动力、障碍与前景 [J].农业经济,2018(4):17-19.

包头市马铃薯主产旗县近 20 余年气候变化与马铃薯生产概况

李秀华[1]，王亮明[1*]，李宏伟[2]，路　平[3]，梁瑞萍[1]，袁圣良[1]，李春霞[1]，高红霞[1]

(1. 包头市农牧科学技术研究所，内蒙古　包头　014010；
2. 内蒙古自治区包头市气象局，内蒙古　包头　014030；
3. 包头市农牧局，内蒙古　包头　014010)

摘　要：为明确包头市马铃薯主产旗县近 24 年气候变化，利用线性趋势法分析了固阳县和达尔罕茂名安联合旗(达茂旗)温度、降水和蒸发变化情况。固阳县和达茂旗自 2000 年来气温缓慢升高，年均气温 24 年来分别增高了约 0.51 和 1.10 ℃；年均地面温度自 2000 年来呈显著增高趋势，24 年间分别升高约 1.76 和 2.58 ℃。2 旗县降水变化趋势不显著。2000 年来达茂旗 5—9 月大型蒸发量缓慢增大，24 年平均值为 961 mm，远高于其年均降水量 264 mm。包头市马铃薯种植面积自 2011 年来急剧缩减，但单产在波动中提高。该研究为当地农业生产提供科学依据。

关键词：包头市；马铃薯；主产旗县；气候变化；生产

固阳县和达尔罕茂明安联合旗(达茂旗)属于典型的中温带半干旱易旱农作区，气温、降水量、蒸发量等是影响农业生产活动的主要因素，也是当地农业高产、稳产的主要限制因素。固阳县和达茂旗长期以来是以传统种植、养殖为主的农牧业经济旗县，农业生产在包头市经济中占有较大的比例，尤其形成了阴山沿麓马铃薯种薯和商品薯的优势产业带。本研究旨在通过分析近 24 年来气温、地面温度、降水和蒸发的变化规律，以期在气候变化大背景下为当地马铃薯等农业生产提供科学依据。

1　材料与方法

1.1　试验区概况

固阳县位于 N 40°42′~41°29′、E 109°40′~110°41′；达茂旗位于 N 41°20′~42°40′、E 109°16′~111°25′。固阳县和达茂旗地处阴山沿麓，属于典型的中温带半干旱大陆性气候，冬长夏短，四季分明，气候多样，寒暑变化强烈，气温差较大，干旱多风，降水量少且年际变化大，日照充足，蒸发迅速[1]。

作者简介：李秀华(1981—)，女，高级农艺师，主要从事作物育种和栽培方面研究。
基金项目：2023 年内蒙古自治区人才开发基金。
＊通信作者：王亮明，博士，农艺师，主要从事作物育种和栽培方面研究，e-mail：wlm115725@163.com。

1.2　数据来源及方法

文中气象资料采用固阳县气象局和达尔罕茂名安联合旗气象局2000—2023年逐月平均气温、平均地面温度和降水量，蒸发由于多种因素仅有达尔罕茂名安联合旗气象局国家基本站2000—2023年5—9月大型蒸发数据完整。马铃薯生产相关数据来源于包头市统计局。四季划分：春季3—5月，夏季6—8月，秋季9—11月，冬季12月至翌年2月。时段划分：2000—2009年、2010—2019年、2020—2023年，分别代表21世纪00年代、10年代和20年代初。气候变化趋势分析采用线性趋势法[2]：$y = ax + b$，a为趋势倾向率或变化率，绝对值大小反映气候要素的变化程度。

2　结果与分析

2.1　包头市固阳县和达茂旗近20余年气候变化特征

2.1.1　气温和地面温度

固阳县2000—2023年平均气温在波动中上升（图1），以0.0212 ℃/年的速度增温，年均气温24年上升了约0.51 ℃，增温态势不显著（$R = 0.2821$）。2000—2023年平均地面温度同样呈现波动上升趋势，变化率为0.0732/年，年平均地面温度24年上升约1.76 ℃，增温趋势达显著水平（$R = 0.6904$）。达茂旗2000—2023年平均气温在波动中上升，以0.0459 ℃/年的速度增温，年均气温24年上升了约1.10 ℃，增温态势不显著（$R = 0.4758$）。2000—2023年平均地面温度同样呈现波动上升趋势，变化率为0.1076/年，年平均地面温度24年上升约2.58 ℃，增温趋势达显著水平（$R = 0.7428$）。固阳县平均气温与上个年代相比（表1），21世纪10年代和20年代初分别以0.09 ℃和0.25 ℃的幅度增温；平均地面温度对应增温幅度分别为1.01 ℃和0.24 ℃。达茂旗平均气温与上个年代相比，21世纪10年代和20年代初分别以0.32 ℃和0.28 ℃的幅度增温；平均地面温度对应增温幅度分别为0.82 ℃和0.87 ℃。

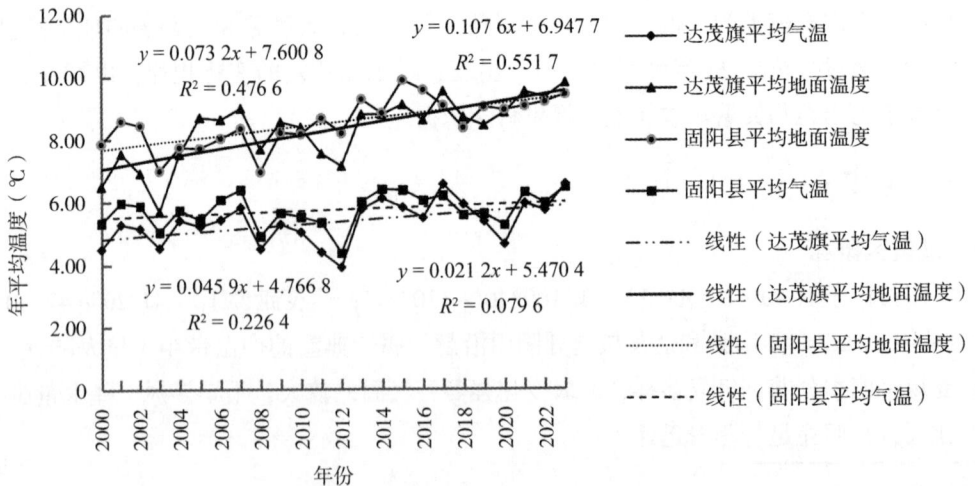

图1　固阳县和达茂旗年平均气温和地面温度变化趋势

表1 固阳县和达茂旗不同时段平均温度

时段	固阳县		达茂旗	
	年平均气温(℃)	年平均地面温度(℃)	年平均气温(℃)	年平均地面温度(℃)
2000—2009	5.64	7.89	5.11	7.67
2010—2019	5.73	8.90	5.43	8.49
2020—2023	5.98	9.14	5.71	9.36

2.1.2 降水量

自2000年以来(图2),固阳县年降水量2016年最少,为162.2 mm,2018年降水最多,达455.7 mm,其余年份降水量均在其间上下波动,有缓慢上升的趋势;夏季,即农作物需水旺季,降水量同样呈现缓慢上升态势。同时可以看出,自2000年以来,达茂旗年降水量2022年最少,为134.3 mm,2018年降水量最大,为506.9 mm,其余年份降水量均在其间上下波动,由趋势线可见有缓慢下降趋势;达茂旗夏季降水量总体呈现缓慢上升趋势。同时对比固阳县和达茂旗降水趋势线及线性公式可以看出,固阳县年平均降水和夏季降水均高于达茂旗,即多数年份固阳县年降水量和夏季降水量高于达茂旗。固阳县和达茂旗主要降水集中在夏季,其降水量占全年降水量的58%~64%。同时段内,固阳县年平均降水量和夏季降水量高于达茂旗对应值(表2)。

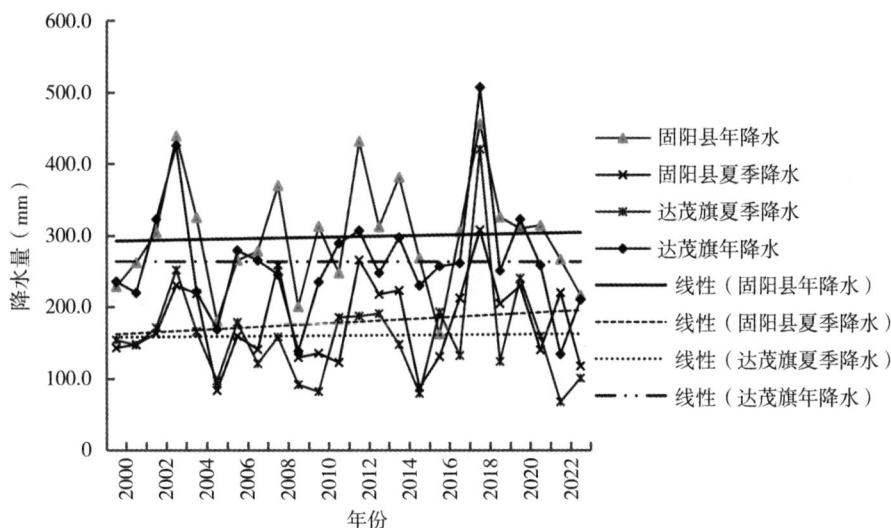

图2 固阳县和达茂旗年际间降水量变化趋势

表2 固阳县和达茂旗不同时段平均降水量

时段	固阳县降水量(mm)		达茂旗降水量(mm)	
	年平均	夏季	年平均	夏季
2000—2009	285.2	167.4	252.0	153.6
2010—2019	320.2	190.8	288.1	174.2
2020—2023	276.7	176.8	231.4	142.0

2.1.3 蒸发量

2000—2003 年达茂旗年大型蒸发量 2019 年最低，为 758.2 mm，2017 年最高，达 1 527.9 mm，其余年份蒸发量在其间上下波动，总体呈缓慢上升态势（$R = 0.153$）（图 3）。将 2000—2023 年每月大型蒸发分别取平均值绘制折线（图 4）所示，5—9 月时 5 月大型蒸发量最大，达 222.3 mm，9 月最低为 137.7 mm，其余月份逐月降低。

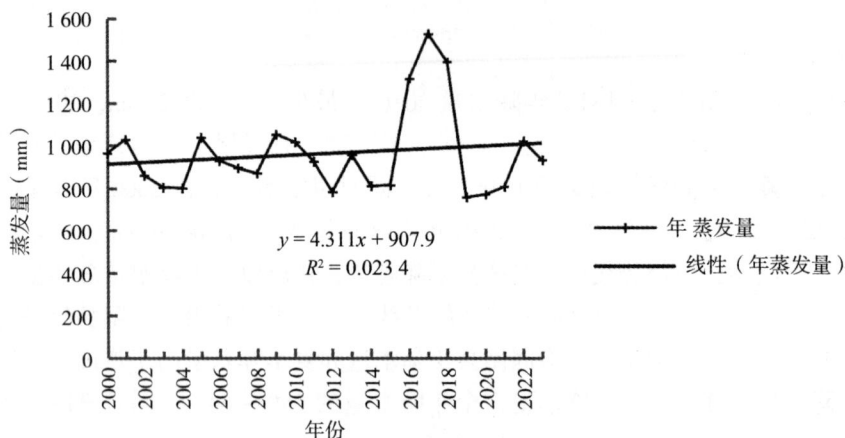

图 3　达茂旗大型蒸发年际间变化趋势

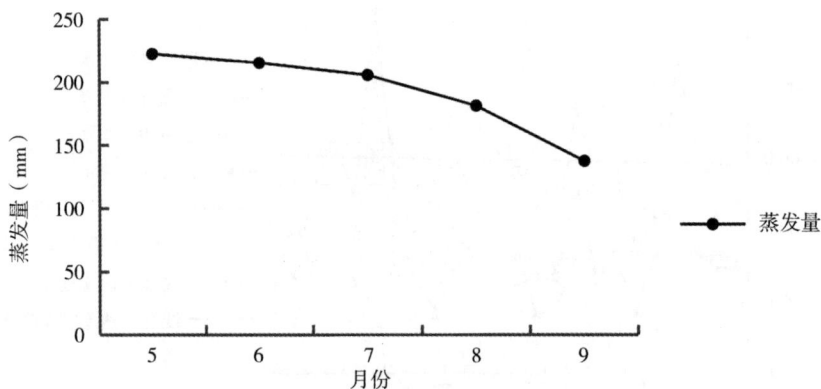

图 4　达茂旗大型蒸发年度内变化

2.2　包头市近 20 余年马铃薯播种面积与单产变化

自 2000 年以来，包头市马铃薯播种面积以 2011 年为分界线（图 5），2000—2011 年包头市马铃薯播种面积在波动中增大，到 2011 年播种面积达 8.291 万 hm²。但 2011 年以后，全市播种面积呈现急剧下降趋势，直至 2023 年播种面积降至 24 年来最低，为 0.678 万 hm²。近 24 年来，包头市马铃薯单位面积产量在波动中提高（图 6），2011 年也就是全市播种面积最大年单产最低，为 1 338 kg/hm²，2018 年单产最高，达 4 434 kg/hm²，其余年份单产在其间波动。

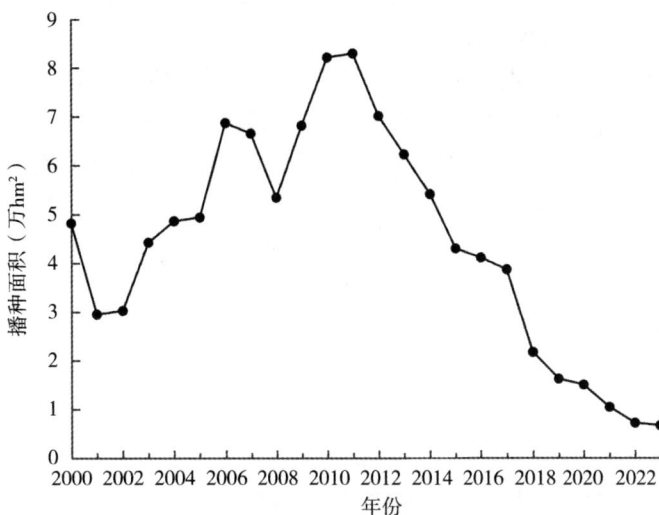

图5　包头市马铃薯播种面积变化

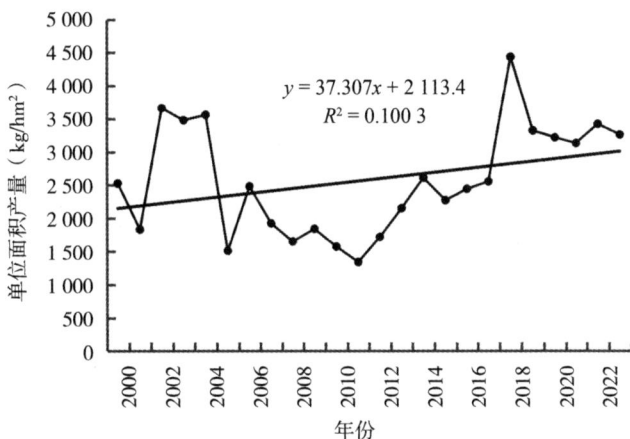

$$y = 37.307x + 2\,113.4$$
$$R^2 = 0.100\,3$$

图6　包头市马铃薯单位面积产量变化

3　讨　论

固阳县自 2000 年来气温缓慢上升，年均气温 24 年增高了约 0.51 ℃；年均地面温度呈显著增高态势，24 年间升高约 1.76 ℃。达茂旗自 2000 年来气温缓慢上升，年均气温 24 年间升高约 1.10 ℃；年均地面温度自 2000 年来呈显著增高趋势，24 年间升高约 2.58 ℃。同时相同时段，固阳县平均气温和地面温度均高于达茂旗。已有研究指出中国近 50 年(1961—2010 年)平均地表气温约增加 1.3 ℃[3]，且北方地区较南方地区增暖幅度更为明显，与本文结论吻合。24 年来，固阳县和达茂旗降水变化趋势不显著，主要降水集中在夏季，其降水量占全年降水量的 58%~64%。同时段内，固阳县年平均降水量和夏季降水量高于达茂旗对应值。2000 年来达茂旗 5—9 月大型蒸发量缓慢增大，24 年平均值为 961 mm，远高于其年均降水量 264 mm。

包头市固阳县和达茂旗一直以来因其气候冷凉、自然隔离条件好而一直成为中国优质马铃薯种薯主产区之一，同时也是中国重要的优质商品薯产区。但自 2011 年以来在供需市场、投入成本、病虫害逐年加剧和水资源限制等多因素下种植面积锐减。内蒙古自治区人民政府办公厅关于促进马铃薯产业高质量发展的实施意见明确提出将内蒙古自治区建成全国知名的优质脱毒种薯生产基地，努力提升种薯质量水平。包头市可以依托区域气候优势，同时兼顾商品薯生产，在政策引领下集中优势力量做好做强阴山沿麓种薯产业区。

[参 考 文 献]

[1] 白国平, 白月波. 包头气候 [M]. 北京: 气象出版社, 2014.

[2] 魏凤英. 现代气候统计诊断预测技术 [M]. 北京: 气象出版社, 1999.

[3] 胡琦, 潘学标, 邵长秀, 等. 1961—2010 年中国农业热量资源分布和变化特征 [J]. 中国农业气象, 2014, 35 (2): 119-127.

地膜及覆盖方式对冬闲田马铃薯生长及品质的影响

杨　丹[1,2]，李　璐[1,2]，万国安[1,2]，王素华[3]，李树举[1,2]*，李　兵[1,2]，刘　佳[1,2]

(1. 常德市农林科学研究院，湖南　常德　415000；

2. 国家马铃薯产业技术体系常德综合试验站，湖南　常德　415000；

3. 湖南省农业科学院作物研究所，湖南　长沙　410000)

摘　要：为提升马铃薯品质与安全，优化马铃薯栽培技术，试验选用几种不同地膜且采用不同覆盖方式，研究地膜及覆盖方式对湖南省冬闲田马铃薯生长和品质的影响。覆盖栽培中覆黑单白膜马铃薯产量高，为 2 683 kg/667 m²，较 CK2 裸地栽培增产 78.49%，且龙葵素含量最低，较 CK1 覆膜对照和 CK2 裸地栽培降低 88.5% 和 89.9%，该模式是适应湖南省冬闲田稻薯轮作的一种高产优质马铃薯栽培方法。膜上覆土栽培方式，可免破膜，但出苗较晚，生育期延迟，在 5 月上旬收获时还未成熟，不利于抢占市场，可能影响下季水稻播种，需进一步改进该模式。裸地栽培出苗晚、出苗率相对较低，收获时块茎产量低，但干物质含量最高，湖南省较多山区习惯裸地栽培，不覆盖地膜，若采用裸地栽培，推荐适当浅播，提早出苗，提高出苗整齐率，出苗后再进行追肥培土。

关键词：马铃薯；地膜；黑白膜；覆盖；膜上覆土；龙葵素

　　湖南省春马铃薯种植模式多覆地膜栽培和裸地栽培，覆地膜以透明膜为主，可增温、避雨、保湿，增产显著[1]。但透明地膜覆盖，田间青头薯有时较多，且覆膜栽培需人工破膜引苗，费时费力，且晴天破膜不及时易烧苗。播种后覆盖地膜再在膜上覆土可以免人工破膜。马铃薯黑膜覆盖，可优化土壤理化性状，提高土壤生物活性和养分有效性[2-4]，降低马铃薯中龙葵素含量，提高产量和品质[5,6]。银黑双面膜由银灰色和黑色农膜复合而成，具有避蚜、除草、保水等功效。黑白配色地膜有增温、保墒、除草和调节地温的作用[7]，用黑白配色地膜可降低膜下杂草密度，创造更适宜的土壤温度和水分条件，有利于马铃薯增产和改善品质[8]。为提升马铃薯品质与安全，优化马铃薯栽培技术，试验选用了几种不同地膜且采用不同覆盖方式，研究地膜及覆盖方式对湖南省冬闲田马铃薯生长和品质的影响。

1　材料与方法

1.1　试验地概况

　　试验设在常德市农林科学研究院试验基地（N 29°2′13″，E 111°37′40″），海拔高度

作者简介：杨丹(1988—)，女，助理研究员，主要从事马玲薯品种选育与示范推广工作。

基金项目：现代农业产业技术体系建设专项基金项目(CARS-09-ES17)。

＊通信作者：李树举，农业技术推广研究员，主要从事园艺作物新品种选育与示范应用，e-mail：Lshj7135@163.com。

35 m，属于亚热带季风湿润气候区，年均气温 16.5~17.5 ℃，地域年均降水量 1 360 mm，热量丰富，雨量丰沛。前茬作物为水稻。土壤类型为壤土，土壤 pH 5.69，有机质含量 16.6 g/kg，水解性氮、有效磷、速效钾含量分别为 152、17.5、71 mg/kg，全氮、全磷、全钾含量分别为 1.16、0.62、14.80 g/kg，肥力水平中等。

1.2 试验材料

供试马铃薯品种为当地主栽品种"兴佳 2 号"，由马铃薯专业合作社提供。供试肥料为鄂中化肥有限公司提供的高浓度硫酸钾型复合肥($N：P_2O_5：K_2O=18：7：25$)。

1.3 试验方法

采用深沟高垄覆膜栽培技术，选择 5 种地膜：①黑色地膜；②银黑双色地膜，简称银黑膜，银色在上，黑色在下；③黑单白膜，膜宽 150 cm，两边黑，中间透明部分宽 30 cm；④黑双白膜，膜宽 150 cm，中间和两边黑色，2 条宽 20 cm 的透明膜间隔 30 cm、居中；⑤普通透明地膜，简称白膜（对照），膜厚 0.08 mm。设 7 个处理：T1. 覆黑膜；T2. 覆银黑膜；T3. 覆黑单白膜；T4. 覆黑双白膜；T5. 覆黑膜覆土；T6. 覆银黑膜覆土；T7. 覆黑白膜覆土；CK1. 覆白膜；CK2. 裸地栽培。

随机区组排列，3 次重复。小区面积 20 m²。单垄双行种植，垄宽 0.75 m，垄高 0.35 m，垄沟宽 0.35 m。每个小区 150 株，种植密度 5 000 株/667 m²。

2019 年 12 月 10 日切块播种，施肥 100 kg/667 m²，点施在种薯间，后期不追肥。12 月 17 日播种，覆膜前喷施 33%二甲戊灵 100 mL/667 m²。2020 年 3 月 19 日、3 月 30 日分别采用 32.5%苯甲·嘧菌酯 40 g/667 m²、25%吡唑·嘧菌酯 40 g/667 m² 防治晚疫病。2020 年 5 月 10 日统一收获。

1.4 测定项目及方法

参考《马铃薯品种试验调查记载项目及依据》(NY/T 1489—2007)[9]调查各处理的物候期、田间性状、块茎外观品质和经济性状、小区产量等。用烘箱制备干样，用国标法计算干物质含量；用高效液相色谱法测定龙葵素含量。试验结果为 3 次重复的平均值。

1.5 统计分析

试验数据均采用 Excel 2010 和 SPSS 19 进行数据处理与统计分析。

2 结果与分析

2.1 地膜及覆盖方式对马铃薯植株物候期的影响

地膜及覆盖方式对马铃薯植株物候期的影响有差异（表 1）。T5~T7 膜上覆土处理和 CK2 裸地栽培较覆膜栽培出苗推迟 15~19 d，覆膜处理中纯黑膜覆盖 T1 处理出苗最晚，较白膜 CK1 推迟 7 d，但 T2 银黑膜较白膜仅推迟 3 d；T5~T7 和 CK2 因出苗晚，在收获前均没有生理成熟。T1 和 T2 处理成熟期较有透光膜的 T3、T4 和对照处理 CK1 晚 12 d，有透光膜的处理生育期缩短 5~12 d。膜上盖土处理免破膜引苗，在本试验中，因出苗晚、成熟晚，如等到成熟后收获，可能影响下季水稻播种，播期需要进一步调整。

表1 不同地膜及覆盖方式下马铃薯植株的物候期

处理	模式	出苗期 （D/M）	现蕾期 （D/M）	成熟期 （D/M）	收获期 （D/M）	生育期 （d）
T1	覆黑膜	14/02	20/03	09/05	10/05	85
T2	覆银黑膜	10/02	19/03	09/05	10/05	89
T3	覆黑单白膜	10/02	15/03	27/04	10/05	77
T4	覆黑双白膜	10/02	14/03	27/04	10/05	77
T5	覆黑膜覆土	01/03	23/03	–	10/05	–
T6	银黑膜上覆土	01/03	24/03	–	10/05	–
T7	黑白膜上覆土	02/03	24/03	–	10/05	–
T8	覆白膜（CK1）	07/02	13/03	27/04	10/05	80
T9	裸地栽培（CK2）	01/03	22/03	–	10/05	–

2.2 地膜及覆盖方式对马铃薯植株生长的影响

T8 对照 1 出苗率最好，T9 对照 2 出苗率最差，不足 80%，与其他处理有显著差异，其次为 T5、T6 黑膜覆土处理。T1~T4 和 T8 地膜覆盖后期人工破膜的各处理株高无显著差异，株高大于 48 cm，T7 黑白膜上覆土与 T9 裸地栽培株高低，不足 40 cm，与其他处理有显著差异（图 1）。

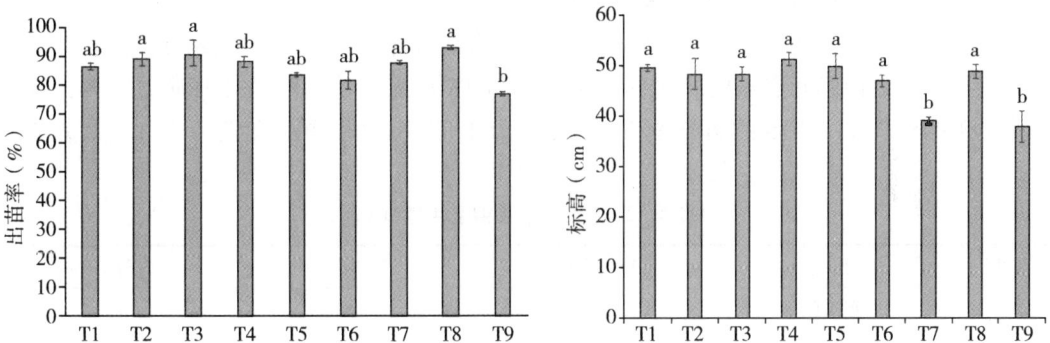

注：不同小写字母表示在 0.05 水平上差异显著，下同。

图 1 不同地膜及覆盖方式下马铃薯植株出苗率和株高

2.3 地膜及覆盖方式对马铃薯块茎经济性状的影响

T3 处理的单株块茎重最高（表 2），766.6 g，与 CK2 有显著差异，与 T7 黑白膜覆土处理有显著差异，膜上覆土 3 个处理之间单株块茎重无显著差异。T3 处理的单株块茎个数为 4.9 个，高于其他处理，与 CK2 有显著差异。覆膜处理商品薯率中以覆盖黑膜、银黑膜、黑单白膜最高，膜上覆土处理中 T7 商品薯率最高，块茎个数少。覆膜处理中产量最高的是 T3，覆盖黑单白膜，产量 2 683 kg/667 m²，所有覆膜产量高于膜上覆土处理和裸地栽培，产量均在 2 500 kg/667 m² 以上。膜上覆土处理和裸地栽培产量低，分析与处理出苗晚，生育期推迟、收获时未完全成熟等因素有关。膜上覆土免破膜处理中 T5 处理黑

— 373 —

膜覆土产量最高，为 2 353 kg/667 m²，优于 T6 银黑膜覆土处理，但只与 T7 黑白膜覆土和 T9 有显著差异。纯黑地膜覆盖的处理 T1 和 T5 的产量都低于 T2 和 T3 处理，但无显著差异。

表 2　马铃薯块茎的经济性状

处理	模式	单株块茎重（g）	单株块茎数（个）	商品薯率（%）	产量（kg/667 m²）	较 CK1 增产	较 CK2 增产
T1	覆黑膜	646.9 ab	4.8 ab	93.6 abc	2 583 a	0.65	71.84
T2	覆银黑膜	619.4 ab	4.5 ab	94.4 ab	2 540 a	-1.04	68.96
T3	覆黑单白膜	766.6 a	4.9 a	94.3 abc	2 683 a	4.54	78.49
T4	覆黑双白膜	589.7 b	4.5 ab	92.2 c	2 507 a	-2.34	66.75
T5	黑膜覆土	604.0 ab	4.7 ab	92.3 c	2 353 ab	-8.31	56.54
T6	银黑膜覆土	616.2 ab	4.8 a	93.1 abc	2 090 bc	-18.57	39.03
T7	黑白膜覆土	566.5 bc	4.4 ab	94.9 a	1 993 c	-22.34	32.59
T8	覆白膜（CK1）	604.7 ab	4.6 ab	92.5 bc	2 567 a	-	70.74
T9	裸地栽培（CK2）	419.1 c	3.9 b	87.4 d	1 503 d	-41.43	-

注：不同小写字母表示在 0.05 水平上差异显著，下同。

2.4　地膜及覆盖方式对马铃薯块茎病害及生理缺陷的影响

病薯主要是疮痂病和烂薯，各处理间病薯率和青薯率有显著差异（表 3），但裂薯率无显著差异。覆盖白膜和黑双白膜病薯率最高，与 T3 覆盖黑单白膜处理有显著差异；纯黑地膜覆盖的处理 T1 和 T5 的病薯率和青薯率都低于 T2 和 T6 银黑膜处理，但无显著差异。

表 3　马铃薯块茎病害及生理缺陷

处理	模式	病薯率（%）	青薯率（%）	裂薯率（%）
T1	覆黑膜	3.7 bc	3.3 ab	0 a
T2	覆银黑膜	4.9 bc	4.2 ab	0 a
T3	覆黑单白膜	1.4 c	7.7 a	0.6 a
T4	覆黑双白膜	25.6 ab	5.1 ab	0 a
T5	黑膜覆土	7.2 bc	2.0 ab	1.4 a
T6	银黑膜上覆土	8.2 abc	2.7 ab	0.6 a
T7	黑白膜上覆土	17.9 abc	3.6 ab	0 a
T8	覆白膜（CK1）	29.6 a	3.8 ab	7.9 a
T9	裸地栽培（CK2）	2.9 c	1.0 b	1.0 a

2.5　地膜及覆盖方式对马铃薯块茎品质的影响

马铃薯块茎 T9 对照裸地栽培马铃薯干物质含量最高，含量为 18.7%，较覆膜栽培处理对照增加 12.6%；膜上覆土各处理、裸地栽培处理龙葵素含量较高，高于 18.7 mg/100 g，T6 处理龙葵素含量最高，为 34.79 mg/100 g，分析可能与块茎未完全达到生理成熟有关。T1 覆黑膜、T2 覆银黑膜、T3 覆黑单白膜处理龙葵素含量较低，为 2.26~12.8 mg/100 g，覆黑单白膜处理龙葵素含量最低，较 CK1 覆膜对照和 CK2 裸地栽培对照降低 88.5% 和 89.9%。T4 覆黑双白膜处理和 T8 白膜覆盖龙葵素含量较高，19.56~19.75 mg/100 g（表 4）。

表 4 马铃薯块茎的品质指标

处理	模式	干物质含量（%）	龙葵素含量（mg/100 g）	较 CK1	较 CK2
T1	覆黑膜	17.3 ab	12.80 b	−34.6	−42.4
T2	覆银黑膜	15.9 c	10.57 b	−46.0	−52.5
T3	覆黑单白膜	17.1 b	2.26 b	−88.5	−89.9
T4	覆黑双白膜	16.5 bc	19.75 ab	1.0	−11.1
T5	黑膜覆土	17.3 ab	20.51 ab	4.9	−7.7
T6	银黑膜上覆土	16.7 bc	34.79 a	77.9	56.5
T7	黑白膜上覆土	17.0 bc	18.70 ab	−4.4	−15.9
T8	覆白膜（CK1）	16.6 bc	19.56 ab	−	−12.0
T9	裸地栽培（CK2）	18.7 a	22.13 ab	13.1	−

3 讨 论

覆盖栽培中，覆黑单白膜马铃薯产量高，为 2 683 kg/667 m²，较 CK2 裸地栽培增产 78.49%，且龙葵素含量最低，较 CK1 覆膜对照和 CK2 裸地栽培对照降低 88.5% 和 89.9%，该模式是一种适应湖南省冬闲田稻薯轮作的一种高产优质马铃薯栽培方法，可提早上市，缩短生育期。纯黑膜覆盖处理的单株块茎重、单株块茎个数、产量、病薯率、青薯率、干物质率优于银黑膜，但没有显著差异。黑膜避光性好，黑膜覆盖、黑单白膜覆盖、银黑膜覆盖处理的龙葵素含量均低于白膜覆盖和裸地处理。

膜上覆土处理，可以免破膜，但出苗时间与对照裸地栽培一致，较晚，生育期延迟，在 5 月收获时还未成熟，产量低于覆盖栽培，不利于抢占市场，还可能影响下季水稻播种，可以进一步改进该模式，提早播种、适当浅播或推迟膜上覆土时间，需要进一步研究。该结果与陈鑫昊等[6]研究不同，出苗均推迟，但产量与覆盖栽培有显著差异，分析可能与当年气候有关。

裸地栽培出苗晚、出苗率低，分析与播种深、未覆膜保温效果差有关，块茎产量低，分析与后期没有追肥，植株没有达到生理成熟有关。裸地栽培块茎干物质含量最高。在湖南省较多山区习惯裸地栽培，不覆盖地膜，若采用裸地栽培，推荐浅播，可以提早出苗，提高出苗整齐率，后期出苗后再进行追肥培土。

[参 考 文 献]

[1]　胡新喜, 刘明月, 何长征, 等. 覆膜方式对湖南冬种马铃薯生长与产量的影响 [J]. 湖南农业大学学报: 自然科学版, 2013, 39(5): 500-504.

[2]　胡新元, 谢奎忠, 陆立银, 等. 不同功能地膜覆盖对旱地马铃薯土壤水热效应和产量的影响 [J]. 中国马铃薯, 2019, 33 (3): 146-151.

[3]　李丽淑, 樊吴静, 杨鑫, 等. 不同栽培模式对土壤理化性状及广西冬种马铃薯产量的影响 [J]. 南方农业学报, 2018, 49 (1): 36-41.

[4]　赵章平, 要凯, 康益晨, 等. 沟垄覆膜栽培对连作马铃薯根系分泌物和土壤养分的影响 [J]. 甘肃农业大学学报, 2020, 55(2): 83-89.

[5]　杨鑫, 樊吴静, 唐洲萍, 等. 不同覆盖栽培对马铃薯根际土壤细菌多样性、酶活性及化学性状的影响 [J]. 核农学报, 2021, 35(9): 2 145-2 153.

[6]　陈鑫昊, 董文, 陈铭, 等. 覆盖方式对春马铃薯生长和块茎品质的影响 [J]. 湖南农业大学学报: 自然科学版, 2022, 48 (3): 289-293.

[7]　苏道勇, 庄新. 聚乙烯多功能配色地膜的研究 [J]. 塑料, 2002, 31(5): 40-44.

[8]　张淑敏, 宁堂原, 刘振, 等. 不同类型地膜覆盖的抑草与水热效应及其对马铃薯产量和品质的影响 [J]. 作物学报, 2017, 43(4): 571-580.

[9]　中华人民共和国农业部. NY/T 1489—2007 农作物品种试验技术规程 马铃薯 [S]. 北京: 中国农业出版社, 2007.

地膜覆盖栽培不同揭膜时间对
马铃薯生长及产量的影响

叶开梅，朱　江，樊祖立，张　鹏，唐兴发，吴家丽，牛力立[*]

（安顺市农业科学院，贵州　安顺　561000）

摘　要：地膜覆盖可增加土壤墒情，提高马铃薯土壤水分和养分利用效率。但马铃薯是喜凉作物，若在生长后期土壤温度过高，可能会引起早衰，从而造成减产，也不利于地膜的回收。通过地膜覆盖栽培不同揭膜时间对马铃薯生长及产量影响的研究，探索地膜覆盖对马铃薯各生育时期的影响，进而分析马铃薯揭膜的最佳时间，对促进马铃薯地膜覆盖技术的合理应用具有指导意义。揭膜时间对马铃薯生长影响显著，覆膜后 45~75 d 揭膜有利于马铃薯地上部植株的生长，在现蕾期差异表现最显著，株高、茎粗较不覆膜栽培平均高 25.36%、19.06%。揭膜时间对马铃薯产量影响不显著，但会缩短马铃薯的生育时期 6 d 左右，说明在覆膜后 45~75 d 揭膜可以加快马铃薯块茎膨大期干物质转运和积累，使马铃薯提早成熟，从而缩短生育期。地膜覆盖还可以使马铃薯提前 10 d 左右出苗，但由于揭膜处理均在马铃薯开始陆续出苗之后进行，故揭膜时间对出苗率无显著影响。

关键词：地膜覆盖；揭膜时间；马铃薯；产量

　　地膜覆盖技术可以改善土壤水热状况，促进土壤微生物活动，提高土壤速效养分，提高马铃薯水分和养分利用效率，增温保湿增产效果显著[1,2]。马铃薯是喜冷凉作物，在马铃薯生长后期，地膜覆盖条件下马铃薯农田土壤温度过高，可能引起马铃薯早衰，抑制马铃薯淀粉积累，进而影响其产量和品质，随地膜覆盖时间的延长，地膜破损程度越严重，显著影响地膜回收效率，加重农田地膜残留污染[3-5]。适时揭膜不但可以降低农田地膜残留量，减轻地膜残留污染危害[6]，还有利于降低马铃薯生长后期根际土壤温度，增加土壤透气性。但揭膜过早，会破坏地膜覆盖的增温保墒作用，难以满足马铃薯生长过程中对水热的需求；揭膜过晚，则影响马铃薯后期生长发育[7]。通过研究地膜覆盖栽培不同揭膜时间对马铃薯生长及产量的影响，可以初步探索出马铃薯揭膜的最佳时间，对促进马铃薯地膜覆盖技术的合理应用具有重要指导意义。

1　材料与方法

1.1　试验地概况

　　安顺市农业科学院试验基地（E 105°55′，N 26°15′），海拔 1 395 m，属于亚热带季风

作者简介：叶开梅（1994—），女，硕士，助理农艺师，主要从事作物高产生理栽培技术研究。
基金项目：国家现代农业产业技术体系（CARS-09-ES25）。
＊通信作者：牛力立，硕士，高级农艺师，主要从事薯芋类品种选育及配套栽培技术研究，e-mail：81634848@qq.com。

湿润气候，年平均气温 14 ℃，无霜期 301 d，年降雨量 1 300 mm，年平均日照时数 1 164.9 h，辐射能量低。试验田地势平坦，地力均匀，前茬作物为玉米，土壤类型为黄粘土。2022 年马铃薯全生育期内降雨 290.4 mm，主要集中在 5—7 月(图 1)。

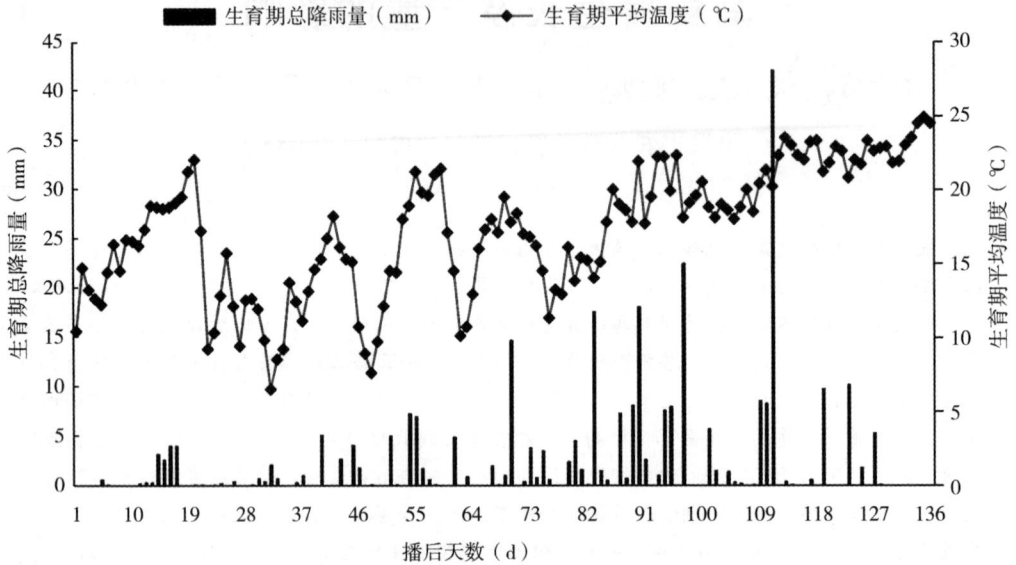

图 1　2022 年马铃薯生育期降雨量和日均气温

1.2　试验设计

试验在 2022 年进行，采用单因素随机区组设计，设置 6 个处理(表 1)，重复 3 次。马铃薯品种为"兴佳 2 号"，小区面积 21.6 m²(4.8×4.5)，采用大垄双行种植，垄高 20 cm，密度 3 700 株/667 m²，重复之间走道 80 cm。施用肥料：复合肥(N∶P₂O₅∶K₂O = 15∶15∶5，总养分≥45%)30 kg/667 m²，有机肥(有机质≥50%)600 kg/667 m²，整地播种前一次性施入有机肥、复合肥，并撒施辛硫磷颗粒(300 g/667 m²)防治地下害虫；薄膜采用厚度为 0.008 mm，宽度为 120 cm 的黑膜，起垄要求垄面平整细致，铺膜时力求达到紧、平、严的标准。2 月 28 日播种，7 月 14 日收获，田间管理同大田大面积生产。

表 1　不同处理编号及设置

编号	处理
T1	不覆膜(CK)
T2	覆膜后 30 d 揭膜
T3	覆膜后 45 d 揭膜
T4	覆膜后 60 d 揭膜
T5	覆膜后 75 d 揭膜
T6	全生育期覆膜

1.3 测定项目和方法

1.3.1 物候期记载

记录播种期、出苗期、现蕾期、块茎膨大期、成熟期、收获期。

1.3.2 出苗情况调查

出苗率：小区出苗达75%的日期记为出苗期。见苗后隔天调查记载，并计算出苗率。

出苗率(%)=出苗株数/播种数×100

1.3.3 温度的测定及气象数据的来源

于苗期、现蕾期、块茎膨大期和成熟期测定。

(1)土壤温度：用土壤地温计分别于早上8：00~11：00、下午15：00~18：00测定每小区株行间15 cm的土层温度，然后取平均值。

(2)气象数据：来源于贵州省马铃薯晚疫病预警及信息发布系统。

表层土壤积温的计算：土壤日平均温度10 ℃为马铃薯生长的下限温度[8]，计算各生育阶段土壤日平均温度≥10 ℃持续期间的土壤温度总和，得出各阶段土壤≥10 ℃积温（<10 ℃的土壤日均温度计为0 ℃）。

1.3.4 生长指标和经济产量的测定

于现蕾期、块茎膨大期、成熟期每小区选择具有代表性的植株5株，测定株高和茎粗。于收获时测定以下指标：

单株薯重(kg)：收获时随机调查10株，统计块茎重，求平均值。

单株结薯数(个)：收获时连续调查10株马铃薯结薯数，求平均值。

小区产量：分别将各小区内收获块茎称重，然后小区产量换算成单产(kg/667 m²)。

商品薯统计：单薯重量在50 g以上的计为商品薯。

1.4 数据处理分析

将原始数据录入Excel 2010表格进行初步整理，然后采用DPS v7.05软件对数据进行统计分析。

2 结果与分析

2.1 不同揭膜时间对15 cm土层温度的影响

地膜覆盖能显著提高土壤温度(图2)。苗期和块茎膨大期(T2除外)，覆膜处理15 cm土层温度显著高于不覆膜处理。在苗期覆膜30 d后揭膜处理(T2)的15 cm土层温度显著高于不覆膜处理，但随着马铃薯的生长，差异逐渐变小；在块茎膨大期，覆膜处理(T3、T4、T5、T6)15 cm土层温度显著高于不覆膜(T1)和揭膜时间最早的处理(T2)。各处理15 cm土层温度在成熟期无显著差异，这可能是由于随地膜覆盖时间的延长，地膜破损程度严重，从而大大降低了地膜增温保墒的作用。综合来看，揭膜时间对马铃薯苗期-块茎膨大期15 cm土层温度均有一定影响。

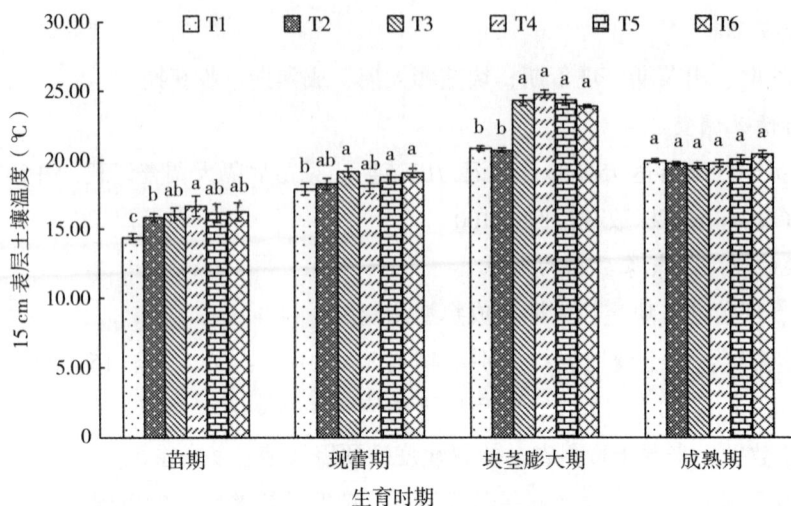

注：不同小写字母表示 0.05 水平差异显著。

图 2　不同揭膜时间下马铃薯各生育时期 15 cm 表层土壤温度分析

为进一步探究覆膜条件下 15 cm 表层土壤温度在马铃薯哪个生长阶段影响最大，根据气象数据计算全生育期内覆膜条件下马铃薯各生长阶段的积温（表 2）。在全生育期覆膜（T6）条件下，马铃薯各生育阶段 15 cm 土壤积温均有增加，其增幅表现为覆膜-出苗（3.97%）>出苗-现蕾（1.82%）>现蕾-块茎膨大（1.72%）>成熟-收获（1.46%）>块茎膨大-成熟（0.40%），表明随着生育期的推进，地膜覆盖的增温效果逐渐减弱。覆膜-出苗阶段，地膜覆盖栽培较不覆膜栽培下土壤积温增加最多，为 18.84 ℃·d，较其他生育时期土壤积温增幅最大（3.97%），即地膜覆盖对马铃薯田间 15 cm 土层土壤积温的增加作用主要集中在苗期之前，之后地膜覆盖虽有一定增温效果，但效果逐渐减弱。

表 2　马铃薯全生育期内覆膜与不覆膜处理表层土积温比较

生育期	不覆膜积温(T1) （℃·d）	覆膜积温(T6) （℃·d）	覆膜-不覆膜 （℃·d）	增幅 （%）
覆膜-出苗	474.60	493.44	18.84	3.97
出苗-现蕾	394.30	401.47	7.17	1.82
现蕾-块茎膨大	385.30	391.92	6.62	1.72
块茎膨大-成熟	480.30	482.24	1.94	0.40
成熟-收获	320.20	324.87	4.67	1.46
全生育期	2 054.70	2 093.94	39.24	1.91

2.2　不同揭膜时间对马铃薯生长发育的影响

2.2.1　对生育期的影响

不覆膜栽培的马铃薯于播种后 55 d 左右出苗（表 3），覆膜处理在播种后 45 d 左右出

苗，与不覆膜相比，覆膜使马铃薯出苗期提前 10 d 左右。此外，覆膜栽培的马铃薯在现蕾期、块茎膨大期、成熟期均较不覆膜栽培的提前 2~7 d，但在各揭膜处理中生育时期表现差异不显著。说明地膜覆盖可以加快马铃薯生长，缩短马铃薯生育期，而中途揭膜则不影响其发育进程。

表3　不同揭膜时间下马铃薯生育进程差异分析

处理	播种期（D/M）	覆膜日期（D/M）	揭膜日期（D/M）	出苗期（D/M）	现蕾期（D/M）	块茎膨大期（D/M）	成熟期（D/M）
不覆膜（CK）	27/02	–	–	23/04	17/05	07/06	30/06
覆膜后 30 d 揭膜	27/02	15/03	11/04	13/04	15/05	05/06	30/06
覆膜后 45 d 揭膜	27/02	15/03	28/04	08/04	12/05	01/06	28/06
覆膜后 60 d 揭膜	27/02	15/03	17/05	08/04	12/05	01/06	28/06
覆膜后 75 d 揭膜	27/02	15/03	01/06	08/04	12/05	01/06	23/06
全生育期覆膜	27/02	15/03	–	08/04	12/05	01/06	23/06

2.2.2　对农艺性状的影响

出苗率是马铃薯栽培是否成功的基础，并最终影响产量。覆膜栽培下的马铃薯出苗率均显著高于不覆膜栽培，但各覆膜处理间无显著差异（表4）。说明覆膜可以显著提高马铃薯出苗率，但由于揭膜处理均在马铃薯开始陆续出苗之后进行，故揭膜时间对出苗率无显著影响。

不同处理下马铃薯各生育时期株高、茎粗差异显著（表4），覆膜栽培条件下的马铃薯株高（块茎膨大期除外）和茎粗均高于不覆膜栽培。株高在块茎膨大期时，各处理间差异不显著；在现蕾期和成熟期覆膜 45 d 后揭膜株高最高，较其他处理分别高 1.27%~25.98%、0.42%~11.63%，不覆膜栽培下的株高最小。3 个时期覆膜栽培下的茎粗值均高于不覆膜栽培，其中，覆膜后 45~75 d 揭膜栽培下茎粗值最高，且两个处理间差异不显著（块茎膨大期 45 d 和 75 d）除外。说明揭膜时间对马铃薯株高、茎粗有显著影响，在覆膜后 45~70 d 揭膜有利于马铃薯地上部植株的生长。

表4　揭膜时间对马铃薯农艺性状的影响

处理	出苗率（%）	株高（cm）			茎粗（mm）		
		现蕾期	块茎膨大期	成熟期	现蕾期	块茎膨大期	成熟期
不覆膜（CK）	88.20 b	20.90 c	34.47 a	43.00 b	10.51 b	11.91 d	12.27 b
覆膜后 30 d 揭膜	98.00 a	23.87 b	37.40 a	47.80 a	11.18 b	12.30 cd	13.11 ab
覆膜后 45 d 揭膜	97.62 a	26.33 a	36.27 a	48.00 a	12.51 a	12.51 bcd	13.61 ab
覆膜后 60 d 揭膜	97.23 a	26.00 ab	38.07 a	43.40 b	12.64 a	12.59 abc	13.17 ab
覆膜后 75 d 揭膜	98.90 a	25.13 ab	35.00 a	43.80 b	12.37 a	13.16 a	13.57 ab
全生育期覆膜	98.33 a	26.27 a	37.93 a	43.13 b	12.50 a	13.13 ab	13.79 a

注：同列不同小写字母表示 0.05 水平差异显著。下同。

2.3 不同揭膜时间对马铃薯产量及产量性状的影响

马铃薯产量是各种农艺措施的综合反映，在栽培措施、田间管理完全一致的前提下，揭膜会影响马铃薯生长的土壤环境，从而影响马铃薯的生长发育及产量。各揭膜处理下的马铃薯产量、单株结薯数、单株薯重值均高于不覆膜处理（表5），但只有单株薯重差异显著。不覆膜栽培下的马铃薯产量最低，为 2 533 kg/667 m²，覆膜后 60 d 揭膜的马铃薯产量最高，为 2 841 kg/667 m²，较不覆膜增产 12.19%；覆膜后 75 d 揭膜的马铃薯产量次之，为 2 724 kg/667 m²，较不覆膜增产 7.58%，其余处理下产量增幅不大。覆膜后 30 d 揭膜与不覆膜处理间产量差异不显著，可能是由于覆膜时间较短，覆膜时膜内起到的保温保湿效果只能用于植株前期营养器官生长，由于揭膜时间在苗期，到马铃薯生长后期，生长环境条件与不覆膜处理相同，因此产量差异不显著。说明在覆膜后 45~75 d 揭膜有助于马铃薯产量性状的形成，缩短马铃薯生育时期。

表 5　揭膜时间对马铃薯产量及产量性状的影响

处理	单株结薯数（个）	单株薯重（kg）	商品薯率（%）	产量（kg/667 m²）
不覆膜（CK）	5.27 ab	0.70 c	83.91 b	2 533 ab
覆膜后 30 d 揭膜	6.07 a	1.09 a	84.15 b	2 562 ab
覆膜后 45 d 揭膜	5.63 a	1.07 ab	84.75 b	2 668 a
覆膜后 60 d 揭膜	5.60 a	1.06 ab	90.07 a	2 841 a
覆膜后 75 d 揭膜	5.79 a	0.94 b	87.43 ab	2 724 a
全生育期覆膜	5.58 a	1.03 ab	87.15 ab	2 613 a

3　讨　论

地膜覆盖作为一种重要的农艺技术广泛应用于农业生产。相关研究发现，地膜覆盖对干旱半干旱地区冬春、早春马铃薯出苗率、生长状况、产量等具有显著影响。本研究表明，地膜覆盖可以促使马铃薯提前 10 d 左右出苗，且覆膜栽培的马铃薯出苗率显著高于不覆膜栽培，这与秦丽娟[2]、薛俊武等[9]的研究结果相一致。

揭膜时间对马铃薯生长及产量形成具有重要影响。在马铃薯生育前期，地膜覆盖能够提高土壤温度，减轻早春低温对马铃薯生长发育的影响，促进马铃薯生长发育，但在马铃薯生育中后期，由于马铃薯是喜凉作物，地膜覆盖条件下马铃薯土壤温度过高，可能引起马铃薯早衰，抑制马铃薯淀粉积累，进而影响其产量和品质，所以需要适时揭膜[3,10,11]。本研究表明，揭膜时间对马铃薯株高、茎粗有显著影响，在覆膜后 45~75 d 揭膜有利于马铃薯地上部植株的生长；揭膜时间对马铃薯产量影响不显著，但会缩短马铃薯的生育时期 6 d 左右，说明在覆膜后 45~75 d 揭膜可以加快马铃薯块茎膨大期干物质转运和积累，使马铃薯提早成熟，从而缩短生育期。

因此，在综合考虑农业生产条件、覆膜功效以及马铃薯生长的基础上，在覆膜后 45~75 d 揭膜有助于马铃薯地上部分生长，促使马铃薯提早成熟，从而缩短生育期。

[参 考 文 献]

[1] 严昌荣,何文清,刘恩科,等.作物地膜覆盖安全期概念和估算方法探讨 [J].农业工程学报,2015,31(9):1-4.

[2] 秦丽娟.华北集约农区马铃薯地膜覆盖安全期研究 [D].北京:中国农业科学院,2018.

[3] 李妙芳.地膜覆盖不同揭膜时间对春马铃薯产量的影响 [J].上海农业科技,2007(4):93-94.

[4] 郑少妹,叶立春,苏培忠.马铃薯覆盖地膜栽培不同揭膜时间试验 [J].江西农业科技,2004(2):10-11.

[5] 葛珍,张斌.揭膜对覆膜马铃薯生长发育的影响 [J].中国马铃薯,2003(4):244-246.

[6] 蒋水萍,穆青,毛春堂,等.不同揭膜破膜时间与方式对烤烟生长及品质的影响 [J].贵州农业科学,2014,42(1):36-41.

[7] 侯晓燕,王凤新,康绍忠,等.西北旱区民勤绿洲滴灌马铃薯揭膜效应研究 [J].干旱地区农业研究,2008(4):88-93.

[8] 李焕春,严昌荣,赵沛义,等.种植制度对阴山北麓马铃薯种植区土壤温度的影响 [J].中国农业气象,2012,33(4):534-539.

[9] 薛俊武,任稳江,严昌荣.覆膜和垄作对黄土高原马铃薯产量及水分利用效率的影响 [J].中国农业气象,2014,35(1):74-79.

[10] 高中超,刘峰,王秋菊,等.马铃薯专用中耕培土犁的应用及增产效果 [J].农业工程学报,2016,32(20):49-54.

[11] 安昊,李焕春,李秀萍,等.长期不同施肥条件下马铃薯耕层土壤温度变化 [J].北方农业学报,2016,44(4):31-34.

云南省昭阳区马铃薯打点破膜集雨技术应用

陈　吉[1]，王　进[1]，王永刚[1]，荀　敏[1]，温元灿[1]，金　鹏[1]，王开金[1*]，罗石富[2]

(1. 昭通市昭阳区农业技术推广中心，云南　昭通　657000；
2. 昭通市昭阳区西魁种植专业合作社，云南　昭通　657000)

摘　要："马铃薯打点破膜集雨技术"是一项抗旱技术，该技术的推广应用为昭通市昭阳区干旱山区马铃薯增产增收起到关键性作用。从技术背景、具体的技术措施、技术优点、技术可复制性及推广前景方面进行了叙述，旨在给山区马铃薯种植方式提供参考。

关键词：马铃薯；集雨栽培技术；山区；抗旱

昭通市昭阳区农业技术推广中心及靖安镇的马铃薯种植户先后到多个地方考察学习，从甘肃省的"马铃薯高垄覆土栽培技术"[1]，陕西省安康市的覆膜打孔技术[2]播种，玉米湿直播[3]中得到启发，通过近年来的总结完善，总结集成了"马铃薯打点破膜集雨技术"，规范种植密度、栽培方式、起垄规格等标准。"马铃薯打点破膜集雨技术"以"盖塘标记、破膜集雨、大垄双行"3个关键措施融合为一体的地膜集雨覆盖栽培技术。2015—2016年在昭通市昭阳区靖安镇示范推广，2017—2023年昭阳区推广净作"马铃薯打点破膜集雨技术"均在 0.4 万 hm^2 以上。

1 "马铃薯打点破膜集雨技术"背景分析

昭阳区山区马铃薯种植区域海拔 2 000~3 200 m，播种时间为 3 月中下旬，播种后主要为雨养农业，无灌溉条件，近年随着外出务工人员增多，山区撂荒土地增多。2014 年以前昭通市昭阳区农户种植马铃薯大多为散户，很少对外销售，随着近年来马铃薯价格涨高，昭阳区近年来涌现出很多种植大户。原来简单的马铃薯地膜覆盖技术存在两个比较大的问题：(1)昭阳区雨季迟至 5—6 月才开始，马铃薯苗期发生干旱，导致缺塘，苗弱；(2)传统覆膜种植到幼苗破土而出的时期常需要大规模的找苗，对于大多数种植大户，上千亩的面积找苗时间集中，常造成大面积出苗引起的烧苗，也增加了人工成本。

2 "马铃薯打点破膜集雨技术"主要措施分析

根据种植品种及用途合理密植，一般早熟、匍匐茎短，种薯可适当增加种植密度，播种 2 300~3 700/667 m^2。选用厚度为 0.01 mm、宽 100~110 cm 的农用达标地膜。在马铃薯生育期内至少培土 2 次，每次 5~10 cm。马铃薯齐苗后进行第 1 次除草和中耕浅培土；

作者简介：陈吉(1989—)，男，农艺师，主要从事马铃薯栽培研究及推广工作。
基金项目：2021 年昭通市"鲲鹏计划"入选者项目。
* **通信作者**：王开金，农艺师，主要从事粮食作物栽培研究及推广工作，e-mail：346973985@qq.com。

现蕾期进行第二次除草和中耕培土，真正达到深种深盖。栽培方式使用平播起垄，大垄双行，打点破膜，地膜覆盖的技术。具体的栽培措施为：

（1）挖塘。栽培时使用 1.2~1.3 m 的大行距拉线在两边挖塘，株距 0.3~0.45 m；小行距 0.45 m。

（2）播种。马铃薯打塘以后依次施入农家肥和化肥、均匀播入洋芋种（注意种薯不要接触化肥）、盖塘并起垄（垄高 10~15 cm，垄面宽度达 50 cm 以上）保证塘面饱满，大垄双行，盖塘的同时用锄背在种薯位置打个窝（点）作标记（方便准确破膜）。

（3）破膜覆土。覆盖地膜（覆膜做到笔直、膜要拉紧贴于垄面、两边各入土 15~20 cm），同时把播种时用锄背在种薯位置打个窝塘的位置用手破 1 个拳头大小的孔，并在破口处覆土。

3 技术优点

3.1 盖塘标记破膜，有效防止烧苗闷苗

昭通市昭阳区传统的马铃薯覆膜种植方式是在播种后覆土盖膜，种植时不破膜，在出苗期进行人工破膜引苗。也有采用膜上全覆土技术，可以不用找苗，但膜上全覆土更适合于机械化种植，但昭阳区大部分马铃薯种植区域坡度大，地块面积小，无法使用机械化播种。人工播种也存在垄面斜坡大，膜上覆土不全，加之春季干燥风大，膜上土容易被吹走，补救不及时就会烧苗；另外如果盖塘后就直接覆膜，遇到土壤墒情不好，易造成炕种。"马铃薯打点破膜集雨技术"的关键是在马铃薯播种后覆土盖塘，同时用锄背在种薯位置打点作标记准确破膜，可以全面解决引苗不及时产生烧苗闷苗问题，另外还可省去在马铃薯出苗时人工找苗、破膜引苗所需工时。

3.2 破膜集雨，有效减少前期干旱

"马铃薯打点破膜集雨栽培技术"相比较传统的出苗后破膜引苗的种植方式，播种时盖窝塘打点破膜能有效收集春季少量降雨，收集的雨水通过膜孔渗透到薯块周围，满足马铃薯发芽期所需水分，有效提高出苗率。

3.3 增加结薯层，减少马铃薯的青头率

"马铃薯打点破膜集雨栽培技术"结合高垄双行，盖塘起垄的高度达 10~15 cm，采用幅宽 90 cm 的地膜使垄面宽度达 45 cm 以上。起宽而高的垄面保证了第一层盖土，在破膜处覆土和中耕培土又增加了第二覆土层，有利于马铃薯匍匐茎的形成，由单层结薯转化为多层结薯，增加结薯数量。该技术进行多层覆土也减少了马铃薯青头率和畸形薯，提高马铃薯商品率，同时在 6 月昭通市雨季来临时，高垄有利于排涝，提高马铃薯抗病性，减少因涝灾引起的烂薯。

4 技术可复制性及推广前景

2016—2019 年昭阳区农业技术推广中心在西魁合作社持续推广打点破膜集雨栽培技术，累计示范推广面积 192.27 hm^2，平均产量 2 599 kg/667 m^2，比大面对照 1 379 kg/667 m^2，增产 1 220 kg/667 m^2。2017 年 7 月由昭通市和昭阳区农业农村局、农调

队、财政局等相关部门组成的测产验收组对"马铃薯打点破膜集雨技术"实测 0.068 hm^2，产量达 3 705 kg/667 m^2，2017 年昭阳区农业技术推广中心对靖安片区多家公司合作社测产 40 个点，平均鲜薯产量 2 612 kg/667 m^2，增产效果非常明显。

"马铃薯打点破膜集雨技术"主要适用于在半干旱山区的雨养农业，降水是土壤存水的主要来源。该技术方式使用的是人工栽培方式，可以较好的解决马铃薯苗期干旱、烧苗、费工和青皮问题。在一家一户精细栽培条件下，农户可以不计成本的在人工放苗环节投入劳力，但也无法完全保证放苗质量。在大面积、规模化种植马铃薯的情况下，无论人工成本，还是放苗时间、质量，都严重制约了马铃薯生产。这项技术简单，极易操作，效果显著，在乌蒙山片区马铃薯种植区域具有可操作、可复制、重复应用的优点。2015 年昭阳区农业技术推广中心在靖安镇西魁种植专业合作社马铃薯基地试验示范打点破膜集雨栽培技术成功后，逐步在昭阳区进行推广，现在已是云南省昭阳区山区广泛使用的主推技术，增产效果显著。

[参 考 文 献]

[1] 赵洁娜.马铃薯高垄覆土机械化栽培新技术的应用 [J].甘肃农业,2016,433(7):37,41.

[2] 杨孝楫,叶岚,陈国爱.马铃薯覆膜打孔播种技术 [J].陕西农业科学,2003(2):59.

[3] 赵德柱.玉米湿直播覆膜栽培夺高产 [J].云南农业,1995(6):2.

在马铃薯上应用全生物降解地膜效果研究

陈瑞英[1*]，谭林涛[1]，王　婧[1]，魏　静[2]，李慧成[3]，赵培荣[1]，刘宏芳[1]，冯鑫红[3]

(1. 四子王旗农业技术服务中心，内蒙古　乌兰察布　011800；
2. 乌兰察布市农牧业生态资源保护中心，内蒙古　乌兰察布　012000；
3. 乌兰察布市农业技术推广中心，内蒙古　乌兰察布　012000)

摘　要：乌兰察布市四子王旗地处阴山北麓，常年干旱少雨，覆盖地膜种植对当地作物产量提升和农产品品质改善做出了巨大贡献，但随着覆膜种植年限的延长加上种植户残膜回收意识薄弱，残膜富集于土壤，影响农业生产和生态环境。全生物降解地膜作为一种环境友好型产品，是未来替代普通聚乙烯薄膜(PE膜)的重要产品。为了明确全生物降解膜在马铃薯生产上的应用效果，选择4种全生物降解地膜开展田间试验，分析不同处理下土壤地温、马铃薯产量和降解性能的变化。覆膜处理较裸地处理可增产26.7%~34.1%，全生物降解膜较裸地增产26.7%~31.7%。在整个生育期地温呈现先升高后降低的变化趋势。6月上半月和下半月，覆膜较裸地分别提温0.03~0.41 ℃和0.18~1.2 ℃。所有降解膜于覆膜后47~62 d进入诱导期，收获时有3种均处于大裂期，1种处于碎裂期。试验表明全生物降解地膜对地温和马铃薯产量的影响与普通地膜基本一致，虽然整体降解速度较慢、降解程度较低，但从农业发展可持续方面考虑，可以大面积推广利用。

关键词：降解地膜；马铃薯；产量；降解性能

乌兰察布市四子王旗地处北方一作区典型种植区域，气候特点为干旱少雨、气候冷凉、有效积温低、风沙大、土壤盐碱化严重等。由于气候条件限制种植作物种类，在当地主要农作物玉米、向日葵、南瓜等种植中，需要使用地膜来提高土壤地温，保墒增墒，促进作物提早播种和出苗，促进农产品有效成熟并提早上市。因此，地膜在当地农业生产中起到了积极的作用，做出了巨大的贡献。但是，传统聚乙烯薄膜(PE膜)主要成分以聚乙烯为主，埋在土壤里可存在几百年，常年大面积使用传统聚乙烯地膜，使得地膜污染现象严重发生[1,2]，土壤里大量富集残膜会对农作物生产造成消极影响[3]，同时也影响土壤微生物活性[4]，对农业可持续发展非常不利[5,6]，而且对村容村貌、道路及地区整体形象也有较大损伤，与农业绿色可持续发展相矛盾。

目前，PE膜残膜回收需要大量的人力、物力、财力，而且回收比例和效果一般。而全生物降解地膜是由支链淀粉、纤维素和脂肪酸等一些对环境无害的物质构成的农膜。其

作者简介：陈瑞英(1986—)，女，硕士，高级农艺师，主要从事马铃薯栽培生理和农业资源与环境保护工作。
基金项目：中央引导地方科技发展资金项目(2022ZY0103)。
*通信作者：陈瑞英，e-mail：qjcryvv@126.com。

可以在自然环境下被生物降解，降解原理为微生物会将全生物降解膜分解或氧化降解成水溶性化合物，最终分解成二氧化碳和水，降解后产物不会对土壤、水源、空气等造成污染，是一种绿色环保型产品，是未来代替普通 PE 地膜的主要产品。乌兰察布市四子王旗是全国重要的马铃薯种薯、鲜食薯和加工薯的生产基地，2023 年全旗马铃薯种植面积为 2.63 万 hm^2，选择在当地主要农作物马铃薯上开展全生物可降解地膜试验，可准确掌握全生物降解地膜在马铃薯上的具体表现，为今后推广应用提供依据。

1 材料与方法

1.1 试验地概况

乌兰察布市四子王旗乌兰花镇豪赖村（E 111.7895°，N 41.4946°），年有效积温（≧10 ℃）2 100 ℃，无霜期 110 d，当年有效降水量在 260 mm 左右，且多为无效降雨。土质为壤土，肥力中等，土壤类型为栗钙土，采用膜下滴灌灌溉方式。

1.2 试验材料

试验选择 4 种全生物降解地膜：上海弘睿全生物降解地膜（0.008 mm × 800 mm）、浙江家乐蜜全生物降解膜（0.008 mm × 800 mm）、苏州中虞全生物降解膜（0.008 mm × 800 mm）、清田-BHYSZW-MLS-5，以普通 PE 地膜（厚度 0.01 mm）和裸地处理作为对照。马铃薯品种为"中加 7"。

1.3 试验设计

试验采用随机区组设计，4 种可降解地膜上海弘睿全生物降解地膜、浙江家乐蜜全生物降解膜、苏州中虞全生物降解膜、清田-BHYSZW-MLS-5 分别以 J1、J2、J3 和 J4 表示，以普通 PE 地膜 CK1 和裸地 CK2 作为对照，共 6 个处理，3 次重复，共 18 个小区。播种时间为 2023 年 5 月 16 日，测产时间 9 月 14 日，采用播种、施肥、覆膜、铺管一体机进行作业，大行距 90 cm，小行距 40 cm，保苗 3 300 株/667 m^2，采用半高垄膜下滴灌种植方式。各处理间作物品种、播种量、播期、整地、铺膜方式与施肥种类、数量、田间管理等措施均一致。

1.4 观测指标及方法

1.4.1 增温性能测试

采用美国产 HOBO water Temp Pro v2 温度记录仪测定，温度记录仪埋设深度为 10 cm，每 60 min 记录一次数据，每个处理埋设 3 个地温计。

1.4.2 马铃薯产量测试

测产时每小区随机取 3 段，每段长 5.15 m、宽 1.3 m、面积为 6.7 m^2，分大小薯分别测定马铃薯重量。大薯指块茎重大于等于 150 g 的马铃薯，小薯指块茎重小于 150 g 的马铃薯。

1.4.3 地膜降解情况观测

每种全生物降解地膜处理均设置能够代表试验点整体情况的 3 个观测区，作为调查降解地膜降解情况的固定位置，定点观察记载降解膜的降解情况。

1.4.4 降解时期说明

诱导期，即从覆膜到垄面地膜出现≤2 cm 自然裂缝或孔洞（直径）的时间；开裂期，即垄面地膜出现≥2 cm、<20 cm 自然裂缝或孔洞(直径)的时间;大裂期,即垄面地膜出现>20 cm 自然裂缝的时间;碎裂期,地膜柔韧性尽失,垄面地膜出现碎裂,最大地膜残片面积≤16 cm^2 的时间;无膜期,垄面地膜基本见不到地膜残片的时间。

2 结果与分析

2.1 不同处理对土壤地温的影响

根据试验区 6 个不同处理每半月地温数据(表 1)可知,2023 年土壤地温整体呈现先升高后降低的趋势。其中 6 月下旬的地温偏高,高于 7 月份地温,可能与 6 月份灌水较少,进入 7 月灌水较多,灌水后地温有一定幅度的下降有关。6 月上半月和下半月,覆膜较裸地分别提温 0.03~0.41 ℃和 0.18~1.2 ℃。8 月上半月与 7 月下半月相比,呈略微上升趋势,之后地温逐渐下降,到 9 月上旬地温降到最低。在此试验中,不同覆膜处理地温均高于裸地处理,裸地处理地温在不同月份内始终处于最低。各降解膜间,J2 地温与 J1 地温相似,一直维持在较高水平。而 J4 与其他覆膜处理相比,地温始终处于较低水平。

表 1 不同处理下地温情况

月份	地温(℃)					
	J1	J2	J3	J4	CK1	CK2
6 月上半月	20.00	20.15	19.88	19.78	19.77	19.74
6 月下半月	22.56	22.49	22.81	22.64	23.51	22.31
7 月上半月	20.28	21.28	19.99	19.89	20.73	19.68
7 月下半月	20.72	21.13	19.96	20.14	20.59	19.52
8 月上半月	20.76	20.74	20.06	20.19	20.68	20.26
8 月下半月	18.41	18.71	17.20	17.68	18.26	16.81
9 月上半月	17.22	18.48	16.57	16.52	17.20	16.43

2.2 不同全生物降解地膜降解情况分析

从调查结果看(表 2),4 种参加试验的全生物降解地膜均存在不同程度的降解情况,各降解膜诱导期出现在覆膜后 47~62 d。J1 降解膜诱导期出现的时间较早,于覆膜后 47 d 进入诱导期,但在覆膜后 77 d 进入大裂期后,一直维持在大裂期,呈现网状降解样;J2 降解膜在覆膜后 57 d 进入诱导期后,之后膜面一直保持完整,在覆膜后 114 d 进入开裂期,覆膜后 117 d 进入大裂期,进入快速降解阶段;J3 降解膜于覆膜后 52 d 进入诱导期,覆膜后 82 d 进入大裂期,开始加速降解;J4 降解膜于覆膜后 62 d 进入诱导期,覆膜后 65 d 进入开裂期,覆膜后 87 d 进入大裂期,进入快速降解阶段,到覆膜后 120 d 基本进入碎裂期。到最后一次调查时,J1、J2、J3 都处于大裂期。J4 降解膜处于基本进入碎裂期,是参加试验的 4 种降解膜中降解程度最高的降解膜。各降解膜在收获时虽然残膜较多,但收获机械的缠绕明显优于普通 PE 地膜。

表 2　不同降解地膜覆膜后进入各降解时期的天数

处理	诱导期(A)(d)	开裂期(B)(d)	大裂期(C)(d)	碎裂期(D)(d)	无膜期(E)(d)
J1	47	52	77	–	–
J2	57	114	117	–	–
J3	52	82	87	–	–
J4	62	65	87	120	–

2.3　不同处理对马铃薯产量的影响

由表 3 可知，在本试验条件下，试验区 5 种覆膜处理马铃薯产量均明显高于裸地处理。其中，普通 PE 膜产量最高为 3 260 kg/667 m²，其他处理产量从高到低依次为 J2 降解膜 3 200 kg/667 m²、J3 降解膜 3 190 kg/667 m²、J1 降解地膜 3 140 kg/667 m²、J4 降解膜 3 080 kg/667 m²，分别较裸地处理产量 2 430 kg/667 m² 增产 830、770、760、710、650 kg/667 m²，增产率分别为 34.1%、31.7%、31.3%、29.0%和 26.7%。

表 3　不同处理下马铃薯产量

处理	样点大薯重量（kg）	样点小薯重量（kg）	样点产量（kg）	产量（kg/667 m²）	较裸地增产（kg/667 m²）	较裸地增产（%）
CK2	18.6	5.7	24.3	2 430	–	–
CK1	26.8	5.8	32.6	3 260	830	34.1
J1	26.2	5.2	31.4	3 140	710	29.0
J2	25.7	6.3	32.0	3 200	770	31.7
J3	26.7	5.2	31.9	3 190	760	31.3
J4	24.5	6.3	30.8	3 080	650	26.7

注：样点面积为 5.13 m × 1.3 m = 6.67 m²。

3　讨　论

2023 年参加试验的可降解地膜前期均可起到提高地温、保墒和抑制杂草生长的作用，但是 2023 年全年异常干旱，降雨极少，生育期降雨量不足 200 mm，且多为无效降雨。覆膜种植较裸地种植有明显的优势，在后期保墒增产方面，降解膜降解性能和蓄水保墒性能相反，降解越明显，保墒性越差，越不利于马铃薯产量的形成。从不同处理下马铃薯产量结果看，降解膜较裸地普遍具有增产效应，但在 2023 年极度干旱年度，增产潜力不如普通 PE 地膜，这与 2022 年的试验结果相似(2022 年也异常干旱)。

总体上看，在当地使用降解膜，降解速度均较慢，这与刘姝彤等[7]的研究结果相似，与当地气候特征与土壤理化性状及马铃薯特殊的耕作过程有关。当地气候冷凉影响了降解膜的降解，土壤贫瘠，土壤微生物较少，影响降解膜的降解。同时，降解膜是在膜下滴灌模式马铃薯生产上应用，膜下滴灌种植模式地温较低，也影响降解膜的降解速度和程度。

从降解程度看，参加试验的 4 种降解膜中，3 种降解膜包括上海弘睿、浙江家乐蜜、苏州中虞都处于大裂期，清田降解膜基本进入碎裂期。但是长远看，降解膜可以在四子王旗地区自然条件下降解，降解膜的利用对于四子王旗农业可持续绿色发展还是非常有利的，可以大面积推广利用。

[参 考 文 献]

[1] 马兆嵘, 刘有胜, 张芊芊, 等. 农用塑料薄膜使用现状与环境污染分析 [J]. 生态毒理学报, 2020, 15(4): 21-32.

[2] 张斌, 王真, 金书秦. 中国农膜污染治理现状及展望 [J]. 世界环境, 2019(6): 22-25.

[3] 胡琪. 地膜残留对农田水土环境的影响及其综合效应评价研究 [D]. 杨凌: 西北农林科技, 2023.

[4] 温嘉佳, 陈梓仪, 苏丹, 等. 地膜残留微塑料对土壤性质及微生物的影响研究进展 [J]. 山东化工, 2024, 53(3): 95, 100.

[5] 弓钦, 邢杰, 赵沛义, 等. 乌兰察布市地膜使用及残留污染现状分析 [J]. 内蒙古农业科技, 2013(6): 28-30.

[6] 刘艳霞. 中国农村地膜残留污染现状及治理对策思考 [D]. 杨凌: 西北农林科技大学, 2014.

[7] 刘姝彤, 张宝时, 金胜利, 等. 不同全生物可降解地膜降解特性及其对马铃薯产量的影响 [J]. 中国农技推广, 2019(12): 65-68.

马铃薯鲜食品种"中加7"高产栽培技术

田艳花[1]，李　燕[1*]，郝　帅[2]，刘广晶[1]，吕文霞[1]，包美丽[3]，高晓娟[1]，李志云[4]

(1. 内蒙古中加农业生物科技有限公司，内蒙古　四子王旗　011800；
2. 乌兰察布市科学技术事业发展中心，内蒙古　乌兰察布　012000；
3. 通辽市科尔沁区农业技术推广中心，内蒙古　通辽　028000；
4. 四子王旗农牧和科技局，内蒙古　四子王旗　011800)

摘　要：内蒙古自治区自然条件优越，昼夜温差大，海拔高，为马铃薯种植提供了优越的地理条件。"中加7"是内蒙古中加农业生物科技有限公司研发中心通过杂交选育而成的鲜食型马铃薯新品种。"中加7"作为内蒙古自治区非主要农作物马铃薯主推品种，其栽培技术至关重要。结合生产实践，从马铃薯种植过程的播前准备、播后管理以及成熟采收等方面总结了"中加7"的高产栽培技术，为实现高产优质生产提供参考。

关键词：马铃薯；中加7；栽培技术；高产；生产

1　选地与整地

选择前茬未种过茄科作物，无疮痂病、粉痂病等土传病害或与小麦、玉米、燕麦等轮作 2~3 年的地块，且无长效除草剂残留。清除田间秸秆杂草，深耕 25~30 cm，细耙 2~3 次，达到耕作层深、土壤疏松、土细、无残茬，利于起垄出苗、块茎形成和膨大、减轻草害。施足底肥，至少应施 3 m³/667 m² 腐熟的农家肥、马铃薯专用复合肥（N：P_2O_5：K_2O=15：15：15，总养分≥45%）80~100 kg/667 m²。

2　切　种

在播种前 4~5 d 进行切种。因该品种芽眼少、平浅，芽眼集中于顶部三分之二以上，切种时要仔细辨认芽眼。或者可以放置于室温遮光的地方 7~10 d 进行催芽，待有 0.2 cm 左右的芽出来后再进行切种。保证每个薯块上至少有 1 个芽眼。每个薯块重 40~50 g，避免切成薄片。切块时必须保证切刀一薯一消毒，切到烂薯要淘汰并立即进行切刀消毒。切刀消毒用 75%酒精蘸刀 2~3 s，或用过氧乙酸泡刀 1 min。

3　拌　种

已发芽的种薯用 70%甲基硫菌灵可湿性粉剂 1 000 g/t ＋ 中生菌素可湿性粉剂

作者简介：田艳花(1992—)，女，硕士，中级农艺师，主要从事马铃薯栽培技术研究。
基金项目：国家重点研发计划(2022YFD1601205)；内蒙古自治区"揭榜挂帅"项目(2022JBGS0037)资助。
*通信作者：李燕，硕士，初级农艺师，主要从事马铃薯育种及组培研究，e-mail：zjny_liy@163.com。

750 g/t + 20 kg/t 滑石粉混匀后拌种。

未发芽的种薯用 70%甲基硫菌灵可湿性粉剂 1 000 g/t + 中生菌素可湿性粉剂 750 g/t + 20 kg/t 滑石粉混匀后拌种，也可用 8%咯菌腈种子处理悬浮剂 200 mL/t 或 22.4%氟唑菌苯胺种子处理悬浮剂 120 mL/t +中生菌素可湿性粉剂 750 g/t，兑少量水（3~5 L）均匀包衣于种薯表面。

拌好的种薯装入网袋中，在阴凉通风处码成"井"字形小垛 3~4 层，垛间留通风道，放置 3~4 d 后播种，避免阳光直射。

4 播 种

播种密度 3 800~4 200 株/667 m²，播种时随播种机沟喷 25%嘧菌酯(防治黑痣病)60~80 mL/667 m²、25%噻虫嗪可湿性粉剂 40 g/667 m²(防治地下害虫)。同时可以施入黄腐酸钾(腐殖酸≥55%，黄腐酸≥50%，有机质≥60%，氧化钾≥12%)500 g/667 m²。

5 中 耕

在播种 20 d 左右，地里有 50%以上的芽顶土时即可进行中耕除草铺滴灌带；如果在出苗前严重干旱，可提早进行中耕铺滴灌带。中耕后种薯距地表 18~20 cm。

6 追 肥

苗期：以磷肥为主，配合少量的氮肥和钾肥；现蕾期至盛花期：以氮肥为主，配合少量钾肥；块茎膨大期：以钾肥为主，配合适量的氮肥；淀粉积累期：追施少量氮肥，防止茎叶早衰，延长茎叶绿色体的寿命；全生育期注意锌锰铁等其他元素的喷施。全生育期施纯氮(N)23 kg/667 m²、磷(P₂O₅)15 kg/667 m²、钾(K₂O)32 kg/667 m²。

7 除 草

在马铃薯苗高 10~15 cm，用 23%砜-喹-嗪草酮悬浮剂除草剂 55~60 mL/667 m² 兑水 20~30 L 进行定向喷雾。间隔 2 d 后，喷施芸苔素内酯 25 g/667 m² 或者赤霉素吲哚乙酸 2 g/667 m²，缓解除草剂对植株的抑制作用。

8 病虫害防治

蚜虫：10%吡虫啉可湿性粉剂 10 g/667 m² 或 34%氟啶虫酰胺水分散粒剂 10 g/667 m² 或 22%噻虫嗪·高效氯氟氰菊酯悬浮剂 10 g/667 m² 或 20%噻虫嗪水分散粒剂 10 g/667 m² 或 22%氟啶虫胺腈悬浮剂 15 mL/667 m² 或 50%吡蚜酮水分散粒剂 20 g/667 m² 兑水喷施。

斑蝥、二十八星瓢虫：2.5%高效氯氟氰菊酯悬浮剂 20 mL/667 m² 兑水喷施进行防治。

9 适时收获

收获前 10~15 d 停水，采用机械杀秧，适时收获，避免创伤、冻伤。

10 效益分析

"中加7"高抗马铃薯病毒病,抗旱性较好,水肥要求相对较低,可节约农药化肥使用量,减少环境污染,提高肥料利用率。该品种产量 3 500 kg/667 m² 以上,在水肥较好的条件下产量达 5 000 kg/667 m² 以上,与常规品种"费乌瑞它"相比产量增加 400 kg/667 m² 左右。该品种具备薯形椭圆、芽眼平浅、黄皮黄肉等特点,适合菜薯市场的需求,因此市场价格较常规品种高 0.2 元/kg。

基于近红外激光成像技术的马铃薯并肩杂检测

励　烨[1]，任　凯[1]，李　由[1]，陈钊庆[2]，陈丰农[1*]

（1. 杭州电子科技大学，浙江　杭州　310018；

2. 湖州职业技术学院，浙江　湖州　313099）

摘　要：在马铃薯机械化收获过程中常夹带着与马铃薯大小类似的土块和石块等杂质（并肩杂），不利于运输和存储。提出了一种马铃薯收获后土杂检测新方法，该方法使用近红外激光技术检测马铃薯中的土块和石块，结合 K-近邻算法（K-nearest neighbor classification，KNN）成功实现了马铃薯的异物检测。当 KNN 算法的邻居数量设置为 3 时，取得了最佳预测准确率 97.0%，最佳召回率 95.2%，最佳 $F1$ 分数为 0.962。同时采用随机森林的投票机制降低马铃薯的误判影响，提升了土杂识别结果的稳定性和准确性。为马铃薯产业除杂技术的发展提供了参考。

关键词：马铃薯；近红外激光；机器学习；KNN；并肩杂

经过机械设备采收上来的马铃薯通常混杂着许多并肩杂，这些杂质不但严重影响马铃薯的运输，还有可能占用马铃薯的存储空间[1]。传统的马铃薯除杂方法主要依靠人工分拣，这不但极大的影响了马铃薯的收获效率，还增加了生产企业的成本，不利于行业的发展。为了进一步提升生产效率，设计一种更加高效和精准的马铃薯并肩杂检测方法非常必要。

当前已研究中，王相友等[2]设计了一种基于机器视觉和深度学习技术的马铃薯中土块石块检测方法。该方法使用工业相机采集传送带图像，并使用改进的 YOLOv4 模型成功实现了马铃薯以及土块石块的检测，平均精度（Mean average precision，mAP）为 96.42%。Hosainpour 等[3]研发了一种基于声学原理的马铃薯以及土块石块识别方法。该方法记录马铃薯混合物产生的声音信号，并对声音信号进行时域和频域分析以提取特征，并使用多层感知机网络对特征进行识别，最终成功实现了马铃薯的杂质识别，准确率达到了 97% 左右，并且系统的容量为 20 t。Al-Mallahi 等[4]开发了一套能够区分马铃薯块茎和土块的机器视觉系统。该系统通过测试 RGB 色彩相机采集的图像并分析高光谱图像，找到了进行最优区分所需的波段，发现在湿条件下，使用 480 nm 的一个波段进行区分的成功率为 98.8%，而在干条件下，752 nm 的另一个波段的成功率为 94.7%。

目前，马铃薯杂质识别方法大多依靠图像获取外部特征判断。该方法较难识别外形特

作者简介：励烨（2000—），男，硕士研究生，从事农产品检测研究。

基金项目：浙江省重点研发计划（2021C02011）；浙江农机研发制造推广应用一体化试点（浙农机发〔2023〕7 号）。

*通信作者：陈丰农，博士，副教授，主要从事农产品品质检测等方面的研究，e-mail：fnchen@hdu.edu.cn。

征和马铃薯相似的杂质。激光散射成像技术是利用激光照射在物体表面，并且光线经过物体内部与物质作用后反向射出物体[5]，并且由相机获取图像。该技术被广泛运用于检测农产品的品质。魏帮晶和邢冀川[6]使用激光背向散射成像技术采集了新鲜马铃薯、冰箱存储与室温存储马铃薯的图像，并且使用改进后的 VGG16 网络对图像进行分类，最终实现了95.33%的分类准确率。Bai 等[7]使用激光背向散射成像技术检测芒果在不同成熟度的含水量，发现温度和成熟度对芒果的干燥特性有显著的影响，同时含水量预测模型的决定系数为 0.924 7，均方根误差为 0.077 1。大量研究表面，激光背向散射成像技术能够较好的完成农产品的品质检测任务，具有成本低，精准度高特点，能够有效识别马铃薯以及其他杂质。

在实践应用中，挪威的陶朗3A 系列实现了马铃薯的并肩杂分选，但受马铃薯表面泥土影响，检测率并不高，而且在中国售价昂贵，不适用中国市场。

本研究提出了基于近红外激光成像技术的马铃薯并肩杂识别新方法，对获取的激光图像 ROI 区域求得目标物的散射曲线，用 K - 近邻算法（K - nearest neighbor classification, KNN)[8]对马铃薯和并肩杂进行检测，实现了马铃薯并肩杂的精准识别。

1 材料与方法

1.1 材料

本研究使用的马铃薯均来自山东省滕州市，长度和宽度分别为 85 mm 及 80 mm 左右。所选并肩杂有石块和土块，杂质大小和马铃薯大小类似，以下所述杂质均指与马铃薯大小类似，通过常规方法不易去除的并肩杂。

1.2 数据采集过程

本研究使用的图像采集系统如图 1(a)所示，图像采集系统包括海康威视 130 万像素工业相机、近红外线激光器和传送带。马铃薯以及杂质采集到的图像如图 1(b)所示，图 1(b)中有两个马铃薯和一个石块的散射图像，再寻找激光散射图中的亮斑轮廓，并提取亮斑所在区域并累加灰度信息，并形成加和散射曲线(图 2)。最后采集到 1 342 条马铃薯和1 690 条杂质激光曲线数据。

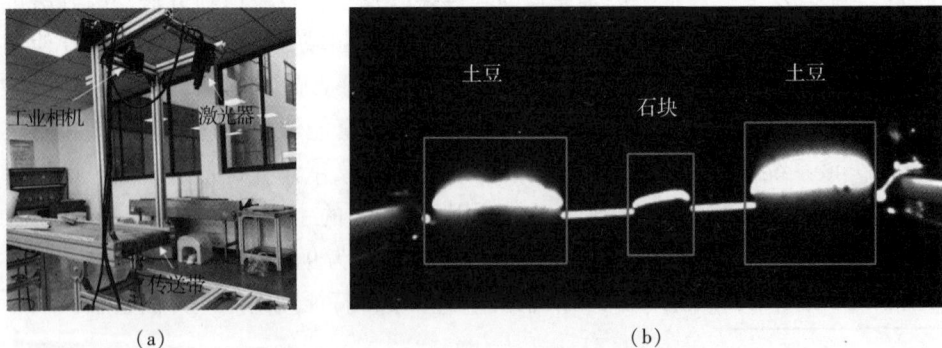

图1 图像采集系统实物图及采集到的激光背向散射图像

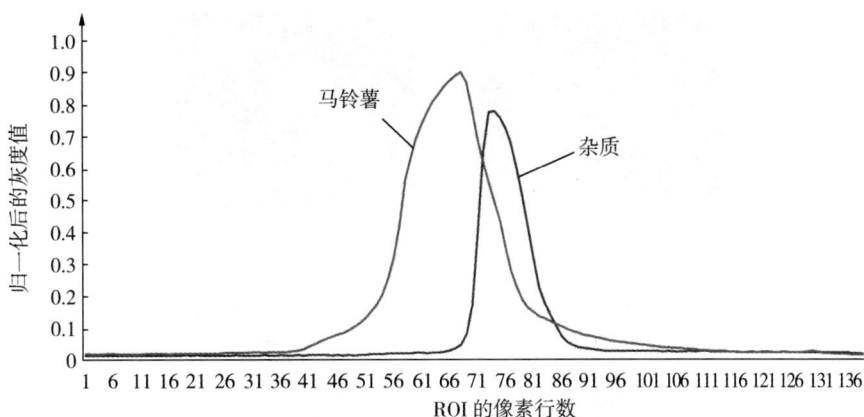

图 2　加和散射曲线

1.3　检测算法与模型验证

本研究采用了支持向量机（Support vector machine，SVM）[9]、KNN 和逻辑回归（Logistic regression）[10]等常规检测算法。

采用准确度（*AC*）、精确度（*PR*）、召回率（*RE*）、*F1* 分数来表示模型的性能，其中 *TP* 为真阳性，*TN* 为真阴性，*FN* 为假阴性，*FP* 为假阳性。

$$AC = \frac{TP + TN}{TP + TN + FP + FN} \tag{1}$$

$$PR = \frac{TP}{TP + FP} \tag{2}$$

$$RE = \frac{TP}{TP + FN} \tag{3}$$

$$F1 = 2 \times \frac{PR \times RE}{PR + RE} \tag{4}$$

逻辑回归模型使用的优化算法为 liblinear，L2 正则化，强度 C 为 1.0。SVM 模型使用的核函数为径向基函数（Radial basis function，RBF），正则化强度 C 是 1.0。KNN 算法设置 K 值为 3。

2　结果与分析

2.1　图像数据分析

从图 1(b)中可以看到，由于其生物组织对光具有强散射特性，激光照射在马铃薯上形成的激光散射图像与杂质相比石块上的亮斑更加规则和均匀，而马铃薯上的亮斑相对不规则。

为了更好的获取加和散射曲线，本研究提取了马铃薯和杂质亮斑所在位置的 ROI。图像预处理过程如图 3 所示。图 3 中可以看到，本研究提取的 ROI 区域能够减弱掉背景的干扰，以保证检测效果。

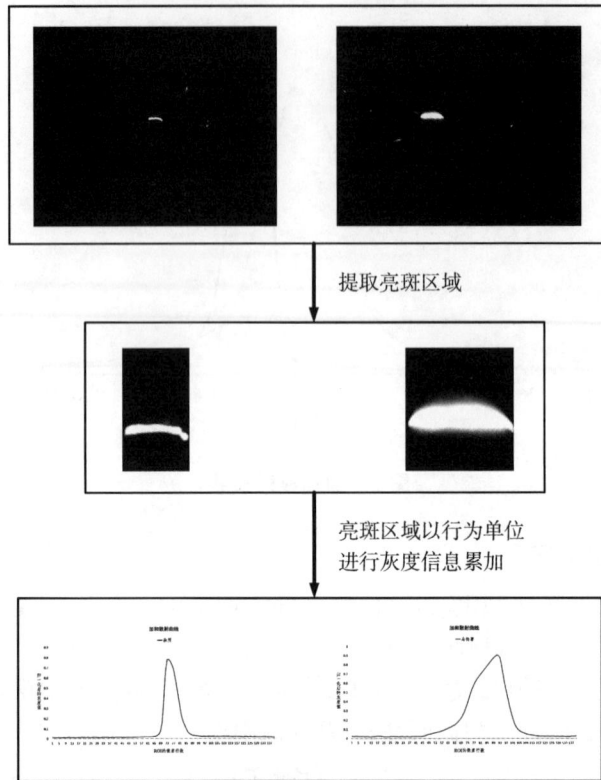

图3 预处理过程流程

2.2 检测结果

对 1 342 条马铃薯和 1 690 条杂质的加和散射曲线数据按照 80%和 20%的比例划分成训练集和测试集，并分别用 SVM、KNN 和逻辑回归方法测试，对比结果如表 1 所示。KNN 模型的分类性能最好，准确度为 97.0%，召回率为 95.2%，$F1$ 分数为 0.962。因此选用 KNN 模型为本研究的分类模型。

表 1 检测结果对比

模型	准确度(%)	精确度(%)	召回率(%)	$F1$ 分数
SVM	96.4	97.3	94.1	0.956
KNN	97.0	97.3	95.2	0.962
逻辑回归	96.6	97.3	94.5	0.958

2.3 实时检测

如图 4、5 所示，在线检测过程中，马铃薯部分区域的激光散射现象较弱，若使用单次分类算法误判较大，因此需采用随机森林法避免部分区域误判的影响。

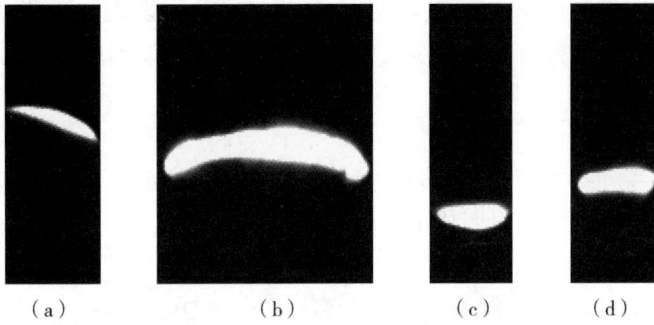

图4 马铃薯顶部激光背向散射图像(a)、马铃薯中部激光背向散射图像(b)、
马铃薯尾部激光背向散射图像(c)、杂质激光背向散射图像(d)

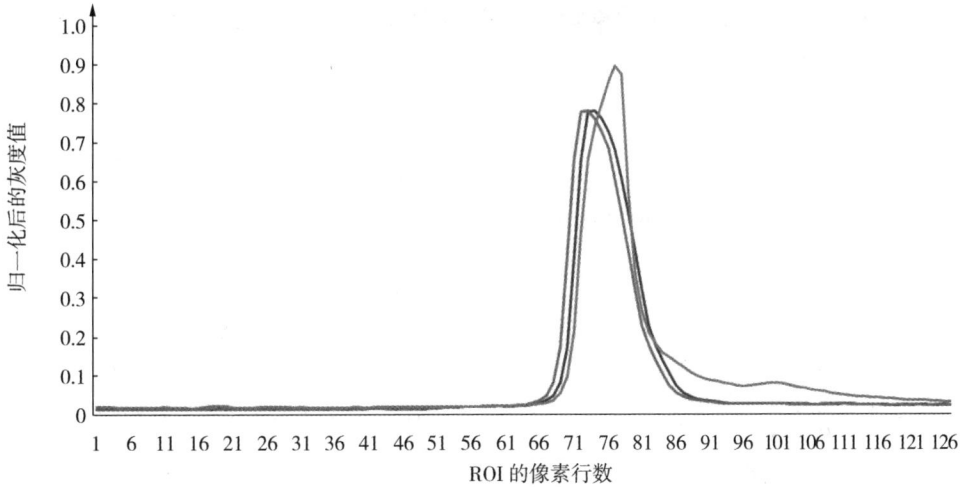

图5 杂质、马铃薯不同区域的加和散射曲线

为探究更优的算法控制策略，挑选200个马铃薯，共采集到600张图像，其中马铃薯不同散射效果部位分别采集激光散射图像各200张。将600张图像混合在一起，提取其加和散射曲线后，使用2.2节中训练的模型进行判别，结果如表2所示。

表2 马铃薯不同部位散射曲线的判别结果

模型	顶部准确率(%)	中部准确率(%)	尾部准确率(%)
SVM	98.0	100	83.0
KNN	97.5	100	89.5
逻辑回归	94.0	100	83.5

从表2可知，马铃薯中部的效果较好，其他部位可能存在干扰的情况，因此须在各部位间的结果建立队列并采用随机森林的算法提升系统的最终准确率。以本系统为例，对每

个马铃薯拍摄多幅图像，把每一幅图像得到的结果进行队列描述，再采用随机森林的方法对队列进行综合判断，该种方法可减少马铃薯散射较弱区域误判所带来的影响。

3　讨　论

本研究提出了一种基于近红外激光散射成像技术的马铃薯杂质识别新方法，搭建了图像采集系统，提取激光背向散射图像的 ROI 区域以获取加和散射曲线，再建立 KNN 模型对加和散射曲线进行识别。对比多种模型发现，KNN 模型的性能最优，该方法对马铃薯及其杂质的分类准确率达到了 97.0%，召回率达到了 95.2%，$F1$ 分数达到了 0.962，能够较好的区分出马铃薯和杂质。

针对马铃薯散射较弱区域分类算法误判高的问题，创新性地使用结果队列结合随机森林算法得出最终结果，提升了稳定性和准确性。相较于直接使用彩色图像对马铃薯杂质识别，本研究提出的方法具有识别速度快，精度高的特点。

[参 考 文 献]

[1] 孙卫孝, 刘发英, 杨振宇, 等. 基于主动热红外成像的马铃薯与杂质分类方法 [J]. 中国农机化学报, 2024, 45(2): 143-150.

[2] 王相友, 李晏兴, 杨振宇, 等. 基于改进 YOLO v4 模型的马铃薯中土块石块检测方法 [J]. 农业机械学报, 2021, 52(8): 241-247, 262.

[3] Hosainpour A, Komarizade M H, Mahmoudi A, et al. Feasibility of impact-acoustic emissions for discriminating between potato tubers and clods [J]. Journal of Food, Agriculture and Environment, 2010, 8(2): 565-569.

[4] Al-Mallahi A, Kataoka T, Okamoto H. Discrimination between potato tubers and clods by detecting the significant wavebands[J]. Biosystems Engineering, 2008, 100(3): 329-337.

[5] 耿金凤. 含杂马铃薯中土块和石块的激光背向散射成像检测方法研究 [D]. 杭州: 浙江大学, 2019.

[6] 魏帮晶, 邢冀川. 利用激光背向散射成像的马铃薯品质智能分级 [J]. 光学技术, 2023, 49(5): 585-590.

[7] Bai J W, Zhang L, Cai J R, et al. Laser light backscattering image to predict moisture content of mango slices with different ripeness during drying process [J]. Journal of Food Process Engineering, 2021, 44(12): e13900.

[8] Cunningham P, Delany S J. K-nearest neighbour classifiers: 2nd edition (with Python examples) [J]. arXiv preprint arXiv, 2004: 04523.

[9] Cortes C, Vapnik V. Support-vector networks [J]. Machine Learning, 1995, 20: 273-297.

[10] Cramer J S. Theorigins of logistic regression [J]. Tinbergen Institute Working Paper, 2002, 119(4): 2002.

融合多源数据的马铃薯产量遥感预测方法

林永鑫[1,2]，李　爽[1]，叶艳然[1]，线国兰[1]，卞春松[1]，金黎平[1]，刘建刚[1*]

（1. 中国农业科学院蔬菜花卉研究所，农业农村部薯类作物生物学和遗传育种重点实验室，
蔬菜生物育种全国重点实验室，北京　100081；
2. 西南大学农学与生物科技学院，重庆　北碚　400715）

马铃薯（*Solanum tuberosum* L.）属茄科块茎类植物，由于其耐干旱、耐瘠薄、高产稳产、适应性广，营养成分全，产业链长而受到全世界的重视，是全球第三大主要粮食作物。中国是世界上最大的马铃薯生产国和消费国，但面临资源短缺、生态环境恶化和劳动力老龄化等多重压力，利用现代信息技术推动农业数字化转型升级成为解决上述问题的有效途径。及时准确的产量预测对马铃薯种植结构优化、对外贸易政策调整、精准农业管理和资源高效配置具有重要作用。传统估产方法受空间覆盖不全和参数获取困难的限制，难以实现精准的大面积产量预测。遥感凭借其全面覆盖和无损高通量的优势，可准确估算区域尺度马铃薯产量。然而，当前马铃薯遥感估产多采用单一来源数据构建产量预测模型。基于 2022—2023 年田间综合试验，结合无人机载多光谱成像技术和机器学习算法，融合光谱、纹理、结构和气象指标等多源信息，构建了适合复杂环境条件的马铃薯产量预测模型，对提高马铃薯产量预测模型的鲁棒性、准确性具有重要意义。

2022—2023 年，在河北省张家口市察北管理区中国农业科学院蔬菜花卉研究所马铃薯试验示范基地（E 115° 3′38″，N 41° 28′50″）开展了 3 项田间试验。试验 1（"品种 × 氮素形态"互作试验），采用双因素裂区设计，供试品种为中早熟品种"夏波蒂"和晚熟品种"中薯18 号"，设置硝态氮（硝酸钙镁）和铵态氮（硫酸铵）两种氮素形态，每种氮素形态设置 3 个纯氮（N）浓度梯度，即 0、150 和 300 kg/hm²，4 个重复，共 40 个小区。试验 2（"品种 × 氮素用量互作试验"），采用双因素裂区设计，供试品种为早熟品种"中薯 5 号"及中晚熟品种"中薯 49"，设置 5 个氮素水平，即 0、50、100、200、300 kg/hm²，设置 4 个重复，共 40 个小区。试验 3（"品种 × 密度"互作试验），采用双因素随机区组设计，供试品种为中熟品种"中薯 27"及晚熟品种"中薯 19 号"，设置 3 500、4 000、4 500 株/667 m² 梯度，3 个重复，共 18 个小区。两年试验均采用高垄水肥一体化精准微灌技术，垄距为 0.9 m。采用四旋翼无人机 DJI Inspire 2 搭载 5 波段多光谱传感器 RedEdge-P 连续采集全生育期冠层遥感影像。期间在田间均匀布置地面控制点，人工测定控制点中心 RTK-GPS。选择晴朗无云无风或微风的正午 11：00-13：00 执行飞行任务，飞行高度为 30 m，航向重叠度

作者简介：林永鑫（1998—），男，硕士研究生，从事马铃薯产量预测不确定性研究。
基金项目：黑龙江省"揭榜挂帅"科技攻关项目（2021ZXJ05A05）；国家重点研发计划项目（2023YFD2302100）；国家自然科学基金项目（32372232）；国家马铃薯产业技术体系（CARS-09-P12）。
＊通信作者：刘建刚，博士，副研究员，主要从事马铃薯智慧高效栽培研究，e-mall：liujiangang@ caas. cn。

75%，旁向重叠度75%，相机角度90°。每年各采集6期影像，每期间隔10~15 d，各波段空间分辨率为1.89 cm/pixel。图像预处理步骤包括辐射校正、几何校正、图像拼接和旋转，以及目标区域（Region of interest，ROI）的裁剪，利用Agisoft Metashape和ArcGIS 10.8完成。从小区图像中提取光谱反射率并计算植被指数，共构建58个光谱特征。以光谱特征为基础，采用RReliefF算法选择建模特征，比较了一元线性回归（Simple linear regression，SLR）、套索回归（Lasso）、岭回归（Ridge）、偏最小二乘回归（Partial least equares regression，PLSR）、支持向量机（Support vector machine，SVM）和随机森林（Random forest，RF）共6种机器学习算法的估产性能，并采用决定系数（Coefficient of determination，R^2），均方根误差（Root Mean Square Error，RMSE）评价预测精度。采用灰度共生矩阵（Grey level co-occurrence matrix，GLCM）的方法提取各波段纹理特征，共构建40个纹理参数。在最佳机器学习算法的基础上，评价融合光谱和纹理特征的估产能力。同时，在光谱和纹理特征的基础上，比较融合冠层结构和气象参数对估产模型性能的影响。

2022年大部分品种生育期较2023年缩短15~20 d，加之关键生育时期降雨量不足，2022年产量显著低于2023年。2022年所有试验小区产量在12.18~37.29 t/hm²，标准差为5.09 t/hm²。2023年产量范围为15.70~63.05 t/hm²，标准差10.34 t/hm²，变异较大。不同类型光谱特征与产量的相关性存在较大差异，并随生育期变化。其中，各时期近红外波段反射率及差值植被指数（Difference vegetation index，DVI）、增强型植被指数（Enhanced vegetation index，EVI）、差值变换植被指数（Transformed difference vegetation index，TDVI）光谱参数均与产量呈正相关，且播种后70~90 d的相关系数更高，最高达0.71。而叶绿素吸收变换指数（Transformed chlorophyll absorption in reflectance index，TCARI）和结构不敏感色素指数（Structure-insensitive pigment index，SIPI）植被指数与产量呈负相关，相关系数绝对值最高达0.73。采用固定随机种子选择样本总数的70%建模和30%验证，比较不同算法的产量预测精度。仅采用光谱特征参数建模验证时，SLR采用相关性最高的光谱特征，其他机器学习算法通过RReliefF选择的前10个特征。SLR模型验证精度最低，$R^2 = 0.49$。PLSR预测精度最高，验证模型$R^2 = 0.75$，RMSE = 5.34 t/hm²，其次是Ridge，$R^2 = 0.74$，RMSE = 5.41 t/hm²。RF、SVM和Lasso精度稍低，R^2在0.68~0.70。融合光谱和纹理特征，结合PLSR构建产量预测模型时，通过RReliefF中选择重要性最高的前10个参数建模验证。播种后70 d左右估产精度最高，建模和验证R^2均为0.77，RMSE分别为4.62和5.23 t/hm²。在光谱和纹理融合的基础上添加同时期的冠层覆盖度能提升模型精度，建模R^2为0.80，验证R^2为0.81，建模和验证的RMSE分别降低了0.32和0.47 t/hm²。加入结构和气象指标无法显著提升模型预测性能。在光谱植被指数和纹理特征的基础上融合株高、冠层体积、冠层生长曲线二次参数等结构参数，以及生长度日、热天数和降雨量等气象信息，均未显著提升模型精度。

试验明确了冠层快速生长阶段（播种后70 d左右）为最佳估产时期，融合光谱、纹理和冠层覆盖度等信息，结合偏最小二乘算法是构建马铃薯产量预测模型的最佳策略。

关键词：马铃薯；无人机遥感；产量预测；多源数据融合；机器学习

玉米秸秆还田方式对马铃薯生长及产量的影响

阳新月[1,2]，陈子恒[1,2]，向 颖[1,2]，林 茜[1,2]，
邓振鹏[1,2]，周克友[3]，李明聪[3]，王季春[1,2]*

(1. 西南大学农学与生物科技学院，重庆 北碚 400715；
2. 薯类生物学与遗传育种重庆市重点实验室，重庆 北碚 400715；
3. 重庆市巫溪县农业技术推广中心，重庆 巫溪 405800)

马铃薯是世界第四大粮食作物。虽然中国马铃薯单产正在稳步上升，但与发达国家还存在较大差距，拥有很大的增产空间。西南地区玉米秸秆还田是一项重要的农田培肥措施，研究其合理的还田方式不仅可以高效合理的利用这一资源，还可以调节土壤结构、改善根系结构和功能，继而影响马铃薯产量。试验在有无化肥的情况下，通过改变玉米秸秆与马铃薯种薯相邻位置的不同还田方式，探究其对马铃薯生长、光合、产量和土壤环境的影响，筛选最佳的秸秆还田方式，为相似生态区马铃薯秸秆还田提供理论依据和实际生产指导。

供试马铃薯材料为"青薯9号"，采用两因素随机区组设计，共3重复。A因素玉米秸秆还田方式为：A1(无秸秆还田，对照)、A2(薯上秸秆还田)、A3(薯间秸秆还田)和A4(薯下秸秆还田)；B因素为：B1(施化肥)与B2(不施化肥)。化肥用量为50 kg/667 m²，供试肥料为复合肥2号，有效养分比例为N∶P₂O₅∶K₂O = 23∶7∶18，所有肥料处理中，均作为基肥一次性施入。秸秆还田量均为1 150 kg/667 m²，薯上秸秆还田处理方法为先在播穴内播种薯并覆盖3 cm左右细土，再覆盖秸秆，最后用土覆盖种薯和秸秆形成垄；薯间秸秆还田处理方法为先在播穴内播上种薯，后在播穴间施秸秆，最后用土覆盖形成垄；薯下秸秆还田处理方法为先在播穴内施秸秆并覆盖3 cm左右细土后再播种薯，最后用土覆盖形成垄。分析不同秸秆还田方式与施肥情况对土壤有效氮磷钾含量、土壤酶活性、土壤微生物数量、马铃薯株高、茎粗、根系生长、光合特性与产量构成因素等的影响。

研究表明，A4处理显著提高了土壤有效氮磷钾含量、蔗糖酶活性和微生物数量。土壤有效氮磷钾含量、土壤脲酶活性以B1处理为最高，显著高于不施肥处理。薯下秸秆还田配施化肥可以有效提高土壤中速效养分的含量，增加土壤微生物数量，提高土壤酶活性。

在马铃薯生长发育方面，秸秆还田能显著提高马铃薯株高、茎粗、叶面积指数与单株叶干重，但还田方式之间无显著差异。马铃薯单株叶干重、根系长度、根尖数、根表面积

作者简介：阳新月(2001—)，女，硕士研究生，从事马铃薯栽培生理研究。
基金项目：国家重点研发计划项目(2018YFD020080802)。
*通信作者：王季春，博士，教授，主要从事薯类作物栽培生理，e-mail：wjchun@swu.edu.cn。

与根体积均以 A4 为最大，并显著高于其他处理。较不施肥 B2 处理，B1 处理显著提高了马铃薯株高、茎粗、叶面积指数和植株的根茎叶干物质积累，但在根系形态上无显著差异。秸秆还田有利于根系向下生长，吸收深层土壤养分，进而促进地上部生长，而施肥则有利于马铃薯植株物质的积累，其中薯下秸秆还田效果最佳。

在光合参数上，秸秆还田能显著提高马铃薯光合速率(Pn)、气孔导度(Gs)、并显著降低胞间二氧化碳浓度(Ci)，但还田方式之间无显著差异。A4 处理显著提高了马铃薯植株的蒸腾速率(Tr)，并显著高于其他处理。RuBP 羧化酶活性以 A4 处理为最高，A3 次之，两者无显著差异但显著高于其他处理。与不施肥处理相比，B1 处理在光合参数上无显著差异，但显著提高了 RuBP 羧化酶活性。秸秆还田配施化肥有助于提高叶片光合特性，增强 RuBP 羧化酶活性，加快作物光合同化速率，其中薯下秸秆还田效果最佳。

在产量构成上，马铃薯产量以 A4 处理 2 183 kg/667 m^2 为最大值，显著高于其他处理，较 A1 增产 17.62%。单株结薯数以 A4 处理最大为 8.38 个，但与 A2 不存在显著差异。但在单薯重上，秸秆还田均较不还田显著降低 12.74%~22.95%。与不施肥处理相比，B1 处理显著提高了马铃薯产量、单株结薯数和单薯重。薯下秸秆还田配施化肥更有利于马铃薯的产量积累。

因此，秸秆还田配施化肥可以提高马铃薯土壤肥力、微生物数量与土壤酶活性，促进马铃薯植株的生长与物质积累，加快其光合同化速率，有利于产量的建成，其中应优选薯下秸秆还田配施化肥的方式。

关键词：马铃薯；玉米秸秆还田方式；化肥；土壤养分；产量

增加 CO_2 浓度与升高温度对马铃薯生长生理的影响

李雅飞[1,2]，李结平[1*]，冯　琰[2]，王　磊[2]，Philip J. Kear[1]，

常世伟[1]，袁平平[1]，单有蛟[1]，许春江[1,2]

（1. 国际马铃薯中心亚太中心（中国），北京　延庆　102199；

2. 河北北方学院，河北　张家口　075000）

马铃薯（*Solanum tuberosum* L.）是仅次于水稻、小麦和玉米的世界第四大粮食作物，适宜性强，产量高，营养价值极为丰富，含有丰富的蛋白质、矿物质、维生素和氨基酸，也是粮菜饲兼用作物，在保障全球粮食安全中有重要作用。马铃薯起源于南美洲安第斯山脉，当地气候条件多种多样，高海拔地区以冷凉为主，适合马铃薯野生种及栽培种的生长，所以马铃薯性喜冷凉。据研究栽培种马铃薯不耐高温，生育期间适宜日平均气温为 17~21 ℃。但是全球气候变暖已成为一种趋势，联合国政府间气候变化专门委员会（Intergovernmental Panel on Climate Change，IPCC）发布的第六次评估的综合报告《气候变化 2023》（AR6 Synthesis Report：Climate Change 2023）显示人类活动使全球平均温度升高，地球气候变化空前，目前二氧化碳浓度达到近 200 万年以来的最高值。随着气候的变化，马铃薯生产面临严峻考验，了解气候因子对马铃薯的影响将有助于中国马铃薯产业发展以及应对未来气候变化有重要帮助。因此探明 CO_2 浓度增加与温度升高对马铃薯生长生理的影响变得尤为迫切。

通过设置不同温度和 CO_2 浓度处理，采用早熟栽培种"费乌瑞它"与"中薯 5 号"为试验材料，全生育期观察不同温度与 CO_2 浓度处理对"费乌瑞它"与"中薯 5 号"的株型、叶片生理和产量的影响。通过对表型数据的分析获得 CO_2 浓度增加与温度升高对马铃薯生长的影响，从而为指导未来气候条件下马铃薯的栽培和育种及对马铃薯的农业适应性策略的制定提供理论依据，为全球和中国粮食安全提供重要保障。

将破休眠的"费乌瑞它"与"中薯 5 号"播种于 5 L 花盆，培养基质采用马铃薯-玉米轮作的田间原位土壤。马铃薯植株的盆栽在人工气候室内生长，光周期为 10 h 黑暗与 14 h 光照，环境湿度为 40%。试验共设置 4 个处理，分别标记为 Control、eT、eCO_2、$eTeCO_2$。其中 Control 为对照处理，日均温度与 CO_2 浓度分别为 21 ℃ 与 400 μmol/mol；eT 为升高温度处理，在对照处理基础上平均升高 2.7 ℃，温度设置 23.7 ℃，CO_2 浓度与对照处理保持一致为 400 μmol/mol；eCO_2 为增加 CO_2 浓度处理，在对照处理基础上 CO_2 浓度增加

作者简介：李雅飞（2000—），女，硕士研究生，主要从事马铃薯植物学生理研究。

基金项目：国家重点研发计划（2021YFE0109600）。

*通信作者：李结平，博士，高级研究员，主要从事马铃薯植物生理学与重要营养元素 Fe、Zn 等的生物强化研究，e-mail：J. li@ cgiar. org。

300 μmol/mol，CO$_2$浓度设置为700 μmol/mol，温度与对照处理保持一致为21 ℃；eTeCO$_2$为温度与CO$_2$浓度同时增加，温度设置为23.7 ℃，CO$_2$浓度设置为700 μmol/mol。温度与CO$_2$浓度设置参照于气象网站（http：//chinaccdp.org/）对2069年气候因子的预测，对照处理的温度与CO$_2$浓度依据1986—2005间内蒙古自治区包头市、海拉尔市及河北省张家口市张北县等北方马铃薯主产区生产季的平均温度与平均CO$_2$浓度；温度升高2.7 ℃与CO$_2$浓度增加300 μmol/mol则根据气象网站对2040—2069年间北方马铃薯主产区生产季的温度与CO$_2$浓度的预测。出苗后每10 d测定一次马铃薯植株的株高、茎粗、主茎数、分枝数、固定叶片面积，每13 d测定一次马铃薯叶片的净光合速率、气孔导度、胞间CO$_2$浓度、蒸腾速率及根、茎、叶和块茎的鲜重与干重。

试验结果表明，（1）比较分析4种试验处理下马铃薯产量性状，发现eT、eCO$_2$、eTeCO$_2$处理使马铃薯块茎形成期提前；（2）CO$_2$浓度增加使马铃薯单株平均结薯重增加31.33%～176.96%，但单株结薯数因品种不同而对CO$_2$浓度增加反应不同，其中"费乌瑞它"的单株结薯数下降了25.53%，而"中薯5号"的单株结薯数增加了109.57%；（3）温度升高使马铃薯单株结薯重与单株结薯数量显著降低，结果表明平均温度升高2.7 ℃马铃薯单株结薯重下降21.13%～67.73%，单株结薯数量减少39.02%～47.06%；（4）在增加CO$_2$浓度与升高温度的复合处理中，"中薯5号"的单株结薯重增加了206.61%，单株结薯数增加了159.47%，而"费乌瑞它"的单株结薯重与单株结薯数较对照处理分别下降了22.31%与20.00%；（5）CO$_2$浓度与马铃薯植株分枝数、主茎数、根鲜重、根干重、单株结薯重、叶片胞间CO$_2$浓度、净光合速率呈正相关关系，增加CO$_2$浓度将有效增加她们的数量；（6）温度与马铃薯茎粗、主茎数、叶片胞间CO$_2$浓度、气孔导度呈负相关，升高温度将影响这些性状，抑制他们的增加。

该结果为指导未来气候条件下马铃薯的栽培和育种及对马铃薯的农业适应性策略的制定提供理论依据，为全球和中国粮食安全提供重要保障。

关键词：马铃薯；CO$_2$浓度；温度；生物量；农艺性状；产量

耐盐促生菌的分离鉴定及其对马铃薯
盐胁迫的缓解效果

杨瑞洁[1,2]，韩　雪[1,2]，张丽莉[1,2]，刘吉冬[1,2]，石　瑛[1,2]*

(1. 东北农业大学农学院，黑龙江　哈尔滨　150030；
2. 寒地粮食作物种质创新与生理生态教育部重点实验室，黑龙江　哈尔滨　150030)

　　耕地盐渍化是影响作物生长发育的限制因素，全球约有30%的耕地受盐碱的影响。由于过量的施肥、灌溉以及工业排放不当等因素导致盐渍化耕地面积呈现逐年递增趋势，而当前中国盐渍化土地大约有1亿hm^2，是土壤盐渍化危害严重的国家之一。盐渍化土壤板结，阻碍作物生长，严重限制作物产量。马铃薯是全球第四大粮食作物，具有粮食、蔬菜、饲料兼用的特点，用途多样，营养丰富。马铃薯属于浅根系作物，耐盐性较差，土地盐渍化，导致马铃薯病害严重、减产甚至绝收，严重影响马铃薯产量及品质，也对经济效益造成巨大损失。

　　植物与微生物之间存在着密切的相互作用关系，而植物根系和土壤环境是植物与微生物之间互动的桥梁。根际有益微生物包括根际促生菌、菌根真菌和根瘤菌等，这些根际微生物可增强植物对盐渍等恶劣环境的耐受性。有研究证明，部分根系微生物有和植物相互作用的潜力，可以通过促进植物对营养的吸收、影响分泌植物激素、调节胁迫响应基因等方式赋予植物对盐胁迫的耐受性。微生物在缓解盐诱导的植物损伤中发挥着重要的作用，因此筛选能够有效缓解马铃薯盐胁迫的耐盐促生菌，并解析微生物提高植物对盐胁迫耐受性的响应机制，对提高马铃薯耐盐性及对轻微盐渍化耕地的开发及利用有重大意义。试验从播种于盐碱土中的马铃薯块茎及根际土壤中分离出15株耐盐细菌，并进一步对筛选的15株耐盐菌进行促生功能试验及盆栽预试验，最终选定菌株 *Rossellomorea marisflavi*(RM)进行后续研究。具体试验结果为：

　　(1) *Rossellomorea marisflavi* 菌株的分离与鉴定

　　利用获得的根际土壤制备土壤悬液、土壤样品稀释液，将土壤样品稀释液均匀涂布在牛肉膏蛋白胨培养基配置的平板上，温箱培养后，将不同的菌株在含有10% NaCl的LB固体培养基上划线纯化，以此筛选出15种耐高盐菌株，进行植物盆栽盐胁迫预试验后，将表现最优异的菌株进行16S rDNA测序，Blast比对后，鉴定结果为芽孢杆菌科 *Rossellomorea marisflavi* 菌株。

作者简介：杨瑞洁(2000—)，女，硕士研究生，从事马铃薯遗传育种研究。
基金项目：黑龙江省自然科学基金联合引导项目(LH2013C005)；现代农业产业技术体系建设专项(CARS-09)。
*通信作者：石瑛，教授，主要从事马铃薯遗传育种研究，e-mail：yshi@neau.edu.cn。

（2）*Rossellomorea marisflavi* 菌株耐盐促生特性研究

为进一步研究 RM 菌株生长的最适盐浓度，通过设置含不同浓度 NaCl 梯度的 LB 固体培养基，发现 RM 菌株能够在含有 15% NaCl 的 LB 培养基中正常生长，证明 RM 菌株对 NaCl 有较高的耐受性。RM 菌株在 NaCl 浓度为 300 mmol/L 时生长最好，其菌落为淡黄色、圆形、光滑，呈杆状。通过 Salkowski 比色法测定 RM 菌株可分泌植物生长素吲哚乙酸（INDOLE-3-ACETIC ACID，IAA），数值为 5.04 mg/L。

（3）*Rossellomorea marisflavi* 菌株缓解马铃薯盐胁迫

为解析 RM 菌株提高马铃薯盐胁迫耐受性的响应机制，以 RM 菌株与"东农 303"马铃薯为试验材料，设置 4 个试验处理组，分别为：正常生长对照（CK）、仅盐胁迫（120 mmol/L NaCl）、盐胁迫基础上接种 RM 菌株（120 mmol/L NaCl + RM）、正常生长基础上接种 RM 菌株（CK + RM）。处理 10 d 后，测定 4 个处理组的植株生长指标(株高、根长、鲜重与干重)与根系生理指标[过氧化氢酶（Catalase，CAT）、过氧化物酶（Proline，POD）活性、脯氨酸（Peroxidase，Pro）、丙二醛（Malondialdehyde，MDA）、超氧阴离子（O_2^-）含量]，并对上述指标进行方差分析。结果表明，盐胁迫显著抑制马铃薯株高、根长、鲜重及干重。在盐胁迫基础上，接种 RM 菌株使上述指标显著升高（$P<0.05$），依次为 14.76%、44.33%、29.80% 和 44.04%。正常生长基础上接种 RM 菌株，同样对马铃薯植株具有促生效果，与 CK 相比，株高、根长、鲜重及干重依次升高 2.67%，5.90%，10.32% 和 5.94%。根系生理指标方差分析表明，盐胁迫会导致马铃薯植株内部生理紊乱。与正常生长对照（CK）相比，盐胁迫后，CAT 与 POD 活性显著低于 CK，NaCl + RM 处理组中，CAT 活性显著升高 3.28 倍，POD 活性显著升高 39.41%（$P<0.05$）。仅盐胁迫处理组中，渗透调节物质 Pro 含量是 CK 处理组的 2.12 倍，RM 加入后，其含量继续上升 24.03%。O_2^- 和 MDA 含量趋势接近，与 CK 相比，盐处理下 MDA 含量显著升高（$P<0.05$），O_2^- 含量升高 38.25%。与 NaCl 处理组相比，RM 施入后，O_2^- 和 MDA 含量均显著性下降（$P<0.05$）。在正常生长基础上接种 RM 处理组中，二者含量均与 CK 水平相近。因此，具有耐盐促生特性的 RM 菌株，接种后促使马铃薯积极调节抗氧化酶活性，主动积累渗透调节物质，从而减轻植株体内氧化胁迫与质膜受损程度，提高马铃薯对盐胁迫的耐受性。

试验筛选鉴定出一株耐盐促生菌，通过反施，发现其对马铃薯盐胁迫恢复具有积极作用，促进生长及生理依据揭示微生物提高马铃薯耐盐性的响应机制。同时也为轻微盐渍化耕地的开发及利用提供有效的耐盐促生菌。

关键词：马铃薯；耐盐促生菌；盐胁迫；盐渍化耕地

3种不同种植环境的马铃薯叶片瞬时转化效率比较

周英琦[1]，李结平[2*]，王　燕[1*]，李雅飞[1,2]

(1. 河北北方学院，河北　张家口　075000；

2. 国际马铃薯中心亚太中心(中国)，北京　延庆　102199)

作为全球第四大粮食作物，马铃薯不仅对维护全球粮食安全具有至关重要的作用，还是生物学领域中重要的模式植物之一。然而，与其他植物生物反应器的研究进展相比，马铃薯作为生物反应器的应用研究显得相对滞后，这限制了其在生物活性物质生产领域的潜在应用。植物生物反应器是一种创新技术，利用植物细胞和组织生产药用价值或重要功能蛋白、细胞生长因子、疫苗等生物活性物质。自1983年植物转基因技术成功问世，1986年首次在烟草中成功表达出人类生长激素蛋白，到1989年成功获得了表达抗体蛋白的烟草，这项技术凭借其操作简便和成本较低的优势，展现出巨大的发展潜力和广阔的市场前景。如今，市场上已出现多款利用植物表达系统生产的蛋白产品，在研究中，当马铃薯被用作B型肝炎表面抗原的饲料饲喂小鼠后，其血清和粪便中均可检测到抗体的存在，这充分展示了马铃薯在免疫效果方面的良好表现。此外，马铃薯也被探索用于生产抗体和葡聚糖酶的研究，进一步突显了其作为药物生产平台的巨大潜力。已有研究采用生菜瞬时表达系统生产药用蛋白技术，利用遗传工程手段，成熟生菜在短短一周内即可高效表达药用蛋白，其产量高达1.6 g/kg。这代表了最新一代的植物生物反应器技术，且是目前国内唯一实现工业化应用的平台。

马铃薯作为生物反应器，具有生长周期短、生长条件简单、生物量大等诸多优点，因此在生物反应器领域展现出广阔的应用前景。目前，已有研究致力于探索利用马铃薯生产人类所需的药品、疫苗生物制品。至今，已有3种转基因马铃薯表达的药物进入临床实验阶段。其中，转基因马铃薯生产的轮状病毒VP6外壳蛋白，能够有效预防急性病毒性胃肠炎。

然而，尽管植物反应器具有诸多优势，但以马铃薯为平台的生物反应器相关研究却相对滞后。这其中的原因不仅与技术难度大有关，还因为马铃薯在瞬时转化过程中，重组蛋白的表达常受到多种环境因素的影响。此外，马铃薯受体生理状态也可能是影响重组蛋白表达的重要因素。马铃薯的生理状态受到遗传背景、生长环境、栽培管理等多种因素的影响，而这些因素都可能对重组蛋白的表达产生调控作用。因此，要实现在马铃薯中高效表达重组蛋白，需要综合考虑环境因素和马铃薯的生理状态，采取合适的调控策略和措施。

为解决这个问题，以早熟栽培种"费乌瑞它"以及二倍体马铃薯材料"G18-20-12"为

作者简介：周英琦(2001—)，男，本科在读，主要从事马铃薯分子植物育种。

基金项目：国家重点研发计划(2021YFE0109600)。

＊通信作者：李结平，博士，高级研究员，主要从事马铃薯植物生理学与重要营养元素Fe、Zn等的生物强化研究，e-mail：J.li@ cgiar.org；王燕，博士，副教授，主要从事马铃薯栽培及抗旱育种，e-mail：nkxwyy@163.com。

试验材料，pBI121 为瞬时基因表达载体，进行了瞬时基因表达研究。试验共有 3 个生长环境分别为温室、人工气候室、组培室，每个生长环境设置光照与黑暗两个处理，环境湿度均为 40%。其中光照处理因环境不同，光照周期与环境温度略有不同，其中温室环境温度为 20~24 ℃，光照周期为 16 h 光照与 8 h 黑暗；人工气候室环境温度 18~30 ℃，光照周期为 16 h 光照与 8 h 黑暗；组培室环境温度为 20~24 ℃，光照周期为 12 h 光照与 12 h 黑暗；黑暗处理下光照周期为 24 h 黑暗，其余环境条件与光照处理一致。

将含有 pBI121 的重组农杆菌 EHA105 单菌落培养于含有卡纳霉素（50 mg/mL）与利福平（25 mg/mL）的 YEP 培养液中，培养时间为 28 ℃，转速 150 r/min。在 5 500 r/min 下离心 2 min，收获细胞重悬于 1 mL 浸润缓冲液（10 mmol $MgCl_2$ 和 10 mmol 乙酰丁香酮）中。该步骤至少重复一次，并用光谱法（$OD_{600 nm}$）测量菌悬液的浓度，并用浸润缓冲液调节至最终所需浓度，并在室温下放置 1~2 h。对于瞬时表达研究，$OD_{600 nm}$ 调整为 0.2~0.5。用注射器取菌悬液。选用 1 mL 无针头的注射器针管用压力将菌悬液分别注入温室、组培室、人工气候室内完全展开的马铃薯叶片下表皮（避开叶脉），注射后将植株放置在原生长环境，3~4 d 内剪取侵染处周围约 1 cm^2 叶片样品，加入 GUS 染色液中（采用北京柯洁科科技有限公司 GUS 染色试剂盒，按说明书配制染液），37 ℃生化组培室避光孵育过夜。倒除染色液，用 80%丙酮脱色至叶片背景脱净。观察统计 GUS 染色情况，计算 GUS 基因表达率。GUS 基因表达率（%）= 显色的外植体数量/染色的外植体总数 × 100

研究结果为：

（1）温室大棚内的马铃薯叶片侵染最为严重，其侵染面积最大，平均面积约为 1 cm^2；其次是人工气候室内的马铃薯叶片；而组培苗叶片的侵染面积相对较小。

（2）叶龄与侵染面积之间的关系呈正相关，随着叶龄的增加，侵染面积也会相应增大。

（3）GUS 染色结果表明，在光照条件下，组培苗的转换效率表现最为卓越，高达 100%。相较之下，温室中植株叶片的转化效率稍显逊色，为 70%。而气候室中的转化率则稍低一等，仅为 50%。然而，在黑暗条件下，气候室中的植株叶片转换效率却表现突出，达到了 58.3%。相较之下，温室中组培苗的转化效率为 37.5%，而组培室中的转化率最低，仅为 20%。这些结果揭示了不同条件下植株叶片和组培苗转换效率的显著差异。

组培苗的转化效率最高，达到了 92.3%，其叶片呈现出深蓝色；人工气候室内的植株叶片转化率为 54.5%，叶片呈蓝色；而温室大棚中的转化率仅为 35.3%，且蓝色较浅。

（4）在操作难易度方面，组培苗相对较为简单，其次是人工气候室，而温室大棚则相对较难。

综上所述，组培苗、气候室和温室大棚在农杆菌转化法中的应用各具特色。在选择转化材料时，需根据研究目标和试验条件进行权衡。组培苗虽操作复杂，但其高效的转化效率得益于其无菌的生长环境、较小的叶龄和活跃的细胞分裂，为农杆菌的侵染和转化细胞的筛选提供了得天独厚的条件。气候室通过环境调控为植物提供了稳定的生长环境，尽管转化效率略低于组培苗，但其适中的操作难度仍具有一定的应用价值。而温室大棚，尽管在转化效果上稍逊一筹，且环境因素波动可能影响转化效果的稳定性，但其操作简便的特点仍不失为一种实用的选择。

关键词：马铃薯；瞬时转化；植物生物反应器；环境

弱光胁迫对马铃薯苗期根系生长及光合特性的影响

周庆峰[1]，郭学良[1]，陈庆彬[1]，孙景梅[2]，张伟彬[2]，关天正[3]，陈亚伟[3]，马　丽[1*]

(1. 商丘师范学院生物与食品学院，河南　商丘　476000；

2. 商丘职业技术学院，河南　商丘　476005；

3. 河南德道农业科技有限公司，河南　商丘　476016)

　　自从马铃薯被农业部列为中国第四大主粮以来，马铃薯种植面积也逐渐增大。改善马铃薯的食用品质，最大限度的提高马铃薯单产，是保障国家粮食战略安全的重要途径之一。传统马铃薯是用块茎进行无性繁殖，生长过程中容易受到病毒的侵染，且病毒会逐代积累，导致马铃薯产量和品质大幅度下降，需要对马铃薯种薯进行脱毒，利用马铃薯脱毒种薯进行繁殖，因此脱毒马铃薯的生产显得尤为重要。光照的强弱不仅能影响植物生长发育，也可能影响作物的生态重建以及根系的生长，这在许多植物中均已得到证实。这些研究结果一方面表明植物同一器官在不同时期对光的需求性不同，另一方面也证实植物具有主动适应其环境条件的能力。马铃薯在南方利用稻田冬闲季种植马铃薯的模式可以提高耕地利用率，"水稻+马铃薯"种植模式越来越普遍，但在长江流域的大部分地区，冬作马铃薯一般生长期为11—12月至次年2—3月，这个时期阴雨天较多，光照不足，而光是影响马铃薯生长的重要气候因子，光照不足将成为影响粮食产量的重要限制因素。

　　为了提高脱毒马铃薯试管苗的栽培质量，进而提高脱毒马铃薯试管苗原原种的产量和质量。利用现代先进的科学技术条件，制作人工模拟光源，分析弱光因素对马铃薯幼苗植物学特征和光合作用的影响机制，为马铃薯耐弱光遗传筛查和利用提供依据，为进一步研究脱毒马铃薯试管苗在弱光条件下的影响奠定基础。以脱毒马铃薯试管苗为供试材料，品种为"米拉"和"红米拉"，其中"米拉"为早熟品种，生育期60 d左右，"红米拉"中早熟，生育期70~80 d。试验在人工气候箱中进行，光照强度设2个处理，分别为50 $\mu mol/m^2 \cdot s$ 弱光处理和400 $\mu mol/m^2 \cdot s$ 对照处理。脱毒马铃薯试管苗移栽至基质盆栽中，基质为草木碳、珍珠岩和蛭石2：1：1，花盆规格为上部直径20 cm、底部直径和深度均为15 cm，每个处理5盆，每盆7株。人工气候箱中温度设定为光照22 ℃/16 h，黑暗16 ℃/8 h，湿度为70%。移栽后25 d，测定株高、叶片数，用Li-6400便携式光合仪，选各处理由顶端开始第4节位完全展开叶，测定净光合速率、蒸腾速率、气孔导度和胞间CO_2浓度参数，光照期间每2 h测定1次，共测定5次。采用WinRHIZO根系扫描仪进行扫描收集，每盆选择3株，每5 d测定根长、根体积、根表面积、根侧面积、根直径、根

作者简介：周庆峰(1977—)，男，博士研究生，主要从事植物营养研究。

基金项目：现代农业产业技术体系建设专项资金资助（CARS-09-ES13）；河南省高等学校重点科研项目（24B210010）。

*通信作者：马丽，博士，教授，主要从事马铃薯抗性育种研究，e-mail：ndmali@163.com。

尖计数。

结果表明，持续性弱光马铃薯生长受到明显影响，品种间存在明显差异。从根系生长来看，弱光处理2个品种根尖计数和根系总长均显著降低，2品种相比，"红米拉"更易受弱光胁迫的影响，弱光胁迫下，"红米拉"根系总长和根尖计数分别较对照降低49.32%和84.10%，而"米拉"根系总长和根尖计数分别较对照降低33.32%和26.00%。弱光处理2个品种植株均表现出明显徒长现象，"米拉"茎长生长速度为0.84 cm/d，"红米拉"生长速度0.61 cm/d，而对照处理"米拉"和"红米拉"茎长生长速度分别为0.46 cm/d和0.30 cm/d。与对照相比，弱光处理叶片数显著减少，"米拉"和"红米拉"较对照均减少38.27%。从光合特性来看，弱光处理马铃薯叶片净光合速率、气孔导度、胞间CO_2浓度、蒸腾速率均较对照显著降低，"红米拉"受弱光胁迫的影响较大，弱光胁迫条件下，"米拉"叶片净光合速率、气孔导度、胞间CO_2浓度、蒸腾速率分别较对照降低53.58%、87.45%、56.49%和60.64%，而"红米拉"分别较对照降低56.28%、92.02%、66.73%和64.87%。

弱光胁迫降低了马铃薯净光合速率，根系总长下降，马铃薯生长受到明显影响，植株徒长明显，茎节加长，叶片减少，不利于产量形成。不同品种对光的敏感性不同，其中"红米拉"较"米拉"更容易受到光胁迫的影响。

关键词：马铃薯；弱光胁迫；苗期；光合特性；根系生长

豆科作物–马铃薯轮作体系中作物产量、土壤微生物和代谢产物的互作效应

石铭福[1,2]，康益晨[2,3]，杨昕宇[4]，刘玉汇[3]，秦舒浩[2,3]*

（1. 宜宾学院，四川　宜宾　644000；
2. 甘肃农业大学园艺学院，甘肃　兰州　730070；
3. 干旱生境作物学国家重点实验室，甘肃　兰州　730070；
4. 甘肃省农业科学院马铃薯研究所，甘肃　兰州　748200）

马铃薯是重要的"粮菜兼用"作物，由于马铃薯连作现象日益严重致使农田环境面临严重的生态问题。在此背景下，大量研究致力于探索不同作物与马铃薯轮作土壤理化性质、酶活性及微生物多样性的影响，而关于豆科作物–马铃薯轮作"土壤与微生物及代谢产物"之间的互作规律的研究尚不明晰。因此，探究豆科作物–马铃薯轮作对土壤理化性质、酶活性、微生物群落结构和功能以及代谢物的影响，对改善土壤质量、提高马铃薯产量以及农田健康发展具有重要的科学意义。以马铃薯 3 年连作田为基础，进行豌豆、蚕豆与马铃薯 2 年轮作试验，选用"定薯 6 号"马铃薯、"青蚕 13 号"蚕豆和"定豌 10 号"豌豆。于 2022 年 5 月 21 日、6 月 24 日、7 月 19 日和 8 月 20 日分别采集马铃薯根际土壤，用于测定土壤酶活性、养分含量和理化性质；8 月 20 日采集土壤样品混匀、过筛后转入−80 ℃保存，用于宏基因组和非靶向代谢组测序分析；8 月 20 日测定马铃薯根系关键生理指标，10月 8 日马铃薯收获考种并分析块茎品质，以此研究覆膜条件下豆科作物–马铃薯轮作对土壤特性、产量和品质的影响，并结合土壤微生物群落和功能以及土壤代谢物的分析结果，阐明豆科作物–马铃薯轮作体系中"产量–土壤–微生物–代谢产物"之间的互作关系。豆科作物–马铃薯轮作改善了马铃薯连作田的土壤质量，并对马铃薯根系生长和块茎产量及品质有显著影响。豌豆–马铃薯轮作、蚕豆–马铃薯轮作的土壤 pH、含水量（Soil water content，SWC），有机质（Soil organic matter，SOM）、全磷（Total phosphorus，TP）、总氮（Total nitrogen，TN）、全碳（Total carbon，TC）和碱解氮（Available nitrogen，AN）含量整体呈现升高趋势，以蚕豆–马铃薯轮作下理化特性总体表现最优；同时显著提高了土壤脲酶、过氧化氢酶、碱性磷酸酶和蔗糖酶活性，产量分别较马铃薯连作增加 25.13% 和 28.38%。此外，豆科作物–马铃薯轮作显著增加马铃薯总根长、根表面积、根体积、根直径、根尖数和根系活力，并显著提高了块茎淀粉和维生素 C（Vc）含量。基于土壤微生物宏基因组测

作者简介：石铭福（1993—），男，博士，助理研究员，主要从事植物生理生态及生物技术研究。
基金项目：国家马铃薯产业技术体系（CARS-09-P14）；国家自然科学基金（32060441）；省部共建干旱生境作物学国家重点实验室开放基金（GSCS-2021-08）。
*通信作者：秦舒浩，教授，博士生导师，主要从事蔬菜栽培及土壤生理生态研究，e-mail：qinsh@ gsau. edu. cn。

序分析，放线菌门（Actinobacteria）、变形菌门（Proteobacteria）、酸杆菌门（Acidobacteria）等是共有主要的细菌群落；奇古菌门（Thaumarchaeota）和广古菌门（Euryarchaeota）为优势古菌；毛霉门（Mucoromycota）、子囊菌门（Ascomycota）、担子菌门（Basidiomycota）等为共有优势真菌门。豆科作物轮作显著改变土壤微生物群落组成，蚕豆-马铃薯轮作显著提高土壤中放线菌门、变形菌门等以及 Nocardioides 属等相对丰度，减少酸杆菌门、绿弯菌门、芽单胞菌门等及 Rhizophagus 属等相对丰度。通过宏基因组差异功能分析，挖掘出了"碳代谢""氮代谢"和"硫代谢"3 条重要通路，"碳代谢"通路中，蚕豆-马铃薯轮作的乙基丙二酰途径（M00373）和羟基丁酸二羧酸酯循环（M00374）被增强；"氮代谢"通路中，蚕豆-马铃薯轮作一系列功能基因丰度的变化增强了同化性硝酸还原、异化硝酸盐还原、反硝化作用以及固氮作用；此外，蚕豆-马铃薯轮作还增强了"硫代谢"通路中的同化硫酸盐还原途径。非靶向代谢组学研究发现，土壤代谢物主要包括有脂质和类脂分子、有机杂环化合物、有机酸及其衍生物、苯丙类和聚酮类等物质。其中，豌豆-马铃薯轮作土壤中 320 个关键代谢物上调、76 个下调，显著富集在 ABC 转运蛋白、嘌呤代谢、半乳糖代谢、苯丙氨酸代谢等代谢通路。蚕豆-马铃薯轮作土壤中 375 个关键代谢物上调、48 个下调，显著富集在类黄酮生物合成、ABC 转运蛋白、嘌呤代谢、嘧啶代谢、苯丙类化合物的生物合成等通路。结合代谢物差异功能通路和代谢物富集分析，挖掘出 ABC 转运蛋白、苯丙氨酸代谢和嘌呤代谢 3 条重要代谢通路，豆科作物轮作提高了 ABC 转运蛋白中 L-丝氨酸（L-Serine）、鸟苷（Guanosine）、肌苷（Inosine）、腺苷（Adenosine）等代谢物的含量；嘌呤代谢中鸟嘌呤（Guanine）和腺嘌呤（Adenine）代谢物的丰度显著上调，蚕豆轮作中代谢物丰度高于豌豆轮作。通过斯皮尔曼（Spearman）相关性和冗余关联分析（Redundancy analysis，RDA），土壤微生物群落的主要影响因子为 SOM、速效磷（Available phosphorous，AP）、TP、TN、土壤过氧化氢酶、蔗糖酶、脲酶和碱性磷酸酶等；土壤优势微生物和代谢物之间具有极显著的相关性，表明这些微生物可能通过一系列代谢途径参与土壤营养物质的吸收转化。偏最小二乘路径建模（Partial least squares path modeling，PLS-PM）结果表明，土壤理化性质、土壤酶和土壤微生物群落对产量具有正效应，而土壤代谢物对产量具有负效应。综上所述，豆科作物-马铃薯轮作提高了土壤理化性质、酶活性和马铃薯根系生长状况，进而有利于马铃薯块茎产量的增加和品质提升。蚕豆-马铃薯轮作可调节土壤微生物群落结构，对重要功能代谢途径碳、氮、硫代谢相关功能基因影响显著，降低了潜在病原菌的丰度；蚕豆-马铃薯轮作显著影响了土壤代谢物丰度及嘌呤代谢和苯丙氨酸代谢等重要代谢通路。

关键词：马铃薯连作；豆科作物轮作；土壤理化性质；产量；土壤微生物；土壤代谢物

未来不同气候情景下内蒙古自治区
马铃薯气候适宜性变化趋势预估

金林雪[1]，王海梅[1]，武荣盛[1*]，董　静[2]，刘霞霞[1]，郑诗然[1]

（1. 内蒙古自治区生态与农业气象中心，内蒙古　呼和浩特　010050；
2. 呼和浩特市气象局，内蒙古　呼和浩特　010050）

马铃薯（*Solanum tuberosum* L.）是世界第四大粮食作物，随着粮食安全引发全球关注，《国家粮食安全中长期发展规划纲要》明确将马铃薯作为保障粮食安全的重点作物，摆在关系国民经济和"三农"稳定发展的重要地位。根据国家统计局数据显示，中国马铃薯产量持续增长，2016—2022 年中国马铃薯产量由 1 698.6 万 t 增长至 1 851.6 万 t，其中 2022 年较 2021 年增加了 20.7 万 t，同比增长了 1.12%；随着栽培技术的不断提升，马铃薯单产持续攀升，2022 年为 4 050.5 kg/hm^2，较 2021 年增加了 81.4 kg/hm^2，同比增长了 2.01%，为中国的经济、社会发展发挥了重要的推动作用。马铃薯在内蒙古自治区各地均有种植，是该省（自治区）分布最广、面积和产量较稳定的优势特色农作物之一，对内蒙古自治区粮食总产的贡献率约占 10%。在全球气候变化背景下，内蒙古自治区光、温、水等气象要素均发生了明显改变，而内蒙古自治区马铃薯种植区大部分位于农牧交错地带，生态环境脆弱，生长发育易受气象条件的影响。在气候变化背景下探讨马铃薯的区域适应性，可为种植业适应气候变化提供科学依据，对当地的农业生产具有重要的指导意义，也可为全国马铃薯气候变化影响评估提供参考。

政府间气候变化委员会（Intergovernmental Panel on Climate Change，IPCC）发布的第五次评估报告提出了 4 个温室气体排放情景（典型浓度路径 Representative concentration pathway，RCP），浓度由高到低分别为 RCP8.5、RCP6.0、RCP4.5 和 RCP2.6。文中预估了未来 50 年（2021—2070 年）在 RCP8.5 和 RCP4.5 两种情景下马铃薯生长季气候适宜度的可能变化，其中 RCP8.5 是在无气候变化政策干预时的基线情景，特点是温室气体排放和浓度不断增加；RCP4.5 是另一种政府干预下的气候情景，总辐射强迫在 2 100 年后稳定，RCP4.5 是唯一的耕地面积减少的排放模式。

依托全国马铃薯气象服务中心系列研究成果，基于内蒙古自治区 1981 年以来 119 个气象台站气候数据，以及 11 个马铃薯农业气象观测站多年发育期时间统计平均发育期。联合未来气候模式——RegCM 区域气候模式，单项嵌套 BCC_CSM1.1（全球模式，北京气

作者简介：金林雪（1986—），女，硕士，副研级高级工程师，从事马铃薯农业气象业务服务与科研工作。

基金项目：内蒙古自治区气象局科技创新项目（nmqxkjcx202465）；中国气象局马铃薯气象服务中心、内蒙古科技厅科技计划项目（2022YFH0130）。

＊通信作者：武荣盛，硕士，副研级高级工程师，从事马铃薯农业气象业务服务与科研工作，e-mail：35375472@qq.com。

候中心气候系统模式 1.1)全球气候耦合模式的输出未来 50 年(2021—2070 年)气象要素结果，包括低排放 RCP4.5 和高排放 RCP8.5 两种情景。依托中国气象局马铃薯气象服务中心指标体系建设、田间观测试验等成果，综合考虑马铃薯种植区地理位置、农业气候资源等因素，确定适宜马铃薯生长季的温度、需水量、日照时数气象指标；其中温度适宜度构建利用三基点温度指标，日照适宜度时以"天文日长"的 70%作为临界值，实际日照时数大于此值，即认为日照适宜度为 1，小于此值，用实际日照时数与 0.7 个天文日长的比值表示；降水适宜度以农田水分盈亏值、降水量以及需水量等要素构建；马铃薯综合气候适宜度为光、温、水各气象要素适宜度加权求和所得，权重系数为各气象要素适宜度对相应年份的气象产量的贡献系数(气象产量分离利用五年直线滑动平均法)。利用 ArcGIS 作图分析和预估内蒙古自治区马铃薯生长季气候适宜度的时空变化特征。

未来 50 年，内蒙古自治区马铃薯生长季气候适宜度空间变化趋势显示(内蒙古自治区马铃薯生长季光照条件充沛，因此未来气候适宜度的预估仅考虑温度、降水因子)，温度适宜度在 RCP4.5 低排放情景下高值区主要集中在中西部大部及东部偏南地区，低值区在东部偏北地区；在 RCP8.5 高排放情景下，高值区主要分布在中东部偏北大部，低值区在西部偏西及东部偏南地区。降水适宜度在未来两种情景下高值区均主要集中在中西部偏南及东部区，中西部偏北为低值区。综合气候适宜度在 RCP4.5 低排放情景下，高值区主要集中在中西部偏南及东部偏南地区，其余地区相对较低；在 RCP8.5 高排放情景下，高值区主要分布在西部偏南、中部大部、东部偏北地区，其余地区相对较低。

未来 50 年马铃薯生长季气候适宜度年际变化规律显示，在 RCP4.5 低排放情景下，温度适宜度呈现上升的趋势，降水适宜度为弱的下降趋势，综合气候适宜度为持平略增的趋势，可能使冷害发生频率下降、马铃薯播种期提前、生育期延长等，对马铃薯生产总体偏向有利形势，可种植生育期更长的晚熟品种以提高马铃薯产量，未来气候变化对马铃薯生产表现为弱的正效应可能性大。在 RCP8.5 高排放情景下，气温适宜度、降水适宜度及综合适宜度呈不同程度下降趋势，可能导致低温、干旱的发生趋势变大，未来气候变化总体对马铃薯的生产为负效应的影响可能性大，对马铃薯生产和发展构成威胁。因此，马铃薯生产要注意水热资源的配置，可采取培育抗旱品种、加强田间水分条件的精准管理，提高马铃薯气候适宜性。

当前气候变化研究多集中于对历史气候资料的分析，对于马铃薯未来气候适宜性变化特征的影响研究较少；内蒙古自治区幅员辽阔，气候差异显著，研究结果可为马铃薯精细化气候资源利用与管理提供参考，能够为定量监测马铃薯生长季动态变化提供有力的技术支撑，为气候变化背景下马铃薯主粮化发展保驾护航。

关键词：马铃薯；气候变化；适宜性；时空演变；情景预估

土 壤 肥 料

恩施土家族苗族自治州马铃薯养分专家系统应用初探

郝　苗[1,2,3]，杨国才[1,2,3]，邹　莹[1,2,3]，杨　伟[1,2,3]，陈家吉[1,2,3]，高剑华[1,2,3]*

(1. 湖北恩施中国南方马铃薯研究中心，湖北　恩施　445000；

2. 恩施土家族苗族自治州农业科学院，湖北　恩施　445000；

3. 湖北省农业科技创新中心鄂西综合试验站，湖北　恩施　445000)

摘　要：为了减少化肥用量，克服连作障碍，实现马铃薯科学施肥简便化，达到绿色稳产增效目标，通过马铃薯养分专家系统养分推荐量，对8种不同肥料搭配的组合加以研究。基于马铃薯养分专家系统的优化施肥处理施肥的长势、产量水平、施肥效益等逐步趋近于农民习惯施肥且呈增长趋势。在各个肥料组合中，NE-C-A30%N、NE-B、NE-B-A30%N和NE-C-Hu对土壤培肥的效果较好，能够有效增加土壤有效养分含量，为后茬作物生长提供更多的营养物质。

关键词：马铃薯；养分专家系统；应用；施肥

马铃薯是中国广泛种植的农作物，对经济社会发展作出了突出贡献。在恩施土家族苗族自治州，马铃薯是第二大经济作物，鉴于其出色的品质特征，品牌价值逐年递增，年经济贡献量达80余亿元[1]，2023年入选"中国十大马铃薯地理标志产品"。理论上恩施土家族苗族自治州10.67多万 hm^2 马铃薯需要投入纯 N 0.7万~0.8万 t、P_2O_5 0.29万~0.35万 t 和 K_2O 1.26万~1.63万 t，但实际用量参差不齐，普遍存在部分元素过量或不足问题。此外，受到土地面积的制约，马铃薯重茬率达30%以上，土壤板结、酸化、微生物失衡等连作障碍时有发生。研究表明运用马铃薯养分专家系统推荐施肥可起到节约肥料养分用量[2]、提高马铃薯产量和肥料利用效率[3,4]、降低化肥污染[5]等作用。微生物菌肥能够起到增产[6]、提高土壤质量[7]抗连作障碍[8,9]等作用。有机肥替代化肥能有效作用于作物提质增产[10-12]、土壤环境改良[13-16]、化肥减量施用[17,18]等。本研究在中国农业科学院农业资源与农业区划研究所专家的指导下，针对连作障碍和肥料施用不合理的问题，应用马铃薯养分专家系统优化肥料养分施用比例，研究微生物菌肥、有机肥和化肥对马铃薯产效和土壤养分的影响，为恩施土家族苗族自治州马铃薯合理施肥提供技术支撑。

1　材料与方法

1.1　试验材料及地点

马铃薯种薯："米拉"，原种，单粒重50~100 g，湖北恩施中国南方马铃薯研究中心

作者简介：郝苗(1989—)，女，硕士，农艺师，主要从事栽培技术研究与示范推广。

基金项目：现代农业产业技术体系建设专项资金资助(CARS-09)。

*通信作者：高剑华，硕士，高级农艺师，主要从事马铃薯脱毒、新品种选育研究与示范推广，e-mail：80538373@qq.com。

提供。

肥料：生物菌肥（$N:P_2O_5:K_2O=13:9:18$），由元和生物科技（德州）有限公司提供；腐殖酸螯合肥（$N:P_2O_5:K_2O=17:17:17$），由广东拉多美化肥有限公司提供；商品有机肥（$N:P_2O_5:K_2O=2.56:3.867:2.193$），由湖北宜施壮农业科技有限公司生产；尿素（N 46%），由湖北万丰化工有限公司生产；硫酸钾复合肥（$N:P_2O_5:K_2O=15:15:15$），由湖北万丰化工有限公司生产；硫酸钾（K_2O 52%），由中化化肥有限公司生产。

试验地点：恩施市三岔镇天池山试验基地，E 109°38′49″，N 30°20′31″，海拔1 230 m。

1.2　试验设计及管理

1.2.1　试验设计

试验设置 8 个处理（表 1），3 次重复，随机区组设计。种植密度 4 179 株/667 m²，单垄双行，小区面积 56.16 m²(7.2 m × 7.8 m)，8 垄 16 行区，垄距 90 cm，每个小区播种种薯 352 粒（每垄 44 粒），共需种薯 8 448 粒。小区之间做小梗，小梗用塑料膜包裹，小梗高 20 cm，宽 40 cm，深 30 cm，试验地周边保护行不少于 2 行。播种时开宽 25～30 cm 垄沟，垄沟深 3～5 cm，垄高 8～12 cm，整薯播种，种薯以"S"形排列。试验底肥施用按设计进行，条施在垄沟内，不沾种薯为宜；试验追肥施用按设计于马铃薯苗期进行。

表 1　肥料处理情况

编号	处理	底肥种类及用量	追肥种类及用量	处理目的
FP	农民习惯施肥	硫酸钾复合肥 50 kg/667 m²	尿素 10 kg/667 m²	农民习惯施肥为对照，比较供试肥提产增效效果
NE-C	NE-化肥	硫酸钾复合肥 40 kg/667 m²，硫酸钾 4 kg/667 m²	尿素 13.04 kg/667 m² + 硫酸钾 12 kg/667 m²	与农民习惯施肥比较，NE 推荐施肥效果
NE-C-E30%N	NE-化肥-30%N 有机替代	硫酸钾复合肥 3.75 kg/667 m²，尿素 6 kg/667 m²，硫酸钾 8 kg/667 m²，商品有机肥 140.63 kg/667 m²	尿素 11.04 kg/667 m² + 硫酸钾 12.71 kg/667 m²	与 NE 推荐施肥比较，有机肥替代 30%化肥氮效果
NE-C-A30%N	NE-化肥-增施 30% 有机肥 N	硫酸钾复合肥 40 kg/667 m²，尿素 4 kg/667 m²，硫酸钾 8 kg/667 m²，商品有机肥 140.63 kg/667 m²	尿素 9.04 kg/667 m² + 硫酸钾 8 kg/667 m²	与 NE 推荐施肥比较增加 30%有机氮效果
NE-B	NE-马铃薯专用肥（含菌肥）	生物菌肥 66.67 kg/667 m²	尿素 7.25 kg/667 m² + 硫酸钾 4 kg/667 m²	与 NE 推荐施肥比较菌肥施用的效果
NE-B-A30%N	NE-化肥-菌肥-增施 30%有机 N	生物菌肥 66.7 kg/667 m²，商品有机肥 140.63 kg/667 m²	尿素 7.25 kg/667 m² + 硫酸钾 4 kg/667 m²	与菌肥施用比较增加 30%有机氮的效果

编号	处理	底肥种类及用量	追肥种类及用量	处理目的
NE-C-Hu	NE-化肥-腐殖酸	硫酸钾 4 kg/667 m²，腐殖酸螯合肥 35.29 kg/667 m²	尿素 13.04 kg/667 m² + 硫酸钾 12 kg/667 m²	与 NE 推荐施肥比较腐殖酸的效果
CK	不施肥对照	–	–	用以计算各处理的肥料利用率

1.2.2 试验管理

第一年试验于 2022 年 2 月 24 日播种，4 月 7 日达苗期(75%)，当天中耕除草并按试验设计进行追肥，8 月 2 日收获。第二年试验于 2023 年 1 月 12 日播种，4 月 1 日除草、中耕培土并按试验设计进行追肥，7 月 17 日收获。

2 结果与分析

2.1 不同处理对马铃薯生长的影响

出苗率、苗情类别、株高和 SPAD 值反应了不同处理对马铃薯生长情况的影响(表 2)，结果表明各处理间马铃薯出苗率差异不显著，施肥处理均为一类苗，不施肥对照苗黄且弱，为三类苗。

不同年份不同处理之间植株株高和 SPAD 差异不一致，2022 年 NE-C 处理同 FP 处于同一株高水平，其余处理株高较 FP 极显著降低($P<0.01$)；CK 处理较 FP 的 SPAD 值显著降低，其余处理 SPAD 值与 FP 差异不显著($P>0.05$)。2023 年 NE-C-A30%N 处理同 FP 处于同一株高水平，其余处理株高较 FP 极显著降低($P<0.01$)；NE-B-A30%N 的 SPAD 值较农民习惯施肥于同一水平，其余处理同农民习惯施肥处理显著降低($P<0.05$)。基于马铃薯养分专家系统的优化施肥处理生长指标逐步接近农民习惯施肥，呈上升趋势。

表 2 不同处理马铃薯生长情况

年份	处理	出苗率(%)	苗情类别	株高(cm)	SPAD
2022	FP	97.82 ± 0.43	一类	99.80 ± 7.70 aA	39.00 ± 2.92 abA
2022	NE-C	98.67 ± 0.43	一类	99.40 ± 3.00 aA	38.18 ± 1.49 abA
2022	NE-C-E30%N	97.63 ± 0.71	一类	53.30 ± 6.90 cC	37.92 ± 2.37 abA
2022	NE-C-A30%N	97.82 ± 1.31	一类	94.00 ± 5.60 bAB	40.07 ± 3.43 aA
2022	NE-B	97.54 ± 0.66	一类	92.50 ± 3.20 bB	38.81 ± 2.50 abA
2022	NE-B-A30%N	97.63 ± 0.71	一类	93.40 ± 5.60 bB	37.41 ± 2.11 bA
2022	NE-C-Hu	97.06 ± 0.71	一类	92.60 ± 3.00 bB	39.74 ± 3.37 abA
2022	CK	97.92 ± 0.87	三类	40.00 ± 4.50 dD	30.99 ± 2.56 cB
2023	FP	98.77 ± 1.00	一类	110.50 ± 5.07 aA	42.04 ± 1.45 aA

续表 2

年份	处理	出苗率(%)	苗情类别	株高(cm)	SPAD
2023	NE-C	99.15 ± 0.49	一类	100.00 ± 9.50 bcC	36.39 ± 1.48 cdBC
2023	NE-C-E30%N	99.05 ± 0.91	一类	94.88 ± 5.84 cC	35.20 ± 2.14 dC
2023	NE-C-A30%N	97.82 ± 1.15	一类	108.13 ± 9.19 aAB	40.15 ± 1.56 bA
2023	NE-B	98.58 ± 0.49	一类	100.70 ± 4.43 bBC	37.88 ± 1.68 cB
2023	NE-B-A30%N	98.96 ± 1.08	一类	100.25 ± 4.20 bcBC	40.99 ± 1.83 abA
2023	NE-C-Hu	98.77 ± 1.00	一类	100.63 ± 6.12 bcBC	36.06 ± 1.33 dBC
2023	CK	98.77 ± 0.71	三类	33.63 ± 4.10 dD	30.13 ± 1.33 eD

注：2022 年和 2023 年分开进行差异显著性分析，下同。

2.2 不同处理对马铃薯产量的影响

2022 年和 2023 年试验开展的产量情况表明，不同处理对产量结果具有极显著性($P<0.01$)(表 3)影响。

2022 年施肥处理中 NE-B 和 NE-C-Hu 处理同 FP 处于同一产量水平，其余处理产量较 FP 极显著降低($P<0.01$)，减产幅度为 8.81% ~ 20.99%。

2023 年，施肥处理中 NE-C、NE-C-Hu 和 NE-C-A30%N 同 FP 处于同一产量水平，其余施肥处理产量较 FP 显著降低($P<0.05$)，减产幅度为 4.46% ~ 8.72%。两年施肥处理对商品薯率的影响均没达到显著水平。

基于马铃薯养分专家系统的优化施肥处理产量指标逐步赶超农民习惯施肥，呈增产趋势。

表 3 不同处理马铃薯产量性状

年份	处理	块茎产量(t/hm²)	较 FP ±(%)	位次	商品薯率(%)
2022	FP	33.77 ± 0.65 aA	−	2	79.40 ± 1.38
2022	NE-C	28.70 ± 1.34 cdCD	−15.02	6	80.52 ± 1.56
2022	NE-C-E30%N	30.53 ± 0.54 bcBC	−9.59	5	80.95 ± 2.17
2022	NE-C-A30%N	30.79 ± 1.92 bcBC	−8.81	4	80.44 ± 0.63
2022	NE-B	34.38 ± 1.73 aA	1.80	1	80.05 ± 0.97
2022	NE-B-A30%N	26.68 ± 0.29 dD	−20.99	7	79.03 ± 0.52
2022	NE-C-Hu	32.34 ± 1.94 abAB	−4.22	3	80.38 ± 0.73
2022	CK	8.41 ± 1.71 eE	−75.08	8	40.51 ± 1.65
2023	FP	33.90 ± 0.06 abAB	−	3	66.50 ± 4.82
2023	NE-C	34.46 ± 0.70 aA	1.65	1	63.49 ± 5.53
2023	NE-C-E30%N	30.94 ± 0.29 eD	−8.72	7	69.48 ± 4.19
2023	NE-C-A30%N	33.20 ± 1.10 bcABC	−2.06	4	65.93 ± 0.92

年份	处理	块茎产量(t/hm²)	较 FP ± (%)	位次	商品薯率(%)
2023	NE-B	32.39 ± 0.77 cdBCD	-4.46	5	69.26 ± 1.94
2023	NE-B-A30%N	31.81 ± 0.73 deCD	-6.16	6	70.76 ± 4.02
2023	NE-C-Hu	34.02 ± 0.67 abA	0.34	2	70.17 ± 4.07
2023	CK	16.03 ± 0.29 fE	-52.71	8	47.50 ± 5.57

2.3 不同处理对施肥效果的影响

不同处理之间肥料农学利用率、偏生产力、贡献率、施肥效益和产投比的差异达到极显著水平($P<0.01$)(表4)。

2022 年，各处理的肥料农学效率为 27.60~62.38 kg/kg，同 FP 相比各肥料的农学利用率极显著降低($P<0.01$)；各处理的肥料偏生产力为 40.32~83.08 kg/kg，同 FP 相比各肥料的肥料偏生产力极显著降低($P<0.01$)；各处理的肥料贡献率为 68.46%~75.48%，其中 NE-B 和 NE-C-Hu 同 FP 处于同一贡献水平，其余处理肥料贡献率明显偏低($P<0.05$)。各施肥处理的施肥效益为 40 233.28~59 614.61 元/hm²，其中 NE-B 和 NE-C-Hu 同 FP 处于同一效益水平；施肥产投比为 14.88~26.09，FP 的产投比极显著高于其他处理($P<0.01$)。

2023 年，各处理的肥料农学效率为 23.84~43.96 kg/kg，同 FP 相比各肥料的农学利用率极显著降低($P<0.01$)；各处理的肥料偏生产力为 48.07~83.4 kg/kg，同 FP 相比各肥料的肥料偏生产力极显著降低($P<0.01$)；各处理的肥料贡献率为 48.19%~53.46%，其中 NE-C、NE-C-A30%N 和 NE-C-Hu 同 FP 处于同一贡献水平，其余处理肥料贡献率明显偏低($P<0.05$)。各施肥处理的施肥效益为 51 372.60~59 809.87 元/hm²，其中 NE-C 和 NE-C-Hu 同 FP 处于同一效益水平；施肥产投比为 15.56~26.23，FP 的产投比极显著高于其他处理($P<0.01$)。

基于马铃薯养分专家系统的优化施肥处理施肥效益逐渐趋近农民习惯施肥，其中 NE-C-Hu 连续两年同农民习惯施肥处于同一水平。

表 4 不同处理马铃薯施肥效果

年份	处理	肥料农学利用率 (kg/kg)	肥料偏生产力 (kg/kg)	肥料贡献率 (%)	施肥效益 (元/hm²)	产投比
2022	FP	62.38 aA	83.08 aA	75.08 aAB	58 528.40 aA	26.09 aA
2022	NE-C	42.26 dD	59.79 dD	70.63 cCD	45 978.17 cCD	18.03 dD
2022	NE-C-E30%N	46.08 cdCD	63.60 cdCD	72.43 bcBC	50 379.23 bcBC	19.66 cdCD
2022	NE-C-A30%N	33.81 eE	46.53 eE	72.60 bcABC	50 100.04 bcBC	14.88 eE
2022	NE-B	54.09 bB	71.62 bB	75.48 aA	59 614.61 aA	23.79 bB
2022	NE-B-A30%N	27.60 fE	40.32 fE	68.46 dD	40 233.28 dD	12.15 fF

年份	处理	肥料农学利用率（kg/kg）	肥料偏生产力（kg/kg）	肥料贡献率（%）	施肥效益（元/hm²）	产投比
2022	NE-C-Hu	49.85 bcBC	67.38 bcBC	73.92 abAB	54 728.98 abAB	21.27 bcBC
2023	FP	43.96 aA	83.40 aA	52.71 abAB	58 837.67 aA	26.23 aA
2023	NE-C	38.39 bB	71.70 bB	53.46 aA	59 809.87 aA	23.15 bB
2023	NE-C-E30%N	31.07 dD	70.80 bB	48.19 eD	51 372.60 dD	22.76 bB
2023	NE-C-A30%N	25.94 eE	50.17 eE	51.68 bcABC	55 879.28 bABC	21.31 cC
2023	NE-B	34.07 cC	67.47 cC	50.48 cdBCD	54 835.88 bcBCD	20.03 dD
2023	NE-B-A30%N	23.84 fE	48.07 fE	49.59 deCD	52 547.13 cdCD	16.48 eE
2023	NE-C-Hu	37.46 bB	70.86 bB	52.85 abAB	58 740.96 aAB	15.56 fE

2.4 不同处理对土壤的影响

2023 年土壤监测结果表明，不同处理之间土壤铵态氮、硝态氮、速效钾和速效磷的差异达到极显著水平（$P<0.01$）（表 5）。各处理的土壤铵态氮含量为 2.94~9.41 mg/kg，除 NE-C 和 NE-B 外，各处理土壤氨态氮含量极显著高于农民习惯施肥，这可能是由于增施有机肥或施用腐殖酸螯合肥有效促进了土壤氨态氮的积累和形成。各处理的硝态氮含量为 5.87~12.62 mg/kg，其中 NE-B、NE-B-A30%N 和 NE-C-Hu 的土壤硝态氮含量高于 FP 处理；各处理的速效钾含量为 253.89~455.07 mg/kg，专家推荐施肥及腐殖酸螯合肥的土壤速效钾含量均显著高于 FP；各处理的速效磷含量为 20.50~34.27 mg/kg，其中 NE-B 和 NE-C 的土壤速效磷含量显著高于农民常规施肥。在各个肥料组合中，NE-C-A30%N、NE-B、NE-B-A30%N 和 NE-C-Hu 对土壤培肥的效果较好，能够有效增加土壤有效养分的含量，为后茬作物生长提供更多的营养物质。

表 5 不同处理的土壤理化性质

处理	NH₄-N(mg/kg)	NO₃-N(mg/kg)	速效钾(mg/kg)	速效磷(mg/kg)
FP	5.11 dD	7.54 cC	253.89 dD	24.46 cdBCD
NE-C	2.94 fF	6.53 dD	339.28 cBC	28.38 bB
NE-C-E30%N	7.22 bB	5.87 eE	337.78 cBC	20.50 eD
NE-C-A30%N	9.41 aA	7.49 cC	437.15 abA	26.82 bcB
NE-B	4.30 eE	8.45 bB	393.21 bAB	34.27 aA
NE-B-A30%N	6.10 cC	12.62 aA	455.07 aA	25.33 bcBC
NE-C-Hu	7.26 bB	8.59 bB	401.92 bA	26.44 bcB

3 小 结

不同处理对马铃薯长势、产量和土壤养分情况有显著（$P<0.05$）影响，基于马铃薯养

分专家系统的优化施肥处理施肥的长势、产量水平、施肥效益等逐步趋近于农民习惯施肥且呈增长趋势。在各个肥料组合中，NE-C-A30%N、NE-B、NE-B-A30%N 和 NE-C-Hu对土壤培肥的效果较好，能够有效增加土壤有效养分含量，为后茬作物生长提供更多的营养物质。

[参 考 文 献]

[1] 李求文, 骆俊婷, 尹鑫, 等. 以模式和品牌创新　促马铃薯高质量发展 [C]//中国作物学会马铃薯专业委员会. 马铃薯产业与种业创新. 哈尔滨: 黑龙江科学技术出版社, 2023.

[2] 王西亚, 盛寅生, 何萍, 等. 我国马铃薯施肥现状与减肥潜力 [J]. 植物营养与肥料学报, 2023, 29(11): 2 059-2 070.

[3] 宁琳懿睿, 仇少君, 徐新朋, 等. 基于产量反应和农学效率的马铃薯智能化推荐施肥 [J]. 植物营养与肥料学报, 2023, 29(12): 2 272-2 281.

[4] 刘双全, 姬景红, 刘颖, 等. 养分专家系统推荐施肥对黑龙江省马铃薯产量及肥料回收率的影响 [J]. 黑龙江农业科学, 2020(7): 55-59.

[5] 梁俊梅, 张君, 安昊, 等. 养分专家系统推荐施肥对马铃薯产量及肥料利用率的影响 [J]. 作物杂志, 2019(4): 133-138.

[6] 高意帆, 陈银银, 温涛, 等. 微生物菌肥拌种对大豆花生增产效应的影响 [J]. 核农学报, 2024, 38(5): 955-967.

[7] 侯栋, 李亚莉, 岳宏忠, 等. 微生物菌肥替代部分化肥对花椰菜产量、品质及土壤微生物的影响 [J/OL]. 浙江农业学报: 1-12[2024-04-17]. https://link. cnki. net/urlid/33. 1151. s. 20240226. 1340. 014.

[8] 陈银根, 章文斌, 白晓静, 等. 微生物菌肥及土壤调理剂对连作黄瓜生长、品质及产量的影响 [J]. 长江蔬菜, 2023(20): 69-72.

[9] 李小玲, 周武先, 蒋小刚, 等. 微生物菌肥对川党参连作障碍及紫纹羽病的防控效果 [J]. 中国农业科技导报, 2023, 25(3): 119-131.

[10] 乔丙颖, 胥婷婷, 张洋, 等. 不同有机替代比例对青稞产量、养分利用和土壤性质的影响 [J/OL]. 农业资源与环境学报: 1-15[2024-03-08]. https://doi. org/10. 13254/j. jare. 2023. 0515.

[11] 唐奇志, 汪帆, 时金泽, 等. 有机肥部分替代氮肥的盐碱土壤改良与水稻增产效应研究 [J]. 土壤, 2024, 56(1): 97-102.

[12] 石子建, 唐鹏, 许竹溦, 等. 化肥减量配施有机肥对鲜食玉米产量品质和土壤理化性质的影响 [J]. 江苏农业科学, 2024, 52(5): 77-82.

[13] 张乐妍, 陈春兰, 王逗, 等. 化肥有机肥配施比例对油菜根际土壤利用光合同化碳微生物的影响 [J]. 植物营养与肥料学报, 2024, 30(2): 221-231.

[14] 陆问, 徐文娴, 苏天燕, 等. 不同比例有机肥替代化学氮肥对海南橡胶林土壤养分和酶活性的影响 [J/OL]. 热带生物学报: 1-18[2024-03-28]. https://link. cnki. net/urlid/46. 1078. S. 20240328. 1354. 005.

[15] 廖广丞, 陈晓萍, 余烨颖, 等. 磷肥减量与有机替代对露地辣椒产量品质及土壤肥力的影响 [J]. 农业环境科学学报, 2024, 43(3): 617-626.

[16] 陈凯威, 张仕彬, 徐凯, 等. 不同有机肥替代化肥比对井冈蜜橘品质和土壤养分及酶活性的影响 [J]. 中国土壤与肥料, 2023(12): 97-106.

[17] 陈云梅, 赵欢, 肖厚军, 等. 化肥氮减量配施生物炭和菜籽饼对玉米-白菜养分吸收、氮素利用及产量的影响 [J]. 中国土壤与肥料, 2022(6): 115-122.

[18] 罗雪梅, 陈明媛, 王宁宁, 等. 减氮及有机替代对新疆棉田土壤氮素有效性和利用效率的影响 [J]. 植物营养与肥料学报, 2024, 30(2): 289-306.

化肥减量增效工作实施效果评价

——以乌兰察布市马铃薯为例

今　芝[1]，王迎男[2]，逯海林[3]，魏　静[1]，薛　丹[1]，赵海荣[1]，梁　宏[1*]

(1. 乌兰察布市农牧业生态资源保护中心，内蒙古　乌兰察布　012000；
2. 通辽市生态保护和修复重大项目推进中心，内蒙古　通辽　028000；
3. 商都县科学技术事业发展中心，内蒙古　商都　013450)

摘　要：为了客观评价化肥减量增效工作在乌兰察布市水浇地马铃薯上的实施效果，对 2016 和 2022 年喷灌、滴灌等节水种植模式马铃薯施肥情况进行调查研究，分析比较两个年度施肥量及施肥结构等情况。2016 年水浇地马铃薯化肥总施用量平均为 768.7 kg/hm², 2022 年为 686.1 kg/hm²，化肥施用量减少 82.6 kg/hm²，减幅 10.7%，其中氮肥施用量减少幅度最大，磷肥次之，钾肥施用量无明显变化；2022 年施用有机肥农户占 43.6%，较 2016 年提高 23.3 个百分点，有机肥施用量提高 2.1 t/hm²。在乌兰察布市水浇地马铃薯上继续深化精准施肥技术，加强磷肥和钾肥养分管理，是马铃薯生产进一步减少化肥用量的关键。

关键词：化肥减量；乌兰察布；马铃薯；施肥量

乌兰察布市位于内蒙古自治区中部，阴山山脉贯穿其中，属典型的干旱半干旱气候，平均海拔 1 000 m 以上，气候冷凉、光照充足、土壤砂质，降雨集中，非常适合马铃薯生长。乌兰察布市自 2006 年起大力发展马铃薯产业，到 2010 年时种植面积达到 26.68 万 hm²[1]，占全市播种面积的 40% 左右，对保障粮食安全、促进产业发展、助力农民脱贫致富起到了重要作用。近年来，随着集约化、合作化、规模化种植的发展，种植户为了追求产量和效益，化肥施用量逐年增加，存在过量施肥和施肥结构不合理问题[2-4]，造成生产成本增加和土壤环境污染风险，影响马铃薯产业健康可持续发展。乌兰察布市依托化肥减量增效工作，针对马铃薯施肥存在的问题，采取不同的减肥增效技术措施[5]，不断优化水浇地马铃薯化肥施用量和施肥结构，成效明显。本研究对 2016 年和 2022 年水浇地马铃薯施肥情况进行统计分析，客观评价马铃薯施肥现状和化肥减量增效工作实施效果，以期为马铃薯科学施肥和产业健康发展提供理论支持和数据支撑。

1　材料与方法

1.1　马铃薯施肥调查方法与内容

本试验在 2016 年和 2022 年水浇地马铃薯肥料施用量基础上进行总结，共调查种植户

作者简介：今芝(1988—)，女，农艺师，主要从事土壤肥料和农业技术推广工作。
基金项目：内蒙古自治区耕地保护与质量提升补助资金(内财农[2022]544 号)。
*通信作者：梁宏，推广研究员，主要从事化肥减量增效技术推广工作，e-mail：lianghong@126.com。

442 户，其中 2016 年调查 248 户，面积 5 566 hm²，2022 年调查 194 户，面积 4 738 hm²。本试验采取入户调查方式，详细了解地块信息、种植情况、产量水平、肥料种类、施肥数量、施肥次数等情况；调查户覆盖了种植企业、合作社、新型种植大户、小规模散户等经营主体，种植模式为喷灌、膜下滴灌、高垄滴灌、浅埋滴灌等节水种植模式，能够代表全市马铃薯施肥水平。

1.2 最佳施肥量计算

根据近年来内蒙古自治区阴山地区马铃薯高产管理化肥施用量相关文献报道[6-10]，结合乌兰察布市化肥减量增效工作取得的试验数据，确定了水浇地马铃薯最佳施用量，氮肥施用量为 120.0 ~ 300.0 kg/hm²，磷肥施用量为 105.0 ~ 225.0 kg/hm²，钾肥施用量为 150.0 ~ 330.0 kg/hm²。

1.3 计算方法

本试验只对施用有机肥农户数量和施用量进行统计，农家肥有效养分含量无法准确计算，故不计算其养分含量。化肥养分含量按照包装袋上标注含量或咨询当地肥料经销商情况来计算。

2 结果与分析

2.1 不同年度水浇地马铃薯化肥施用量

两个年度之间氮肥施用量差距明显（表 1），2016 年平均施用量 276.0 kg/hm²，2022 年氮肥平均施用量 206.6 kg/hm²，氮肥施用量减少 69.4 kg/hm²，减幅 25.1%。2022 年磷肥平均施用量较 2016 年有所减少，减少 12.6 kg/hm²，减幅 6.0%；两个年度之间钾肥施用量差距不大。2016 年水浇地马铃薯化肥总施用量平均为 768.7 kg/hm²，2022 年为 686.1 kg/hm²，化肥施用量减少 82.6 kg/hm²，减幅 10.7%。总体来看，马铃薯氮肥施用量减少幅度最大，磷肥次之，钾肥用量无明显变化。

表 1 不同年度水浇地马铃薯化肥施用量

年	氮肥(N)(kg/hm²)		磷肥(P₂O₅)(kg/hm²)		钾肥(K₂O)(kg/hm²)		总养分(kg/hm²)	
	施肥区间	平均	施肥区间	平均	施肥区间	平均	施肥区间	平均
2016	0 ~ 888.0	276.0	0 ~ 867.0	211.3	0 ~ 945.0	281.4	118.0 ~ 2 050.9	768.7
2022	40.5 ~ 547.5	206.6	0 ~ 534.5	198.7	0 ~ 712.5	280.7	144.0 ~ 1 404.0	686.1

2.2 不同年度水浇地马铃薯氮磷钾肥施用量

不同年度水浇地马铃薯氮肥施用量见图 1。2016 年氮肥施用量主要集中在 150 ~ 450 kg/hm²，占调查户数的 58.1%；氮肥施用量小于 150 kg/hm² 和大于 450 kg/hm² 的分别占 22.0%、19.9%。2022 年氮肥施用量主要集中在 150 ~ 300 kg/hm²，占调查户数的 62.3%；氮肥施用量大于 300 kg/hm² 所占比例较 2016 年减少 32.3 个百分点。

不同年度水浇地马铃薯磷肥施用量见图 2。2016 年磷肥施用量主要集中在 180 ~ 300 kg/hm² 和大于 300 kg/hm²，占调查户数的 71.1%；磷肥施用量 105 ~ 180 kg/hm² 和小于 105 kg/hm² 的分别占调查户数的 18.4%、10.5%。2022 年磷肥施用量主要集中在 105~180 kg/hm² 和 180~300 kg/hm²，占调查户数的 79.2%；磷肥施用量大于 300 kg/hm² 所占比例较 2016 年减少 34.9 个百分点。

不同年度水浇地马铃薯钾肥施用量见图 3。2016 年水浇地马铃薯钾肥施用量主要集中在小于 150 kg/hm² 和 150~300 kg/hm²，占调查户数的 63.5%；钾肥施用量大于 450 kg/hm² 和 300~450 kg/hm² 分别占调查户数的 18.8%、17.7%。2022 年水浇地马铃薯钾肥施用量主要集中在 150~300 kg/hm² 和 300~450 kg/hm²，占调查户数的 67.5%；钾肥施肥量小于 150 kg/hm² 和大于 450 kg/hm² 分别占调查户数的 18.2%、14.3%。

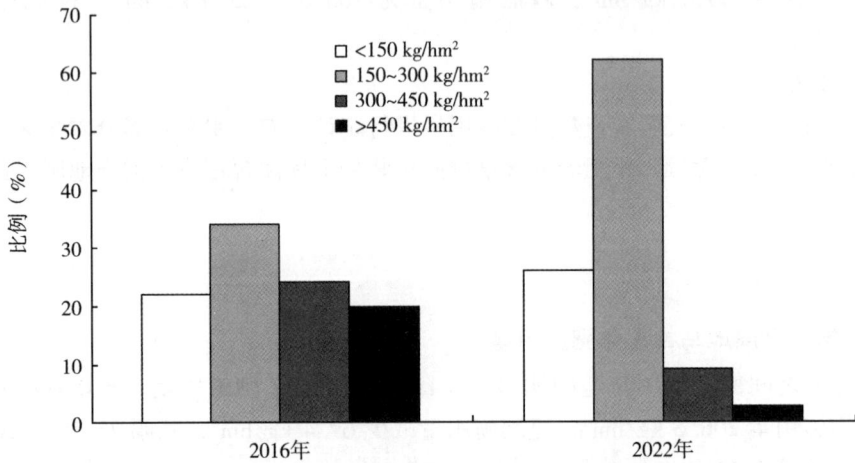

图 1　不同年度水浇地马铃薯氮肥施用量

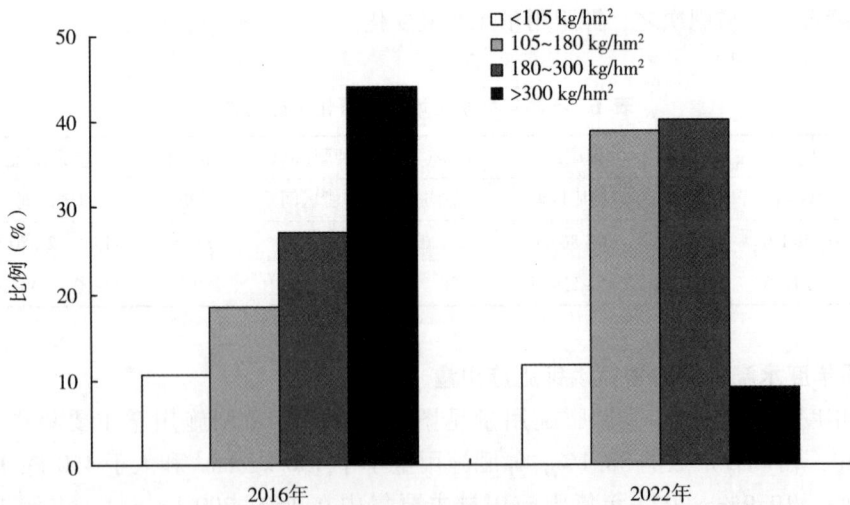

图 2　不同年度水浇地马铃薯磷肥施用量

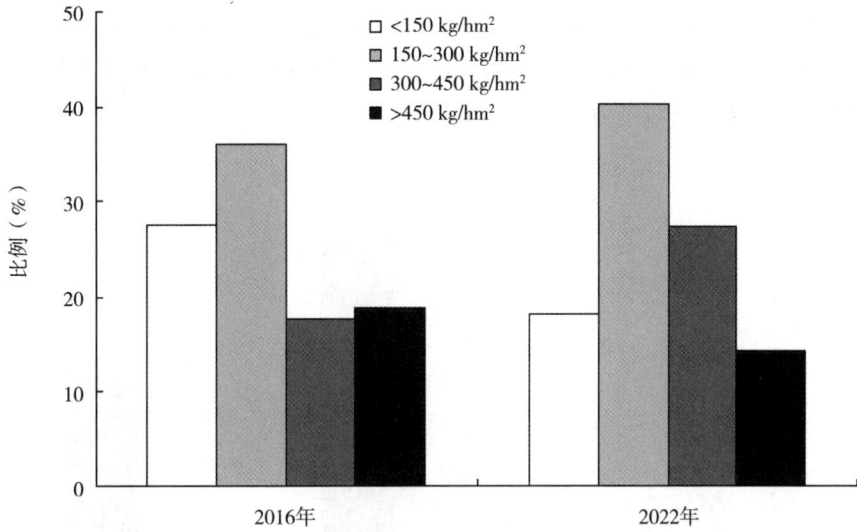

图3 不同年度水浇地马铃薯钾肥施用量

2.3 不同年度水浇地马铃薯氮磷钾肥施用量分布比例

根据最佳施肥量将马铃薯化肥施用量分为3个级别：偏低、合适、偏高，分析统计各级别所占比例(图4~图6)。

2016年和2022年水浇地马铃薯氮肥施用量偏低分别占调查户数的15.2%、14.3%，两个年度之间差距不大；2022年氮肥施用量在合适范围的所占比例最大，为79.0%，较2016年提高38.2个百分点；2022年氮肥施用量偏高所占比例由2016年的44.0%降低到6.7%，降低37.3个百分点；说明化肥减量增效技术措施应用效果明显，氮肥施用量趋于合理(图4)。

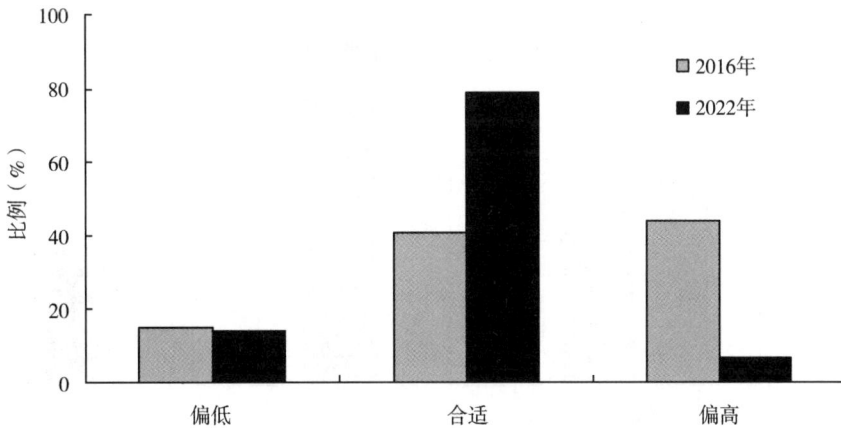

图4 不同年度水浇地马铃薯氮肥施肥量分布比例

磷肥施用量偏低所占比例由 2016 年的 19.1%降低到 2022 年的 10.4%，降低 8.7 个百分点；2022 年磷肥施用量在合适范围的占 53.3%，较 2016 年提高 9.6 个百分点；2016 年和 2022 年磷肥施用量偏高分别占 37.2%、36.4%，说明磷肥过量施肥现象长期存在，是下一步马铃薯化肥减量增效重点需要解决的问题(图 5)。

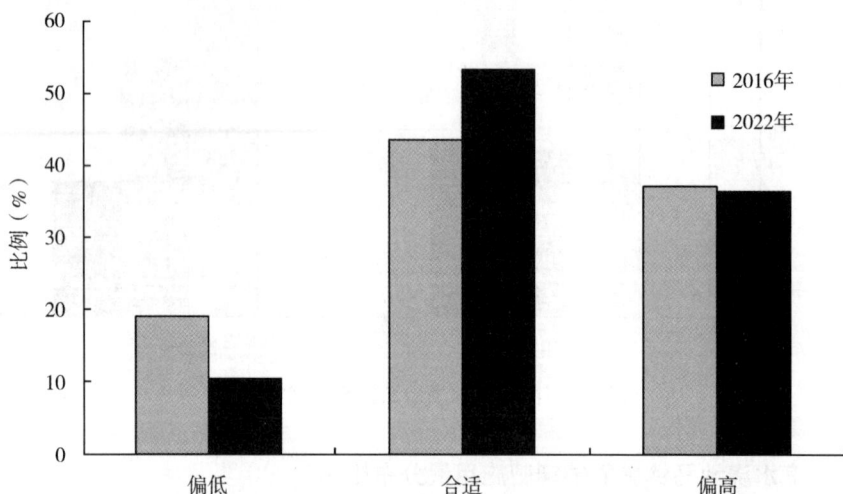

图 5 不同年度水浇地马铃薯磷肥施肥量分布比例

2016 年和 2022 年钾肥施用量在合适范围所占比例最高，分别占调查户数的 40.1%、51.4%，2022 年较 2016 年提高 11.3 个百分点；两个年度分别有 30.7%和 27.1%的农户钾肥施用量偏低，两个年度分别有 29.2%和 21.4%的农户存在钾肥施用量偏高。在乌兰察布市马铃薯生产中钾肥不足和钾肥过量同时存在，通过几年来化肥减量增效技术措施应用，钾肥施用量偏高农户所占比例减少了 7.8 个百分点(图 6)。

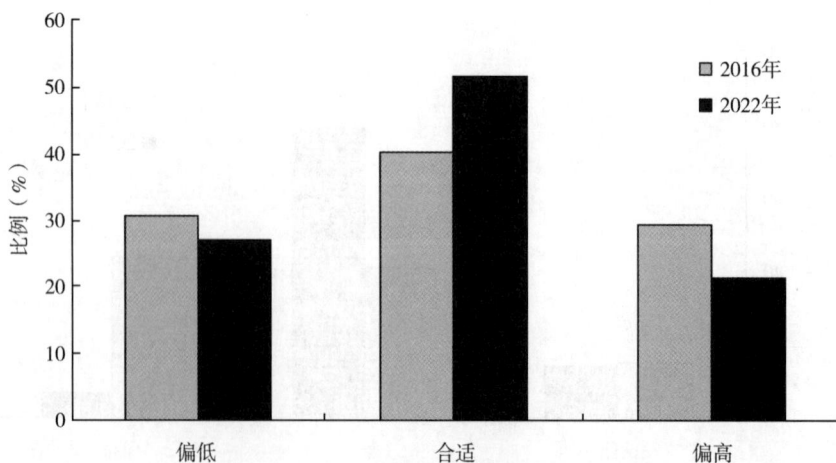

图 6 不同年度水浇地马铃薯钾肥施肥量分布比例

2.4 不同年度水浇地马铃薯氮磷钾肥基追比例

对不同年度水浇地马铃薯氮磷钾肥基肥和追肥用量进行了统计(表2)，2016年氮肥基追比为0.62∶0.38，磷肥基追比为0.95∶0.05，钾肥基追比为0.61∶0.39，农户普遍存在重基肥、轻追肥的现状。通过化肥减量增效技术措施应用，根据马铃薯需肥特点，采用前氮后移、磷肥分次、钾肥调控措施，不断优化施肥结构，到2022年氮肥基追比为0.55∶0.45，磷肥基追比为0.84∶0.16，钾肥基追比为0.53∶0.47，逐步改变了农户传统的施肥模式。

表2　不同年度水浇地马铃薯氮磷钾肥基追肥施用量

年	氮肥(N)(kg/hm²)			磷肥(P₂O₅)(kg/hm²)			钾肥(K₂O)(kg/hm²)		
	基肥	追肥	基追比	基肥	追肥	基追比	基肥	追肥	基追比
2016	171.8	104.2	0.62∶0.38	201.5	9.8	0.95∶0.05	170.4	111.0	0.61∶0.39
2022	113.2	93.4	0.55∶0.45	166.1	32.6	0.84∶0.16	149.1	131.6	0.53∶0.47

2.5 不同年度水浇地马铃薯有机肥施用情况

2016年在水浇地马铃薯上施用有机肥的农户仅占调查户数的20.3%，有机肥施用量为24.5 t/hm²，不施用有机肥户数占79.7%，主要原因是大部分种植户是承包种植，而有机肥投入成本较高，增加生产成本，影响经济效益(表3)。通过示范带动，将马铃薯增施有机肥作为化肥减量增效重要技术措施加以推广应用，施用有机肥种植户数量明显提高，到2022年施用有机肥的农户占调查户数的43.6%，较2016年提高23.3个百分点，有机肥施用量为26.6 t/hm²，较2016年提高2.1 t/hm²。

表3　不同年度水浇地马铃薯有机肥施用情况

年	施肥户数比例 (%)	有机肥施用量 (t/hm²)	不施肥户数比例 (%)
2016	20.3	24.5	79.7
2022	43.6	26.6	56.4

3　讨　论

在乌兰察布市水浇地马铃薯上，2016与2020年化肥施用量差距较大，2022年较2016年化肥平均施用量减少82.6 kg/hm²，减幅10.7%，其中氮肥施用量减少幅度最大，磷肥次之，钾肥施用量无明显变化。

在氮素养分管理上，2016与2020年氮肥施用量差异较大，2022年较2016年减少69.4 kg/hm²，减幅25.1%；2022年氮肥施用量在合适范围的占79.0%，较2016年提高38.2个百分点，氮肥施用量偏高的仅占6.7%，较2016年降低37.3个百分点，氮肥基追比由2016年的0.62∶0.38调整到2022年的0.55∶0.45。说明通过化肥减量增效技术措施应用，氮肥施用量趋于合理，过量施肥现象显著减少，有效减少了氮肥基肥用量，改变了传统的重基肥轻追肥施肥习惯，在氮肥养分管理上取得显著成效。

在磷素养分管理上，2016 与 2020 年磷肥施用量差异较小，2022 年较 2016 年减少 12.6 kg/hm²，减幅 6.0%；2022 年磷肥施用量在合适范围的占 53.3%，较 2016 年提高 9.6 个百分点，而两个年度磷肥施用量偏高分别占 37.2%、36.4%。说明普遍存在磷肥过量施肥现象；马铃薯生产上长期存在磷肥施肥结构不合理问题，2016 年时磷肥基追比为 0.95∶0.05，磷肥主要以基肥形式施用，通过减肥增效技术措施应用，2022 年时磷肥基追比为 0.84∶0.16，施肥结构有所改善，但与马铃薯磷肥需肥规律[11]相差较大，磷肥利用率较低。因此，加强磷素养分管理是水浇地马铃薯生产进一步提高肥料利用率、降低施肥成本、减轻土壤环境压力的关键环节，是马铃薯生产上进一步减少化肥用量亟待解决的问题。

在钾素养分管理上，2016 与 2020 年钾肥施用量无差距；2022 年钾肥施用量在合适范围占 51.4%，较 2016 年提高 11.3 个百分点。在乌兰察布市马铃薯生产上钾肥不足和钾肥过量同时存在，通过减肥增效技术措施应用，钾肥施肥结构有所改善，钾肥基追比由 2016 年的 0.61∶0.39 到 2022 年的 0.53∶0.47，钾肥过量施肥比例较 2016 年减少了 7.8 个百分点。因此，水浇地马铃薯生产上需进一步加强钾肥管理，对钾肥施肥不足和过量地块进行科学施肥技术指导，深化精准施肥技术，不断优化施肥结构。

研究表明[12,13]马铃薯生产上增施有机肥可减少化肥用量，提高产量、提升品质，起到提高土壤生物活性和根系活力，培肥地力的作用。通过化肥减量增效项目带动，农户施用有机肥意识明显提高，2022 年施用有机肥农户占 43.6%，较 2016 年提高 23.3 个百分点，有机肥施用量提高 2.1 t/hm²。

综合来看，乌兰察布市通过化肥减量增效技术措施应用，在马铃薯养分管理上取得显著成效，氮磷钾肥投入比例为 1∶0.96∶1.36，基本符合马铃薯养分需求。下一步还需加强对磷肥和钾肥管理，减少磷肥用量，适当提高钾肥用量，同时根据马铃薯养分需求规律结合高效节水农业、水肥一体化技术等调整基追比例，减少基肥比例，增加追肥比例，逐步将马铃薯氮磷钾肥基追比例调整为 0.4∶0.6；适当增加有机肥施肥比例，提升土壤肥力，提高马铃薯品质。

[参 考 文 献]

[1] 乌兰察布市统计局.乌兰察布市统计年鉴 [M].呼和浩特:内蒙古自治区新闻出版社,2011.

[2] 今芝,胡卫静,梁宏,等.乌兰察布市马铃薯施肥现状研究 [J].北方农业学报,2019,47(1):57-62.

[3] 李瑞,樊明寿,郑海春,等.基于产量水平的内蒙古阴山地区马铃薯施肥评价 [J].中国土壤与肥料,2020(6):181-188.

[4] 秦永林,于静,陈杨,等.内蒙古灌溉马铃薯施肥现状及肥料利用效率 [J].中国蔬菜,2019(11):75-79.

[5] 今芝,胡卫静,辛敏,等.乌兰察布马铃薯减肥增效技术措施研究 [C]//金黎平,吕文河.马铃薯产业与美丽乡村.哈尔滨:黑龙江科学技术出版社,2020.

[6] 沈若川,丁文成,高强,等.基于养分专家系统推荐施肥的北方马铃薯适宜氮肥用量研究 [J].植物营养与肥料学报,

2022, 28(5): 880-893.

[7] 梁俊梅, 张君, 安昊, 等.基于养分专家系统的马铃薯推荐施肥效应 [J].中国土壤与肥料, 2020(1): 107-112.

[8] 段玉, 张君, 张三粉, 等.内蒙古马铃薯施肥效应特征参数与施肥推荐 [J].中国马铃薯, 2019, 33(2): 89-100.

[9] 邢海峰, 石晓华, 杨海鹰, 等.磷肥分次滴灌施用提高马铃薯群体磷素吸收及磷利用率的作用 [J].植物营养与肥料学报, 2015, 21(4): 987-992.

[10] 于静, 陈杨, 樊明寿.马铃薯氮素营养特征及氮肥管理 [J].中国马铃薯, 2021, 35(2): 183-190.

[11] 高聚林, 刘克礼, 张宝林, 等.马铃薯磷素的吸收、积累和分配规律 [J].中国马铃薯, 2003, 17(4): 199-203.

[12] 杜宏辉, 贾志刚, 杨涛.化肥减量及配施生物有机肥对马铃薯产量、矿质元素含量及土壤肥力的影响 [J].中国瓜菜, 2023, 36(9): 66-74.

[13] 邱小丽, 周洋子, 董莉, 等.生物有机肥对马铃薯根际土壤生物活性及根系活力的影响 [J].干旱地区农业研究, 2019, 37(3): 162-169.

水肥一体化施用磷肥对马铃薯产量和
磷肥利用率的影响

今 芝*，赵海荣，胡卫静，吕月清，祝 乐，辛 敏，薛 丹

(乌兰察布市农牧业生态资源保护中心，内蒙古 乌兰察布 012000)

摘 要：试验设置无磷区(CK)、农户常规施肥(P1)、磷肥基施50%追施50%(P2)、磷肥基施30%追施70%(P3)4个处理，分析比较马铃薯产量、生物量、吸磷量、磷肥利用效率等指标，以期为阴山北麓地区马铃薯磷肥的科学施用提供理论支撑。施用磷肥能够增加马铃薯单株薯数、单株薯重及商品率，P3处理显著高于CK处理($P<0.05$)，3个不同磷肥处理之间无显著差异。施用磷肥可显著提高马铃薯产量，各处理产量表现为P3>P2>P1>CK，P3处理产量最高，为44.48 t/hm²，较其他处理分别提高了3.85%、9.42%、28.18%。施用磷肥可显著提高1 000 kg马铃薯吸磷量和总吸磷量，由高到低依次为P3>P2>P1>CK，P3处理最高，分别为1.94 kg、86.29 kg/hm²；磷肥分次施肥可显著提高磷肥利用效率，其中P3处理磷肥利用率最高，为28.55%，较P2和P1处理分别提高7.72、10.76个百分点。试验表明磷肥按照基肥30%追肥70%，分3次追肥能够有效提高马铃薯产量和磷肥利用效率，农户在农业生产中也容易掌握和操作，推荐在阴山北麓地区推广应用。

关键词：内蒙古；马铃薯；磷肥；磷肥利用率；水肥一体化

阴山北麓地区位于内蒙古自治区中部，气候冷凉、光照充足、雨热同季，是内蒙古自治区马铃薯主产区，常年播种面积稳定在12万 hm²[1]以上，成为了当地农民主要的经济来源；但随着种植规模的增加，马铃薯施肥方面的问题也十分突出。近年来，随着测土配方施肥技术和化肥减量增效工作的深入实施，种植户加强了马铃薯氮钾肥管理，却仍在忽视对磷肥的科学合理高效利用。据统计，阴山北麓地区马铃薯磷肥施用主要以基肥为主，马铃薯磷肥基追比仅为1∶0.04，追施磷肥的种植户仅占调查户数的5%[2]，磷肥利用率不到20%[3]，导致土壤中积累了大量的磷元素，造成磷肥资源浪费和增加环境污染风险，不利于农业面源污染控制和农业可持续发展，如何有效提高磷肥利用率成为亟待解决的问题。本试验探讨了磷肥水肥一体化施用对马铃薯产量和磷肥利用率的影响，以期为阴山北麓地区马铃薯磷肥的科学施用提供理论依据和技术支撑。

1 材料与方法

1.1 试验地概况

试验于2021年在乌兰察布市四子王旗乌兰花镇高油房村进行，位于 N 41°30′41.62″、

作者简介：今芝(1988—)，女，农艺师，主要从事土壤肥料和农业技术推广工作。
基金项目：内蒙古自治区耕地保护与质量提升补助资金(内财农[2021]1242号)。
*通信作者：今芝，e-mail：dulingzhi449@126.com。

E 111°40′5.29″，无霜期 110 d，生育期(5—9 月)降水量 234 mm。试验地土壤类型为栗钙土，0~20 cm 土壤 pH 值 8.4、有机质 14.6 g/kg、全氮 1.25 g/kg、有效磷 13.7 mg/kg、速效钾 155 mg/kg，容重 1.43 g/cm³，前茬作物为向日葵。

1.2 材料与设计

供试马铃薯品种为"雪川红"脱毒种薯。试验设 4 个处理，处理 1 为农户常规施肥(表示为 P1)；处理 2 为磷肥基施 50%、追施 50%(表示为 P2)；处理 3 为磷肥基施 30%、追施 70%(表示为 P3)；处理 4 为无磷区(不施用磷肥，表示为 CK)，各处理施肥情况见表 1。试验地于 5 月 6 日播种、6 月 10 日出苗、6 月 18 日中耕、9 月 7 日测产。马铃薯生育期施氮量 225 kg/hm²、施磷量 135 kg/hm²、施钾量 300 kg/hm²，除磷肥施肥时期不同外，各处理氮肥、钾肥施肥量和施肥时期相同。氮肥基肥用尿素(N 46%)、追肥用尿素硝酸铵(N 32%)溶液，磷肥基肥用重过磷酸钙(P_2O_5 43%)、追肥用水溶性磷酸一铵(N 12%、P_2O_5 61%)，钾肥用硫酸钾(K_2O ≥52.0%)。采用随机区组试验设计，每个小区面积 144 m²(20 m×7.2 m)，每个处理 3 次重复。试验采用高垄浅埋滴灌种植模式，行距 90 cm、株距 20 cm，种植密度 5.55 万株/hm²，除施肥量外各处理田间管理措施一致。

表 1 各处理磷肥施用量及施用时期

处理	基肥用量 (kg/hm²)	追肥用量 (kg/hm²)		
		第一次 (22/06)	第二次 (17/07)	第三次 (10/08)
P1	135	0	0	0
P2	67.5	13.5	27.0	27.0
P3	40.5	27.0	40.5	27.0
CK	0	0	0	0

1.3 测定内容

在马铃薯成熟期(9 月 7 日)，每个小区分别取 3 株具有代表性的植株分部位(地上部分和块茎)在烘箱 105 ℃杀青 30 min 后，80 ℃烘干至恒重，称取各部位干重；烘干样品用粉碎机研磨粉碎后密封保存，用于测定养分含量。全磷含量采用浓硫酸-过氧化氢消煮，钒钼酸铵比色法[4]测定。

测产时，每个重复随机选取 3.33 m²(0.9 m×3.7 m)样方测定植株生物量、产量及块茎商品属性，折合成公顷产量。

按照张国桥等[5]的方法，计算磷肥偏生产力、磷肥农学利用率、磷肥吸收利用率，计算公式为：

磷肥偏生产力(kg/kg)= 施磷区块茎产量/施磷量

磷肥农学利用效率(kg/kg)= (施磷区块茎产量−无磷区块茎产量)/施磷量

磷肥利用率(%)= [施磷区(地上部+块茎)吸磷量−无磷区(地上部+块茎)吸磷量]/施磷量×100

磷肥生理利用率(kg/kg)=(施磷区产量-无磷区产量)/(施磷区植株总吸磷量-无磷区植株总吸磷量)

1.4 数据处理

试验数据采用 SPSS 24.0 软件和 Excel 2003 软件进行统计分析。

2 结果与分析

2.1 水肥一体化施用磷肥对马铃薯产量和商品性状的影响

施用磷肥能够增加马铃薯单株薯数、单株薯重及商品率(表2),P3 处理显著高于 CK 处理($P<0.05$),3 个不同磷肥处理 P1、P2、P3 之间无显著差异。施用磷肥可显著提高马铃薯产量,各处理产量由高到低依次为 P3>P2>P1>CK,P3 处理显著高于其他处理($P<0.05$),P3 处理较 P2、P1 和 CK 处理分别提高 3.85%、9.42%、28.18%。综合来看,P3 处理施肥模式在马铃薯单株薯重、产量、商品率方面都优于其他处理。

表2　水肥一体化施用磷肥对马铃薯产量和商品性状的影响

处理	单株薯数(个)	单株薯重(kg)	产量(t/hm²)	商品率(%)
P1	8.33 a	1.47 ab	40.65 c	83.69 ab
P2	8.67 a	1.53 ab	42.83 b	85.14 ab
P3	8.67 a	1.76 a	44.48 a	86.53 a
CK	6.33 b	1.33 b	34.70 d	79.01 b

注:同列不同小写字母表示不同处理在 0.05%水平差异显著,下同。

2.2 水肥一体化施用磷肥对马铃薯生物量和吸磷量的影响

施用磷肥能够显著增加马铃薯块茎生物量和茎叶生物量($P<0.05$),块茎生物量和茎叶生物量由高到低依次为 P3>P2>P1>CK,块茎和茎叶当中的 P 含量无明显变化规律。各处理总吸磷量显著高于 CK 处理($P<0.05$),总吸磷量由高到低依次为 P3>P2>P1>CK,在施磷处理中 P3 较 P2 和 P1 分别提高 13.27%、20.20%。各处理 1 000 kg 马铃薯吸磷量 1.38~1.94 kg,P3 处理最高为 1.94 kg,分别比 P2、P1 和 CK 增加 8.99%、9.60%、40.58%(表3)。

表3　水肥一体化施用磷肥对马铃薯生物量和吸磷量的影响

处理	块茎 生物量(t/hm²)	块茎 P 含量(g/kg)	茎叶 生物量(t/hm²)	茎叶 P 含量(g/kg)	总吸磷量(kg/hm²)	1 000 kg 马铃薯吸磷量(kg)
P1	7.59 b	7.01 b	2.96 b	6.28 a	71.80 b	1.77 b
P2	8.57 ab	6.67 b	3.54 a	5.38 ab	76.21 b	1.78 b
P3	9.04 a	7.74 a	3.55 a	4.59 b	86.29 a	1.94 a
CK	6.25 c	5.65 c	2.76 b	4.60 b	48.01 c	1.38 c

2.3 水肥一体化施用磷肥对马铃薯磷肥利用率的影响

与磷肥一次性施肥 P1 处理相比(表4),磷肥分次施肥 P2 和 P3 处理可显著提高磷肥农学利用效率和偏生产力($P<0.05$),由高到低依次为 P3>P2>P1。P3 处理磷肥利用率显著高于其他处理($P<0.05$),较 P2、P1 分别提高 7.72、10.76 个百分点。P3 处理磷肥农学利用效率较 P2 和 P1 处理分别提高 20.30% 和 64.31%,偏生产力分别提高 3.85% 和 9.42%。可见磷肥按照基肥 30%、追肥 70% 分次施肥能够有效提高磷肥利用效率。

表4 水肥一体化施用磷肥对马铃薯磷肥利用率的影响

处理	利用率(%)	农学利用效率(kg/kg)	生理利用率(kg/kg)	偏生产力(kg/kg)
P1	17.79 b	44.07 c	253.74 a	301.11 b
P2	20.83 b	60.19 b	295.62 a	317.26 a
P3	28.55 a	72.41 a	263.48 a	329.48 a

3 讨 论

磷肥在土壤当中移动性差,施入土壤后很快被土壤颗粒表面吸附或者与某些物质生成难溶的磷酸盐,从而影响磷元素的释放和吸收利用,即使土壤当中的磷含量很高,作物实际可吸收利用的却很低[6,7]。Bertrand 等[8]研究表明,施用固体磷肥后使施肥点 H_2PO_4 浓度高,易与 Ca^{2+} 形成沉淀,磷的沉淀占据主导地位,从而大大减少了磷肥的有效性,水肥不同步是导致磷肥利用率低的直接原因;而磷肥随水分次施肥可有效提高产量及磷肥利用效率,与磷肥基施的处理相比磷肥利用率提高 28.1%~87.0%[9]。本试验中,固体磷肥全部基施时,磷肥吸收利用率最低,仅为 17.79%,其主要原因是磷肥在石灰性土壤上易发生沉淀,而通过水肥一体化技术随水施肥会降低土壤当中的 H_2PO_4 浓度,减少了 H_2PO_4 与 Ca^{2+} 间的沉淀反应,更易被作物吸收利用,磷肥利用率达到 28.55%(P3),说明采用水肥一体化技术施用磷肥能显著提高磷肥利用率,磷肥分次施肥是马铃薯养分管理的重要措施。

秦永林等[10]研究表明,不同种类的磷肥一次性施肥时磷肥料利用率为 8.62%~17.51%,磷酸一铵磷肥利用率显著高于磷酸二铵,说明在 pH 值 8.0 以上的石灰性土壤上施用酸性肥料磷酸一铵是提高磷肥利用率的有效方法。邢海峰等[11]在武川马铃薯上的研究进一步证明,选用磷酸一铵将 80% 的磷肥分 6 次滴灌追施可显著提高结薯数量、单株薯重和磷肥利用效率,1 000 kg 块茎需磷量达 1.95~2.10 kg,指出磷肥分期调控是马铃薯养分管理的重要措施,磷肥基追比 0.2∶0.8 是马铃薯磷肥高效利用模式。在本研究中以磷肥基追比 0.3∶0.7 的处理 3 产量和磷肥利用率最高,产量达 44.48 t/hm²,1 000 kg 块茎需磷量 1.94 kg,磷肥利用率 28.55%,与上述研究一致。而本研究中磷肥追施 3 次,在实际农业生产中更符合农户施肥习惯,容易操作和掌握,推荐在阴山北麓地区推广应用。

[参 考 文 献]

[1]　乌兰察布市统计局. 乌兰察布市统计年鉴 [M]. 北京: 中国统计出版社, 2021.

[2]　今芝, 胡卫静, 梁宏, 等. 乌兰察布市马铃薯施肥现状研究 [J]. 北方农业学报, 2019, 47(1): 57-62.

[3]　张猛. 化学磷肥减施有机配施对马铃薯生长发育及磷肥利用率的影响 [D]. 呼和浩特: 内蒙古农业大学, 2020.

[4]　鲍士旦. 土壤农化分析 [M]. 3 版. 北京: 中国农业出版社, 2020: 39-270.

[5]　张国桥, 王静, 刘涛, 等. 水肥一体化施磷对滴灌玉米产量、磷素营养级磷肥利用率的影响 [J]. 植物营养与肥料学报, 2014, 20(5): 1 103-1 109.

[6]　尹金来, 曹翠玉, 史瑞和. 徐淮地区石灰性土壤磷素固定的研究 [J]. 土壤学报, 1989(2): 131-138.

[7]　张国桥. 不同磷源及其施用方式对石灰性土壤磷的有效性与磷肥利用效率的影响 [D]. 石河子: 石河子大学, 2014.

[8]　Bertrand I, McLaughlin M, Holloway R H, et al. Changes in P bioavailability induced by the application on the liquid and powder sources of P, N and Zn fertilizers in alkaline soils [J]. Nutrient Cycling in Agroecosystems, 2006, 74: 27-40.

[9]　戚昕元, 曹国军, 耿玉辉, 等. 滴灌磷肥分配比例对玉米磷素吸收利用的影响 [J]. 吉林农业大学学报, 2020: 5684. DOI: 10. 13327/j. jjlau. 2020. 5684.

[10]　秦永林, 田艳花, 樊明寿, 等. 磷肥种类对石灰性土壤马铃薯产量和磷肥利用率的影响 [J]. 中国蔬菜, 2019(5): 70-75.

[11]　邢海峰, 石晓华, 杨海鹰, 等. 磷肥分次滴灌施用提高马铃薯群体磷素吸收及磷利用率的作用 [J]. 植物营养与肥料学报, 2015, 21(4): 987-992.

前氮后移施肥对马铃薯产量的影响

魏　静，武宝龙，梁　宏，今　芝，焦伟红，

吕月清，薛　丹，辛　敏，胡卫静，蓝秀红*

（乌兰察布市农牧业生态资源保护中心，内蒙古　乌兰察布　01200）

摘　要： 为探究马铃薯高产稳产的优化施氮技术，通过田间试验，对比分析前氮后移施肥对马铃薯增产效果影响的差异性，对有效提高氮肥利用率，保护农业生态环境，促进农业可持续发展具有重要意义。在相同养分投入的基础上，将氮肥基追比从6:4调整为4:6或者3:7后，降低了氮肥基肥的比例，增加了氮肥在马铃薯中后期的比例，可使马铃薯产量有所提升。前氮后移是一种较为有效的马铃薯优化施肥手段。

关键词： 前氮后移；马铃薯；产量；商品薯率

　　马铃薯作为四大主粮之一，也是乌兰察布市的主导产业之一，经过几十年的培育发展，乌兰察布市已成为国家重要的马铃薯种薯、商品薯和加工专用薯生产基地。因此，马铃薯的高产稳产对保障国家粮食安全意义重大。氮素是马铃薯生长发育不可缺少的大量元素之一，是马铃薯维持高生产力发展的重要基础，也是限制马铃薯产量的关键因素之一。前氮后移施肥技术是在作物全生育期总施氮量不变的情况下，通过调整作物施肥时期和分次氮肥施用量减少对作物生长前期的氮肥过量投入，将前期节省后的氮肥施用于作物生长后期，进而减少作物生长后期脱氮现象[1,2]。有研究表明[3-5]，氮肥不同比例的时期运筹在水稻、小麦、玉米等作物上对作物根系生长活力、作物氮吸收、作物产量及品质等方面均有影响，而氮肥不同比例在马铃薯上研究较少。本文通过调整马铃薯氮肥基追比例，研究对马铃薯产量的影响，以期减少氮肥损失，提高氮肥利用率，探索适合本地区水浇地马铃薯的氮肥最佳基追比提供技术支撑。

1　材料与方法

1.1　试验区概况

　　本研究为田间试验，试验地点位于内蒙古自治区乌兰察布市三个旗县，乌兰察布市地处中温带，属大陆性季风气候四季特征明显。因大青山横亘中部的分隔，形成了前山地区比较温暖，雨量较多，后山地区多风的特殊气候。年平均降水量150~450 mm，降水总的特点是雨量少且季节分配不均匀，雨水多集中在7—9月，年平均气温一般在0~18 ℃，无霜期95~145 d，雨热同季。

　　作者简介：魏静（1992—），女，农艺师，主要从事农业技术推广。

　　基金项目：内蒙古自治区耕地保护与质量提升补助资金（内财农［2021］1242号）。

　　*通信作者：蓝秀红，高级农艺师，主要从事农业技术推广，e-mail：weijing0330@163.com。

1.2 试验设计

试验设 5 个处理，T1(农户习惯施肥，氮肥基追比 6∶4)，T2(氮肥基追比 5∶5)，T3(氮肥基追比 4∶6)，T4(氮肥基追比 3∶7)，CK(无氮区)，每个处理 200.1～333.5 m²。试验选用单质肥：尿素(N 46%)、硫酸钾(K₂O 52%)、重过磷酸钙(P₂O₅ 43%)等，氮肥基追比按总氮肥施肥量计算比例，各处理氮、磷、钾肥施用量和施肥时期一致。2020—2021 年连续在乌兰察布市三个旗县马铃薯上开展氮肥不同基追比试验。

1.3 测定方法

每个处理选择 6.67 m² 进行测产，重复 3 次，将样点全部植株进行收获，并分商品薯和非商品薯分别称重。其中，商品薯指重量大于 150 g 的马铃薯块茎，非商品薯指重量小于 150 g 的马铃薯块茎。

2 结果与分析

2.1 前氮后移施肥对马铃薯产量的影响

2020—2021 年连续在乌兰察布市三个旗县马铃薯上开展氮肥不同基追比试验，不同处理对马铃薯产量影响存在一定差异。

2020 年各试验区中各处理产量均高于 CK(图 1)，其中，试验区 1 中 T3 处理的产量最高为 4 780 kg/667 m²，T2 和 T4 处理次之分别为 4 397 和 4 363 kg/667 m²，T1 处理为 4 277 kg/667 m²，CK 最低仅为 4 015 kg/667 m²，与 CK 相比，各处理增产率在 6.53%～19.05%。试验区 2 各处理产量差异不大，依次为 T3 > T2 > T1 > T4 > CK，最高为 3 197 kg/667 m²，最低为 3 133 kg/667 m²；试验区 3 中 T4 处理产量最高为 4 233 kg/667 m²，T1 处理和 T2 处理产量相当，分别为 4 187 和 4 047 kg/667 m²，T3 处理和 CK 产量差别不大。

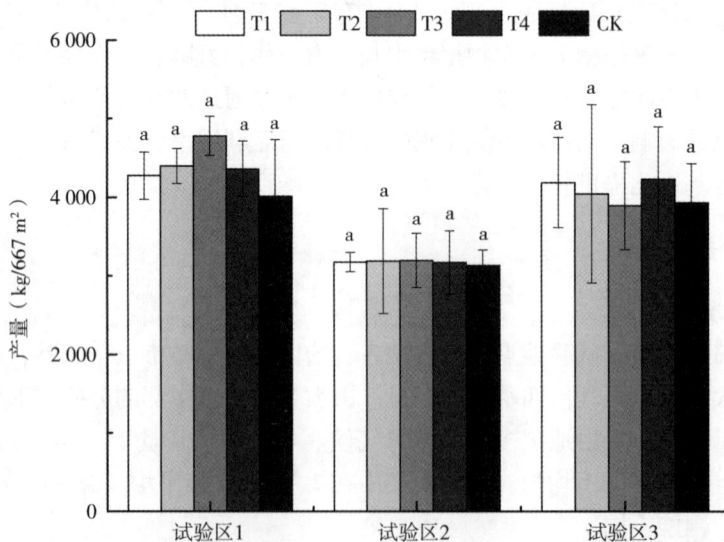

注：不同小写字母表示 0.05 水平差异显著。下同。

图 1 2020 年氮肥不同基追比对马铃薯产量的影响

2021 年各试验区产量存在差异(图 2),且各试验区产量趋势一致。其中,试验区 1CK 处理产量最低为 2 009 kg/667 m²,T3 和 T4 处理明显高于其他处理;试验区 2 各处理产量差异不显著;试验区 3 各处理产量显著高于 CK($P<0.05$),增产 357~867 kg/667 m²。

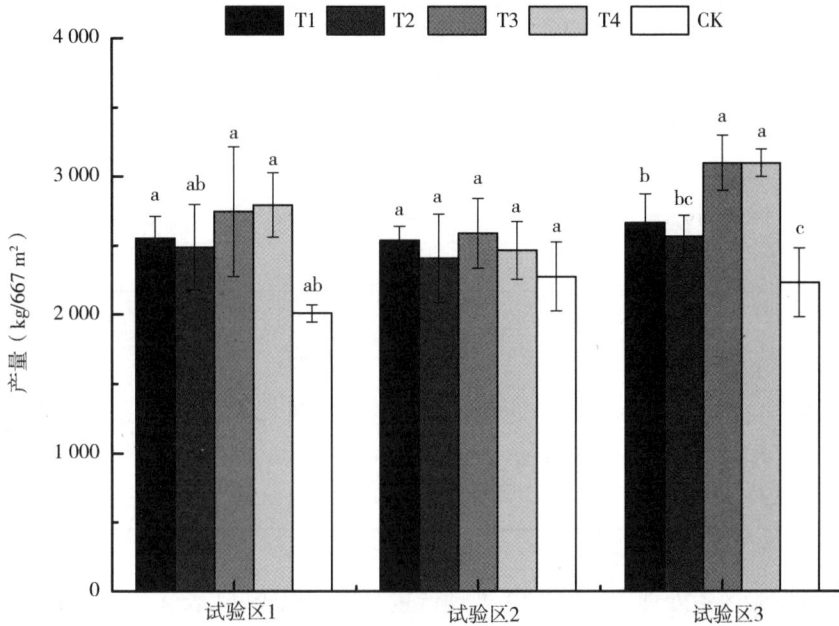

图 2　2021 年氮肥不同基追比对马铃薯产量的影响

2.2　前氮后移施肥对马铃薯产量组成的影响

试验区 1 各处理大小薯个数、平均单薯重方面差异不明显,T3 处理大薯重明显高于其他处理,增产率较 CK 达 19.05%;T2 处理商品薯率最高为 87.57%,与 T1 处理相比,前氮后移有利于增产。试验区 2 各处理产量组成与试验区一表现一致。试验区 3 中 T4 处理大薯个数、大薯重、产量均最高,分别为 78 个/6.67 m²、36.13 kg/6.67 m²、4 233 kg/667 m²,而 T3 处理产量则减产,商品薯率仅为 81.34%(表 1)。

表 1　2020 年各个试验地氮肥不同基追比对马铃薯产量组成的影响

处理	试验区 1							
	大薯数	大薯重	小薯数	小薯重	单薯重	商品薯率	产量	增产率
	(个/6.67 m²)	(kg/6.67 m²)	(个/6.67 m²)	(kg/6.67 m²)	(kg)	(%)	(kg/667 m²)	(%)
T1	78	35.53	45	7.23	0.35	83.09	4 277	6.53
T2	78	38.50	56	5.47	0.33	87.57	4 397	9.51
T3	78	40.43	59	7.37	0.35	84.59	4 780	19.05
T4	83	33.63	48	10.00	0.33	77.08	4 363	8.67
CK	81	35.73	45	8.40	0.35	80.97	4 015	–

处理	大薯数 (个/6.67 m²)	大薯重 (kg/6.67 m²)	小薯数 (个/6.67 m²)	小薯重 (kg/6.67 m²)	单薯重 (kg)	商品薯率 (%)	产量 (kg/667 m²)	增产率 (%)
试验区 2								
T1	99	20.72	161	11.02	0.12	65.29	3 174	1.30
T2	108	22.18	160	9.72	0.12	69.53	3 189	1.80
T3	97	22.62	138	9.35	0.14	70.75	3 197	2.04
T4	127	21.77	126	9.94	0.13	68.66	3 171	1.22
CK	99	19.54	166	11.59	0.12	62.78	3 133	–
试验区 3								
T1	73	35.93	45	5.93	0.35	85.83	4 187	6.45
T2	59	34.00	41	6.47	0.40	84.02	4 047	2.89
T3	60	31.67	48	7.27	0.36	81.34	3 893	-1.01
T4	78	36.13	43	6.20	0.35	85.35	4 233	7.64
CK	63	32.67	39	6.67	0.39	83.05	3 933	–

2021 年各试验区各处理中 T3 和 T4 处理产量组成表现较好（表 2），与 CK 相比，各试验区 T3 处理增产率分别为 36.72%、13.75% 和 38.83%，T4 处理增产率分别为 39.07%、8.34% 和 38.83%。

表 2　2021 年各个试验地氮肥不同基追比对马铃薯产量组成的影响

处理	大薯数 (个/6.67 m²)	大薯重 (kg/6.67 m²)	小薯数 (个/6.67 m²)	小薯重 (kg/6.67 m²)	单薯重 (kg)	商品薯率 (%)	产量 (kg/667 m²)	增产率 (%)
试验区 1								
T1	50	16.09	69	9.43	0.21	63.04	2 552	27.03
T2	59	20.46	47	4.43	0.24	82.19	2 489	23.91
T3	59	21.29	65	6.18	0.22	77.50	2 747	36.72
T4	67	21.71	51	6.23	0.24	77.69	2 794	39.07
CK	49	14.74	60	5.35	0.18	73.36	2 009	–
试验区 2								
T1	74	15.38	169	10.03	0.10	60.53	2 540	11.56
T2	71	14.36	148	9.73	0.11	59.60	2 409	5.81
T3	82	17.65	135	8.25	0.12	68.13	2 590	13.75
T4	73	14.75	154	9.92	0.11	59.80	2 467	8.34
CK	55	10.71	171	12.07	0.10	47.01	2 277	–

| 处理 | 试验区3 | | | | | | | |
	大薯数 (个/6.67 m²)	大薯重 (kg/6.67 m²)	小薯数 (个/6.67 m²)	小薯重 (kg/6.67 m²)	单薯重 (kg)	商品薯率 (%)	产量 (kg/667 m²)	增产率 (%)
T1	70	17.67	101	9.00	0.16	66.25	2 667	19.42
T2	75	17.67	87	8.00	0.16	68.83	2 567	14.94
T3	83	20.33	113	10.67	0.16	65.59	3 100	38.83
T4	85	21.00	114	10.00	0.16	67.74	3 100	38.83
CK	59	15.00	83	7.33	0.16	67.16	2 233	–

3 讨 论

氮肥运筹对作物的生长发育和产量形成具有重要影响,前氮后移施肥技术的应用通过延缓作物叶片衰老,增加叶面积系数,有利于作物合成和积累有机物质,从而提高作物产量[6-9]。本试验中,在相同养分投入的基础上,将氮肥基追比从6:4调整为4:6或者3:7后,降低了氮肥基肥的比例,增加了氮肥在马铃薯中后期的比例,可使马铃薯产量有所提升,表明马铃薯中后期的氮素供应不可忽视,前氮后移是一种较为有效的马铃薯优化施肥手段。

[参 考 文 献]

[1] 杨锌,谭晓莉,张红梅,等.氮肥用量对籼粳杂交稻产量和氮素利用率的影响[J].浙江农业科学,2021,62(8):1 519-1 521.

[2] 孙永健,马均,孙园园,等.施氮量和株距对机插杂交稻结实期养分转运和产量的影响[J].核农学报,2014,28(8):1 510-1 520.

[3] 吕冰,常旭虹,王德梅,等.氮肥运筹是小麦产量和品质协同提高的有效途径[C]//中国作物学会—2015年学术年会论文摘要集.哈尔滨:不详,2015.

[4] 马鹏,杨志远,李郁,等.轮作体系下麦/油减量施氮与水稻氮肥运筹对作物产量和氮素吸收的影响[J].浙江农业学报,2019,31(11):1 769-1 778.

[5] 万靓军,张洪程,霍中洋,等.氮肥运筹对超级杂交粳稻产量、品质及氮利用率的影响[J].作物学报,2007,33(2):175-182.

[6] 柳伟伟.增施磷肥和氮肥后移对四川丘陵旱地中强筋小麦籽粒产量和品质的影响[D].雅安:四川农业大学,2019.

[7] Azizian A, Sepaskhah A. Maize response to water, salinity and nitrogen levels: soil and plant ions accumulation [J]. International Journal of Plant Production, 2014,8(2):183-214.

[8] 刘红江,肖敏,张丽萍,等.前氮后移对水稻氮素吸收和利用效率的影响[J].江苏农业学报,2017,33(3):550-554.

[9] 冯延聪,文春燕,朱振华,等.氮肥后移对优质稻井冈软粘产量及品质的影响[J].江西农业大学学报,2023,7(19):1-12.

不同配方套餐肥对马铃薯生长、产量及品质的影响

王晓娇[1]，逯春杏[1]，戴　黎[2]，慎先良[2]，许　飞[1]，郭　煜[1]，曹春梅[1]*

(1. 内蒙古自治区农牧业科学院，内蒙古　呼和浩特　010031;

2. 华强化工集团股份有限公司，湖北　当阳　444100)

摘　要：马铃薯是中国重要的粮食和蔬菜作物，其面积和产量均居世界首位。根据马铃薯生长期需肥规律，制定科学合理的施肥方案，实现减肥增效、提高马铃薯产量和质量，已成为马铃薯种植中亟待解决的重要问题。在 2 年的田间试验中，研究了不同配方套餐肥对马铃薯生长、产量及品质的影响。施用马铃薯专用系列套餐肥比对照增产 5.85%～16.53%，植株高度、主茎粗度、单株结薯数、商品率及品质均高于对照，并从田间观察，植株抗性增强。因此马铃薯专用系列套餐肥，在内蒙古自治区马铃薯种植区具有较高的推广价值，为马铃薯科学施肥和提质增效提供理论依据。

关键词：马铃薯；套餐肥；生长；产量；品质

　　马铃薯是仅次于水稻、小麦和玉米的第四大粮食作物[1]，近年来，中国马铃薯播种面积稳定在 466.67 万 hm² 左右，产量近 9 000 万 t，均居世界第一位。马铃薯环境适应性强、种植区域广、营养物质丰富、加工链条长、市场潜力大，既是保障国家粮食安全的重要补充，也是促进农民增收的重要产业。

　　马铃薯产量和品质受其品种特性制约，同时也受外部环境、栽培措施的影响，其中以养分的影响最大[2]。马铃薯喜肥，营养物质的合理供应对马铃薯块茎的形成与膨大、产量与品质的形成至关重要[3-7]。自 20 世纪 80 年代起，中国的化学肥料施用量逐年递增，中国可用耕地面积占全世界总耕地面积的 9%，但化肥用量却达到了全球总施用量的 32%[8]。随着单位面积化肥施用量的增加，粮食单产的增长率逐渐下降[9]。中国马铃薯平均产量略低于世界平均水平，远低于许多发达国家[10]，但部分马铃薯主产区产量远高于全国平均单产，达到甚至超过发达国家水平。为追求高产和高效益，存在过量施肥、不当施肥、肥料配伍不合理等现象[11-14]，对土壤、地表水、地下水等环境因子造成了较严重的污染，导致土壤退化[15-17]，同时也阻碍了产品品质的改善和种植效益的提升。因此，根据马铃薯生长期需肥规律，制定科学合理施肥方案，是保证马铃薯产量和品质的重要途径。本试验通过研究不同配方套餐肥对马铃薯生长、产量及品质的影响，旨在筛选出可提高马铃薯

作者简介：王晓娇(1985—)，女，副研究员，主要从事马铃薯遗传育种及病虫害防治研究。

基金项目：内蒙古农牧业创新基金(2022CXJJN02)；中央引导地方科技发展资金项目(2022ZY0043；2022ZY0044)；内蒙古自治区育种联合公关项目(ZY2023006)；内蒙古自然科学基金项目(2023MS03056)。

*** 通信作者**：曹春梅，研究员，主要从事马铃薯遗传育种及病虫害防治研究，e-mail：9067838310@qq.com。

产量和品质的套餐肥，为进一步调整马铃薯的施肥策略，优化其施肥结构提供理论支撑，以期实现马铃薯减肥增效的可持续发展目标。

1 材料与方法

1.1 供试材料

1.1.1 马铃薯品种

"蒙黄 1 号""蒙黄 2 号""V7"原种和微型种薯（由内蒙古自治区农牧业科学院马铃薯育种研究室繁育）。

1.1.2 试验地概况

2022 年试验地点设在四子王旗乌兰花镇高油房村马铃薯种植基地，该基地地势平整，灌水条件良好，年均气温 5.1 ℃，年降雨量 297.3 mm，无霜期 132 d。

2023 年试验地点设在乌兰察布市察右后旗大六号镇何家地村马铃薯种植基地，土质为沙壤土，有机质含量 1.5%，pH 7.6，灌水条件良好。

1.2 试验设计及方法

1.2.1 试验设计

试验设马铃薯专用套餐肥（不同生育期配方施肥）处理；普通马铃薯复合肥和水溶肥为常规对照，试验进行 2 年，不同施肥方案见表 1 和表 2。

表 1 2022 年套餐肥实施方案

施肥方式	处理	肥料型号 ($N : P_2O_5 : K_2O$)	肥料用量 (kg/667 m²)	常规对照	肥料型号 ($N : P_2O_5 : K_2O$)	肥料用量 (kg/667 m²)
底肥	专用套餐肥	12 : 18 : 15	50	底肥 （马铃薯专用复合肥）	12 : 18 : 15	50
中耕肥	专用套餐肥	16 : 10 : 20	40	某中耕肥	12 : 18 : 15	40
水溶肥 1	专用套餐肥	20 : 20 : 20	15	水溶肥 A	11 : 16 : 9	20
水溶肥 2	专用套餐肥	12 : 10 : 30	15	水溶肥 B	10 : 5 : 20	20
水溶肥 3	专用套餐肥	12 : 6 : 42	20	水溶肥 C	14 : 9 : 12	20

表 2 2023 年套餐肥实施方案

施肥方式	处理	肥料型号 ($N : P_2O_5 : K_2O$)	肥料数量 (kg/667 m²)	常规对照	肥料型号 ($N : P_2O_5 : K_2O$)	肥料数量 (kg/667 m²)
底肥	专用套餐肥	12 : 19 : 16	70	底肥 （马铃薯专用复合肥）	12 : 18 : 15	50

施肥方式	处理	肥料型号 （N：P$_2$O$_5$：K$_2$O）	肥料数量 （kg/667 m^2）	常规对照	肥料型号 （N：P$_2$O$_5$：K$_2$O）	肥料数量 （kg/667 m^2）
中耕肥	专用套餐肥	15：10：22 12：19：16	40 40	某中耕肥	12：18：15	80
水溶肥 1	专用套餐肥	12：30：10	5	水溶肥 A	11：16：9	20
水溶肥 2	专用套餐肥	18：18：18	13	水溶肥 B	10：5：20	25
水溶肥 3	专用套餐肥	15：5：30	13	水溶肥 C	14：9：12	25
水溶肥 4	专用套餐肥	7：0：47	10			
肥料 5	硫酸钾		25			

1.2.2 试验方法

采用高垄滴灌栽培模式，机器播种。2022 年播种品种为"蒙黄 1 号""蒙黄 2 号""V7"原种，每个品种每个处理播种面积 0.67 hm^2，株距 18 cm，行距 90 cm，5 月 8 日播种。2023 年播种品种为"蒙黄 1 号""蒙黄 2 号""V7"微型种薯，每个品种每个处理播种面积 0.67 hm^2，株距 16 cm，行距 90 cm，5 月 12 日播种。

1.3 调查方法

苗期调查出苗率，4 点取样，每点随机调查 10 m 垄长的出苗数，计算出苗率；成株期调查株高、茎粗和主茎数，随机取 4 点，每点 20 株，共计 80 株，记录株高、茎粗和主茎数，同时观察施肥后马铃薯植株生长是否异常。收获期测量产量，4 点取样，每点随机调查 3.6 m^2，称重，并折合成 667 m^2 产量，测产的同时每点调查 10 株的单株块茎数、单株块茎重、商品薯数量、商品薯重。块茎按大小分级，单薯≥100 g 的为商品薯，否则为非商品薯，计算商品薯率。

1.4 统计分析

试验数据均采用 Excel 2010 进行处理；采用 SPSS 23.0 进行方差分析。

2 结果与分析

2.1 不同套餐肥对马铃薯植株性状的影响

在 2022—2023 年 2 年试验中（表 3），不同品种的处理和常规对照间马铃薯出苗率差异不显著，且马铃薯专用复合肥底肥处理对马铃薯出苗并无延缓及致畸作用。在株高方面，2 年试验中，马铃薯专用套餐肥处理的马铃薯植株，在 3 个品种中，处理株高均高于对照株高，且差异显著（2022 年"V7"除外）。在茎粗和主茎数方面，3 个品种中，处理的茎粗和主茎数均高于对照，但是差异不显著。说明使用马铃薯专用套餐肥可以有效促进马铃薯植株的生长，有利于植株形态建成，保证产量。

表 3 不同套餐肥的马铃薯植株性状

品种	年份	处理	出苗率(%)	株高(cm)	茎粗(mm)	主茎数(个)
蒙黄1号	2022	专用套餐肥处理	96.3 a	98.44 a	20.18 a	1.67 a
		常规对照	95.9 a	94.21 b	19.24 a	1.33 a
	2023	专用套餐肥处理	97.2 a	102.51 a	22.56 a	2.00 a
		常规对照	96.4 a	94.22 b	20.96 ab	1.67 a
蒙黄2号	2022	专用套餐肥处理	95.3 a	96.13 a	21.31 a	1.33 a
		常规对照	95.1 a	91.10 b	19.42 a	1.27 a
	2023	专用套餐肥处理	96.8 a	98.75 a	22.11 a	1.33 a
		常规对照	95.8 a	94.22 b	19.56 ab	1.30 a
V7	2022	专用套餐肥处理	94.3 a	87.68 a	16.14 a	1.20 a
		常规对照	94.5 a	84.25 ab	15.32 a	1.20 a
	2023	专用套餐肥处理	95.2 a	90.11 a	17.48 a	1.33 a
		常规对照	94.8 a	86.34 b	15.22 ab	1.27 a

注：同列不同小写字母表示差异显著($P<0.05$)。下同。

2.2 不同套餐肥对马铃薯产量及其构成的影响

2年的试验(表4)，在3个品种中，处理植株的单株块茎数均高于对照植株，说明马铃薯专用套餐肥可促进匍匐茎的生长，增加结薯数量，但差异不显著(2022年"V7"和2023年"蒙黄2号"除外)。在单株块茎重和商品薯率方面，除2022年"V7"单株块茎重、2022年"蒙黄1号"单株块茎重和商品薯率处理植株高于对照植株，差异不显著以外，其他品种在2年试验中，处理植株的单株块茎重和商品薯率高于常规对照植株，且差异显著。在产量方面，除2022年品种"V7"产量处理区高于对照区，差异不显著以外，其他品种在2年试验中，处理区产量均高于常规对照区，且差异显著。2022年马铃薯"蒙黄2号"处理区增产最高，增产16.53%，其次为2023年"V7"处理区产量增产16.19%。在2年试验中，3个品种处理区的产量均增加，增产在5.85%~16.53%。说明使用马铃薯专用套餐肥可以有效促进不同马铃薯品种匍匐茎的生长，提高商品率，增加产量。

表 4 不同套餐肥的马铃薯块茎产量及其构成

品种	年份	处理	单株块茎数（个）	单株块茎重（g）	商品薯率（%）	产量（kg/667 m²）	比对照增产（%）
蒙黄1号	2022	专用套餐肥处理	7.86 a	978.24 a	89.23 a	3 549 a	10.62
		常规对照	6.28 a	883.63 a	87.63 a	3 209 b	–
	2023	专用套餐肥处理	8.12 a	1 121.52 a	88.42 a	3 844 a	11.49
		常规对照	7.11 a	997.40 b	83.86 b	3 448 b	–

品种	年份	处理	单株块茎数（个）	单株块茎重（g）	商品薯率（%）	产量（kg/667 m²）	比对照增产（%）
蒙黄 2 号	2022	专用套餐肥处理	8.33 a	988.20 a	87.45 a	3 603 a	16.53
		常规对照	7.92 a	841.89 b	78.22 b	3 092 b	–
	2023	专用套餐肥处理	9.14 a	1 289.77 a	88.33 a	3 996 a	12.46
		常规对照	7.53 b	1 055.89 b	84.34 b	3 553 b	–
V7	2022	专用套餐肥处理	8.45 a	677.85 a	86.22 a	2 550 a	5.85
		常规对照	6.89 b	597.84 ab	74.33 b	2 409 a	–
	2023	专用套餐肥处理	7.88 a	788.96 a	85.87 a	2 844 a	16.19
		常规对照	6.85 a	604.58 b	74.66 b	2 448 b	–

2.3 不同施肥方式对马铃薯块茎品质的影响

从表 5 可以看出，2 年试验在 3 个品种中，处理植株的干物质量含量、淀粉含量、蛋白质含量、还原糖含量和维生素 C 含量均高于常规对照区，但差异不显著。说明马铃薯专用套餐肥可以在一定程度上提高马铃薯块茎的品质。

表 5　不同套餐肥的马铃薯块茎的主要品质性状

品种	年份	处理	干物质（%）	淀粉（%）	蛋白质（%）	还原糖（%）	维生素 C（mg/100 g）
蒙黄 1 号	2022	专用套餐肥处理	22.21 a	18.84 a	1.55 a	0.054 a	17.81 a
		常规对照	21.27 a	17.68 a	1.52 a	0.051 a	17.22 a
	2023	专用套餐肥处理	22.62 a	18.92 a	1.71 a	0.056 a	17.92 a
		常规对照	21.14 a	17.44 a	1.54 a	0.054 a	17.34 a
蒙黄 2 号	2022	专用套餐肥处理	21.64 a	18.72 a	1.66 a	0.070 a	18.00 a
		常规对照	20.78 a	16.89 ab	1.52 a	0.068 a	17.65 a
	2023	专用套餐肥处理	22.34 a	18.22 a	1.70 a	0.071 a	18.44 a
		常规对照	21.44 a	17.41 a	1.54 ab	0.066 a	17.92 a
V7	2022	专用套餐肥处理	17.21 a	12.10 a	1.52 a	0.062 a	17.34 a
		常规对照	16.97 a	11.45 a	1.50 a	0.054 a	17.22 a
	2023	专用套餐肥处理	17.60 a	11.89 a	1.62 a	0.058 a	17.65 a
		常规对照	17.12 a	10.86 a	1.58 a	0.054 a	17.34 a

3　讨　论

马铃薯是喜肥作物，土壤中的营养物质对马铃薯生长、产量及品质至关重要。其中，氮直接影响马铃薯营养部分的形成，并对生长性状产生积极影响[18]，磷通过促进光合作用和呼吸作用间接影响马铃薯的生长发育和产量[19]，钾在马铃薯的生长发育和光合产物的运输中起着至关重要作用。由于化肥的施用可显著提高作物产量，所以种植者为了追求高产，盲目的增加施肥，过量的施肥不仅增加成本，且易导致土壤退化、水体富集、环境污染等问题。另外研究表明，均衡施肥对马铃薯块茎的营养品质至关重要，可显著提高马铃薯块茎的淀粉、可溶性蛋白、还原性糖和维生素 C 含量[20]，本研究结果与其一致，除此之外，科学合理的施肥结构对马铃薯产量和品质也有重要影响。

本研究表明，马铃薯专用套餐肥是根据马铃薯生育期需肥规律，制定的科学合理的施肥方案，在马铃薯生长期促进植株生长，增强植株抗病性，提高产量在 5.85%～16.53%，并提高了块茎的品质。所以马铃薯专用套餐肥可在马铃薯生产区开展大面积的示范及推广工作。

[参 考 文 献]

[1] Kolbe H, Stephan-Beckmann S. Development, growth and chemical composition of the potato crop, (Solanum tuberosum L.) I. leaf and stem [J]. Potato Research, 1997, 40: 111-129.

[2] Sparks D L, Huang P M, Munson R. Potassium in agriculture [M]. Madison: American Society of Agronomy, 1985: 799-818.

[3] 董文,范祺祺,叶亦心,等.施氮和施钾水平对冬播马铃薯生长及产量的影响 [J]. 湖南农业大学学报: 自然科学版, 2021, 47(4): 392-398.

[4] 张皓, 周丽敏, 申双和, 等. 不同钾肥施用量对马铃薯产量、品质及土壤质量的影响 [J]. 江苏农业科学, 2019, 47(11): 116-119.

[5] 王东方, 李海涛, 宋兴旺, 等. 多元微肥浸种对马铃薯增产效应的试验 [J]. 中国马铃薯, 2000, 14(4): 227-228.

[6] Allison M F, Fowler J H, Allen E J. Responses of potato (Solanum tuberosum L.) to potassium fertilizers [J]. Journal of Agricultural Science, 2001, 136(4): 407-426.

[7] Panique E, Kellang K A, Schulte E E, et al. Potassium rate and source effects on potato yield, quality, and disease interaction [J]. American Journal of Potato Research, 1997, 74(6): 379-398.

[8] 李庆逵. 中国农业持续发展中的肥料问题 [M]. 南昌: 江西科学技术出版社, 1998.

[9] 曹志洪, 俞金洲, 魏正仓. 复混肥与推荐施肥 [J]. 化肥工业, 1996, 23(1): 12-14.

[10] 屈冬玉, 谢开云, 金黎平, 等. 中国马铃薯产业发展与食物安全 [J]. 中国农业科学, 2005, 38(2): 358-362.

[11] 于静, 熊兴耀, 高玉林, 等. 中国马铃薯不同产区氮肥利用率的比较分析 [J]. 中国蔬菜, 2019(7): 43-50.

[12] 李成晨, 安康, 索海翠, 等. 广东省冬种马铃薯施肥现状调查与施肥对策 [J]. 热带作物学报, 2019, 40(10): 2 054-2 060.

[13] 秦永林, 于静, 陈杨, 等. 内蒙古灌溉马铃薯施肥现状及肥料利用效率 [J]. 中国蔬菜, 2019(11): 75-79.

[14] 今芝, 胡卫静, 梁宏, 等. 乌兰察布市马铃薯施肥现状研究 [J]. 北方农业学报, 2019, 47(1): 57-62.

[15] 张维理, 徐爱国, 冀宏杰, 等. 中国农业面源污染形势估计及控制对策 Ⅲ. 中国农业面源污染控制中存在问题分析[J]. 中国农业科学, 2004, 37(7): 1 026-1 033.

[16] 朱兆良, 孙波, 杨林章, 等. 我国农业面源污染的控制政策和措施 [J]. 科技导报, 2005, 23(4): 47-51.

[17] Guo J H, Liu X J, Zhang Y, et al. Significant acidification in major Chinese croplands [J]. Science, 2010, 27(19): 1 008-1 010.

[18] Nurmanov Y T, Chernenok V G, Kuzdanova R S, et al. Potato in response to nitrogen nutrition regime and nitrogen fertilization [J]. Field Crops Research, 2019(231): 115-121.

[19] 穆俊祥, 曹兴明, 弓建国, 等. 氮磷钾和有机肥配合施用对马铃薯淀粉含量和产量的影响 [J]. 土壤, 2009, 41(5): 844-848.

[20] 王小英, 方玉川, 高青青, 等. 不同钾肥品种对马铃薯农艺性状、产量和品质的影响 [J]. 陕西农业科学, 2019, 65(11): 27-31.

7种新型肥料对贵州省山区马铃薯产量和品质的影响

朱　江，牛力立*，樊祖立，叶开梅，唐兴发，范金华，张　鹏

（安顺市农业科学院，贵州　安顺　561000）

摘　要：为减少复合肥使用对土壤环境的影响，筛选对贵州省山区马铃薯高效的新型肥料，在田间开展7种新型肥料对马铃薯产量和品质的影响试验。在当地化肥(复合肥)常规用量($80 \ kg/667 \ m^2$)减少25%的前提下，相对于空白对照，增施7种新型肥料均能显著提高马铃薯产量。相对于肥料对照，增施精制有机肥显著提高马铃薯产量，增施有机肥、生物菌肥–土豆专用肥、羊粪生物有机肥、菌益生和免申耕土壤调理剂的马铃薯产量与之相当，但差异均不显著。因此，马铃薯种植过程中建议增施精制有机肥来替代部分化肥，以达到减肥增效，增加土壤活性的目的。生产中不建议使用有机—无机复混肥来种植马铃薯。

关键词：马铃薯；新型肥料；产量；品质

马铃薯(*Solanum tuberosum* L.)是茄科茄属一年生草本植物，是中国继玉米、水稻和小麦后第四大主粮作物[1,2]。贵州省是中国马铃薯主产区之一，种植面积和总产量均位居全国前列，但马铃薯单产整体上依然处于较低水平，贵州省山区肥料的不合理使用是马铃薯产量和品质较低的重要因素之一。贵州省山区整体上土壤瘠薄，土地破碎，坡度较大，复合肥等肥料大量连续施用，造成土壤板结、通透性较差、土壤生态系统平衡遭受破坏，使得马铃薯植株整体上长势较差，病虫害发生严重，导致马铃薯产量和品质相对较低。因此，引进和筛选针对贵州省山区马铃薯生产高效的新型肥料，有利于改良贵州省山区土壤，提高马铃薯产量和品质，增加种植户的经济效益。

高海洋等2019年报道了$45 \ kg/667 \ m^2$掺混肥$+ 5 \ kg/667 \ m^2$增效剂较掺混肥$40 \ kg/667 \ m^2$取得较好的产量和经济效益[3]。罗照霞等[4]2019年报道了复合肥$1 \ 125 \ kg/hm^2$+黄腐酸生物有机肥$375 \ kg/hm^2$处理效果最好，产量为$23 \ 915 \ kg/hm^2$，较不施肥对照增产45.15%，较当地马铃薯配方肥处理增产29.85%。徐茜等[5]2021年报道了减少化肥10%用量，补充生物炭有机肥$30 \ kg/667 \ m^2$，其肥料农学效率、商品薯率、块茎产量及扣除肥料成本后的产值均最高。尹旺等[6]2021年报道了施$50 \ kg/667 \ m^2$微生物菌肥(有机质$\geqslant 15\%$，有效活菌数$\geqslant 0.20$亿个/g)$+50 \ kg/667 \ m^2$兴农宝岛复合肥(总养分$\geqslant 40\%$，$N : P_2O_5 : K_2O = 10 : 6 : 24$)$+1 \ 000 \ kg/667 \ m^2$农家肥，植株整体长势健壮，株高、叶面积指数、净光合速率、总生物质量均显著优于其他处理，产量较空白对照增产42.21%，较农家肥对照增产38.91%。邢杰等[7]2022年报道了不施底肥，全程滴灌追肥且

作者简介：朱江(1988—)，男，农艺师，从事作物病虫害防治技术研究。

基金项目：国家现代农业产业技术体系项目(CARS-09-ES25)。

*通信作者：牛力立，硕士，高级农艺师，从事马铃薯栽培技术研究，e-mail：81634848@qq.com

追肥总养分为 531 kg/hm² 的 T2 施肥模式，可达到减肥、增产、增效的综合最优效果。赵光磊等[8]2023 年报道了施生命源黄腐酸钾有机-无机复混肥料或马铃薯生态配方肥不仅能提高马铃薯株高、茎粗和产量，而且还可提高马铃薯粗蛋白含量、淀粉含量和维生素 C 含量，改善马铃薯品质。杜二小等[9]2023 年报道了有机肥(羊粪)可增加农田温室气体排放；生物有机肥替代部分氮肥处理可以提高氮肥利用效率和马铃薯产量，建议在生产上推广应用。增施有机肥等新型肥料、减施化肥，是保障马铃薯产量和品质、改善土壤环境的重要技术措施。通过开展 7 种新型肥料对贵州省山区马铃薯产量和品质的影响试验，旨在筛选出对贵州省山区马铃薯有较高肥效的新型肥料，为贵州省山区马铃薯肥料的合理施用提供理论依据。

1　材料与方法

1.1　试验材料

供试品种为"兴佳 2 号"。供试新型肥料共 8 种，详见表 1。

表 1　供试新型肥料

序号	肥料名称	有效成分
1	羊粪生物有机肥	枯草芽孢杆菌、解淀粉芽孢杆菌，有效活菌数≥2 亿个/g，有机质≥60%
2	菌益生	有效活菌数≥2 亿个/g
3	有机肥	有机质≥45%，有效活性菌数≥200 亿个/g，纯氮、磷、钾≥5%，腐植酸≥5%
4	生物菌肥-土豆专用肥	有机质≥45%，有益活性菌≥3 亿个/g，土壤酵母素≥26%，含硅有机稀土≥2.4%，Pe 重茬原粉≥4.1%，农用甲壳素≥5.2%，中、微量元素≥5%
5	精制有机肥	总养分≥5%，有机质≥45%
6	免申耕土壤调理剂	土壤微粒结构促进剂和活化剂
7	有机-无机复混肥	N：P：K＝15：6：9≥30%，有机质≥15%，腐植酸≥8%
8	复合肥	高浓度硫酸钾型通用肥，N：P：K＝16：8：20，总养分≥44%

1.2　试验方法

本试验采用随机区组设计，共设 9 个处理(表 2)。

表 2　试验设计

处理	方法
A1	施复合肥 60 kg/667 m²+羊粪生物有机肥
A2	施复合肥 60 kg/667 m²+菌益生
A3	施复合肥 60 kg/667 m²+有机肥
A4	施复合肥 60 kg/667 m²+生物菌肥-土豆专用肥

续表2

处理	方法
A5	施复合肥 60 kg/667 m²+精制有机肥
A6	施复合肥 60 kg/667 m²+免申耕土壤调理剂
A7	施复合肥 60 kg/667 m²+有机-无机复混肥
CK1	不施肥
CK2	施复合肥 80 kg/667 m²

每个处理 3 次重复，小区面积 14.4 m²，小区间走道 0.60 m、重复间走道 0.80 m。试验地周围设置保护行。除复合肥外，其他肥料均按推荐施用量使用，所有肥料都作为基肥使用。采取整薯播种，大垄双行，行距 1.20 m，株距 0.25 m，小行距 0.30 m，垄高 0.30 m 左右。试验地前茬玉米、平整、地力均匀。及时防治晚疫病和其他病虫害。

1.3 试验数据调查

1.3.1 生育期调查

记录播种期、出苗期、封行期、开花期、成熟期、收获期。

1.3.2 植株性状调查

开花期调查主茎数、株高、茎粗，对角线法 3 点取样，每点调查 10 株。

1.3.3 产量调查

收获期测量小区产量，记录商品薯(单薯重≥50 g)重量和烂薯重量。

1.3.4 土壤养分测定

播种前每个重复对角线法 3 点取样，收获后每个小区 3 点取样，每取样点除去 5 cm 左右厚表层土后，取地面以下 5~15 cm 的土壤 1 kg 左右。按 GB/T 42485—2023 方法测定土壤养分和理化特性的变化。

1.3.5 块茎品质分析

每个处理取样，按照马铃薯块茎品质测定方法分别检测块茎中干物质、还原糖、氨基酸、矿质营养(钾、铁、锌)含量。

1.3.6 经济效益分析

依据肥料成本、产量和价格，计算产值、增收量、增效率、投产比，投产比＝总产值/总投入。

1.4 统计分析

采用用 Excel 2019、DPS 7.5 统计分析软件对试验数据进行统计分析。

2 结果与分析

2.1 不同处理马铃薯生育期

除 A7 出苗期、封行前和开花期相对较晚外，其他处理生育期差异不大(表3)。

表3　不同处理马铃薯植株生育期

处理	播种期（D/M）	出苗期（D/M）	封行期（D/M）	开花期（D/M）	成熟期（D/M）	收获期（D/M）
A1	23/02	12/04	14/05	21/05	28/06	07/07
A2	23/02	10/04	14/05	21/05	28/06	07/07
A3	23/02	10/04	14/05	21/05	28/06	07/07
A4	23/02	10/04	14/05	21/05	28/06	07/07
A5	23/02	10/04	14/05	21/05	28/06	07/07
A6	23/02	14/04	14/05	21/05	28/06	07/07
A7	23/02	26/04	27/05	29/05	28/06	07/07
CK1	23/02	08/04	14/05	21/05	28/06	07/07
CK2	23/02	12/04	14/05	21/05	28/06	07/07

2.2　不同处理马铃薯植株性状

A7 的主茎数显著多于 CK1（表4），其他处理间主茎数差异不显著。较 CK1，A7 极显著降低植株株高，A6 显著提高植株株高，其他处理极显著提高植株株高；较 CK2，A7 极显著降低植株株高，A6 显著降低植株株高。较 CK1，A6、A7 对植株茎粗的影响差异不显著，A5 显著提高马铃薯植株茎粗，其他处理极显著提高马铃薯植株茎粗；较 CK2，A6、A7 极显著降低马铃薯植株茎粗。

表4　不同处理马铃薯植株性状

处理	主茎数（个）	株高（cm）	茎粗（cm）
A1	1.53 abA	81.17 abA	1.50 aAB
A2	1.51 abA	80.79 abA	1.49 aAB
A3	1.53 abA	81.35 abA	1.49 aAB
A4	1.49 abA	80.63 abA	1.49 abAB
A5	1.49 abA	80.19 abA	1.48 abABC
A6	1.47 abA	79.46 bAB	1.46 bcBC
A7	1.55 aA	74.10 dC	1.44 cC
CK1	1.45 bA	77.04 cB	1.45 cC
CK2	1.53 abA	81.73 aA	1.51 aA

注：同列不同小写字母表示0.05水平差异显著，同列不同大写字母表示0.01水平差异显著。下同。

2.3　不同处理马铃薯产量

产量最高的是 A5（表5），为 3 193 kg/667 m^2，最低的是 CK1，为 1 665 kg/667 m^2。不同处理对马铃薯产量有极显著影响，较 CK1，A7 显著提高马铃薯产量，其他处理极显著提高马铃薯产量；较 CK2，A5 显著提高马铃薯产量，A7 极显著降低马铃薯产量。

表5　不同处理马铃薯产量

处理	小区产量（kg/14.4 m²）				折合产量（kg/667 m²）	商品薯率（%）	烂薯率（%）	增产率（%）	
	I	II	III	平均				比CK1	比CK2
A1	46.35	54.30	63.30	54.65 bAB	2 700	79.78	7.65	62.17	-0.06
A2	50.35	54.90	54.65	53.30 bB	2 633	83.05	3.38	58.16	-2.53
A3	47.80	57.85	64.15	56.60 bAB	2 796	79.24	8.13	67.95	3.51
A4	54.65	61.75	63.10	59.83 abAB	2 956	82.09	2.53	77.55	9.42
A5	62.05	59.65	72.15	64.62 aA	3 193	84.45	2.97	91.74	18.17
A6	51.30	59.15	49.40	53.28 bB	2 633	79.70	1.53	58.11	-2.56
A7	41.90	43.65	43.95	43.17 cC	2 133	82.82	1.47	28.09	-21.06
CK1	32.20	34.65	34.25	33.70 dC	1 665	84.89	4.50	—	-38.37
CK2	53.70	51.55	58.80	54.68 bAB	2 702	81.56	3.57	62.27	—

2.4　不同处理马铃薯块茎品质

蛋白质含量最高的是 A7（表6），为 2.46 g/100 g，较 CK2，A1 蛋白质含量降低，A2、A3、A4、A5、A6 和 A7 蛋白质含量升高。干物质含量最高的是 A3 和 CK1，为 20.6 g/100 g，较 CK2，A1、A4、A5、A6 和 A7 干物质含量降低，A2 和 A3 干物质含量升高。淀粉含量最高的是 A3，为 16.74 g/100 g，较 CK2，A1、A2、A3、A4 和 A5 淀粉含量升高，A6 和 A7 淀粉含量降低。还原糖含量最高的是 CK1，为 1.03 g/100 g，较 CK2，A1 和 A4 还原糖含量升高，A2、A3、A5、A6 和 A7 还原糖含量降低。铁含量最高的是 A3，为 16.1 mg/kg，最低的是 CK1，为 5.8 mg/kg；钾含量最高的是 CK1，为 538 mg/100 g，最低的是 CK2，为 456 mg/100 g；锌含量最高的是 A5 和 A6，均为 2.7 mg/kg，最低的是 A1，为 1.2 mg/kg。

表6　不同处理马铃薯块茎品质

处理	蛋白质（g/100 g）	干物质（g/100 g）	淀粉（g/100 g）	还原糖（g/100 g）	铁（mg/kg）	钾（mg/100 g）	锌（mg/kg）
A1	1.40	19.0	16.36	1.02	8.1	467	1.2
A2	1.95	20.2	16.12	0.90	12.8	517	1.9
A3	1.81	20.6	16.74	0.81	16.1	535	2.1
A4	1.66	19.4	14.57	1.02	11.2	495	2.1
A5	1.98	18.9	15.96	0.90	11.1	508	2.7
A6	1.87	17.6	11.76	0.87	7.1	507	2.7
A7	2.46	15.1	11.80	0.81	8.9	501	2.3
CK1	1.63	20.6	16.70	1.03	5.8	538	1.4
CK2	1.64	19.6	13.35	0.95	8.7	456	1.6

注：含量均为鲜基检测含量。

2.5 不同处理土壤养分检测

相对于基础土(表7),所有处理的 pH 值都大于基础土,CK2 的 pH 值最大,为 7.54,其次是 A2,为 7.52。除 A1、A7 外,其他处理的速效钾含量均小于基础土,速效钾含量最大的是 A7,为 526 mg/kg,最小的 A5,为 340 mg/kg。所有处理的全氮含量都小于基础土,基础土全氮含量为 0.211%,全氮含量最小的是 A5,为 0.076%。有效磷含量最大的是 A2,为 83.5 mg/kg,最小的是 CK1,为 33.1 mg/kg。有机质含量最大的是 A2,为 39.4 g/kg,最小的是 A1,为 29.6 g/kg。

表 7　不同处理土壤养分检测

处理	pH	速效钾 (mg/kg)	全氮 (%)	有效磷 (mg/kg)	有机质 (g/kg)
A1	7.03	525	0.199	35.8	29.6
A2	7.52	438	0.144	83.5	39.4
A3	7.25	446	0.197	48.0	33.0
A4	7.38	459	0.185	71.5	37.4
A5	7.46	340	0.076	53.5	36.2
A6	7.50	353	0.187	69.3	35.2
A7	6.67	526	0.172	36.9	30.9
CK1	6.86	448	0.128	33.1	31.0
CK2	7.54	408	0.196	52.0	32.5
基础土	6.62	521	0.211	57.9	37.5

2.6 不同处理经济效益分析

产值最高是 A5(表8),为 5 747 元/667 m^2,投产比为 3.19,较 CK1 增收量为 2 374 元/667 m^2,增效率为 49.70%,较 CK2 增收量为 508 元/667 m^2,增效率为 10.44%。

表 8　不同处理经济效益分析

处理	产量 (kg/667 m^2)	产值 (元/667 m^2)	增收量(元/667 m^2)		增效率(%)		投产比
			比 CK1	比 CK2	比 CK1	比 CK2	
A1	2 700	4 860	1 187	−679	24.86	−13.96	1.96
A2	2 633	4 740	947	−919	19.83	−18.89	1.83
A3	2 796	5 034	1 241	−625	25.98	−12.86	1.94
A4	2 956	5 321	1 468	−398	30.74	−8.18	2.00
A5	3 193	5 747	2 374	508	49.70	10.44	3.19
A6	2 633	4 739	1 306	−560	27.34	−11.52	2.12
A7	2 133	3 839	466	−1 400	9.76	−28.79	1.76
CK1	1 665	2 997	−	−1 866	−	−38.37	2.65
CK2	2 702	4 863	1 450	−	30.36	−	2.19

3 讨 论

在当地化肥常规用量(80 kg/667 m²)减少25%的前提下，相对于空白对照，增施7种新型肥料均能显著提高马铃薯产量；相对于肥料对照，增施精制有机肥(A5)显著提高马铃薯产量；增施有机肥(A3)、生物菌肥-土豆专用肥(A4)、羊粪生物有机肥(A1)、菌益生(A2)和免申耕土壤调理剂(A6)的马铃薯产量与之相当，差异均不显著。马铃薯种植过程中建议增施精制有机肥来替代部分化肥，以达到减肥增效，增加土壤活性的目的。生产中不建议使用有机—无机复混肥来种植马铃薯。

[参 考 文 献]

[1] 许国春,罗文彬,李华伟,等.氮肥减量运筹对秋种马铃薯产量和氮肥利用率的影响 [C]//金黎平,吕文河.马铃薯产业与美丽乡村.哈尔滨:黑龙江科学技术出版社,2020.

[2] 王靖作.马铃薯气候智慧型种植管理和发展对策 [M].北京:中国农业大学出版社,2023.

[3] 高海洋,金光辉,张春雨,等.肥料增效剂对马铃薯农艺性状及产质量影响 [J].中国马铃薯,2019,33(5):290-295.

[4] 罗雨霞,窦俊焕,吕汰,等.不同肥料对马铃薯产量、品质和经济效益的影响 [J].中国马铃薯,2019,33(3):159-164.

[5] 徐茜,肖波,宗洪霞,等.生物炭有机肥对马铃薯主要性状及生产效益的影响 [J].中国马铃薯,2021,35(6):562-567.

[6] 尹旺,邓仁菊,曾宪浩,等.不同肥料对晚熟马铃薯光合特性及产量形成的影响 [J].江苏农业科学,2021,49(2):58-62.

[7] 邢杰,陈煜林,丘智晃,等.全程液体配方肥追肥对膜下滴灌马铃薯的减肥增效作用 [J].中国马铃薯,2022,36(1):36-44.

[8] 赵光磊,张雅奎,万群芳,等.新型肥料对马铃薯产量和品质的影响 [J].安徽农业科学,2023,51(10):127-129.

[9] 杜二小,李焕春,任永峰,等.减氮结合不同肥料配施对农田土壤温室气体排放强度及马铃薯产量的影响 [J].中国马铃薯,2023,37(5):440-451.

中微量元素对马铃薯产量及淀粉含量的影响

赵红阳*

(本溪市农业综合发展服务中心，辽宁 本溪 117000)

摘 要：马铃薯产量高低和淀粉含量影响着马铃薯种植效益。为了探讨中微量元素对马铃薯产量和淀粉含量的影响，试验设 5 个处理（NPK 复合肥 50~90 kg/667 m²，配施中微量元素水溶肥 1 000 倍稀释）、1 个对照（NPK 复合肥 75 kg/667 m²，不配施中微量元素水溶肥）。在马铃薯产量方面，处理 1（NPK 复合肥 90 kg/667 m²）、处理 2（NPK 复合肥 80 kg/667 m²）、处理 3（NPK 复合肥 70 kg/667 m²）、处理 4（NPK 复合肥 60 kg/667 m²）数值均高于 CK，且差异极显著，处理 5（NPK 复合肥 50 kg/667 m²）和 CK 之间差异不显著。在淀粉含量方面，各处理数值均高于 CK，且差异显著。说明喷施中微量元素能显著提高马铃薯产量和淀粉含量。因此，种植马铃薯，要合理搭配施用中微量元素和 NPK 肥料，从而实现马铃薯种植优质高产。

关键词：马铃薯；中微量元素；复合肥；产量；淀粉

马铃薯的市场需求量大，种植马铃薯有较好的经济效益和社会效益。伴随着生活水平提高，人们对马铃薯品质提出更高要求。本文从中微量元素对马铃薯产量和淀粉含量的影响角度来探索提高马铃薯产量和品质的方法，以供广大种植户参考。

1 材料与方法

1.1 试验材料

供试品种："早大白"一级种。

1.2 供试肥料

中微量元素水溶性肥料（Ca+Mg≥100 g/L，Ca≥80 g/L，Mg≥20 g/L，Zn≥1.5 g/L，B≥0.8 g/L，Fe≥1.0 g/L，Mn≥0.5 g/L），NPK 复合肥（N：P_2O_5：K_2O = 12：16：17）。

1.3 试验地概况

土质疏松，土层深厚，排水良好，前茬大豆。

1.4 试验设计

试验设 5 个处理、1 个对照（CK），3 次重复。5 行区，行长 5 m，株距 25 cm，行距 60 cm，小区面积 15 m²。处理 1：NPK 复合肥 90 kg/667 m²（底肥）；中微量元素 1 000 倍稀释，连续叶面喷雾 3 次，间隔 10 d。处理 2：NPK 复合肥 80 kg/667 m²（底肥）；中微量元素 1 000 倍稀释，连续叶面喷雾 3 次，间隔 10 d。处理 3：NPK 复合肥 70 kg/667 m²（底

作者简介：赵红阳（1972—），男，高级农艺师，主要从事马铃薯栽培技术、病虫草害防治、组培及育种工作。

基金项目：现代农业产业技术体系（CARS-09）。

*通信作者：赵红阳，e-mail：benxizhaohongyang@163.com。

肥）；中微量元素 1 000 倍稀释，连续叶面喷雾 3 次，间隔 10 d。处理 4：NPK 复合肥 60 kg/667 m²（底肥）；中微量元素 1 000 倍稀释，连续叶面喷雾 3 次，间隔 10 d。处理 5：NPK 复合肥 50 kg/667 m²（底肥）；中微量元素 1 000 倍稀释，连续叶面喷雾 3 次，间隔 10 d。CK：NPK 复合肥 75 kg/667 m²，不追施中微量元素。

1.5 测定项目

收获时每小区随机取 5 点，每点取 5 株。带回室内分级，测定各级薯数、薯重。成熟期收获后 15 d 测定淀粉含量。

2 结果与分析

2.1 中微量元素对马铃薯产量和淀粉含量的影响

中微量元素处理对马铃薯产量和淀粉含量都有积极影响（表 1）。产量比较，由多到少依次为：处理 1、处理 2、处理 3、处理 4、CK、处理 5；各处理与对照比较增减幅度分别为：43.55%、36.14%、35.82%、25.42%、−5.68%。处理 1、处理 2、处理 3 差异不显著，CK 与处理 5 差异不显著，与处理 1、处理 2、处理 3、处理 4 差异极显著。说明，合理施用中微量元素，适当减少 NPK 复合肥并不会降低马铃薯产量，还能在一定程度上增加马铃薯产量；一定范围内适当增加 NPK 复合肥施用量，同时施用中微量元素，还能显著提高马铃薯产量；但是，降低 NPK 复合肥施用量过多，即使施用中微量元素，也会导致马铃薯减产。淀粉含量最高的是处理 4 和处理 5 为 12.1%，其次是处理 2 和处理 3 为 12.0%，处理 1 为 11.9%，淀粉含量最低的是 CK 为 11.6%。各处理与对照相比均增加，增加百分点分别为处理 1 为 0.3 个百分点，处理 2 与处理 3 为 0.4 百分点，处理 4 和处理 5 为 0.5 百分点。各个处理与 CK 比较，淀粉含量差异显著。说明合理施用中微量元素能显著提高马铃薯淀粉含量。

表 1　不同处理的产量及淀粉含量比较

处理	产量 （kg/667 m²）	各处理与对照比较增减 （%）	淀粉含量 （%）	各处理比对照增减 （百分点）
1	4 090 aA	43.55	11.9 aA	0.3
2	3 879 aAB	36.14	12.0 aA	0.4
3	3 869 aAB	35.82	12.0 aA	0.4
4	3 573 bB	25.42	12.1 aA	0.5
CK	2 849 cC	−	11.6 bA	−
5	2 687 cC	−5.68	12.1 aA	0.5

注：同列不同小写字母表示 0.05 水平差异显著，同列不同大写字母表示 0.01 水平差异显著。下同。

2.2 中微量元素对马铃薯产量影响因子的作用

马铃薯喷施中微量元素对其商品薯率、单薯重、单株薯重的影响不同（表 2）。商品薯率方面，数值从大到小顺序为处理 1>处理 3>处理 2>CK>处理 4>处理 5。单薯重方面，数值从大到小顺序为处理1>处理2>处理3>CK>处理4>处理5。单株薯数方面，数值为处理1=处理2=处理5=CK=5.5，处理3=处理4=5.3。单株薯重方面，数值从大到小顺序为处理1>处理2>处理3>CK>处理5>处理4。总的来看，马铃薯喷施中微量元素能够促进其商品薯率、单薯重和单株薯重的提高，合理喷施中微量元素的同时，一定范围内适当减少NPK复合肥施用量不会降低马铃薯产量，但是，NPK复合肥减量幅度过大，即使增施中微量元素也会对马铃薯产量造成严重影响。

表2　不同处理的产量因子比较

处理	商品薯率（%）	单薯重（g）	单株薯数（个）	单株薯重（g）
1	87.7 aA	203.6 aA	5.5 aA	1 120 aA
2	83.5 abAB	190.7 bB	5.5 aA	1 049 bB
3	83.7 abAB	188.9 bBC	5.3 aA	1 001 cC
4	78.7 bcB	164.7 dD	5.3 aA	873 dD
5	75.9 cB	161.3 dD	5.5 aA	887 dD
CK	80.3 bAB	178.0 cC	5.5 aA	979 cC

3　讨　论

试验结果表明，合理喷施中微量元素对提高马铃薯产量、淀粉含量、商品薯率、单薯重、单株薯重都有明显促进作用。特别是在NPK元素安全用量范围内正确施用，同时合理喷施中微量元素，能明显提高马铃薯产量和淀粉含量。其机理在于，中微量元素与NPK复合肥合理搭配施用，在促进马铃薯植株健康成长、促进叶片增大增厚、促进叶绿素合成等方面发挥重要作用，促进同化物质的制造、积累和运输。马铃薯在生长发育过程中，需要多种营养元素，同时，各种营养元素要搭配均衡合理，以保证植株获得全面充足营养元素，又不至于浪费营养肥料，从而保证植株健康生长。同时要避免由于某种元素过多或过少引发植株生理性疾病。因此，种植马铃薯，要合理搭配施用中微量元素和NPK肥料，从而实现马铃薯种植优质高产。

盐碱地马铃薯不同水肥管理对产量与品质的影响

王　悦[1,2]，张志凯[1,2]，崔长磊[1,2]，杨　芸[1,2]，胡柏耿[1,2]*

（1. 国家马铃薯工程技术研究中心，山东　乐陵　253600；
2. 乐陵希森马铃薯产业集团有限公司，山东　乐陵　253600）

摘　要：马铃薯作为全球重要的粮食作物，其生产效率及品质受到水肥管理策略的显著影响。对近年来关于马铃薯水肥管理对其生长发育、产量提升以及品质改善等方面的研究成果进行综述。通过回顾和分析各类试验研究，探讨不同水肥配比、施用时期、施用量等关键因素对马铃薯生长性能的影响，以期为盐碱地环境下水肥管理策略进行改良和适应性种植试验。

关键词：马铃薯；水肥管理；产量；品质；实验研究

马铃薯是一种在全球广泛种植的粮食作物，在全球范围内作为主食和经济作物的地位无可替代，其生产效率与品质直接影响着食品安全和农民收入，对于保障粮食安全、改善农民生活水平意义重大。但在盐碱地环境下，土壤中的盐分含量较高，这会对马铃薯的生长发育造成严重影响，包括抑制种子发芽、延缓生长、降低产量和品质等，针对这些问题，科研人员常用不同肥料作为植物生长的主要营养来源[1]。然而，不合理或过度肥料施用可能会导致土壤质量退化、环境污染以及作物产量和品质下滑等问题。因此，本文旨在通过对现有研究成果梳理与总结，全面回顾和深入探讨马铃薯肥料施用对作物生长发育、产量和品质的影响，为马铃薯的高效、环保、可持续生产提供理论指导和技术支持。

1　马铃薯的营养需求特性及其肥料响应

1.1　马铃薯生命周期中的养分需求动态

马铃薯在整个生长周期中表现出对氮、磷、钾等大量元素的高度依赖，同时也需要适量的钙、镁、硫等中量元素以及硼、锌、铁等微量元素[2]。从播种到收获，马铃薯植株经历种子萌发、幼苗生长、块茎形成和成熟等多个阶段，不同生长期对各类养分的需求规律各异，如发芽至出苗期对氮、磷、钾3种主要元素的吸收量分别占总吸收量的较小比例，苗期主要需求氮素以利于叶片繁茂，块茎形成和膨大期则需充足的磷、钾供应。

1.2　肥料对马铃薯生长发育的生理响应

植株生长时期施用氮肥可以促进植株快速繁茂，增加叶面积指数，提高光能利用率，施用磷肥能够增强植株的抗旱、抗寒能力，提高光合作用效率，加速植株生长发育进程，

作者简介：王悦（1997—），女，硕士，助理农艺师，从事马铃薯育种研究工作。
基金项目：国际合作（2023KJHZ0011）；山东省重点研发计划（重大科技创新工程）项目（2022LZGC017）。
＊通信作者：胡柏耿，博士，高级工程师，从事马铃薯育种及新品种推广工作，e-mail：hubaigeng@163.com。

施用钾肥对块茎形成和增大作用明显，能增强植株的抗病、抗倒伏能力和提高产品品质[3]。合理施用氮、磷、钾肥可以增强马铃薯叶片的光合效能，尤其是氮肥对叶绿素的合成有直接影响，提高光合作用速率，从而增加干物质积累。施基肥有助于改良土壤结构，提供持久的养分供应，对整个生育期都有正面影响，追肥则依据植株生长状况和土壤养分状况调整氮、磷、钾的比例和用量，确保养分在关键生育阶段得到及时补充。局部施肥或根外追肥可以更精准地控制养分供给，提高肥料利用率，增强植株对特定养分的吸收速度和效果。

2 马铃薯水肥管理试验研究

2.1 水分管理

大量研究表明，适度水分供应可以促进马铃薯植株生长和块茎形成，滴灌、喷灌、微喷灌等节水灌溉技术在马铃薯上的应用效果得到了广泛验证。在盐碱地中种植马铃薯，本次大田播种采取滴灌方式，降低土壤盐分浓度。同时，通过优化灌溉制度，如控制灌溉次数和灌溉量，既能满足马铃薯正常生长所需的水分，又能防止过量灌溉加剧盐分上升。

2.2 肥料管理

氮、磷、钾等主要营养元素对马铃薯生长有重要影响，合理施肥不仅能提高产量，而且有利于改善块茎的营养价值和加工品质。有机肥与无机肥的配合施用可改善土壤结构，提高肥料利用率。在盐碱地地区，肥料的选择和施用策略也至关重要。一方面，通过施加适量的有机肥改善土壤结构，增加有机质含量，有助于吸附和转化盐分；另一方面，合理搭配氮、磷、钾等无机肥，可以提高马铃薯的抗盐碱能力，促进养分吸收和利用。另外，研究表明，施用某些微量元素肥料（如钙、硫、硅）以及耐盐肥料添加剂也有助于缓解盐碱胁迫对马铃薯的影响。本次试验选择以复合肥为主，生物菌肥[有效活菌数≥6亿/g，有机质≥60%，总养分（$N+P_2O_5+K_2O$）=10%]为辅，三元复合肥（$N：P_2O_5：K_2O=15：15：15$）100 kg/667 m^2，生物菌肥80 kg/667 m^2，辛硫磷颗粒剂4 kg/667 m^2，二甲戊灵150 mL/667 m^2，以施用不同的微量元素肥料作为不同处理，进行试验开展。

2.3 水肥耦合效应

相关研究强调了水肥综合管理的重要性，如在关键生育期保证适量水肥供应，可以实现马铃薯高产高效的目标。许多研究探讨了水肥耦合对盐碱地马铃薯生长的影响，通过综合考虑水分和养分的协同作用，寻找最佳水肥管理模式。本次试验适当降低灌溉水盐度的同时配合耐盐肥料的使用，可以在一定程度上减轻盐碱对马铃薯生长的抑制作用，提高马铃薯的产量和品质。

3 肥料施用对马铃薯生长及产量品质的影响

3.1 肥料施用对马铃薯生长发育的影响

肥料施用对马铃薯生长发育的影响在植株形态建成、生理代谢和生物量积累等多个方面均有显著体现。首先是植株形态的建成，充足的氮肥供给可以促使马铃薯叶片繁茂，增大叶面积，增强光合作用能力，进而促进地上部分的生长发育；磷肥能够促进植株根系生长，增强抗旱抗寒能力；钾肥则有助于茎秆木质化，减少倒伏，使得马铃薯块茎更加充实饱满。其次影响生理代谢，适量施用氮磷钾肥料可以增强马铃薯的生理代谢活动，提高其生长速率和同化物积累，适量增施微量元素如硼、锌、铁、锰等对马铃薯的生理功能同样至关重要，如硼能促进开花结实，锌对生长素合成和酶活性有重要影响，铁是叶绿素合成的关键因子。最后影响生物量积累，合理的氮、磷、钾配比施肥可以有效调节马铃薯植株的营养生长与生殖生长，使更多的光合产物分配到块茎的形成和发育中，从而大幅增加块茎重量和淀粉含量，提高产量[4]。因此，在马铃薯种植过程中，应根据土壤肥力状况、气候条件和马铃薯不同生育阶段的需求，实施精准施肥策略。

3.2 肥料施用对马铃薯产量的影响

肥料施用对马铃薯产量的影响显著，而不同的施肥策略会带来不同的单产效果。一种施肥策略是适宜施肥，适量且均衡地施用氮、磷、钾等大量元素肥料，以及必要的微量元素，可显著提高马铃薯的单产。研究表明，合理的氮肥用量可使马铃薯产量提高 30% ~ 50%，磷肥和钾肥也能分别提升 20% 和 30% 的产量。同时，适当的微量元素补充也对增产起到辅助作用。另一种施肥策略为精准施肥，根据马铃薯生长周期特点和土壤肥力状况，进行分期、分区、按需精准施肥，可更有效地提高马铃薯单产。如，在马铃薯生长初期侧重氮肥以促进茎叶生长，块茎形成期和膨大期加大钾肥投入，可进一步提高块茎质量和产量。然而，过量施肥不仅不能持续提高马铃薯产量，反而可能导致产量下降，因为过量施肥会产生养分拮抗作用、土壤盐碱化、植株徒长等不良影响最终影响总产量。因此，要实现马铃薯高产高效，必须遵循科学施肥的原则，实施测土配方施肥，既要满足马铃薯生长发育所需的营养，又要防止过量施肥带来的负面影响。

3.3 肥料施用对马铃薯品质的影响

肥料施用不仅对马铃薯产量有显著影响，还对其品质产生重要影响，合理均衡的施肥可以维持或提高马铃薯维生素 C、B 族维生素以及其他矿物质(如钙、铁、锌)含量，从而提高马铃薯的整体营养价值，有助于马铃薯块茎的均匀发育，避免因养分不均而导致的畸形或大小不一的现象。如适量的氮肥有助于提高马铃薯蛋白质含量，但过量的氮肥可能会导致淀粉含量相对下降，影响马铃薯作为粮食作物的品质；钾肥则有利于淀粉积累，适当增加钾肥可以提高马铃薯块茎的淀粉含量和口感，钾肥充足时，马铃薯皮色亮丽，内部肉质颜色鲜艳，有利于市场销售，也能增强马铃薯的抗病能力和耐贮性，减少收获后的损失，延长贮藏期限。合理的肥料管理有助于提高马铃薯的抗病虫害能力，特别是微量元素的施用对提高作物免疫力有一定作用，过量施肥尤其是未腐熟有机肥可能携带病原菌或虫卵，增加马铃薯患病的风险，还会导致作物中硝酸盐和重金属积累，对人体健康不利。因此，采用安全、环保的肥料和科学施肥技术，可以保证马铃薯产品的食用安全性。综合来看，科学合理的施肥方案，既注重提高马铃薯产量，又关注改善其内在品质和食用安全，是现代农业生产中不可忽视的重要环节。

4 肥料施用与环境保护及可持续农业的关系

4.1 过度施肥引发的环境问题

过度施肥引发土壤退化和板结、地下水污染、地表水体富营养化、温室气体排放、生物多样性减少、农作物品质下降等环境问题。因此，推广科学施肥技术，实行测土配方施肥，鼓励有机肥和化肥相结合，是解决过度施肥引发环境问题的有效途径之一。同时，还需要强化农民环保意识教育，推行绿色可持续农业发展模式。

4.2 可持续肥料管理策略

可持续肥料管理策略是一个旨在优化肥料使用效率、减少环境污染、提升土壤健康和维持作物高产的综合体系，如实时精确施肥、缓释和控释肥料技术、农田养分精准管理、增施有机肥、使用肥料添加剂、建立循环农业系统等方式实现可持续肥料管理。通过可持续肥料管理策略的实施，不仅能够提高肥料利用率，减轻对环境的压力，还有助于实现农业生产的可持续性和高效性，保障食品安全，促进农村经济的健康发展[5]。

5 展　望

马铃薯肥料施用技术的进步对于提高马铃薯产量和品质具有重要意义。盐碱地马铃薯水肥试验研究旨在探究如何通过科学的水肥管理技术减轻盐碱胁迫，优化马铃薯生长环境，从而实现盐碱地上的马铃薯高产稳产。未来，应继续深化适合盐碱地马铃薯专用肥料的研发与应用，强化施肥管理技术的研究，充分利用现代信息技术推动精准施肥技术的发展，实现马铃薯产业的绿色、高效和可持续发展。同时，鼓励政策引导和支持，加大新型肥料技术的推广力度，切实提高中国乃至全球马铃薯产业的整体竞争力。

[参 考 文 献]

[1] 李春景, 刘山林. 盐碱地改良技术评价及应用研究——评《盐碱地改良技术实用问答及案例分析》[J]. 灌溉排水学报, 2024, 43(4): 121.

[2] 王西亚, 盛寅生, 何萍, 等. 我国马铃薯施肥现状与减肥潜力 [J]. 植物营养与肥料学报, 2023, 29(11): 2 059-2 070.

[3] 唐高霞. 影响马铃薯品质的肥料及施用方法 [J]. 吉林农业, 2000(8): 7.

[4] 朱玛. 氮磷钾肥料施用对马铃薯生长的影响试验 [J]. 安徽农学通报, 2016, 22(20): 22-23.

[5] 王军峰, 王军荣. 土肥管理技术在资源环境保护型农业中的应用研究 [J]. 种子科技, 2020, 38(21): 83-84.

微生物菌剂在马铃薯上的施用效果

陈瑞英[1*]，李慧成[2]，谭林涛[1]，贺　赟[1]，李春艳[1]，赵培荣[1]，樊睿智[1]，冯鑫红[2]

(1. 四子王旗农业技术服务中心，内蒙古　乌兰察布　011800；
2. 乌兰察布市农业技术推广中心，内蒙古　乌兰察布　012000)

摘　要：常年大量施用化肥，加上种植户养地观念缺乏，造成土壤盐碱化程度加重，肥力降低，土传病害加重。微生物菌剂具有修复土壤功能，降低病害发生，促进作物增产增收等功效。为了研究微生物菌剂在浅埋滴灌种植模式下对马铃薯的应用效果，选择生物修护营养液和微生物菌剂开展田间试验，以农户常规施肥为对照，分析不同处理下马铃薯产量和商品薯率、黑痣病发病率及经济效益情况。在马铃薯上施用微生物菌剂处理较农户常规处理增产 490 kg/667 m²，增产率为 16.2%，商品率提升 4.8 个百分点；黑痣病综合发生率降低 14.8 个百分点，纯增加收益 488 元/667 m²。试验表明，在马铃薯上施用微生物菌剂有利于马铃薯产量和品质的提升，降低土传病害发生，增加农户经济效益，可以大面积推广利用。

关键词：微生物菌剂；马铃薯；产量分析；经济效益

　　土壤是植物生长的基础，但随着种植年限延长和过量施肥，加上种植观念的落后，当地农田土壤出现了较多问题，土壤有机质含量低、肥力降低、微生物作用差、土壤盐碱化加重、板结、土壤功能退化，土传病害加重等。生产的马铃薯受到了一定影响，产量和品质提升受限，商品薯商品性变差，从而影响产品的销售和整体价格，最终影响农户的经济效益。

　　微生物菌剂具有直接或间接改良土壤功能、恢复耕地地力、预防和控制土传病害发生、维持根际微生物活性等作用[1]。适时适量使用微生物菌剂，可以改良土壤[2,3]、减少化肥用量、降低生产成本、提高农产品产量[4,5]、改善农产品品质、保护生态环境。

　　四子王旗是华北地区重要的马铃薯主产区之一，每年马铃薯种植面积维持在 2.67 万 hm² 左右。基于这一现状，在当地主栽作物马铃薯上开展微生物菌剂试验，验证微生物菌剂在促进作物生长和增产增收、病虫害防治的应用效果，为微生物菌剂的大面积推广应用奠定基础。

作者简介：陈瑞英(1986—)，女，硕士，高级农艺师，主要从事马铃薯栽培生理和农业资源与环境保护工作。
基金项目：中央引导地方科技发展资金项目(2022ZY0103)。
＊**通信作者**：陈瑞英，e-mail：qjcryvv@126.com。

1 材料与方法

1.1 试验地概况

乌兰察布市四子王旗乌兰花镇豪赖村（E 111.7843°，N 41.4926°），年有效积温（≧10 ℃）2 100 ℃，无霜期 110 d，当年有效降水量在 260 mm 左右，且多为无效降雨。土质为壤土，肥力中等，土壤类型为栗钙土，采用膜下滴灌灌溉方式。

1.2 试验材料

微生物菌剂选择微生物菌剂和生物修护营养液，马铃薯品种"希森 6 号"。

1.3 试验设计

选择同一地块相邻轮灌区开展试验，设两个处理。处理 1 为施用微生物菌剂，处理 2 为农户常规施肥作对照，每个处理 1.67 hm²，不设重复，试验面积共 3.33 hm²。试验田播种时间为 2023 年 5 月 13 日，测产时间为 9 月 14 日，种植模式为浅埋滴灌，保苗 3 500 株/667 m²。

微生物菌剂施用时期和方法：苗期随滴灌施用生物修护营养液 5 kg/667 m²，现蕾期随滴灌施用微生物菌剂 500 mL/667 m²。整个生育期进行了 10 次灌水，2 次病虫害防治。其他田间管理均一致，按照当地常规方法进行。

2 结果与分析

2.1 不同处理下马铃薯产量

根据产量（表 1）可知，微生物菌剂试验区马铃薯产量为 3 520 kg/667 m²，较常规施肥区产量 3 030 kg/667 m² 增产 490 kg/667 m²，增产率为 16.2%。微生物菌剂试验区马铃薯商品薯率为 82.7%，较常规施肥区商品率 77.9% 高 4.8 个百分点，在马铃薯生产上施用微生物菌剂具有明显的增产和提升商品薯率的效果。

表 1　不同处理下马铃薯产量

处理	样点大薯重（kg）	样点小薯重（kg）	样点产量（kg）	产量（kg/667 m²）	增产率（%）	商品薯率（%）
微生物菌剂试验区	29.1	6.1	35.2	3 520	16.2	82.7
常规施肥区（CK）	23.6	6.7	30.3	3 030	-	77.9

注：样点面积为 7.41 m × 0.9 m = 6.67 m²。

2.2 不同处理下马铃薯黑痣病发病情况

根据表 2 可知，在 6 月 17 日和 7 月 11 日，分别对微生物菌剂试验区和对照区马铃薯黑痣病发病率进行了调查。综合两次调查结果，微生物菌剂试验区马铃薯黑痣病综合发病率为 22.7%，较对照区综合发病率 37.5% 低 14.8 个百分点。说明在此试验中，施用微生物菌剂对马铃薯黑痣病的发生有一定预防效果，在一定范围内可降低黑痣病的发病率。

表 2　不同处理马铃薯黑痣病发生情况

处理名称	调查株数 （株）	主茎数 （个）	发病主茎数（个）		综合发病率 （%）
			17/06	11/07	
微生物菌剂试验区	10	22.0	6	4	22.7
常规施肥区（CK）	10	24.0	8	10	37.5

2.3　不同处理下马铃薯经济效益分析

根据表 3 可知，当地农户常规施肥种植成本为 1 800 元/667 m^2，微生物菌剂成本为 100 元/667 m^2，则微生物菌剂试验区成本为 1 900 元/667 m^2，根据秋季马铃薯市场均价 1.2 元/kg 计算，微生物菌剂试验区收益为 4 224 元/667 m^2，常规施肥种植区收益为 3 636 元/667 m^2。微生物菌剂试验区纯收益为 2 324 元/667 m^2，较常规种植区纯收益 1 836 元/667 m^2，纯增加收益 488 元/667 m^2。

表 3　不同处理经济效益分析

处理名称	产量 （kg/667 m^2）	增产量 （kg/667 m^2）	增产幅度 （%）	成本 （元/667 m^2）	收益 （元/667 m^2）	纯收益 （元/667 m^2）	纯增收益 （元/667 m^2）
微生物菌剂试验区	3 520	490	16.2	1 900	4 224	2 324	488
常规施肥区（CK）	3 030	－	－	1 800	3 636	1 836	－

3　讨　论

当地农田土壤贫瘠，加上农户长期掠夺式经营理念和化肥的不合理施用，对微生物菌剂的施用意识薄弱，导致土壤地力持续降低，农产品产量和品质受到影响。微生物菌剂中含有大量有益菌，有益菌的繁殖可以抑制致病菌的发展，有益菌可以产生一些抗菌物质，抑制致病菌的生长和繁殖，施用微生物菌剂有利于保持土壤生态平衡，提高马铃薯植株的抗逆性，控制马铃薯病害的发生。

微生物菌剂对农作物生产和农田土壤功能改善有着积极的作用，可以促进土壤中有益微生物的繁殖和活动，促进有机质分解和养分释放，降低化肥用量，减少经济投入，可以改善土壤质量，提高土壤肥力，改善土壤的通气性能，提升保持水分能力和养分供应能力，有利于马铃薯根系生长和养分的吸收利用，促进农作物生长发育、产量和品质的提升。在本试验马铃薯种植中，施用微生物菌剂可促进马铃薯生长发育，促进马铃薯产量和商品薯率的提高，维持良好的农田生态平衡，最终增加农户收入。

[参 考 文 献]

[1]　李玉柱,谭志勇,刘艺,等.微生物菌剂对土壤养分及微生物群落结构影响的研究进展 [J]. 中南农业科技,2024,45

(3): 222-226, 245.

[2]　王俊泽, 龚照龙, 郑巨云, 等. 不同微生物菌剂对棉花土壤理化性质及生长的影响 [J]. 新疆农垦科技, 2023, 46(4): 46-50.

[3]　马健祯. 配施微生物菌剂对膜下滴灌玉米生长及土壤理化性状的影响 [D]. 宁夏: 宁夏大学, 2023.

[4]　章孜亮, 李婧, 高俊, 等. 不同微生物菌剂在马铃薯种植中的应用效果 [J]. 现代化农业, 2023(12): 23-25.

[5]　刘雅娜, 李袁凯, 王金莲, 等. 不同微生物菌剂对马铃薯的促生作用研究 [J]. 干旱区资源与环境, 2023, 37(9): 136-143.

智能灌溉实现土壤根际改良与水肥决策
对马铃薯生产的影响

柴玉琳[1]，张建华[1,2*]，王　凯[2]，陈治国[1]

（1. 北京柏领生物科技有限公司，北京　100193；
2. 中国农业科学院北方农牧业技术创新中心，内蒙古　呼和浩特　010010）

摘　要：通过智能灌溉平台，结合水肥一体化，实现马铃薯根部的土壤改良，以及水分、养分的精准施用，最终达到改土防病、壮根防早衰、提高水肥利用效率，实现马铃薯节水增产提质的的目的。

关键词：智能灌溉；水肥一体化；根际改良；水肥决策

土壤是植物生长的基础，但随着种植年限延长和人为因素的干预，土壤出现各种问题，如水土流失、盐碱化、土壤板结、土传病害严重。同时内蒙古自治区马铃薯主产区属于生态脆弱区，地下水资源匮乏，如何在发展生产的同时，维护生态环境节制开采地下水，保持农业可持续发展，是内蒙古自治区马铃薯生产必须解决的重大课题。

通过马铃薯智能灌溉平台，集成土壤改良、水肥一体化，促进微生物菌剂的推广应用，在当地主栽作物马铃薯上开展微生物菌剂示范。实现智能灌溉、水肥一体下，微生物菌剂在促进作物生长、防控土传病害和增产增收等方面的应用，达到马铃薯节水、绿色、高效的生产效果。

1　试验目的

1.1　根际土壤改良

通过使用微生物菌剂拌种，避免化学拌种剂对土壤的不利影响，提早出苗，苗齐苗壮，防控土传病害。在马铃薯出苗后，追施复合微生物菌剂（随水），促生壮根，保水抗旱，缓解盐碱不利影响，延缓衰老。在马铃薯苗期，追施生物活性营养液并及时补充中微量元素，促进土壤的微生物活动、改善土壤通气保水，活化无机盐，提高养分利用率。达到改土防病、减肥减药、防止早衰、提高产量的目的。

作者简介：柴玉琳（1983—），硕士，助理研究员，主要从事马铃薯栽培研究与产业服务。
基金项目：基于智能灌溉的马铃薯水肥一体化与数字化绿色高效生产技术集成研究（中国农业科学院北方农牧业技术创新中心，BFGJ2022008）。
＊通信作者：张建华，博士，主要从事马铃薯栽培方面土壤改良、智能灌溉与数字化种植等研究与产业服务工作，e-mail：phdzhang@163.com。

1.2 智能灌溉

种植农作物耗水基本是三方面：一是大气蒸发、二是土壤渗漏、三是植物蒸腾。三项中前两项为无效消耗，只有第三项是植物生长发育所需。发展节水农业就是要最大限度地减少前两项无效消耗，保障植物生长所需的有效消耗，推行智能滴灌是达到上述目标的最佳途径。

(1)智能滴灌水滴直接滴到作物根部，避免了渠灌、管灌、喷灌等传统灌溉方式地表面普遍洒水、空气蒸发、垄沟径流、无效渗透等损失浪费。非智能普通滴灌虽然节水效果比上述灌溉方式大有进步，但也存在至少需要3 d(或以上)轮灌1次，而且必须一次浇透，也存在一定程度的地表蒸发和土壤渗漏损失浪费。智能滴灌能根据土壤监测系统反馈信息，在不降雨或降雨少时，应作物不同生长阶段对水肥的需求，精准供水供肥，逐日补充灌溉，水滴直达根部，既避免了过量供水出现无效渗漏、又避免了水分浸润地表出现土壤蒸发，最大限度减少无效消耗。逐日补充灌溉虽然能在短时间内使地温略有下降，但因马铃薯是喜凉作物，短时土壤降温对其生长无任何影响，因补充灌溉水量小降温幅度极小，土壤恢复升温也很快。

(2)智能滴灌设置田间智能控制装置，保障了整个滴灌区域内供水压力平衡，使田间灌溉水量一致，避免了非智能普通滴灌所存在的出水首端压力大滴水量大，系统末端压力小滴水量小的不均衡现象。

(3)智能滴灌不但保障了节水、节肥、提升产量，而且由于水分、养分根据作物生长需求均衡供应，大大提高了水肥利用效率，从而提升了马铃薯的产量和品质。

(4)非智能普通滴灌田间管理人员每人最多只能管理10 hm² 基地，而智能滴灌田间管理人员每人至少可管理33.33 hm² 基地，大幅度提升了劳动生产率。

2 材料与方法

2.1 试验示范地点

智能灌溉与根际土壤改良试验地点为内蒙古自治区四子王旗乌兰花镇豪赖村，其中试验示范面积为16.67 hm²，设置对照16.67 hm²。

2.2 试验材料

供试品种"希森6号"原种，地块"马铃薯-玉米"轮作地块。土壤0~30 cm硝态氮含量15.49 mg/kg，速效钾149 mg/kg，速效磷19.75 mg/kg，有机质29.9 g/kg，pH 7.9。

2.3 根际土壤改良方案

综合土壤改良方案包括：(1)微生物拌种剂(粉红粘帚霉，2 亿/g)；(2)复合微生物喷沟(枯草芽孢杆菌、地衣芽孢杆菌、解淀粉芽孢杆菌，30 亿/g)；(3)复合微生物菌剂(枯草芽孢杆菌、地衣芽孢杆菌、解淀粉芽孢杆菌，30 亿/g)+生物营养液滴灌(小球藻，100 万/mL)；(4)纳米硅钙叶面喷施(≥30%)。

2.3.1 微生物拌种剂

现切现拌，种薯使用微生物拌种剂1 kg/667 m²(不再使用化学拌种剂)，与滑石粉混合后进行拌种。滑石粉用量为 3~5 kg/667 m²，视用种薯的重量而定。

2.3.2 功能性复合微生物菌剂

马铃薯出苗后，第 1 次滴灌浇水时，随滴灌追施，施用 5 kg/667 m²。

2.3.3 生物活性营养液

第 2 次滴灌浇水时，随滴灌追施，施用 400 mL/667 m²（1 瓶）。

2.3.4 中微量元素

从现蕾期开始，进行叶面喷施 4 次，根据用水量稀释 500~600 倍。每次间隔 15~20 d。

2.3.5 其他肥料产品

包括用作底肥和中耕追肥的大量元素和中微量元素，施用方式与施肥量参照当地传统方式施用，底肥用量减少 20 kg。当地底肥和中耕用肥为：

种肥：播种时，机施复合肥（N：P_2O_5：K_2O = 12：18：15）（每 t 含 80 kg 硫酸镁+10 kg 硫酸锌+10 kg 硫酸锰）80 kg/667 m²，12% 过磷酸钙 50 kg/667 m²。

中耕：机施复合肥（N：P_2O_5：K_2O = 18：18：16）40 kg/667 m²。

2.4 智能灌溉与智能水肥一体化

通过土壤墒情检测传感器、物联网、智能网关、智能云平台，实现马铃薯水肥等信息的感知、传输、分析和决策，通过智能灌溉实现马铃薯水肥的智能化施用(图 1)。

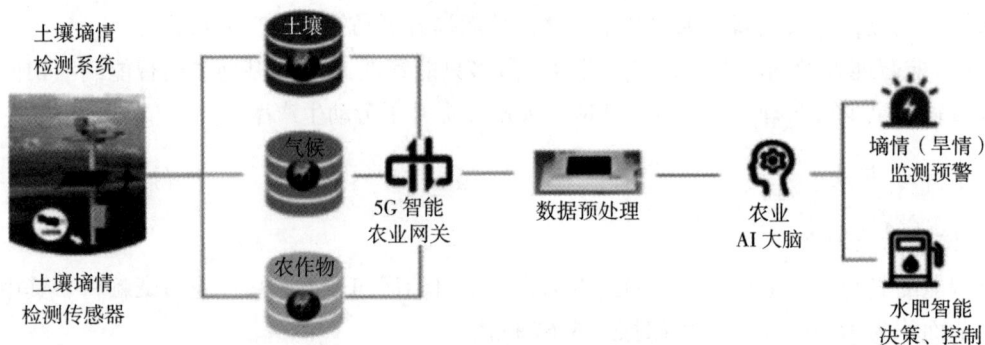

图 1 马铃薯水肥智能化施用系统

2.5 测 产

块茎形成期测定株数(出苗率)、主茎数。收获时测产，随机取 2 点测产，每点选取 1 垄 3 m，调查大薯重、大薯数、小薯重、小薯数。

3 结果与分析

3.1 测定结果

实收产量结果与测产数据一致，具体见表 1(表 1 为测产数据)。测产数据为单垄 3 m，重复 2 次，实收面积为 1.33 hm²。

表1 测定数据

序号	试验内容	面积(行长×垄宽, m²)	小区产量(kg)	折合产量(kg/667 m²)	折合产量×0.85(kg/667 m²)	株数(个)	出苗率(%)	主茎数(个)	≥150 g 重量(kg)	≦150 g 重量(kg)	商品率	≥150 g 数量	≦150 g 数量	大薯率
1	土壤改良1	3×0.9=2.7	22.6	5 583.04	4 745.58	12	0.6	42	19.00	3.60	0.84	68	50	0.58
2	土壤改良2	3×0.9=2.7	21.78	5 380.47	4 573.40	14	0.7	24	20.53	1.25	0.94	60	17	0.78
	平均			5 481.75	4 659	13.00	0.65	33.00			0.89			0.68
3	对照1	3×0.9=2.7	15.0	3 705.56	3 149.72	14	0.93	32	13.6	1.4	0.91	42	16	0.72
4	对照2	3×0.9=2.7	13.8	3 409.11	2 897.74	14	0.93	30	9.2	4.6	0.67	32	42	0.43
	平均			3 557.33	3 024	14.00	0.93	26.00			0.79			0.58

3.2 对产量的影响

考虑到测产时泥土等杂质的误差，产量数据均采用折合产量×0.85 计算。

表 2　不同处理对产量的影响

处理	产量（kg/667 m^2）	比 CK ±（%）
土壤改良	4 659	54.07
对照	3 024	–

在当地传统施肥的基础上使用微生物拌种剂拌种播种以及拌种结合沟喷在产量上均与对照有明显增产效果，其中微生物拌种剂+复合微生物菌剂沟喷+微生物菌剂滴灌+叶喷处理较对照增产 54.07%（表 2）。

3.3 对商品薯率和大薯率的影响

不同处理的商品率影响（表 3）为：微生物拌种剂+复合微生物菌剂沟喷+微生物菌剂滴灌+叶喷处理>对照。不同处理的大薯率影响为：微生物拌种剂+复合微生物菌剂沟喷+微生物菌剂滴灌+叶喷处理>对照，均高于对照 10 个百分点。

表 3　不同处理对马铃薯商品率和大薯率的影响

处理	大薯重量 >150 g (kg/2.7 m^2)	小薯重量 ≤150 g (kg/2.7 m^2)	商品率(%)	大薯数量 >150 g (个/2.7 m^2)	小薯数量 ≤150 g (个/2.7 m^2)	大薯率(%)
土壤改良	19.77	2.43	89.00	64.00	31.00	68.00
对照	11.40	3.00	79.00	37.00	29.00	58.00

3.4 对马铃薯经济性状影响

不同处理出苗率没有明显差异（表 4）。微生物拌种剂+复合微生物菌剂沟喷+微生物菌剂滴灌+叶喷处理主茎数最多，单株达到 2.54 个；同时处理的单株结薯数与单株结薯重均高于对照。

表 4　不同处理对马铃薯经济性状的影响

处理	株数 (个/2.7 m^2)	出苗率 (%)	主茎数 (个)	单株主茎数 (个)	单株结薯数 (个/株)	单株结薯重 (kg/株)
土壤改良	13	87.00	33	2.54	7.31	1.71
对照	14	93.00	26	1.86	4.71	1.03

3.5 马铃薯规模化种植不同灌溉方式用水量比较

"希森6号"两年平均国产智能水肥一体化比指针式喷灌、非智能滴灌节约用水分别为 77.79、44.46t/667 m^2，节约用水比率分别为40.69%、28.16%。国产智能水肥一体化与以色列智能水肥一体化用水量大致相同（表5）。

表5 马铃薯规模化种植不同灌溉方式用水量

品种	年份	国产智能滴灌 灌溉用水 （t/667 m^2）	以色列智能滴灌 灌溉用水 （t/667 m^2）	非智能滴灌 灌溉用水 （t/667 m^2）	指针式喷灌 灌溉用水 （t/667 m^2）
希森6号	2019	114.46	115.37	160.75	187.02
	平均	113.41	113.33	157.87	191.20

3.6 马铃薯规模化种植不同灌溉方式追肥成本比较

"希森6号"两年平均国产智能水肥一体化比指针式喷灌、非智能滴灌节约追肥成本分别为57.87元/667 m^2、30.40元/667 m^2，节约追肥成本比率分别为24.22%、14.37%。国产智能水肥一体化与以色列智能水肥一体化追肥成本大致相同（表6）。

表6 马铃薯规模化种植不同灌溉方式追肥成本

品种	年份	国产智能滴灌 追肥 （元/667 m^2）	以色列智能滴灌 追肥 （元/667 m^2）	非智能滴灌 追肥 （元/667 m^2）	指针式喷灌 追肥 （元/667 m^2）
希森6号	2019	176.34	173.26	209.55	237.98
	平均	181.11	180.36	211.51	238.98

4 讨 论

4.1 微生物根际土壤改良

根据测产结果可知，微生物菌剂示范区马铃薯产量为4 659 kg/667 m^2，较常规施肥区产量3 024 kg/667 m^2增产1 635 kg/667 m^2，增产达到54.07%。商品薯率达到了89.00%，比对照高10%；大薯率达到68.00%，比对照高10%。以上结果与根际土壤改良后，单株主茎数、单株结薯数和单株结薯重量的结果完全一致，根际土壤改良后都得到显著提高。由此可见，微生物菌剂对马铃薯进行根际改良有利于马铃薯生长发育、提高水肥效率、延缓早衰等提高了马铃薯的经济性状，最终达到提高产量和商品薯率目的。

4.2 智能灌溉

结合33.33 hm^2示范数据，以及该技术累计推广的生产实践，大田马铃薯智能滴灌系统相比普通滴灌 667 m^2 均节水 20%~30%，节约用肥 20%左右，节约人工成本 20~30 元/667 m^2。增产 15%~20%，每 667 m^2 综合经济效益显著提高。

从试验示范与生产实践结果可知，马铃薯规模种植国产智能水肥一体化比指针式喷灌、非智能滴灌更节水、节肥、节省人工、增加产量，与以色列智能水肥一体化大致相同，且一次性投资远低于以色列的智能灌溉。国产智能水肥一体化更适合马铃薯规模化种植管理及应用推广。

病 虫 防 治

不同地区马铃薯 Y 病毒的差异类型分析比较

赵　亮[1]，杜桂霞[2]，朱艳慧[3]，张金明[2]，陈宏芳[3]，邓佳燕[3]，谢　鑫[3]，
李文义[3]，李颖风[3]，曹欣然[1]，迟胜起[1]，张剑峰[1,3]*

(1. 青岛农业大学，山东　青岛　266109；
2. 陇南市种子管理总站，甘肃　陇南　742500；
3. 内蒙古民丰种业有限公司，内蒙古　乌兰察布　012000)

摘　要：比较了内蒙古自治区宝昌镇、山东省寿光市、青岛市平度市 3 个地区采集的马铃薯 Y(Potato virus Y, PVY)病毒样本。经测序分析发现，3 个来源不同的样本 PVY 序列存在差异，PVY 基因组的部分相同区域或位置存在不同的基因序列片段，发现这些位点主要集中在 P1-1、HC-Pro/P3、6K2/VPg-1、NIb-1/CP 等区域。3 个样本 PVY 构建的多个基因(P1、VPg、NIa、NIb、CP 基因)核苷酸序列和氨基酸序列进化树相同株系型分离物以较高的置信度相聚在一起，说明侵染的马铃薯植株体内同时存在多种 PVY 复合侵染株系。

关键词：马铃薯；Y 病毒；基因组；变异

马铃薯 Y 病毒(Potato virus Y, PVY)基因组为一长约 9.7 kb 的(+)ssRNA，极易发生突变，由于其 RNA 聚合酶缺乏校对活性，在复制子中具有极高的突变率[1]。PVY 每个病毒粒体均包含有一套完整的基因组，并编码一个多聚蛋白。PVY 是 *Potyvirus* 的代表种，能侵染 34 个属 170 余种寄主植物，如茄科、藜科和葫芦科多种作物或杂草。PVY 主要通过蚜虫以非持久性形式传播，还可以通过机械摩擦、嫁接和种子传播。PVY 在全世界均有报道，对马铃薯生产危害巨大。

马铃薯 Y 病毒有多种株系分型，常见的划分方法有 PVY^O 普通型株系、PVY^N 叶脉坏死型株系和 PVY^C 花叶条痕型株系[2]。在常规三个株系里，PVY^O 和 PVY^N 株系在中国较为常见。近年研究发现 PVY 基因组能发生频繁的重组，这就导致 PVY 株系出现明显分化现象[3]在不同国家地区报道的重组株系，常见的如引起马铃薯块茎坏死环斑病的 PVY^{NTN} 株系，引起褪绿斑驳或花叶的 PVY$^{N:O}$ 株系。也有一些罕见的株系，如 PVY^{NNP} 株系(侵染辣椒)、E 株、NA-N 株系、Z 株系、NE-11 等株系[4]。PVY^{NTN-NW} 株系是近年来新发现的重组株系，该株系最早在叙利亚发现[2]，近年来在中国陕西省、福建省、黑龙江省等地区

作者简介：赵亮(1995—)，男，硕士研究生，主要研究方向为植物病理学。
基金项目：山东现代农业产业技术体系薯类创新团队(SDAIT-16-06)；内蒙古自治区科技重大专项课题(2021SZD0026)；鲁甘科技协作计划项目(甘肃省科技计划项目-民生科技专项东西部协作专题22CX2NK005)；内蒙古科技支撑黄河流域生态保护和高质量发展项目(2022YFHH0130)；2022年内蒙古草原英才专项资金。
*通信作者：张剑峰，教授，主要从事马铃薯病害综合防治及脱毒繁育技术研究，e-mail：zjfqau@163.com。

均有 PVY^{NTN-NW} 株系报道[5]。国内外研究者对 PVY 株系划分有多种方法，利用血清型特异性单抗划分[6]；利用重组和非重组划分[7]；利用 PTNRD 效应划分[8]；利用马铃薯过敏反应的基因划分；利用重组位点划分；利用高度保守的 *CP* 和其他基因联合分析[9]；利用全基因组序列特征划分[10]。近年来随着种薯调运交流越来越多，马铃薯 Y 病毒传播和变异越来越多。

本研究分析了内蒙古自治区及青岛市地区的马铃薯 Y 病毒类型及遗传变异，以便进一步判断其危害程度。

1 材料与方法

1.1 试验材料

从内蒙古自治区锡林郭勒盟宝昌镇、山东省青岛市平度市、山东省潍坊市寿光市采集到马铃薯病株。

1.2 试验方法

1.2.1 PVY 检测

设计针对 PVY *CP* 基因设计引物 YCP（CPF/CPR）见表1，用 RT-PCR 检测 PVY。其他引物见表1。

1.2.2 PVY 基因组测序分析

采用分段扩增 PVY 基因进行测序，不同片段的特异性引物见表1。

表 1 PVY 株系全基因组扩增特异性引物

引物名称		引物序列(5′→3′)	目的片段大小(bp)	扩增位置
Y2	6573-OF	TTGCATTTCCGAGCTCCTACA	1 346	Part NIa、Part NIb
	7918-R	ACAATTGTTCCATCTGGAGTTGA		
Y4	105-OF	TTCCTTGCAATTCTCTTAAACGAT	1 400	Part5′ UTR、Complete P1、Part HC-Pro
	1504R	AATTGAGCCACCTGCCATTC		
Y6	104-NF	CATCAAACAAACTCTTTCAATTTC	1 400	Part5′ UTR、Complete P1、Part HC-Pro
	1504R	AATTGAGCCACCTGCCATTC		
Y8	104-NF	CATCAAACAAACTCTTTCAATTTC	515	Part 5′ UTR、Part P1
	597-NR	TGTCAACTTTGGCGTGTGATA		
YCP	CPF	GGAAATGACACAATCGATGCAGGAG	801	Complete CP
	CPR	CATGTTCTTG ACTCCAAGTA GAGTA		
Y13	3155F	ATTATTTCAATACTAAGTGTGT	1 633	Part P3、Complete 6K1、Part CI
	4780R	CTTGGAATTTCAATAATTCCCTT		

引物名称		引物序列(5'→3')	目的片段大小(bp)	扩增位置
Y15	5723F	AAATAAATCCAAAAGAAT	2 196	Part VPg、Complete NIa、Part NIb
	7918-R	ACAATTGTTCCATCTGGAGTTGA		
Y16	7896-F	TCAACTCCAGATGGAACAATTGT	1 461	Part NIb、Part CP
	9480-R	AAGTAGAGTATGCATACT		
Y17	9048F	ATGGCACATTTCTCAGATGTTGCA	658	Part CP、Part 3' UTR
	9705R	TTGTCTCCTGATTGAAGTTTACAG		
Y18	5821F	TCTTTGGATCTGCATACAGGAA	791	Part VPg、Part NIa
	6593R	CAAATCCTCTCATTCTGCACT		
Y19	6572-NF	ACTGCACTTCCGGGCTCCAGTG	790	Part NIa、Part NIb
	7361R	CTGCTCATCGGTGATGTAATT		
Y20	7236F	CATGGCTTCCAGAAATGCAAT	596	Part NIb、Part CP
	7918-R	ACAATTGTTCCATCTGGAGTTGA		
Y21	7896F	TCAACTCCAGATGGAACAATTGT	673	Part NIb、Part CP
	8545R	GATGGTGTACTTCATAAGAGTCAA		
Y22	8571F	CAAATGACACAATCGATGCAGGAG	785	Part CP、Part 3' UTR
	9480-R	AAGTAGAGTATGCATACT		

1.2.3 重组检测及序列分析方法

通过 DNAMAN 9 和 DNAStar 中的 SeqMan 进行序列拼接，使用 NCBI 中的 BLAST 在线工具、DNAMAN 9、MegAlign 等软件分析序列同源性，通过 DnaSP、BioEdit 分析分子变异。

通过 MEGA X 软件进行多序列比对，利用邻接法构建遗传进化关系[11]，对各分支置信度(Bootstrap)进行 1 000 次重复分析。

2 结果与分析

2.1 不同地区马铃薯携带 PVY 检测结果

健康马铃薯作对照无结果，YCP 引物扩增与预期目的片段大小一致(图 1)。克隆、测序后经 DNAMAN 软件和 BLAST 在线比对等综合分析，确定目的基因片段为 801 bp，为 PVY 外壳蛋白编码的基因序列。说明 3 个检测样品中携带的病原均为 PVY。

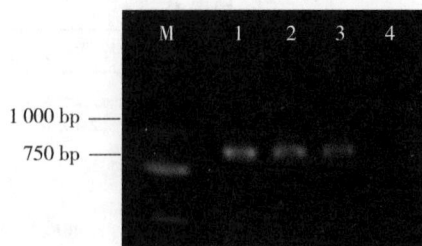

1. 平度市样本 YCP 扩增片段；2. 内蒙古自治区样本 YCP 扩增片段；
3. 寿光市样本 YCP 扩增片段；4. 健康马铃薯叶片 YCP 扩增片段。

图 1　不同地区样本 YCP 扩增片段

根据表 1 设计的引物扩增内蒙古自治区样本，图 2 和图 3 表明，Y4、Y18、Y15、Y13、Y16、Y8、Y20、Y17、Y21、Y19 和 Y22 引物扩增到的 PCR 产物与预期目的片段大小一致，分别约为 1 400、790、2 190、1 630、1 460、510、590、650、670、790 和 780 bp。

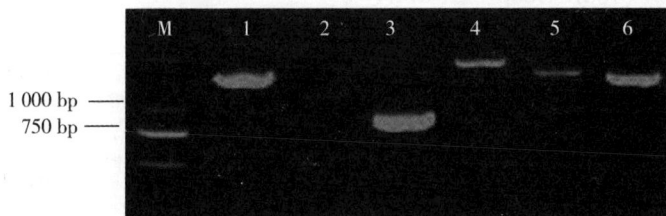

1. Y4 扩增片段；2. Y6 未扩增出片段；3. Y18 扩增片段；4. Y15 扩增片段；5. Y13 扩增片段；6. Y16 扩增片段。

图 2　内蒙古自治区样本扩增片段

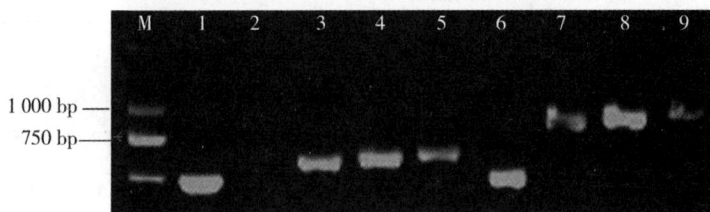

1. Y8 扩增片段；2. Y2 未扩增出片段；3. Y20 扩增片段；4. Y17 扩增片段；5. Y21 扩增片段；
6. Y8 扩增片段；7. Y19 扩增片段；8. Y18 扩增片段；9. Y22 扩增片段。

图 3　内蒙古自治区样本扩增片段

2.2　不同地区马铃薯 Y 病毒同源性分析

克隆测序结果经 DNAStar 软件比对及拼接，通过 NCBI 的 BLAST 在线工具比对平度市、内蒙古自治区和寿光市 3 个地区的样本基因组序列与 GenBank 中 100 个不同登录号株系分离物，表 2、表 3 和表 4 分别为平度市样本、内蒙古自治区样本和寿光市样本的基因组同源性分析。

2.2.1　P1 同源性分析

平度市样本和寿光市样本在 P1 同一位点区设计的不同引物，测序同时出现两个片段，分别编号为 P1-1、P1-2。内蒙古自治区样本测序只出现一个片段，为内蒙古自治区样本 P1。

平度市样本 P1-1 核苷酸序列与中国的 NMG-8 分离物（MN607712）和中国的 JL-10 分离物（MN607705）同源性最高为 100%；氨基酸同源性最高也为 100%。寿光市样本 P1-1 核苷酸同源性与中国 CN：DY1：16（MH054572）最高为 99.9%；氨基酸序列同源性最高为 99.6%。

平度市样本 P1-2 核苷酸序列与中国的 strain＝1103 分离物（KC296435）同源性最高为 99.5%；氨基酸序列同源性最高为 100%。寿光市样本 P1-2 核苷酸同源性与中国的 strain＝1103 分离物（KC296435）最高为 99.3%；氨基酸序列同源性最高为 100%。

内蒙古自治区样本 P1 核苷酸序列同源性与斯洛伐克的 SL16 分离物（KX713170）、中国福建 XD10 分离物（KF722823）、中国 CN：DY1：16 分离物（MH054572）分离物最高，为 98.8%；氨基酸序列同源性最高为 98.9%。

但是，平度市样本 P1-1 与平度市样本 P1-2 之间核苷酸序列同源性为 88.4%；氨基酸序列同源性为 86.9%。寿光市样本 P1-1 与寿光市样本 P1-2 核苷酸序列同源性为 88.8%；氨基酸序列同源性为 87.2%。

分析比较 3 个样本的 P1 核苷酸序列发现，平度市样本 P1-1 与内蒙古自治区样本 P1 同源性为 98.4%，平度市样本 P1-1 与寿光市样本 P1-1 为 99.3%，内蒙古自治区样本 P1 与寿光市样本 P1-1 同源性为 98.7%；平度市样本 P1-2 与寿光市样本 P1-2 核苷酸序列同源性为 99.7%。但是，平度市样本 P1-1 与寿光市样本 P1-2 核苷酸序列同源性为 88.3%。

2.2.2　HC-Pro 同源性分析

平度市样本、内蒙古自治区样本和寿光市样本在 HC-Pro 位点测序只有一个片段，平度市样本 HC-Pro 核苷酸序列与中国 CS21 分离物（MG019179）同源性最高为 99.8%；内蒙古自治区样本 HC-Pro 核苷酸序列与中国 JL-11 分离物（MN607714）同源性最高为 99.4%；寿光市样本 HC-Pro 核苷酸序列与中国 CS21 分离物（MG019179）同源性最高为 99.6%。

2.2.3　VPg 同源性分析

平度市样本和内蒙古自治区样本在 VPg 同一位点区测序同时出现两个片段，分别命名为 VPg-1、VPg-2。寿光市样本出现一个片段，为寿光样本 VPg。

平度市样本 VPg-1 核苷酸序列与中国 NMG-1 分离物（MN607709）同源性最高为 99.5%，氨基酸同源性最高为 100%；内蒙古自治区样本 VPg-1 核苷酸序列与中国 NMG-1 分离物（MN607709）同源性最高为 99.8%，氨基酸序列同源性最高为 100%。

平度市样本 VPg-2 核苷酸序列与中国云南 YunN22 分离物（MK144442）同源性最高，为 98.6%；氨基酸同源性最高为 100%。内蒙古自治区样本 VPg-2 核苷酸序列与中国 FZ10 分离物（JN083842）同源性最高，为 98.9%；氨基酸序列同源性最高为 100%。

寿光市样本 VPg 核苷酸序列与中国 NMG-1（MN607709）同源性最高为 99.7%，氨基酸序列同源性最高为 100%。

但是，平度市样本 VPg-1 与平度市样本 VPg-2 核苷酸序列同源性为 87.4%，氨基酸序列同源性为 95.2%；内蒙古自治区样本 VPg-1 与内蒙古自治区样本 VPg-2 核苷酸序列同源性为 87.5%，氨基酸序列同源性为 95.7%。

3 个样本 VPg 核苷酸序列同源性比较中，平度市样本 VPg-1 与寿光市样本 VPg 为 99.6%，内蒙古自治区样本 VPg-1 与寿光市样本 VPg 为 98.9%。但是，平度市样本 VPg-2 与寿光市样本 VPg 为 87.4%，内蒙古自治区样本 VPg-2 与寿光市样本 VPg 为 87%，平度市样本 VPg-2 与内蒙古自治区样本 VPg-2 为 99.6%。表明平度市 VPg-1、内蒙古自治区 VPg-1 和寿光市样本 VPg 之间同源性较高；平度市样本 VPg-2 与内蒙古自治区样本 VPg-2 之间同源性较高。

2.2.4 CP 同源性分析

3 个样本在 CP 位点测序只出现一个片段，分别为平度市样本 CP、内蒙古自治区样本 CP 和寿光市样本 CP。

平度市样本 CP 核苷酸序列与中国 BHC 分离物（MF033143）同源性最高为 99.9%，氨基酸同源性最高为 100%；内蒙古自治区样本 CP 核苷酸序列与法国 2D18－1 分离物（MN414583）同源性最高为 99.5%，氨基酸序列同源性最高为 99.6%；寿光市样本 CP 核苷酸序列与中国 Xch-Wh 分离物（KX650859）同源性最高为 99.3%，氨基酸序列同源性最高为 98.9%。

3 个样本 CP 核苷酸序列同源性比较中，平度市样本 CP 与内蒙古自治区样本 CP 同源性为 99.4%，平度市样本 CP 与寿光市样本 CP 为 88.1%，内蒙古自治区样本 CP 与寿光市样本 CP 为 88.1%。氨基酸序列同源性比较中，平度市样本 CP 与内蒙古自治区样本 CP 氨基酸序列同源性为 99.6%，平度市样本 CP 与寿光市样本 CP 同源性为 93.6%，内蒙古自治区样本 CP 与寿光市样本 CP 同源性为 93.6%。平度市样本 CP 与内蒙古自治区样本 CP 有 1 个氨基酸不同，平度市样本 CP 与寿光市样本 CP 有 17 个氨基酸不同，内蒙古自治区样本 CP 与寿光市样本 CP 有 17 个氨基酸不同。

表 2　平度市 PVY 样本核苷酸和氨基酸 BLAST 比对 100 个不同登录号株系分离物同源性

基因组区域	蛋白大小（aa）	核苷酸同源性（%）	氨基酸同源性（%）
P1-1	275	98.8~100	98.5~100
P1-2	275	98.4~99.5	98.5~100
HC-Pro	465	98.9~99.8	99.8~100
P3	365	97.0~99.0	98.4~99.7
6K1	52	99.4~100	96.2~100
CI	634	97.8~98.2	99.2~99.7
6K2	52	97.4~98.7	96.2~98.1

基因组区域	蛋白大小(aa)	核苷酸同源性(%)	氨基酸同源性(%)
VPg-1	188	98.4~99.5	91.5~100
VPg-2	188	96.5~98.6	92.0~100
NIa-Pro-1	244	98.9~99.7	91.8~99.6
NIa-Pro-2	244	96.2~99.5	93.0~99.2
NIb-1	519	98.5~99.6	98.7~99.8
NIb-2	519	96.9~98.4	98.8~99.6
CP	267	99.6~99.9	98.5~100

表3　NM-D样品核苷酸序列和氨基酸序列与100个不同登录号分离物BLAST比对

基因组区域	蛋白大小(%)	核苷酸同源性(%)	登录号信息
P1	98.2~98.8	97.5~98.9	Slovakia SL16 isolate(KX713170) China CN：DY 1：16 isolate(MH054572)
HC-Pro	98.6~99.4	99.6~99.8	China JL-11 isolate(MN607714)
P3	96.7~99.1	98.6~99.7	China ZY-40 isolate(OK491088)
CI	98.6~99.1	99.7~99.8	China 1108 isolate(KC296440)
VPg-1	98.8~99.8	93.1~100	ChinaNMG-1 isolate(MN607709)
VPg-2	96.8~98.9	92.0~100	China FZ10 isolate(JN083842)
NIa-Pro-1	98.9~99.7	92.2~100	China CN：GZ8：16 isolate(MH215141)
NIa-Pro-2	98.1~98.6	95.5~99.2	Slovakia T62_var2 isolate(MW685832) Kenya 18-1049 isolate(MN689498) Poland N-Wi isolate(JF795485) Canada N：O-L56 isolate(AY745492)
NIb-1	98.3~99.5	99~99.6	China TC isolate(MF033142)
NIb-2	98.5~99.5	98.7~99.8	China DX isolate(MT799186)
CP	99.4~99.5	98.5~99.6	France 2D18-1 isolate(MN414583)

表4　寿光市PVY样本核苷酸和氨基酸BLAST比对100个不同登录号株系分离物同源性

基因组区域	蛋白大小(aa)	核苷酸同源性(%)	氨基酸同源性aa(%)
P1-1	275	99.3~99.9	98.2~99.6
P1-2	275	98.2~99.3	98.6~100

基因组区域	蛋白大小(aa)	核苷酸同源性(%)	氨基酸同源性 aa (%)
HC-Pro	465	99.1~99.6	99.8~100
P3	365	97.3~99.1	98.4~99.7
CI	634	98.6~99.2	99.5~99.8
VPg	188	98.4~99.7	91.5~100
NIa~Pro	244	97.8~99.3	92.2~100
NIb	519	97.9~99.7	98.8~99.8
CP	267	94.5~99.3	97.1~98.9

3 讨 论

本研究从山东省平度市、寿光市和内蒙古自治区采集到的3个马铃薯病毒样本，在可变区域设计引物RT-PCR扩增基因组序列。克隆测序后BLSAT比对发现3个样本序列，通过软件分析3个样本不同基因区域存在的潜在重组信号，并通过RDP软件进一步分析重组事件，两种软件分析结果一致，发现PVY侵染马铃薯植株后，体内PVY基因组的部分相同区域或位置存在不同的基因序列片段，发现这些位点主要集中在P1-1、HC-Pro/P3、6K2/VPg-1、NIb-1/CP等区域。3个样本PVY构建的多个基因（P1、VPg、NIa、NIb、CP基因）核苷酸序列和氨基酸序列进化树相同株系型分离物以较高的置信度相聚在一起，也显示侵染的马铃薯植株体内同时存在多种PVY复合侵染株系，而平度市样本株系类型更加复杂。被侵染的植株体内至少存在两种PVY病毒株系结构类型。

近年来新报道的PVY分离物主要在HC-Pro/P3之间有重组位点的变化[12]；也有一些分离物发生在VPg/NIa之间、NIa/NIb之间，如SD1（EU182576）、VNP417（HG810952）、DF（KX009783）、9703-3（KC296432）、N-Egypt（AF522296）、nnp（AF237963.2）、1116（KJ603223）、JVW-186（KF770835）和GF-YL20（KJ634023）等分离物与常见株系发生重组的区域不同[12]。研究者普遍采用建立的多重RT-PCR体系以不同条带大小和组合方式确定株系类型[13,14]。

利用此体系研究种薯带毒率推测可能存在复合侵染现象，认为是非特异性引物结合的原因。这些都为划分PVY株系带来更多的思考，需要更进一步加以研究。

[参 考 文 献]

[1] Lefkowitz E, Dempsey D, Hendrickson R, et al. Virus taxonomy: the database of the International Committee on Taxonomy of Viruses (ICTV) [J]. Nucleic Acids Research, 2018, 46(D1): D708-D717.

[2] Chikh Ali M, Karasev A V. Immunocapture-multiplex RT-PCR for the simultaneous detection and identification of plant viruses and their strains: study case, potato virus Y (PVY) [J]. Methods in Molecular Biology (Clifton, N J), 2015, 1302:

177−186.

[3] 沈林林,邹文超,高芳銮,等.采用多基因联合方法鉴定福建长乐和福清产区马铃薯 Y 病毒株系组成 [J].中国农业科学,2016,49(20):3 918−3 926.

[4] Ones R, Anthony C, Barbetti M, et al. Potato virus Y biological strain group Y[D]: hypersensitive resistance genes elicited and phylogenetic placement [J]. Plant Disease, 2021, 105(11):534.

[5] 高芳銮,常飞,沈建国,等. PVY[NTN−NW] 榆林分离物的全基因组序列测定与分析 [J].中国农业科学,2015,48(2):270−279.

[6] Singh M, Singh R P. Nucleotide sequence and genome organization of a Canadian isolate of the common strain of potato virus Y (PVY°) [J]. Canadian Journal of Plant Pathology, 2009, 18(3):209−224.

[7] Nie X, Singh R P. Evolution of North American PVY(NTN) strain Tu 660 from local PVY(N) by mutation rather than recombination [J]. Virus Genes, 2003, 26(1):39−47.

[8] 梁五生,温雪玮,刘洪义,等.马铃薯 Y 病毒株系分类及中国大田马铃薯感染的马铃薯 Y 病毒株系谱研究进展 [J].中国农学通报,2015,31(21):136−143.

[9] Green K J, Chikh Ali M, Hamasaki R T, et al. Potato virus Y (PVY) isolates from *Physalis peruviana* are unable to systemically infect potato or pepper and form a distinct new lineage within the PVY[C] strain group [J]. Phytopathology, 2017, 107(11):1 433−1 439.

[10] 马俊丰,李小宇,张春雨,等.基于全基因序列的中国北方 3 省(区)马铃薯 Y 病毒遗传多样性分析[J].植物保护,2020,46(4):40−47.

[11] 刘驰,李家宝,芮俊鹏,等.16S rRNA 基因在微生物生态学中的应用[J]. 生态学报,2015,35(9):2 769−2 788.

[12] 程林发,张凤桐,姜瀚林,等.两个马铃薯 Y 病毒黑龙江马铃薯分离物株系鉴定 [J].植物保护学报,2019,46(6):1 186−1 194.

[13] Chikh Ali M, Maoka T, Natsuaki T, et al. PVY[NTN−NW], a novel recombinant strain of potato virus Y predominating in potato fields in Syria [J]. Plant Pathology, 2010, 59(1):31−41.

[14] 姬丽云,李德江,郇晓雪,等.马铃薯 Y 病毒在种薯中检出率及其株系鉴定 [J].植物病理学报,2020,50(6):685−693.

马铃薯气生茎腐病 *pcc-pmrA* 基因的克隆与原核表达

张兆良[1]，朱艳慧[2]，李文义[2]，谢　鑫[2]，张金明[3]，常　云[3]，李光菊[3]，

张　琼[3]，李颖风[2]，曹欣然[1]，迟胜起[1]，张剑峰[1,2]*

(1. 青岛农业大学，山东　青岛　266109；

2. 内蒙古民丰种业有限公司，内蒙古　乌兰察布　012000；

3. 陇南市种子管理总站，甘肃　陇南　742500)

摘　要：以马铃薯气生茎腐病病原 *Pectobacterium carotovorum* subsp. *carotovorum*(*Pcc*)，克隆了 *Pcc-PmrA* 基因，开放阅读框(ORF)长 669 bp。构建了 pMD19T-*Pcc-PmrA*，并以 pET-28a 为基础重新构建了原核表达载体 pET28a-*Pcc-PmrA*。原核表达了 *Pcc-PmrA* 蛋白，大小约为 27 kd。该研究为下一步马铃薯气生茎腐病诊断抗体制备提供理论基础。

关键词：马铃薯；气生茎腐病；*PmrA* 基因；原核表达

　　马铃薯气生茎腐病(Aerial stem rot of potato)也称为细菌性茎腐病，气生茎腐病是一种茎和叶柄的软腐病，不是通过地下茎直接从腐烂的种子碎片中产生的[1]。从最初的感染部位沿着茎或叶柄向上或向下发展，但腐烂通常局限于植物的地上部分，很少延伸到种子片附着点。症状首先表现为被水浸泡的损伤，组织完整性丧失，变成浅棕色，或者偶尔变成黑色。马铃薯叶子通过伤口，如叶柄疤痕、冰雹或风灾感染了果胶分解细菌。细菌侵入细胞间隙，在那里繁殖并产生果胶酶。这些酶通过破坏将细胞连接在一起的果胶物质中间层，导致植物退化。在由雨水、高架灌溉和密集的植物冠层产生的潮湿条件下，腐烂变得柔软和粘滑，并可能扩散到整个植物。

　　检测植物细菌性软腐菌有多种方法，常用的方法是 DNA 分子检测，利用 16S rDNA 来进行研究。但是需要一定的设备，并需要测序鉴定结果，不利于生产快速鉴定。血清学检测主要是利用抗体与抗原产生的凝集或沉淀反应对靶标病原菌作出快速有效诊断与鉴定，利用该方法制备快速诊断病原的胶体金试纸条，目前有许多应用。

　　pmrA 基因在胡萝卜软腐果胶杆菌胡萝卜亚种 *Pectobacterium carotovorum* subsp. *carotovorum* 中高度保守，同时也是毒力和抗性基因[2]。反应调控 *pmrA* 基因与感受器激酶 *pmrB* 组成二元调控系统[3]。本试验利用 *pmrA* 基因的特点构建其原核表达载体，为今后制备快速诊断气生茎腐病的试纸条提供理论基础。

　　作者简介：张兆良(1995—)，男，硕士研究生，主要研究方向植物病理学。

　　基金项目：山东现代农业产业技术体系薯类创新团队(SDAIT-16-06)；内蒙古自治区科技重大专项课题(2021SZD0026)；鲁甘科技协作计划项目(甘肃省科技计划项目-民生科技专项东西部协作专题22CX2NK005)；内蒙古科技支撑黄河流域生态保护和高质量发展项目(2022YFHH0130)；2022年草原英才专项资金。

　　* **通信作者**：张剑峰，教授，主要从事马铃薯病害综合防治及脱毒繁育技术研究，e-mail：zjfqau@163.com。

1 材料与方法

1.1 试验材料

供试菌株：马铃薯气生茎腐病菌株，采自内蒙古自治区乌兰察布市及青岛市地区。

所用载体：pMD19-T 载体、原核表达载体 pET-28a。感受态细胞 DH5α 均由青岛农业大学植物病毒实验室保存。感受态细胞 BL21(DE3) 购于青岛擎科生物有限公司。

1.2 引物设计

根据 GenBank 中 *Pcc-pmrA* 基因的保守序列，设计了一对包含 Nhe I、HindIII 双酶切位点的引物，Pm1F 5′—GCGCTAGCATGAAATTATTGATTGTTGAAG—3′，

Pm2R 5′—GCAAGCTTTCATGGTTGTTCGCCTTTAGTCAG—3′

1.3 *Pcc-pmrA* 基因的 PCR 扩增

高保真酶 PCR 扩增后的产物中(50 μL 体系)加入 3 μL DNTP 和 0.5 μL Taq 酶 72 ℃继续反应 20 min。(加 A 尾)并将反应液再用 1%琼脂糖凝胶电泳检测。

1.4 PCR 产物的连接克隆载体构建

纯化后的 PCR 产物按表 1 反应体系与 pMD19-T 载体轻摇混匀，16 ℃水浴过夜。

表 1　连接体系

成分	用量(μL)
纯化 PCR 产物	4.5
pMD19-T 载体	0.5
Solution I	5
合计	10

1.5 原核表达载体的构建

(1)将重组质粒 pMD19 T-*Pcc-pmrA* 与原核表达载体 pET-28a 进行双酶切。双酶切体系见表 2。

表 2　pMD19 T-*Pcc-pmrA* 和 pET-28a 质粒双酶切体系

成分	用量(μL)
Nhe I	1
HindIII	1
10×Green Buffer	2
质粒	4
ddH$_2$O	12

(2)反应结束后 1%琼脂糖凝胶电泳，分别切下目的胶块，回收重组质粒 pMD19 T-*Pcc-pmrA* 酶切的目的片段条带和原核表达载体 pET-28a 酶切条带的 DNA。

（3）将回收的产物16 ℃水浴连接过夜，连接体系（表3）。

表3　连接体系

成分	用量（μL）
pMD19T-*Pcc-pmrA* 酶切回收产物	4.5
pET-28a 载体	0.5
Solution I	5
合计	10

（4）将连接产物转化到DH5α感受态细胞。

（5）质粒进行酶切鉴定，酶切体系见表4；酶切反应结束以后用1%琼脂糖凝胶电泳检测；重组质粒送青岛擎科生物有限公司进行测序。

表4　重组质粒双酶切反应体系

成分	用量（μL）
Nhe I	1
HindIII	1
10×Green Buffer	2
pET28a-*Pcc* 质粒	4
ddH$_2$O	12

1.6　目的基因蛋白的诱导表达

（1）将pET28a-*Pcc-pmrA* 质粒和pET28a空载质粒转化到DE3感受态细胞中。

（2）用灭菌牙签分别挑取pET28a-*Pcc-pmrA* 重组质粒和pET-28a空载质粒的阳性菌株至100 mL LB液体培养基（含Kana）中，放置于恒温摇床37 ℃ 200 r/min培养过夜。

（3）将摇好的菌液按1∶100的比例接到含Kana的LB液体培养基中，置于恒温摇床37 ℃ 200 r/min培养至OD$_{600\,nm}$=0.6左右，取一定量菌液；没进行IPTG诱导的为对照；剩余菌液加入IPTG（浓度为1 mmol/L）放入28 ℃ 200 r/min摇床培养7 h。

（4）取培养好的菌液进行SDS-PAGE电泳。

（5）电泳结束后取分离胶放入考马斯亮蓝染色液中水平振荡器染色30 min，然后进行加热脱色处理。

2　结果与分析

2.1　*Pcc-pmrA* 基因的扩增

以引物Pm1F、Pm2R进行*Pcc-PmrA* 基因的扩增结果所示，PCR产物与预期目的片段669 bp大小相符（图1）。测序结果也表明扩增得到*Pcc-pmrA* 基因片段。

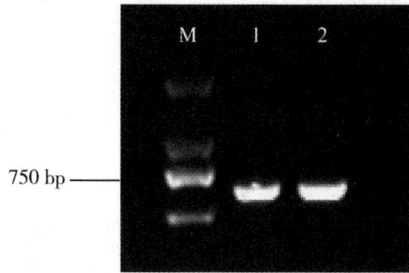

M. DL 2 000 DNAmark；1-2. *Pcc-pmrA* PCR 扩增。

图 1　*Pcc-pmrA* 基因的 PCR 扩增

2.2　重组质粒克隆筛选

用 Pm1F、Pm2R 引物对转化载体菌液 PCR 的电泳结果所示，PCR 产物大小符合 699 bp。进一步测序证明 *PmrA* 基因已经成功连接 pMD19T 载体上，并转化进 DH5α 中。重组质粒重新命名为 pMD19T-*Pcc-pmrA*（图 2）。

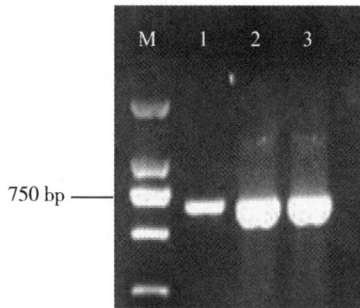

M. DL 2000 DNAmark；1-3. *Pcc-pmrA* PCR 扩增。

图 2　*Pcc- pmrA* 阳性克隆的筛选

2.3　pMD19T-*Pcc-PmrA* 序列比对结果

pMD19T-*Pcc-PmrA* 质粒测序序列，经 NCBI Blast 比对与 *Pcc* 序列号 MH795238.2 相似度达到 99.55%（图 3）。

	Description	Scientific Name	Max Score	Total Score	Query Cover	E value	Per. Ident	Acc. Len	Accession
select all	100 sequences selected				GenBank	Graphics	Distance tree of results		MSA Viewer
☑	Pectobacterium carotovorum strain A077-S18-O15 chromosome, complete genome	Pectobacterium ...	1232	1232	97%	0.0	99.85%	4896959	CP084741.1
☑	Pectobacterium carotovorum subsp. carotovorum strain WYC3 PmrA gene, partial cds	Pectobacterium ...	1214	1214	97%	0.0	99.55%	666	MH795238.2
☑	Pectobacterium carotovorum subsp. carotovorum strain KC15 response regulator PmrA (pmrA) gene, partial cds	Pectobacterium ...	1214	1214	97%	0.0	99.55%	666	KY021011.1
☑	Pectobacterium carotovorum subsp. carotovorum strain KC14 response regulator PmrA (pmrA) gene, partial cds	Pectobacterium ...	1214	1214	97%	0.0	99.55%	666	KY021010.1
☑	Pectobacterium carotovorum subsp. carotovorum strain P606SK2* response regulator PmrA (pmrA) gene, par...	Pectobacterium ...	1214	1214	97%	0.0	99.55%	666	JQ278731.1
☑	Pectobacterium carotovorum subsp. carotovorum strain P211C1 response regulator PmrA (pmrA) gene, partial...	Pectobacterium ...	1208	1208	97%	0.0	99.40%	666	JQ278730.1
☑	Pectobacterium carotovorum subsp. carotovorum pmrA gene for response regulator PmrA, complete cds	Pectobacterium ...	1208	1208	97%	0.0	99.25%	669	AB447882.1
☑	Pectobacterium carotovorum subsp. carotovorum strain P603AH3* response regulator PmrA (pmrA) gene, par...	Pectobacterium ...	1203	1203	97%	0.0	99.25%	666	JQ278731.1
☑	Pectobacterium carotovorum subsp. carotovorum strain P116SK1 response regulator PmrA (pmrA) gene, parti...	Pectobacterium ...	1203	1203	97%	0.0	99.25%	666	JQ278728.1

图 3　测序 NCBI 比对结果

2.4 重组质粒 pET28a-*Pcc*-*pmrA* 的鉴定

重组 pET28a-*Pcc*-*pmrA* 质粒的 Nhe I 和 HindIII 对双酶切及未经酶切的 pET28a-*Pcc*-*pmrA* 质粒对照组电泳结果显示，质粒与插入的片段大小与预期相符（图4）。说明 *Pcc*-*pmrA* 基因已经成功连接到 pET-28a 原核表达载体中，构建成重组原核表达载体并命名为 pET28a-*Pcc*-*pmrA*。

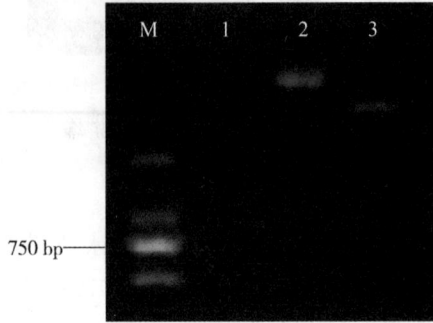

M. Marker；1. 阴性对照；2. 未酶切 pET28a-*Pcc* 质粒；3. 酶切 pET28a-*Pcc* 质粒。

图4　pET28a-*Pcc*-*pmrA* 质粒酶切鉴定

2.5 诱导 *Pcc*-*pmrA* 的表达

重组质粒 pET28a-*Pcc*-*pmrA* 及 pET-28a 转化菌液经 IPTG 28 ℃诱导 7 h 和未经 IPTG 诱导（对照）的 SDS-PAGE 电泳结果表明，在大小 27 kd 的区域有明显条带，说明 pET28a-*Pcc*-*pmrA* 诱导表达出目的蛋白（图5）。证明 pET28 a-*Pcc*-*pmrA* 原核表达载体表达正常。

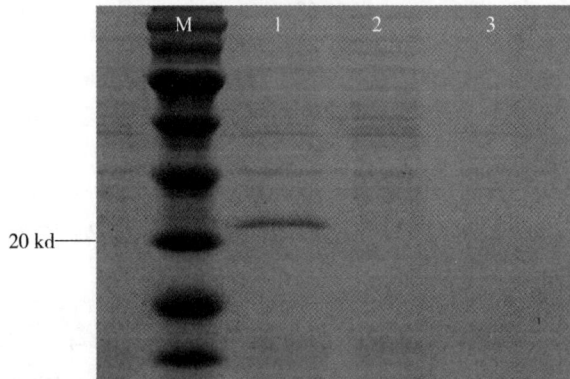

M. Marker；1. pET28a-*pmrA*（IPTG 诱导）；2. pET28a-*PmrA*（IPTG 未诱导）；3. pET-28a 空载（IPTG 诱导）。

图5　SDS-PAGE 电泳结果

3 讨 论

本试验以本实验室分离的马铃薯气生茎腐病病原 *Pectobacterium carotovorum* subsp. *carotovorum*（*Pcc*），克隆得到了 *pmrA* 基因，用载体 pET28a 构建重组原核表达载体。经过 SDS-PAGE 检测后可以看到重组原核表达载体成功表达出 27 kd 左右大小的 pmrA 蛋白（带

His 标签），与预期大小一致，完成了 pmrA 蛋白重组原核表达载体（pET28a-Pcc-pmrA）的构建。

为提高蛋白的表达量，获得特异性良好和效价高的抗体，初步探究了重组蛋白的诱导表达条件。通过 IPTG 诱导原核表达载体，重组蛋白可以高效表达。下一步通过纯化 Pcc-pmrA 蛋白，进行免疫试验，准备制备多克隆抗体，为快速检测 *Pcc* 打下基础。

直接克隆一段基因并以原核表达蛋白产物作为抗原制备抗体，这样就克服了传统的提取纯化蛋白方法带来制备抗体的困难。原核表达重组蛋白的方法，表现出便捷、快速等特有优势。目前该项技术在病毒抗体制备方面有很多应用[4,5]。

大肠杆菌表达体系是植物病毒界表达蛋白常用的表达系统，具有成本低、周期短、产量高、表达稳定等特点。本研究采用在大肠杆菌中克隆表达重组蛋白功能，利用 pET 系统来进行原核表达，可使外源蛋白 C 端与载体上的 6 个组氨酸相融合，方便快捷地通过 His 标签蛋白纯化柱提取获得融合蛋白。与切胶回收获得目的蛋白的方法相比，该方法所获目的蛋白可缩短后续试验抗血清制备过程，且减少了反复 SDS-PAGE 电泳对蛋白空间结构的破坏。

[参 考 文 献]

[1] Johnson D A, Dung J K S, Cummings T F, et al. Development and suppression of aerial stem rot in commercial potato fields [J]. Plant Disease, 2011, 95(3): 285-291.

[2] Kettani-Halabi M, Terta M, Amdan M, et al. An easy, simple inexpensive test for the specific detection of *Pectobacterium carotovorum* subsp. *carotovorum* based on sequence analysis of the *pmrA* gene [J]. BMC Microbiology, 2013, 13: 176.

[3] 张宁, 赵志琴, 范志华, 等. 酶联免疫吸附法快速检测黄曲霉毒素 [J]. 食品研究与开发, 2021, 42(3): 146-150.

[4] Song G, Wu J, Xie Y, et al. Monoclonal antibody-based serological assays for detection of potato virus S in potato plants [J]. Journal of Zhejiang University-Science B, 2017, 18(12): 1 075-1 082.

[5] 张微. 酶联免疫吸附法(DAS-ELISA)检测主要马铃薯病毒 [C]//屈冬玉, 陈伊里. 马铃薯产业与脱贫攻坚. 哈尔滨: 哈尔滨地图出版社, 2018.

马铃薯疮痂病高效生防菌的筛选与应用

王科晶，王 雪，贺玉广，王 琳*

(慕恩(广州)生物科技有限公司, 广东 广州 510000)

摘 要：近年来马铃薯疮痂病的发生和危害程度逐年加重。长期以来，马铃薯疮痂病的防治大多采用化学农药的方法，虽然短期内防治效果显著，但长期使用不仅污染环境和危害人类健康，并会造成土壤中的菌群失衡。通过平板对峙筛选对马铃薯疮痂病病原菌具有抑菌活性的生防菌株，之后通过盆栽试验检验生防菌株的活体防治效果，与探索田间应用的生物防控效果。室内抑菌对峙试验结果表明不同的生防菌株，可能会从不同方向攻克病原菌的致病机理，当不同生防菌联合使用时可能会扩大抑菌谱及生防机制，增强其生防能力；室内盆栽验证发现 2 株芽孢杆菌以及复合菌株组合哈茨木霉、淡紫紫孢菌与枯草芽孢杆菌在马铃薯病害中应用防治效果优于化学药剂甲基硫菌灵。田间试验表明，哈茨木霉、淡紫紫孢菌与枯草芽孢杆菌复合菌组合应用于马铃薯拌种与后续滴灌对马铃薯疮痂病有较好的防治效果，防效达 65.19%；且具有增产效果。研究筛选出能拮抗致病链霉菌的多种生防菌株，生防菌组合可扩大对马铃薯疮痂病菌的抑菌谱、提高病害防治效果，旨在为生防菌株及其组合菌剂的开发，以及该生防菌剂大规模应用到马铃薯疮痂病的生物防治与马铃薯栽培方案中奠定基础。

关键词：马铃薯；疮痂病；生物防治；芽孢杆菌；哈茨木霉；致病链霉菌

马铃薯富含碳水化合物、矿物质和热量，是中国第四大主食，由其营养价值高、适应力强、产量大，也是全球第四大重要的粮食作物，仅次于小麦、稻谷和玉米。近年来，中国马铃薯种植面积不断扩大，伴随着过量施肥、常年连作、土壤微生态失衡等种植现状，马铃薯疮痂病的发生和危害程度逐年加重，已成为马铃薯种植中的主要病害。

马铃薯疮痂病是一种由多种疮痂链霉菌侵染引起的土传病害，病原菌能够种传和土传。发病初期会在马铃薯表面产生褐色的点状斑块，随着马铃薯生长，点状斑块会随之扩大形成褐色圆形或不规则的大斑块，感染后期斑块处细胞木栓化，致马铃薯表面形成凹陷或凸起的疮痂状粗糙硬斑块，严重影响马铃薯外观品质和经济价值。目前马铃薯疮痂病防治方法主要有化学防治、农业措施管控和生物防治等，其中以化学防治为主要手段[1]。常见的化学药剂有 2,4-二氯苯氧乙酸、氟啶胺、代森锰锌、苯并噻唑等，通过对种薯块茎进行处理或作为土壤添加剂使用[2-4]。虽然化学防治法短期内效果显著，但长期使用不仅污染环境、危害人类健康，更易导致土壤理化性质和微生物群落结构发生变化，病原菌数

作者简介：王科晶(1988—)，女，硕士，长期从事植物有益微生物防治土传病、线虫病害与作物抗非生物逆境模型构建与菌株筛选，并进行作物有益微生物产业化应用研究工作。

*通信作者：王琳，博士，中级，长期从事微生物资源开发、利用及产业化探索研究及实践工作，e-mail：info@moonbio.com。

量增加，疮痂病愈演愈烈。而在"生态优先、绿色发展"的新时代农业发展大背景下，"以菌治菌"的生物防治法，已成为全球马铃薯疮痂病防治的热点与趋势，并逐渐显现出其重要性。该方法利用微生物及其代谢产物抑制病害发生，不会造成环境污染，是一种绿色安全的疮痂病防治新选择。

　　鉴于此，本试验通过平板对峙筛选对马铃薯疮痂病病原菌具有抑菌活性的生防菌株，之后通过盆栽试验检验生防菌株的活体防治效果，并以此探索田间应用的生物防控效果，菌株组合可扩大对马铃薯疮痂病菌的抑菌谱、提高病害防治效果的稳定性，旨在为生防菌及其组合菌剂开发，及该生防菌株大规模应用到马铃薯疮痂病的生物防治中奠定基础。

1　材料与方法

1.1　试验材料

1.1.1　菌株材料

　　试验所用菌株均为慕恩(广州)生物科技有限公司自主分离，保藏于广州市黄埔区科技企业加速器 B5-301 的菌种资源库。

　　室内盆栽试验与田间药效试验供试微生物菌剂有效成分、含量剂型及生产厂家见表1。

表 1　供试微生物菌剂

编号	有效成分	含量剂型	生产厂家
1	5 亿 CFU/g 哈茨木霉、淡紫紫孢菌、枯草芽孢杆菌	粉剂(拌种型)	慕恩(广州)生物科技有限公司
2	5 亿 CFU/g 哈茨木霉、淡紫紫孢菌、枯草芽孢杆菌	粉剂(滴灌型)	慕恩(广州)生物科技有限公司

1.1.2　培养基的制备

　　固体 LB(Luria-bertani agar)培养基：氯化钠 10 g，酵母浸粉 5 g，蛋白胨 10 g，琼脂 20 g，调整 pH 为 7.0，加蒸馏水将其定容至 1 000 mL，121 ℃灭菌 20 min 备用，用于生防芽孢杆菌培养。

　　液体 LB 培养基：氯化钠 10 g，酵母浸粉 5 g，蛋白胨 10 g，调整 pH 至 7.0，加蒸馏水将其定容至 1 000 mL，121 ℃灭菌 20 min 备用，用于芽孢杆菌种子液培养。

　　固体马铃薯葡萄糖琼脂培养基(Potato dextrose agar，PDA)：马铃薯 200 g 切块，加水煮沸 20 min 左右取滤液，加入葡萄糖 20 g，琼脂 15~20 g，加热至琼脂融化，冷却后加蒸馏水定容至 1 000 mL，121 ℃灭菌 20 min 备用，用于真菌培养。

　　固体高氏一号培养基：可溶性淀粉 20 g 加入少许水调成糊状后加入沸水中，然后依次加入 $KNO_3(1\ g)$，$K_2HPO_4(0.5\ g)$，$MgSO_4 \cdot 7H_2O(0.5\ g)$，$NaCl(0.5\ g)$，$FeSO_4 \cdot 7H_2O$(0.01 g)，琼脂 20 g，待冷却后加蒸馏水将其定容至 1 000 mL，pH 7.4~7.6，121 ℃灭菌 20 min 备用，用于马铃薯疮痂病原菌的培养。

　　ISP2 液体培养基：麦芽酚/麦芽提取粉 10 g，酵母粉(酵母提取粉)4 g，葡萄糖 4 g，加蒸馏水将其定容至 1 000 mL，121 ℃灭菌 20 min 备用，用于制备马铃薯疮痂病原菌发酵液。

1.1.3　试验仪器设备

超低温冰箱(Haier)、超净工作台(AIRTECH)、立式自动压力蒸汽灭菌器(致微厦门仪器有限公司)、电热恒温培养箱(上海一恒科学仪器有限公司)、电子天平(常熟市双杰测试仪器厂)、大容量叠加式恒温振荡器(苏州捷美)、移液枪(Dragonlab)、人工气候室(台湾海博特股份有限公司)、台式分光光度计(上海佑科仪器仪表有限公司)。

1.1.4　试验试剂

甲基硫菌灵：有效成分70%，允发化工(上海)有限公司。

1.2　试验方法

1.2.1　拮抗马铃薯疮痂病菌的生防菌株平板筛选

将生防菌株从甘油管中活化至平板，芽孢杆菌类选用 LB 培养基培养，木霉等真菌选用 PDA 培养基培养。将病原菌 *Streptomyces scabies*(S. s)从甘油管活化至高氏一号平板，培养 5~7 d 后从平板划取数块带菌琼脂接入 ISP2 液体培养基中，置于 30 ℃摇床培养 3 d 左右制成种子液。吸取 2 mL 种子液接入 ISP2 液体培养基中，30 ℃摇床培养 5~7 d。

将疮痂病原菌悬浮液吸取 100 μL 滴到 LB 平板上，用无菌玻璃珠均匀涂布并晾干。待筛生防细菌平板上刮取适量菌体放入无菌水中，震荡摇匀，吸取菌悬液 5 μL 滴于上述平板，每板 3 滴，呈正三角分布，每处理 3 重复。待平板上的悬浮液自然晾干后密封，放在 30 ℃恒温培养箱中培养，2 d 后取出观察是否产生抑菌圈，利用游标卡尺通过十字交叉法测量并记录其抑菌圈直径，根据抑菌圈直径大小衡量各生防菌株的抑菌能力。生防真菌抑菌能力采用在涂布病原菌的平板中央接入生防真菌菌饼的方式进行测量。

抑菌圈宽度(mm)＝抑菌圈半径-拮抗菌菌体半径

拮抗指数＝抑菌圈宽度/拮抗菌菌体半径

1.2.2　拮抗菌对马铃薯疮痂病的盆栽防效测定

将蛭石与靓土在 121 ℃灭菌 60 min，1∶1 混合后装入育苗盆，每盆 2 kg。按照 1.2.1 中病原菌的制备方法准备病原菌菌液，稀释涂板确定菌数，将孢子稀释到 $1×10^7$ cfu/mL，每盆加入 20 mL 病原菌菌液混匀。选取健康的已出芽"荷兰 15 号"马铃薯，用清水冲洗干净，将马铃薯块茎切成留有一个芽眼的三角块，晾干后薯块芽眼朝上，播于接病原菌的蛭石育苗盆中，每盆种植 2 块，每个处理 6 个重复，将盆栽置于温室中培养。

生防菌采用摇瓶培养菌液的方式，将 $OD_{600 nm}$ 调为 0.1，每盆 1 000 mL 浇灌。阴性对照浇灌等量清水。微生物菌剂 2 采用 1 000 倍稀释液，竞品和 70%甲基硫菌灵按照其推荐用量使用。在花期进行第 2 次生防菌剂处理，结薯期进行第 3 次处理。

3 个月后收获，统计并计算马铃薯疮痂病病情指数和防治效果。病害分级为，0 级：块茎表面无病斑；1 级：块茎表面有病斑，面积占块茎 1%~5%；2 级：块茎表面有病斑，面积占块茎 5%~10%；3 级：块茎表面有病斑，面积占块茎 10%~20%；4 级：块茎表面有病斑，面积占块茎 20%~40%；5 级：块茎表面有病斑，面积占块茎 40%~60%；6 级：块茎表面有病斑，面积占块茎 60%以上。

发病率(%) = 发病粒数/收获薯粒数×100

病情指数 = ∑(病级粒数×发病级别)/(调查收获粒数×最高级别)×100

防治效果(%) = (对照病情指数−处理病情指数)/对照病情指数×100

1.2.3 田间药效测试

（1）供试品种和药剂

供试马铃薯品种为"荷兰 15 号"，供试菌剂为慕恩（广州）生物科技生产的马铃薯专用的微生物菌剂 1 和 2，执行标准为 GB 20287—2006，有效活菌数 ≥5 亿 CFU/g 哈茨木霉、淡紫紫孢菌、枯草芽孢杆菌。

（2）试验条件

试验安排在山东省滕州市界河镇花庄村，土壤为黄壤，土层深厚、土质肥沃。

（3）试验设计

试验设 3 个处理，3 次重复，共计 9 个小区，随机区组排列，每小区种马铃薯 72 株（9 株/行，8 行，株距 20 cm，行距 90 cm，小区面积为 12.96 m²，重复间距为 100 cm，小区间距 50 cm。选取健康的马铃薯，将马铃薯切成留有一个芽眼的三角块，晾干表面水分后将微生物菌剂 1 与种薯按照 1∶100 的比例拌种，空白对照该小区按照该地马铃薯传统栽培习惯管理，不添加任何药剂。将薯块芽眼朝上放入开好的沟内，播种后按照 1 kg/667 m² 微生物菌剂 2 喷沟。生育期微生物菌剂 2（1 kg/667 m²）滴灌 2~3 次。所有处理如浇水、追肥等田间管理措施与常规生产相同。

（4）调查方法

马铃薯出苗后，对出苗率进行调查。在收获时调查病情指数，五点对角线取样，每点调查 2 株，调查植株全部块茎，对各小区进行测产并计算防治效果。用邓肯氏新复极差法对各处理进行差异显著性分析。

疮痂病分级标准，0 级：薯皮健康，无病斑；1 级：薯皮基本健康，有 1~2 个零星病斑，所占面积未超薯皮表面积的 1/4；2 级：薯皮表面有 3~5 个病斑，所占面积为薯皮表面积的 1/4~1/3；3 级：薯皮表面有 5~10 个病斑，所占面积占薯皮面积的 1/3~1/2；4 级：严重感病，病斑在 10 个以上或病斑面积超过薯皮表面积的 1/2。

出苗率(%) = (出苗数/栽苗数)×100

发病率(%) = (发病薯数/调查总薯数)×100

防治效果(%) = [(对照区发病率−处理区发病率)/对照区发病率]×100

增产率(%) = [对照区马铃薯产量−处理区马铃薯产量)/对照区马铃薯产量]×100

2 结果与分析

2.1 室内抑菌活性测定

进行了 274 株菌株室内抑菌活性测定，抑菌活性拮抗试验结果表明 154 株具有拮抗活性，抑菌圈宽度 ≥0.5 cm 的有 58 株，同时有 28 株拮抗指数 ≥1.5。部分芽孢杆菌的抑菌活性表明（表 2），22 株芽孢杆菌中抑菌圈宽度 ≥0.5 cm 的有 12 株，拮抗指数 ≥1.5 的有

3 株。菌株发酵液所产生的抑菌圈直径如图 1 所示，其中 M43（*Bacillus subtilis*）、M44（*Bacillus subtilis*）、M79（*Bacillus atrophaeus*）这 3 株菌对马铃薯疮痂菌的抑菌圈宽度较高，表明该菌株的发酵液中含有多种抑菌活性物质抑制马铃薯疮痂菌的生长。

表 2　部分芽孢杆菌的抑菌活性

生防菌	拉丁名	抑菌圈宽度（mm）	拮抗指数
M43	*Bacillus subtilis*	8.33 ± 0.38 a	2.08 ± 0.1 a
M44	*Bacillus subtilis*	7.10 ± 0.38 ab	0.65 ± 0.01 d
M45	*Bacillus subtilis*	4.90 ± 0.76 cd	0.41 ± 0.06 de
M46	*Bacillus subtilis*	0 ± 0 f	0 ± 0 f
M47	*Bacillus subtilis*	1.57 ± 0.7 ef	0.12 ± 0.05 ef
M48	*Bacillus subtilis*	2.70 ± 0.8 e	0.21 ± 0.06 ef
M49	*Bacillus subtilis*	1.27 ± 0.5 ef	0.11 ± 0.04 ef
M50	*Bacillus subtilis*	2.70 ± 1 e	0.23 ± 0.09 ef
M51	*Bacillus subtilis*	2.90 ± 1.5 e	0.25 ± 0.13 ef
M73	*Bacillus amyloliquefaciens*	7.33 ± 0.52 ab	0.59 ± 0.02 d
M74	*Bacillus atrophaeus*	6.67 ± 0.33 abc	0.56 ± 0.02 d
M75	*Bacillus atrophaeus*	6.53 ± 0.39 abc	0.57 ± 0.02 d
M76	*Bacillus atrophaeus*	3.17 ± 0.44 de	0.42 ± 0.08 de
M77	*Bacillus atrophaeus*	5.00 ± 0.68 c	0.71 ± 0.18 d
M78	*Bacillus atrophaeus*	6.47 ± 0.23 abc	0.56 ± 0.01 d
M79	*Bacillus atrophaeus*	8.00 ± 0.58 a	1.83 ± 0.21 a
M80	*Bacillus atrophaeus*	2.43 ± 0.87 e	0.23 ± 0.1 ef
M113	*Bacillus amyloliquefaciens*	6.47 ± 0.23 abc	1.17 ± 0.1 bc
M114	*Bacillus amyloliquefaciens*	0.33 ± 0.2 f	0.05 ± 0.03 f
M115	*Bacillus amyloliquefaciens*	7.33 ± 0.33 ab	1.35 ± 0.08 b
M120	*Bacillus amyloliquefaciens*	5.67 ± 0.2 bc	1.00 ± 0.03 c
M122	*Bacillus amyloliquefaciens*	6.67 ± 0.33 abc	1.40 ± 0.18 b

注：数据表示 3 个生物学重复的平均值 ± SD。同列不同小写字母表示差异显著（$P<0.05$）。下同。

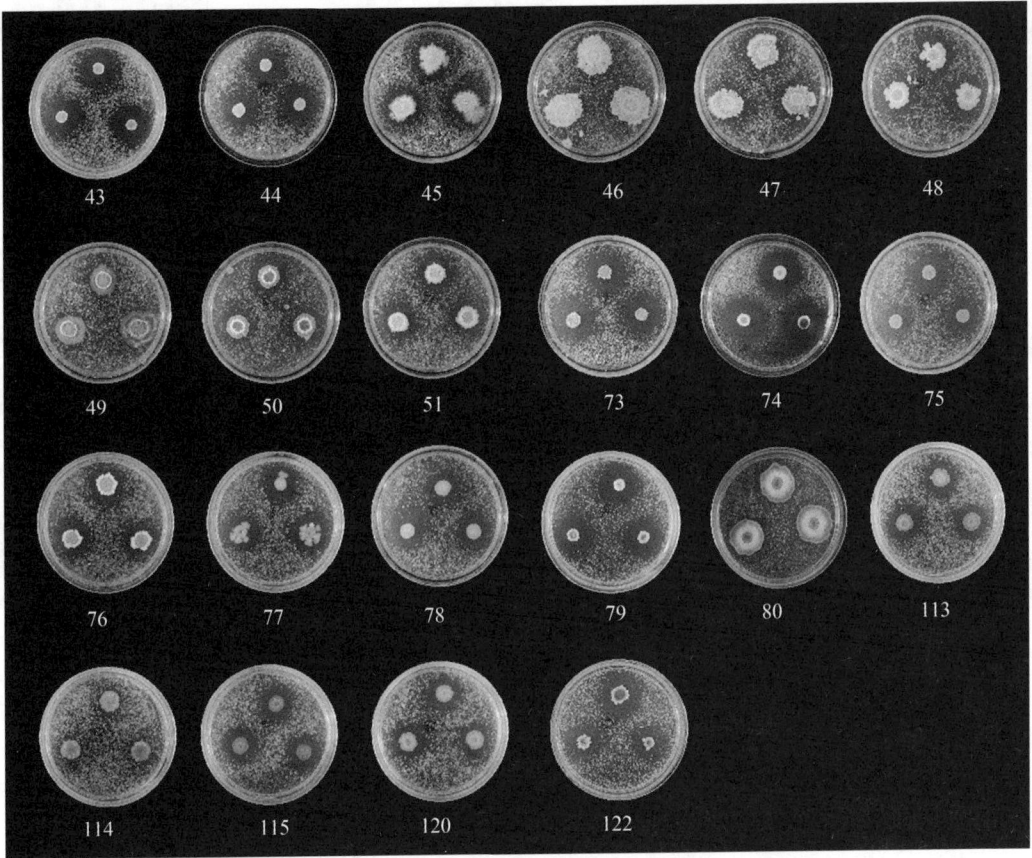

图1　生防细菌对马铃薯疮痂病原菌的抑菌活性部分测定结果

生防真菌室内抑菌活性测定（表3）：对峙培养 24 h 后 TH37（*Trichoderma virens*）、TH38（*Trichoderma virens*）处理的平板具有较宽的抑菌带，拮抗指数分别为 2.00、2.38，对马铃薯疮痂菌具有比较强的拮抗作用；TH7（*Trichoderma harzianum*）、TH19（*Trichoderma afroharzianum*）对马铃薯疮痂病具有一定的拮抗作用，拮抗指数分别为 0.29、0.29。对峙培养 48 h 后 4 株菌株处理均无抑菌带（图2），但 4 株木霉菌丝均生长蔓延覆盖了马铃薯疮痂菌落，推测具有重寄生潜力。

表3　4株木霉菌的抑菌活性

生防菌	拉丁名	抑菌圈宽度（mm）	拮抗指数
TH7	*Trichoderma harzianum*	28 ± 0.1 b	0.29 ± 0.01 c
TH19	*Trichoderma afroharzianum*	24 ± 0.06 b	0.29 ± 0 c
TH37	*Trichoderma virens*	24 ± 1.8 b	2.00 ± 0.06 b
TH38	*Trichoderma virens*	88 ± 0.17 a	2.38 ± 0.01 a

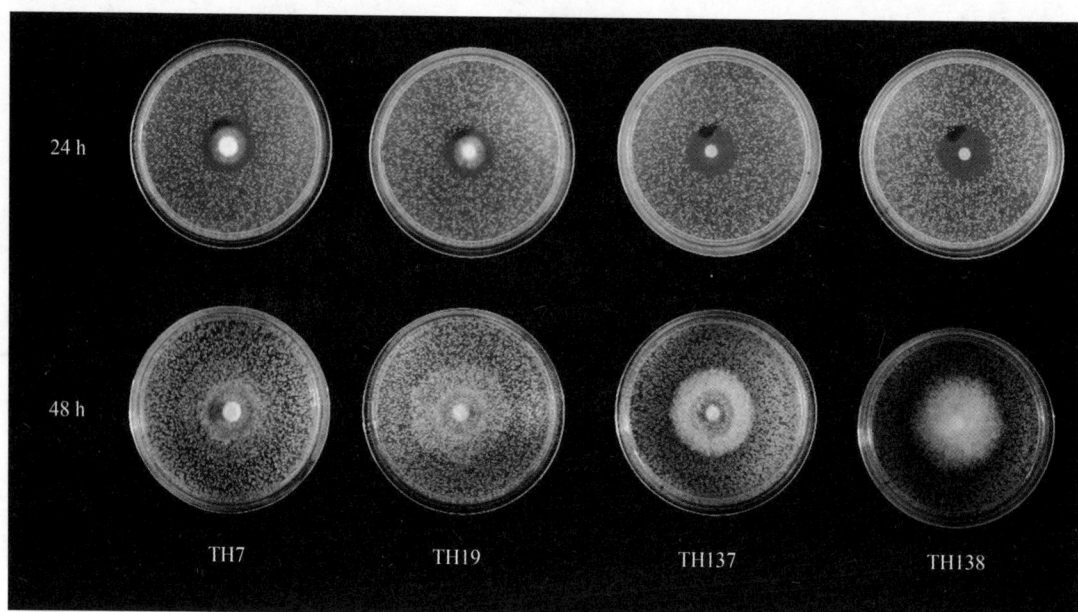

图 2　生防真菌对马铃薯疮痂病原菌的抑菌活性部分测定结果

分批次对挑选出的共计 274 株有潜力的菌株进行抑菌活性测定，154 株具有拮抗活性，其中抑菌圈宽度≥0.5 cm 的有 58 株，同时拮抗指数≥1.5 的有 28 株。

2.2　拮抗马铃薯疮痂病菌盆栽试验结果

对有较高平板抑菌活性的生防菌进行温室盆栽效果测试，接种疮痂病病原菌的块茎发病情况较为严重，病情指数为 73.02%。空白处理的病情指数为 9.54%，可能由于种薯自带病原菌引起。70% 甲基硫菌灵对马铃薯疮痂病的防治效果较好，病情指数较阴性对照显著降低，防效为 51.20%。竞品防效为 22.06%。

微生物菌剂 2（*Tichoderma harzianum* Th7、*Purpureocillium lilacinum* PL22、*Bacillus subtilis* M776）的相对防效为 53.38%，优于竞品和 70% 甲基硫菌灵处理。11 株对马铃薯疮痂病原菌 S.s 平板抑菌效果较好的菌株中，9 株在盆栽试验中有正向防效。其中 M73（*Bacillus amyloliquefaciens*）的防效最高，为 56.96%，该处理的病情指数较阴性对照和竞品显著降低。M119（*Bacillus subtilis*）的防效也优于 70% 甲基硫菌灵，但差异不显著（表 4）。

表 4　生防菌对马铃薯疮痂病的盆栽防效

处理	菌株	病情指数	相对防效（%）
微生物菌剂 2	*Tichoderma harzianum* Th7、*Purpureocillium lilacinum* PL22、*Bacillus subtilis* M776	34.04 ± 4.2 cd	53.38
M10	*Bacillus velezensis*	70.58 ± 5.86 a	3.34
M43	*Bacillus amyloliquefaciens*	66.60 ± 5.77 a	8.79
M44	*Bacillus amyloliquefaciens*	74.33 ± 9.9 a	-1.79

处理	菌株	病情指数	相对防效(%)
M79	*Bacillus atrophaeus*	70.41 ± 9.75 a	3.57
M73	*Bacillus amyloliquefaciens*	31.43 ± 4.1 de	56.96
M98	*Bacillus siamensis*	59.18 ± 7.64 ab	18.95
M95	*Bacillus siamensis*	60.33 ± 8.75 a	17.38
M117	*Bacillus subtilis*	53.32 ± 7.45 abcd	26.98
M119	*Bacillus subtilis*	32.75 ± 4.98 cde	55.15
M11	*Bacillus velezensis*	74.16 ± 1.84 a	-1.56
M100	*Bacillus siamensis*	61.52 ± 10.64 a	15.75
竞品	-	56.91 ± 5.58 abc	22.06
70%甲基硫菌灵	-	35.64 ± 16.53 bcd	51.19
阴性对照	-	73.02 ± 3.79 a	-
空白	-	9.54 ± 3.39 e	-

2.3 生物防控方案对马铃薯疮痂病田间防治效果

试验期间马铃薯出苗、生长以及结薯均正常,说明该生物菌剂对马铃薯安全。微生物菌剂 1 在拌种后表现出优秀的催芽效果,芽势旺,苗期生根好,出苗率最高为 94.6%。收获时表现出对疮痂病有较好的防治效果。整体生物防控方案可以有效降低马铃薯疮痂病的发病率,防效高达 65.19%;且复合菌剂对马铃薯有增产效果,增产率为 6.23%(表 5)。

表 5 生物防控方案对马铃薯疮痂病的田间防效

处理	出苗率(%)	发病率(%)	防治效果(%)	增产率(%)
空白对照	90.8	62.31	-	-
生物防控方案	94.6	21.69	65.19	6.23

3 讨 论

本试验通过平板对峙对 274 株有潜力的菌株进行抑菌活性测定,154 株具有拮抗活性,其中抑菌圈宽度 ≥0.5 cm 的有 58 株,同时拮抗指数 ≥1.5 的有 28 株。初步确定了不同菌株对马铃薯疮痂病原菌的抑菌活性,通过盆栽试验测试生防菌的作物应用效果,有 2 株芽孢杆菌以及复合菌株组合菌剂微生物菌剂 2 的防治效果优于 70%甲基硫菌灵。田间试验所选用的生防菌剂皆是对土传病害具有效果的微生物菌剂,试验表明,哈茨木霉、淡紫紫孢菌与枯草芽孢杆菌复合菌应用于马铃薯拌种与后续进行滴灌,对马铃薯疮痂病有较好的防治效果,防效达 65.19%;且复合菌剂对马铃薯有增产效果,增产率为 6.23%。

马铃薯疮痂病是一种较难防治的农业病害,随着马铃薯长期连作,疮痂病越来越严重。该病菌可通过多种途径传播蔓延,控制难度较大,在目前的马铃薯种植生产上一般采取综合防治的方法。其中利用拮抗微生物进行生物防治具有防病效果好、绿色无污染、环境生态友好等优点，正逐渐引起人们的重视。

本研究室内平板抑菌试验结果显示，拮抗活性中抑菌圈宽度≥0.5 cm的菌株有58株，同时拮抗指数≥1.5的有28株。不同的菌株由于生防机制不同，可能会从不同方向攻克病原菌的致病机理，以减低病原在该地块的致病性，当不同生防菌联合使用时可能会扩大抑菌谱及生防机制，增强其生防能力。国内外学者针对马铃薯疮痂病进行生物防治的细菌类主要有芽孢杆菌属（*Bacillus*）和假单胞杆菌属（*Pseudomonas*）。Cui 等[5]从健康马铃薯中分离筛选出一株内生贝莱斯芽孢菌（*B. velezensis*）8-4，对5种马铃薯病原菌均有较强的抑制作用。田间试验表明，菌株8-4对马铃薯疮痂病的防治效果和增产效果比其他化学杀菌剂好。Wang 等[6]将解淀粉芽孢杆菌与哈茨木霉联合用于防治马铃薯疮痂病，发现相较于未处理菌剂对照，使用微生物菌剂处理组马铃薯疮痂病病情指数降低30.6%~46.1%，产量增加23.0%~32.2%，且有效增加根际有益微生物群丰度。Chen 等[7]通过盆栽试验表明侧孢短芽孢杆菌（*Brevibacillus laterosporus*）能显著降低疮痂病的发病率、病情严重程度和病情指数，该菌能在马铃薯整个生长期内成功稳定地在根际土壤中定殖，使根际土壤有益细菌总数增加，有利于马铃薯植株抵御病原菌侵染，从而抑制了植物病害。Meng 等[8]从自然抑制马铃薯疮痂病的土壤中分离到解淀粉芽孢杆菌（*B. amyloliquefaciens*）BAC03，具有显著降低马铃薯疮痂病发生率和病情指数的效果。Singhai 等[9]、Arseneault 等[10]研究发现假单胞菌属的生防菌可以通过诱导寄主抗性、分泌吩嗪类物质机制对马铃薯疮痂病有一定的防治效果。Julie 等[11]、Zhang 等[12]、Sarwar 等[13]、Arslan 等[14]分别报道了链霉菌在防治马铃薯疮痂病上的效果。Muhammad 和 Aftab[15]评估了哈茨木霉、黄曲霉、指状青霉对马铃薯疮痂病的防治效果，结果表明接种哈茨木霉的发病率最低。

为了探明该菌株对马铃薯疮痂病的实际防治效果，进行了盆栽防效测定试验，结果显示微生物菌剂2（*Tichoderma harzianum* Th7、*Purpureocillium lilacinum* PL22、*Bacillus subtilis* M776）的相对防效为53.38%，M73（*Bacillus amyloliquefaciens*）的防效最高，为56.96%，该处理的病情指数较阴性对照和竞品显著降低，在马铃薯疮痂病防控上具有良好的应用前景。田间试验中在马铃薯产量方面，生物防控方案处理区具有增长效果；并且在马铃薯疮痂病防治方面，生物防控方案进行防控能有效控制马铃薯疮痂病的危害。

[参 考 文 献]

[1] 杨冰. 马铃薯疮痂病的致病机制及防治研究进展 [J]. 中国农学通报, 2021, 37(18): 131-137.

[2] Clarke C R, Tegg R S, Thompson H K, et al. Low-dose foliar treatments of the auxin analog 2, 4-D reduce potato common scab and powdery scab for multiple potato cultivars and enhance root development [J]. Crop Protection, 2020, 136: 105 208.

[3] Santos-Cervantes M E, Felix-Gastelum R, Herrera-Rodríguez G, et al. Characterization, pathogenicity and chemical control of *Streptomyces acidiscabies* associated to potato common scab [J]. American Journal of Potato Research, 2017, 94(1): 14-25.

[4] Tegg R S, Corkrey R, Wilson C R. Relationship between the application of foliar chemicals to reduce common scab disease of potato and correlation with thaxtomin A toxicity [J]. Plant Disease, 2012, 96(1): 97-103.

[5] Cui L X, Yang C D, Wei L J, et al. Isolation and identification of an endophytic bacteria *Bacillus velezensis* 8-4 exhibiting

biocontrol activity against potato scab [J]. Biological Control, 2019, 141(19): 1-20.

[6] Wang Z, Li Y, Zhuang L, et al. A rhizosphere-derived consortium of *Bacillus subtilis* and *Trichoderma harzianum* suppresses common scab of potato and increases yield [J]. Computational and Structural Biotechnology Journal, 2019, 17: 645-653.

[7] Chen S F, Zhang M S, Wang J Y, et al. Biocontrol effects of *Brevibacillus laterosporus* AMCC100017 on potato common scab and its impact on rhizosphere bacterial communities [J]. Biological Control, 2017, 106: 89-98.

[8] Meng Q X, Hanson L E, Douches D, et al. Managing scab diseases of potato and radish caused by *Streptomyces* spp. using *Bacillus amyloliquefaciens* BAC03 and other biomaterials [J]. Biological Control, 2013, 67(3): 373-379.

[9] Singhai P K, Sarma B K, Srivastava J S. Biological management of common scab of potato through *Pseudomonas* species and vermicompost [J]. Biological Control, 2011, 57(2): 150-157.

[10] Arseneault T, Roquigny R, Novinscak A, et al. Phenazine-1-carboxylic acid- producing *Pseudomonas synxantha* LBUM223 alters the transcriptome of *Streptomyces scabies*, the causal agent of potato common scab [J]. Physiological and Molecular Plant Pathology, 2020, 110: 101 480.

[11] Julie B, Clermont N, Beaulieu C. Effect of *Streptomyces melanosporofaciens* strain EF-76 and of chitosan on common scab of potato [J]. Plant and Soil, 2003, 256(2): 463-468.

[12] Zhang X Y, Li C, Hao J J, et al. A novel *Streptomyces* sp. strain PBSH9 for controlling potato common scab caused by *Streptomyces galilaeus* [J]. Plant Disease, 2020, 104(7): 430-439.

[13] Sarwar A, Latif Z, Zhang S Y, et al. A potential biocontrol agent *Streptomyces violaceusniger* AC12AB for managing potato common scab [J]. Frontiers in Microbiology, 2019, 10(2): 1-10.

[14] Arslan S, Zakia L, Songya Z, et al. Biological control of potato common scab with rare isatropolone C compound produced by plant growth promoting *Streptomyces* A1RT [J]. Frontiers in Microbiology, 2018, 9(1): 1 126-1 130.

[15] Muhammad R, Aftab B. Evaluation of different antagonistic fungi against common scab of potato [J]. Mycopathologia, 2014, 12(1): 63-67.

8种杀菌剂对贵州省山区马铃薯晚疫病的影响

朱 江，牛力立[*]，樊祖立，叶开梅，唐兴发，范金华，张 鹏

（安顺市农业科学院，贵州 安顺 561000）

摘 要：为筛选出对贵州省山区马铃薯晚疫病有较高防效的杀菌剂，连续两年在田间开展8种杀菌剂对马铃薯晚疫病的药效试验。相对于清水对照，50%锰锌·氟吗啉可湿性粉剂、18%吲唑磺菌胺悬乳剂、10%氟噻唑吡乙酮可分散油悬浮剂、18.7%烯酰·吡唑酯水分散粒剂、48%霜霉·氟啶胺悬乳剂、52.5%噁酮·霜脲氰水分散粒剂、30%氟菌·氰霜唑悬乳剂和47%烯酰·唑嘧菌悬乳剂均能显著降低马铃薯晚疫病病情指数和提高马铃薯产量。相对于其他杀菌剂，10%氟噻唑吡乙酮可分散油悬浮剂、18.7%烯酰·吡唑酯水分散粒剂在两年的田间药效中表现均较好。因此，生产上建议选择10%氟噻唑吡乙酮可分散油悬浮剂、18.7%烯酰·吡唑酯水分散粒剂防治马铃薯晚疫病。

关键词：马铃薯；晚疫病；杀菌剂；防效

马铃薯（*Solanum tuberosum* L.）属于茄科茄属的一年生草本植物，是中国继玉米、小麦和水稻后的第四大主粮作物[1,2]。贵州省是中国马铃薯的主要产区之一，种植面积和总产量均在全国前列，但马铃薯单产长期处于较低水平，贵州省山区马铃薯晚疫病发生与流行是马铃薯产量较低的重要因素之一。马铃薯晚疫病是由致病疫霉[*Phytophthora infestans*（Mont.）de Bary]侵染引起的病害，一旦病害发生流行，植株提前枯死，常造成20%~40%的产量损失[3]。因此，筛选出对贵州省山区马铃薯晚疫病有较高防效的杀菌剂，是提高马铃薯产量和品质的重要保障。金发安等[4]2022年报道了500 g/L氟啶胺悬浮剂、60%霜脲·嘧菌酯水分散粒剂和10%氟噻唑吡乙酮可分散油悬浮剂对马铃薯晚疫病的防治效果较好；和晓堂等[5]2022年报道了10%氟噻唑吡乙酮可分散油悬浮剂、25%嘧菌酯悬乳剂对马铃薯晚疫病有较高防效；吴朝晖等[6]2023年报道了8.7%烯酰·吡唑酯水分散粒剂和687.5 g/L氟吡菌胺·霜霉威盐酸盐悬浮剂对马铃薯晚疫病的防效达到80%以上；丰加文等[7]2023年报道了对马铃薯晚疫病的防效从高到低为687.5 g/L氟吡菌胺·霜霉威悬乳剂>10%氟噻唑吡乙酮可分散油悬浮剂>100 g/L氰霜唑悬乳剂>50%烯酰吗啉可湿性粉剂，687.5 g/L氟吡菌胺·霜霉威悬乳剂防效最好，为70.90%，10%氟噻唑吡乙酮可分散油悬浮剂防效次之，为66.53%。影响马铃薯晚疫病发生为害的因素为品种、土壤环境、气候环境、防治措施等，贵州省山区马铃薯生长季节高温多雨、土壤通透性较差等常加重马铃薯晚疫病发病程度，因此，在贵州省山区特定的环境中开展更具针对性的马铃薯晚疫病杀

作者简介：朱江（1988—），男，农艺师，从事作物病虫害防治技术研究。

基金项目：国家现代农业产业技术体系项目（CARS-09-ES25）。

[*]通信作者：牛力立，硕士，高级农艺师，从事马铃薯栽培技术研究，e-mail：81634848@qq.com。

菌剂筛选试验,提高马铃薯晚疫病防治效果。通过开展8种杀菌剂对贵州省山区马铃薯晚疫病的田间药效试验,旨在筛选出对贵州省山区马铃薯晚疫病具有较高防效的杀菌剂,为贵州省山区马铃薯晚疫病的杀菌剂防治提供理论依据。

1　材料与方法

1.1　试验材料

供试马铃薯品种为"兴佳2号",脱毒种薯,大小均匀,无破损;复合肥(硫酸钾型,N：P：K = 15：15：15)。

1.2　试验方法

试验为单因素田间药效试验,共设9个处理(表1)。

表1　试验设计

处理	方法	处理	方法
A1	50%锰锌·氟吗啉可湿性粉剂	A6	52.5%噁酮·霜脲氰水分散粒剂
A2	18%吲唑磺菌胺悬乳剂	A7	30%氟胺·氰霜唑悬乳剂
A3	10%氟噻唑吡乙酮可分散油悬浮剂	A8	47%烯酰·唑嘧菌胺悬乳剂
A4	18.7%烯酰·吡唑酯水分散粒剂	CK	等量清水
A5	48%霜霉·氟啶胺悬乳剂		

采用随机区组设计,每个处理重复3次,共计27个小区。小区大小0.60 m × 4.50 m × 5 = 13.50 m²。行距0.6 m,株距0.25 m,单垄单行,每个小区施用1.5 kg复合肥,小区间走道0.6 m,重复间走道0.8 m,四周设置保护行。发现马铃薯晚疫病中心病株当天喷施第1次,间隔7 d后喷施第2次,8种杀菌剂均按1 000倍液进行喷雾处理,每个小区马铃薯植株茎叶每次均匀喷施1.5 L药液或清水。2020年、2021年连续两年在田间开展药效试验。

1.3　试验数据调查

1.3.1　晚疫病发病情况调查

喷药后,每1~2周调查晚疫病发病病级,连续调查6次,2020年5月15日开始调查,2021年5月7日开始调查,计算病情指数和防效。

$$病情指数 = \frac{\sum(发病级数 × 相应发病株数)}{最高发病级数 × 调查总株数} × 100$$

$$防效(\%) = \frac{(对照病情指数 - 处理病情指数)}{对照病情指数} × 100$$

1.3.2　马铃薯产量测定

收获期,对小区马铃薯进行测产收获,记录小区产量、商品薯率(大中薯,单薯重 ≥50 g)和非商品薯(小薯,单薯重<50 g)重量、烂薯率。

1.4 统计与分析

使用 Office 2019 和 DPS 7.5 对试验数据进行统计分析，多重比较采用新复极差法。

2 结果与分析

2.1 马铃薯晚疫病

5月18日和5月27日 A1 的防效最好（表2），其次是 A3 和 A7；6月3日时 A4 的防效最好，其次是 A1，第3是 A3 和 A7。5月18日至6月3日，相对于 CK，杀菌剂处理均能极显著降低晚疫病病情指数。5月17日（表3）A2、A4 和 A5 防效最好，其次是 A3 和 A6；5月28日，A4 防效最好，其次是 A3 和 A5；6月4日 A4 防效最好，其次是 A2。5月17日至6月16日，相对于 CK，杀菌剂处理均能极显著降低晚疫病病情指数。

表2 2020年不同处理马铃薯晚疫病病情

处理	15/05 病情指数	18/05 病情指数	18/05 防效（%）	27/05 病情指数	27/05 防效（%）	03/06 病情指数	03/06 防效（%）	16/06 病情指数	16/06 防效（%）	30/06 病情指数
A1	3.33 aA	6.67 dC	55.56	7.78 cB	57.58	20.00 dC	70.00	54.44 cdCD	27.41	100 aA
A2	3.33 aA	8.33 bcdBC	44.44	12.78 bB	30.30	31.11 bcB	53.33	63.33 bcABC	15.56	100 aA
A3	3.33 aA	7.22 cdBC	51.85	10.56 bcB	42.42	21.11 dC	68.33	58.89 cdBCD	21.48	100 aA
A4	3.33 aA	8.33 bcdBC	44.44	12.22 bB	33.33	11.11 eD	83.33	37.78 eE	49.63	100 aA
A5	3.33 aA	10.00 bcBC	33.33	11.67 bB	36.36	33.33 bB	50.00	68.89 bAB	8.15	100 aA
A6	3.33 aA	11.11 bB	25.93	11.67 bB	36.36	27.78 cB	58.33	56.11 cdBCD	25.19	100 aA
A7	3.33 aA	7.22 cdBC	51.85	9.44 bcB	48.48	21.11 dC	68.33	58.89 cdBCD	21.48	100 aA
A8	3.33 aA	8.33 bcdBC	44.44	10.56 bcB	42.42	21.67 dC	67.50	49.44 dDE	34.07	100 aA
CK	3.33 aA	15.00 aA	—	18.33 aA	—	41.67 aA	—	75.00 aA	—	100 aA

注：同列不同小写字母表示 0.05 水平差异显著，同列不同大写字母表示 0.01 水平差异显著。下同。

表3 2021年不同处理马铃薯晚疫病病情

处理	07/05 病情指数	17/05 病情指数	17/05 防效（%）	28/05 病情指数	28/05 防效（%）	04/06 病情指数	04/06 防效（%）	16/06 病情指数	16/06 防效（%）	21/06 病情指数
A1	0.56 aA	2.22 bB	60.00	4.44 bcB	50.00	6.11 bB	71.05	50.00 cdCD	47.98	100 aA
A2	0.56 aA	1.11 bB	80.00	3.89 bcB	56.25	4.44 bB	78.95	47.78 deCDE	50.29	100 aA
A3	0.56 aA	1.67 bB	70.00	3.33 bcB	62.50	5.56 bB	73.68	68.33 bB	28.90	100 aA
A4	0.56 aA	1.11 bB	80.00	2.22 cB	75.00	2.78 cB	86.84	45.56 defCDE	52.60	100 aA
A5	0.56 aA	1.11 bB	80.00	3.33 bcB	62.50	5.56 bB	73.68	57.22 cBC	40.46	100 aA
A6	0.56 aA	1.67 bB	70.00	3.89 bcB	56.25	5.00 bB	76.32	36.67 fE	61.85	100 aA
A7	0.56 aA	2.78 bB	50.00	4.44 bcB	50.00	5.56 bB	73.68	43.33 defDE	54.91	100 aA

	07/05	17/05		28/05		04/06		16/06		21/06
处理	病情指数	病情指数	防效（%）	病情指数	防效（%）	病情指数	防效（%）	病情指数	防效（%）	病情指数
A8	0.56 aA	2.78 bB	50.00	5.00 bB	43.75	6.67 bB	68.42	40.00 efDE	58.38	100 aA
CK	0.56 aA	5.56 aA	–	8.89 aA	–	21.11 aA	–	96.11 aA	–	100 aA

2.2 马铃薯产量

从表 4 看出，2020 年产量最高的是 A6，其次是 A4，相对于 CK，A3、A7 处理能显著提高马铃薯产量，A1、A2、A4、A5、A6 和 A8 处理能极显著提高马铃薯产量，A6 的产量显著高于 A7，其他杀菌剂处理之间马铃薯产量没有显著差异。2021 年产量最高的是 A8，其次是 A7，相对于 CK，A3 处理能显著提高马铃薯产量，A1、A2、A4、A5、A6、A7 和 A8 处理能极显著提高马铃薯产量，A8 的产量显著高于 A3，其他杀菌剂处理之间马铃薯产量没有显著差异。

表 4 不同处理马铃薯产量

处理	2020 年				2021 年			
	小区产量（kg/13.5 m^2）	折合产量（kg/667 m^2）	商品薯率（%）	烂薯率（%）	小区产量（kg/13.5 m^2）	折合产量（kg/667 m^2）	商品薯率（%）	烂薯率（%）
A1	29.51 abA	1 458	89.90 aA	0.61 eD	50.73 abA	2 507	76.17 aAB	6.72 bB
A2	29.66 abA	1 466	86.64 abA	1.27 bcdABC	52.10 abA	2 574	83.80 aA	2.51 bB
A3	27.49 abAB	1 358	90.04 aA	1.60 bAB	45.46 bAB	2 246	79.46 aA	4.70 bB
A4	29.82 abA	1 473	85.58 abA	0.88 deCD	49.18 abA	2 430	77.49 aAB	5.34 bB
A5	29.45 abA	1 455	89.27 aA	1.18 bcdBCD	49.03 abA	2 423	77.65 aAB	5.60 bB
A6	31.88 aA	1 575	91.60 aA	1.01 cdeBCD	50.22 abA	2 481	82.66 aA	4.38 bB
A7	26.74 bAB	1 321	87.90 abA	1.04 cdeBCD	52.58 abA	2 598	80.39 aA	2.84 bB
A8	29.37 abA	1 451	80.86 bAB	1.36 bcABC	54.30 aA	2 683	83.01 aA	4.30 bB
CK	21.76 cB	1 075	72.26 cB	1.92 aA	36.97 cB	1 826	65.08 bB	14.84 aA

3 讨 论

综合两年的试验数据，相对于清水对照，50%锰锌·氟吗啉可湿性粉剂、18%吲唑磺菌胺悬乳剂、10%氟噻唑吡乙酮可分散油悬浮剂、18.7%烯酰·吡唑酯水分散粒剂、48%霜霉·氟啶胺悬乳剂、52.5%噁酮·霜脲氰水分散粒剂、30%氟胺·氰霜唑悬乳剂和 47%

烯酰·唑嘧菌悬乳剂均能显著降低马铃薯晚疫病病情指数和提高马铃薯产量；相对于其他杀菌剂，10%氟噻唑吡乙酮可分散油悬浮剂、18.7%烯酰·吡唑酯水分散粒剂在两年的田间药效中表现均较好。生产上建议选择10%氟噻唑吡乙酮可分散油悬浮剂和18.7%烯酰·吡唑酯水分散粒剂防治马铃薯晚疫病。

试验中杀菌剂均按1 000倍液进行喷雾施用2次，未对同一杀菌剂不同施用浓度、施用次数和施用时间进行试验研究，实际施用时还需进一步试验论证，确保在保证防效的前提下节约杀菌剂使用量，减少杀菌剂对生态环境的影响。

[参 考 文 献]

[1] 孙慧生.马铃薯育种学 [M].北京:中国农业出版社,2003.
[2] 刘维刚,唐勋,付学,等.马铃薯抗旱性研究进展 [J].中国马铃薯,2022,36(4):358-369.
[3] 陈利锋,徐敬友.农业植物病理学 [M].第3版.北京:中国农业出版社,2007.
[4] 金发安,沈秋吉,字雨欣,等.盈江县冬季马铃薯晚疫病防控药剂筛选 [J].中国马铃薯,2022,36(5):423-428,472.
[5] 和晓堂,和习琼,和生鼎,等.几种药剂对马铃薯晚疫病的防效研究 [J].蔬菜,2022(3):48-51.
[6] 吴朝晖,王凯,张海东,等.防治马铃薯晚疫病的药剂筛选 [J].辽宁农业科学,2023(5):76-78.
[7] 丰加文,林知许,邓琳梅,等.4种杀菌剂在秋季马铃薯晚疫病防治中的效果 [J].中国马铃薯,2023,37(3):245-251.

不同药剂拌种对马铃薯生长发育及晚疫病防控的影响

席春艳[1]，吕和平[2]，张　武[1]，梁宏杰[1]，张彤彤[1]*

（1. 甘肃省农业科学院马铃薯研究所，甘肃　兰州　730070；
2. 甘肃省农业科学院，甘肃　兰州　730070）

摘　要：为探究不同药剂拌种处理对马铃薯晚疫病的防治效果，选取 10 种药剂对马铃薯种薯采取拌种处理，在甘肃省渭源县会川镇进行田间试验。有 4 种药剂拌种后在马铃薯的生长过程中存在优势，分别是根太、小檗碱、过氧乙酸和香芹酚。有利于马铃薯产量的药剂分别为过氧乙酸和马铃薯拌种剂噻咯。对马铃薯晚疫病的防治效果最佳的是马铃薯拌种剂噻咯，防治效果达到 91.67%，其次是过氧乙酸，防治效果达到 79.17%。在生产中使用时可以考虑多种药剂拌种，可综合有效提高马铃薯生产。

关键词：马铃薯；晚疫病；药剂拌种；防效；生产

马铃薯是一种粮菜兼用农作物，在中国广泛种植。甘肃省是马铃薯主要产区之一，随着马铃薯种植面积和产量的增加，马铃薯病害的发生趋势也呈上涨趋势，晚疫病就是影响马铃薯生产的病害之一。马铃薯晚疫病是由致病疫霉（*Phytophthora infestans*）引起，使马铃薯产量下降，造成严重的经济损失；马铃薯晚疫病使马铃薯植株叶片产生水渍状斑块，斑块一般在叶子边缘，病叶背面会存在霉层，最终会使植株枯萎呈焦黑状；块茎表面会形成不规则紫褐色病斑导致块茎坏死[1]。目前，马铃薯晚疫病的防治仍是以化学防治为主，药剂组合防控马铃薯晚疫病的研究较多[2]，喷雾处理最常见；马铃薯晚疫病在植株和地下块茎上都有病症出现，喷雾对地上植株友好，但对地下块茎存在局限性，防效会受到影响，且化学农药的过量使用会对环境造成负面影响，不利于可持续发展。药剂拌种处理是在播种前对种薯进行处理，是一种常见的防病增产措施，在春季播种时选用合适的拌种剂对马铃薯拌种是防治土传病害发生和提高种薯质量的重要措施；喷雾是在长出植株后，主要是针对于植株上的病害，药剂拌种的防治早于喷雾，具有提早防治的优点。

对种薯进行药剂处理可以有效减轻病害的发生，并且可以提高马铃薯产量[3]，因此，筛选出最适宜的拌种药剂、保证马铃薯植株的健康生长和稳定的产量对马铃薯晚疫病的防治具有重要意义。

作者简介：席春艳（1983—），女，硕士，助理研究员，主要从事马铃薯栽培及生理生态研究。
基金项目：国家重点研发计划项目（2023YFD2302100）；甘肃省农业科学院青年基金（2017GAAS90）。
＊通信作者：张彤彤，助理研究员，主要从事马铃薯良种繁育技术研究，e-mail：466046423@qq.com。

1 材料与方法

1.1 试验地点

试验地设在甘肃省定西市渭源县会川镇。

1.2 供试材料

马铃薯品种为"华颂7号"。

供试药剂为大蒜油、嘧啶核苷类抗菌素、丁子香酚、大黄素甲醚、小檗碱、二氯异氰尿酸钠、香芹酚、过氧乙酸、马铃薯拌种剂噻咯、根太。

1.3 试验设计

试验采用随机区组设计，共设10个处理，1组对照。处理1为大蒜油，处理2为嘧啶核苷类抗菌素，处理3为丁子香酚，处理4为大黄素甲醚，处理5为小檗碱，处理6为二氯异氰尿酸钠，处理7为香芹酚，处理8为过氧乙酸，处理9为马铃薯拌种剂噻咯，处理10为根太；3个小区，每小区共100株，设立5行，每行20株。

1.4 调查方法

待植株生长后测定出苗数、出苗率、现花率、长势、株高、茎粗、叶色；在块茎膨大期测定马铃薯单株结薯数，单株薯重及晚疫病发病率。

马铃薯晚疫病病情分级标准为，0级：无病斑；1级：病斑面积占整个叶片面积5%以下；2级：病斑面积占整个叶片面积6%~10%；3级：病斑面积占整个叶片面积11%~20%；4级：病斑面积占整个叶片面积21%~50%；5级：病斑面积占整个叶片面积50%以上。

$$病情指数 = \frac{\sum(各级病叶数 \times 相对级数值)}{相对级数值 \times 调查叶总数} \times 100$$

$$相对防效(\%) = \frac{对照病情指数 - 处理病情指数}{对照病情指数} \times 100$$

2 结果与分析

2.1 不同药剂处理对马铃薯生长发育的影响

测得马铃薯植株的生长发育情况(表1)，可以发现药剂拌种处理后对马铃薯植株的生长没有药害影响，没有叶片黄化、枯萎等药害表现。对照组的出苗率为98.00%，T2处理的出苗率低于对照组，其余9个处理下的马铃薯的出苗率均在98.00%及以上；T1、T2、T3、T4、T6处理的平均株高低于对照组的平均株高，T6处理下的平均株高最低，为23.83 cm，T10处理下的平均株高最高，为44.50 cm。T1、T2、T6、T8处理下的马铃薯平均茎粗均低于对照组，T6处理下的茎粗最差，平均茎粗为3.66 mm，T10处理下的茎粗最好，平均茎粗为6.17 mm；马铃薯植株长势在T1、T2、T3、T4处理下都弱于对照组的长势，所有处理中马铃薯植株的叶色没有差异；对照组的现花率为53.00%，10个处理中仅有4个处理下的现花率低于对照组，分别是T3、T4、T6、T9。

表 1　不同药剂拌种处理对马铃薯生长的影响

处理	出苗率 （％）	株高 （cm）	茎粗 （mm）	长势	叶色	现花率 （％）
T1	98.33	38.83	5.26	中	绿	59.00
T2	97.67	40.50	4.32	中	绿	77.00
T3	98.67	25.67	5.94	弱	绿	13.00
T4	98.67	34.67	6.11	中	绿	41.00
T5	98.33	43.83	5.94	强	绿	90.00
T6	98.00	23.83	3.66	弱	绿	13.00
T7	98.33	41.67	5.94	强	绿	89.00
T8	98.67	44.33	5.51	强	绿	73.00
T9	98.67	42.17	6.12	强	绿	52.00
T10	98.33	44.50	6.17	强	绿	73.00
CK	98.00	41.67	5.94	强	绿	53.00

2.2　不同药剂处理对马铃薯产量的影响

不同药剂拌种处理下马铃薯的产量（表 2）表明，对照组马铃薯单株平均结薯数为 5个，重量为 0.69 kg。其中大于 100 g 的有 3 个，重量为 0.58 kg，小于 100 g 的有 2 个，约重 0.10 kg。与对照组相比单株结薯数 T8、T9 处理下最大，单株平均结薯数为 6 个，T9 处理下的薯重最高，为 1.04 kg，且 T9 处理下的马铃薯块茎大于 100 g 的有 4 个，重量约为 0.9 kg。

表 2　不同药剂拌种处理对马铃薯产量的影响

处理	单株结薯数 （个）	单株薯重 （kg）	单薯大于 100 g		单薯小于 100 g	
			个数 （个）	重量 （kg）	个数 （个）	重量 （kg）
T1	3	0.49	2	0.43	1	0.06
T2	3	0.59	2	0.54	1	0.05
T3	3	0.47	2	0.39	1	0.08
T4	4	0.47	2	0.38	2	0.09
T5	4	0.69	3	0.63	1	0.07
T6	5	0.67	3	0.58	2	0.08
T7	4	0.71	3	0.66	1	0.06
T8	6	0.80	3	0.66	3	0.14
T9	6	1.04	4	0.90	2	0.15
T10	5	0.70	3	0.60	2	0.11
CK	5	0.69	3	0.58	2	0.10

2.3 不同药剂处理对马铃薯晚疫病的防效

不同药剂拌种处理后马铃薯晚疫病的病情指数与对照组相比其中最高的为 T3；T1、T2 和 T3 处理下马铃薯的病情指数均大于 1，且防效均小于 40%，是 10 个处理中防效较差的，而 T9 处理下的病情指数低，防效达到了 91.67%（表 3）。

表 3　不同药剂处理对马铃薯晚疫病的防效

项目	处理										
	T1	T2	T3	T4	T5	T6	T7	T8	T9	T10	CK
病情指数	1.10	1.00	1.27	0.53	0.47	0.67	0.60	0.33	0.13	0.47	1.47
防效（%）	31.25	37.50	20.83	66.67	70.83	58.33	62.50	79.17	91.67	70.83	–

3　讨　论

在马铃薯的生长、生产及对马铃薯晚疫病的防控等方面测得的试验数据在各方面是不同的，从马铃薯的生长过程来讨论，10 个药剂处理下的马铃薯在出苗率上并没有很大的差别，都很接近并趋于 98%左右；根太处理下的马铃薯植株长势最好，平均茎粗和平均株高均优于其他处理，但根太处理下的现花率却不是最高，小檗碱处理下的现花率达到 90%，但小檗碱处理下的平均株高和平均茎粗却低于根太处理。噻咯处理下测得的数据均高于对照组且在各方面较平均，虽然嘧啶核苷类抗菌素处理下的现花率高，但是马铃薯植株的长势较对照组弱，花是植物生长生殖的一部分，牟文平等[4]通过试验发现，现花率与单株薯块重和公顷产量呈极显著正相关，那么现花率越高则马铃薯的产量会增加，因此小檗碱处理下的马铃薯现花率高达 90%，对提高马铃薯产量有帮助。但从实际试验数据中得出，马铃薯拌种剂噻咯处理下的马铃薯的单株结薯数最高为 6 个，薯重也高于其他处理，其中大于 100 g 的数量也是最多的，紧随其后的是过氧乙酸，过氧乙酸在单株结薯数和薯重上也优于对照组和其他处理。马铃薯拌种剂噻咯处理下的马铃薯晚疫病的病情指数最低为 0.13，防效达到了 91.67%，是所有药剂中防效最好的一种。

综上所述，在不同的情况下 10 种药剂拌种处理各存在优势，马铃薯的生长发育过程中，对生长发育好的拌种药剂是根太和小檗碱，根太处理下的马铃薯现花率虽低于小檗碱，但仍高于对照，小檗碱处理下的马铃薯的生长发育与对照组相比也有很大程度上的提高。有利于马铃薯产量的最佳拌种药剂是马铃薯拌种剂噻咯，马铃薯拌种剂噻咯对马铃薯晚疫病的防治效果最好。在生产中使用时可以考虑多种药剂拌种，可综合有效提高马铃薯生产。

[参 考 文 献]

[1] Goss E M, Tabima J F, Cooke D E L, et al. The Irish potato famine pathogen *Phytophthora infestans* origina ted in central Mexico rather than the Andes [J]. Proceedings of the National Academy of Sciences, 2014, 111(24): 8 791-8 796.

[2] 杨会亮. 马铃薯早、晚疫病药剂筛选及化学防控的研究 [D]. 保定: 河北农业大学, 2014.

[3] 付梅, 林蜀云, 饶永峰, 等. 不同药剂拌种在马铃薯生产上的应用效果研究 [J]. 耕作与栽培, 2023, 43(2): 60-62.

[4] 牟文平, 罗仁革, 方军, 等. 川北山区马铃薯开花与产量研究 [J]. 中国农学通报, 2014, 30(24): 270-276.

马铃薯田入侵杂草牛膝菊种子的萌发特性

张等宏[1,2]，肖春芳[1,2]，王　甄[1,2]，张远学[1,2]，沈艳芬[1,2]*

(1. 湖北恩施中国南方马铃薯研究中心，湖北　恩施　445000；
2. 恩施土家族苗族自治州农业科学院，湖北　恩施　445000)

摘　要：牛膝菊是中国西南地区马铃薯田的主要恶性杂草，入侵性很强，扩散蔓延速度快，防治难度大，在局部地区对马铃薯生产造成毁灭性危害。牛膝菊主要依靠种子进行扩散繁殖，研究牛膝菊种子的萌发特性，为预测其潜在的分布范围和有效治理牛膝菊提供理论依据。牛膝菊种子对光照、干旱均比较敏感，在暗处理下牛膝菊发芽率非常低，当干旱胁迫浓度为12%时发芽明显受到抑制，干旱胁迫浓度为14%时完全受到抑制。牛膝菊种子萌发的最适温度为25 ℃，最适土壤含水量为30%。

关键词：马铃薯；牛膝菊；种子；发芽率

马铃薯(*Solanum tuberosum* L.)具有较高的营养价值，兼具粮食和蔬菜的功能，还可以作为工业原料，是中国重要的粮食作物和经济作物之一，种植面积和产量位居世界首位[1-3]。与此相适应的省工节本农业轻型栽培技术疏于田间杂草管理，由此加重了草害发生，外来杂草的入侵危害严重[4]。

牛膝菊(*Galinsoga parviflor*)为菊科(Compositae)牛膝菊属(*Galinsoga*)植物，起源于美洲热带地区[5]，1915年首次在中国云南省宁蒗彝族自治县和四川省木里藏族自治县发现[6]，是一种重要的农业入侵杂草，难以彻底去除，既通过种子繁殖外，又可营养繁殖，种子不休眠或休眠程度低，边开花边结实，种子小、结实量大，传播速度极快，在入侵地会形成爆发式的生长，排挤本地植物[7]。

牛膝菊是中国西南地区马铃薯田的主要恶性杂草，入侵性很强，扩散蔓延速度快，防治难度大，在局部地区对马铃薯生产造成毁灭性危害。牛膝菊主要依靠种子进行扩散繁殖，研究牛膝菊种子的萌发特性，为预测其潜在的分布范围和有效治理牛膝菊提供理论依据。

1　材料与方法

1.1　试验材料

牛膝菊种子采自湖北省恩施土家族苗族自治州天池山科研基地。

作者简介：张等宏(1984—)，男，硕士，农艺师，主要从事马铃薯病虫草害防控研究。
基金项目：现代农业产业技术体系资助资金(CARS-09)；国家重点研发计划项目(2021YFE0109600)；恩施州科技计划研究与开发项目(D20220009)。
*通信作者：沈艳芬，研究员，主要从事马铃薯遗传育种研究，e-mail：shenyanfen197518@163.com。

1.2 试验设计

1.2.1 干 旱

设 3 种不同干旱胁迫处理，14%聚乙二醇-6000（PEG-6000，分析纯）分别为：10% PEG-6000、12% PEG-6000、14% PEG-6000，对照（CK）为去离子水处理，每个处理 50 粒种子，3 次重复，分别置于直径 7 cm 的圆形培养皿内，以双层滤纸为芽床，分别加入 5 mL 胁迫溶液或去离子水，置于光暗比 12/12，温度（25 ± 1）℃、湿度 70%~80%的植物培养箱中进行试验。每处理 3 次重复，出苗后每 48 h 统计种子萌发的数量，共统计 3 次，胚芽鞘伸出土壤表层可见时视为出苗。

胁迫溶液的配制方法如下：分别将 10、12、14 g 的 PEG-6000 溶解在 90、88、86 g 水中，得到 10%、12%、14%的 PEG-6000 溶液。

1.2.2 温 度

培养箱温度分别设置为 15、20、25、30 和 35 ℃。每处理 3 次重复，出苗后每 48 h 统计种子萌发的数量，共统计 3 次，胚芽鞘伸出土壤表层可见时视为出苗。

1.2.3 光 照

每个温度加入一组用不透光的黑布包裹的黑暗处理，每个处理 3 次重复。出苗后每 48 h 统计种子萌发的数量，共统计 3 次，胚芽鞘伸出土壤表层可见时视为出苗。

1.2.4 土壤湿度

将土壤在 170 ℃的烘箱中烘干 3 h，杀死土壤中原有的杂草种子，过 20 目筛后，称取烘干土壤 200 g 于种子发芽盒中，加水配制成含水量：10%、20%、30%、40%、50%、60%的 6 种土壤处理，每个发芽盒中播种牛膝菊种子 50 个，盖好盒盖，防止水分蒸发。每处理 3 次重复，出苗后每 48 h 统计种子萌发的数量，共统计 3 次，胚芽鞘伸出土壤表层可见时视为出苗。

2 结果与分析

2.1 干旱胁迫对牛膝菊种子萌发的影响

干旱胁迫对牛膝菊种子的萌发具有显著的影响（表 1）。当胁迫浓度为 14%时，牛膝菊种子完全不会萌发；当胁迫浓度为 12%时，牛膝菊种子萌发率较低，在第 8 d 达到最大值 28.33%；当胁迫浓度为 10%时，在第 8 d 达到最大值 52.67%，显著高于其他处理，所有处理均显著低于对照。

表 1　干旱胁迫下牛膝菊种子发芽率

胁迫强度	发芽率（%）			
	2 d	4 d	6 d	8 d
CK	36.00 a	65.33 a	88.67 a	94.67 a
10%	26.67 b	44.00 b	52.00 b	52.67 b
12%	8.00 c	19.33 c	28.00 c	28.33 c
14%	0 c	0 d	0 d	0 d

注：同列不同小写字母表示 0.05 水平差异显著。下同。

2.2 温度对牛膝菊种子萌发的影响

温度对牛膝菊种子萌发具有显著的影响(表2)。当温度为35℃时，牛膝菊种子完全不会萌发，牛膝菊种子的最佳萌发温度为25℃，在第8 d发芽率可以达到94.67%，显著高于其他处理。

表2 不同温度下牛膝菊种子发芽率

温度(℃)	发芽率(%)			
	2 d	4 d	6 d	8 d
15	1.33 d	16.00 c	40.00 c	53.33 c
20	28.00 b	42.67 b	77.33 b	78.00 b
25	36.00 a	65.33 a	88.67 a	94.67 a
30	6.67 c	62.00 a	71.33 b	75.33 b
35	0 d	0 d	0 d	0 d

2.3 光照对牛膝菊种子萌发的影响

光照对牛膝菊种子的萌发具有显著的影响(表3)。当温度为15、35℃无光照时，牛膝菊种子完全不会萌发，20、25、30℃无光照时牛膝菊种子的发芽率较低，最高仅为11.33%。

表3 不同暗处理下牛膝菊种子发芽率

温度(℃)	发芽率(%)			
	2 d	4 d	6 d	8 d
15	0 a	0 b	0 d	0 c
20	2.67 a	5.33 a	9.33 a	10.67 ab
25	2.67 a	4.00 a	7.33 b	11.33 a
30	0.67 a	4.00 a	4.67 c	8.00 b
35	0 a	0 b	0 d	0 c

2.4 土壤湿度对牛膝菊种子萌发的影响

土壤中水分含量对牛膝菊种子的萌发具有显著的影响(表4)。当水分含量为10%时，牛膝菊种子完全不会萌发;当土壤中水分含量为20%时，牛膝菊种子萌发率较低，在第8 d达到最大值16.67%，显著低于其他处理;当土壤中水分含量为30%时，在第8 d达到最大值88.67%，显著高于其他处理;当水分含量为40%、50%、60%时，牛膝菊种子的萌发率均在第8 d达到最大值，3个处理之间无显著差异，但是随着水分含量的升高发芽率也随之下降。

表4 不同土壤湿度下牛膝菊种子发芽率

土壤含水量	发芽率(%)			
(%)	2 d	4 d	6 d	8 d
10	0 b	0 d	0 d	0 d
20	3.33 b	9.33 c	14.00 c	16.67 c
30	18.00 a	54.00 ab	64.00 ab	88.67 a
40	22.67 a	57.33 a	70.67 a	72.00 b
50	17.33 a	48.00 b	68.00 a	70.67 b
60	16.67 a	48.00 b	57.33 b	66.00 b

3 讨 论

由试验结果可知，牛膝菊种子对光照、干旱均比较敏感，在暗处理下牛膝菊发芽率非常低，当干旱胁迫浓度为12%发芽明显受到抑制，干旱胁迫浓度为14%时完全受到抑制。牛膝菊种子萌发的最适温度为25 ℃，最适土壤含水量为30%。

[参 考 文 献]

[1] 贺加永.中国马铃薯产业发展现状及建议 [J].农业展望, 2020, 16(9): 34-39.

[2] 陈萌山, 王小虎.中国马铃薯主食产业化发展与展望 [J].农业经济问题, 2015, 36(12): 4-11.

[3] 范俊臣, 张之为.超表达 StRab5b 基因对马铃薯耐盐生理特性的影响 [J].山东农业科学, 2022, 54(9): 49-54.

[4] 强胜.我国杂草学研究现状及其发展策略 [J].植物保护, 2010, 36(4): 1-5.

[5] Damalas C A. Distribution, biology and agricultural importance of *Galinsoga parviflora* (Asteraceae) [J]. Weed Biology and Management, 2008, 8(3): 147-153.

[6] 贺俊英, 徐萌萌, 张子义, 等.入侵植物牛膝菊(*Galinsoga parviflora* Cav.)对植物多样性的影响 [J].干旱区资源与环境, 2019, 33(7): 147-151.

[7] 汤东生, 董玉梅, 陶波, 等.入侵牛膝菊属植物的研究进展 [J].植物检疫, 2012, 26(4): 51-55.

马铃薯茎溃疡病生物药剂筛选试验

王　真[1]，王玉凤[1]，林团荣[1]，王　伟[1]，郑安可[1]，吴昊磊[1]，范龙秋[1]，焦欣磊[1]，
王懿茜[1]，张志成[1]，陈瑞英[2]，逯海林[3]，刘宇飞[1]，张　丹[1]，尹玉和[1*]

(1. 乌兰察布市农林科学研究所，内蒙古　乌兰察布　012000；
2. 四子王旗农业技术服务中心，内蒙古　乌兰察布　012000；
3. 商都县科学技术事业发展中心，内蒙古　乌兰察布　012000)

摘　要：马铃薯茎溃疡病是一种真菌性土传病害，内蒙古自治区乌兰察布市马铃薯种植面积大，轮作倒茬困难，使的土壤中马铃薯茎溃疡病菌数量逐年增加，严重影响着马铃薯产量和品质，解决马铃薯茎溃疡病的绿色防治问题迫在眉睫。为了有效防控马铃薯茎溃疡病，在使用合格种薯和轮作的基础上，集成有效药剂组合，采用沟施和拌种组合，重点选择生物防治药剂，旨在选出最优的马铃薯茎溃疡病综合防控技术，将马铃薯茎溃疡病造成的损失降到最低，发掘生物药剂在马铃薯茎溃疡病防治中的作用，推进马铃薯生产。结果表明，处理6(氟唑菌苯胺拌种，沟施吡唑醚菌酯+氟唑菌酰胺)、处理4(氟唑菌苯胺拌种，沟施嘧菌酯)、处理3(枯草芽孢杆菌+哈茨木霉菌拌种，沟施嘧菌酯)的药剂组合对马铃薯茎溃疡病的防效较好，商品率及产量均高于对照。

关键词：马铃薯；茎溃疡病；数字化监测；减药

马铃薯茎溃疡病是一种真菌性土传病害，由立枯丝核菌(*Rhizoctonia solani*)引起，世界上各大马铃薯种植国家，均有不同程度发病的报道，马铃薯茎溃疡病已成为各国马铃薯主产区严重影响块茎产量和商品价值的重要病害[1-3]。

马铃薯茎溃疡病在中国最早于1922和1932年在台湾省和广东省发生，现已普遍分布在马铃薯各个产区，在黑龙江省、吉林省、辽宁省以及内蒙古自治区西部等地区，病害发生尤其严重[4-5]。一般年份造成马铃薯减产15%，个别年份可毁灭全田，严重影响马铃薯的产量和品质，阻碍马铃薯产业的健康发展。有研究发现，内蒙古自治区马铃薯茎溃疡病重度地区田间发病率高达70%~80%[6]。2010—2011年甘肃省中部马铃薯种植主产区因茎溃疡病引起的植株幼苗死亡率高达60%[7]，给农民造成了巨大的经济损失。病原菌主要存活在植株残体上，以种薯带菌和土壤中传播为初侵染源，病菌在土壤中可存活2~3年[8]。

乌兰察布市马铃薯种植面积大，轮作倒茬困难，使的土壤中马铃薯茎溃疡病菌数量逐年增加，严重影响着马铃薯产量和品质，解决马铃薯茎溃疡病的绿色防治问题迫在眉睫。

作者简介：王真(1991—)，男，助理研究员，主要从事马铃薯病虫害防治、马铃薯新品种选育及配套栽培技术研究。

基金项目：乌兰察布市科技计划项目(2022ZDYF007)；内蒙古农牧业青年创新基金项目(2021QNJJNO8)；国家马铃薯产业技术体系(CARS-09-ES05)；中央引导地方科技资金发展项目(2021ZY0005)。

*通信作者：尹玉和，研究员，主要从事马铃薯遗传育种与栽培技术研究，e-mail：wlcbsyyh@163.com。

按照"质量兴薯、绿色兴薯、品牌强薯"的总体思路，为了有效防控马铃薯茎溃疡病，在使用合格种薯和轮作的基础上，集成有效药剂组合，采用沟施和拌种组合，旨在选出最优的马铃薯茎溃疡病综合防控技术，将马铃薯茎溃疡病造成的损失降到最低，推进马铃薯生产的可持续发展。

1 材料与方法

1.1 试验品种

主栽品种"希森6号"，行距90 cm，株距20 cm，采取高垄滴灌的栽培方式种植，前茬为马铃薯四年连作地块。

1.2 试验地概况

试验设在内蒙古自治区乌兰察布市察右前旗平地泉镇乌兰察布市农林科学研究所试验基地。土壤类型为黏土，地力均匀。

1.3 试验设计

随机区组排列，每处理1次重复，共8个小区。每个小区面积100.8 m²。种植时间为2023年5月12日，9月21日收获。

试验药剂见表1，试验处理见表2。

表1 试验有效药剂

有效成分	喷施量
嘧菌酯	60mL/667 m² 沟施
吡唑醚菌酯+氟唑菌酰胺	40 mL/667 m² 沟施
解淀粉芽孢杆菌	100 mL/667 m²
枯草芽孢杆菌	200 g/667 m²
木霉菌	300 g/667 m²
咯菌腈	100 mL/667 m² 加水稀释拌种100 kg 种薯
氟唑菌苯胺	8~12 mL/667 m² 药剂加水稀释拌种100 kg 种薯
荧光假单胞杆菌	300 g/667 m²

表2 试验处理

处理	播种前沟施	切块拌种
处理1	嘧菌酯	枯草芽孢杆菌
处理2	嘧菌酯	哈茨木霉菌
处理3	嘧菌酯	枯草芽孢杆菌+哈茨木霉菌
处理4	嘧菌酯	氟唑菌苯胺
处理5	嘧菌酯	荧光假单胞杆菌
处理6	吡唑醚菌酯+氟唑菌酰胺	氟唑菌苯胺

处理	播种前沟施	切块拌种
处理 7	解淀粉芽孢杆菌	咯菌腈
处理 8(CK)	无	无

1.4　试验调查项目

6 月 22 日(苗期)，根据出苗情况调查出苗率。花期(7 月 25 日)对马铃薯开展茎溃疡病茎部发生情况调查。收获期(9 月 21 日)调查产量和商品薯率。10 月 13 日和 10 月 15 日对块茎进行发病情况调查。

2　结果与分析

2.1　不同处理出苗率调查

根据调查结果(表 3)，各处理出苗率差别较小，均达到 90% 以上，说明各药剂处理对种薯出苗率影响较小。

表 3　不同处理出苗率调查

处理	出苗率(%)
处理 1	93.00
处理 2	94.00
处理 3	93.00
处理 4	93.50
处理 5	93.00
处理 6	93.00
处理 7	92.50
处理 8(CK)	92.50

2.2　不同处理生长期调查

花期开展茎溃疡病茎部发生情况调查(表 4)结果显示，各处理均发病，处理 8(CK)发病率最高为 89.94%，其次处理 5，发病率为 84.26%；处理 6 的发病率最低为 68.57%，发病率较低的有处理 3 为 69.56%、处理 4 为 69.97%；处理 8(CK)病情指数最高为 43.87，病情指数最低的处理 6 为 33.75、处理 4 次之为 36.19，较低的处理 7 为 38.18、处理 3 为 38.90。

表 4　不同处理花期茎溃疡病发病程度调查

处理	发病率(%)	病情指数
处理 1	73.54	39.21

处理	发病率(%)	病情指数
处理 2	75.48	40.36
处理 3	69.56	38.90
处理 4	69.97	36.19
处理 5	84.26	40.51
处理 6	68.57	33.75
处理 7	77.06	38.18
处理 8(CK)	89.94	43.87

2.3 不同处理收获期调查

经过收获期调查(表5)结果显示,处理8(CK)的产量最低为 2 623 kg/667 m²,各处理产量均较对照有所增加,其中产量最高的为处理 5 为 3 634 kg/667 m²、其次处理 1 为 3 539 kg/667 m²、处理 6 为 3 475 kg/667 m²。从商品薯率来说,各处理商品薯率均在 85% 以上,各个处理的商品薯率均比对照高,处理8(CK)的商品薯率为 83.72%,商品薯率最高的处理 5 为 91.23%,处理 6 次之 88.92%,由高到低依次处理 4 为 88.53%、处理 3 为 88.12%、处理 2 为 87.75%、处理 1 为 87.70%、处理 7 为 85.63%。

表 5 不同处理收获期产量与商品薯率调查

处理	产量(kg/667 m²)	商品薯率(%)
处理 1	3 539	87.70
处理 2	3 241	87.75
处理 3	3 090	88.12
处理 4	3 299	88.53
处理 5	3 634	91.23
处理 6	3 475	88.92
处理 7	3 068	85.63
处理 8(CK)	2 623	83.72

收获期对块茎的茎溃疡病发生情况进行调查(表6)可以看出,从块茎发病率来看,处理 8(CK)的发病率最高为 75.02%,各个处理对病害均有一定的防效,其中发病率最低的处理 6 发病率为 24.31%、处理 3 发病率次之为 52.75%,发病率较低的有处理 4 为 58.28%,处理 1 为 60.62%。从防效上来看,各处理均对茎溃疡病有一定的防效,防效最高的为处理 6,防效达 67.60%,其余防效较好的有处理 3 为 29.69%,处理 5 为 27.53%、处理 4 为 22.31%。

表 6　不同处理茎溃疡病块茎发病情况

处理	13/10		15/10
	块茎发病率(%)	防效(%)	病情指数
处理 1	60.62	19.20	24.93
处理 2	66.12	11.86	22.32
处理 3	52.75	29.69	18.51
处理 4	58.28	22.31	22.11
处理 5	54.37	27.53	20.45
处理 6	24.31	67.60	20.10
处理 7	71.11	5.22	7.15
处理 8(CK)	75.02	—	25.55

从块茎病情指数来看(表6)，处理8(CK)的病情指数最高为25.55，各个处理的病情指数均较对照有所下降，其中病情指数最低的处理7为7.15、处理3病情指数次之为18.51、其余较低的处理6为20.10、处理5为20.45、处理4为22.11。各处理的病情指数均低于对照，说明各处理茎溃疡病的发病程度均低于对照。

3　讨　论

不同药剂组合处理对马铃薯的出苗率影响较小。在生长期调查中，各个处理在马铃薯生长期间病害调查过程中，从花期的发病率和病情指数来看，均较对照有所降低，说明各处理在作物生长过程中对茎溃疡病均有一定的防治效果；处理6的发病率和病情指数均最低，处理4、处理3的发病率和病情指数均较低。说明在生长期处理6、处理4、处理3均对茎溃疡病有较好的防治效果。综合收获期产量结果、商品薯率及块茎发病率及病情指数，获得处理6(氟唑菌苯胺拌种，沟施吡唑醚菌酯+氟唑菌酰胺)、处理4(氟唑菌苯胺拌种，沟施嘧菌酯)、处理3(枯草芽孢杆菌+哈茨木霉菌拌种，沟施嘧菌酯)的药剂组合对马铃薯茎溃疡病的防效较好。

生物药剂筛选方面，综合生长期表现，进行生长期、收获期的茎溃疡病发病情况调查，结合2022年试验结果，得到利用枯草芽孢杆菌+哈茨木霉菌拌种，对马铃薯茎溃疡病防效较好。2023年，首次利用荧光假单胞杆菌拌种进行防治，在产量方面及收获期病害发生程度方面均较对照好，需要在今后的工作中进一步深入研究。马铃薯茎溃疡病的防治，当年化学药剂防治效果要优于生物药剂且稳定性高，生物药剂的防治效果需长期试验并验证。今后，将不断优化生物药剂组合及用法，争取将生物药剂防治马铃薯茎溃疡病应用到大田生产中，集成马铃薯茎溃疡病绿色防控技术。

[参　考　文　献]

[1] Todd C A. *Rhizoctonia* disease on potatoes: the effect of anastomosis groups, fungicides and zinc on disease [D]. Adelaide:

University of Adelaide, School of Agriculture, Food and Wine, 2009.

[2] Tsror L. Biology, epidemiology and management of *R. solani* on potato [J]. Journal of Phytopathology, 2010, 158: 649–658.

[3] 张笑宇. 马铃薯抗黑痣病鉴定技术及其抗病机制研究 [D]. 呼和浩特: 内蒙古农业大学, 2012.

[4] 李晓妮, 徐娜娜, 于金凤. 中国北方马铃薯黑痣病立枯丝核菌的融合群鉴定 [J]. 菌物学报, 2014, 33(3): 584–593.

[5] 屈冬玉, 金黎平, 谢开云. 中国马铃薯产业年回顾 [M]. 北京: 中国农业科学技术出版社, 2008.

[6] 曹春梅, 张建平, 张庆平, 等. 马铃薯黑痣病药剂防治试验 [M]//陈伊里, 屈冬玉. 马铃薯产业与粮食安全. 哈尔滨: 哈尔滨工程大学出版社, 2009: 354–358.

[7] 孟品品, 刘星, 邱慧珍, 等. 连作马铃薯根际土壤真菌种群结构及其生物效应 [J]. 应用生态学报, 2012, 23(11): 3 079–3 086.

[8] 邱广伟. 马铃薯黑痣病的发生与防治 [J]. 粮食作物, 2009(6): 133–134.

2023年乌兰察布市马铃薯晚疫病数字化监测预警系统减药试验

王玉凤[1]，王　真[1]，林团荣[1]，王　伟[1]，郑安可[1]，吴昊磊[1]，范龙秋[1]，
焦欣磊[1]，张志成[1]，王懿茜[1]，焦伟红[2]，尹玉和[1*]

(1. 乌兰察布市农林科学研究所，内蒙古　乌兰察布　012000；
2. 乌兰察布市农牧业生态资源保护中心，内蒙古　乌兰察布　012000)

摘　要：马铃薯是内蒙古自治区乌兰察布市主要经济作物，晚疫病作为马铃薯上的重要病害，是制约马铃薯生产的重要因素。马铃薯晚疫病布虽然属于偶发生，但预防与防控一般使用农药次数较多，利用马铃薯数字化监测预警系统开展减药控害试验，能够切实做好马铃薯晚疫病的科学合理防控，减少化学农药在马铃薯上的使用，保障粮食生产安全和农产品有效供给，促进马铃薯产业高质量发展，保护生态环境安全，实现绿色可持续发展。

关键词：马铃薯；晚疫病；数字化监测；减药

马铃薯(*Solanum tuberosum* L.)是继水稻、小麦、玉米后的全球第四大粮食作物[1]。马铃薯晚疫病作为马铃薯生产上的主要病害，广泛发生于世界各个马铃薯产区，该病害主要侵染马铃薯的块茎部和叶部，同时还能引起窖藏块茎的腐烂。马铃薯晚疫病也是中国马铃薯种植过程中危害较严重的病害之一，是影响中国马铃薯高产和稳产的主要因素[2]。引起马铃薯晚疫病的致病疫霉(*Phytophthora infestans*)是马铃薯生产最严重的致病因子，也是卵菌类植物病害中破坏性最大的致病菌[3]。20世纪80年代以来，由于致病疫霉毒力增强、生理小种组成复杂化导致晚疫病在世界范围内再度频繁发生[4,5]。马铃薯晚疫病极易发生和流行，在条件适宜时，该病害可迅速爆发，可造成植株大面积提早死亡，从开始发病到全田枯死，最快不到半个月，一般流行年份，产量损失8%~30%，大流行年份产量损失可达50%以上，甚至绝收。如果发生在生产季初期，可导致多达80%的产量损失[6]。

马铃薯晚疫病在内蒙古自治区乌兰察布市属于偶发生，但预防与防控一般使用农药次数较多，为切实做好马铃薯晚疫病的科学合理防控，保障粮食生产安全和农产品有效供给，促进马铃薯产业高质量发展，利用马铃薯数字化监测预警系统开展减药控害试验十分必要。

作者简介：王玉凤(1986—)，女，农艺师，主要从事马铃薯病虫害防治及新品种选育。
基金项目：中央引导地方科技资金发展项目(2021ZY0005)；乌兰察布市科技计划项目(2022ZDYF007)；内蒙古农牧业青年创新基金项目(2021QNJJNO8)。
*通信作者：尹玉和，研究员，主要从事马铃薯遗传育种与栽培技术研究，e-mail：wlcbsyyh@163.com。

1 材料与方法

1.1 试验品种

主栽品种"希森6号"，行距90 cm，株距20 cm，采取高垄滴灌的栽培方式种植。

1.2 试验地概况

试验地设在内蒙古自治区乌兰察布市察右前旗平地泉镇乌兰察布市农林科学研究所试验基地，土壤类型为黏土，地力均匀。

1.3 试验设计

随机区组排列，每处理1次重复(表1)，共3个小区。每个小区面积3 335 m²，2023年5月13日种植，9月20日收获。

表1　试验设计

处理	施药类型
处理1	马铃薯晚疫病数字化监测预警，推迟用药时间区
处理2	马铃薯晚疫病数字化监测预警，减少用药次数区
处理3	常规用药区

1.4 田间用药操作

马铃薯晚疫病数字化监测预警系统减药试验示范生长期农药使用见表2~表4，田间管理3个区没有差别。

表2　处理1马铃薯晚疫病施药时间及情况

时间(D/M)	内容	药剂使用
18/07	叶面喷施预防早晚疫病	80%代森锰锌 150 g/667 m²
24/07	叶面喷施预防早晚疫病	70%丙森锌 150 g/667 m²
30/07	叶面喷施预防早晚疫病	43%氟吡菌酰胺·肟菌酯 25 mL/667 m²、47%烯酰·唑嘧菌 50 mL/667 m²
09/08	叶面喷施预防晚疫病	500 g/L氟啶胺 40 mL/667 m²
19/08	叶面喷施预防晚疫病	50%烯酰吗啉 100 g/667 m²
31/08	叶面喷施防晚疫病	80%代森锰锌 150 g/667 m²、80%烯酰吗啉·噻霉酮 40 g/667 m²

表3　处理2马铃薯晚疫病施药时间及情况

时间(D/M)	内容	药剂使用
11/07	叶面喷施预防早晚疫病	80%代森锰锌 150 g/667 m²
24/07	叶面喷施预防早晚疫病	70%丙森锌 150 g/667 m²
30/07	叶面喷施预防早晚疫病	43%氟吡菌酰胺·肟菌酯 25 mL/667 m²、47%烯酰·唑嘧菌 50 mL/667 m²
09/08	叶面喷施预防晚疫病	500 g/L氟啶胺 40 mL/667 m²
25/08	叶面喷施预防晚疫病	50%烯酰吗啉 100 g/667 m²

表4　处理3晚疫病防治施药时间及情况

时间(D/M)	内容	药剂使用
11/07	叶面喷施预防早晚疫病	80%代森锰锌 150 g/667 m²
18/07	叶面喷施预防早晚疫病	68%精甲霜灵·代森锰锌 50 mL/667 m²
24/07	叶面喷施预防早晚疫病	70%丙森锌 150 g/667 m²
30/07	叶面喷施预防早晚疫病	43%氟吡菌酰胺·肟菌酯 25 mL/667 m²、47%烯酰·唑嘧菌 50 mL/667 m²
09/08	叶面喷施预防晚疫病	500 g/L氟啶胺 40 mL/667 m²
19/08	叶面喷施预防晚疫病	50%烯酰吗啉 100 g/667 m²
31/08	叶面喷施防晚疫病	80%代森锰锌 150 g/667 m²、80%烯酰吗啉·噻霉酮 40 g/667 m²

1.5　试验调查项目

6月22日(苗期)，根据出苗情况调查出苗率。花期(8月8日)和收获前(9月10日)对马铃薯地上部晚疫病发病情况进行调查。收获时(9月20日)调查产量和商品薯率，并对块茎进行发病情况进行调查。

2　结果与分析

2.1　不同处理出苗率调查结果

根据调查结果(表5)，各处理出苗率差别较小，均达到90%以上，说明各药剂处理对种薯出苗率影响较小。

表5　不同处理出苗率调查

处理	出苗率(%)
处理1	90.23
处理2	90.00
处理3	92.33

2.2　不同处理生长期调查结果

7月下旬，乌兰察布市出现了大范围、持续性降雨天气。按照马铃薯晚疫病发生特点及发生规律，马铃薯晚疫病发生风险等级较高。根据乌兰察布市马铃薯晚疫病监控预警系统(http://218.70.37.104:7000/wulanchabu)监测结果显示，全市35个监测点，达到红色预警的有29个监测点，达到黄色预警的有5个监测点，达到蓝色预警的有1个监测点。结合马铃薯晚疫病数字化监测预警系统，8月8日开展马铃薯晚疫病发生情况调查，针对马铃薯晚疫病地上部分发生情况调查表明(表6)，各处理及常规区未发现晚疫病的发生。

结合乌兰察布市气候特点与马铃薯晚疫病数字化监测预警系统，根据防治情况，9月10日进行了马铃薯晚疫病地上部分调查(表6)，各试验示范区未发生马铃薯晚疫病。

表6 不同处理马铃薯地上部晚疫病发病程度调查

处理	发病率(%)	
	花期(08/08)	收获前(10/09)
处理1	0	0
处理2	0	0
处理3	0	0

2.3 不同处理收获期调查

根据9月20日收获时(表7)调查结果显示,处理2的产量最高为3 754 kg/667 m²,其中产量最低为处理1,产量为3 481 kg/667 m²。方差分析显示,各处理产量差异不显著。从商品薯率来说,各处理商品薯率均在70%以上,处理2的商品薯率最高为78.78%,处理1的商品薯率最低为77.87%。

9月20日收获时对块茎的晚疫病发生情况进行调查(表7)可以看出,块茎发病率为0%,各处理调查块茎未发生马铃薯晚疫病。

表7 不同处理晚疫病收获期产量及块茎发病情况调查

处理	平均产量(kg/667 m²)	平均商品薯率(%)	发病率(%)
处理1	3 481 a	77.87 a	0
处理2	3 754 a	78.78 a	0
处理3	3 559 a	78.25 a	0

注:同列相同小写字母表示0.05水平差异不显著。

3 讨 论

2023年乌兰察布市大部地区气候特点适合马铃薯晚疫病发生流行,经过生长期及收获期调查,未发现马铃薯晚疫病发生,说明前期预防可以起到预防晚疫病发生的作用。乌兰察布市马铃薯晚疫病属于偶发区,马铃薯晚疫病减药控害是科学可行的。利用马铃薯晚疫病数字化监测预警系统结合田间中心病株调查,可以有效指导马铃薯晚疫病进行绿色防控。试验示范得到,利用科学预警,适合马铃薯晚疫病发生条件的年份,常规防控区防治次数为7次,推迟施药防控区防控次数为6次,减少用药次数防控区防治次数为5次,均可有效预防马铃薯晚疫病的发生。综合生长期病害发生情况、收获期产量结果、商品薯率及块茎发病率,处理1、处理2、处理3之间差异均不显著,说明马铃薯晚疫病减药推迟用药时间及用药次数均可以有效预防马铃薯晚疫病的发生。从减药控害的角度入手,通过试验示范,处理1推迟一周用药,减少1次用药,产量与对照差异不显著,减少农药及人工机械投入成本约30元/667 m²;处理2较对照减少2次用药量,减少农药及人工机械投入成本约60元/667 m²。

结合马铃薯晚疫病监测预警系统进行马铃薯晚疫病科学合理减药控害试验,各处理试验区可以进一步进行优化，需要在今后的工作中进一步深入研究，示范面积逐步扩大。

［参 考 文 献］

[1] 施乾芮, 刘倩雯, 陈友华, 等. 新农药 105 亿 CFU/g 多粘菌·枯草菌 WP 对马铃薯晚疫病防治效果 [J]. 农药, 2022, 61(4): 292-294.

[2] 刘冠求, 崔亮, 万博, 等. 马铃薯晚疫病的流行规律与防控措施 [J]. 园艺与种苗, 2021, 41(4): 89-90.

[3] Fu X, Liu S, Ru J, et al. Biological control of potato late blight by *Streptomyces* sp. FXP04 and potential role of secondary metabolites [J]. Biological Control, 2022, 169: 104.

[4] 徐建飞, 金黎平. 马铃薯遗传育种研究现状与展望 [J]. 中国农业科学, 2017, 50(6): 990-1 015.

[5] 王腾, 孙继英, 汝甲荣, 等. 中国马铃薯晚疫病菌交配型研究进展 [J]. 中国马铃薯, 2018, 32(1): 48-53.

[6] Haverkort A J, Struik P C, Visser R G F, et al. Applied biotechnology to combat late blight in potato caused by *Phytophthora infestans* [J]. Potato Research, 2009, 52(3): 249-264.

2 种生防菌与有机肥协同防治马铃薯枯萎病试验

刘智慧[1]，崔　健[1]，董其冰[1]，王　静[1]，郭岩峰[1]，

姚国宇[1]，郭建晗[2]，武振亚[1]，朵　岚[1]，赵玉平[1]*

（1. 乌兰察布市种业工作站，内蒙古　乌兰察布　012000；
2. 乌兰察布市植保植检站，内蒙古　乌兰察布　012000）

摘　要：马铃薯枯萎病是马铃薯生产中为害严重的病害，化学药剂对马铃薯枯萎病的防治效果不理想。为了探索马铃薯枯萎病生物防治方法，采用枯草芽孢杆菌剂和木霉菌剂共同与有机肥以不同的施用方法联合使用，研究对马铃薯枯萎病的防治效果和产量影响。生防菌拌种 + 生防菌混拌有机肥处理能够有效防治马铃薯枯萎病，地上部分防效高达 69.49%，与对照相比，病薯率降低 21.48 个百分点，增产 35.95%，相比于其他处理能够更好发挥生防作用。

关键词：马铃薯；枯萎病；有机肥；生物防治；生防菌

内蒙古自治区是全国重要的马铃薯种薯、商品薯和加工专用薯生产基地，马铃薯种植规模在全国保持前列，马铃薯产业已经成为内蒙古自治区建设国家重要农畜产品生产基地不可或缺组成部分[1]。目前，土传病害已成为限制内蒙古自治区马铃薯产业健康发展的难题，其中，马铃薯枯萎病是由镰刀菌（*Fusarium*）引起的，该病害在中国马铃薯北方种植区为害严重，表现为系统性侵染，种植地块一旦发病，很难彻底根除，采用传统化学药剂防治马铃薯枯萎病效果差[2]。

枯草芽孢杆菌（*Bacillus subtilis*）与木霉菌（*Tichoderma* spp）分别是近些年研究的具有稳定生防效果的生防细菌和生防真菌，在持续实施化肥农药"双减"行动，加快农牧业绿色转型发展的进程中发挥着重要作用。但单一的生防菌存在防效低，防效滞后，易受环境条件影响等缺陷，不能从根本上解决土传病害的问题。本试验通过枯草芽孢杆菌剂与木霉菌剂拌种、枯草芽孢杆菌剂与木霉菌剂拌种并施用有机肥、枯草芽孢杆菌剂与木霉菌剂混拌有机肥、枯草芽孢杆菌剂与木霉菌剂拌种并施混拌后的有机肥等多种不同施用方式，研究对马铃薯枯萎病的防治效果与产量影响。

1　材料与方法

1.1　试验地概况

试验地选择内蒙古自治区乌兰察布市商都县三大顷乡三虎地村（N 41°31′17″，E 113°25′52″），年有效积温（≥10 ℃）1 800~2 100 ℃，无霜期 120 d，年均降雨量 350 mm，土壤

作者简介：刘智慧（1990—），男，硕士，农艺师，主要从事马铃薯病虫害检测与防治工作。
基金项目：内蒙古自治区科技计划项目（2021GG0011）；内蒙古自治区育种联合攻关项目（YZ2023006）。
* 通信作者：赵玉平，正高级农艺师，从事种业推广研究，e-mail：jnszyp@163.com。

类型栗钙土，该地块为 2022 年度发生马铃薯枯萎病的重茬地块。

1.2 生防菌与有机肥

枯草芽孢杆菌剂(活体芽孢 ≥ 10 亿/g，剂型：WP，保定市科绿丰生化科技有限公司)；木霉菌剂(活体孢子 ≥ 2 亿/g，剂型：DP，无锡几丁生物新材料科技发展有限公司)；有机肥为腐熟的羊粪。

1.3 试验设计与处理

试验采用马铃薯"冀张薯 12 号"品种，种薯级别为一级种。试验于 2023 年 5 月 21 日进行播种。每个小区为 1 339.2 m^2，小区宽 14.4 m，长 93 m，单垄种植，行距 90 cm，株距 20 cm，每个处理 1 个小区，不设重复。每小区施马铃薯专用复合肥(N：P：K = 12：19：16)30 kg 作底肥，采用浅埋滴灌水肥一体化种植模式，生防菌与有机肥不同处理方法见表 1。

表 1 生防菌与有机肥不同处理方法

处理	类型	处理方法	
		种薯处理	有机肥或种肥
1	生防菌拌种	每 667 m^2 用 1 kg 枯草芽孢杆菌剂与 1 kg 木霉菌剂与 2 kg 滑石粉混合后均匀拌 200 kg 种薯，晾干后播种。	每 667 m^2 播种时施复合肥 20 kg 做为种肥
2	生防菌拌种并施有机肥	每 667 m^2 用 1 kg 枯草芽孢杆菌剂与 1 kg 木霉菌剂与 2 kg 滑石粉混合后均匀拌 200 kg 种薯，晾干后播种。	每 667 m^2 撒施 3 m^3 腐熟羊粪
3	生防菌混拌有机肥	每 667 m^2 用 70% 甲基硫菌灵可湿性粉剂 100 g，3% 中生菌素可湿性粉剂 20 g，加滑石粉 2 kg 均匀拌种 200 kg 种薯，晾干后播种。	每 667 m^2 用 1 kg 枯草芽孢杆菌剂和 1 kg 木霉菌剂与 3 m^3 腐熟羊粪均匀混合后撒施
4	生防菌拌种+生防菌混拌有机肥	每 667 m^2 用 1 kg 枯草芽孢杆菌剂与 1 kg 木霉菌剂与 2 kg 滑石粉混合后均匀拌 200 kg 种薯，晾干后播种。	每 667 m^2 用 1 kg 枯草芽孢杆菌剂和 1 kg 木霉菌剂与 3 m^3 腐熟羊粪均匀混合后撒施
5	有机肥	每 667 m^2 用 70% 甲基硫菌灵可湿性粉剂 100 g，3% 中生菌素可湿性粉剂 20 g，加滑石粉 2 kg 均匀拌种 200 kg 种薯，晾干后播种。	每 667 m^2 施入腐熟的羊粪 3 m^3
6	化肥对照(CK)	每 667 m^2 用 70% 甲基硫菌灵可湿性粉剂 100 g，3% 中生菌素可湿性粉剂 20 g，加滑石粉 2 kg 均匀拌种 200 kg 种薯，晾干后播种。	每 667 m^2 播种时施复合肥 20 kg 做为种肥

1.4 取样与调查

2023 年 9 月 7 日按病情分级标准调查各处理马铃薯枯萎病的病株率及病情指数[3]。9 月 22 日每处理采用五点法取样，每点取 2 垄，长 3 m，调查各取样点所有块茎的病薯率和产量，取平均值。调查数据运用 SPSS 进行统计分析，不同小写字母表示在 0.05 水平差异显著。

1.5 测定项目和方法

病株率(%)= 发病株数/调查总株数 × 100

病情指数 =[∑(各级病株数×代表值)/调查总株数×最高级代表值] × 100

防效(%)=(化肥对照的病情指数−处理的病情指数)/化肥对照的病情指数 × 100

病薯率(%)= 维管束变褐块茎数/调查总块茎数 × 100

2 结果与分析

2.1 不同处理对马铃薯枯萎病植株的防治效果

调查结果表明(表2)，处理4(生防菌拌种 + 生防菌混拌有机肥处理)的病株率最低，为30.15%；处理2(生防菌拌种并施有机肥)的病株率次之，为48.17%，显著低于对照处理。处理1(生防菌拌种)的病株率为50.22%；处理3(生防菌混拌有机肥)病株率为51.64%，与对照差异不显著；处理5(有机肥)的病株率为56.76%，与对照差异不显著；处理6(对照处理)的病株率最高，为57.13%。

病情指数与病株率保持相同的趋势。处理4的病情指数显著低于其他处理，为4.17，防效最高，达69.49%；其次为处理2，病情指数为7.03，显著低于对照，防效达48.57%；处理1的病情指数为9.93，防效为27.34%；处理3的病情指数为10.13，防效为25.90%；处理5的病情指数与对照差异不显著，为13.33；处理6的病情指数最高，为13.67。

表2 各处理马铃薯植株病情调查

处理	病株率(%)	病情指数	防效(%)
1	50.22 b	9.93 c	27.34
2	48.17 b	7.03 d	48.57
3	51.64 ab	10.13 b	25.90
4	30.15 c	4.17 e	69.49
5	56.76 ab	13.33 ab	2.49
6(CK)	57.13 a	13.67 a	—

注：不同小写字母表示在 0.05 水平差异显著。下同。

2.2 不同处理收获期调查情况

调查结果表明(表3)，处理4的病薯率最低，为13.65%，与对照相比，病薯率下降21.48个百分点，测产点平均产量最高，达30.13 kg/5.4 m²，折合产量 3 721 kg/667 m²，与对照比增产35.95%。处理2的病薯率次之，为18.23%，与对照相比，病薯率下降16.90个百分点，测产点平均产量为28.33 kg/5.4 m²，折合产量 3 499 kg/667 m²，与对照比增产27.84%；处理3的病薯率次为22.11%，与对照相比，病薯率下降13.02个百分点，测产点平均产量为 26.96 kg/5.4 m²，折合产量 3 301 kg/667 m²，与对照比增产 20.61%。处理 1 处理病薯率为 22.53%，与化肥对照相比，病薯率下降 12.60 个百分点，测产点平均产量为 23.01 kg/5.4 m²，折合产量 2 842 kg/667 m²，与对照相比增产效果不明显；处理 5 的病薯率为 28.51%，测产点平均产量为 25.44 kg/5.4 m²，折合产量 3 142 kg/667 m²，与对照比增产 14.80%。处理 6 的病薯率显著高于其他处理，为 35.13%，测产点平均产量为 22.16 kg/5.4 m²，折合产量 2 737 kg/667 m²，产量显著低于 4 个施用有机肥处理(处理 2、处理 3、处理 4 和处理 5)。

表 3   收获期马铃薯块茎病情与产量调查

处理	病薯率 (%)	测产点平均产量 (kg/5.4 m²)	折合产量 (kg/667 m²)	增产率 (%)
1	22.53 bc	23.01 d	2 842	3.84
2	18.23 c	28.33 ab	3 499	27.84
3	22.11 c	26.96 b	3 301	20.61
4	13.65 d	30.13 a	3 721	35.95
5	28.51 b	25.44 bc	3 142	14.80
6(CK)	35.13 a	22.16 d	2 737	–

3　讨　论

马铃薯枯萎病为典型的土传和种传病害，防治难度高，到目前为止，没有有效的防治措施，马铃薯规模化种植过程中化肥、农药的大量使用使得枯萎病发生逐年加重，从而陷入恶性循环。本着绿色植保的理念，建立生物防治为主的综合控病技术已成为马铃薯生产中亟待解决的问题。

从试验结果可以看出，6 个处理中，生防菌拌种 + 生防菌混拌有机肥处理能够有效防治马铃薯枯萎病，防效高达 69.49%，并具有良好的增产作用，与对照相比增产 35.95%；相比于生防菌拌种处理和生防菌混拌有机肥处理能够更好发挥生防作用。

目前，市场上各类生物菌剂和生物有机种类繁多，但生防菌的生防效果易受到加工工艺、贮藏条件、土壤环境、使用方法等多重因素的影响，导致不同产品的生防效果良莠不齐。针对单一生防菌制剂或者有机肥防治效果有限，很难完全发挥生防作用，通过将 2 种不同类型的拮抗菌与有机肥以不同的方式相结合，用于马铃薯枯萎病的防治中，取得了较好的防治效果。

其原因可能是有机肥作为微生物生长的优质有机质，拮抗微生物能够利用有机肥中的各类营养，为拮抗菌快速繁殖提供良好的环境条件，两者结合施入土壤后，能使拮抗菌繁殖速度更快，存活时间更长，从而形成优势种群[4]。此外，拮抗菌与有机肥混合后施入土壤能够在一定程度上减少化学肥料与化学农药的使用量，从而缓解土壤板结、土壤养分流失、肥力下降等问题，改善了土壤的理化性质，降低土壤容重，更容易形成土壤团粒结构，增强土壤微生物活性[5,6]；从而加速土壤养分分解、转化与释放[7]。同时，有机肥中大量的酶也可以增加土壤酶的活性[8]，将土壤中马铃薯难以利用的养分转化为更容易被吸收的养分，增强植株的抗病性[9]，从而达到控病、增产、提质的目的。

值得一提的是，有机肥与生防菌协同防病作用机理复杂，二者相互作用共同与病原微生物相互拮抗是一个长期的过程，通过将 2 种拮抗菌与有机肥联用后对马铃薯枯萎病在当年取得较为理想的效果，通过长期在同一地块连续多年施用有机肥与生防菌并结合合理轮作倒茬，是否会对马铃薯枯萎病在内的其他土传病害产生更加显著防病效果，值得进一步探究。

[参 考 文 献]

[1] 王东, 孟焕文, 赵远征, 等. 内蒙古马铃薯黄萎病绿控技术示范效果 [J]. 中国植保导刊, 2020, 10(10): 71-74.

[2] 陈慧. 马铃薯枯萎病病原菌鉴定及 *Fusarium oxysopoyum* 遗传多样性的研究 [D]. 呼和浩特: 内蒙古农业大学, 2015.

[3] 曲延军, 蒙美莲, 张笑宇, 等. 马铃薯品种对枯萎病菌的抗性鉴定 [J]. 植物保护, 2015, 41(3): 149-153.

[4] 凌宁, 王秋君, 杨兴明, 等. 根际施用微生物有机肥防治连作西瓜枯萎病研究 [J]. 植物营养与肥料学报, 2009, 15(5): 1 137-1 141.

[5] Tu C M. Effect of four experimental insecticides on enzyme activities and levels of adenosine triphosphate in mineral and organic soil [J]. Journal of Environmental Science and Health, PartB, 1990, 25(6): 787-800.

[6] 闫颖, 袁星, 樊宏娜, 等. 五种农药对土壤转化酶活性的影响 [J]. 中国环境科学, 2005, 24(5): 588-591.

[7] 黄昌勇. 土壤学 [M]. 北京: 中国农业出版社, 2000.

[8] 林天, 何园球, 李成亮. 红壤旱地中土壤酶对长期施肥的响应 [J]. 土壤学报, 2005, 42(4): 682-686.

[9] 匡石滋, 李春雨, 田世尧, 等. 药肥两用生物有机肥对香蕉枯萎病的防治及其机理初探 [J]. 中国生物防治学报, 2013, 29(3): 417-423.

10 种杀菌剂对马铃薯早疫病的室内毒力测定

刘士鹏，彭依梦，阎　杰，史梦祥，杨志辉，朱杰华，李　倩*

（河北农业大学植物保护学院，河北　保定　071000）

马铃薯是中国的重要粮食作物，由茄链格孢引起的马铃薯早疫病是仅次于马铃薯晚疫病的第二大真菌病害。马铃薯早疫病主要危害叶片，发病症状为具有清晰同心轮纹的大斑，块茎被侵染时形成暗褐色病斑。马铃薯早疫病危害马铃薯的品质和产量，据统计，该病害可对马铃薯主产区造成 20%~25% 的损失，严重时可达 70%~80%，造成马铃薯的严重减产，从而制约马铃薯产业的快速发展。

当前马铃薯早疫病防治主要是以化学防治为主，与其他防治方法相比化学防治具有高效、便捷以及可大面积施药等特点。目前多施用代森锰锌、铜制剂等杀菌剂来防治马铃薯早疫病，防治药剂较为单一，长时期施用容易引发抗药性，从而降低防治效果。针对以上问题，拟通过室内毒力试验测定 10 种化学药剂对茄链格孢的 EC_{50} 值，确定茄链格孢对化学药剂的敏感性，筛选更为广谱、防效更好、毒性更低的化学药剂，扩大马铃薯早疫病的药剂使用范围，尽可能降低其产生抗药性的可能性。

试验使用的马铃薯早疫病菌株经过全基因组测序为茄链格孢，编号为 HWC-168，保存于河北农业大学马铃薯病害研究实验室。选用的供试药剂共有 10 种：325 g/L 苯甲嘧菌酯、24% 苯甲烯肟、30% 吡唑醚菌酯、75% 肟菌戊唑醇、500 g/L 苯甲丙环唑、44% 苯甲百菌清、200 g/L 氟酰羟苯甲唑、400 g/L 氯氟醚吡唑酯、52.5% 噁酮霜脲氰、250 g/L 嘧菌酯，采用菌丝生长速率法，将不同药剂按等浓度梯度进行稀释，稀释后与马铃薯葡萄糖琼脂（Potato dextrose agar，PDA）培养基均匀混合。供试菌株 HWC-168 接种到含有不同药剂浓度的 PDA 培养基上，每种浓度进行 4~5 个重复，25 ℃ 培养 7~10 d。当对照组（清水）菌丝长满培养基时，十字交叉法量取每个菌落的直径，测定试验组菌落直径的大小，记录数据，计算菌丝生长抑制率，得到相关系数（R^2 值）和毒力方程及 EC_{50} 值。

初筛结果显示，效果最好的前 3 种化学药剂为：30% 吡唑醚菌酯 > 250 g/L 嘧菌酯 > 400 g/L 氯氟醚吡唑酯，同时确定药剂复筛的浓度。其中，325 g/L 苯甲嘧菌酯 EC_{50} 值为 $1.86×10^{-1}$ μg/mL，相关系数为 0.944，回归方程为 $y = 0.623x + 0.455$；24% 苯甲烯肟 EC_{50} 值为 $2.70×10^{-2}$ μg/mL，相关系数为 0.998，回归方程为 $y = 0.476x + 0.749$；30% 吡唑醚菌酯 EC_{50} 值为 $8.00×10^{-3}$ μg/mL，相关系数为 0.949，回归方程为 $y = 0.310x + 0.655$；75% 肟菌戊唑醇 EC_{50} 值为 $6.10×10^{-2}$ μg/mL，相关系数为 0.964，回归方程为 $y = 0.634x +$

作者简介：刘士鹏（1999—），男，硕士研究生，研究方向为马铃薯病害。

基金项目：河北省省属高等学校基本科研业务费研究项目（KY2022044）；河北省自然科学基金（C2021204024）；现代农业产业技术体系建设专项（CARS-09-P18）。

*通信作者：李倩，博士，讲师，研究方向为马铃薯病害，e-mail：liqian@hebau.edu.cn。

0.769；500 g/L 苯甲·丙环唑 EC_{50} 值为 $4.20×10^{-2}$ μg/mL，相关系数为 0.962，回归方程为 $y=0.737x+1.012$；44%苯甲百菌清 EC_{50} 值为 $4.77×10^{-1}$ μg/mL，相关系数为 0.931，回归方程为 $y=0.478x+0.154$；200 g/L 氟酰羟苯甲唑 EC_{50} 值为 $4.40×10^{-2}$ μg/mL，相关系数为 0.917，回归方程为 $y=0.973x+1.321$；400 g/L 氯氟醚吡唑酯 EC_{50} 值为 $2.13×10^{-1}$ μg/mL，相关系数为 1.000，回归方程为 $y=0.966x+0.649$；52.5%噁酮霜脲氰 EC_{50} 值为 $4.00×10^{-3}$ μg/mL，相关系数为 0.902，回归方程为 $y=0.177x+0.425$；250 g/L 嘧菌酯 EC_{50} 值为 $5.00×10^{-3}$ μg/mL，相关系数为 0.869，回归方程为 $y=0.213x+0.482$。

复筛试验中，在含有不同浓度药剂的 PDA 培养基上培养早疫病菌茄链格孢，7~10 d 后观察病原菌形态及大小，测量菌落直径。结果显示，与清水对照相比，10 种药剂中 30%吡唑醚菌酯和 250 g/L 嘧菌酯菌落直径显著减小。这表明，10 种药剂中毒力最好的 2 种药剂分别为 30%吡唑醚菌酯和 250 g/L 嘧菌酯。根据菌丝生长抑制率计算出 10 种药剂对马铃薯早疫病菌的抑制中浓度 EC_{50} 值大小，结果显示毒力最强、效果最好的是化学药剂为 30%吡唑醚菌酯、其次为 250 g/L 嘧菌酯。10 种药剂的 EC_{50} 值从低到高依次是 30%吡唑醚菌酯 EC_{50} 值为 $0.006×10^{-1}$ μg/mL，相关系数为 0.954，毒力方程为 $y=1.019x+2.233$；250 g/L 嘧菌酯 EC_{50} 值为 $0.009×10^{-1}$ μg/mL，相关系数为 0.925，毒力方程为 $y=1.833x+3.736$；400 g/L 氯氟醚吡唑酯 EC_{50} 值为 $0.014×10^{-1}$ μg/mL，相关系数为 0.993，毒力方程为 $y=1.176x+2.167$；325 g/L 苯甲嘧菌酯 EC_{50} 值为 $0.043×10^{-1}$ μg/mL，相关系数为 0.893，毒力方程为 $y=0.753x+1.030$；24%苯甲烯肟 EC_{50} 值为 $0.043×10^{-1}$ μg/mL，相关系数为 0.977，毒力方程为 $y=0.963x+1.317$；200 g/L 氟酰羟苯甲唑 EC_{50} 值为 $0.044×10^{-1}$ μg/mL，相关系数为 0.917，毒力方程为 $y=0.973x+1.321$；75%肟菌戊唑醇 EC_{50} 值为 $0.046×10^{-1}$ μg/mL，相关系数为 0.956，毒力方程为 $y=1.920x+2.569$；500 g/L 苯甲丙环唑 EC_{50} 值为 $0.401×10^{-1}$ μg/mL，相关系数为 0.975，毒力方程为 $y=1.194x+0.475$；52.5%噁酮霜脲氰 EC_{50} 值为 $0.494×10^{-1}$ μg/mL，相关系数为 0.939，毒力方程为 $y=0.788x+0.241$；44%苯甲百菌清 EC_{50} 值为 $0.739×10^{-1}$ μg/mL，相关系数为 0.974，毒力方程为 $y=1.703x+0.141$。

随后选用生长状况一致的马铃薯植株，采集生长健壮、长势一致的叶片，一组 8~10 个叶片，按照 30%吡唑醚菌酯 $3.00×10^{-2}$ μg/mL 和 250 g/L 嘧菌酯 $2.50×10^{-2}$ μg/mL 的最适施用浓度对叶片进行喷施，对照组喷施清水。在叶片接取菌饼后暗处理 24 h 后，分别在 3 组叶片上喷施清水和 2 种药剂，在水琼脂中培养，进行早疫病菌茄链格孢接种，一段时间后观察 3 组叶片发病情况，判断是否与室内毒力测定结果一致。

结果显示，施用 30%吡唑醚菌酯和 250 g/L 嘧菌酯均能有效地降低离体叶片的发病面积。对照组的病斑平均面积为 2.019 cm²；30%吡唑醚菌酯喷施后，叶片不发病；250 g/L 嘧菌酯喷施后，病斑平均面积为 1.029 cm²。药剂处理马铃薯叶片后，叶片发病情况与清水对照具有显著差异，且与室内毒力测定结果一致，对马铃薯早疫病起到较好的防控效果。

试验中 10 种化学药剂对马铃薯早疫病防治效果最好的药剂为 30%吡唑醚菌酯，毒力测定试验可得抑制中浓度 EC_{50} 值为 $0.006×10^{-1}$ μg/mL；进行离体叶片接种试验，经 30% 吡唑醚菌酯喷施后的离体叶片基本不发病，防病效果良好。效果仅次于 30% 吡唑醚菌酯的 药剂为 250 g/L 嘧菌酯，毒力测定试验可得抑制中浓度 EC_{50} 值为 $0.009×10^{-1}$ μg/mL；进行 离体叶片接种试验，经 250 g/L 嘧菌酯喷施后的叶片病斑面积为 1.177 cm^2，显著低于清 水对照组发病面积，具有较好的防病效果。

关键词：马铃薯；早疫病；化学防治；毒力测定；杀菌剂；生长速率法

鄂马铃薯系列及主栽品种田间对晚疫病抗性比较

王　甄[1,2]，肖春芳[1,2]，张等宏[1,2]，高剑华[1,2]，

张远学[1,2]，闫　雷[1,2]，陈火云[1,2]，沈艳芬[1,2]*

(1. 湖北恩施中国南方马铃薯研究中心，湖北　恩施　445000；
2. 恩施土家族苗族自治州农业科学院，湖北　恩施　445000)

马铃薯(*Solanum tuberorum* L.)属茄科茄属的双子叶草本植物，是世界第三、中国第四大粮食作物，可粮、菜、饲和工业原料兼用，大力发展马铃薯产业，对确保粮食安全、促进农民增产增收具有重要的战略意义。而马铃薯晚疫病对马铃薯种植造成了较大威胁，每年造成全球马铃薯减产至少15%，损失达100多亿美元，因此，马铃薯品种的晚疫病抗性优劣将在马铃薯生产中起着关键作用，选育和种植抗晚疫病品种是解决当前马铃薯晚疫病危害流行最经济和保守的手段。

试验于2021年对鄂马铃薯系列及主栽品种开展田间晚疫病抗性鉴定比较。试验地位于湖北省恩施市天池山马铃薯基地，试验品种共20个，均为脱毒原原种，繁殖来源于湖北恩施中国南方马铃薯研究中心，分别为"鄂马铃薯1号""鄂马铃薯2号""鄂马铃薯3号""鄂马铃薯4号""鄂马铃薯5号""鄂马铃薯6号""鄂马铃薯7号""鄂马铃薯8号""鄂马铃薯9号""鄂马铃薯10号""鄂马铃薯11""鄂马铃薯12""鄂马铃薯13""鄂马铃薯14""鄂马铃薯15""鄂马铃薯16""南中101""米拉""希森6号""中薯5号"。每个品种3次重复，随机区组排列，每小区种植10株，整薯播种区带周围设置诱发品种"希森6号""米拉"，为保证马铃薯出苗和长势整齐，进行育芽带薯移栽，整薯播种。利用恩施土家族苗族自治州高湿、冷凉适于晚疫病流行的气候特点，进行田间抗性鉴定。从田间出现晚疫病病斑开始，每5~10 d调查1次，每小区调查发病株数，计算发病率和病情指数。将所测定的品种(系)初步评定为高抗、抗病、中抗、感病和高感5个抗病等级。

在马铃薯生育期内开展田间晚疫病发病情况调查，共计调查6次，病情指数大小与品种的抗性大小成反比，病情指数越小，品种抗性越好。结果表明，20个品种抗性大小依次为"南中101""鄂马铃薯13""鄂马铃薯5号""鄂马铃薯8号""鄂马铃薯16""鄂马铃薯14""鄂马铃薯7号""鄂马铃薯15""鄂马铃薯11""鄂马铃薯9号""鄂马铃薯6号""鄂马铃薯12""鄂马铃薯10号""中薯5号""米拉""鄂马铃薯4号""鄂马铃薯2号""希森6号""鄂马铃薯3号""鄂马铃薯1号"。其中，品种"南中101""鄂马铃薯13"表现为高抗晚疫病，"鄂马铃薯5号""鄂马铃薯8号""鄂马铃薯16""鄂马铃薯14""鄂马铃薯7号""鄂马

作者简介：王甄(1988—)，女，硕士，助理研究员，主要从事马铃薯病虫害防治与遗传育种研究。
基金项目：国家现代农业产业技术体系资助(CARS-09)；湖北省农业科技创新中心创新团队项目。
*通信作者：沈艳芬，研究员，从事马铃薯遗传育种及病虫害防治研究，e-mail：13872728746@163.com。

铃薯 15"表现为抗病，"鄂马铃薯 11""鄂马铃薯 9 号""鄂马铃薯 6 号"表现为中抗，"鄂马铃薯 12""鄂马铃薯 10 号""中薯 5 号""米拉""鄂马铃薯 4 号""鄂马铃薯 2 号"表现为感病，"希森 6 号""鄂马铃薯 3 号""鄂马铃薯 1 号"表现为高感。综上所述，鄂马铃薯系列及主栽品种处于不同等级的抗性水平，抗性差异较大，可根据本地区晚疫病发生情况及田间栽培管理实际情况选择适宜种植的品种。

关键词：鄂马铃薯；主栽品种；晚疫病；抗性比较